Ertragsteueroptimale Sanierungsstrategien für Kapitalgesellschaften

Freiburger Steuerforum

Herausgegeben von Wolfgang Kessler

Band 20

PL ACADEMIC RESEARCH

Frank Kautzmann

Ertragsteueroptimale Sanierungsstrategien für Kapitelgesellschaften

Rahmenbedingungen – Instrumente - Handlungsempfehlungen

PL ACADEMIC RESEARCH

Bibliografische Information der Deutschen Nationalbibliothek
Die Deutsche Nationalbibliothek verzeichnet diese Publikation in der Deutschen Nationalbibliografie; detaillierte bibliografische Daten sind im Internet über http://dnb.d-nb.de abrufbar.

Zugl.: Freiburg (Breisgau), Univ., Diss., 2015

D 25
ISSN 1617-917X
ISBN 978-3-631-66500-8 (Print)
E-ISBN 978-3-653-05769-0 (E-Book)
DOI 10.3726/978-3-653-05769-0

PL Academic Research ist ein Imprint der Peter Lang GmbH.

Peter Lang – Frankfurt am Main · Bern · Bruxelles · New York · Oxford · Warszawa · Wien

Diese Publikation wurde begutachtet.

www.peterlang.com

Meiner Familie

Vorwort

Die vorliegende Arbeit wurde im Wintersemester 2014/2015 von der Wirtschafts- und Verhaltenswissenschaftlichen Fakultät der Albert-Ludwigs-Universität Freiburg im Breisgau als Inaugural-Dissertation angenommen. Die Arbeit beruht auf dem Rechtsstand im Juni 2014.

Zunächst möchte ich meinem hoch verehrten Doktorvater, Herrn StB Professor Dr. Wolfgang Kessler, für seine stets konstruktive Begleitung der Arbeit danken. Er ist für das hervorragende Arbeitsklima am Lehrstuhl für Betriebswirtschaftliche Steuerlehre verantwortlich gewesen, welches erst das Gelingen der Promotion ermöglichte. Herrn Professor Dr. Lindenmeier danke ich für die zügige Erstellung des Zweitgutachtens.

Dank gebührt meinen ehemaligen Kolleginnen und Kollegen, die zum Gelingen der Arbeit beigetragen haben. Mein besonderer Dank gilt Frau Dr. Marie-Louise Dietrich, Frau Elisabeth Haller, Frau Stefanie Innmann, Frau Dr. Melanie Jehl-Magnus, Herrn Dr. Niels Arnold, Herrn Dominik Joosten, Herrn Jörg Lindemer, Herrn Claudio Neukum, Herrn Dr. Andreas Pfuhl sowie Herrn Dr. Bastian Schmidt. Die Zeit mit meinen hochgeschätzten Kollegen werde ich stets positiv in Erinnerung behalten.

Gewidmet ist die Arbeit meiner Familie, insbesondere meiner Frau Stefanie Kautzmann, meinem Sohn Emil Kautzmann und meinen Eltern Marlene und Heinz Kautzmann, die mich stets in meinem Vorhaben unterstützt haben.

Freiburg, im Dezember 2014

Inhaltsübersicht

Inhaltsverzeichnis

Abkürzungs- und Symbolverzeichnis

a.A.	anderer Ansicht
a.F.	alte Fassung
Abl	Amtsblatt der Europäischen Gemeinschaft
Abs.	Absatz
AEUV	Vertrag über der Arbeitsweise der Europäischen Union
AG	Aktiengesellschaft
AG	Die Aktiengesellschaft (Zeitschrift)
AktG	Aktiengesetz
Alt.	Alternative
AO	Abgabenordnung
AO-StB	AO-Steuer-Berater (Zeitschrift)
Art.	Artikel
AStG	Außensteuergesetz
BB	Betriebs-Berater (Zeitschrift)
BBK	Buchführung Bilanzierung Kostenrechnung (Zeitschrift)
BC	Bilanzierung Rechnungswesen und Controlling (Zeitschrift)
BeckRS	Beck-Rechtsprechung
BetrVG	Betriebsverfassungsgesetz
BewG	Bewertungsgesetz
BFH	Bundesfinanzhof
BFH/NV	Sammlung nicht veröffentlichter Entscheidungen des Bundesfinanzhofes (Zeitschrift)
BGB	Bürgerliches Gesetzbuch
BGBl	Bundesgesetzblatt
BGH	Bundesgerichtshof
BKR	Zeitschrift für Bank- und Kapitalmarktrecht (Zeitschrift)
BMF	Bundesministerium der Finanzen
BR-Drs.	Bundesratsdrucksache
bspw.	beispielsweise
BStBl	Bundessteuerblatt
BT-Drs.	Bundestagsdrucksache
Buchst.	Buchstabe
BürgEntlG	Bürgerentlastungsgesetz - Krankenversicherung
BVerfG	Bundesverfassungsgericht
BVerfGE	Sammlung der Entscheidungen des Bundesverfassungsgerichts
BW	Baden-Württemberg
bzw.	beziehungsweise
CMS	Kanzlei CMS Hasche Sigle
d. h.	das heißt

DB	Der Betrieb (Zeitschrift)
DBA	Abkommen zur Vermeidung der Doppelbesteuerung
Diss.	Dissertationsschrift
DK	Der Konzern (Zeitschrift)
DNotZ	Deutsche Notar-Zeitschrift (Zeitschrift)
DStR	Deutsches Steuerrecht (Zeitschrift)
DStRE	Deutsches Steuerrecht Entscheidungsdienst (Zeitschrift)
DStR-KR	Deutsches Steuerrecht Kammerreport (Zeitschrift)
DStV	Deutscher Steuerberaterverband e.V.
DStZ	Deutsche Steuer-Zeitung (Zeitschrift)
DZWIR	Deutsche Zeitschrift für Wirtschafts- und Insolvenzrecht (Zeitschrift)
EBIT	earnings before interest and taxes
EBITDA	earnings before interest, taxes, depreciation and amortization
EFG	Entscheidungen der Finanzgerichte (Zeitschrift)
EG	Europäische Gemeinschaft
EGBWR	Europäisches Wettbewerbsrecht (Zeitschrift)
Erg.-Lfg.	Ergänzungslieferung
ErbStG	Erbschaftsteuergesetz
ESt	Einkommensteuer
EStB	Der Ertrag-Steuer-Berater (Zeitschrift)
EStG	Einkommensteuergesetz
EStR	Einkommensteuer-Richtlinie
ESUG	Gesetz zur weiteren Erleichterung der Sanierung von Unternehmen v. 7.12.2011
EU	Europäische Union
EuG	Europäisches Gericht
EuGH	Europäischer Gerichtshof
EUV	Vertrag über die Europäische Union
F.	Fach
f.	folgende
FD-DStR	Fachdienst-DStR (Newsletter)
ff.	fortfolgende
FG	Finanzgericht
FGO	Finanzgerichtsordnung
FinMin	Finanzministerium
FMStG	Finanzmarktstabilisierungsgesetz – Gesetz zur Umsetzung eines Maßnahmenpakets zur Stabilisierung des Finanzmarktes v. 17.10.2008
FR	Finanz-Rundschau (Zeitschrift)
FS	Festschrift
GbR	Gesellschaft bürgerlichen Rechts
gem.	gemäß

GewSt	Gewerbesteuer
GewStG	Gewerbesteuergesetz
GewStR	Gewerbesteuer-Richtlinie
GG	Grundgesetz
gl. A.	gleicher Ansicht
Gleichlt. LänderErl.	Gleichlautender Ländererlass
GmbH	Gesellschaft mit beschränkter Haftung
GmbHG	Gesetz betreffend die Gesellschaften mit beschränkter Haftung
GmbHR	Die GmbH-Rundschau (Zeitschrift)
GmbH-StB	GmbH-Steuer-Berater (Zeitschrift)
GrEStG	Grunderwerbsteuergesetz
GrS	Großer Senat
GStB	Gestaltende Steuerberatung (Zeitschrift)
GWR	Gesellschafts- und Wirtschaftsrecht (Zeitschrift)
H.	Hinweis
h. M.	herrschende Meinung
Habil-Schr.	Habilitationsschrift
Hs.	Halbsatz
HGB	Handelsgesetzbuch
i. d. F.	in der Fassung
i. S. d.	im Sinne des
i. V. m.	in Verbindung mit
IDW	Institut der Wirtschaftsprüfer
Ifo	Leibniz-Institut für Wirtschaftsforschung an der Universität München e. V.
IFSt	Institut für Finanzen und Steuern
IMF	International Monetary Fund
InsO	Insolvenzordnung
ISR	Internationales Steuerrecht (Zeitschrift)
IStR	Internationales Steuerrecht (Zeitschrift)
IWB	NWB Internationales Steuer- und Wirtschaftsrecht (Zeitschrift)
JbFfSt	Jahrbuch der Fachanwälte für Steuerrecht
JFSt	Jahrbuch für Steuerberater
JStG	Jahressteuergesetz
Kap.	Kapitel
KfW	Kreditanstalt für Wiederaufbau
KOM	Kommission der Europäischen Gemeinschaft
KÖSDI	Kölner Steuerdialog (Zeitschrift)
KSI	Krisen-, Sanierungs- und Insolvenzberatung (Zeitschrift)
KSt	Körperschaftsteuer
KStG	Körperschaftsteuergesetz
KStG-E	Körperschaftsteuergesetz-Entwurf

KStH	Körperschaftsteuerhinweis
KStR	Körperschaftsteuer-Richtlinie
LG	Landgericht
m. E.	meines Erachtens
MittBayNot	Mitteilungen des Bayerischen Notarvereins, der Notarkasse und der Landeskammer Bayern (Zeitschrift)
MoRaKG	Gesetz zur Modernisierung der Rahmenbedingungen für Kapitalbeteiligungen (MoRaKG) v. 12.8.2008
NBER	National Bureau of Economic Research
NJW	Neue Juristische Wochenschrift (Zeitschrift)
Nr.	Nummer
NV	nicht veröffentlicht
NVWZ	Neue Zeitschrift für Verwaltungsrecht (Zeitschrift)
NWB	Neue Wirtschaftsbriefe (Zeitschrift)
NZG	Neue Zeitschrift für Gesellschaftsrecht (Zeitschrift)
NZI	Neue Zeitschrift für Insolvenzrecht (Zeitschrift)
OFD	Oberfinanzdirektion
PIStB	Praxis Internationale Steuerberatung (Zeitschrift)
R.	Richtlinie
Rev.	Revision
RFH	Reichsfinanzhof
RG	Reichsgericht
Rhld	Rheinland
Rs.	Rechtssache
RStBl	Reichssteuerblatt
Rz.	Randziffer
S.	Satz/Seite
Slg	Sammlung
SoFFin	Finanzmarktstabilisierungsfonds
sog.	sogenannte
StB	Der Steuerberater (Zeitschrift)
Stbg	Die Steuerberatung (Zeitschrift)
StBW	Die Steuerberater Woche (Zeitschrift)
StC	SteuerConsultant (Zeitschrift)
Steuk	Steuerrecht kurzgefaßt (Zeitschrift)
StuB	Steuern und Bilanzen (Zeitschrift)
StuW	Steuer und Wirtschaft (Zeitschrift)
TU	Technische Universität
Tz.	Textziffer
u. Ä.	und Ähnliches
u. a.	unter anderem
Ubg	Unternehmensbesteuerung (Zeitschrift)
UmwG	Umwandlungsgesetz
UmwStG	Umwandlungssteuergesetz

Univ.	Universität
UnStRG	Gesetz zur Fortsetzung der Unternehmensteuerreform
UnStRG 2008	Unternehmensteuerreformgesetz 2008
u. U.	unter Umständen
v.	vom
vE	verdeckte Einlage
VG	Verwaltungsgericht
vGA	verdeckte Gewinnausschüttung
vgl.	vergleiche
VZ	Veranlagungszeitraum
WJ	Wirtschaftsjahr
WPg	Die Wirtschaftsprüfung (Zeitschrift)
z. B.	zum Beispiel
ZBW	Leibniz-Informationszentrum Wirtschaft
zgl.	zugleich
ZInsO	Zeitschrift für das gesamte Insolvenzrecht (Zeitschrift)
ZIP	Zeitschrift für Wirtschaftsrecht (Zeitschrift)
ZSteu	Zeitschrift für Steuern und Recht (Zeitschrift)

Abbildungsverzeichnis

A. Untersuchungsablauf

I. Problemstellung

Die deutsche Wirtschaft hat sich nach den Turbulenzen der globalen Finanz- und Wirtschaftskrise in 2013 stabilisiert. Unter der noch unsicheren Prämisse, dass die Schuldenkrise im Euroraum nicht wieder an Brisanz gewinnt und sich die Weltkonjunktur weiter belebt, ist mit einem Wirtschaftswachstum in der BRD in den folgenden Perioden zu rechnen.[1] Allerdings bleiben erhebliche Unsicherheiten zurück, die nicht zuletzt aus der beispiellos andauernden expansiven Geldpolitik[2] der Zentralbanken zur Abmilderung der Krise rühren.[3]

Dieses ungünstige makroökonomische Umfeld[4] der vergangenen Jahre begünstigt, dass sich latent vorhandene Schwächen eines Unternehmens zu einer existenzgefährdenden Unternehmenskrise auswachsen.[5] Charakteristisch für ein Krisenunternehmen

---

1 *Sachverständigenrat*, Jahresgutachten 2013/14, 2013, 2f. Im Jahr 2014 wird laut Sachverständigenrat mit einem Wachstum der deutschen Wirtschaft von 1,6 % gerechnet. Nach Ansicht des Sachverständigenrates ist das Wachstum insbesondere durch die Verbesserung der Binnennachfrage bei den Ausrüstungsinvestitionen getragen. Das ZBW geht von einem Wachstum zwischen 1,5 % und 2 % aus. *Rossen*, Wirtschaftsdienst 2013, 651, 652. Der IMF prognostiziert ein Wachstum von 1,6 %. *IMF*, World Economic Outlook Update January 2014, 2014, http://de.statista.com/statistik/daten/studie/38043/umfrage/prognose-zur-entwicklung-des-bip-in-ausgewaehlten-laendern/, abgerufen am 10.2.2014.

2 Beispielhaft zu den Risiken aus der Ratifikation des ESM-Vertrags: *Kerber*, Wirtschaftsdienst 2013, 455, 455ff.

3 Zum strukturellen Fehler hinsichtlich des Verfehlens des optimalen Währungsraums für den Euro: *Krugman*, in: Acemoglu/Parker/Woodford, NBER Macroeconomics, 2012, 439, 439ff.; *Landmann*, in: Held/Kubon-Gilke/Sturn, Normative und institutionelle Grundfragen der Ökonomik, 2014, 41, 41ff.; abrufbar unter: http://www.macro.uni-freiburg.de/publications/research_articles_landmann/Europas%20fiskalpolitisches%20%20Koordinationsdefizit, abgerufen am 10.2.2014.

4 Laut *Maus* gewinnen externe Einflüsse durch den verstärkten Wettbewerb im Zuge der Globalisierung eine zunehmende Bedeutung. *Maus*, in: Schmidt/Uhlenbruck, Die GmbH in Krise, Sanierung und Insolvenz, 2009, 1, 6. *Hess/Groß* weisen zutreffend darauf hin, dass exogene Schocks lediglich die Messlatte des wirtschaftlichen Erfolgs höher legen. Insoweit fördern exogene Schocks nur eine bereits latent vorhandene endogene Krise zutage. *Hess/Groß*, in: Hess, Sanierungshandbuch, 2013, 95, 129f. Ähnlich: *Maurenbacher*, Sanierung mittelständischer Unternehmungen durch Private-Equity-Gesellschaften, Fallstudienuntersuchungen, Modellentwicklung, Gestaltungsempfehlungen - Schriften zum Management Band 31, 2008, 29.

5 Hauptauslöser für Unternehmenskrisen sind fehlende innerbetriebliche Anpassungsprozesse (endogene Krisenursachen). *Maurenbacher*, Sanierung mittelständischer Unternehmungen durch Private-Equity-Gesellschaften, Fallstudienuntersuchungen,

ist, dass eine geringe – häufig sogar negative – EBIT-Marge erwirtschaftet wird,[6] sodass eine Finanzierung der laufenden Kosten aus eigenen Erträgen nicht möglich ist. Fehlt es einem Unternehmen an dieser Finanzierungsmöglichkeit, benötigt es eine gute Eigenkapitalausstattung, um sich während einer Schwächephase am Markt zu halten.[7] Dies ist jedoch nicht langfristig möglich, weil das Eigenkapital durch Berücksichtigung von Verlusten nach und nach aufgezehrt wird. Deshalb wird eine Sanierung des Unternehmens bei anhaltender Krise notwendig.[8]

Die eingeleiteten Sanierungsbemühungen erfordern dabei ein zielgerichtetes, entschlossenes Handeln von denjenigen, die für die Überwindung der Krise zuständig sind,[9] weil es sich um ein äußerst vielschichtiges und deshalb anspruchsvolles

---

Modellentwicklung, Gestaltungsempfehlungen - Schriften zum Management Band 31, 2008, 26f.; *Hess/Groß*, in: Hess, Sanierungshandbuch, 2013, 95, 129f. Diese sind in der Praxis äußerst facettenreich und keinesfalls, ohne Weiteres, sofort zu erkennen. Sowohl unterlassene Angleichungen an technische Entwicklungen, eine verfehlte Personalpolitik, unzureichende Controlling- und Qualitätssicherungsprozesse, unternehmensinterne Streitigkeiten der Gesellschafter, der Ausfall wichtiger Führungskräfte, ein mangelhaftes Forderungsmanagement, eine unzureichende Liquiditätsausstattung als auch ein verfehltes Fristenmanagement bei der Finanzierung – um nur ein paar Gründe zu nennen – können eine Krise herbeiführen. *Kraus*, Restrukturierung Sanierung Insolvenz, in: Buth/Hermanns, 2014, 68ff.

6 *Creditreform*, Unternehmensinsolvenzen in Europa Jahr 2012/13, 10, http://www.creditreform.com/fileadmin/user_upload/crefo/download_de/news_termine/wirtschaftsforschung/insolvenzen-europa/Insolvenzen_in_Europa_2012-13_de.pdf, abgerufen am 11.2.2014.

7 *Creditreform*, Unternehmensinsolvenzen in Europa Jahr 2012/13, 12, http://www.creditreform.com/fileadmin/user_upload/crefo/download_de/news_termine/wirtschaftsforschung/insolvenzen-europa/Insolvenzen_in_Europa_2012-13_de.pdf, abgerufen am 11.2.2014.

8 Symptomatisch für sanierungsbedürftige Unternehmen ist, dass ihre Lebensfähigkeit gefährdet scheint, der Untergang der Unternehmung aber nicht unabwendbar ist. *Witte*, in: Bratschitsch/Schnellinger, Unternehmenskrisen, 1981, Unternehmenskrisen: Ursachen, Frühwarnung, Bewältigung: Bericht über die Pfingsttagung in Innsbruck, Juni 1979, Verband der Hochschullehrer für Betriebswirtschaft e.V, 10f.; *Maurenbacher*, Sanierung mittelständischer Unternehmungen durch Private-Equity-Gesellschaften, Fallstudienuntersuchungen, Modellentwicklung, Gestaltungsempfehlungen - Schriften zum Management Band 31, 2008, 20; *Maus*, in: Schmidt/Uhlenbruck, Die GmbH in Krise, Sanierung und Insolvenz, 2009, 1, 1; *Hess/Groß*, in: Hess, Sanierungshandbuch, 2013, 1, 4. Insoweit muss die Krise den selbstständigen Fortbestand der Unternehmung bedrohen. *Witte*, in: Bratschitsch/Schnellinger, Unternehmenskrisen, 1981, Unternehmenskrisen: Ursachen, Frühwarnung, Bewältigung: Bericht über die Pfingsttagung in Innsbruck, Juni 1979, Verband der Hochschullehrer für Betriebswirtschaft e.V, 10f.; *Maus*, in: Schmidt/Uhlenbruck, Die GmbH in Krise, Sanierung und Insolvenz, 2009, 1, 1; *Hess/Groß*, in: Hess, Sanierungshandbuch, 2013, 1, 4.

9 *Hess/Groß*, in: Hess, Sanierungshandbuch, 2013, 1, 39.

Entscheidungsszenario handelt.[10] Triebfeder dieser Sanierungskonzepte sind gewöhnlich Maßnahmen, die der Optimierung des Wertschöpfungsprozesses und damit der Wiederherstellung der Ertragskraft, unter Beseitigung der Überschuldung, dienen.[11] Insoweit ist eine strategische Neuausrichtung durch Anpassung des Geschäftsmodells notwendig. Um das Unternehmen neu auszurichten, ist zudem die angespannte finanzielle Situation durch flankierende Maßnahmen zu entschärfen. Dies erfordert, dass die Kapitalstruktur[12] verbessert wird, sodass sich die Liquiditätsbelastung[13] und der Schuldenstand reduzieren.[14]

Als konkrete Maßnahmen kommen neben der Möglichkeit der Eigenkapitalbeschaffung durch Kapitalerhöhung, ein (Teil-)Verzicht der bisherigen (Gesellschafter-) Gläubiger auf die Rückzahlung ihrer Forderung oder die Übernahme von Schulden infrage, um die Finanz- und Liquiditätslage zu verbessern.[15] Auch Kombinationen verschiedener Finanzierungsinstrumente oder bewusste Transformationen von Fremd- in Eigenkapital sind Mittel, die der Überwindung der Krise dienlich sind.[16]

Die Nutzung dieser finanzwirtschaftlichen Sanierungsinstrumente kann allerdings erhebliche steuerliche Konsequenzen nach sich ziehen, da sie das bilanzielle

---

10 *Krystek*, Unternehmungskrisen: Beschreibung, Vermeidung und Bewältigung überlebenskritischer Prozesse in Unternehmungen, 1987, 67ff.; *Maurenbacher*, Sanierung mittelständischer Unternehmungen durch Private-Equity-Gesellschaften, Fallstudienuntersuchungen, Modellentwicklung, Gestaltungsempfehlungen - Schriften zum Management Band 31, 2008, 26; *Maus*, in: Schmidt/Uhlenbruck, Die GmbH in Krise, Sanierung und Insolvenz, 2009, 1, 1. Zur Sanierung als allgemeine Führungsaufgabe: *Hess/Groß*, in: Hess, Sanierungshandbuch, 2013, 1, 40. Demnach ist der allgemeine Managementzyklus aus Zielbildung, Problemerkenntnis und Analyse, Prognose und Bewertung, Entscheidung, Durchsetzung, Kontrolle und Abweichungsanalyse als theoretische Basis des Handelns heranzuziehen. Zum Managementzyklus im Allgemeinen: *Wild*, Grundlagen der Unternehmensplanung, 1982, 33.

11 *Krystek*, Unternehmungskrisen: Beschreibung, Vermeidung und Bewältigung überlebenskritischer Prozesse in Unternehmungen, 1987, 7; *Maurenbacher*, Sanierung mittelständischer Unternehmungen durch Private-Equity-Gesellschaften, Fallstudienuntersuchungen, Modellentwicklung, Gestaltungsempfehlungen - Schriften zum Management Band 31, 2008, 21.

12 Die kurzfristige Beschaffung von Liquidität geht mit der mittelfristigen Verbesserung der Eigenkapitalausstattung oft Hand in Hand. Beispielsweise kann ein Sofortkredit zur Deckung einer Finanzierungslücke anschließend in Eigenkapital gewandelt werden. *Lechner/Haisch*, in: Köhler/Göbel/Körner, Handbuch Unternehmensfinanzierung, 2013, 631.

13 Für die Sanierung ist eine ausreichende Liquidität von entscheidender Bedeutung. *Herzig/Wagner*, WPg 2004, 53, 59.

14 Allgemein zur Notwendigkeit der Umstrukturierung von Finanzverbindlichkeiten: *Töben/Lohbeck/Specker*, NWB 2009, 1484, 1484.

15 *Herlinghaus*, Forderungsverzicht und Besserungsschein zur Sanierung von Kapitalgesellschaften, 1994, 1.

16 Ähnlich: *Rechenberg*, in: CMS Hasche Sigle, Steueroptimierte Gestaltungen, 2013, 1.

Gefüge des Sanierenden verändern oder einen Wechsel der Anteilseigner bewirken können, an den das Steuerrecht bestimmte Rechtsfolgen[17] knüpft. Eine rein steuerzentrierte Optimierung einer Sanierung kommt allerdings nicht infrage, weil andere Faktoren[18] die Sanierungsmaßnahmen vorgeben.[19]

Die bewusst oder auch unbewusst durch Sanierungsmaßnahmen realisierten Steuerfolgen haben gleichwohl erheblichen Einfluss auf das Gelingen der Sanierungsbestrebungen. Im Extremfall könnte sich die Situation durch das Einleiten unüberlegter Sanierungsmaßnahmen sogar verschlechtern, falls die Sanierungsanstrengungen eine erhebliche Steuerlast auslösen.[20] Werden bspw. ertragsteuerliche Tatbestände verwirklicht, die zu einem Buchgewinn durch Erlass einer Verbindlichkeit führen, ist dieser grundsätzlich voll steuerpflichtig, ohne dass dem Sanierenden entsprechende Mittel zur Tilgung zufließen.[21] Des Weiteren ist die steuerliche Berücksichtigung von Verlusten durch Sanierungsmaßnahmen gefährdet. Sollten diese nicht genutzt werden können, setzt eine Steuerbelastung bei Besserung der Ertragslage frühzeitig ein, sodass die zur Steuerzahlung eingesetzten Mittel nicht für unternehmerische Zwecke zur Verfügung stehen.[22]

Da der Gesetzgeber in Konsequenz des zunehmenden internationalen Steuerwettbewerbs die Bemessungsgrundlage in den vergangenen Jahren erheblich verbreitert hat[23] – im Besonderen Verlustabzugs- und Betriebsausgabenabzugsmöglichkeiten eingeschränkt hat – haben sich die steuerlichen Rahmenbedingungen für Krisenunternehmen verändert. Im Sanierungsfall erweisen sich diese nicht zielgerichteten Normen als Restrukturierungshindernisse, weil sie die Krise verschärfen oder die Vorteilhaftigkeit bestimmter Sanierungsinstrumente negativ beeinflussen.[24]

---

17 Bspw. knüpft § 8c KStG an den Anteilserwerb an.

18 Im Vordergrund der Sanierung stehen die Optimierung leistungswirtschaftlicher Prozesse und die Entschuldung des Unternehmens.

19 *Eilers/Bühring*, Sanierungs-Steuerrecht, 2012, 1; *Lechner/Haisch*, in: Köhler/Göbel/Körner, Handbuch Unternehmensfinanzierung, 2013, 629.

20 *Lechner/Haisch*, in: Köhler/Göbel/Körner, Handbuch Unternehmensfinanzierung, 2013, 629f.

21 Im Detail Kap. D.V.

22 *Herzig/Wagner*, WPg 2004, 53, 60.

23 Beispielsweise wurde die Verbreiterung der Bemessungsgrundlage im Rahmen der Unternehmensteuerreform 2008 wie folgt begründet: *„Hauptziel der Unternehmensteuerreform ist deshalb neben der Erhöhung der Standortattraktivität die längerfristige Sicherung des deutschen Steuersubstrats. Durch positive und negative Anreize soll die Verlagerung von Steuersubstrat ins Ausland, vor allem durch Unternehmen aber auch durch private Haushalte, gebremst werden. Schon mittelfristig werden daher die Einnahmen der Körperschaft- und der Gewerbesteuer über dem derzeitigen Niveau liegen."* BR-Drs.-220/07, 1.

24 *Olbing* bezeichnet in diesem Zusammenhang den Steuergesetzgeber als „Totengräber" notleidender Unternehmen. *Olbing/Schwedhelm*, AG 2007, 696, 696.

Der Gesetzgeber hat zwar auf diese Kritik in mehreren Gesetzgebungsverfahren[25] reagiert und teilweise krisenverschärfende Wirkungen abgemildert, die Anwendung dieser Erleichterungen ist aber mit offenen Zweifelsfragen verbunden.[26] Die ertragsteuerlichen Rahmenbedingungen für eine Unternehmenssanierung werden deshalb in der Literatur zum Teil heftig kritisiert.[27]

II. Stand der Diskussion

Die steuerlichen Konsequenzen, die aus unterschiedlichen Sanierungsmaßnahmen resultieren, werden seit Beginn der Finanzkrise wieder vermehrt diskutiert. Zahlreiche Beiträge, die sich mit den steuerlichen Folgen von Sanierungsmaßnahmen beschäftigen, haben eine fruchtbare wissenschaftliche Diskussion entfacht.[28] Die

---

25 Bspw. Gesetz zur Beschleunigung des Wirtschaftswachstums v. 22.12.2009 BGBl. I 2009, 3950, Bürgerentlastungsgesetz Krankenversicherung v. 16.07.2009 BGBl. I 2009, 1959; Finanzmarktstabilisierungsgesetz v. 17.10.2008, BGBl. I 2008, 1982.

26 Zur Mantelkaufregelung: *Ortmann-Babel/Bolik/Gageur*, DStR 2009, 2173, 2178.

27 Stellvertretend für viele Weitere: *Olbing/Schwedhelm*, AG 2007, 696, 696f.; *Eilers/Bühring*, DStR 2009, 137, 137ff.; *Frischmuth*, Ubg 2009, 264, 264ff.; *Streit/Degen*, AG 2010, R373, R373f.; *Hierstetter*, DStR 2010, 882, 882; *Töben*, FR 2010, 249, 296ff.; *Eilers/Bühring*, FR 2012, 429, 429ff.; *Gänsler*, Ubg 2013, 154, 154ff.

28 *Khan/Adam*, ZInsO 2008, 899; *Hoffmann*, DStR 2008, 857, 857ff.; *Pohl*, DB 2008, 1531, 1531ff.; *Sistermann/Brinkmann*, DStR 2008, 897, 897ff.; *Wagner*, BB 2008, 2672, 2672; *Eilers*, GWR 2009, 3, 3; *Töben/Lohbeck/Specker*, NWB 2009, 1484, 1484ff.; *Ziegenhagen/Thewes*, BB 2009, 2116, 2116ff.; *Graf/Bisle*, GWR 2009, 240, 240; *Jünger*, Restrukturierung, Sanierung, Insolvenz, in: Buth/Hermanns, 2009; *Lang*, DStZ 2009, 751; *Forst/Busch/Kubiak*, EStB 2009, 361, 361ff.; *Knebel*, DB 2009, 1094, 1094ff.; *Scheunemann/Dennisen*, BB 2009, 2564, 2564ff.; *Manz/Lammel*, GmbHR 2009, 1121, 1121ff.; *Neyer*, BB 2009, 2284, 2284ff.; *Haas*, DStR 2009, 326, 326ff.; *Scheunemann*, DB 2009, 983, 983ff.; *Schmidt/Mielke*, Ubg 2009, 395, 395ff.; *Bäuml*, GmbHR 2009, 632, 632ff.; *Fey/Neyer*, AG 2009, 322, 322ff.; *Frischmuth*, Ubg 2009, 264, 264ff.; *Funk*, BB 2009, 867, 867ff.; *Gehrmann*, NWB 2009, NAAAA-41716; *Töben*, NWB 2009, 1462, 1462ff.; *Weitnauer*, GWR 2009, 29; *Altrichter-Herzberg*, GmbHR 2009, 466, 466ff.; *Sistermann/Brinkmann*, DStR 2009, 2633, 2633ff.; *Fleischer*, Stbg 2009, 437, 437ff.; *Hielscher*, BC 2009, 421, 421ff.; *Bruschke*, DStZ 2009, 166, 166ff.; *Hofert/Möller*, GmbHR 2009, 527, 527ff; *Jacobsen*, BB 2009, 1955, 1955ff.; *Mückl*, FR 2009, 497, 497ff.; *Schwab*, DStR-KR 2009, 9; *Benzel/Linzbach*, DStR 2009, 1599, 1599ff.; *Ortmann-Babel/Bolik/Gageur*, DStR 2009, 2173, 2173ff.; *Schauhoff*, in Drüen: JFSt 2009/2010, 2009, 183, 183ff.; *Bien/Wagner*, BB 2009, 2627, 2627ff.; *Fox/Scheidle*, GWR 2009, 51, 51; *Wälzholz*, GmbH-StB 2009, 75, 75ff.; *Ziemons*, GWR 2009, 411, 411; *Dörr*, NWB 2009, 2050, 2050ff.; *Eilers/Bühring*, DStR 2009, 137, 137ff.; *Ekkenga*, Ubg 2009, 761, 761ff.; *Imschweiler/Geimer*, EStB 2009, 324, 324ff.; *Roser*, FR 2009, 937, 937ff.; *Mückl*, GWR 2010, 262, 262; *Gröger*, BB 2010, 2926, 2926; *Krystek/Klein*, DB 2010, 1769, 1769ff.; *Nagel/Knorr*, AG 2010, R396, R396f.; *Hierstetter*, DStR 2010, 882, 882ff.; *Schneider/Roderburg*, FR 2010, 58, 58ff.; *Töben*, FR 2010, 249, 249; *Frey/Mückl*, GmbHR 2010, 71, 71ff.; *Seppelt*, BB 2010, 1395, 1395ff.; *Weerth*, DB 2010, 1205, 1205ff.; *Philipp/Tschesche*, BB 2010, 259, 259ff.; *Kahlert*, FD-DStR 2010, 308130;

meisten Autoren haben sich dabei mit Einzelfragen der steuerlichen Folgen einer Sanierung beschäftigt. Insbesondere die sich aus der divergierenden Rechtsprechung der einzelnen Senate des BFH und der Finanzgerichte ergebende Rechtsunsicherheit sowie die Auslegung unbestimmter Rechtsbegriffe sind Gegenstand zahlreicher Abhandlungen. Darüber hinaus existieren mehrere Analysen, die sich mit ertragsteuerlichen Problemfeldern der Sanierung beschäftigt haben.[29] Diese beziehen sich aber zumindest stückweise auf einen inzwischen nicht mehr relevanten Rechtsstand.

Die systematische Darstellung der unterschiedlichen Wirkungen, die eine Sanierungsmaßnahme im Vergleich zu einer anderen Sanierungsmaßnahme nach sich zieht, kommt dagegen – wenn sie überhaupt angeschnitten wird – zu kurz. Aus Sicht der Steuerplanungslehre fehlt es insbesondere an einer Beurteilung einzelner Maßnahmen in einem Zielsystem, mit dem eine ertragsteueroptimale Sanierungsstrategie hergeleitet werden kann.

Theiselmann, GmbH-StB 2010, 43, 43ff.; *Kahlert/Gehrke*, DStR 2010, 227, 227ff.; *Neumann/Watermeyer*, Ubg 2010, 748, 748ff.; *Oelke/Wöhlert/Degen*, BB 2010, 299, 299ff.; *Schwenker/Fischer*, DStR 2010, 1117, 1177ff.; *Becker/Pape/Wobbe*, DStR 2010, 506, 506; *Behrendt/Klages*, GmbHR 2010, 190, 190ff.; *Heinz*, FR 2010, 1134, 1134; *Seer*, FR 2010, 306, 306ff.; *Raeschke-Kessler*, NZG 2010, 1361, 1361ff.; *Streit/Degen*, AG 2010, R373, R373f.; *Kirschner*, Wege aus der Krise zgl. Diss. TU Dresden, 2010; *Frey/Mückl*, GmbHR 2010, 1193, 1193ff.; *Scheunemann/Dennisen/Behrens*, BB 2010, 23, 23ff.; *Haase/Dorn*, BB 2011, 2907, 2907ff.; *Krüger/Pape*, NZI 2011, 617, 617ff.; *Kaczarepa*, Ubg 2011, 885, 885ff.; *Dörr*, NWB 2011, 690, 690ff.; *Herzig/Liekenbrock*, Ubg 2011, 313, 313ff.; *Gragert*, NWB 2011, 1438, 1438ff.; *Prinz*, FR 2011, 445, 445ff.; *Scheunemann*, BB 2011, Editorial Nr. 23; *Hillmer*, BC 2011, 379; *Stollenwerk/Scherff*, GmbH-StB 2011, 76; *Prinz*, FR 2011, 551, 551ff.; *Künkele/Zwirner*, BC 2011, 479, 479ff.; *Hackemann/Momen*, BB 2012, 2135, 2135ff.; *Hoffmann*, BC 2012, 533, 533ff.; *Demuth/Helms*, KÖSDI 2012, 18066, 18066ff.; *Esterer/Bartelt*, Ubg 2012, 383, 383; *Hoffmann*, StuB 2012, 417f.; *Olbing/Schwedhelm*, AG 2012, 327, 327ff.; *Eilers/Bühring*, Sanierungs-Steuerrecht, 2012; *Altendorf*, GmbH-StB 2012, 147, 147ff.; *Schmittmann*, StuB 2012, 109, 109ff.; *Eilers/Bühring*, FR 2012, 429, 429ff.; *Hoffmann*, StuB 2012, 769, 769f.; *Hoffmann*, GmbH-StB 2012, 290, 290f.; *Nentwig*, GmbHR 2012, 664, 664ff.; *Römermann*, NJW 2012, 645, 645ff.; *Hoffmann*, StuB 2012, 209, 209f.; *Mach*, FR 2012, 800, 800ff.; *Mach*, FR 2012, 845, 845ff.; *Blumenberg/Haisch*, FR 2012, 12, 12ff.; *Kröner/Momen*, DB 2012, 829, 829ff.; *Horst*, DB 2013, 656, 656ff.; *Olbing*, GmbH-StB 2013, 89, 89ff.; *Gänsler*, Ubg 2013, 154, 154ff.; *Theiselmann*, GmbH-StB 2013, 150, 150ff.; *Brocke/Wohlhöfler*, ISR 2013, 291, 291ff.; *Dubs/Möhlmann-Mahlau*, StuB 2013, 685, 685ff.; *Thiele*, StC 2014, 15, 15ff.

29 *Herlinghaus*, Forderungsverzicht und Besserungsschein zur Sanierung von Kapitalgesellschaften, 1994; *Sinz*, Stützungsmaßnahmen im transnationalen Konzern zgl. Diss. Univ. Freiburg, 2001; *Reitsam*, Gestaltungen zur Verlustverwertung im Konzern zgl. Diss. Univ. Freiburg, 2006; *Pflugbeil*, Steuerliche Auswirkungen von Sanierungsmaßnahmen bei Kapitalgesellschaften: Forderungsverzicht des Anteilseigners mit und ohne Besserungsschein, Rangrücktrittsvereinbarung und andere Gestaltungsmöglichkeiten zgl. Diss Univ. Münster, 2006; *Kirschner*, Wege aus der Krise zgl. Diss. TU Dresden, 2010.

III. Forschungsaufgabe

Bereits *Adam Smith* hat 1776 darauf hingewiesen, dass die Besteuerung dem Leistungsfähigkeitsprinzip folgen muss.[30] Dieses durch das Nettoprinzip konkretisierte verfassungsrechtliche Postulat ist in Sanierungsfällen besonders kritisch zu würdigen. Die drohende Liquidation eines Rechtsträgers könnte schließlich dazu führen, dass eine durch die Abschnittsbesteuerung bedingte temporäre Überbesteuerung[31] final werden könnte, falls die Sanierungsbemühungen scheitern.[32]

Sanierungen sind ein multivalentes Entscheidungsproblem unter Unsicherheit. Solch komplexe Entscheidungsszenarien erfordern ein System, das es erlaubt die mannigfachen Folgen einer Handlung zu klassifizieren und in das Gesamtszenario „Sanierung" stringent einzuordnen. Aus diesen Ursachen-Wirkungs-Beziehungen lässt sich der Grad der Zielerreichung ableiten, den die Nebenbedingung „Steueroptimierung" zum Ziel „Unternehmenssanierung" beiträgt. Hierzu sind zunächst die Normen zu identifizieren, die sanierungsspezifische Ziele konterkarieren oder eine Sanierung aus steuerlicher Sicht begünstigen. Im Zuge dessen ist auch Stellung zu nehmen, wie die Normen auszulegen sind.

Forschungsfrage: Welche Normen des deutschen Ertragsteuerrechts behindern Sanierungen bzw. tragen zu deren Erfolg bei? Welche ungeklärten Rechtsfragen sind unter Berücksichtigung der gängigen Auslegungsmethoden zu lösen?

Inwieweit das Steuerrecht Sanierungsbestrebungen beeinflusst, lässt sich anhand des Ziels „relative Steuerbarwertminimierung" analysieren.[33] Der Steuerbarwert gibt dazu die künftig zu erwartenden Zahlungsströme einer Entscheidung als Zahlung auf den Ermittlungstag an, die eine Sachverhaltsrealisation unter Berücksichtigung von Steuereffekten mit sich bringt. Ausgehend von einem rationalen Investor ändert sich das Investitionskalkül in Abhängigkeit von Steuereffekten auf den Barwert. Der Steuerbarwert ist aufgrund der zahlreichen Parameter, die die Steuerquote einer Investitionsentscheidung beeinflussen allerdings zu grob, um das komplexe Entscheidungsproblem „ertragsteueroptimale Sanierung" lösen zu können.[34] Speziell, weil die Steueroptimierung nur eine Nebenbedingung sein kann, bedarf es deshalb

---

30 *Smith*, Wealth of Nations – Neuauflage, 2005, 703f.

31 Zur Beurteilung der steuerlichen Leistungsfähigkeit muss das Total- oder Lebenseinkommen und nicht das Periodeneinkommen herangezogen werden. *Tipke*, Die Steuerrechtsordnung Band II, 1993, 503; *Tipke*, StuW 2002, 148, 166; *Karrenbrock*, DB 2004, 559, 560.

32 Eine endgültige Nichtberücksichtigung von erwirtschafteten Verlusten führt im Ergebnis zur Überbesteuerung, falls vorangegangene Gewinne besteuert wurden.

33 Zur relativen Steuerbarwertminimierung: *Rödder*, Gestaltungssuche im Ertragsteuerrecht zgl. Diss. Univ. zu Köln, 1990, 48ff.; *Kessler*, Die Euro-Holding zgl. Habil. Univ. zu Köln, 1996, 76; *Hötzel*, Unternehmenskauf und Steuern, 1997, 60.

34 In anderem Kontext mit gleichem Ergebnis hinsichtlich der Nutzung des Steuerbarwerts als Gestaltungsziel: *Hötzel*, Unternehmenskauf und Steuern, 1997, 61; *Reitsam*, Gestaltungen zur Verlustverwertung im Konzern zgl. Diss. Univ. Freiburg, 2006, 31.

konkreterer Gestaltungsziele für die Steuerplanung. Aus diesen Gestaltungszielen ist ein System abzuleiten, welches eine systematische Einordnung einer Sanierungsbemühung in ein Steueroptimierungsszenario erlaubt.

Forschungsfrage: Welche steuerlich relevanten Zwischenziele werden im Rahmen einer Sanierung angestrebt? Inwieweit erfüllen einzelne Sanierungsmaßnahmen diese untergeordneten Ziele zur Optimierung der Steuerbelastung?

Eine steuerliche Optimierung einer Sanierungsbemühung erhöht die Chancen eines erfolgreichen Abschlusses der Sanierungsbestrebungen zum Teil außerordentlich.[35] Dem Steuerpflichtigen steht es dabei nach ständiger Rechtsprechung grundsätzlich frei, seine steuerlichen Umstände so einzurichten, dass sie für ihn am günstigsten sind.[36] Es sind allerdings die durch § 42 AO gesetzten Grenzen für Gestaltungsmissbräuche zu beachten.

Forschungsfrage: Welche Möglichkeiten bietet die Steuerplanungslehre zur Steueroptimierung in Sanierungsfällen?

Die steuerlichen Rahmenbedingungen für Sanierungsmaßnahmen sehen sich in der Literatur einer erheblichen Kritik ausgesetzt. Insbesondere europarechtliche Probleme[37], die Verletzung des Nettoprinzips,[38] sowie verfassungsrechtliche Bedenken[39] im Allgemeinen wurden mehrfach postuliert. Daran anknüpfend stellt sich die Frage, inwieweit die für eine Sanierung relevanten Normen selbst ein „Sanierungsfall" sind.

Forschungsfrage: Gibt es gesetzgeberischen Handlungsbedarf hinsichtlich der untersuchten Normen? Welche allgemeinen Handlungsempfehlungen können ausgesprochen werden?

IV. Gang der Untersuchung

(Kapitel B – Grundlegung): Weder der Begriff der Sanierung noch jener der Krise sind abschließend definiert. Da das Steuerrecht zum Teil auf diese Begriffe Bezug nimmt, sind diese auszulegen.

---

35 *Eilers/Bühring*, Sanierungs-Steuerrecht, 2012, 7; *Lechner/Haisch*, in: Köhler/Göbel/Körner, Handbuch Unternehmensfinanzierung, 2013, 629.

36 BFH, Beschluss v. 29.11.1982, GrS 1/81, BStBl II 1983, 272; BFH, Urteil v. 2.3.1966, II 113/61, BStBl III 1966, 509; BFH, Urteil v. 28.1.1972, VIII R 4/66, BStBl II 1972, 322; BFH, Urteil v. 16.1.1996, IX R 13/92, BStBl II 1996, 214.

37 Stellvertretend: *Nolte*, NWB 2005, F 3 13735, F 3 13746; *Musil/Volmering*, DB 2008, 12, 12ff.; *Ehrmann*, DStR 2011, 5, 5ff.; *Drüen*, DStR 2011, 289, 289ff.; *Breuninger/Ernst*, GmbHR 2011, 673, 673ff.; *Reimer*, NVwZ 2011, 263, 263ff.; *Olbing*, GmbH-StB 2013, 89, 89ff.

38 Stellvertretend: *Hans*, FR 2007, 775, 775; *Hoffmann*, DStR 2008, 857, 857; *Prinz*, FR 2012, 541, 541ff.; *Wissenschaftlicher Beirat Ernst & Young*, DB 2012, 1704, 1704f.

39 Stellvertretend: *Lang/Englisch*, StuW 2005, 3, 3ff.; *Lang*, GmbHR 2012, 57, 57ff.

Für eine steueroptimale Sanierung ist das Kriterium der Steuerbarwertminimierung – wie auch in anderen Fällen – zu unkonkret.[40] Es sind deshalb die Determinanten zu identifizieren, die eine besondere Wirkung auf die Besteuerung in einer Sanierungssituation haben. In dieses Zielsystem sind auch andere Gestaltungsziele zu formulieren, die bewerten, inwieweit eine steueroptimale Sachverhaltsrealisation von anderen nicht steuerlichen Zielen abhängt. Letztendlich sind auch Zwischenziele aufzunehmen, die anzeigen, ob die Maßnahmen einer Sanierung tatsächlich dienlich sind.

(Kapitel C – Rahmenbedingungen): Das deutsche Steuerrecht kennt kein eigenes, in sich abgegrenztes „Sanierungssteuerrecht".[41] Es sind deshalb zunächst die Normen zu beschreiben, die einen wesentlichen Einfluss auf Sanierungsprozesse haben. Im Zuge dessen sind bestehende Zweifelsfragen zu analysieren und zu kommentieren. Letzteres erfordert auch eine umfassende Analyse der einschlägigen Rechtsprechung. Da das Europarecht gesonderte Beschränkungen für Stützungsmaßnahmen vorsieht, die für den deutschen Gesetzgeber bindend sind, werden diese gesetzgeberischen Gestaltungsgrenzen ebenfalls vorgestellt. Falls sich Gestaltungsansätze aus steuerplanerischer Sicht ergeben, werden diese aufgezeigt.

(Kapitel D – Sanierungsinstrumente): Sanierungsbemühungen nutzen konkrete Rechtshandlungen. Ausgehend von den gängigen Sanierungsinstrumenten und der Darstellung der implizierten Rechtsfolgen werden diese Maßnahmen in das unter Kapitel B entwickelte Zielsystem eingeordnet und bewertet. Im Zuge dessen sind Fragen hinsichtlich der ertragsteuerlichen Gestaltungsgrenzen zu diskutieren.

(Kapitel E – Ertragsteueroptimale Sanierungsstrategie): Aufbauend auf den Ergebnissen der Kapitel C und D wird in Kapitel E die Herleitung einer ertragsteueroptimalen Sanierungsstrategie umrissen. Dies betrifft im Besonderen den konkreten Ablauf und die Abstimmung der Sanierungsstrategie.

(Kapitel E – Fazit): Die Ergebnisse der Arbeit werden zum Schluss thesenförmig zusammengefasst und um einen Ausblick ergänzt.

Die Arbeit basiert auf dem Rechtsstand im Juni 2014.

---

40 *Hötzel*, Unternehmenskauf und Steuern, 1997, 61; *Reitsam*, Gestaltungen zur Verlustverwertung im Konzern zgl. Diss. Univ. Freiburg, 2006, 31.

41 *Eilers/Bühring*, Sanierungs-Steuerrecht, 2012, 141.

B. Begriffliche Abgrenzung und Zielsystem

I. Unternehmenskrise und Sanierung

1. Unternehmenskrise

Die unternehmerische Krise wird weder in der Literatur noch in der Rechtsprechung einheitlich abgegrenzt.[42] Gemeinsam ist den Definitionen, dass die Krise einen Ablauf von Ereignissen beschreibt, die insgesamt eine unternehmerische Fehlentwicklung darstellen und im Ergebnis die Lebensfähigkeit der Unternehmung bedrohen.[43] Der Zustand der Krise setzt jedoch auch voraus, dass eine Umkehrung dieser Fehlentwicklung möglich ist.[44] Sind hingegen die unternehmerischen Handlungsspielräume schon derart eingeschränkt, dass eine Fortführung des Unternehmens – unabhängig

---

42 Siehe bspw. *Loose/Maier*, in: Lüdicke/Sistermann, Unternehmensteuerrecht, 2008, 781, § 17 Rz. 3 im Vergleich zu *Berens/Brauner/Strauch/u.a.*, Due Diligene bei Unternehmensakquisition, 2013, 908. Die Einteilung in unterschiedliche Phasen läuft aber auf ein ähnliches Ergebnis hinaus. Es werden nur einzelne Phasen unter anderen Aspekten beleuchtet. Grundlegend zur Diskussion: *Krystek*, Unternehmungskrisen: Beschreibung, Vermeidung und Bewältigung überlebenskritischer Prozesse in Unternehmungen, 1987, 4ff.

43 *Witte*, in: Bratschitsch/Schnellinger, Unternehmenskrisen, 1981, Unternehmenskrisen: Ursachen, Frühwarnung, Bewältigung: Bericht über die Pfingsttagung in Innsbruck, Juni 1979, Verband der Hochschullehrer für Betriebswirtschaft e.V, 10f.; *Maurenbacher*, Sanierung mittelständischer Unternehmungen durch Private-Equity-Gesellschaften, Fallstudienuntersuchungen, Modellentwicklung, Gestaltungsempfehlungen - Schriften zum Management Band 31, 2008, 20; *Maus*, in: Schmidt/Uhlenbruck, Die GmbH in Krise, Sanierung und Insolvenz, 2009, 1, 1; *Bausch/Matthes*, in: Thierhoff/Müller/Illy/u.a., Unternehmenssanierung, 2012, 88; *Hess/Groß*, in: Hess, Sanierungshandbuch, 2013, 1, 4. *Krystek* beschreibt Unternehmenskrisen als „ungeplante und ungewollte Prozesse von begrenzter Dauer und Beeinflussbarkeit sowie mit ambivalentem Ausgang. Sie sind in der Lage, den Fortbestand der gesamten Unternehmung substanziell und nachhaltig zu gefährden oder sogar unmöglich zu machen."

44 *Witte*, in: Bratschitsch/Schnellinger, Unternehmenskrisen, 1981, Unternehmenskrisen: Ursachen, Frühwarnung, Bewältigung: Bericht über die Pfingsttagung in Innsbruck, Juni 1979, Verband der Hochschullehrer für Betriebswirtschaft e.V, 10f.; *Hommel/Knecht/Wohlenberg*, Handbuch Unternehmensrestrukturierung: Grundlagen - Konzepte - Maßnahmen, 2006, 34; *Maurenbacher*, Sanierung mittelständischer Unternehmungen durch Private-Equity-Gesellschaften, Fallstudienuntersuchungen, Modellentwicklung, Gestaltungsempfehlungen - Schriften zum Management Band 31, 2008, 20; *Maus*, in: Schmidt/Uhlenbruck, Die GmbH in Krise, Sanierung und Insolvenz, 2009, 1, 1; *Hess/Groß*, in: Hess, Sanierungshandbuch, 2013, 1, 4.

von den unternommenen Maßnahmen – unmöglich erscheint, ist der Zeitpunkt der Krise bereits überschritten.[45]

Die nachfolgenden Krisenzustände stehen in keinem Rangverhältnis zueinander, sondern knüpfen an bestimmte Zeitpunkte eines idealtypischen Krisenverlaufs an. Da bestimmte steuerliche und zivilrechtliche Vorschriften an bestimmte Krisenphasen anknüpfen, ist die Abgrenzung jedoch von Relevanz. Beispielsweise können gewisse steuerliche Vergünstigungen[46] nicht in Anspruch genommen werden, falls ein spezielles Krisenstadium nicht erreicht ist. Im Hinblick auf die Insolvenzantragspflicht, wegen Erfüllung eines Insolvenzgrundes, sind die insolvenzrechtlichen Krisendefinitionen von besonderer Bedeutung.

Abbildung B-1: Idealtypischer Krisenverlauf[47]

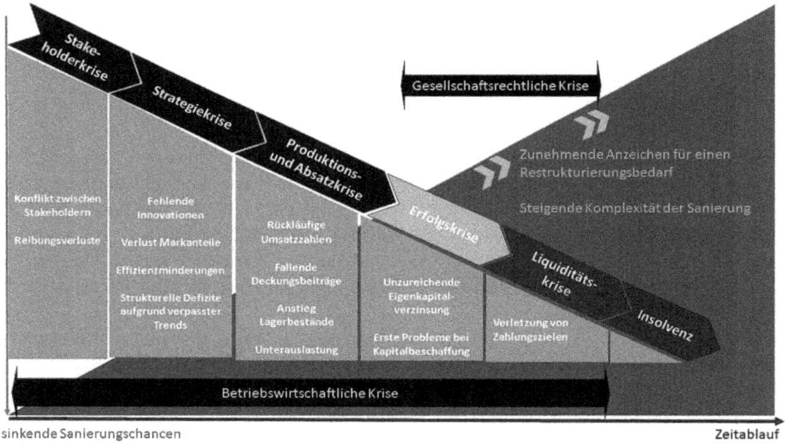

1.1 Betriebswirtschaftliche Unternehmenskrise

Die betriebswirtschaftliche Unternehmenskrise setzt bereits an einem Punkt an, wenn längerfristige Erfolgspotenziale eines Unternehmens bedroht sind. Für den Gang der

45 *Hommel/Knecht/Wohlenberg*, Handbuch Unternehmensrestrukturierung: Grundlagen - Konzepte - Maßnahmen, 2006, 34; *Maus*, in: Schmidt/Uhlenbruck, Die GmbH in Krise, Sanierung und Insolvenz, 2009, 1, 1.

46 Bspw. knüpft die Sanierungsklausel nach § 8c Abs. 1a KStG an den Begriff der Krise an. Siehe im Detail Kap. C.III.4.5.

47 Eigene Darstellung.

Untersuchung ist aber an den Begriff der betriebswirtschaftlichen Krise[48] im engeren Sinn anzuknüpfen. Dies ist damit begründet, dass zu diesem Zeitpunkt erstmals das Unternehmen in seiner Existenz bedroht ist.

---

48 Die Betriebswirtschaftliche Krise im weiteren Sinn unterscheidet folgende Stufen:
Stakeholderkrise: Werden Entscheidungen nur unter erheblichen Reibungsverlusten getroffen oder bestehen Führungsfehler, ist von einer Stakeholderkrise auszugehen. IDW S 6, Anforderungen an Sanierungskonzepte verabschiedet am 20.8.2012, IDW Verlautbarungen 2012, Rz. 65; *Beck/Stanneck*, in: Tierhoff/Müller/Illy/u.a., Unternehmenssanierung, 2012, 449; *Berens/Brauner/Strauch/u.a.*, Due Diligene bei Unternehmensakquisition, 2013, 908; *Stratz*, in: CMS Hasche Sigle, Steueroptimierte Gestaltungen, 2013, 1. Eine solche Schieflage ist meistens auf einen geänderten Führungsstil zurückzuführen. Gründe sind bspw. Krankheit einer Führungsperson, verunglückte Unternehmensnachfolgen, Streitigkeiten innerhalb der Unternehmensleitung oder zwischen den Gesellschaftern. *Beck/Stanneck*, in: Tierhoff/Müller/Illy/u.a., Unternehmenssanierung, 2012, 449. Die Stakeholderkrise muss sich noch nicht auf den unternehmerischen Erfolg auswirken, birgt aber ein latentes Risiko für eine künftige Zuspitzung der Unternehmenssituation.
Strategiekrise: Werden Führungsfehler nicht beseitigt, können sie sich im Zeitablauf in einen Verlust von Marktanteilen, Effizienzminderungen, einem Investitionsstau oder Fehlinvestitionen niederschlagen. Ursächlich für einen Rückgang des Marktanteils können auch unerkannte technologische Trends sein. In diesen Fällen ist von einer Strategiekrise auszugehen. Ausgelöst wird dieses Krisenstadium, weil es an einer grundlegenden Strategie fehlt oder diese nicht konsequent umgesetzt wird. IDW S 6, Anforderungen an Sanierungskonzepte verabschiedet am 20.8.2012, IDW Verlautbarungen 2012, Rz. 64; *Beck/Stanneck*, in: Tierhoff/Müller/Illy/u.a., Unternehmenssanierung, 2012, 449; *Berens/Brauner/Strauch/u.a.*, Due Diligene bei Unternehmensakquisition, 2013, 908; *Stratz*, in: CMS Hasche Sigle, Steueroptimierte Gestaltungen, 2013, 6. In der Regel werden in diesem Stadium noch Gewinne erzielt, auch wenn diese rückläufig sind. *Beck/Stanneck*, in: Tierhoff/Müller/Illy/u.a., Unternehmenssanierung, 2012, 449.
Produktions- und Absatzkrise: Werden keine Sanierungsbestrebungen getroffen, mündet eine Strategiekrise regelmäßig in eine Produktions- und/oder Absatzkrise. Kennzeichnend für dieses Krisenstadium sind rückläufige Umsatzzahlen bei fallenden Deckungsbeiträgen. IDW S 6, Anforderungen an Sanierungskonzepte verabschiedet am 20.8.2012, IDW Verlautbarungen 2012, Rz. 67; Berens/Brauner/Strauch/u.a., Due Diligene bei Unternehmensakquisition, 2013, 908. Gleichzeitig ist mit einem Anstieg der Lagerbestände und einer Unterauslastung der Produktionskapazitäten zu rechnen. Beck/Stanneck, in: Tierhoff/Müller/Illy/u.a., Unternehmenssanierung, 2012, 450; Berens/Brauner/Strauch/u.a., Due Diligene bei Unternehmensakquisition, 2013, 908. Die Ursachen für ein Abrutschen in eine Produktions- und/oder Absatzkrise können vielfältig sein. In der Regel mangelt es aber an einem marktgängigen Leistungsangebot, das lediglich durch ein Absenken der Preise noch Umsätze generiert. IDW S 6, Anforderungen an Sanierungskonzepte verabschiedet am 20.8.2012, IDW Verlautbarungen 2012, Rz. 73; Hess/Groß, in: Hess, Sanierungshandbuch, 2013, 216, Kap. 5 Rz. 27; Stratz, in: CMS Hasche Sigle, Steueroptimierte Gestaltungen, 2013, 6.

Als betriebswirtschaftliche Krise im engeren Sinn ist der Zustand der Erfolgskrise definiert. Dieser bedroht die Existenz des Unternehmens unmittelbar, weil die geforderte Eigenkapitalverzinsung nicht mehr erreicht wird oder bereits Verluste erzielt werden.[49] Aus rationaler Sicht ist es deshalb für die Gesellschafter nicht mehr sinnvoll sich weiterhin an der Gesellschaft zu beteiligen, da bei gegebenem Risiko eine höhere Rendite am Markt erzielt werden kann.[50] In diesem Stadium setzen deshalb auch erstmals Schwierigkeiten bei der Kapitalbeschaffung von Dritten ein.[51]

Kann eine Erfolgskrise nicht abgewendet werden, führt diese letztlich in eine Liquiditätskrise, in der die Gefahr besteht, dass den laufenden Verbindlichkeiten nicht mehr nachgekommen werden kann.[52] Symptomatisch für diese Schieflage ist, dass die realisierte Finanzierungsstruktur durch eine fehlende Fristenkongruenz die Liquiditätsbedürfnisse nicht mehr deckt.[53] Weil Zahlungen nicht mehr fristgerecht erfüllt werden und das Eigenkapital nach und nach aufgezehrt wird, können Sonderkündigungsrechte der Kreditgeber aufleben.[54] Als Folge der nachhaltigen Fehlentwicklung drohen die Überschuldung und/oder die Zahlungsunfähigkeit des Krisenunternehmens.[55]

---

49 *Hommel/Knecht/Wohlenberg*, Handbuch Unternehmensrestrukturierung: Grundlagen - Konzepte - Maßnahmen, 2006, 35; *Maus*, in: Schmidt/Uhlenbruck, Die GmbH in Krise, Sanierung und Insolvenz, 2009, 1, 2; *Beck/Stanneck*, in: Tierhoff/Müller/Illy/u.a., Unternehmenssanierung, 2012, 450; *Berens/Brauner/Strauch/u.a.*, Due Diligene bei Unternehmensakquisition, 2013, 908; *Stratz*, in: CMS Hasche Sigle, Steueroptimierte Gestaltungen, 2013, 6.

50 Entgegen der modellhaften Ausgestaltung sind in der Realität entsprechende Transaktionskosten zu berücksichtigen, die durch einen Wechsel des Engagements entstehen können. Diese können je nach Art und Ausgestaltung der Beteiligung die Vorteilhaftigkeit einer Reinvestition erheblich beeinflussen und zumindest mittelfristig die Vorteilhaftigkeit umkehren.

51 *Berens/Brauner/Strauch/u.a.*, Due Diligene bei Unternehmensakquisition, 2013, 908.

52 *Beck/Stanneck*, in: Tierhoff/Müller/Illy/u.a., Unternehmenssanierung, 2012, 450; *Berens/Brauner/Strauch/u.a.*, Due Diligene bei Unternehmensakquisition, 2013, 908.

53 IDW S 6, Anforderungen an Sanierungskonzepte verabschiedet am 20.8.2012, IDW Verlautbarungen 2012, Rz. 72; *Stratz*, in: CMS Hasche Sigle, Steueroptimierte Gestaltungen, 2013, 6.

54 *Beck/Stanneck*, in: Tierhoff/Müller/Illy/u.a., Unternehmenssanierung, 2012, 450f. Zur gestiegenen Bedeutung von Covenants durch die Wirtschaftskrise: *Haghani/Voll/Holzamer/u.a.*, Financial Conenants in der Unternehmensfinanzierung, http://www.rolandberger.com/media/pdf/Roland_Berger_Financial_Covenants_20090725.pdf, abgerufen am 24.2.2014.

55 In diesem Fall ist die Beschaffung einer Überbrückungsfinanzierung meist unumgänglich, damit fällige Verbindlichkeiten bedient werden können.

1.2 *Gesellschaftsrechtliche Unternehmenskrise*

Eine nachhaltig negative Entwicklung mündet in eine gesellschaftsrechtliche Krise. Diese ist gem. § 32a Abs. 1 S. 1 GmbHG a.F.[56] als Zustand definiert, indem ein Gesellschafter als ordentlich handelnder Kaufmann der Gesellschaft Eigenkapital statt ein Darlehen zugeführt hätte.[57] Das Risiko einer Stützungsmaßnahme soll demnach beim Gesellschafter verbleiben und nicht auf die Gläubigerschaft überwälzt werden, indem die Forderung den sonstigen Verbindlichkeiten gleichgestellt wird.[58] Die in der Rechtsprechung zu § 32a GmbHG a.F. herausgearbeitete Definition[59] der gesellschaftsrechtlichen Krise knüpft somit im Wesentlichen an die Kreditunwürdigkeit an, die der Insolvenzreife vorgelagert ist.[60] Sie liegt vor, wenn eine Beschaffung eines Kredits zu marktüblichen Konditionen nicht mehr nur durch Einsatz eigener Kreditsicherungsmittel der Gesellschaft möglich ist und die Kapitalzufuhr der Gesellschafter die Liquidation bzw. Insolvenz verhindert.[61]

1.3 *Insolvenzrechtliche Unternehmenskrise*

Schlägt eine Sanierung während der einzelnen Krisenstadien fehl, mündet die dauerhaft schlechte Ertragslage in der Insolvenz.[62] Das Insolvenzverfahren kann aus unterschiedlichen Gründen eröffnet werden. Voraussetzung ist allerdings, dass ein gesetzlich definierter Eröffnungsgrund einschlägig ist, § 16 InsO.[63]

1.3.1 *Drohende Zahlungsunfähigkeit*

Ist ein Schuldner voraussichtlich nicht mehr in der Lage seinen künftigen Zahlungsverpflichtungen nachzukommen – droht ihm folglich die Zahlungsunfähigkeit – kann

---

56 § 32a Abs. 1 S. 1 GmbHG a.F. ist als Anknüpfungspunkt für steuerliche Folgen auch nach der eigentlichen Abschaffung noch von Bedeutung.

57 *Loose/Maier*, in: Lüdicke/Sistermann, Unternehmensteuerrecht, 2008, 781, § 17 Rz. 4; *Maus*, in: Schmidt/Uhlenbruck, Die GmbH in Krise, Sanierung und Insolvenz, 2009, 1, 2; *Aleth*, in: Eilers/Rödding/Schmalenbach, Unternehmensfinanzierung, 2008, 756.

58 BGH, Urteil v. 19.12.1994, II ZR 10/94, MitBayNot 1995, 155.

59 Siehe dazu BGH, Urteil v. 26.11.1979, II ZR 104/77, BGHZ 75, 334; BGH, Urteil v. 26.11.1979, II ZR 104/77, BGHZ 75, 334, 155.

60 BGH, Urteil v. 20.6.2005, II ZR 18/03, BB 2005, 1698; *Maus*, in: Schmidt/Uhlenbruck, Die GmbH in Krise, Sanierung und Insolvenz, 2009, 1, 3.

61 *Loose/Maier*, in: Lüdicke/Sistermann, Unternehmensteuerrecht, 2008, 781, § 17 Rz. 4; *Maus*, in: Schmidt/Uhlenbruck, Die GmbH in Krise, Sanierung und Insolvenz, 2009, 1, 3.

62 *Beck/Stanneck*, in: Tierhoff/Müller/Illy/u.a., Unternehmenssanierung, 2012, 451; *Berens/Brauner/Strauch/u.a.*, Due Diligene bei Unternehmensakquisition, 2013, 909.

63 Das Insolvenzverfahren dient dazu die Gläubiger, der in die Insolvenz geratenen Unternehmung, möglichst umfassend zu befriedigen, § 1 InsO. Ob die Befriedigung der Gläubiger durch Abwicklung des Unternehmens oder durch die Umsetzung eines Sanierungskonzepts erreicht wird, ist bedeutungslos.

er die Eröffnung des Insolvenzverfahrens selbst einleiten, § 18 InsO.[64] Dritte können hingegen nicht die Insolvenz auf Basis des § 18 InsO beantragen.[65] Insoweit besteht ein einseitiges Antragswahlrecht des Schuldners.[66]

Zur Prüfung der drohenden Zahlungsunfähigkeit ist darauf abzustellen, ob die künftig zu erfüllenden Verpflichtungen noch geleistet werden können.[67] Verbindlichkeiten, die noch nicht bestehen, sind in die Prüfung einzubeziehen, falls ihre Fälligkeit absehbar ist.[68] Sprechen mehr Gründe gegen die Möglichkeit der Erledigung der Zahlungsverpflichtungen als dafür, kann der Schuldner wegen drohender Zahlungsunfähigkeit das Verfahren über sein Vermögen eröffnen lassen.[69] Die Eröffnung des Insolvenzverfahrens bei einer bloßen Zahlungsstockung ist hingegen nicht möglich.[70]

1.3.2 Zahlungsunfähigkeit

Zwingender Eröffnungsgrund des Insolvenzverfahrens ist eine eingetretene Zahlungsunfähigkeit i. S. d. § 17 InsO. In diesem Fall leidet der Schuldner unter einer solchen Illiquidität, dass er seinen Verpflichtungen nicht nachkommen kann, § 17 Abs. 2 S. 1 InsO. Hat der Schuldner seine Zahlungen bereits eingestellt, sind regelmäßig die Voraussetzungen für eine Zahlungsunfähigkeit zu vermuten, § 19 Abs. 2 S. 2 InsO.

Grundsätzlich ist die Liquiditätsprüfung zur Feststellung der Zahlungsunfähigkeit in mehreren Stufen durchzuführen. Entscheidend ist dabei die Unterdeckung der Liquidität gegenüber den laufenden Verpflichtungen. Beträgt diese mindestens 10 % ist zu prüfen, ob es sich nicht nur um eine kurzfristige Zahlungsstockung[71]

---

64 Ziel der freiwilligen Anmeldung des Insolvenzverfahrens ist die Schadensminimierung mit dem Ziel einer Sanierung. *Doliwa*, Die geplante Insolvenz zgl. Diss. Univ. Berlin, 2012, 20.

65 In der Praxis ist die Eröffnung des Insolvenzverfahrens wegen drohender Zahlungsunfähigkeit praktisch bedeutungslos.

66 *Aleth*, in: Eilers/Rödding/Schmalenbach, Unternehmensfinanzierung, 2008, 757; *Hess/Groß*, in: Hess, Sanierungshandbuch, 2013, 1, 6.

67 *Hess/Groß*, in: Hess, Sanierungshandbuch, 2013, 1, 6.

68 *Burger*, DB 1992, 2149, 2149; *Uhlenbruck*, in: Schmidt/Uhlenbruck, GmbH in der Krise, Sanierung und Insolvenz, 2009, 430.

69 *Aleth*, in: Eilers/Rödding/Schmalenbach, Unternehmensfinanzierung, 2008, 757; *Waza/Uhländer/Schmittmann*, Insolvenzen und Steuern, 2010, 89; *Uhlenbruck*, in: Schmidt/Uhlenbruck, GmbH in der Krise, Sanierung und Insolvenz, 2009, 430f.

70 *Uhlenbruck*, in: Schmidt/Uhlenbruck, GmbH in der Krise, Sanierung und Insolvenz, 2009, 431.

71 Zahlungsstockung ist anzunehmen, falls der Schuldner lediglich einzelnen Verbindlichkeiten nicht nachkommt, sich aber ausreichende Mittel per Kredit beschaffen könnte. BGH, Beschluss v. 21.9.2006, IX ZR 55/05, BeckRS 2006, 12943; *Hess*, in: Hess, Sanierungshandbuch, 2013, 683.

handelt.[72] Bleibt der Zustand der Illiquidität mindestens drei Wochen bestehen, ist der Tatbestand der Zahlungsunfähigkeit erfüllt.[73]

Kann die Deckungslücke während eines Zeitraums von drei Wochen zumindest teilweise abgebaut und unter 10 % gedrückt werden, ist zu analysieren, ob innerhalb der nächsten sechs Monate eine vollständige Erfüllung der Verpflichtungen wahrscheinlich ist.[74] Die Analyse gilt als Fortführungsprognose. Ist mit einem Abbau der Zahlungsunfähigkeit nicht zu rechnen, ist davon auszugehen, dass der Schuldner zahlungsunfähig ist, sodass in Folge das Insolvenzverfahren zu eröffnen ist.[75]

1.3.3 Überschuldung

Der Insolvenztatbestand der Überschuldung ist ausschließlich bei juristischen Personen einschlägig, § 19 Abs. 1 InsO.[76] Der Überschuldungsprüfung nach § 19 Abs. 2 InsO liegt eine zweistufige Analyse zugrunde,[77] die neben einer rechnerischen Überprüfung der Überschuldung das Prognoseelement „Fortführung“ beinhaltet.

Eine Gesellschaft ist überschuldet, falls das nach betriebswirtschaftlichen Gesichtspunkten bewertete Vermögen die Schulden nicht mehr deckt.[78] Grundsätzlich sind in die Prüfung alle Vermögenswerte und Schulden einzubeziehen. Der Ausweis in der Handels- oder Steuerbilanz hat keine Relevanz für die Überschuldungsprüfung nach § 19 Abs. 2 InsO. Wie das Vermögen zu bewerten ist, ist abhängig vom Ergebnis der Fortführungsprognose. Soweit die Prognose positiv ausfällt, ist das Vermögen mit Fortführungswerten zu bewerten, andernfalls zu Liquidationswerten.[79]

Die 2008 vollzogene Rückkehr zur modifizierten zweistufigen Überschuldungsprüfung[80] hat zur Konsequenz, dass dem dynamischen Element der Fortführungsprognose eine erheblich höhere Bedeutung zukommt. Soweit die Fortführungsprognose zu dem Schluss führt, dass mehr Gründe für eine Fortführung der in die Krise geratenen

---

72 BGH, Urteil v. 24.5.2005, IX ZR 123/04, NZI 2005, 547; *Waza/Uhländer/Schmittmann*, Insolvenzen und Steuern, 2010. 87f.; *Uhlenbruck*, in: Schmidt/Uhlenbruck, GmbH in der Krise, Sanierung und Insolvenz, 2009, 411f.

73 *Waza/Uhländer/Schmittmann*, Insolvenzen und Steuern, 2010, 88; *Uhlenbruck*, in: Schmidt/Uhlenbruck, GmbH in der Krise, Sanierung und Insolvenz, 2009, 412; *Hess/Groß*, in: Hess, Sanierungshandbuch, 2013, 1, 6.

74 *Heublein*, KSI 2006, 12, 16; *Uhlenbruck*, in: Schmidt/Uhlenbruck, GmbH in der Krise, Sanierung und Insolvenz, 2009, 412.

75 Im Einzelnen zur Abgrenzung: *Uhlenbruck*, in: Schmidt/Uhlenbruck, GmbH in der Krise, Sanierung und Insolvenz, 2009, 409ff.

76 Bei Personengesellschaften, die über keine natürliche Person als Vollhafter verfügen, kann das Insolvenzverfahren ebenfalls wegen Überschuldung eröffnet werden, § 19 Abs. 3 InsO.

77 Durch das FMStG wurde der modifizierte zweistufige Überschuldungsbegriff wieder eingeführt. Die Fortführungsprognose hat damit erheblich an Bedeutung gewonnen. *Böcker/Poertzgen*, GmbHR 2013, 17, 18.

78 *Hess*, in: Hess, Sanierungshandbuch, 2013, 690.

79 *Böcker/Poertzgen*, GmbHR 2013, 17, 18; *Hess*, in: Hess, Sanierungshandbuch, 2013, 688.

80 Zur Entwicklung des Überschuldungsbegriffs: *Schmidt*, DB 2008, 2467, 2467ff.

juristischen Person als für eine Stilllegung sprechen, ist eine rechnerische Überschuldung kein Insolvenzgrund.[81] Die positive Fortführungsprognose reicht damit bereits aus, um eine Insolvenzantragspflicht zu verhindern.[82] Maßnahmen,[83] die der Abwendung einer rechnerischen Überschuldung dienen, sind damit nicht notwendig, um der Insolvenzeröffnung entgegenzusteuern.[84]

Die Fortführungsprognose[85] muss anhand objektiver Maßstäbe die Fortführungsfähigkeit belegen. Hierzu sind insbesondere ein Liquiditätstest und eine Zahlungsfähigkeitsprognose abzugeben.[86] Des Weiteren muss ein realisierbares Unternehmenskonzept vorliegen, das von den zuständigen Organen des Schuldners getragen wird und die Sanierungsbemühungen der Gesellschaft darlegt.[87] Hierzu sind auch eine Ertrags- und Finanzplanung zu erstellen.[88] Die Prognose hat nach herrschender Meinung einen Zeitraum von zwei Jahren zu umfassen.[89]

Fällt die Fortführungsprognose negativ aus, sind alle Vermögenswerte mit dem Liquidationswert im Überschuldungsstatus zu berücksichtigen. Dem gegenüberzustellen sind die gesamten Schulden. Soweit für Gesellschafterdarlehen oder vergleichbare Mittel ein Nachrang hinter die in § 39 Abs. 1 Nr. 1 bis 5 InsO bezeichneten Forderungen vereinbart wurde, sind die Verbindlichkeiten nicht im Überschuldungsstatus zu berücksichtigen, § 19 Abs. 2 S. 2 InsO.

2. Sanierung

Für den Begriff der Sanierung besteht keine einheitliche oder abschließende Definition. *Loose/Maier*[90] verstehen unter einer Sanierung die Behebung der Krise durch

81 *Böcker/Poertzgen*, GmbHR 2008, 1289, 1290; *Eilers/Bühring*, Sanierungs-Steuerrecht, 2012, 9.

82 *Schmidt*, DB 2008, 2467, 2470; *Böcker/Poertzgen*, GmbHR 2013, 17, 18. Eine rechnerische Überprüfung der Überschuldung ist trotz positiver Fortführungsprognose durchzuführen. *Kliebisch/Linsenbarth*, DZWIR 2012, 232, 235.

83 Hierzu zählen bspw. Rangrücktrittvereinbarungen, Kapitalerhöhung, Debt-to-Equity Swap oder Debt-to-Mezzanine Swaps.

84 *Böcker/Poertzgen*, GmbHR 2013, 17, 18.

85 Die Fortführungsprognose im Insolvenzrecht entspricht im Wesentlichen der Going-Concern nach § 252 Abs. 1 Nr. 2 HGB.

86 LG-Göttingen, Urteil v. 3.11.2008, 10 T 119/08, BeckRs 2014, 23084; *Hecker/Glozbach*, BB 2009, 1544, 1545. Nach IDW S 6 ist für das Kriterium der Fortbestehensprognose allein die voraussichtliche Zahlungsfähigkeit während des Prognosezeitraums entscheidend. IDW S 6, Anforderungen an Sanierungskonzepte verabschiedet am 20.8.2012, IDW Verlautbarungen 2012, Rz. 78.

87 *Hecker/Glozbach*, BB 2009, 1544, 1545; *Hess*, in: Hess, Sanierungshandbuch, 2013, 691.

88 *Hecker/Glozbach*, BB 2009, 1544, 1545; *Böcker/Poertzgen*, GmbHR 2013, 17, 21; *Hess*, in: Hess, Sanierungshandbuch, 2013, 691.

89 Das laufende und das nachfolgende Geschäftsjahr. *Böcker/Poertzgen*, GmbHR 2013, 17, 21; *Hess*, in: Hess, Sanierungshandbuch, 2013, 697.

90 *Loose/Maier*, in: Lüdicke/Sistermann, Unternehmensteuerrecht, 2008, 781, 785.

finanzwirtschaftliche Maßnahmen, die der Gesundung des Krisenunternehmens dienen. Der BFH[91] legt nach ständiger Rechtsprechung die Sanierung als Bündel von Maßnahmen fest, die geeignet sind, die Ertragsfähigkeit eines Unternehmens wiederherzustellen. *Uhlenbruck*[92] trifft hinsichtlich des Begriffs eine Unterscheidung zwischen einer internen und einer externen Sanierung. Die interne Sanierung, die ohne Hilfe von außen die Unternehmenskrise verhindert, bezieht demnach nur das Management, die Arbeitnehmer und Gesellschafter ein. Eine externe Sanierung erfolgt, wenn sich Drittgläubiger an der Sanierung beteiligen.

Nach der hier vertretenen Auffassung ist der Begriff der Sanierung als Maßnahme zu verstehen, die der Überwindung der Unternehmenskrise dient. Dies setzt folglich auch voraus, dass die Sanierung die Ertragsfähigkeit grundsätzlich wiederherstellen kann. Auf den tatsächlichen Sanierungserfolg kommt es hingegen nicht an.

II. Zielsystem für die Unternehmenssanierung

Ziel der steuerlichen Gestaltungsoptimierung ist grundsätzlich die relative Steuerbarwertminimierung.[93] Dies bedeutet, dass die Höhe der Steuerabflüsse, bezogen auf ein gegebenes Bruttoergebnis, reduziert wird.[94] Für die Strukturierung einer steueroptimalen Sanierung ist das Kriterium der Steuerbarwertminimierung – wie auch in anderen Fällen – jedoch zu unkonkret.[95] Es sind deshalb – wie nachfolgend dargestellt – Subziele zu formulieren, die sich auf die Steuerbelastung in einer Sanierungssituation auswirken.

Sanierungen sind nicht steuerlich motiviert, sodass außersteuerliche Ziele bei der ertragsteueroptimalen Sanierungsstrategie zu beachten sind, die mit der Sanierung erreicht werden sollen. Die steuerliche Optimierung sollte folglich die eigentlichen Sanierungsbemühungen nicht behindern. Im Besonderen betrifft dies Gestaltungsziele, die die leistungswirtschaftliche Seite betreffen, eine Sanierung verzögern können oder die Insolvenzantragspflichten beeinflussen.

Die Bereitschaft des potenziellen Trägers einer Sanierungsmaßnahme wird unter anderem von den Folgen bei ihm abhängen. Es ist deshalb zielführend, diese Effekte in die Untersuchung einzubeziehen. Dies betrifft neben der steuerlichen Geltendmachung des Sanierungsbeitrags das Risiko, dass der Träger durch seinen Sanierungsbeitrag eingeht.

---

91 Stellvertretend: BFH, Urteil v. 10.4.2003, IV R 63/01, BStBl II 2004, 9.

92 *Uhlenbruck*, in: Schmidt/Uhlenbruck, Die GmbH in der Krise, Sanierung und Insolvenz, 2009, 247.

93 *Rödder*, Gestaltungssuche im Ertragsteuerrecht zgl. Diss. Univ. zu Köln, 1990, 48ff.; *Kessler*, Die Euro-Holding zgl. Habil. Univ. zu Köln, 1996, 76; *Hötzel*, Unternehmenskauf und Steuern, 1997, 60.

94 *Reitsam*, Gestaltungen zur Verlustverwertung im Konzern zgl. Diss. Univ. Freiburg, 2006, 31.

95 *Hötzel*, Unternehmenskauf und Steuern, 1997, 61; *Reitsam*, Gestaltungen zur Verlustverwertung im Konzern zgl. Diss. Univ. Freiburg, 2006, 31.

Da in der Realität nicht nur ein Ziel, sondern ein ganzes Bündel von sich gegenseitig beeinflussenden Zielen angestrebt wird, kann eine abschließende Einschätzung über die Rangfolge nicht abgegeben werden. Diese hängt von den individuellen Parametern des Einzelfalls ab. Die Reihenfolge der nachfolgenden Ziele sagt deshalb nichts über ihre Gewichtung im Einzelfall aus.

1. Allgemeine Sanierungsziele

1.1 Geringe Vorlaufzeit für die Umsetzung

Sanierungsmaßnahmen müssen zumindest anfänglich unter erheblichem Zeitdruck umgesetzt werden, weil ansonsten der Untergang des Unternehmens droht.[96] Schließlich ist davon auszugehen, dass ohne Sanierungsmaßnahmen weiterhin Verluste erzielt werden, sodass sich die Unternehmenskrise verschärft. Hinsichtlich der untersuchten Sanierungsinstrumente wird deren zeitnahe Umsetzung im Wesentlichen von der Notwendigkeit einer Genehmigung durch weitere Personen abhängen.[97]

✓ *Gestaltungsziel: Geringe Vorlaufzeit für die Umsetzung einer Sanierungsmaßnahme.*

1.2 Entschuldung der Unternehmung

Unternehmen in wirtschaftlichen Schwierigkeiten weisen regelmäßig eine ungünstige Fremdkapitalquote[98] aus. Da ein hoher Verschuldungsgrad zu einem schlechteren Rating führt, sind die Finanzierungskonditionen ungünstig.[99] Dies hat wiederum zur Folge, dass die höheren Fremdkapitalkosten den Erfolg des Unternehmens belasten. Eine Sanierung erfordert deshalb die gesamte Finanzierungsstruktur des Unternehmens zu überdenken und entsprechend anzupassen.[100] Nachhaltige Sanierungen

---

96 *Arends/Hofert von Weiss*, BB 2009, 1538, 1542; *Eilers/Bühring*, Sanierungs-Steuerrecht, 2012, 1; *Farle/Schmitt*, DB 2013, 1746, 1746; *Buth/Hermanns*, Restrukturierung Sanierung Insolvenz, 2014, 791.

97 Ein schnelles Erkennen und Handeln ist immanent für den Erfolg der Sanierungsbemühungen. *Hess/Groß*, in: Hess, Sanierungshandbuch, 2013, 1, 39.

98 Die Fremdkapitalquote gibt das Verhältnis der Schulden zum Gesamtkapital wieder.

99 Dies erhöht zwangsläufig die Finanzierungskosten bzw. verhindert die Vergabe neuer Fremdfinanzierungsmittel. *Maurenbacher*, Sanierung mittelständischer Unternehmungen durch Private-Equity-Gesellschaften, Fallstudienuntersuchungen, Modellentwicklung, Gestaltungsempfehlungen - Schriften zum Management Band 31, 2008, 27.

100 Zur grundsätzlichen Besserstellung von Fremdkapital aus steuerlicher Sicht: *Becker/Dwenger*, in: Schön, Eigen- und Fremdkapital, 2013, 101, 105ff.; *Körner*, in: Köhler/Goebel/Körner, Handbuch Unternehmensfinanzierung, 2013, 4ff. Allerdings relativiert sich die Vorteilhaftigkeit der Abzugsfähigkeit von Fremdkapitalzinsen zumindest teilweise durch die Hinzurechnung im Rahmen der Gewerbesteuer. Unter Umständen ist eine Abzugsfähigkeit nicht möglich, falls die Zinsschranke nach § 4h EStG greift.

benötigen auch Mittel zur Investition, die finanziert werden müssen. Folglich muss die Entschuldung des Unternehmens angestrebt werden.

✓ *Gestaltungsziel: Entschuldung der Unternehmung.*

1.3 Verbesserung des Bildes der Überschuldungsbilanz

Deckt das Vermögen die Schulden nicht mehr, gilt eine Gesellschaft als überschuldet, soweit keine positive Fortführungsprognose besteht, § 19 Abs. 2 InsO.[101] Für die Feststellung des Vorliegens des Insolvenzeröffnungsgrundes „Überschuldung" i. S. d. § 19 InsO ist bei negativer Fortführungsprognose eine Überschuldungsbilanz aufzustellen. Auch wenn der Insolvenzgrund der Überschuldung durch Modifikation des Überschuldungsbegriffs[102] inzwischen seltener eintritt, ist die Wirkung einer Sanierungsmaßnahme auf den Überschuldungsstatus von Relevanz. Falls mit einer Zahlungsunfähigkeit zu rechnen ist, liegt in den allermeisten Fällen bereits eine Überschuldung vor. Da eine drohende Zahlungsunfähigkeit eine positive Fortführungsprognose verhindert, ist eine Prüfung der Überschuldung in diesen Fällen unerlässlich.[103]

✓ *Gestaltungsziel: Verbesserung des Bildes der Überschuldungsbilanz.*

1.4 Wiederherstellung der Zahlungsfähigkeit

Der Erhalt bzw. die Wiederherstellung der Zahlungsfähigkeit ist immanent für die Gesundung eines Unternehmens, weil die Zahlungsunfähigkeit dazu führt, dass keine Leistungen mehr am Markt bezogen werden können. Die Aufrechterhaltung der Produktion kann folglich nicht gewährleistet werden, sodass das Krisenunternehmen handlungsunfähig wird. Darüber hinaus ist bei Zahlungsunfähigkeit der Tatbestand des § 17 InsO erfüllt, sodass das Insolvenzverfahren zu eröffnen ist.

---

101 *Hess/Groß*, in: Hess, Sanierungshandbuch, 2013, 216, 304. Die Überschuldungsbilanz zu Liquidationswerten ist nur aufzustellen, falls eine negative Fortführungsprognose zu verzeichnen ist. Zur geringen Bedeutung des Tatbestands der Überschuldung für die Praxis der Insolvenzeröffnung siehe: *Bitter/Hommerich*, Die Zukunft des Überschuldungsbegriffs Expertenbefragung im Auftrag des Bundesministeriums der Justiz, 2012, 4ff. Laut Studie von *Bitter/Hommerich* erstellen lediglich 22 % der Rechtsunterworfenen den Überschuldungsstatus zum richtigen Zeitpunkt. Von einer negativen Fortführungsprognose wäre bspw. auszugehen, falls eine Zahlungsunfähigkeit droht, die nur durch einen Gläubigerakkord im Insolvenzverfahren zu beheben ist. Der Tatbestand der Überschuldung wurde durch die zweistufige Überschuldungsprüfung im Rahmen des Finanzmarktstabilisierungsgesetzes entschärft. Die Regelung wurde zunächst befristet, gilt inzwischen jedoch unbefristet. Im Detail: *Haas*, DStR 2009, 326, 326ff.; *Hecker/Glozbach*, BB 2009, 1544, 1544ff.; *Hess/Groß*, in: Hess, Sanierungshandbuch, 2013, 216, 303f.

102 Siehe Kap. B.I.1.3.3.

103 *Hess/Groß*, in: Hess, Sanierungshandbuch, 2013, 216, 304.

✓ *Gestaltungsziel: Aufrechterhaltung bzw. Wiederherstellung der Zahlungsfähigkeit.*

1.5 Unabhängigkeit von leistungswirtschaftlichen Maßnahmen

Sanierungen sind ein multivalentes Entscheidungsproblem unter Unsicherheit.[104] Je enger die Maßnahmen miteinander verwoben sind, desto komplexer ist die Entscheidungsfindung. Es ist deshalb wünschenswert, dass steuerliche Maßnahmen keinen Einfluss auf leistungswirtschaftliche Beziehungen haben. Infolgedessen ist zu prüfen, ob eine aus steuerlicher Sicht wünschenswerte Maßnahme Interdependenzen mit einem anderen Bereich des Unternehmens aufweist.[105]

✓ *Gestaltungsziel: Unabhängigkeit von steuerlichen Anforderungen bei der Durchführung leistungswirtschaftliche Maßnahmen.*

1.6 Flexibilitäts- und Autonomiegrad

Das deutsche Steuerrecht unterliegt einem stetigen Wandel. Zudem können sich Unternehmen – besonders Unternehmen in einer Krisensituation – in unvorhergesehener Weise entwickeln. Die Schaffung einer flexiblen Struktur, die die Einflussnahme auf künftige Realsachverhalte ermöglicht, ist deshalb erstrebenswert.[106]

✓ *Gestaltungsziel: Hoher Flexibilitäts- und Autonomiegrad.*

1.7 Mitbestimmung & Zustimmung

Sanierungsbemühungen können die Einwilligung unterschiedlicher Interessensgruppen erfordern.[107] Zustimmungserfordernisse können jedoch die Sanierung scheitern lassen, falls sich die Billigung der angestrebten Sanierungsmaßnahmen verzögert oder gänzlich unterbleibt.

Als potenziell Stimmberechtigte kommen alle Gläubiger, Arbeitnehmer und Gesellschafter infrage, in Abhängigkeit des verwirklichten Tatbestands. So können bspw. Maßnahmen, die den Abbau von Arbeitsplätzen betreffen, in Betrieben mit einem Betriebsrat nicht ohne dessen Zustimmung zum Sozialplan erfolgen.[108]

✓ *Gestaltungsziel: Vermeidung von Sachverhalten, für die eine Zustimmung der Stakeholder notwendig ist.*

---

104 *Maus*, in: Schmidt/Uhlenbruck, Die GmbH in Krise, Sanierung und Insolvenz, 2009, 1, 1.

105 *Rödder*, Gestaltungssuche im Ertragsteuerrecht zgl. Diss. Univ. zu Köln, 1990, 83; *Kessler*, Die Euro-Holding zgl. Habil. Univ. zu Köln, 1996, 74.

106 *Rödder*, Gestaltungssuche im Ertragsteuerrecht zgl. Diss. Univ. zu Köln, 1990, 91. *Rödder* nennt als besonders wichtige Eigenschaften in diesem Zusammenhang die Reversibilität und die Bindungswirkung in gleichgelagerten Fällen.

107 BMF-Schreiben v. 27.3.2003, IV A 6 – S 2140 – 8/03, BStBl I 2003, 240.

108 Dieser Umstand ist bspw. für § 8c Abs. 1a S. 3 Nr. 1 KStG von Relevanz.

2. Bilanzielle und ertragsteuerliche Ziele beim Krisenunternehmen

2.1 Rechtssichere Sachverhaltsrealisierung

Im Rahmen der Arbeit werden Auslegungsprobleme des Gesetzes bei der Durchführung einzelner Sanierungsmaßnahmen diskutiert werden müssen. Falls eine unsichere Rechtslage dazu führt, dass sich nicht die geplanten Rechtsfolgen realisieren, kann eine Sanierungsmaßnahme nachträglich ihr Ziel verfehlen. Im Kontext einer steueroptimalen Sanierungsstrategie kann deshalb ein zunächst ungünstiger Sachverhalt vorteilhaft sein, wenn dessen Rechtswirkungen als gesichert gelten und sich nachträglich als richtig herausstellen. Der Faktor „Rechtssicherheit" ist folglich ein Ziel bei der ertragsteueroptimalen Sanierung.[109]

✓ Gestaltungsziel: Rechtssichere *Sachverhaltsrealisierung.*

2.2 Ergebnisabhängige Entstehung von Fremdkapitalvergütungen

Die Aufwandsposition „Fremdkapitalzins" kann die Liquidität eines Unternehmens erheblich belasten. Um Liquidität für unternehmerische Ziele einsetzen zu können, ist es wünschenswert, dass eine Zinsbelastung frühestens Eintritt, wenn sich die Ertragslage stabilisiert hat. Deshalb ist es zielführend, ein ergebnisabhängiges Entstehen von Fremdkapitalmaßnahmen zu bewirken.

✓ *Gestaltungsziel: Ergebnisabhängige Entstehung von Fremdkapitalvergütungen.*

2.3 Wirkung auf Handelsbilanz

Sanierungsmaßnahmen haben teils erheblichen Einfluss auf die Handelsbilanz.[110] Weil Letztere Informationsgrundlage für die Stakeholder ist, sind die Auswirkungen von Sanierungsmaßnahmen auf die Handelsbilanz von Bedeutung. Einige Sanierungsbemühungen zielen deshalb auch direkt auf die Verbesserung des handelsrechtlichen Bilanzbildes ab. Diese Schritte dienen insbesondere der Verbesserung des Ratings der Unternehmung, da sich wichtige Bilanzkennzahlen positiv verändern lassen.

✓ *Gestaltungsziel: Verbesserung des handelsbilanziellen Bildes.*

2.4 Verlusterhalt

Steuerliche Verlust- und Zinsvorträge stellen für ein in die Krise geratenes Unternehmen einen Vermögenswert dar, weil die künftige Steuerbelastung durch die

109 Es kann jedoch nur eine subjektive Einschätzung vorgenommen werden, ob ein Sachverhalt rechtssicher realisiert werden kann.

110 Siehe hierzu Kap. D.

Nutzung der Zins- und Verlustvorträge gemindert werden kann.[111] Der dadurch gewonnene Liquiditätsvorteil verbessert die Sanierungsaussichten in erheblichem Umfang. Der Erhalt und die Sicherung steuerlicher Zins- und Verlustvorträge ist deshalb ein wichtiges Steuergestaltungsziel bei Sanierungsmaßnahmen.[112]

✓ *Gestaltungsziel: Erhalt von Zins- und Verlustvorträgen.*

2.5 Sanierungsgewinne

Gewinne, die aus dem Erlass einer Schuld im Rahmen einer Sanierung entstehen, können unter den Voraussetzungen des BMF-Schreibens v. 27.3.2003[113] von der Einkommen- und Körperschaftsteuer befreit werden. Dies gilt jedoch grundsätzlich nicht für die Gewerbesteuer. Zudem geht mit der Einkommens- und Körperschaftsteuerfreiheit eine gewisse Unsicherheit, gepaart mit weiteren Anforderungen einher, die für die Steuerfreiheit zu erfüllen sind.[114] Im Idealfall sollte die Entstehung eines Sanierungsgewinns folglich vermieden werden, auch weil die Gewerbesteuerfreiheit des Sanierungsgewinns im Ermessen der Gemeinde liegt.

✓ *Gestaltungsziel: Vermeidung von Sanierungsgewinnen.*

2.6 Wiederherstellung der Werthaltigkeit einer Schuld

Die Wiederherstellung der Werthaltigkeit einer Schuld kann in steuerlicher Hinsicht positive Einflüsse auf eine andere nachfolgende Sanierungsmaßnahme haben.[115] Deshalb ist zu untersuchen, inwieweit ein Sanierungsinstrument die Werthaltigkeit von Schulden herstellen kann.

✓ *Gestaltungsziel: Herstellung der Werthaltigkeit einer Schuld möglich.*

---

111 *Hötzel*, Unternehmenskauf und Steuern, 1997, 94; Detailliert zum Zinsvortrag: *Hoffmann*, Zinsschranke, 2008, 85ff. Zur Problematik des § 8c KStG siehe Kap. C.III. und bspw. *Wiese*, DStR 2007, 741, 741ff.; *Altrichter-Herzberg*, GmbHR 2009, 466, 466ff.; *Honert/Obser*, BB 2009, 1161, 1161ff.; *Streit/Degen*, AG 2010, R373, R373f.; *Frey/Mückl*, GmbHR 2010, 1193, 1197f.

112 *Dörfler/Wittkowski*, GmbHR 2007, 513, 517; *Eickhorst*, BB 2007, 1707, 1709; *Eilers/Bühring*, DStR 2009, 137, 138; *Roser*, FR 2009, 937, 945; *Dörr*, NWB 2010, 184, 185; *Frey/Mückl*, GmbHR 2010, 1193, 1197; *Herzig/Liekenbrock*, Ubg 2011, 313, 314.

113 BMF-Schreiben v. 27.3.2003, IV A 6 – S 2140 – 8/03, BStBl I 2003, 240.

114 Diese besteht insbesondere im Hinblick auf die Steuerfreiheit im Rahmen der Gewerbesteuer und hinsichtlich der unionsrechtlichen Zulässigkeit. Im Detail siehe Kap. C.IV.

115 Im Detail Kap. D.V.6.1.

2.7 *Abzugsfähigkeit von Zinsen für die Kapitalbereitstellung in Abhängigkeit der Ertragslage*

Das deutsche Steuerrecht kennt keine Finanzierungsneutralität.[116] Während sich Fremdkapitalzinsen als Betriebsausgaben grundsätzlich steuermindernd auf die Bemessungsgrundlage auswirken, können Vergütungen für die Überlassung von steuerlichem Eigenkapital nicht abgezogen werden.[117]

Der steuerlichen Einordnung als Fremd- oder als Eigenkapital, die nicht zwingend der handelsrechtlichen Qualifikation folgt, kommt deshalb eine erhebliche Bedeutung zu,[118] weil sie die Steuerlast des Krisenunternehmens nach einer gelungenen Sanierung beeinflusst. Aus steuerlicher Sicht ist in Konsequenz die Qualifikation als Fremdkapital wünschenswert, sodass die Abzugsfähigkeit der Kapitalvergütungen gewährleistet ist.

✓ *Gestaltungsziel: Steuerliche Geltendmachung von Kapitalvergütungen als Aufwand.*

3. Ziele beim Träger der Sanierungsmaßnahme

3.1 *Begrenzte Risikoübernahme durch Träger der Sanierungsmaßnahme*

Die Risiken, die einem Krisenunternehmen innewohnen, lassen sich von Außenstehenden nicht ohne weiteres erkennen.[119] Da dem Träger einer Sanierungsmaßnahme in bestimmten Fällen haftungsrechtliche Konsequenzen oder eine finanzielle Belastung drohen, ist es zielführend die Risikoübernahme zu begrenzen. Inwieweit sich

---

116 *Körner*, in: Köhler/Goebel/Körner, Handbuch Unternehmensfinanzierung, 2013, 4; *Becker/Dwenger*, in: Schön, Eigen- und Fremdkapital, 2013, 101, 101ff.

117 *Becker/Dwenger*, in: Schön, Eigen- und Fremdkapital, 2013, 101, 101ff.; *Körner*, in: Köhler/Goebel/Körner, Handbuch Unternehmensfinanzierung, 2013, 4ff.

118 Siehe hierzu Kap. D. IX. und RFH, Urteil v. 17.4.1934, I A 316/32, RStBl 1934, 773; BMF-Schreiben v. 8.12.1986, IV B 7 – S 2742 – 26/86, BB 1987, 667; *Lutter*, in: Knobbe-Keuk/Klein/Moxter, 1988, 383, 383ff.; BFH, Urteil v. 19.1.1994, I R 67/92, BStBl II 1996, 49; BMF-Schreiben v. 27.12.1995, IV B 7-S 2742-76/95, BStBl I 1996, 49; *Küting/Kessler/Harth*, BB-Beilage 1996, 1, 1ff.; *Wengel*, DStR 2001, 1316, 1316ff.; *Kratzsch*, BB 2005, 2603, 2603ff.; *Breuninger/Prinz*, DStR 2006, 1345, 1345ff.; *Brokamp/Hölzer*, FR 2006, 272, 272ff.; *Kracht*, GStB 2006, 243, 243ff.; *Briesemeister*, Hybride Finanzierungsinstrumente im Ertragsteuerrecht zgl. Diss. Univ. zu Köln, 2006, 111ff.; *Dittmers/Gerig*, Den Mittelstand begleiten - FS für Horst Kary, in: Dittmers/Gerig/Seemann, 2009, 101; *Eilers*, GWR 2009, 3, 3; *Ekkenga*, Ubg 2009, 761, 771; *Haase*, StuB 2009, 495, 495ff.; *Hofert/Möller*, GmbHR 2009, 527, 527ff.; *Böhlmann/Engels*, in: Schragl/Stefaner, Handbuch Genussrechte, 2010, 291, 291ff.; *Große*, DStR 2010, 1397, 1397ff.; *Häuselmann*, in: Kessler/Kröner/Köhler, Konzernsteuerrecht, 2008, 900, 900ff.; *Oelke/Wöhlert/Degen*, BB 2010, 299, 299ff.; *Stollenwerk/Piron*, GmbH-StB 2012, 150, 150; *Kröner/Momen*, DB 2012, 829, 829ff.; *Holtum*, GmbH-StB 2013, 219, 219ff.

119 So können auf den Rechtsnachfolger auch steuerstrafrechtliche Konsequenzen übergehen.

eine Abgrenzung erreichen lässt, hängt davon ab, welches Sanierungsinstrument genutzt wird.

✓ *Gestaltungsziel: Begrenzte Risikoübernahme durch Träger der Sanierungsmaßnahme.*

3.2 Handelsbilanzielle Angaben beim Träger der Sanierungsmaßnahme

Falls Sanierungsbeiträge die Vermögens- und Ertragslage desjenigen verändern, der einen Sanierungsbeitrag leistet, ändert sich dessen Handelsbilanz. Diese Auswirkungen können die Sanierungsbereitschaft beeinflussen, da die Handelsbilanz desjenigen, der den Sanierungsbeitrag leistet, die Informationsgrundlage für seine Gläubiger ist.

✓ *Gestaltungsziel: Vermeidung von handelsbilanziellen Angaben bei demjenigen, der den Sanierungsbeitrag leistet.*

3.3 Berücksichtigung von Verlusten beim Anteilseigner

Die Höhe eines Sanierungsbeitrags, die ein Träger einer Sanierungsmaßnahme beisteuert, hängt unter anderem davon ab, ob er den Sanierungsbeitrag steuerlich geltend machen kann. Dabei ist insbesondere die Abzugsfähigkeit bei Gesellschaftern von Relevanz, da diese einerseits umfassend beschränkt ist, andererseits die Gesellschafter Hauptträger von Sanierungsmaßnahmen sind. Es ist deshalb wünschenswert, dass die steuerliche Abzugsfähigkeit gewährleistet ist.

✓ *Gestaltungsziel: Berücksichtigung von Verlusten beim Anteilseigner*

4. Zusammenfassung

Abbildung B-2: Zielsystem der ertragsteueroptimalen Unternehmens-sanierung – eigene Darstellung

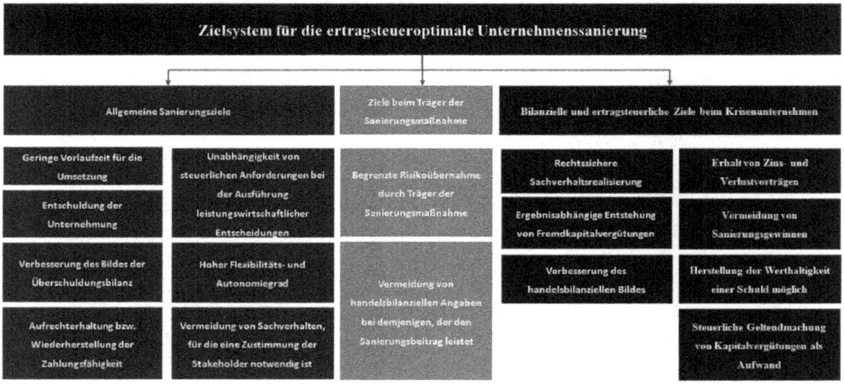

C. Rahmenbedingungen

I. Steuerliche Problemfelder der Sanierung

Ein explizites Sanierungssteuerrecht existiert in Deutschland nicht. Die steuerlichen Folgen während einer Sanierung richten sich folglich nach den allgemeinen Bestimmungen des deutschen Ertragsteuerrechts. Es existieren aber Normen, die durch die Umstände während einer Sanierung für Kapitalgesellschaften von besonderer Bedeutung sind.

Im Wesentlichen handelt es sich dabei um die Vorschriften, die entweder den Verlustabzug zeitlich strecken oder insgesamt verhindern bzw. eine Berücksichtigung von Sanierungsbeiträgen beim Initianten einer Sanierungsmaßnahme einschränken. Als einzige, nur im Erlasswege verabschiedete Sonderregelung in Sanierungsfällen ist außerdem der Sanierungserlass von besonderer Bedeutung.

Im Folgenden werden deshalb die Vorschriften der Mindestbesteuerung nach § 10d EStG, der Verlustabzugsbeschränkung für Körperschaften nach § 8c KStG, § 8b Abs. 3 S. 4 KStG und der Sanierungserlass als Eckpfeiler des „Sanierungssteuerrechts" einer genaueren Analyse unterzogen.

II. Mindestbesteuerung

1. Verlustabzug als Ausdruck des objektiven Nettoprinzips

Die Gewährung einer Verlustverrechnungsmöglichkeit ist Ausdruck des objektiven Nettoprinzips und Belastungsgrundsatzentscheidung des deutschen Ertragsteuerrechts.[120] Eine Verlustverrechnung stellt auch in Sanierungsfällen keine Steuervergünstigung dar, sondern ist das logische Pendant zur Gewinnbesteuerung.[121] Dies resultiert bereits aus dem Ermittlungsvorgang der Bemessungsgrundlage, die sich aus den um Erwerbsaufwendungen geminderten Einnahmen ergibt, § 2 Abs. 2 EStG.[122]

Da es sich bei der Körperschaftsteuer gem. § 7 Abs. 3 KStG um eine Jahressteuer handelt, ist eine Verlustverrechnung zunächst für verschiedene Einkunftsarten[123]

---

120 Zur Grundsatzentscheidung siehe bspw. BVerfG, Beschluss v. 12.5.2009, 2 BvL 1/00, BStBl II 2009, 685.

121 *Schneider*, BB 1988, 1222, 1226f.; *Orth*, in: Kessler/Kröner/Köhler, Konzernsteuerrecht, 2008, 971f.; *Ernst*, Neuordnung der Verlustnutzung nach Anteilseignerwechsel - IFSt-Schrift Nr. 470, 2011, 11; *Braunagel*, in: Lüdicke/Kempf/Brink, Verluste im Steuerrecht, 2010, 53f.

122 *Heuermann*, in: Kirchhoff/Söhn/Mellinghoff, EStG Kommentar, 2012, § 10d EStG A 70.

123 In bestimmten Fällen sieht das Gesetz aber besondere Verlustverrechnungsbeschränkungen vor, welche die Verlustverrechnung verhindern. Beispielsweise sind negative Einkünfte aus gewerblicher Tierzucht (§ 15 Abs. 4 S. 1 EStG) und

derselben Periode durchzuführen.[124] Bei Kapitalgesellschaften ist der subjektbezogene intraperiodische Verlustausgleich[125] jederzeit gewährleistet, weil sie nur gewerbliche Einkünfte erzielen. Für gewerbesteuerliche Zwecke gilt dies entsprechend durch die Verrechnung von Fehlbeträgen innerhalb des Gewerbebetriebs.[126]

Ist ein intraperiodischer Verlustausgleich mangels vorhandener Erträge nicht möglich, verbleibt zur Wahrung der Belastungsgleichheit über die Totalperiode ein interperiodischer Verlustausgleich.[127] Dieser ist notwendig, aufgrund der Tatsache, dass die Besteuerung über die Totalperiode sonst unzutreffend wäre,[128] weil negative Einkünfte unberücksichtigt blieben.

2. Interperiodischer Verlustausgleich per Mindestbesteuerung

Der interperiodische Verlustausgleich ist durch die Mindestbesteuerung nach § 10d Abs. 1 und 2 EStG und das gewerbesteuerliche Pendant – § 10a GewStG – beschränkt. Verluste, die nach § 2 Abs. 3 EStG i. V. m. § 8 Abs. 1 S. 1 KStG nicht ausgeglichen werden können, sind im Wege des interperiodischen Verlustausgleichs – unter

---

bestimmten Termingeschäften (§ 15 Abs. 4 S. 3 EStG) nur mit positiven Einkünften derselben Quelle zu verrechnen. Gleiches gilt für atypisch stille Gesellschaften, soweit der Verlust nicht zumindest mittelbar auf eine natürliche Person entfällt, § 15 Abs. 4 S. 6ff. EStG.

124 Der Verlustausgleich zwischen verschiedenen Einkunftsarten spielt für unbeschränkt steuerpflichtige Kapitalgesellschaften i. S. d. § 1 Abs. 1 Nr. 1 bis 3 KStG keine Rolle, da diese nur Einkünfte aus Gewerbebetrieb erzielen, § 8 Abs. 2 KStG. *Mohr*, in: Lüdicke/Kempf/Brink, Verluste im Steuerrecht, 2010, 33; *Braunagel*, in: Lüdicke/Kempf/Brink, Verluste im Steuerrecht, 2010, 56.

125 Gelten für die Kapitalgesellschaft besondere Verlustverrechnungsbeschränkungen nach den §§ 2a, 2b, 15a oder 15 Abs. 4 EStG gilt die Aussage für diese Einkünfte nicht.

126 *Orth*, in: Kessler/Kröner/Köhler, Konzernsteurrecht, 2008, 994f. Nach § 2 Abs. 2 GewStG gilt die Tätigkeit einer Kapitalgesellschaft stets und in vollem Umfang als ein Gewerbebetrieb, R. 2.1. Abs. 4 GewStR.

127 Der Gesetzgeber ist bei der Generierung von Staatseinnahmen grundsätzlich frei. Er muss aber für eine gleichmäßige Besteuerung sorgen. Diese ist gewährleistet, soweit eine gleichartige Belastung bei Steuerpflichtigen eintritt, die sich in einer gleichartigen Einkommenssituation befinden. Entscheidend ist dabei die Belastung über die Totalperiode und nicht etwa die Belastung in einem einzelnen Veranlagungszeitraum. Schließlich entsteht ein Periodenverlust nur durch das System der Abschnittsbesteuerung und der damit verbundenen willkürlichen Unterteilung der Gesamtperiode in einzelne Veranlagungszeiträume. *Heuermann*, in: Kirchhoff/Söhn/Mellinghoff, EStG Kommentar, 2012, § 10d EStG Rz. A 11; *Lindberg*, in: Frotscher, EStG, 2011, § 10d Rz. 6a; *Lambrecht*, in: Kirchhof, EStG, 2013, § 10d EStG Rz. 1.

128 Im Ergebnis auch *Ziegenhagen/Thieme*, Besteuerung in Krise und Insolvenz, 2010, 105.

Sicherstellung der Personenidentität[129] – sowohl in andere Veranlagungszeiträume vor- als auch zurückzutragen, § 10d EStG. Im Rahmen der Gewerbesteuer ist allerdings nur ein Vortrag zulässig, § 10a S. 1 GewStG. Die eigentliche Nutzung der angesammelten Verlustvorträge in anderen Veranlagungszeiträumen ist bei der Körperschaft- und Gewerbesteuer umfassend beschränkt.

Der zeitlich als auch betragsmäßig eingeschränkte Verlustrücktrag ist in § 10d Abs. 1 S. 1 EStG geregelt. Demnach kann ein Verlust ausschließlich im unmittelbar vorangegangenen Veranlagungszeitraum bis zur Höhe von maximal 1 Mio. €[130] berücksichtigt werden.[131] Dieser Verlustrücktrag für Zwecke der Einkommen- und Körperschaftsteuer erfolgt grundsätzlich von Amts wegen. Ein Steuerpflichtiger kann jedoch per Antrag[132] gem. § 10d Abs. 1 S. 5 EStG (teilweise) auf den Rücktrag verzichten.[133] Der Antrag kann bis zur Bestandskraft des den Verlustvortrags feststellenden Bescheids i. S. d. § 10d Abs. 4 EStG geändert werden.[134] Für körperschaftsteuerliche Zwecke[135] dürfte die Ausübung des Antragswahlrechts im Wesentlichen davon abhängen, ob in der vorangegangenen Periode ein zu versteuerndes Einkommen erzielt wurde.[136]

---

129 Der Verlust steht demjenigen zu, der ihn erlitten hat. BFH, Urteil v. 4.12.1991, I R 74/89, BStBl II 1992, 432; *Knepper*, DStR 1994, 1796, 1797.

130 Für Ehegatten würde sich der Verlustrücktrag auf 2 Mio. € erhöhen. Der Verlustrücktrag wurde mit Gesetz v. 20.2.2013 von 511.500 € auf 1 Mio. € erhöht. Die Neuregelung gilt erstmals für negative Einkünfte aus dem VZ 2013, die nicht ausgeglichen werden können, § 52 Abs. 25 S. 7 EStG. *Lambrecht*, in: Kirchhof, EStG, 2013, § 10d EStG Rz. 4.

131 *Kempf/Vogel*, in: Lüdicke/Kempf/Brink, Verluste im Steuerrecht, 2010, 80; *Lindberg*, in: Frotscher, EStG, 2011, § 10d Rz. 41; *Heuermann*, in: Kirchhoff/Söhn/Mellinghoff, EStG Kommentar, 2012, § 10d EStG Rz. A 384 und B 84; *Lambrecht*, in: Kirchhof, EStG, 2013, § 10d EStG Rz. 12.

132 Für die Antragstellung bestehen keine Formvorschriften und grundsätzlich keine zeitlichen Vorgaben. Ein Verzicht auf den Verlustrücktrag, als auch die Rücknahme des Antrags ist bis zur Bestandskraft des Steuerbescheids möglich. Adressat ist das nach § 19 AO bzw. § 20 AO zuständige Finanzamt. Siehe auch: *Heuermann*, in: Kirchhoff/Söhn/Mellinghoff, EStG Kommentar, 2012, § 10d EStG Rz. B 184ff; *Heinicke*, in: Schmidt, EStG Kommentar, 2012, § 10d EStG Rz. 27.

133 *Kempf/Vogel*, in: Lüdicke/Kempf/Brink, Verluste im Steuerrecht, 2010, 80; *Heuermann*, in: Kirchhoff/Söhn/Mellinghoff, EStG Kommentar, 2012, § 10d EStG Rz. A 60; *Lambrecht*, in: Kirchhof, EStG, 2013, § 10d EStG Rz. 14; *Kliengebiel*, in: Dötsch/Pung/Möhlenbrock, KStG, 2013, § 8 Abs. 1 KStG Rz. 217.

134 BFH, Urteil v. 17.9.2008, IX R 72/06, BStBl II 2009, 639.

135 § 10d EStG ist durch § 8 Abs. 1 KStG auch im Rahmen der Körperschaftsteuer anzuwenden.

136 Effekte durch die Freibetragsregelungen der §§ 24 und 25 KStG sind davon ausgenommen. Die Berücksichtigungsfähigkeit von Spenden spielt durch die Vortragsmöglichkeit nach § 9 Abs. 1 S. 9 KStG eine untergeordnete Rolle. Durch den progressiven Steuertarif ist die Einkommensteueroptimierung hingegen deutlich komplexer. Zur grundlegenden Vorgehensweise bei der Berechnung: *Paus*, DB

Negative Einkünfte, die nicht nach § 10d Abs. 1 EStG zurückgetragen wurden, können in nachfolgende Veranlagungszeiträume zeitlich und betragsmäßig unbeschränkt vorgetragen werden, § 10d Abs. 2 S. 1 EStG.[137] Dies gilt unabhängig davon, ob der Steuerpflichtige den Vortrag durch Verzicht auf einen Rücktrag bewirkt hat oder ob der Rücktrag voll ausgenutzt wurde. Der Vortrag ist gem. § 10d Abs. 4 S. 1 EStG gesondert festzustellen.

Fällt ein Verlustvortrag aus vorangegangenen Jahren und ein Verlustrücktrag in einem Veranlagungszeitraum zusammen, ist vorrangig der Verlustvortrag zu berücksichtigen. Der Rücktrag mindert in diesen Fällen nicht den Gesamtbetrag der Einkünfte.[138]

Für Zwecke der Gewerbesteuer sind nicht ausgeglichene Verluste nach § 10a S. 7 GewStG ausschließlich vorzutragen.[139] Eine Rücktragsmöglichkeit besteht hingegen nicht. Die Höhe der vortragsfähigen Fehlbeträge ist gesondert festzustellen, § 10a S. 6 GewStG.

Die anschließende tatsächliche Nutzung eines Verlustvortrags i. S. d. § 10d Abs. 2 S. 1 EStG in einem nachfolgenden Veranlagungszeitraum ist umfassend begrenzt. Uneingeschränkt können Verlustvorträge aus vorangegangen Veranlagungszeiträumen innerhalb eines Veranlagungszeitraums nur bis zur Höhe von 1 Mio. € mit einem positiven Gesamtbetrag der Einkünfte verrechnet werden (Sockelbetrag).[140] Dies gilt sowohl für die Einkommen- als auch für die Körperschaftsteuer, § 10d Abs. 2 S. 1 EStG i. V. m. § 8 Abs. 1 S. 1 KStG.

Übersteigt der in einem Veranlagungszeitraum zu nutzende Verlustvortrag 1 Mio. €, sind 40 % des Gesamtbetrags der positiven Einkünfte von der Verlustverwertung

---

1994, 1842, 1842; *Schiffers/Schiffers/Déjosez/u.a.*, DB 1994, 1252, 1252; *Schneider/Krammer*, in: Littmann/Bitz/Pust, EStG Kommentar, 2012, § 10d EStG Rz. 62, § 10d Rz. 27. Von Amts wegen wird ein Verlust bis zu einem zu versteuernden Einkommen von 0 € berücksichtigt, sodass bspw. die Wirkung des einkommensteuerlichen Grundfreibetrags unberücksichtigt bleibt. Insoweit ist das Wahlrecht ein wichtiges Gestaltungsinstrument zur Optimierung der Körperschaft- und Einkommensteuerschuld.

137 *Kempf/Vogel*, in: Lüdicke/Kempf/Brink, Verluste im Steuerrecht, 2010, 80.

138 *Orth*, FR 2005, 515, 519; *Orth*, in: Kessler/Kröner/Köhler, Konzernsteurrecht, 2008, 1000.

139 *Orth*, in: Kessler/Kröner/Köhler, Konzernsteurrecht, 2008, 996.

140 *Orth*, in: Kessler/Kröner/Köhler, Konzernsteurrecht, 2008, 999; *Ziegenhagen/Thieme*, Besteuerung in Krise und Insolvenz, 2010, 105; *Rennings*, FR 2011, 741, 742; *Grieser*, DStR 2012, 1007, 1009; *Engelberth*, NWB 2012, 1685, 1687; *Kliengebiel*, in: Dötsch/Pung/Möhlenbrock, KStG, 2013, § 8 Abs. 1 KStG Rz. 218. Insbesondere kleineren und mittelständischen Unternehmen sollen von der Mindestbesteuerung nicht betroffen sein. *Niemann*, Tuebinger Disskussionsbeitrag Nr. 259 2003, 5. Zu Bedeutung der Mindestbesteuerung: *Rennings*, FR 2011, 741, 741ff. Im Liquidationszeitraum steht der Sockelbetrag nur einmalig zur Verfügung. BFH, Urteil v. 23.1.2013, I R 35/12, DStRE 2013, 504; *Farle/Schmitt*, DB 2013, 1746, 1747.

abgeschirmt. Dieser Teil des Einkommens ist unabhängig von der Höhe der Verlustvorträge der Besteuerung zu unterwerfen, § 10d Abs. 2 S. 1 EStG.[141]

Für die Gewerbesteuer gilt gem. § 10a S. 2 GewStG das Gleiche. Im Ergebnis bewirkt die Mindestbesteuerung unabhängig von der Steuerart einen Stundungseffekt für den Fiskus, weil die Nutzung bestehender Verlustvorträge zur Verstetigung der Steuereinnahmen zeitlich gestreckt wird.[142]

3. Bedeutung in Sanierungsfällen

Hinsichtlich der Wirkungsweise der Mindestbesteuerung[143] in Sanierungsfällen ist zu unterscheiden, ob der Sockelbetrag als Mittelstandskomponente im individuellen Fall ausreicht oder nicht. Im ersten Fall gehen von der Regelung keine speziellen Wirkungen im Sanierungsfall aus. Lediglich die Beschränkung des Verlustrücktrags ist im Hinblick auf das Prinzip der Besteuerung nach dem Leistungsfähigkeitsprinzip innerhalb der Totalperiode kritisch zu sehen. Schließlich würde ein Verlustrücktrag bis zur Höhe des bisher in der Totalperiode erwirtschafteten Einkommens eine phasengleiche Einhaltung des Leistungsfähigkeitsprinzips garantieren. Das eine solche Regelung aus ermittlungstechnischen und fiskalpolitischen Gründen aber kaum umzusetzen sein wird, sei dahingestellt.

Für Unternehmen, deren Verlustvorträge den Sockelbetrag übersteigen, ist die Wirkung des § 10d EStG bzw. § 10a GewStG differenziert zu beurteilen. Die zeitliche Streckung der Nutzung von Verlustvorträgen ist ursächlich für einen Großteil der Erschwernisse, die in steuerlicher Hinsicht bei einer Sanierung auftreten.[144]

Zunächst führt die prozyklische Ausgestaltung[145] der Mindestbesteuerung dazu, dass sie eine Verschärfung der Krise begünstigt, wenn nicht gar befeuert. Die zeitliche Streckung der Verlustnutzung führt im Ergebnis zur Verschärfung der Krisensituation, weil im Falle der Genesung eine Steuerbelastung frühzeitig eintritt und folglich die Sanierung erschwert wird.

Problematisch ist dabei die Tatsache, dass die Mindestbesteuerung keine Unterscheidung zwischen Einkommen aus außerordentlichen, nicht zahlungswirksamen

141 *Herff*, KÖSDI 2004, 14253, 14254; *Orth*, in: Kessler/Kröner/Köhler, Konzernsteurrecht, 2008, 998; *Brinkmann*, in: Lüdicke/Sistermann, Unternehmensteuerrecht, 2008, 766; *Eilers/Bühring*, Sanierungs-Steuerrecht, 2012, 36; *Heuermann*, in: Kirchhoff/Söhn/Mellinghoff, EStG Kommentar, 2012, § 10d EStG Rz. A 381; *Lambrecht*, in: Kirchhof, EStG, 2013, § 10d EStG Rz. 16.

142 Bspw. BFH, Beschluss v. 29.4.2005, XI B 127/04, BStBl II 2005, 609.

143 Zur Schädlichkeit der Mindestbesteuerung im Allgemeinen: *Niemann*, Tuebinger Disskussionsbeitrag Nr. 259 2003.

144 *Eilers/Bühring*, Sanierungs-Steuerrecht, 2012, 36; *Kessens/Trapp*, in: CMS Hasche Sigle, Steueroptimale Gestaltungen, 2013, 202.

145 Diese prozyklische Komponente ist nicht nur in Sanierungsfällen problematisch, sondern betrifft auch alle Branchen mit zyklischen Ergebnisverläufen. *Lindauer*, BB 2004, 2720, 2723; Für die Filmbranche vgl. *Dörfler/Käfferlein*, FR 2004, 869, 869ff.

Erträgen und anderen Erträgen trifft. Eine vollständige Verrechnung eines nicht zahlungswirksamen Sanierungsgewinns mit Verlusten scheitert im Ergebnis an der Mindestbesteuerung.[146] Deshalb hat der Steuerpflichtige, ohne eine zahlungswirksame Steigerung seiner Leistungsfähigkeit zu erfahren, grundsätzlich eine Steuerlast im Sanierungsfall zu tragen, die seinen Liquiditätsbedarf nochmals erhöht.[147] Aus diesem Grund ist die Mindestbesteuerung als krisenverschärfende Regelung zu qualifizieren.

Zudem begünstigt die Mindestbesteuerung eine Kumulation von Verlustvorträgen, weil die Nutzung von Verlusten zeitlich gestreckt wird. Dies hat zur Folge, dass sich durch den drohenden „Verlust der Verlustvorträge" ein weiteres Sanierungshindernis aufbaut, wenn die Mindestbesteuerung in Kombination mit der Verlustabzugsbeschränkung für Körperschaften anzuwenden ist.[148]

III. Verlustabzugsbeschränkung für Körperschaften

1. Entwicklung der Norm

Im Rahmen des Unternehmensteuerreformgesetzes 2008[149] wurde die bis dato geltende Mantelkaufregelung nach § 8 Abs. 4 KStG a.F. durch die Verlustabzugsbeschränkung des § 8c KStG ersetzt. Der Gesetzgeber zielte mit der Neuregelung darauf ab, die komplexe Altregelung durch eine einfacher anwendbare Norm zu ersetzen.[150] Viel entscheidender als die anvisierte Vereinfachung war jedoch der dabei vollzogene Paradigmenwechsel: Zielte die alte Mantelkaufregelung auf tatsächliche Missbrauchsfälle des Handels mit Verlustmänteln ab, wurde § 8c KStG von Anfang an nicht als Missbrauchsvermeidungsnorm, sondern als generelle Verlustuntergangsregelung ausgestaltet.[151] Bereits während des Gesetzgebungsverfahrens wurde diese „Verlustvernichtung" heftig kritisiert.[152] Der Bundesrat erkannte zwar

---

146 *Bauschatz*, GmbHR 2008, 1204, 1209; *Braun/Geist*, BB 2013, 351, 351ff.

147 *Lindauer*, BB 2004, 2720, 2723; *Herzig/Wagner*, WPg 2004, 53, 59; *Braun/Geist*, BB 2013, 351, 352.

148 Hinsichtlich der verfassungsrechtlichen Zweifeln in diesen Fällen: BFH, Beschluss v. 26.8.2010, I B 49/10, BStBl II 2011, 826; *Buciek/Dorenkamp*, FR 2011, 75, 75ff.

149 Gesetz v. 20.12.2008, BGBl I, 1912; Gesetzesbegründung BR-Drs.-220/07.

150 BR-Drs.-220/07, 60.

151 *Breuninger/Schade*, Ubg 2008, 261, 261; *Barth*, Unternehmensteuerreform 2008, 2008, 141f.; *Reitsam*, UntStRefG, in: Breithecker/Förster/Förster/u.a., 2007, 421, 425.

152 Stellvertretend: *Wiese*, DStR 2007, 741, 741ff.; *Zerwas/Fröhlich*, DStR 2007, 1933, 1933ff.; *Watrin/Wittkowski/Strohm*, GmbHR 2007, 785, 785ff.; *Suchanek/Herbst*, FR 2007, 863, 863ff.; *Ortmann-Babel/Zipfel*, BB 2007, 1869, 1869ff.; *Winkler/Dieterlen*, in: E&Y/BDI, Unternehmensteuerreform 2008, 2007, 154ff.; *Neyer*, BB 2007, 1415, 1415ff.; *Neumann/Stimpel*, GmbHR 2007, 1194, 1194ff.; *Kußmaul/Zabel*, BB 2007, 967, 967ff.; *Lenz/Ribbrock*, BB 2007, 587, 587ff.; *Kinzl*, AG 2007, 815, 815ff.; *Volb*, Unternehmensteuerreform 2008, 2007, 79; *Helios/Wiesbrock*, DStR 2007, 1793, 1793ff.; *Hans*, FR 2007, 775, 775ff.; *Grube/Behrendt*, BB 2007, Editorial Nr. 33; *Freeden*, in:

die Notwendigkeit einer Begrenzung der von der Bundesregierung vorgeschlagenen Fassung des § 8c KStG-E und forderte diese auf, die Norm entsprechend nachzubessern, dies änderte aber nichts am Beschluss der Ursprungsfassung.[153]

Im Rahmen des MoRaKG[154] wurde anschließend ein erster Versuch unternommen, einen besonders schwerwiegenden Konstruktionsfehler des § 8c KStG zu entschärfen. Weil Start-ups häufig Anlaufverluste anhäufen, wurde durch § 8c Abs. 2 KStG eine Ausnahme für verlustbehaftete Zielgesellschaften geschaffen, die von einer Wagniskapitalbeteiligungsgesellschaft erworben oder veräußert wurden.[155] Allerdings wurden die Grenzen derart eng gesteckt, dass die EU-Kommission § 8c Abs. 2 KStG als staatliche Beihilfe deklarierte.[156] § 8c Abs. 2 KStG trat in Konsequenz nie in Kraft.[157]

Im Jahressteuergesetz 2009[158] wurde die Verlustabzugsbeschränkung für Körperschaften dahingehend verschärft, als dass eine rückwirkende Umwandlung für Zwecke des § 8c KStG keine Wirkung entfaltet. Zudem wurde § 10a GewStG insoweit modifiziert, als dass die Rechtsfolgen der Verlustabzugsbeschränkung für Körperschaften auch (anteilig) bei Mitunternehmerschaften eintreten würden, an denen eine Körperschaft beteiligt ist.[159]

Erst durch die Anfang 2009 eingetretene Wirtschaftskrise reagierte der Gesetzgeber auf einen entscheidenden Kritikpunkt: Von Anfang an wurde die krisenverschärfende Wirkung von § 8c KStG beanstandet.[160] Dieses Sanierungshindernis wurde durch nachfolgende zwei Gesetzesinitiativen zumindest abgemildert.

Im Zuge des Finanzmarktstabilisierungsgesetzes[161] wurde in Rekordzeit zur Rettung angeschlagener Banken, eine sektorale Ausnahme für die Übertragung von Anteilen notleidender Finanzinstitutionen an die SoFFin und deren Rückübertragung gesetzlich verankert (§ 14 Abs. 3 FMStG). Ohne diese Gesetzesinitiative wäre

---

Schaumburg/Rödder: Unternehmensteuerreform 2008, 2007, 521, 521ff.; *Eickhorst*, BB 2007, 1707, 1707ff.; *Dörfler/Wittkowski*, GmbHR 2007, 513, 513ff.; *Anja/Winkler*, GmbHR 2007, 815, 815ff.; *Hermann*, NWB 2008, 507, 507ff.; *Lorenz*, BBK 2008, 1061, 1061ff.; *Roser*, DStR 2008, 77, 77ff.; *Schön*, DStR Beihefter 2008, 10, 10ff.

153 BR-Drs.-16/5377, 16.

154 Gesetz v. 12.8.2008, BGBl I, 1672; Gesetzesbegründung BR-Drs.-16/9777.

155 *Orth*, Ubg 2010, 169, 170.

156 IP/09/1449-Pressemitteilung der Europäischen Kommission v. 1.10.2009.

157 *Dörr*, NWB 2009, 3499, 3499f.; *Dörr*, NWB 2010, 184, 185; *Eilers/Bühring*, Sanierungs-Steuerrecht, 2012, 27; *Gohr*, in: Schnitger/Fehrenbacher, KStG, 2012, § 8c KStG Rz. 3.

158 Gesetz v. 25.12.2008, BGBl I, 2794; Gesetzbegründung BR-Drs.-545/08.

159 Siehe *Fey/Neyer*, DB 2009, 1368, 1369; *Dötsch*, in: Dötsch/Pung/Möhlenbrock, KStG, 2012, § 8c KStG Rz. 8.

160 *Dörfler/Wittkowski*, GmbHR 2007, 513, 517; *Suchanek/Herbst*, FR 2007, 863, 870; *Eickhorst*, BB 2007, 1707, 1710; *Zerwas/Fröhlich*, DStR 2007, 1933, 1935; *Hermann*, NWB 2008, 507, 520.

161 Gesetz v. 17.10.2008, BGBl I, 1982; Gesetzesbegründung BT-Drs.-16/10600.

die Rettung einer Bank, mit dem Untergang sämtlicher steuerlicher Verlustvorträge einhergegangen. Die steuerlichen Folgen hätten damit eine Rettung konterkariert.[162]

Weil sich die Finanzkrise auf die Realwirtschaft ausbreitete, wurde mit dem Bürgerentlastungsgesetz[163] eine zunächst zeitlich befristete Sanierungsklausel eingeführt.[164] Angehäufte Verlustvorträge blieben erhalten, falls die zu sanierende Gesellschaft, bei der der Anteilseigner wechselte, die Voraussetzungen des § 8c Abs. 1a KStG erfüllte.[165]

Eine Neuausrichtung erfuhr § 8c KStG durch das Wachstumsbeschleunigungsgesetz[166].[167] Die generelle Verlustvernichtung nach § 8c KStG wurde durch die Einführung der Stillen-Reserven- und der Konzernklausel umfassend begrenzt, sodass § 8c KStG den Charakter einer Missbrauchsvermeidungsnorm bekam und nicht mehr generell zum Verlustuntergang führte.[168] Zudem wurde die bereits im Bürgerentlastungsgesetz eingeführte Sanierungsklausel entfristet. Dem grundsätzlichen Verlustuntergang standen folglich drei Ausnahmen gegenüber.

Allerdings rückte die auf unbestimmte Zeit verlängerte Sanierungsklausel in den Fokus der EU-Kommission. Diese forderte Deutschland zu einer Stellungnahme auf und leitete am 24.2.2010 das förmliche Prüfverfahren hinsichtlich einer unzulässigen Beihilfe ein.[169] Das BMF setzte daraufhin die Sanierungsklausel, bis zur Entscheidung der EU-Kommission, aus.[170] Da § 8c Abs. 1a KStG als unerlaubte Beihilfe von der Kommission qualifiziert wurde, ist die Regelung bis heute außer Kraft gesetzt.[171] Die Klage Deutschlands gegen die Entscheidung der Kommission schlug aufgrund einer Fristüberschreitung fehl.[172] Das Ergebnis weiterer Verfahren und des Einspruchs seitens Deutschlands vor dem EuGH, bleibt abzuwarten.[173]

---

162 BT-Drs.-16/10600, 18; *Dörr*, NWB 2010, 184, 185; *Orth*, Ubg 2010, 169, 171.

163 Gesetz v. 16.7.2009, BGBl I, 1959; Gesetzesbegründung BR-Drs.-16/12674, 9.

164 Ursprünglich war der zeitliche Anwendungsbereich gem. § 34 Abs. 7c KStG auf Anteilserwerbe zwischen dem 31.12.2007 und vor dem 1.1.2010 beschränkt. Die Befristung wurde im Rahmen des Wachstumsbeschleunigungsgesetzes v. 22.12.2009 aufgehoben.

165 Siehe dazu Kap. C.III. 4.5.

166 Gesetz v. 22.12.2009, BGBl I, 3950; Gesetzesbegründung BT-Drs.-17/15.

167 *Eisgruber/Schaden*, Ubg 2010, 73, 74ff.; Kritisch hierzu: *Dötsch*, in: Dötsch/Pung/Möhlenbrock, KStG, 2012, § 8c KStG Rz. 14.

168 Van Lishaut sah bereits bei Einführung des § 8c KStG Elemente einer Missbrauchsvermeidungsvorschrift, auch wenn dieser auch als „wertneutrale Voraussetzung für den allgemeinen Verlustabzug“ konzipiert wurde. *Lishaut*, FR 2008, 789, 789.

169 EU-Kommission, Beschluss v. 24.2.2010, C7/2010 Sanierungsklausel der Regelung zur Verlustverrechnungsbeschränkung bei Körperschaften (§ 8c KStG), BStBl I 2010, 482.

170 BMF-Schreiben v. 30.4.2010, IV C 2 – S 2745-a/08/10005:002, BStBl I 2010, 488.

171 EU-Kommission-Entscheidung v. 26.1.2011, IP/11/65 2011.

172 EuG, Beschluss v. 18.12.2012, T-205/11, IStR 2013, 101.

173 EuGH, Anhängiges Verfahren, C-102/13 P Deutschland/Kommission, ABl EU C-164, 8.

2. Anwendungsbereich des § 8c KStG

2.1 *Betroffene Gesellschaften*

Betroffen von der Verlustabzugsbeschränkung sind alle Körperschaften unabhängig davon, ob sie unbeschränkt steuerpflichtig gem. § 1 KStG oder nur beschränkt steuerpflichtig gem. § 2 KStG sind und bspw. steuerliche Verluste über eine inländische Betriebsstätte erzielt haben.[174] Gemäß BMF-Schreiben v. 4.7.2008 sind darüber hinaus auch Personenvereinigungen, Vermögensmassen sowie Anstalten und Stiftungen von § 8c KStG erfasst.[175] Letztere Ansicht ist vom Gesetzeswortlaut aber nach der hier vertretenen Auffassung nicht gedeckt und deshalb abzulehnen.[176]

Für gewerbesteuerliche Fehlbeträge ist gem. § 10a S. 10 Nr. 1 GewStG die Verlustabzugsbeschränkung für Körperschaften auf Mitunternehmerschaften mit der Maßgabe anzuwenden, dass Fehlbeträge untergehen, die einer Körperschaft als Mitunternehmerin zuzurechnen sind. Dies gilt auch für mehrstufige Personengesellschaftsstrukturen, falls der dahinterstehende Mitunternehmer eine Körperschaft ist, § 10a S. 10 Nr. 2 GewStG.[177]

2.2 *Betroffene Vorgänge*

2.2.1 *Regelfälle*

§ 8c KStG knüpft ausschließlich an den Beteiligungserwerb an. Erfasst wird jede Übertragung des gezeichneten Kapitals, der Mitgliedschafts-, der Beteiligungs- oder der Stimmrechte, § 8c Abs. 1 S. 1 KStG. Der Gesetzgeber sieht folglich im Anteilseignerwechsel eine hinreichende Konkretisierung für eine Änderung des wirtschaftlichen Engagements,[178] an den er den Verlustuntergang grundsätzlich knüpft.

Das gezeichnete Kapital ist gem. § 272 Abs. 1 S. 1 HGB das Kapital, mit dem der Gesellschafter gegenüber den Gläubigern der Gesellschaft haftet.[179] Bei ausländischen

---

174 *Barth*, Unternehmensteuerreform 2008, 2008, 142; *Freeden*, in: Schaumburg/Rödder, Unternehmensteuerreform 2008, 2007, 521, *Volb*, Unternehmensteuerreform 2008, 2007, 526; *Neyer*, Der Mantelkauf, 2008, 41f.; *Roser*, in: Gosch, KStG, 2009, § 8c Rz. 11; *Gohr*, in: Schnitger/Fehrenbacher, KStG, 2012, § 8c KStG Rz. 13; *Frotscher*, in: Frotscher, KStG GewStG UmwStG, 2013, § 8c KStG Rz. 18.

175 BMF-Schreiben v. 4.7.2008, IV C 7 – S 2745 – a/08/10001, BStBl I 2008, 736, Tz. 1.

176 *Breuninger/Schade*, Ubg 2008, 261, 263; *Suchanek*, GmbHR 2008, 292, 292; Kritisch *Dötsch/Pung*, DB 2008, 1703, 1704; *Lishaut*, FR 2008, 789, 790.

177 *Bien/Wagner*, BB 2010, 923, 923. Die Regelung wurde im Zuge des Jahressteuergesetzes 2009 ergänzt, um Gestaltungen zu vermeiden. Zum damaligen Gestaltungsmodell siehe *Behrendt/Arjes*, BB 2008, 367, 367ff.

178 BR-Drs.-220/07, 126.

179 Auf die tatsächliche Einzahlung kommt es nicht an. Bei Gesellschaften mit beschränkter Haftung ist das gezeichnete Kapital der Anteil am Stammkapital i. S. d. § 5 Abs. 1 GmbHG. Bei Aktiengesellschaften ist es das Grundkapital i. S. d. § 6 AktG. *Neyer*, Der Mantelkauf, 2008, 45: *Freeden*, in: Schaumburg/Rödder, Unternehmensteuerreform

Kapitalgesellschaften ist das entsprechende Pendant zum gezeichneten Kapital heranzuziehen.[180] Für die Feststellung eines mittelbaren Erwerbs über eine Mitunternehmerschaft ist auf deren Ebene auf die vermögensmäßige Beteiligung abzustellen.[181]

Nach Ansicht des BMF wird auch der Erwerb von stimmrechtslosen Kapital – bspw. Vorzugsaktien – als Beteiligungserwerb i. S. d. § 8c Abs. 1 S. 1 KStG behandelt.[182] Ob dies der Intention des Gesetzgebers entspricht, der auf einen Wechsel des wirtschaftlichen Engagements[183] abstellt, darf aber bezweifelt werden.[184] Ein Solches drückt sich gerade durch die Mitbestimmung aus, sodass bei einem Ausschluss der Stimmrechte nicht mit einem Übergang des wirtschaftlichen Engagements zu rechnen ist.[185] Gleichwohl entspricht die Einbeziehung des Erwerbs von stimmrechtslosen Vorzugsaktien dem unglücklich formulierten Gesetzestext, weil die Übertragung des gezeichneten Kapitals als schädlicher Beteiligungserwerb in § 8c Abs. 1 S. 1 KStG explizit aufgeführt wird. Nach der hier vertretenen Auffassung ist deshalb davon auszugehen, dass die Übertragung von stimmrechtslosem Kapital als Erwerb i. S. d. § 8c Abs. 1 KStG qualifiziert.[186]

Der Erwerb eigener Anteile kann für sich genommen nicht die Voraussetzungen eines schädlichen Beteiligungserwerbs erfüllen, weil die Gesellschaft weder an sich selbst beteiligt sein kann, noch eine Ausübung der Stimmrechte zulässig wäre.[187] Allerdings führt die Einziehung zum Übergang der Rechte auf die übrigen Gesellschafter. Insoweit können die Rechtsfolgen des § 8c KStG durch den Einzug

---

2008, 2007, 521, 524; *Förschle/Hoffmann*, in: Ellrott/Förschle/Grottel/u.a., Beck'scher Bilanzkommentar, 2012, § 272 HGB Rz. 10; *Gohr*, in: Schnitger/Fehrenbacher, KStG, 2012, § 8c KStG Rz. 103.

180 *Gohr*, in: Schnitger/Fehrenbacher, KStG, 2012, § 8c KStG Rz. 104.

181 *Gohr*, in: Schnitger/Fehrenbacher, KStG, 2012, § 8c KStG Rz. 105.

182 BMF-Schreiben v. 4.7.2008, IV C 7 – S 2745 – a/08/10001, BStBl I 2008, 736, Tz. 5 und 8. Werden sowohl stimmrechtslose als auch stimmrechtsbehaftete Anteile übertragen, ist die umfassendere Übertragung für die Ermittlung i. S. d. § 8c KStG maßgeblich. BMF-Schreiben v. 4.7.2008, IV C 7 – S 2745 – a/08/10001, BStBl I 2008, 736, Tz. 5; *Lishaut*, FR 2008, 789, 791.

183 BR-Drs.-220/07, 126.

184 Kritisch: *Zerwas/Fröhlich*, DStR 2007, 1933, 1933ff.; *Freeden*, in: Schaumburg/Rödder, Unternehmensteuerreform 2008, 2007, 521, 524; *Lenz*, Ubg 2008, 24, 26; *Roser*, DStR 2008, 1561, 1564; *Breuninger/Schade*, Ubg 2008, 261, 263.

185 *Freeden*, in: Schaumburg/Rödder, Unternehmensteuerreform 2008, 2007, 521, 524; *Lenz*, Ubg 2008, 24, 26; *Breuninger/Schade*, Ubg 2008, 261, 263.

186 *Rödder*, DStR Beihefter 2007, 2, 13; *Sistermann/Brinkmann*, BB 2008, 1928, 1929; *Frotscher*, in: Frotscher, KStG GewStG UmwStG, 2013, § 8c KStG Rz. 20; *Dötsch*, in: Dötsch/Pung/Möhlenbrock, KStG, 2012, § 8c KStG Rz. 36; *Gohr*, in: Schnitger/Fehrenbacher, KStG, 2012, § 8c KStG Rz. 107.

187 *Frotscher*, in: Frotscher, KStG GewStG UmwStG, 2013, § 8c KStG Rz. 56ff.; *Dötsch*, in: Dötsch/Pung/Möhlenbrock, KStG, 2012, § 8c KStG Rz. 37.

von Anteilen eintreten, falls bei einem Alt-Gesellschafter, ein schädlicher Vorgang realisiert wird.[188]

Umwandlungen sind unter § 8c KStG zu subsumieren, wenn sich dadurch die Beteiligungsquoten an einer Körperschaft verschieben.[189] Dies gilt allerdings nur, soweit der verlustbehaftete Rechtsträger überhaupt erhalten bleibt. Andernfalls würden Verluste bereits regelmäßig nach § 4 Abs. 2 S. 2 UmwStG untergehen, da diese von einem Übergang im Wege der Gesamtrechtsnachfolge ausgeschlossen sind.

Ein Beteiligungserwerb ist nach § 8c Abs. 1 S. 1 KStG auch anzunehmen, falls sich die Stimmrechtsverhältnisse an einer Körperschaft ändern. Da eine direkte Übertragung von Stimmrechten – isoliert vom Geschäftsanteil – nicht möglich ist, betrifft der Tatbestand Stimmrechtsbindungen, -vereinbarungen oder einen Stimmverzicht.[190]

2.2.2 Kapitalherabsetzung und Kapitalerhöhung

Nach § 8c Abs. 1 S. 4 KStG ist auch eine Kapitalerhöhung als schädlicher Beteiligungserwerb zu qualifizieren, wenn sich dadurch die Beteiligungsquoten der Gesellschafter verändern (disquotale Kapitalerhöhung). Betroffen sind in der Folge Kapitalerhöhungen, an denen nicht alle Altgesellschafter entsprechend ihrer Beteiligungsquote teilnehmen.[191] Dies gilt im Besonderen für Kapitalerhöhungen mit Bezugsrechtsausschluss, weil die Kapitalerhöhung vollständig auf den Neugesellschafter entfällt. Ob die Kapitalerhöhung durch Einlage oder aus Gesellschaftsmitteln erfolgt, ist unerheblich für die Beurteilung der Schädlichkeit.

---

188 BMF-Schreiben v. 4.7.2008, IV C 7 – S 2745 – a/08/10001, BStBl I 2008, 736, Tz. 7; *Gohr*, in: Schnitger/Fehrenbacher, KStG, 2012, § 8c KStG Rz. 187. Für Zwischenerwerbe schlägt *Frotscher* eine teleologische Reduktion vor. *Frotscher*, in: Frotscher, KStG GewStG UmwStG, 2013, § 8c KStG Rz. 58.

189 BMF-Schreiben v. 4.7.2008, IV C 7 – S 2745 – a/08/10001, BStBl I 2008, 736, Tz. 7. Das BMF-Schreiben nennt die Umwandlung auf eine Verlustgesellschaft, falls ein Beteiligungserwerb durch einen Erwerberkreis stattfindet, die Einbringung eines Betriebs, Teilbetriebs oder Mitunternehmeranteils, sofern ein Beteiligungserwerb am übernehmenden Rechtsträger durch einen Erwerberkreis vorliegt und die Fusion von Anstalten des öffentlichen Rechts, soweit bei der aufnehmenden Anstalt ein Träger der Verlustanstalt Anteile hinzuerwirbt, als schädliche Vorgänge.

190 BMF-Schreiben v. 4.7.2008, IV C 7 – S 2745 – a/08/10001, BStBl I 2008, 736, Tz. 7; *Breuninger/Schade*, Ubg 2008, 261, 265; *Frotscher*, in: Frotscher, KStG GewStG UmwStG, 2013, § 8c KStG Rz. 61f.

191 *Lang*, DStZ 2007, 652, 655; *Freeden*, in: Schaumburg/Rödder, Unternehmensteuerreform 2008, 2007, 521, 526; *Reitsam*, UntStRefG, in: Breithecker/Förster/Förster/u.a., 2007, 421, 434; *Volb*, Unternehmensteuerreform 2008, 2007, 71; *Barth*, Unternehmensteuerreform 2008, 2008 143; *Brinkmann*, in: Lüdicke/Sistermann, Unternehmensteuerrecht, 2008, 769f.; *Neyer*, Der Mantelkauf, 2008, 57; *Gohr*, in: Schnitger/Fehrenbacher, KStG, 2012, § 8c KStG Rz. 196; *Dötsch*, in: Dötsch/Pung/Möhlenbrock, KStG, 2012, § 8c KStG Rz. 98.

Für Kapitalherabsetzungen besteht keine dem § 8c Abs. 1 S. 4 KStG entsprechende Regelung. Gleichwohl ist von einem vergleichbaren Sachverhalt auszugehen, soweit die Herabsetzung die Beteiligungsquoten verschiebt.[192] Zwar werden laut dem Gesetzeswortlaut nur vergleichbare Sachverhalte nach § 8c Abs. 1 S. 1 KStG und nicht nach § 8c Abs. 1 S. 4 KStG erfasst, deswegen auf die Einbeziehung einer disquotalen Kapitalherabsetzung zu verzichten erscheint jedoch nicht konsequent. Eine disquotale Kapitalherabsetzung führt schließlich ebenfalls zur Änderung des wirtschaftlichen Engagements, sodass nach der hier vertretenen Auffassung eine Einbeziehung sinnvoll erscheint.[193]

2.2.3 Erwerb mezzaniner Finanzierungsinstrumente als Beteiligungserwerb i. S. d. § 8c KStG?

Laut BMF-Schreiben v. 4.7.2008 soll auch der Erwerb von Genussscheinen, die eine Beteiligung am Gewinn und Liquidationserlös vorsehen, als vergleichbarer Sachverhalt gewertet werden.[194] Diskussionswürdig ist jedoch, inwieweit die Sicht des BMF in Einklang mit dem Wortlaut des § 8c KStG steht. Die Verlustabzugsbeschränkung für Körperschaften stellt in § 8c Abs. 1 S. 1 KStG auf die Übertragung von gezeichnetem Kapital, Mitgliedschaftsrechten, Beteiligungsrechten oder Stimmrechten ab. Des Weiteren sind auch vergleichbare Sachverhalte zu erfassen, § 8c Abs. 1 S. 1 letzte Alternative KStG. Damit ein Sachverhalt gleichartig ist, muss folglich eine Rechtsposition erworben werden, die mit der eines Gesellschafters vergleichbar ist. Dies muss die logische Konsequenz sein, wenn § 8c Abs. 1 S. 1 KStG ansonsten an die Übertragung von gezeichnetem Kapital, Mitgliedschaftsrechten, Beteiligungsrechten oder Stimmrechten anknüpft.[195]

Nach der hier vertretenen Auffassung qualifiziert der „Erwerb" bzw. die Ausgabe nicht beteiligungsähnlichen Genussrechten jedoch nicht als vergleichbarer Sachverhalt, weil keine einem Gesellschafter vergleichbare Stellung erworben wird. Es handelt sich lediglich um den Erwerb eines Instruments, das auf einem schuldrechtlichen Vertrag basiert, der keine Beteiligung am wirtschaftlichen Engagement vorsehen kann.[196]

---

192 *Neyer*, BB 2007, 1415, 1416; *Eickhorst*, BB 2007, 1707, 1709; BMF-Schreiben v. 4.7.2008, IV C 7 – S 2745 – a/08/10001, BStBl I 2008, 736; *Lishaut*, FR 2008, 789, 793; *Grützner*, StuB 2008, 617, 620; *Lorenz*, BBK 2008, 1061, 1063; a.A. *Roser*, DStR 2008, 77, 78; *Sistermann/Brinkmann*, BB 2008, 1928, 1930; *Roser*, in: Gosch, KStG, 2009, § 8c Rz. 188; *Gohr*, in: Schnitger/Fehrenbacher, KStG, 2012, § 8c KStG Rz. 188.

193 *Gohr*, in: Schnitger/Fehrenbacher, KStG, 2012, § 8c KStG Rz. 188.

194 BMF-Schreiben v. 4.7.2008, IV C 7 – S 2745 – a/08/10001, BStBl I 2008, 736, Tz. 7.

195 Bei der Übertragung von Stimmrechten muss die Gesellschafterstellung bereits vor der Übertragung bestehen, da eine isolierte Abtretung der Stimmrechte nicht möglich ist.

196 *Lenz*, Ubg 2008, 24, 26; *Breuninger/Schade*, Ubg 2008, 261, 264; *Dötsch*, in: Dötsch/Pung/Möhlenbrock, KStG, 2012, § 8c KStG Rz. 38; *Frotscher*, in: Frotscher, KStG GewStG UmwStG, 2013, § 8c KStG Tz. 22.

Bei der Ausgabe von „beteiligungsähnlichen" Genussscheinen ist das BMF der Ansicht, dass dieses Vorgehen einen vergleichbaren Sachverhalt auslöst. Gleiches gilt für die Weitergabe solcher hybrider Finanzierungsinstrumente.[197] Dieser Meinung ist nach der hier vertretenen Auffassung allerdings nicht zu folgen.[198] Es handelt sich auch bei eigenkapitalähnlichen Genussscheinen um schuldrechtliche Vertragsbeziehungen, die dem Inhaber keine Stellung einräumen können, die mit der eines Gesellschafters vergleichbar wäre.[199] Beteiligungsähnliche Genussrechte gewähren schließlich keine Mitbestimmungsrechte und qualifizieren nicht als Beteiligung am Grund- oder Stammkapital der Gesellschaft.[200] Die Qualifikation einer Genussscheinübertragung, als schädliches Ereignis i. S. d. § 8c KStG läuft damit der Intention des Gesetzgebers zuwider.[201] Bemerkenswert ist in diesem Zusammenhang auch das Abstellen des BMF auf Genussscheine und nicht etwa auf Genussrechte im Allgemeinen.[202] Wieso ausgerechnet die Verbriefung eine Rolle bei der Beurteilung der Schädlichkeit spielen soll, erschließt sich nach der hier vertretenen Auffassung nicht.[203]

Entgegen dem Entwurf des BMF-Schreibens vom 20.2.2007[204] wurden die Einräumung einer typisch stillen Beteiligung als auch die Gewährung von Darlehen i. S. v. § 8b Abs. 3 S. 4ff. KStG nicht mehr als vergleichbare Sachverhalte im veröffentlichten

197 BMF-Schreiben v. 4.7.2008, IV C 7 – S 2745 – a/08/10001, BStBl I 2008, 736 Tz. 7.

198 Gl.A.: *Brokamp/Hölzer*, FR 2006, 272; *Lang*, DStZ 2007, 652, 653; *Zerwas/Fröhlich*, DStR 2007, 1933, 1933; *Freeden*, in: Schaumburg/Rödder, Unternehmensteuerreform 2008, 2007, 521, 524; *Roser*, DStR 2008, 77, 78; *Suchanek*, GmbHR 2008, 292, 294; *Lenz*, Ubg 2008, 24, 26; *Roser*, in: Gosch, KStG, 2009, § 8c Rz. 33; a.A. *Dötsch*, in: Dötsch/Pung/Möhlenbrock, KStG, 2012, § 8c KStG Rz. 37; *Frotscher*, in: Frotscher, KStG GewStG UmwStG, 2013, § 8c KStG Rz. 21.

199 *Dittmers/Gerig*, Den Mittelstand begleiten - FS für Horst Kary, in: Dittmers/Gerig/Seemann, 2009, 101, 101. In Sanierungsfällen dürfte die Ausgabe von Genussscheinen, die eine Beteiligung am Gewinn und Liquidationserlös vorsehen, eine eher untergeordnete Rolle spielen. In diesen Fällen wäre nach § 8 Abs. 3 S. 2 KStG die Abzugsfähigkeit der Genussrechtszahlungen nicht mehr gewährleistet. Zudem geht die Verwaltung bei einer Beteiligung am Gewinn und Liquidationserlös davon aus, dass die Genussrechte als steuerliches Eigenkapital zu behandeln sind. Zu dieser Fragestellung siehe Kap. D.IX.3.

200 BGH, Urteil v. 5.10.1992, II ZR 172/91, BB 1993, 451; BFH, Urteil v. 8.4.2008, VIII R 3/05, BStBl II 2008, 719; *Schwaiger*, in: Müller/Winkeljohann, Beck'sches Handbuch der GmbH, 2009, § 7 Rz. 224; *Böhlmann/Engels*, in: Schragl/Stefaner, Handbuch Genussrechte, 2010, 291, 291.

201 Der Gesetzgeber stellt auf einen Wechsel des wirtschaftlichen Engagements ab. BR-Drs.-220/07, 126.

202 BMF-Schreiben v. 4.7.2008, IV C 7 – S 2745 – a/08/10001, BStBl I 2008, 736 Tz. 7.

203 Vermutlich handelt es sich um einen redaktionellen Fehler.

204 *BMF*, Entwurf eines BMF-Schreibens: Verlustabzugsbeschränkung für Körperschaften (§ 8c KStG), 2008, Tz. 7f.

BMF-Schreiben aufgeführt.[205] Dies erscheint m. E. schlüssig, weil es sich um Vertragsverhältnisse handelt, die keinen Einfluss auf das wirtschaftliche Engagement der Kapitalgesellschaft zulassen.[206] Schließlich räumen weder typisch stille Beteiligungen noch Darlehen dem Inhaber eine Stellung ein, die mit der eines Gesellschafters vergleichbar wäre.

Den Erwerb einer atypisch stillen Beteiligung, wobei die stille Gesellschaft an einer Verlustgesellschaft partizipiert, stellt gleichfalls keinen vergleichbaren Sachverhalt nach herrschender Meinung dar.[207] Dies liegt darin begründet, dass nicht die atypisch stille Gesellschaft an der Verlustgesellschaft beteiligt ist, sondern die Verlustgesellschaft als Mitunternehmerin der atypisch stillen Gesellschaft zu behandeln ist.[208]

Sollte der Stille bereits an der Verlustkörperschaft beteiligt sein, sodass seine Anteile an der Verlustkörperschaft ins Sonderbetriebsvermögen übergehen, ist regelmäßig nicht von einem schädlichen Beteiligungserwerb nach § 8c Abs. 1 KStG auszugehen. Eine Übertragung von Anteilen zwischen verschiedenen Betriebsvermögen oder zwischen Sonderbetriebsvermögen ist nach herrschender Meinung für die Verlustabzugsbeschränkung für Körperschaften nicht einschlägig.[209]

2.3 Betroffene Verluste

Die Verlustabzugsbeschränkung für Körperschaften erfasst neben körperschaftsteuerlichen Verlustvorträgen gem. § 10d EStG i. V. m. § 8 Abs. 1 S. 1 KStG auch gewerbesteuerliche Fehlbeträge nach § 10a S. 10 GewStG. Bestehende Zinsvorträge i. S. d.

---

205 BMF-Schreiben v. 4.7.2008, IV C 7 – S 2745 – a/08/10001, BStBl I 2008, 736, Tz. 7f. Die Aufzählung ist jedoch nicht abschließend.

206 *Lang*, DStZ 2007, 652, 653; *Neyer*, BB 2007, 1415, 1418; *Freeden*, in: Schaumburg/Rödder, Unternehmensteuerreform 2008, 2007, 521, 524f.; *Lenz*, Ubg 2008, 24, 26; *Roser*, in: Gosch, KStG, 2009, § 8c Rz. 56; *Zerwas/Fröhlich*, in: Lüdicke/Kempf/Brink, Verluste im Steuerrecht, 2010, 189, 206; *Dötsch*, in: Dötsch/Pung/Möhlenbrock, KStG, 2012, § 8c KStG Rz. 38; *Gohr*, in: Schnitger/Fehrenbacher, KStG, 2012, § 8c KStG Rz. 177; *Frotscher*, in: Frotscher, KStG GewStG UmwStG, 2013, § 8c KStG Rz. 22; a.A. *Rödder/Möhlenbrock*, Ubg 2008, 595, 599.

207 *Lang*, DStZ 2007, 652, 653; *Neyer*, BB 2007, 1415, 1418; *Freeden*, in: Schaumburg/Rödder, Unternehmensteuerreform 2008, 2007, 521, 524f.; *Reitsam*, UntStRefG, in: Breithecker/Förster/Förster/u.a., 2007, 421, 432; *Lenz*, Ubg 2008, 24, 26; *Zerwas/Fröhlich*, in: Lüdicke/Kempf/Brink, Verluste im Steuerrecht, 2010, 189, 206; *Dötsch*, in: Dötsch/Pung/Möhlenbrock, KStG, 2012, § 8c KStG Rz. 38; *Gohr*, in: Schnitger/Fehrenbacher, KStG, 2012, § 8c KStG Rz. 177; *Frotscher*, in: Frotscher, KStG GewStG UmwStG, 2013, § 8c KStG Rz. 22; a.A. *Rödder/Möhlenbrock*, Ubg 2008, 595, 599.

208 *Suchanek*, GmbHR 2008, 292, 295; *Roser*, in: Gosch, KStG, 2009, § 8c Rz. 56; *Breuninger/Ernst*, GmbHR 2010, 561, 566; *Dötsch*, in: Dötsch/Pung/Möhlenbrock, KStG, 2012, § 8c KStG Rz. 56; *Gohr*, in: Schnitger/Fehrenbacher, KStG, 2012, § 8c KStG Rz. 189.

209 *Roser*, in: Gosch, KStG, 2009, § 8c Rz. 37; *Gohr*, in: Schnitger/Fehrenbacher, KStG, 2012, § 8c KStG Rz. 77.

§ 4h Abs. 1 S. 5 EStG fallen ebenfalls in den Anwendungsbereich des § 8c KStG, § 8a Abs. 1 S. 3 KStG.[210] Des Weiteren sind gem. dem BMF-Schreiben nicht genutzte Verluste nach § 2a EStG, § 15 Abs. 4 EStG, § 15a EStG und § 15b EStG von der Verlustabzugsbeschränkung für Körperschaften des § 8c KStG betroffen.[211]

Für laufende körperschaftsteuerliche Verluste eines Veranlagungszeitraums ging das BMF davon aus, dass diese bei einem unterjährigen Beteiligungserwerb zu einem Zwölftel für jeden abgelaufenen Monat untergehen.[212] Auf den tatsächlichen Entstehungszeitpunkt kam es nicht an. Ein bis zu einem unterjährigen Beteiligungserwerb erwirtschafteter Gewinn konnte nach Ansicht des BMF mit noch nicht genutzten Verlusten nicht verrechnet werden.[213]

Mit Urteil v. 30.11.2011[214] hat sich der BFH diesbezüglich der Ansicht der Vorinstanzen[215] angeschlossen und entschieden, dass der im Erlass vertretenen Auffassung nicht zu folgen ist.[216] Bis zu einem unterjährig eintretenden Beteiligungserwerb kann ein bis dato entstandener Gewinn demnach mit vorhandenen Verlusten verrechnet werden.[217]

Nicht von der Verlustabzugsbeschränkung für Körperschaften sind laufende negative Gewerbeerträge betroffen,[218] weil der Wortlaut in § 10a S. 10 GewStG eindeutig auf die (gesondert festgestellten) Fehlbeträge abstellt. Systematisch kann

---

210 BMF-Schreiben v. 4.7.2008, IV C 7 – S 2745 – a/08/10001, BStBl I 2008, 736, Tz. 2.

211 BMF-Schreiben v. 4.7.2008, IV C 7 – S 2745 – a/08/10001, BStBl I 2008, 736, Tz. 2.

212 *Suchanek*, GmbHR 2008, 292, 295f.; *Lishaut*, FR 2008, 789, 799; BMF-Schreiben v. 4.7.2008, IV C 7 – S 2745 – a/08/10001, BStBl I 2008, 736, Tz. 31f. *Suchanek*, StBW 2010, 25, 29; a.A. *Kußmaul/Richter/Tcherveniachki*, GmbHR 2008, 1009, 1012. Die betroffene Körperschaft konnte laut Tz. 31 des BMF-Schreibens auch eine andere wirtschaftlich begründete Aufteilung wählen.

213 BMF-Schreiben v. 4.7.2008, IV C 7 – S 2745 – a/08/10001, BStBl I 2008, 736, Tz. 31 S. 2; zustimmend *Lishaut*, FR 2008, 789, 799.

214 BFH, Urteil v. 30.11.2011, I R 14/11, BStBl II 2012, 360. Kritisch zur Nichtberücksichtigung von laufenden Gewinnen bis zum Beteiligungserwerb: *Freeden*, in: Schaumburg/Rödder, Unternehmensteuerreform 2008, 2007, 521, 534; *Lang*, DStZ 2007, 652, 653; *Suchanek*, GmbHR 2008, 292, 296; *Roser*, DStR 2008, 1561, 1564; *Kußmaul/Richter/Tcherveniachki*, GmbHR 2008, 1009, 1012; *Roser*, in: Gosch, KStG, 2009, § 8c Rz. 97.

215 FG-Hessen, Urteil v. 7.10.2010, 4 V 1489/10, DStRE 2011, 289; FG-Münster, Urteil v. 30.11.2010, B9 K 1842/10, EFG 2011, 909. *Neumann*, GmbH-StB 2007, 249, 250; *Lang*, DStZ 2007, 652, 659; *Neyer*, Der Mantelkauf, 2008, 95; *Dötsch*, in: Dötsch/Pung/Möhlenbrock, KStG, 2012, § 8c KStG Rz. 78; *Gohr*, in: Schnitger/Fehrenbacher, KStG, 2012, § 8c KStG Rz. 230; *Frotscher*, in: Frotscher, KStG GewStG UmwStG, 2013, § 8c KStG Rz. 80b; a.A. BMF-Schreiben v. 4.7.2008, IV C 7 – S 2745 – a/08/10001, BStBl I 2008, 736, Tz. 30.

216 BFH, Urteil v. 30.11.2011, I R 14/11, BStBl II 2012, 360; *Roth*, Ubg 2012, 300, 301; *Grieser*, DStR 2012, 1007, 1011.

217 Die Mindestbesteuerung gilt es gleichwohl zu beachten.

218 *Suchanek*, Ubg 2009, 178, 184.

ein Fehlbetrag erst zum Ende des laufenden Wirtschaftsjahres festgestellt werden, weshalb nur gewerbesteuerliche Fehlbeträge vorangehender Erhebungszeiträume von § 8c KStG erfasst sind.[219]

2.4 *Erwerbszeitpunkt*

Nach § 8c Abs. 1 S. 1 KStG sind alle Erwerbe eines Erwerbers zusammenzufassen, die innerhalb von fünf Zeitjahren getätigt werden. Der Zeitraum beginnt mit der ersten Übertragung von Anteilen oder des Auslösens eines ähnlichen Sachverhalts, unabhängig davon, ob ein Verlustuntergang überhaupt eintreten könnte, weil bspw. keine Verluste vorhanden sind.[220]

Als Erwerbszeitpunkt gilt die Übertragung des wirtschaftlichen Eigentums.[221] Bei einer Kapitalerhöhung ist die Eintragung ins Handelsregister maßgeblich.[222] Die Fünfjahresfrist ist Tag genau zu berechnen.[223]

Für jede durchgeführte Übertragung ist für jede Verlustart und jeden Erwerberkreis, ein neuer – ggf. parallel laufender – Überwachungszeitraum zu beginnen.[224] Im Falle des erstmaligen Auslösens eines schädlichen Ereignisses nach § 8c Abs. 1 S. 1 und 2 KStG – eines Beteiligungserwerbs von mehr als 25 % bzw. mehr als 50 % – wird der Überwachungszeitraum beendet, der das schädliche Ereignis auslöst. Wurde „nur" die Schädlichkeitsgrenze des § 8c Abs. 1 S. 1 KStG überschritten,

---

219 *Zerwas/Fröhlich*, DStR 2007, 1933, 1939; *Lenz*, Ubg 2008, 24, 24; *Sistermann/Brinkmann*, BB 2008, 1928, 1928; *Suchanek*, Ubg 2009, 178, 184; *Wingler*, in: Bergemann/Wingler, Gewerbesteuer, 2012, § 10a GewSt Rz. 94.

220 *Dötsch*, in: Dötsch/Pung/Möhlenbrock, KStG, 2012, § 8c KStG Rz. 26; *Gohr*, in: Schnitger/Fehrenbacher, KStG, 2012, § 8c KStG Rz. 163; *Frotscher*, in: Frotscher, KStG GewStG UmwStG, 2013, § 8c KStG Rz. 72c; a.A.: *Altrichter-Herzberg*, GmbHR 2010, 799, 799.

221 *Neyer*, BB 2007, 1415, 1417; *Suchanek/Herbst*, FR 2007, 863, 866; *Freeden*, in: Schaumburg/Rödder, Unternehmensteuerreform 2008, 2007, 521, 525; *Lenz*, Ubg 2008, 24, 27; BMF-Schreiben v. 4.7.2008, IV C 7 – S 2745 – a/08/10001, BStBl I 2008, 736, Tz. 13; *Sistermann/Brinkmann*, BB 2008, 1928, 1932; *Gohr*, in: Schnitger/Fehrenbacher, KStG, 2012, § 8c KStG; a.A. *Reitsam*, UntStRefG, in: Breithecker/Förster/Förster/u.a., 2007, 421, 432f. *Reitsam* deklariert die rechtsgeschäftliche Übertragung als Haupttatbestand und geht beim Übergang des wirtschaftlichen Eigentums von einem vergleichbaren Sachverhalt aus.

222 BMF-Schreiben v. 4.7.2008, IV C 7 – S 2745 – a/08/10001, BStBl I 2008, 736, Tz. 14; *Neyer*, BB 2010, 1055, 1057.

223 *Neyer*, BB 2007, 1415, 1417; *Reitsam*, UntStRefG, in: Breithecker/Förster/Förster/u.a., 2007, 421, 439; *Meiisel/Bokeloh*, BB 2008, 808; 813; *Roser*, in: Gosch, KStG, 2009, § 8c Rz. 83; *Gohr*, in: Schnitger/Fehrenbacher, KStG, 2012, § 8c KStG Rz. 164; *Dötsch*, in: Dötsch/Pung/Möhlenbrock, KStG, 2012, § 8c KStG Rz. 26.

224 *Dötsch*, in: Dötsch/Pung/Möhlenbrock, KStG, 2012, § 8c KStG Rz. 26.

läuft der Überwachungszeitraum für einen vollständigen Verlustuntergang nach § 8c Abs. 1 S. 2 KStG weiter.[225]

Eine umwandlungssteuerliche Rückwirkung ist endgültig seit der Änderung des § 2 Abs. 4 UmwStG durch das JStG 2009 nicht mehr für § 8c KStG beachtlich,[226] sofern ohne die rückwirkende Umwandlung Verlust- oder Zinsvorträge untergegangen wären.[227] Gemäß § 2 Abs. 4 S. 1 UmwStG führt die Rückwirkungsfiktion des § 2 Abs. 1f. UmwStG folglich nicht dazu, dass ein Ausgleich oder die Verrechnung eines Übertragungsgewinns mit Verlust- oder Zinsvorträgen genutzt werden kann, wenn eine Nutzung ohne die steuerliche Rückwirkungsfiktion nicht möglich gewesen wäre.[228] Dies gilt gem. § 2 Abs. 4 S. 2 UmwStG auch für negative Einkünfte, die im Rückwirkungszeitraum aufgelaufen sind.[229]

2.5 Erwerber

2.5.1 Einzelner Erwerber

§ 8c KStG verfolgt eine subjektbezogene Betrachtungsweise im Hinblick auf den Erwerber. Demnach richten sich die Rechtsfolgen nach der Anteilsvereinigung in einer Hand und nicht etwa nach dem summarischen Wechsel im Gesellschafterbestand.[230]

Auf die Person des Erwerbers kommt es für die Verlustabzugsbeschränkung für Körperschaften nicht an. Der Erwerber muss lediglich fähig sein, Rechte und Pflichten zu erwerben.[231] Es ist zudem unerheblich, ob der Erwerber bereits im Zeitpunkt des (Hinzu-)Erwerbs an der Körperschaft beteiligt war.[232]

2.5.2 Nahestehende Person und Haupterwerber

Werden Anteile auf einen Erwerber und eine diesem nahestehende Person übertragen, sind diese als ein Erwerber zu behandeln, § 8c Abs. 1 S. 1 KStG.[233] Bei der Auslegung des Begriffs der nahe stehenden Person ist im Zusammenhang des § 8c KStG

225 *Gohr*, in: Schnitger/Fehrenbacher, KStG, 2012, § 8c KStG Rz. 165.

226 Zur Problematik des unzureichenden Gesetzeswortlauts siehe *Dörfler/Rautenstrauch/Adrian*, BB 2009, 580, 580.

227 *Dörfler/Rautenstrauch/Adrian*, BB 2009, 580, 580; *Suchanek*, Ubg 2009, 178, 179.

228 *Sistermann/Brinkmann*, DStR 2008, 2455, 2455f.

229 *Dörfler/Rautenstrauch/Adrian*, BB 2009, 580, 580.

230 *Hans*, FR 2007, 775, 777; BMF-Schreiben v. 4.7.2008, IV C 7 – S 2745 – a/08/10001, BStBl I 2008, 736, Rz. 24; *Frotscher*, in: Frotscher, KStG GewStG UmwStG, 2013, § 8c KStG Rz. 45.

231 *Freeden*, in: Schaumburg/Rödder, Unternehmensteuerreform 2008, 2007, 521, 527; *Reitsam*, UntStRefG, in: Breithecker/Förster/Förster/u.a., 2007, 421, 428; *Gohr*, in: Schnitger/Fehrenbacher, KStG, 2012, § 8c KStG Rz. 128 und 132.

232 *Reitsam*, UntStRefG, in: Breithecker/Förster/Förster/u.a., 2007, 421, 428.

233 *Reitsam*, UntStRefG, in: Breithecker/Förster/Förster/u.a., 2007, 421, 428; *Zerwas/Fröhlich*, 2007, 141, 145; *Neyer*, Der Mantelkauf, 2008, 80; *Frotscher*, in: Frotscher, KStG GewStG UmwStG, 2013, § 8c KStG Rz. 46.

allerdings strittig, ob die Definition nach H 36 KStH oder nach § 1 Abs. 2 AStG heranzuziehen ist.[234] So geht das BMF offenbar von der Definition nach H 36 KStH aus, weil es an einem konkreten Verweis auf § 1 Abs. 2 AStG fehlt.[235] Nach H 36 KStH reicht jede rechtliche oder tatsächliche Beziehung zum Erwerber aus, die eine Vorteilszuwendung an den Gesellschafter beeinflusst, um vom Nahestehen auszugehen.[236]

Nach Meinung von *Roser* ist diese weite Auslegung des Begriffs der nahe stehenden Person i. S. d. H 36 KStH aber nicht sinnlogisch im Kontext der Verlustabzugsbeschränkung für Körperschaften. § 8c Abs. 1 S. 3 KStG, der Erwerbe einer Erwerbergruppe zusammenrechnet, würde bei einer derart weiten Auslegung ins Leere laufen.[237] Zudem stelle sich die Frage, in welcher Weise eine Vorteilsnahme im Rahmen des § 8c KStG – wie nach H 36 KStH gefordert – entstehen soll.

Letzterer Meinung ist jedoch nicht zuzustimmen, unabhängig davon, ob § 8c Abs. 1 S. 3 KStG einen Funktionsverlust erleidet, weil einer abweichenden Lesart schlichtweg die gesetzliche Grundlage fehlt. Problematisch ist aber die Frage, wie die von H 36 KStH geforderte Vorteilsnahme interpretiert werden soll. Sollte sich diese auf den Verlusterhalt beziehen, wäre im Ergebnis jede rechtliche oder tatsächliche Beziehung unterschiedlicher Subjekte zueinander ausreichend, für die Qualifikation als nahestehende Person.

2.5.3 Erwerbergruppe mit gleichgerichteten Interessen

Zum anteiligen oder vollständigen Verlustuntergang kommt es gem. § 8c Abs. 1 S. 3 KStG, falls zwar kein einzelner Erwerber mehr als 25 % der Anteile erwirbt, jedoch eine Gruppe mit gleichgerichtete Interessen einen schädlichen Beteiligungserwerb ausführt.

Von einer solchen Erwerbergruppe mit gleichgerichteten Interessen ist regelmäßig auszugehen, wenn sich die Erwerber in einer GbR gem. § 705 BGB zusammengeschlossen haben.[238] Dies gilt nach Ansicht des BMF auch, falls der Erwerberkreis ein Beherrschungsverhältnis der Verlustgesellschaft anstrebt.[239]

---

234 *Roser*, in: Gosch, KStG, 2009, § 8c Rz. 72. a.A. *Lang*, DStZ 2007, 652, 653; *Neumann/Stimpel*, GmbHR 2007, 1194, 1197; BMF-Schreiben v. 4.7.2008, IV C 7 – S 2745 – a/08/10001, BStBl I 2008, 736 Rz. 25.

235 BMF-Schreiben v. 4.7.2008, IV C 7 – S 2745 – a/08/10001, BStBl I 2008, 736 Rz. 25. Gl.A. *Neumann/Stimpel*, GmbHR 2007, 1194, 1197.

236 BFH, Urteil v. 18.12.1996, I R 139/94, BStBl II 1997, 301.

237 *Roser*, in: Gosch, KStG, 2009, § 8c Rz. 72.

238 BMF-Schreiben v. 4.7.2008, IV C 7 – S 2745 – a/08/10001, BStBl I 2008, 736, Rz. 27; *Frotscher*, in: Frotscher, KStG GewStG UmwStG, 2013, § 8c KStG, Rz. 88. Vermögensverwaltende Personengesellschaften sind nicht als ein Erwerber zu behandeln, sondern die dahinter stehenden Gesellschafter sind die Erwerber. Siehe hierzu auch: BMF-Schreiben v. 4.7.2008, IV C 7 – S 2745 – a/08/10001, BStBl I 2008, 736, Tz. 24; *Neyer*, Der Mantelkauf, 2008, 42; *Gohr*, in: Schnitger/Fehrenbacher, KStG, 2012, § 8c KStG Rz. 133.

239 BMF-Schreiben v. 4.7.2008, IV C 7 – S 2745 – a/08/10001, BStBl I 2008, 736, Rz. 27.

Grundsätzlich ist der Begriff der gleichgerichteten Interessen – mangels Alternative – nach der Rechtsprechung[240] zur vGA auszulegen.[241] Eine Gruppe hat demnach gleichgerichtete Interessen, wenn jeder der Erwerber durch koordiniertes Vorgehen der Gruppe einen individuellen Vorteil erreicht. Die von jedem Gruppenmitglied erreichten Vorteile dürfen sich allerdings nicht wesentlich unterscheiden. Andernfalls müssen die Abweichungen in Relation zu der Beteiligungshöhe stehen, damit von gleichgerichteten Interessen ausgegangen werden kann.[242]

Wie bei nahestehenden Personen zeigen sich bezüglich dem Begriff der gleichgerichteten Interessen Schwächen bei der Übertragung der vGA-Grundsätze auf den Erwerberbegriff des § 8c KStG. In Sanierungsfällen wären die Erwerber damit regelmäßig als Gruppe mit gleichgerichteten Interessen zu erfassen, da mit einem Vorteil – die Rettung der Kapitalgesellschaft – für alle Beteiligten zu rechnen ist. Dieser Vorteil kann nur durch ein koordiniertes Verhalten im Rahmen der Sanierungsbemühungen erzielt werden.[243] Andernfalls wäre eine Teilnahme an einer Sanierungsbemühung kaum zu begründen.

Nach der hier vertretenen Auffassung ist deshalb die Anwendung des § 8c Abs. 1 S. 3 KStG, entsprechend des Ziels des Gesetzgebers,[244] ausschließlich auf Missbrauchsfälle[245] zu beschränken.[246] Mehreren Erwerbern gleichgerichtete Interessen zu unterstellen, weil diese den steuerlichen Verlust erhalten möchten, würde der erwerberbezogenen Betrachtungsweise des § 8c KStG zuwiderlaufen.[247] Wäre nämlich der Verlusterhalt für das Vorliegen von gleichgerichteten Interessen alleinig ausschlaggebend, wäre der Tatbestand des § 8c Abs. 1 S. 3 KStG bei mehreren Erwerbern grundsätzlich erfüllt. Die Verlustabzugsbeschränkung würde den Verlusterhalt im Ergebnis an eine Änderung der Beteiligungsquote knüpfen und nicht an den Beteiligungserwerb eines Erwerbers. Entscheidend für die Anwendung der

---

240 Siehe bspw. BFH, Urteil v. 26.7.1978, I R 138/76, BStBl II 1978, 659; BFH, Urteil v. 18.2.1999, I R 51/98, DStRE 1999, 630; BFH, Beschluss v. 29.7.2009, I B 12/09, BFH/NV 2010, 66.

241 *Neyer*, Der Mantelkauf, 2008, 128.

242 *Frotscher*, in: Frotscher, KStG GewStG UmwStG, 2013, § 8c KStG Rz. 89.

243 Zur koordinierten Vorgehensweise: BFH, Urteil v. 10.4.2003, IV R 63/01, BStBl II 2004, 9; BFH, Urteil v. 17.11.2004, I R 11/04, BFH/NV 2005, 1027; BFH, Urteil v. 12.10.2005, X R 20/03, BFH/NV 2006, 713.

244 BR-Drs.:-220/07 (B), 20f. § 8c Abs. 1 S. 3 KStG wurde auf Wunsch des Bundesrates eingefügt, um sog. Quartettstrukturen zu vermeiden. Nach der hier vertretenen Auffassung wäre die Ergänzung verzichtbar gewesen, weil es sich in diesen Fällen regelmäßig um nahe stehende Personen handelt.

245 Gl.A. hinsichtlich des Missbrauchscharakters: *Lishaut*, FR 2008, 789, 799; *Gohr*, in: Schnitger/Fehrenbacher, KStG, 2012, § 8c KStG Rz. 145.

246 *Sistermann/Brinkmann*, DStR 2008, 897, 900f.; *Lishaut*, FR 2008, 789, 799; *Neyer*, Der Mantelkauf, 2008, 136; a.A. *Frotscher*, in: Frotscher, KStG GewStG UmwStG, 2013, § 8c KStG Rz. 86a.

247 Im Ergebnis auch: *Freeden*, in: Schaumburg/Rödder, Unternehmensteuerreform 2008, 2007, 521, 530; *Roser*, DStR 2008, 1561, 1566.

Missbrauchsregelung sollte nach der hier vertretenen Auffassung konsequenterweise sein, ob die Erwerbergruppe bewusst und gewollt ihre Aktivitäten koordiniert, um die Rechtsfolgen des § 8c KStG zu umgehen.[248]

3. Schädlicher Beteiligungserwerb

Die Verlustabzugsbeschränkung für Körperschaften sieht einen dreistufigen Rechtsfolgenmechanismus vor. Es entscheidet ausschließlich die Übertragungsquote der Anteile an einen Erwerber innerhalb von fünf Jahren über die Höhe eines daraus resultierenden Verlustuntergangs.

Abbildung C-1: Dreistufiger Verlustuntergangsmechanismus nach § 8c Abs. 1 KStG.[249]

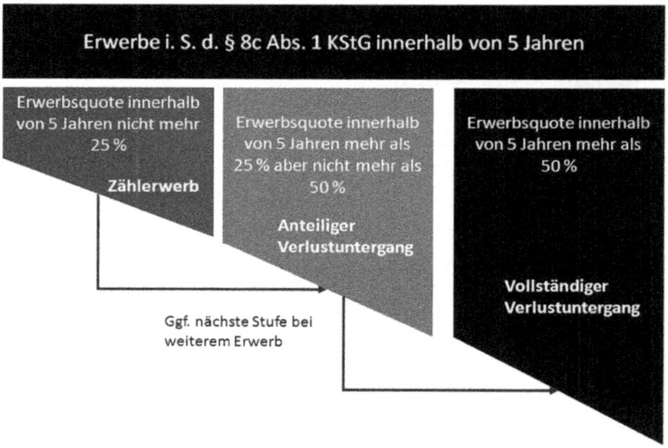

3.1 Zählerwerb

Bis zu einer Anteilsübertragungsquote an einen Erwerber von höchstens 25 %, sind Erwerbe nur als Zählerwerbe für weitere Erwerbsvorgänge zu erfassen. Ob der Erwerber die Anteile direkt weiter veräußert oder behält, ist nicht entscheidend, es zählt alleine die Summe des prozentualen Beteiligungserwerbs. Auch die mehrfache Übertragung der nämlichen Anteile ist mindestens als Zählerwerb zu erfassen.[250] Eine Weitergabe der Anteile nach einem Erwerb ist als eigener Erwerb eines anderen Erwerbers zu behandeln.

248 *Roser*, in: Gosch, KStG, 2009, § 8c Rz. 74; *Gohr*, in: Schnitger/Fehrenbacher, KStG, 2012, § 8c KStG Rz. 148.

249 Eigene Darstellung.

250 BMF-Schreiben v. 4.7.2008, IV C 7 – S 2745 – a/08/10001, BStBl I 2008, 736, Rz. 22.

3.2 *Quotaler Verlustuntergang*

Werden mehr als 25 % des gezeichneten Kapitals, der Stimmrechte, Beteiligungsrechte oder sonstiger Mitgliedschaftsrechte an einen Erwerber übertragen, sind die bis zum Beteiligungserwerb entstandenen, nicht genutzten Verluste in Höhe der Erwerbsquote nicht mehr abziehbar, § 8c Abs. 1 S. 1 KStG.

Ein quotaler Verlustuntergang tritt mit erstmaliger Überschreitung der Schädlichkeitsquote ein. Nach Ansicht des FG-Niedersachsen muss der Erwerber aber zu irgendeinem Zeitpunkt zu mindestens 25 % beteiligt sein, damit die quotale Verlustabzugsbeschränkung eingreift.[251] Diese Meinung ist nach der hier vertretenen Auffassung vom Wortlaut des Gesetzes jedoch nicht gedeckt. Eine Auslegung nach den Grundsätzen des FG-Niedersachsen müsste konsequenterweise auf § 8c 1 S. 2 KStG durchschlagen, sodass mindestens einmal eine Beteiligungsquote von 50 % erreicht werden müsste, damit Verluste vollständig untergehen. Insgesamt würde aber durch diese Lesart des Gesetzes der gesamte typisierende Rechtsfolgenmechanismus außer Kraft gesetzt. Dies geht m. E. zu weit und würde nicht dem Ziel des Gesetzgebers entsprechen.

Einem schädlichen Erwerb i. S. d. § 8c Abs. 1 S. 1 KStG nachfolgende Erwerbe, die nicht unter § 8c Abs. 1 S. 2 KStG zu subsumieren sind, sind grundsätzlich unschädlich und führen nicht zum Verlustuntergang.[252] Die Reihenfolge[253] mehrere Erwerbe mit unterschiedlichen Quoten hat deshalb entscheidenden Einfluss auf die daraus resultierenden Rechtsfolgen.[254]

Die Abfolge mehrerer Beteiligungserwerbe soll jedoch dann keinen Einfluss auf die Rechtsfolgen haben, wenn eine absichtliche Streckung des Beteiligungserwerbs auf Basis eines Gesamtplans[255] vollzogen wird.[256] Hiervon möchte die Finanzverwaltung ausgehen, falls mehrere Erwerbe eines Erwerbers innerhalb eines Zeitraums von einem Jahr vollzogen werden und der Steuerpflichtige keinen Gegenbeweis hinsichtlich

251 FG-Niedersachsen, Urteil v. 13.9.2012, 6 K 51/10, EFG 2012, 2311; *Adrian*, BB 2012, 2993, 2996.

252 Nachfolgende Erwerbe sind jedoch als Zählerwerbe in anderen Überwachungszeiträumen zu berücksichtigen.

253 Beispiel: Es werden Insgesamt 49 % einer Beteiligung durch einen Erwerber erworben. Findet ein Veräußerungsvorgang der Anteile statt, gehen 49 % der Verluste unter. Werden hingegen zunächst 25,1 % und anschließend 23,9 % erworben, gehen lediglich 25,1 % der Verluste unter.

254 *Neyer* und *Dötsch* mahnen deshalb die Regelungssystematik als Dummenbesteuerung an. *Neyer*, BB 2007, 1415, 1417; *Dötsch*, in: Dötsch/Pung/Möhlenbrock, KStG, 2012, § 8c KStG Rz. 76.

255 Zum Begriff des Gesamtplans siehe bspw. BFH, Urteil v. 6.9.2000, IV R 18/99, BStBl II 2001, 229; BFH, Beschluss v. 19.1.2011, X B 43/10, BFH/NV 2011, 636.

256 BMF-Schreiben v. 4.7.2008, IV C 7 – S 2745 – a/08/10001, BStBl I 2008, 736 Tz. 19; *Pohl*, GmbHR 2009, 132, 132ff.; *Bron*, FR 2010, 208, 211; *Ziegenhagen/Thieme*, Besteuerung in Krise und Insolvenz, 2010, 118.

eines Gesamtplans erbringt.[257] Die Anwendung der Gesamtplanrechtsprechung in diesem Zusammenhang ist aber äußerst kritisch zu beurteilen, da § 8c KStG gerade auf einem typisierten dreistufigem Erwerbsablauf basiert.[258] Im umgekehrten Fall, wenn also der Steuerpflichtige den Sachverhalt ungünstig gestaltet, würde schließlich auch keine Umqualifizierung der Erwerbsvorgänge vollzogen.[259]

Soweit ein Gesamtplan anzunehmen ist, stellt sich die Frage, zu welchem Zeitpunkt der Erwerb als ausgeführt gilt. Bei Addition mehrerer Erwerber kann m. E. nur der Zeitpunkt als Erwerbszeitpunkt gelten, indem alle zusammengerechneten Erwerbe realisiert sind (Zeitpunkt des letzten Erwerbs).[260]

3.3 Vollständiger Verlustuntergang

Werden innerhalb eines Zeitraums von 60 Monaten mehr als 50 % der Anteile, Mitgliedschaftsrechte, Beteiligungsrechte oder Stimmrechte an einer Körperschaft von einem Erwerber erworben, ist mit einem vollständigen Verlustuntergang, der bis dato aufgelaufenen Verluste zu rechnen, § 8c Abs. 1 S. 2 KStG.

Für einen schädlichen Beteiligungserwerb i. S. d. § 8c Abs. 1 S. 2 KStG ist alleinig das erstmalige Überschreiten der 50%igen Erwerbsgrenze durch einen Erwerber maßgeblich. Die Tatbestandsvoraussetzungen nach § 8c Abs. 1 S. 2 KStG, sind unabhängig von den Rechtsfolgen des Satzes 1 zu prüfen.[261] Anteilserwerbe, die bereits im Rahmen des § 8c Abs. 1 S. 1 KStG Berücksichtigung fanden, sind deshalb erneut zu erfassen, falls sie innerhalb eines Zeitraums von fünf Jahren für S. 2 relevant werden.[262]

---

257 *Neyer*, Der Mantelkauf, 2008, 77. Da es sich um eine steuerbegründende Tatsache handelt, obliegt die Beweispflicht nach § 88 AO der Finanzverwaltung. Folglich ist die Übertragung der Nachweispflichten auf den Steuerpflichtigen kritisch zu sehen.
Zu Einwendungsmöglichkeiten gegen die Gesamtplanvermutung: *Jebens*, BB 2009, 2172, 2172ff.

258 *Lishaut*, FR 2008, 789, 797; *Ziegenhagen/Thieme*, Besteuerung in Krise und Insolvenz, 2010, 118.

259 *Lishaut*, FR 2008, 789, 797.

260 *Pohl*, GmbHR 2009, 132, 133. Die Anmerkung von *Pohl*, dass die Anwendung der Gesamtplanrechtsprechung auf § 8c KStG zu Problemen bezüglich des Fünfjahreszeitraums führen kann, ist zu folgen. Demnach darf die Anwendung der Gesamtplanrechtsprechung nicht dazu führen, dass auch Erwerbe außerhalb des eigentlichen Überwachungszeitraums zu berücksichtigen sind. Gl.A.: *Lishaut*, FR 2008, 789, 797; *Dötsch*, in: Dötsch/Pung/Möhlenbrock, KStG, 2012, § 8c KStG Rz. 76; a.A. *Rödder/Möhlenbrock*, Ubg 2008, 595, 604.

261 Zur Berechnung eines Verlustuntergangs nach § 8c Abs. 1 S. 1 KStG, der auf einen vollständigen Verlustuntergang folgt, siehe *Zerwas/Fröhlich*, in: Lüdicke/Kempf/Brink, Verluste im Steuerrecht, 2010, 189, 218.

262 *Reitsam*, UntStRefG, in: Breithecker/Förster/Förster/u.a., 2007, 421, 446.

3.4 *Mittelbare Erwerbe*

Erfolgt ein mittelbarer Anteilserwerb durch einen Erwerber, ist bei jeder Gesellschaft innerhalb der darunter hängenden Beteiligungskette mindestens ein Zählerwerb zu erfassen. Wird im Zuge dessen eine Schädlichkeitsgrenze überschritten, gehen bestehende Verluste innerhalb der Beteiligungskette auf mehreren Stufen unter. Die Beteiligungsquoten sind für die Feststellung der Höhe des Beteiligungserwerbs durchzurechnen.[263]

Ob es sich bei der vermittelnden Beteiligung um eine qualifizierende Beteiligung handelt, ist irrelevant.[264] Es spielt zudem keine Rolle, ob der Erwerb im In- oder Ausland stattfindet, falls inländische Verluste vorhanden sind.[265]

4. Ausnahmen

4.1 *Inanspruchnahme von Rettungsmaßnahmen nach dem FMStG*

4.1.1 *Aufbau der Norm*

Zur Stabilisierung der von der Finanzmarktkrise betroffenen Finanzunternehmen i. S. d. § 2 Abs. 1 FMStG können neben Garantieübernahmen, Risikoübernahmen und Rekapitalisierungsmaßnahmen gem. § 14 FMStG auch verschiedene steuerliche Vorteile in Anspruch genommen werden.[266] Demnach kommt es beim Erwerb von Beteiligungen durch den Finanzmarktstabilisierungsfonds nicht zum anteiligen oder vollständigen Untergang von Verlusten nach § 8c KStG, § 14 Abs. 3 FMStG.[267] Die durch die Rettungsmaßnahme bedingte Enteignung führt damit – trotz vollständigem Anteilseignerwechsel – nicht zum Wegfall der körperschaftsteuerlichen Verlustvorträge.[268]

§ 14 Abs. 3 FMStG verhindert im Zuge dessen außerdem die Anwendung des § 10a S. 10 GewStG i. V. m. § 8c KStG auf gewerbesteuerliche Fehlbeträge, die andernfalls

---

263 *Dötsch*, in: Dötsch/Pung/Möhlenbrock, KStG, 2012, § 8c KStG Rz. 55.

264 *Hans*, FR 2007, 775, 777; *Dötsch*, in: Dötsch/Pung/Möhlenbrock, KStG, 2012, § 8c KStG Rz. 55; *Frotscher*, in: Frotscher, KStG GewStG UmwStG, 2013, § 8c KStG Rz. 37; a.A. *Suchanek/Herbst*, FR 2007, 863, 865; *Lang*, DStZ 2007, 652, 656.

265 *Suchanek/Herbst*, FR 2007, 863, 864; *Dorfmueller*, IStR 2009, 411, 411. Aus der Einbeziehung aller mittelbaren Anteilserwerbe im Ausland resultiert ein Vollzugsdefizit. Sowohl für den Steuerpflichtigen, bei dem der Verlustuntergang einsetzt, als auch für die Finanzverwaltung selbst, sind die Ermittlungsmöglichkeiten in diesen Fällen stark eingeschränkt. Siehe hierzu: *Suchanek/Jansen*, GmbHR 2009, 412, 412ff.; *Kraft/Kraft*, FR 2011, 841, 845; *Dötsch*, in: Dötsch/Pung/Möhlenbrock, KStG, 2012, § 8c KStG Rz. 54.

266 *Gocksch/Gröger/Schuck*, DB 2008, 2668, 2668f.; *Eilers/Bühring*, DStR 2009, 137, 139.

267 *Gocksch/Gröger/Schuck*, DB 2008, 2668, 2669; *Berg*, IStR 2009, 156, 157; *Rodewald*, BB 2009, 356, 358; *Brocke*, IWB 2009, 613, 614.

268 *Dötsch*, in: Dötsch/Pung/Möhlenbrock, KStG, 2012, § 8c KStG Rz. 159.

untergehen würden.[269] Auf Zinsvorträge, die ebenfalls bei einem schädlichen Anteilserwerb nach § 4h Abs. 5 EStG und § 8a Abs. 1 S. 3 KStG erlöschen können, wird in § 14 Abs. 3 FMStG hingegen kein Bezug genommen. Ein bestehender Zinsvortrag entfällt deshalb aufgrund des fehlenden Verweises bei der Übertragung an den Fonds oder der Rückübertragung.[270]

Bei einer Rückveräußerung von Anteilen durch den Fonds an Altgesellschafter ist die Verlustabzugsbeschränkung für Körperschaften ebenfalls nicht anzuwenden. Werden diese Anteile hingegen am Markt veräußert, ist nach Ansicht von *Dötsch* nicht von einer Begünstigung nach § 14 Abs. 3 FMStG auszugehen.[271] Existierende Verluste würden in Konsequenz untergehen, falls ein Erwerber die Schädlichkeitsgrenzen überschreitet.[272] *Rodewald* schlägt hingegen vor, den Wortlaut[273] der Regelung dahingehend auszulegen, dass jede Rückübertragung durch den Fonds – unabhängig von der erwerbenden Person – begünstigt ist.[274]

Letzterer Auslegung des Tatbestandes „Rückübertragung" ist nicht zuzustimmen. Der Ausschluss der Rückübertragung durch den Fonds an den ursprünglichen Eigentümer fingiert, dass kein Anteilseignerwechsel stattgefunden hat. Im Endeffekt wird die Einschaltung des Fonds damit ausgeblendet. Werden die Anteile hingegen an einen anderen Erwerber übertragen, hat unabhängig von fiktiven Nichtberücksichtigung des Anteilserwerbs durch den Fonds ein Beteiligungserwerb stattgefunden, sodass dieser nach der hier vertretenen Auffassung für § 8c Abs. 1 KStG relevant sein muss.

Inwieweit mittelbare schädliche Beteiligungserwerbe zu einem Verlustuntergang führen, falls sie durch die Enteignung durch den Fonds bedingt sind, ist unklar. Nach Ansicht von *Gocksch/Gröger/Schuck* kommt es auch bei Tochtergesellschaften einer von § 14 Abs. 3 FMStG begünstigten Muttergesellschaft zu keinem schädlichen mittelbaren Beteiligungserwerb.[275] *Dötsch* beschränkt hingegen die Suspendierung des § 8c KStG i. V. m. § 10a GewStG auf Gesellschaften i. S. d. § 2 Abs. 1 FMStG.[276]

Nach der hier vertretenen Auffassung qualifiziert § 14 Abs. 3 FMStG den Erwerb durch den Fonds als quasi nicht durchgeführt. Ein mittelbarer potenziell schädlicher

---

269 *Gocksch/Gröger/Schuck*, DB 2008, 2668, 2669; *Berg*, IStR 2009, 156, 157; *Rodewald*, BB 2009, 356, 358; *Brocke*, IWB 2009, 613, 614; *Dötsch*, in: Dötsch/Pung/Möhlenbrock, KStG, 2012, § 8c KStG 159.

270 *Eilers/Bühring*, DStR 2009, 137, 140; *Rodewald*, BB 2009, 356, 359; a.A. *Berg*, IStR 2009, 156, 157. Andere Verluste als körperschaft- und gewerbesteuerliche bleiben wie Zinsvorträge ebenfalls nicht erhalten. *Gohr*, in: Schnitger/Fehrenbacher, KStG, 2012, § 8c KStG Rz. 347.

271 *Dötsch*, in: Dötsch/Pung/Möhlenbrock, KStG, 2012, § 8c KStG Rz. 163.

272 Ein Zwischenerwerb durch eine Emissionsbank wäre nicht zu erfassen. BMF-Schreiben v. 4.7.2008, IV C 7 – S 2745 – a/08/10001, BStBl I 2008, 736 Tz. 6.

273 *Gocksch/Gröger/Schuck*, DB 2008, 2668, 2670.

274 *Rodewald*, BB 2009, 356, 358.

275 *Gocksch/Gröger/Schuck*, DB 2008, 2668, 2669.

276 *Dötsch*, in: Dötsch/Pung/Möhlenbrock, KStG, 2012, § 8c KStG, 159a.

Beteiligungserwerb ist deshalb überhaupt nicht zu erfassen, auch wenn dadurch (Tochter-)Gesellschaften von § 14 Abs. 3 FMStG begünstigt werden, für die die direkte Anwendung des § 14 Abs. 3 FMStG ausgeschlossen wäre. Schließlich knüpft der Gesetzeswortlaut die Begünstigung an den „Erwerb von Stabilisierungselementen durch den Fonds oder deren Rückübertragung durch den Fonds", sodass fingiert wird, dass ein schädlicher Erwerb nicht stattfindet.

Bei Abspaltungen, die notwendig sind für die Inanspruchnahme von Stabilisierungsmaßnahmen nach § 6 bis § 8 FMStG, verbleiben bestehende Verlustvorträge, laufende Verluste und Zinsvorträge insgesamt bei der übertragenden Körperschaft, § 14 Abs. 3a S. 2 FMStG. Aus diesem Grund kommt es zu einer umfassenderen Verschonung als im Falle des § 14 Abs. 3 FMStG.[277]

§ 14 FMStG ist ausschließlich für inländische Stützungsmaßnahmen einschlägig. Soweit eine ausländische Stützungsmaßnahme zu einem mittelbaren Erwerb führt, würden die Verluste der mittelbar erworbenen Gesellschaften mindestens anteilig untergehen. Dies gilt unabhängig davon, ob es sich bei den mittelbar vollzogenen Beteiligungserwerben um Beteiligungen an Gesellschaften i. S. d. § 2 Abs. 1 FMStG handelt.[278]

4.1.2 Bedeutung in Sanierungsfällen

Für einen eng begrenzten Kreis von Adressaten bietet die Ausnahmeregelung des § 14 Abs. 3 FMStG eine erhebliche Erleichterung, falls ein Rettungserwerb durch die SoFFin notwendig wird. In diesen Fällen kommt § 8c KStG insgesamt nicht zur Anwendung, sodass von einem Verlustuntergang nicht auszugehen ist.

Der eng begrenzte Schutzschirm ist allerdings im Hinblick auf den verfassungsrechtlichen Gleichheitsgrundsatz zumindest kritisch einzuschätzen. Die Ausnahme, als auch das gesamte Schutzschirmverfahren, bevorteilen schließlich Kreditinstitute erheblich gegenüber anderen Unternehmen.

4.2 Konzernklausel

4.2.1 Überblick

Ein schädlicher Beteiligungserwerb i. S. d. § 8c Abs. 1 S. 1 und 2 KStG liegt nicht vor, falls die Voraussetzungen nach § 8c Abs. 1 S. 5 KStG erfüllt sind.[279] Diese sog. Konzernklausel ist anzuwenden, wenn am übertragenden und am übernehmenden

---

277 *Gohr*, in: Schnitger/Fehrenbacher, KStG, 2012, § 8c KStG Rz. 349. Die Ausnahme wurde insbesondere für die Rettung von Landesbanken geschaffen. Siehe BT-Drs.-16/13429, 54.

278 Zu den daraus resultierenden europarechtlichen Problemen: *Brocke*, IWB 2009, 613, 613ff.

279 *Frey/Mückl*, AG 2009, 866, 866; *Bien/Wagner*, BB 2009, 2627, 2628; *Wittkowski/Hielscher*, DB 2010, 11, 13.

Rechtsträger dieselbe Person zu 100 % beteiligt ist. Deshalb ist grundsätzlich ein mindestens dreistufiger Konzernaufbau notwendig.[280]

Die oben genannten Voraussetzungen des § 8c Abs. 1 S. 5 KStG müssen dazu im Zeitpunkt des schädlichen Beteiligungserwerbs erfüllt sein.[281] Erfasst wird der Erwerb, der zum erstmaligen Überschreiten einer schädlichen Beteiligungsgrenze beim Übergang des wirtschaftlichen Eigentums führt.[282] Bei einem schädlichen Beteiligungserwerb durch Kapitalerhöhung ist die Eintragung ins Handelsregister der maßgebende Zeitpunkt.[283]

Sind die in § 8c Abs. 1 S. 5 KStG geforderten Bedingungen erfüllt, kommt es nicht zum quotalen bzw. vollständigen Verlustentfall nach § 8c KStG. Alle durch § 8c KStG vom Untergang bedrohten Verlust bleiben demnach bestehen, falls deren Übertragung auf Dritte oder konzernexterne Gesellschafter ausgeschlossen ist.[284]

Die Regelung wirft allerdings Fragen auf, weil verwendete Begriffe nicht näher definiert wurden. Insbesondere die Auslegung der Tatbestandsmerkmale „übertragender und übernehmender Rechtsträger" sowie „dieselbe Person" sind umstritten und bedürfen im Folgenden einer genaueren Untersuchung.

---

280 *Sistermann/Brinkmann*, DStR 2009, 2633, 2633; *Bien/Wagner*, BB 2009, 2627, 2628; *Wittkowski/Hielscher*, DB 2010, 11, 13; *Bien/Wagner*, BB 2010, 923, 925; *Neyer*, GmbHR 2010, 1132, 1135; *Gohr*, in: Schnitger/Fehrenbacher, KStG, 2012, § 8c KStG Rz. 248. *Dötsch*, in: Dötsch/Pung/Möhlenbrock, KStG, 2012, § 8c KStG Rz. 59g; BMF-Entwurf v. 15.4.2014, IV C 2 – S 2745-a/09/10002:004 2014 Tz. 39.

281 Ob Zählerwerbe vor Einführung der Konzernklausel stattgefunden haben, ist für die Anwendung der Konzernklausel auf den daraus hervorgehenden schädlichen Beteiligungserwerb unerheblich. *Dötsch*, in: Dötsch/Pung/Möhlenbrock, KStG, 2012, § 8c KStG Rz. 59b; *Frotscher*, in: Frotscher, KStG GewStG UmwStG, 2013, § 8c KStG 103a.

282 BMF-Schreiben v. 4.7.2008, IV C 7 – S 2745 – a/08/10001, BStBl I 2008, 736, Tz. 13 bis 15; *Dörr*, NWB 2010, 184, 189; *Franz*, BB 2010, 991, 925; *Dötsch*, in: Dötsch/Pung/Möhlenbrock, KStG, 2012, § 8c KStG Rz. 59c; *Gohr*, in: Schnitger/Fehrenbacher, KStG, 2012, § 8c KStG Rz. 273; a.A. *Franz*, BB 2010, 991, 996. *Franz* stellt auf den Zeitpunkt des Übergangs des wirtschaftlichen Eigentums eines jeden Erwerbs ab, unabhängig von dessen Schädlichkeit.

283 BMF-Schreiben v. 4.7.2008, IV C 7 – S 2745 – a/08/10001, BStBl I 2008, 736, Tz. 13 bis 15.

284 *Sistermann/Brinkmann*, DStR 2009, 2633, 2633ff.; *Frey/Neyer*, Stub 2010, 43, 43ff.; *Scheipers/Linn*, Ubg 2010, 8, 8ff.; *Wittkowski/Hielscher*, DB 2010, 11, 12f.; *Eisgruber/Schaden*, Ubg 2010, 73, 74; *Frey/Mückl*, GmbHR 2010, 71, 71; *Schneider/Roderburg*, FR 2010, 58, 59; *Suchanek*, StBW 2010, 25, 26; *Ortmann-Babel/Zipfel*, SteuK 2010, 109, 110; *Busch/Spiekermann*, EStB 2010, 260, 260; *Orth*, Ubg 2010, 169, 174; *Franz*, BB 2010, 991, 991; *Neyer*, BB 2010, 1055, 1055; *Neyer*, GmbHR 2010, 1132, 1132; *Dötsch*, in: Dötsch/Pung/Möhlenbrock, KStG, 2012, § 8c KStG Rz. 59a.

4.2.2 *Anwendungsfälle*

Neben Beteiligungsumschichtungen im Konzern sind von der Konzernklausel bspw. auch Umwandlungsvorgänge erfasst, die die Rechtsfolgen nach § 8c Abs. 1 S. 1f. KStG auslösen können.[285] Bedingung ist „lediglich", dass die grundsätzlichen Anforderungen an dieselbe Person, den übertragenden und übernehmenden Rechtsträger eingehalten werden.[286]

Unstrittig ist in diesem Zusammenhang, dass die Konzernklausel im Rahmen disquotaler Kapitalerhöhungen bzw. –herabsetzungen anwendbar ist, weil alle Erwerbe i. S. d. § 8c Abs. 1 S. 1 und 4 KStG unter die Konzernklausel fallen. In solchen Fällen muss allerdings diskutiert werden, wer als übertragender und übernehmender Rechtsträger in Frage kommt, weil kein direkter Erwerb stattfindet.[287] Schlüssig ist sicherlich, dass auf die Veränderung Beteiligungsquoten abgestellt wird. Im Ergebnis ist der übertragende Rechtsträger der Anteilseigner, dessen Beteiligungsquote sich verringert. Übernehmender Rechtsträger muss derjenige sein, dessen Quote nach einer Kapitalerhöhung angestiegen ist.[288]

Da die Konzernklausel auf das Beteiligungsverhältnis an sich abstellt, ist davon auszugehen, dass es nicht ausreicht, dass dieselbe Person 100 % der Stimmrechte innehat, falls sie nicht in entsprechender Höhe beteiligt ist.

4.2.3 *Dieselbe Person*

Das Gesetz definiert den Begriff „dieselbe Person" nicht. Laut Gesetzesbegründung muss es sich aber um eine einzelne Person handeln.[289] Diese Aussage steht allerdings in einem gewissen Widerspruch dazu, dass Verlustvorträge bei konzerninternen Umgliederungen erhalten bleiben sollen,[290] weil an der Spitze eines Konzerns nicht zwangsläufig eine Person steht. Gleiches gilt für das vom Gesetzgeber gesteckte Ziel, dass Umstrukturierungen dann (und nur dann) nicht begünstigt werden sollen, falls neue Gesellschafter hinzutreten oder konzernfremde Gesellschafter beteiligt sind.[291]

---

285 Insoweit ist die Gesetzesbegründung unglücklich, da auf konzerninterne Umstrukturierungen abgestellt wird. Siehe BR-Drs.:17/15, 19.

286 Zu beachten ist, dass die Begriffe Übernehmer und Überträger in § 8c KStG und dem UmwG/UmwStG nicht deckungsgleich verwendet werden. Während § 8c KStG nur auf die Übertragung von Anteilen abstellt, kommt es im UmwG bzw. UmwStG auf die Übertragung und Übernahme des Vermögens an. Siehe hierzu auch: *Franz*, BB 2010, 991, 992.

287 Schließlich gibt die verlustbehaftete Gesellschaft selbst die Anteile aus.

288 *Franz*, BB 2010, 991, 992.

289 BT-Drs.-17/15, 19.

290 BT-Drs.-17/15, 19. Zudem scheint die Erfordernis, dass an der Spitze eines Konzerns eine einzelne Person steht, nicht vom Gesetzeswortlaut gedeckt zu sein. Dieser fordert eine 100 %-Beteiligung durch dieselbe Person am übernehmenden und übertragenden Rechtsträger.

291 BT-Drs.-17/15, 19.

Unstrittig ist damit lediglich, dass juristische und natürliche Personen als „dieselbe Person“ i. S. d. § 8c Abs. 1 S. 5 KStG qualifizieren.[292] Bei Personengesellschaften gestaltet sich die Einschätzung hingegen diffiziler. Diese Gesellschaftsform erlaubt schließlich durch die für steuerliche Zwecke transparente Behandlung eine umfassende Weiterreichung von Gewinnen und Verlusten an ihre Gesellschafter. Allerdings ist eine Personengesellschaft Träger von Rechten und Pflichten und eigenes Steuerobjekt für die Gewerbesteuer, sodass sie prinzipiell als eigene Person im Bezug auf das Halten von Beteiligungen fungiert.[293] Nach Auffassung des BMF agiert eine Mitunternehmerschaft auch als Erwerber i. S. d. § 8c KStG.[294]

Aus diesem Grund wäre es nach der hier vertretenen Auffassung konsequent Personengesellschaften als Person i. S. d. § 8c Abs. 1 S. 5 KStG zu behandeln, solange sich die Beteiligung an der übertragenden und übernehmenden Gesellschaft im Gesamthandsvermögen befindet. Die Personengesellschaft trägt in diesen Fällen die Rechte und Pflichten als Erwerber aus der Beteiligung, sodass eine Behandlung als „dieselbe Person“ folgerichtig wäre.[295] Sollten sich die Mitunternehmer der Personengesellschaft ändern, wäre ein eigener schädlicher Beteiligungserwerb zu erfassen, sodass die Erfassung einer Verlustverschiebung auf Dritte sichergestellt wäre. Das BMF weicht allerdings von dieser Meinung in Tz. 41 der Entwurfsfassung ab, ohne dies näher zu begründen.[296]

Eine ganz allgemeine Zusammenfassung mehrerer einzelner juristischer oder natürlicher Personen zu einem Erwerber ist hingegen nach überwiegender Meinung der Literatur nicht möglich.[297] M. E. ist dem zuzustimmen, weil der Gesetzeswortlaut keine andere Interpretation zulässt. Es wäre allerdings wünschenswert, die Begriffe „Erwerber“ und „dieselbe Person“ dahingehend abzustimmen, dass bei einer Zusammenrechnung mehrerer Personen diese auch als dieselbe Person fungieren können.[298] Dies würde dazu führen, dass die Qualifikation als schädlicher Beteiligungserwerb und dessen Verschonung aufeinander abgestimmt wären und konzerninterne Übertragungen erleichtert würden.

Sind mehrere Gesellschaften Teil eines Organkreises, ist jedes Unternehmen für sich hinsichtlich der Personeneigenschaft im Kontext des § 8c Abs. 1 S. 5 KStG zu betrachten. Eine Erfassung des gesamten Organkreises als „dieselbe Person“ oder als übernehmender oder übertragender Rechtsträger scheidet nach herrschender

---

292 BMF-Entwurf v. 15.4.2014, IV C 2 – S 2745-a/09/10002 :004 2014. Auf einen In- oder Auslandsbezug kommt es nicht an.

293 Ein Auftreten im Außenverhältnis ist notwendig.

294 BMF-Schreiben v. 4.7.2008, IV C 7 – S 2745 – a/08/10001, BStBl I 2008, 736, Tz. 24.

295 Ähnlich auch *Sistermann/Brinkmann*, DStR 2009, 2633, 2633.

296 BMF-Entwurf v. 15.4.2014, IV C 2 – S 2745-a/09/10002 :004 2014.

297 *Dötsch*, in: Dötsch/Pung/Möhlenbrock, KStG, 2012, § 8c KStG Rz. 59e; a.A. *Eisgruber/Schaden*, Ubg 2010, 73, 78.

298 Ähnlich das IDW, das die fehlende Abstimmung zwischen dem Begriff „Erwerber“ und dem Begriff „dieselbe Person“ kritisiert. *IDW*, Ubg 2009, 894, 895.

Meinung aus.[299] Dem ist aufgrund des eindeutig formulierten Gesetzeswortlauts zuzustimmen.[300]

4.2.4 Übernehmender und übertragender Rechtsträger

Wer übernehmender und übertragender Rechtsträger ist, richtet sich danach, wessen Beteiligung sich verringert und wessen Beteiligung sich erhöht. Dies gilt auch in Umwandlungsfällen, da auf den Anteilseignerwechsel abzustellen ist, an den das Gesetz die Rechtsfolgen nach § 8c Abs. 1 S. 1 und 2 KStG knüpft.[301]

Bei wortgetreuer Auslegung ist § 8c Abs. 1 S. 5 KStG deshalb nicht anwendbar, soweit eine natürliche Person als Übertragender bzw. Übernehmender fungiert. Es fehlt in diesen Fällen schlicht an einer Beteiligungsmöglichkeit an der natürlichen Person durch „dieselbe Person".[302]

Angesichts des Wortlauts des Satzes 5, „dass am übernehmenden und übertragenden Rechtsträger dieselbe Person zu 100 % beteiligt sein muss", erscheint eine teleologische Reduktion, in diesem Fall jedoch mit Fragezeichen behaftet zu sein,[303] zumal das BMF diese Ansicht in Tz. 46[304] der Entwurfsfassung verneint. Gerade bei einer „Umsortierung" der Anteile einer natürlichen Person, wäre allerdings eine vom Gesetz als missbräuchlich eingestufte Verlustverschiebung sicher ausgeschlossen.[305] Deshalb ist der Begriff „dieselbe Person" m. E. zu abstrahieren, soweit die Anwendung der Konzernklausel aufgrund der Tatsache scheitert, dass keine Beteiligungsmöglichkeit an einer natürlichen Person besteht. In Konsequenz bedeutet das, dass die Konzernklausel in solchen Fällen anwendbar sein sollte, wenn der übernehmende bzw. übertragende Person sowie dieselbe Person, ein und dieselbe natürliche Person sind.

---

299 *Dötsch*, in: Dötsch/Pung/Möhlenbrock, KStG, 2012, § 8c KStG 59d. a.A.: *Franz*, BB 2010, 991, 999.

300 Nach der oben genannten Symnetriethese, die jedoch vom aktuellen Wortlaut nicht gedeckt ist, wäre eine Zusammenrechnung möglich.

301 *Gohr*, in: Schnitger/Fehrenbacher, KStG, 2012, § 8c KStG Rz. 255f.

302 *Bien/Wagner*, BB 2009, 2627, 2628; *Neyer*, GmbHR 2010, 1132, 1135; *Lang*, DK 2010, 35, 36; *Dötsch*, in: Dötsch/Pung/Möhlenbrock, KStG, 2012, § 8c KStG Rz. 59d; *Frotscher*, in: Frotscher, KStG GewStG UmwStG, 2013, § 8c KStG Rz., 112.

303 *Bien/Wagner*, BB 2009, 2627, 2628; *Neyer*, GmbHR 2010, 1132, 1135; *Lang*, DK 2010, 35, 36; *Dötsch*, in: Dötsch/Pung/Möhlenbrock, KStG, 2012, § 8c KStG Rz. 59d; *Frotscher*, in: Frotscher, KStG GewStG UmwStG, 2013, § 8c KStG Rz. 112; a.A. *Eisgruber/Schaden*, Ubg 2010, 73, 79.

304 BMF-Entwurf v. 15.4.2014, IV C 2 – S 2745-a/09/10002:004 2014.

305 *Dörr*, NWB 2010, 184, 187; *Lang*, DK 2010, 35, 37; *Scheunemann/Dennisen/Behrens*, BB 2010, 23, 25; *Suchanek*, StBW 2010, 25, 26.

4.2.5 Keine Mindesthaltedauer

Die Konzernklausel sieht keine Mindesthaltedauer vor. Im Extremfall reicht es damit aus, dass die 100 %-Beteiligungen nur in der logischen Sekunde der Inanspruchnahme der Konzernklausel bestanden.[306]

Fraglich ist allerdings, ob bei einer Übertragung einer Beteiligung nur für Zwecke der Nutzung der Konzernklausel dem Steuerpflichtigen ein missbräuchlicher Gesamtplan unterstellt werden kann.[307] Hiergegen spricht nach der hier vertretenen Auffassung, dass die Konzernklausel das Ziel hat, konzerninterne Umstrukturierungen zu begünstigen, wenn eine Verlustverschiebung auf Dritte ausgeschlossen ist. Diese Voraussetzung wäre auch bei einer nur kurzfristigen Übertragung der Beteiligung im Bezug auf den begünstigten Erwerb gewährleistet, weil der begünstigte Beteiligungserwerb eine Verlustverschiebung durch die Erfordernis der 100 % Beteiligung tatsächlich ausschließt. Werden vor oder nach dem verschonten Beteiligungserwerb weitere Anteilsübertragungen unternommen, sind eigene potenziell schädliche Erwerbe zu berücksichtigen, die in einem Zeitraum von fünf Jahren zusammengerechnet werden müssen. Deshalb kann m. E. nicht von einer Missbrauchsabsicht ausgegangen werden.

4.2.6 Erwerb in mehreren Schritten

Folgen auf einen Beteiligungserwerb, der von der Konzernklausel nach § 8c Abs. 1 S. 5 KStG begünstigt ist, weitere Erwerbe, führen diese solange nicht zu einem Verlustuntergang, bis diese Erwerbe in einem Überwachungszeitraum ein schädliches Ereignis auslösen.[308] Der durch die Konzernklausel erfasste Beteiligungserwerb, ist folglich nicht als Zählerwerb zu erfassen.[309]

Für die Konzernklausel ist auf eine erwerbszeitpunktbezogene Betrachtungsweise abzustellen. Dies bedeutet, dass die Voraussetzungen für die Konzernklausel bei schrittweisen Erwerben für jeden Erwerb einzeln zu prüfen sind.[310] Eine Zusammenrechnung mehrerer Erwerbe zu einem Erwerb zur Prüfung der Voraussetzungen der Konzernklausel, ist nicht vorzunehmen. Für den Verlusterhalt sind die Erwerbe entscheidend, die zu einem erstmaligen Überschreiten der Mindestbeteiligungsquoten führen.[311]

---

306 *Franz*, BB 2010, 991, 996; *Neyer*, GmbHR 2010, 1132, 1134; *Gohr*, in: Schnitger/Fehrenbacher, KStG, 2012, § 8c KStG Rz. 274.

307 *Franz*, BB 2010, 991, 997; *Gohr*, in: Schnitger/Fehrenbacher, KStG, 2012, § 8c KStG Rz. 274.

308 Dies wäre bspw. der Fall, soweit in einem weiteren Überwachungszeitraum innerhalb von 5 Jahren mehr als 25 % oder mehr als 50 % erworben werden.

309 *Dörr*, NWB 2010, 184, 192; *Franz*, BB 2010, 991, 992; *Dötsch*, in: Dötsch/Pung/Möhlenbrock, KStG, 2012, § 8c KStG Rz. 59b.

310 BMF-Entwurf v. 15.4.2014, IV C 2 – S 2745-a/09/10002 :004 2014 Tz. 47.

311 *Dötsch*, in: Dötsch/Pung/Möhlenbrock, KStG, 2012, § 8c KStG Rz. 59b; *Frotscher*, in: Frotscher, KStG GewStG UmwStG, 2013, § 8c KStG 103a.

4.2.7 *Bedeutung in Sanierungsfällen*

Die Konzernklausel stellt eine wichtige Ausnahme vom umfassenden Verlustuntergang nach § 8c Abs. 1 S. 1 und 2 KStG dar, wenn sich eine Konzerngesellschaft in wirtschaftliche Schwierigkeiten befindet und eine konzerninterne Sanierung angestrebt wird. In diesen Fällen kann § 8c Abs. 1 S. 5 KStG das Umstrukturierungshindernis „Verlustuntergang" – zumindest unter den oben dargestellten Einschränkungen – beseitigen. Insbesondere Verlängerungen oder Verkürzungen der Beteiligungskette sind zumindest bei einer angemessenen teleologischen Reduktion des Wortlauts unschädlich, falls die rigiden Beteiligungsvoraussetzungen grundsätzlich erfüllt werden können.

Völlig gegensätzlich stellt sich die Situation dar, wenn es sich um Sanierungsfälle in mittelständischen Strukturen handelt, die die grundsätzliche Voraussetzung eines dreistufigen Konzernaufbaus nicht erfüllen können. Eine teleologische Reduktion verringert zwar das Problem des Verlustuntergangs in wenigen Fällen, in der Regel wird aber eine Anwendung der Konzernklausel in mittelständischen Strukturen ausgeschlossen sein. Für Sanierungsfälle in Mittelstand schafft § 8c Abs. 1 S. 5 KStG damit keine Erleichterung. Dies ist allerdings auch nicht das primäre Ziel der Regelung.

Sanierungskonzepte bedingen häufig die Aufnahme neuer Gesellschafter, um frisches Kapital zu beschaffen. In diesen Fällen ergibt sich für den in wirtschaftlich schweres Fahrwasser geratenen Konzern keinerlei Verbesserung durch § 8c Abs. 1 S. 5 KStG. Dies ist aber nicht auf den missglückten Gesetzeswortlaut zurückzuführen, sondern entspricht dem Ziel der Regelung.[312] Andernfalls würde die zumindest theoretische Möglichkeit der Verlustverschiebung auf fremde Dritte bestehen.

4.2.8 *Gestaltungsoptionen*

i. Squeeze-out

Die Konzernklausel nach § 8c Abs. 1 S. 5 KStG stellt rigide Anforderungen an den Anwender, damit Verlustvorträge nicht untergehen. Insbesondere die Notwendigkeit, dass sich 100 % der Anteile am übertragenden und übernehmenden Rechtsträger in einer Hand befinden müssen, bereitet bei der praktischen Umsetzung Schwierigkeiten. Falls ein Aktionär über einen Zwergenanteil verfügt, scheidet die Anwendung der Konzernklausel folglich aus, weil sich nicht 100 % der Anteile in der Hand einer Person befinden.[313] Dass ein Kleinaktionär seine Beteiligung freiwillig veräußert, kann nicht in allen Fällen vorausgesetzt werden.

Um dennoch ein Umhängen der V, ohne einen Verlustuntergang zu bewirken, ist in Erwägung zu ziehen, zunächst den Minderheitsgesellschafter über einen Squeeze-out auszuschließen und erst anschließend die Übertragung zu vollziehen.

---

312 BT-Drs.-17/15, 19.

313 Siehe hierzu auch: *Franz*, BB 2010, 991, 996.

Zur Veranschaulichung soll folgende beispielhafte Ausgangssituation[314] herangezogen werden:[315]

Abbildung C-2: Squeeze-out zur Nutzung der Konzernklausel[316]

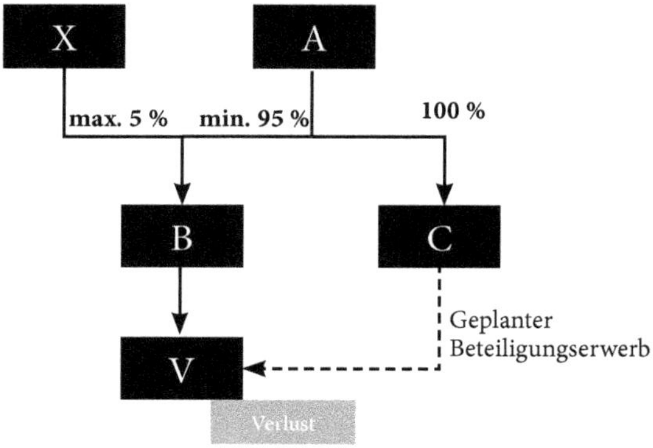

Nach § 327a AktG kann der Minderheitsanteil eines Aktionärs gegen dessen Willen vom Hauptaktionär erworben werden.[317] Der Hauptaktionär, der die Anteile übernimmt, hat im Gegenzug eine Barabfindung zu leisten.

Ein Squeeze-out ist jedoch nur zulässig, falls der Hauptaktionär bereits über min. 95 % des Grundkapitals verfügt. Für die Feststellung des notwendigen Anteils des Hauptaktionärs ist die Beteiligung am Kapital und nicht etwa der Stimmanteil entscheidend.[318] Eigene Anteile, die die Gesellschaft hält, sind für die Berechnung der Beteiligungsquote nicht zu berücksichtigen.[319] Soweit eine abhängige Gesellschaft i. S. d. § 17 Abs. 1 AktG einen Teil der Anteile hält, sind diese für die Quotenberechnung des Hauptaktionärs einzubeziehen, § 327a Abs. 2 AktG i. V. m. § 16 Abs. 4 AktG.[320]

314 Umsatzsteuerliche und grunderwerbsteuerliche Effekte werden bei allen nachfolgenden Gestaltungen in Kap. C.III.4.2.8 nicht berücksichtigt.

315 Alle Gesellschaften sind Kapitalgesellschaften. Die Beteiligungen aneinander betragen 100 %, soweit nichts anderes angegeben ist. Die B muss eine AG, KGaA oder SE sein, weil ansonsten ein Squeeze-out unzulässig ist.

316 Angelehnt an *Franz*, BB 2010, 991, 996.

317 *Angerer*, BKR 2002, 260, 260.

318 *Angerer*, BKR 2002, 260, 263. Auch die Schaffung einer Stimmrechtsmehrheit durch den Abschluss von Stimmbindungsverträgen berechtigt deshalb nicht zum Squeeze-out, auch wenn mehr als 95 % der Stimmen auf eine Person vereinigt werden.

319 *Kalss*, in: Goette/Habersack/Kalss, Münchener Kommentar zum Aktiengesetz, 2008, AktG § 71 Rz. 440.

320 Eine nachträgliche Anteilsvereinigung der Anteile des herrschenden und des abhängigen Unternehmens in der Hand des herrschenden Unternehmens wäre allerdings für Zwecke des § 8c Abs. 1 S. 4 KStG unumgänglich. Dies muss aber

Die nach § 327a i. V. m. § 327b AktG zu leistende Barabfindung als Gegenleistung für die Anteile ist vom Hauptaktionär angemessen festzulegen. De facto ist von einer adäquaten Entschädigung auszugehen, falls der Wert der Barabfindung eine vollwertige Entschädigung für die entgangenen Aktien darstellt.[321]

1. Rechtsfolgen nach § 8c KStG

Durch den Squeeze-out erhält der Hauptgesellschafter alle Anteile vom Minderheitsgesellschafter. Im Beispielfall hält folglich dieselbe Person (A) alle Anteile an der übertragenden Gesellschaft (B) und an der übernehmenden Gesellschaft (C). Der Anwendungsbereich der Konzernklausel ist folglich eröffnet.

Da die Konzernklausel keinerlei Anforderungen an eine Mindesthaltedauer der Anteile stellt, reicht es aus, wenn der Squeeze-out direkt vor dem eigentlichen Umhängen der Beteiligung an V stattfindet.[322] Zu einem Verlustuntergang kommt es beim Squeeze-out grundsätzlich nicht, weil nicht mehr als 5 % der Anteile vom Minderheitsaktionär an den Hauptaktionär übertragen werden. Dies gilt allerdings nur, wenn der Hauptgesellschafter keine anderen Erwerbe innerhalb eines Fünfjahreszeitraums getätigt hat, sodass durch den Anteilserwerb eine Schädlichkeitsgrenze überschritten wird.

Die eigentliche Übertragung der Anteile der V an C, die dem Squeeze-out folgt, ist grundsätzlich als Erwerb i. S. d. § 8c Abs. 1 S. 2 KStG zu qualifizieren. Da sich nach dem Squeeze-out 100 % der Anteile der übertragenden (B) und übernehmenden Gesellschaft (C) in der Hand des A befinden, ist der Beteiligungserwerb nach § 8c Abs. 1 S. 5 KStG nicht als schädlicher Beteiligungserwerb zu qualifizieren.

2. Beurteilung

Im Gegensatz zur direkten Übertragung der Anteile an der V auf C, bleiben bestehende Verluste der V erhalten, wenn der Minderheitsaktionär zuvor über einen Squeeze-out ausgeschlossen wird. Die Vorteilhaftigkeit der Maßnahme richtet sich danach, in welchem Verhältnis der Wert der zu leistenden Barabfindung zum wahrscheinlichen Barwert des Steuerminderungseffekts aus der künftigen Verlustnutzung steht.[323]

---

keinen schädlichen Beteiligungserwerb i. S. d. § 8c Abs. 1 S. 1f. KStG auslösen, soweit die übertragenen Anteile aus dem Squeeze-out und der Übertragung vom Minderheitsaktionär weniger als 25 % der gesamten Anteile betragen.

321 BVErfG, Beschluss v. 27.4.1999, 1 BvR 1613/94, DStR 1999, 1408. Es ist deshalb eine Unternehmensbewertung durchzuführen. Soweit der im Rahmen der Bewertung ermittelte Wert vom Börsenkurs abweicht, ist jeweils der höhere Wert zu entrichten. *Angerer*, BKR 2002, 260.

322 *Franz*, BB 2010, 991, 996; *Neyer*, GmbHR 2010, 1132, 1134; *Gohr*, in: Schnitger/ Fehrenbacher, KStG, 2012, § 8c KStG Rz. 274.

323 Der Wert der Aktien wird in der Krise regelmäßig erheblich gemindert sein, sodass die Barabfindung nicht allzu hoch ausfallen dürfte. *Hartmann*, NZG 2010, 211, 213.

Für Sanierungsfälle, die ähnlich gelagert sind wie der oben dargestellte Fall, bietet der Ausschluss eines Minderheitsaktionärs deshalb Steuersparpotenzial, soweit Verlustvorträge vorhanden sind und voraussichtlich künftig genutzt werden können.

Der Anwendungsbereich des Squeeze-outs ist aber beschränkt. So ist ein Ausschluss eines Gesellschafters bei Kapitalgesellschaften in der Rechtsform der GmbH per Squeeze-out unzulässig.[324] Zudem ist die Erfordernis zu beachten, dass ein grundsätzlich dreistufiger Konzernaufbau notwendig ist, um überhaupt die Konzernklausel nutzen zu können.

Aus rechtsmissbräuchlicher Sicht im Sinne eines Gestaltungmissbrauchs ist die Maßnahme nach der hier vertretenen Auffassung unproblematisch. § 42 AO erfasst rein künstliche Gestaltungen, die auf das Erlangen eines ungerechtfertigten Steuervorteils abzielen, ohne dass außersteuerliche Gründe für die Sachverhaltsgestaltung sprechen. Ein Squeeze-out während einer Unternehmenskrise wird aber zahlreiche außersteuerliche Argumente[325] bereitstellen, sodass von einem Gestaltungsmissbrauch grundsätzlich nicht ausgegangen werden kann. Darüber hinaus wird auch eine missbräuchliche Verschiebung von Verlusten auf Dritte nicht bewirkt, sodass kein Steuervorteil erlangt wird, der nicht vom Gesetz vorgesehen ist.

ii. Vereinigung aller Anteile mit Rückkaufsrecht

Nicht jeder Gesellschafter wird bereit sein, seine Stellung als Gesellschafter auch nur kurzfristig in der Krise aufzugeben, falls er nicht bereits im Zeitpunkt der Veräußerung seiner Anteile zugesichert bekommt, dass er seine Beteiligung zurückerwerben kann. Eine Rettung der steuerlichen Verlustvorträge kann deshalb scheitern, weil die Konzernklausel einen „Alles-oder-Nichts"-Mechanismus bezüglich der Rechtsfolgen vorsieht.

Beispielhaft sei folgende Ausgangssituation dargestellt:[326]

---

324 *Angerer*, BKR 2002, 260, 263.

325 Die Vereinigung von Anteilen würde bspw. Beschlüsse vereinfachen.

326 Alle Gesellschaften firmieren als Kapitalgesellschaft. Die Beteiligungen aneinander betragen 100 %, soweit nichts anderes angegeben ist.

Abbildung C-3: Vereinigung aller Anteile mit Rückkaufsrecht[327]

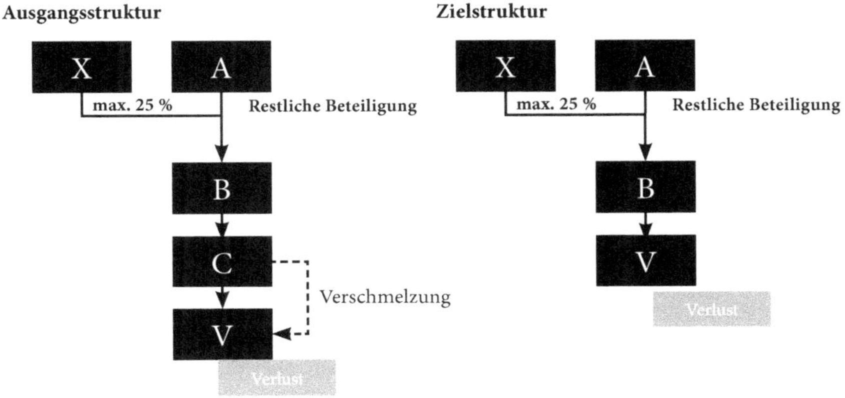

Geplant sei folgende Struktur: Die profitable C soll auf die in die Krise geratene V verschmolzen werden, um deren Ertragsfähigkeit wiederherzustellen. Ein Wechsel der bisherigen Anteilseigner der A, B und V ist nicht geplant. Weil V während der Krise erhebliche Verluste angehäuft hat, sollten diese möglichst im Rahmen der Konzernklausel erhalten bleiben.

1. Rechtsfolgen nach § 8c KStG

Bei einer direkten Verschmelzung von C auf V, ohne eine vorbereitende Übertragung mit Rückkaufsrecht, gehen alle vorhandenen Verlustvorträge von V nach § 8c Abs. 1 S. 2 KStG vollständig unter.[328] Eine Anwendung der Konzernklausel kommt zunächst nicht in Frage, da an der übertragenden Gesellschaft (C) und an der übernehmenden Gesellschaft (B) nicht dieselbe Person zu 100 % beteiligt ist (A und D).

Die Voraussetzungen für die Nutzung der Konzernklausel müssen im Zeitpunkt der Anteilsübertragung erfüllt sein. Eine Mindesthaltedauer besteht hingegen nicht.[329] Insoweit ist auch ein nur kurzfristiges Halten einer Beteiligung ausreichend, um § 8c Abs. 1 S. 5 KStG in Anspruch zu nehmen.

Entscheidend für die Zurechnung eines Anteils zu einer Person, ist das Innehaben des wirtschaftlichen Eigentums der Beteiligung. Es kommt dabei nicht auf eine

327 Eigene Darstellung.

328 Dies gilt zumindest bei wortgetreuer Auslegung des § 8c Abs. 1 S. 5 KStG. Ein Verlusterhalt würde in Höhe der stillen Reserven in Frage kommen.

329 *Franz*, BB 2010, 991, 996; *Neyer*, GmbHR 2010, 1132, 1134; *Gohr*, in: Schnitger/Fehrenbacher, KStG, 2012, § 8c KStG Rz. 274.

Verpflichtung zur Rückübertragung der Anteile an.[330] Diese hindert grundsätzlich die Übertragung des wirtschaftlichen Eigentums nicht.[331]

Aus den oben genannten Gründen hat D zunächst seine Anteile an A zu veräußern. Die Übertragung soll unter der Prämisse stattfinden, dass D ein Rückkaufsrecht für seine Anteile nach Durchführung der Verschmelzung erhält. Die Anteilsveräußerung des D ist grundsätzlich als Zählerwerb nach § 8c KStG zu erfassen, der A zuzurechnen ist. Zu einem Verlustuntergang kommt es jedoch nicht, solange die für D durchgerechnete Beteiligungsquote an V nicht mehr als 25 % beträgt und keine anderen Erwerbe des A, während der letzten fünf Jahre stattgefunden haben. Der Vorgang führt folglich zu keinem Verlustuntergang nach § 8c Abs. 1 S. 1 oder 2 KStG.

Wird anschließend C auf V verschmolzen, ist die Konzernklausel nach § 8c Abs. 1 S. 5 KStG anwendbar, weil an der übertragenden (C) und an der übernehmenden Gesellschaft (B) dieselbe Person (A) im Zeitpunkt der Anteilsübertragung zu 100 % beteiligt ist. Mit einem Untergang der Verluste ist deshalb im Zeitpunkt der Übertragung gem. § 8c Abs. 1 S. 5 KStG nicht zu rechnen. Der Verschmelzung ist auch nicht als Zählerwerb zu berücksichtigen.

Nach Abschluss der Verschmelzung kann D seine Anteile per Beteiligungserwerb zurückerwerben. Zu einem Verlustuntergang kommt es jedoch nicht, falls D nicht mehr als 25 % der Anteile an der B-GmbH in den letzten fünf Jahren erworben hat.[332]

2. Beurteilung

Die oben dargestellte Vorbereitung einer Anteilübertragung, die einen schädlichen Beteiligungserwerb nach § 8c Abs. 1 S. 2 KStG verhindern kann, bietet ein breites Anwendungsspektrum. Durch die Gestaltungsvariante kann für den eigentlichen Haupterwerb die Konzernklausel nach § 8c Abs. 1 S. 5 KStG in Anspruch genommen werden.

Welche Art von Beteiligungserwerb durch die Konzernklausel verschont wird, ist für das Gelingen der Gestaltung irrelevant, weil Anteilübertragungen im Allgemeinen durch die Konzernklausel verschont werden können. Voraussetzung ist „lediglich“ dass die Voraussetzungen nach § 8c Abs. 1 S. 5 KStG erfüllt sind.

Fraglich ist allerdings, ob die oben dargestellte Vorgehensweise als missbräuchliche Gestaltung i. S. d. § 42 AO zu werten ist. Da § 42 AO grundsätzlich neben spezialgesetzlichen Missbrauchsvorschriften anwendbar ist, ist die zunächst stattfindende Übertragung unter der Bedingung eines Rückkaufsrechts kritisch zu sehen.[333]

---

330 *Dötsch/Pung*, in: Dötsch/Pung/Möhlenbrock, KStG, 2013, § 17 EStG Rz. 63.

331 BFH, Urteil v. 7.3.1995, VIII R 29/93, BStBl II 1995, 693.

332 Ggf. sind vorangegangene Erwerbe zu berücksichtigen, die innerhalb eines Zeitraums von fünf Jahren stattgefunden haben.

333 Allgemein zur Frage des Verhältnisses spezialgesetzlicher Missbrauchsvermeidungsvorschriften und § 42 AO. *Jehlin/Geffken*, DStR Beihefter 2014, 3, 3.

Auf der einen Seite spricht die Veräußerung der Anteile des D mit Vereinbarung eines Rückkaufsrechts dafür, dass die Gestaltung unter Heranziehung einer wirtschaftlichen Betrachtungsweise nicht stattgefunden habe, sodass die Veräußerung mit Rückübertragung für die Inanspruchnahme der Konzernklausel unbeachtlich ist. Falls sich allerdings der Rückkaufpreis an den tatsächlichen wirtschaftlichen Verhältnissen orientiert – demnach die Sanierungsbestrebungen berücksichtigt – kann m. E. nicht per se davon ausgegangen werden, dass keine Übertragung oder eine missbräuchliche Handlung vorliegt. Die Veräußerung hätte insoweit einen wirtschaftlichen Gehalt, als dass der Gesellschafter als Sanierungsbeitrag einen höheren Wert für seine Anteile entrichtet als er zunächst bei der Veräußerung erhalten hat. Das Risiko eines Rechtsstreits mit der Finanzbehörde kann jedoch nicht ausgeschlossen werden, auch wenn grundsätzlich keine nicht begründbare, rein künstliche Gestaltung ohne wirtschaftlichen Gehalt i. S. d. § 42 AO anzunehmen wäre.

3. Fallvariante

Die unter Kap. C. III. 4.2.8 ii. dargestellte Gestaltung kann auch angewandt werden, wenn derjenige, der die Anteile zunächst überträgt (D) und an den diese rückübertragen werden, zu mehr als 25 % beteiligt ist. Von einer Vorteilhaftigkeit wäre in diesen Fällen auszugehen, solange der Verlustuntergang bei Übertragung und Rückübertragung für die Eröffnung des Anwendungsbereichs der Konzernklausel geringer ist, als im Falle einer direkten Verschmelzung unter vollständigem Verlustuntergang. Die Summe des entstehenden Verlustuntergangs der Gestaltungsvariante, unter der Annahme, dass zwischen den Erwerben keine weiteren Verluste angehäuft werden, würde sich wie folgt ergeben:

$VU = V_1 \times EQ_1 + ((V_1 - V_1 EQ_1) \times EQ_2)$
mit
VU = Summe Verlustuntergang,
V_1 = Verlustvolumen vor Übertragung,
EQ_1 = Erwerbsquote erster Beteiligungserwerb,
EQ_2 = Erwerbsquote bei Rückübertragung, wobei $25\,\% < EQ \geq 50\,\%$

Im Ergebnis gehen maximal 75 % der vorhandenen Verluste unter.[334] Eine Vorteilhaftigkeit ist deshalb aus rein ertragsteuerlicher Sicht gegeben. Durch die zusätzlichen Erwerbe aus Übertragung und anschließender Rückübertragung fallen Transaktionskosten an, welche bei einem entsprechend hohen Verlustvortrag jedoch regelmäßig zu vernachlässigen sind.

iii. Umhängen von Beteiligungssträngen für fehlende dreistufige Struktur

Die für die Anwendung der Konzernklausel grundsätzlich erforderliche Doppelstruktur, die sich über einer Verlustgesellschaft befinden muss, kann eine Änderung der

---

334 $EQ_1 = EQ_2\ 50\,\%$.

Beteiligungsstruktur von in die Krise geratenen Gesellschaften auf direktem Wege erschweren. Schließlich ist der Erhalt der aufgelaufenen Verluste regelmäßig ein Sanierungsziel, das ohne Anwendung der Konzernklausel bei einem geplanten Beteiligungserwerb gefährdet ist. Mit einer Erschwernis ist insbesondere zu rechnen, falls im Zuge einer Sanierung ganze Beteiligungsstränge „umgehängt" werden sollen.

Beispielhaft wird von folgender Ausgangs- und Zielstruktur ausgegangen:[335]

Abbildung C-4: Umhängen von Beteiligungssträngen zur Nutzung der Konzernklausel[336]

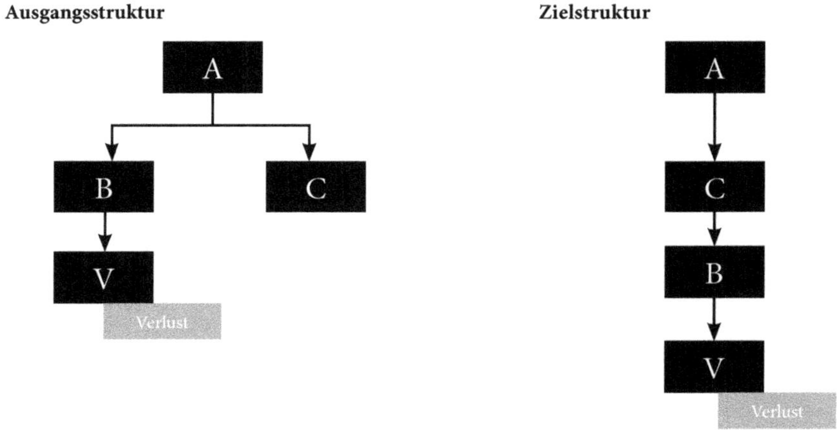

1. Rechtsfolgen nach § 8c KStG

Grundsätzlich stellt der vollständige (un-)mittelbare Anteilseignerwechsel, wie er bei B und V eintritt, einen schädlichen Beteiligungserwerb i. S. d. § 8c Abs. 1 S. 2 KStG dar. Bei einer direkten Übertragung der Beteiligungskette B-V von A an C scheitert die Anwendung der Konzernklausel daran, dass am übertragenden Rechtsträger (A) nicht dieselbe Person zu 100 % beteiligt sein kann, wie an C. Etwas anderes würde nur gelten, soweit sich A in der Hand eines Alleingesellschafters befindet.

Der konzerninterne Veräußerungsvorgang kann aber wie im Folgenden dargestellt strukturiert werden, sodass der Anwendungsbereich der Ausnahme für Konzerngesellschaften eröffnet ist. Dazu ist die Beteiligung an der V zunächst auf C zu übertragen:

335 Vergleiche zur Gestaltung auch *Scheipers/Linn*, Ubg 2010, 8, 11. Alle Gesellschaften firmieren als Kapitalgesellschaft. Die Beteiligungen aneinander betragen 100 %, soweit nichts anderes angegeben ist.

336 Angelehnt an *Scheipers/Linn*, Ubg 2010, 8, 11.

Abbildung C-5 Schritt 1: Umhängen von Beteiligungssträngen zur Nutzung der Konzernklausel[337]

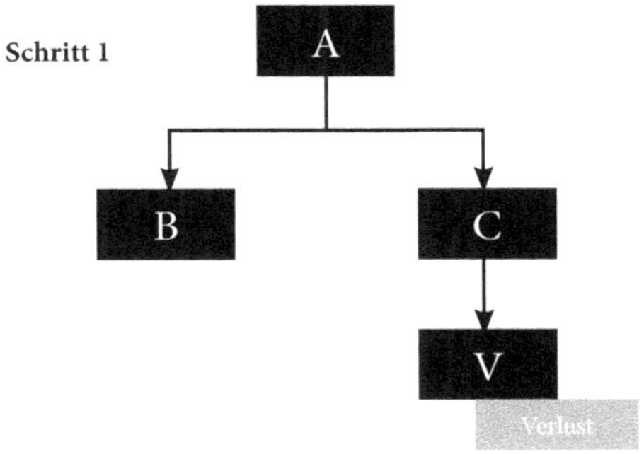

Grundsätzlich liegt ein potenziell schädlicher Beteiligungserwerb des C an V vor. Der Vorgang ist allerdings nach § 8c Abs. 1 S. 5 KStG begünstigt, da am übertragenen Rechtsträger (B) und am übernehmenden Rechtsträger (C) dieselbe Person (A) zu 100 % beteiligt ist. Zu einem Verlustuntergang kommt es deshalb nicht.

In einem nächsten Schritt ist die Beteiligung des A an B, an C zu veräußern, sodass ein schädlicher Beteiligungserwerb im Sinne des § 8c Abs. 1 S. 2 KStG des Erwerbers C realisiert wird. Soweit die B über Verluste verfügen würde, sind diese vollständig vom Untergang bedroht. Lediglich die Stille-Reserven-Klausel könnte in diesen Fällen einen Verlustuntergang vermeiden. Annahmegemäß verfügt B jedoch nicht über Verlustvorträge in nennenswerter Höhe.

Abbildung C-6 Schritt 2: Umhängen von Beteiligungssträngen zur Nutzung der Konzernklausel[338]

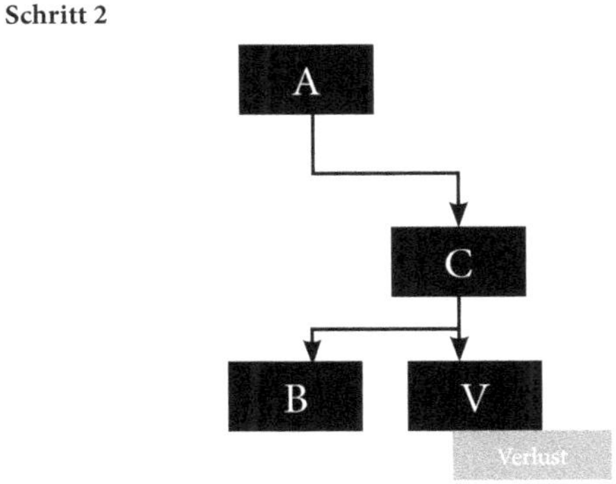

337 *Scheipers/Linn*, Ubg 2010, 8, 11.
338 Angelehnt an *Scheipers/Linn*, Ubg 2010, 8, 11.

In einem weiteren Schritt ist die Beteiligung an V durch C an B zu übertragen. Grundsätzlich liegt in diesem Fall ebenfalls ein schädlicher Beteiligungserwerb nach § 8c Abs. 1 S. 2 KStG vor. Allerdings kann die Konzernklausel nach § 8c Abs. 1 S. 5 KStG für den Erwerb in Anspruch genommen werden, da an der Überträgerin (C) und an der Übernehmerin (B) dieselbe Person (A) zu 100 % beteiligt ist. Der Beteiligungserwerb ist deshalb für die Verlustabzugsbeschränkung unbeachtlich, sodass es nicht zum Verlustuntergang kommt.

2. Beurteilung

Die oben dargestellte Strukturierung kann Verlustvorträge vollständig vor dem Untergang nach § 8c Abs. 1 S. 2 KStG bewahren, sodass Steuerminderungspotenzial für nachfolgende Veranlagungszeiträume erhalten werden kann.

Inwieweit eine missbräuchliche Absicht nach § 42 AO vorliegen könnte, ist nachfolgend zu untersuchen. Die Gestaltung teilt einen Erwerb in mehrere Schritte auf. Insoweit könnte dem Steuerpflichtigen eine rein künstliche Gestaltung unterstellt werden, weil er die Erwerbe aus rein steuerlichen Gründen unangemessen aufsplittet.

Dem Argument ist nach der hier vertretenen Auffassung jedoch entgegenzuhalten, dass kein vom Gesetz nicht vorgesehener Steuervorteil durch die Gestaltung erlangt wird. Schließlich knüpft die Konzernklausel ihre Rechtsfolgen an die isolierte Bedingung, dass eine Beteiligung an der übernehmenden und übertragenden Gesellschaft durch dieselbe Person zu 100 % bestehen muss. Das Herbeiführen dieser Umstände ist deshalb nicht rechtsmissbräuchlich, weil die eng begrenzte Ausnahme des § 8c Abs. 1 S. 5 KStG einen Verlusterhalt bewirken soll, soweit eine Verschiebung der Verluste auf Dritte ausgeschlossen ist. Die Gestaltung führt damit lediglich die Rechtsfolgen herbei, die vom Gesetz vorgesehen sind. Von einer missbräuchlichen Absicht nach § 42 AO, sollte deshalb nicht auszugehen sein, weil kein Steuervorteil gewährt wird, den das Gesetz nicht vorsieht.

iv. Verlängerung der Beteiligungskette zur Nutzung der Konzernklausel

Beispielhaft soll von der bereits bekannten Ausgangs- und Zielstruktur ausgegangen werden:[339]

339 Alle Gesellschaften firmieren als Kapitalgesellschaft. Die Beteiligungen aneinander betragen 100 %, soweit nichts anderes angegeben ist.

Abbildung C-7: Verlängerung der Beteiligungskette zur Nutzung der Konzernklausel[340]

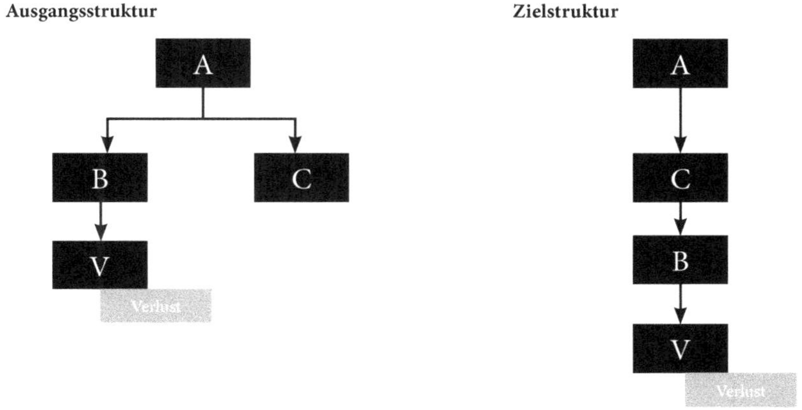

Anstelle einer direkten Veräußerung des Beteiligungsstrangs B-V an C ist aus steuerplanerischer Sicht eine Ausgliederung der Beteiligung an V in eine Gesellschaft N vorzugswürdig.

Abbildung C-8 Schritt 1: Verlängerung der Beteiligungskette zur Nutzung der Konzernklausel[341]

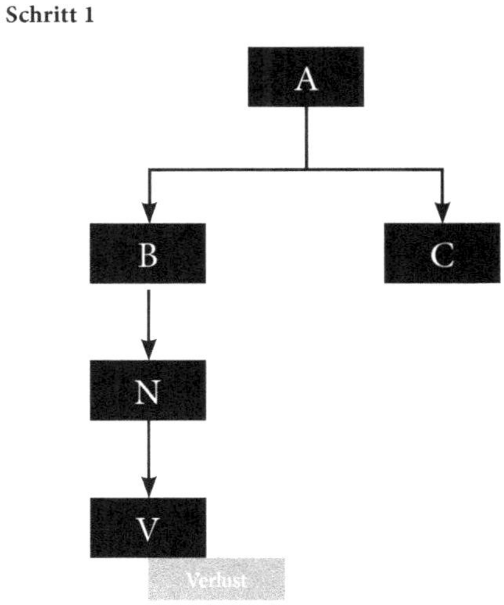

340 Angelehnt an *Scheipers/Linn*, Ubg 2010, 8, 11.
341 Eigene Darstellung.

Im Anschluss an die Ausgliederung kann der Beteiligungsstrang N-V an C veräußert werden.

Abbildung C-9 Schritt 2: Verlängerung der Beteiligungskette zur Nutzung der Konzernklausel[342]

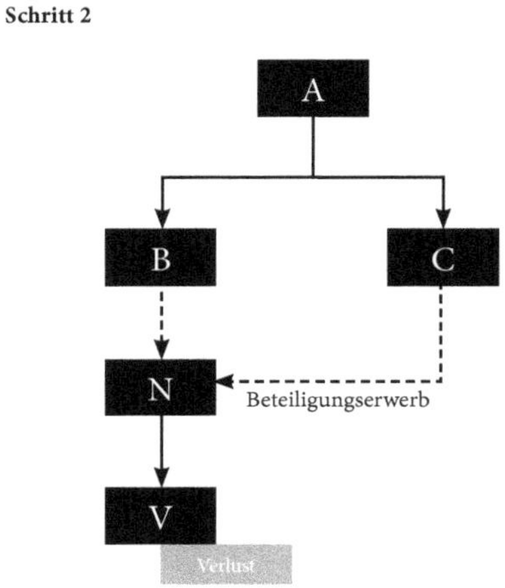

Nachfolgend ist B auf N zu verschmelzen.

Abbildung C-10 Schritt 3 und Zielstruktur: Verlängerung der Beteiligungskette zur Nutzung der Konzernklausel[343]

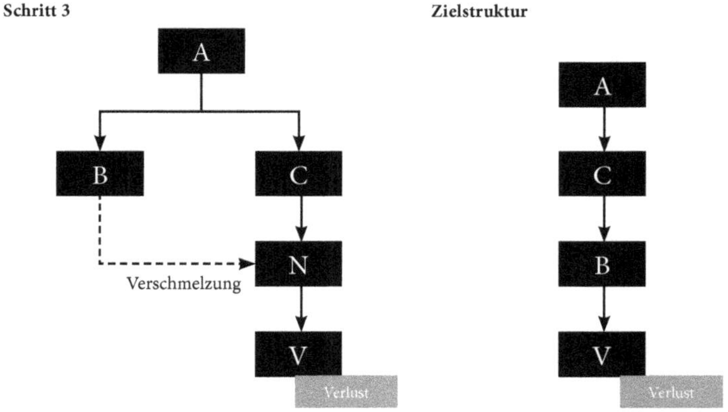

342 Eigene Darstellung.
343 Eigene Darstellung.

1. Rechtsfolgen nach § 8c KStG

Die Verluste von V sind durch die grundsätzlich steuerneutrale Abspaltung der N nach § 15 UmwStG, nicht gefährdet. Es liegt zwar ein schädlicher Beteiligungserwerb i. S. d. § 8c Abs. 1 S. 2 KStG vor, weil am übertragenden Rechtsträger (B) und am übernehmenden Rechtsträger (N) dieselbe Person (A) zu 100 % beteiligt bleibt, ist der Erwerb unter dem Regime der Konzernklausel indes unbeachtlich. Im Ergebnis entsteht eine verlängerte Beteiligungskette.

Die Struktur N-V ist infolge an C per Beteiligungserwerb zu veräußern. Da am übertragenden Rechtsträger (B) und übernehmenden Rechtsträger (C) dieselbe Person beteiligt ist, liegt kein schädlicher Beteiligungserwerb vor, weil die Konzernklausel zur Anwendung kommt.

Im Anschluss kann B steuerneutral nach § 11ff. UmwStG auf N verschmolzen werden, sodass die Zielstruktur erreicht wird. Soweit auf die Gewährung von Anteilen nach § 54 Abs. 1 S. 3 UmwG bzw. § 68 Abs. 1 S. 3 UmwG verzichtet wird,[344] liegt kein Beteiligungserwerb i. S. d. § 8c Abs. 1 S. 1 oder 2 KStG vor.

2. Beurteilung

Mit der dargestellten Strukturierung können Verluste entgegen der Ausgangssituation vollständig erhalten werden. Insoweit schafft die Ausnutzung der Konzernklausel eine erhebliche Erleichterung. Es bleibt aber auch in diesem Fall bei der strikten Anforderung einer 100%igen Beteiligung durch dieselbe Person an der übertragenden und übernehmenden Gesellschaft.

Hinsichtlich der Einschätzung, ob ein Gestaltungsmissbrauch § 42 AO vorliegt oder nicht, ist zu prüfen inwieweit ein vom Gesetz nicht vorgesehener Steuervorteil durch eine unangemessene Sachverhaltsgestaltung vorliegt. Die Konzernklausel, deren Inanspruchnahme ursächlich für den Steuervorteil ist, hat das Ziel einer Wahrung des Verlustabzugs, falls bei konzerninternen Transaktionen eine Verlagerung von Verlusten auf Dritte ausgeschlossen ist.

Weder durch die Ausgliederung, die Einbringung oder die Verlängerung der Beteiligungskette können Verluste auf einen Dritten übertragen werden. Insoweit ist nach der hier vertretenen Auffassung nicht mit einem Missbrauch von rechtlichen Gestaltungsmöglichkeiten zu rechnen.

4.3 Stille-Reserven-Klausel

4.3.1 Rechtsfolge

Die Stille-Reserven-Klausel nach § 8c Abs. 1 S. 6f. KStG führt dazu, dass ein nach § 8c Abs. 1 S. 1 und 2 KStG nicht abziehbarer, nicht genutzter Verlust „abgezogen" werden kann, falls die anteiligen stillen Reserven, in Fällen des Satzes 1, den quotalen Verlustuntergang übersteigen. In Fällen des Verlustuntergangs nach Satz 2 – bei

---

344 *Sistermann/Beutel*, in: Lüdicke/Sistermann, Unternehmenssteuerrecht, 2008, 410, 421.

einer Übertragung von mehr als 50 % der Anteile (vollständiger Verlustuntergang) – kann der Verlust in Höhe der gesamten stillen Reserven „abgezogen“ werden, § 8c Abs. 1 S. 7 KStG.[345]

Die Formulierung der Norm ist unglücklich, sodass eine Deutung hinsichtlich der Rechtsfolgen notwendig ist.[346] Bei wörtlicher Auslegung treten deshalb eine Reihe von Folgefragen auf, bspw. von was der nicht abziehbare, nicht genutzte Verlust „abgezogen“ werden kann, bzw. ob durch die Anwendung der Stillen-Reserven-Klausel die Mindestbesteuerung außer Kraft gesetzt werden soll.[347] Unstrittig dürfte jedoch sein, dass diese Rechtsfolgen überhaupt nicht herbeigeführt werden sollten.[348] Der Gesetzgeber hatte das Ziel vor Augen, die sonst nach § 8c Abs. 1 S. 1 oder 2 KStG untergehenden Verluste zu erhalten.[349] Eine tatsächliche Verrechnung unter Aussetzung der Mindestbesteuerung war sicher nicht vorgesehen und ist nach herrschender Auffassung auch nicht möglich.[350] Dem ist aus den oben dargelegten Gründen, uneingeschränkt zuzustimmen.

4.3.2 Ermittlung der berücksichtigungsfähigen stillen Reserven

Für die Ermittlung des Verschonungsvolumens ist gem. § 8c Abs. 1 S. 7 KStG eine Unterscheidung für die Fälle „quotaler Verlustuntergang i. S. d. § 8c Abs. 1 S. 1 KStG“ und „vollständiger Verlustuntergang i. S. d. § 8c Abs. 1 S. 2 KStG“ zu treffen.

In Fällen des § 8c Abs. 1 S. 2 KStG ergibt sich das Verschonungsvolumen als Unterschiedsbetrag zwischen dem gemeinen Wert der Anteile der Körperschaft und dem korrespondierenden steuerlichen Eigenkapital, § 8c Abs. 1 S. 7 KStG. Vom Unterschiedsbetrag sind die im Inland nicht steuerpflichtigen stillen Reserven ausländischer Freistellungsbetriebsstätten abzuziehen.[351]

---

345 *Dötsch*, in: Dötsch/Pung/Möhlenbrock, KStG, 2012, § 8c KStG Rz. 76b; *Frotscher*, in: Frotscher, KStG GewStG UmwStG, 2013, § 8c KStG Rz. 128.

346 *Dötsch*, in: Dötsch/Pung/Möhlenbrock, KStG, 2012, § 8c KStG Rz. 76b; *Eisgruber/Schaden*, Ubg 2010, 73, 75.

347 *Eisgruber/Schaden*, Ubg 2010, 73, 75.

348 Siehe diesbezüglich: BT-Drs.-17/15, 19.

349 *Fey/Neyer*, StuB 2010, 47, 52f.; *Scheunemann/Dennisen/Behrens*, BB 2010, 23, 27; *Wittkowski/Hielscher*, DB 2010, 11, 15ff.; *Neyer*, DStR 2010, 1600, 1604; *Brinkmann*, Ubg 2011, 94, 94; *Dötsch*, in: Dötsch/Pung/Möhlenbrock, KStG, 2012, § 8c KStG Rz. 76b; *Frotscher*, in: Frotscher, KStG GewStG UmwStG, 2013, § 8c KStG Rz. 128.

350 *Bien/Wagner*, BB 2009, 2627, 2630; *Eisgruber/Schaden*, Ubg 2010, 73, 75; *Dötsch*, in: Dötsch/Pung/Möhlenbrock, KStG, 2012, § 8c KStG Rz. 76b.

351 *Frey/Mückl*, AG 2009, 866, 867; *Sistermann/Brinkmann*, DStR 2009, 2633, 2635; *Bien/Wagner*, BB 2009, 2627, 2630; *Scheunemann/Dennisen/Behrens*, BB 2010, 23, 27f.; *Wittkowski/Hielscher*, DB 2010, 11, 16; *Dörr*, NWB 2010, 184, 194; *Suchanek*, StBW 2010, 25, 28; *Fey/Neyer*, StuB 2010, 47, 52; *Neyer*, BB 2010, 1055, 1058; *Rödder/Freeden*, Ubg 2010, 551, 551; *Wagner*, DB 2010, 2751, 2751; *Brinkmann*, Ubg 2011, 94, 94; *Gohr*, in: Schnitger/Fehrenbacher, KStG, 2012, § 8c KStG Rz., 291; *Dötsch*,

Ist hingegen mit einem anteiligen Verlustuntergang nach § 8c Abs. 1 S. 1 KStG zu rechen (quotaler Verlustuntergang), ist zunächst die Höhe der berücksichtigungsfähigen stillen Reserven festzulegen. Diese sind nur anteilig mit der Quote einzubeziehen, mit der auch Verluste potenziell entfallen würden, § 8c Abs. 1 S. 7 KStG.[352]

Im Zuge dessen sind die Umstände im Zeitpunkt eines schädlichen Beteiligungserwerbs maßgeblich für die Ermittlung des Verschonungsvolumens.[353] Aus diesem Grund sind im Falle eines unterjährigen Erwerbs die bis dato realisierten Tatsachen entscheidend.

Erfolgt ein Erwerb in mehreren Zügen ist zu klären, welcher gemeine Wert im Hinblick auf den Ermittlungszeitpunkt für das Verschonungsvolumen maßgeblich ist. Schlüssig ist m. E., auf die Verhältnisse im Zeitpunkt des schädlichen Erwerbs abzustellen, der zum Verlustuntergang führen würde.[354] § 8c Abs. 1 S. 6 KStG fingiert nach der hier vertretenen Auffassung eine Verrechnung der stillen Reserven eine logische Sekunde vor dem eigentlichen Beteiligungserwerb. In Fällen des Zählerwerbs ist diese Prüfung aber unbeachtlich, weil überhaupt kein Verlustuntergang droht. Deshalb sind die Umstände bei einem bloßen Zählerwerb, die dem schädlichen Beteiligungserwerb vorangehen oder folgen, für die Stille-Reserven-Klausel nicht ausschlaggebend.[355] Deshalb ist jeder schädliche Beteiligungserwerb, im Hinblick auf die Begünstigung durch die Stille-Reserven-Klausel isoliert zu prüfen. Soweit erstmalig die Voraussetzungen nach § 8c Abs. 1 S. 2 KStG vorliegen, kann folglich ein bereits im Rahmen des § 8c Abs. 1 S. 1 KStG i. V. m. § 8c Abs. 1 S. 6 KStG verschonter

---

in: Dötsch/Pung/Möhlenbrock, KStG, 2012, § 8c KStG Rz.76e; *Schnitger/Rometzki*, Ubg 2013, 1, 1.

352 *Frey/Mückl*, AG 2009, 866, 867; *Sistermann/Brinkmann*, DStR 2009, 2633, 2635; *Bien/Wagner*, BB 2009, 2627, 2630; *Scheunemann/Dennisen/Behrens*, BB 2010, 23, 27f.; *Wittkowski/Hielscher*, DB 2010, 11, 16; *Dörr*, NWB 2010, 184, 194; *Suchanek*, StBW 2010, 25, 28; *Fey/Neyer*, StuB 2010, 47, 52; *Neyer*, BB 2010, 1055, 1058; *Rödder/Freeden*, Ubg 2010, 551, 551; *Wagner*, DB 2010, 2751, 2751; *Brinkmann*, Ubg 2011, 94, 94; *Gohr*, in: Schnitger/Fehrenbacher, KStG, 2012, § 8c KStG 291; *Dötsch*, in: Dötsch/Pung/Möhlenbrock, KStG, 2012, § 8c KStG Rz. 76e; *Schnitger/Rometzki*, Ubg 2013, 1, 1.

353 *Gohr*, in: Schnitger/Fehrenbacher, KStG, 2012, § 8c KStG, Rz. 289; *Dötsch*, in: Dötsch/Pung/Möhlenbrock, KStG, 2012, § 8c KStG Rz. 76f.

354 Tz. 30 des BMF-Schreibens v. 4.7.2008 ist sinngemäß zu beachten. BMF-Schreiben v. 4.7.2008, IV C 7 – S 2745 – a/08/10001, BStBl I 2008, 736.

355 Gl.A: *Scheipers/Linn*, Ubg 2010, 8, 13; *Wagner*, DB 2010, 2751, 2754; *Hötzel*, JbFfSt 2010/2011, in: Drüen, 2010, 150, 157; *Dötsch*, in: Dötsch/Pung/Möhlenbrock, KStG, 2012, § 8c KStG Rz. 76f; *Suchanek*, in: Herrmann/Heuer/Raupach, EStG KStG Kommentar, 2013, § 8c KStG Rz. 54; *Frotscher*, in: Frotscher, KStG GewStG UmwStG, 2013, § 8c KStG Rz. 130; a.A. *Altrichter-Herzberg*, GmbHR 2012, 724, 727. *Altrichter-Herzberger* berücksichtigt bei jedem Teilerwerb jeweils die stillen Reserven und Verluste, die nicht bereits bei einer vorangehenden Prüfung im Rahmen der Stillen-Reserven Klausel einbezogen wurden.

Verlust untergehen.[356] Dies ergibt sich aus der mehrstufigen Regelungssystematik nach § 8c Abs. 1 S. 1 und 2 KStG.

Aus den oben genannten Gründen ist die Nichterfassung eines Beteiligungserwerbs als Zählerwerb, wie sie bspw. von *Altrichter-Herzberg*[357] bei Anwendbarkeit der Stillen-Reserven-Klausel vorgeschlagen wird, abzulehnen. Ein dahingehendes Verständnis ist nicht vom Wortlaut des Gesetzes gedeckt, weil die Verschonung erst auf der Rechtsfolgenseite einsetzt. Eine Nichtberücksichtigung eines Erwerbs, wie es bei der Konzernklausel der Fall ist, liegt aus diesem Grund nicht vor.

i. Steuerliches Eigenkapital

Das steuerliche Eigenkapital als erste Vergleichsgröße zur Ermittlung des Verschonungspotenzials ergibt sich aus dem Aktivvermögen der Verlustkörperschaft abzüglich der vorhandenen Schulden laut Steuerbilanz, § 8c Abs. 1 S. 7 KStG.[358] Es handelt sich damit um die Summe aus Nennkapital, Kapital- und Gewinnrücklagen einschließlich eines etwaigen Gewinnvortrags und abzüglich der vorhandenen Verlustvorträge.[359]

Beteiligungsähnliche Genussrechte, die die Voraussetzungen für die Nichtabzugsfähigkeit der Genussrechtszahlungen nach § 8 Abs. 3 S. 2 KStG erfüllen, sind als steuerliches Eigenkapital einzuordnen.[360] Genussrechte, die diese Voraussetzungen nicht erfüllen, sind hingegen auch bei handelsrechtlicher Einbeziehung ins Eigenkapital nicht als Eigenkapital i. S. d. § 8 Abs. 1 S. 7 KStG zu qualifizieren.[361] Nicht zum steuerlichen Eigenkapital gehören die Posten, die erst bei Auflösung zu versteuern sind.[362]

Wenn eine Anteilsübertragung zum Ende des Wirtschaftsjahrs erfolgt, kann für die Eigenkapitalbestimmung auf die Wertansätze der Steuerbilanz zurückgegriffen werden. Bei unterjährigen Erwerben, für die eine Zwischenbilanz aufgestellt wurde,

---

356 Beispiel: Die X-GmbH hält 100 % der Anteile an der V-GmbH (Verlustvortrag 10 Mio. €, stille Reserven 10 Mio. €). Am 1.1.2013 veräußert die X-GmbH 45 % der Anteile an Z. Zum 1.10.2013 erwirbt Z weitere 20 % der Anteile an der V-GmbH, sodass die Schädlichkeitsgrenze des § 8c Abs. 1 S. 2 KStG überschritten wird. Falls im Zeitpunkt des 2. Erwerbs keine stillen Reserven mehr existieren, würde der Verlust insgesamt untergehen, auch wenn im Rahmen des schädlichen Beteiligungserwerbs nach § 8c Abs. 1 S. 1 KStG am 1.1.2013 eine Verschonung möglich war. A.A. *Altrichter-Herzberg*, GmbHR 2012, 724, 727.

357 *Altrichter-Herzberg*, GmbHR 2012, 724, 727.

358 *Dötsch*, in: Dötsch/Pung/Möhlenbrock, KStG, 2012, § 8c KStG 76f.; *Frotscher*, in: Frotscher, KStG GewStG UmwStG, 2013, § 8c KStG Rz. 132.

359 *Dötsch*, in: Dötsch/Pung/Möhlenbrock, KStG, 2012, § 8c KStG Rz. 76f.

360 *Dötsch*, in: Dötsch/Pung/Möhlenbrock, KStG, 2012, § 8c KStG Rz. 76f.; *Frotscher*, in: Frotscher, KStG GewStG UmwStG, 2013, § 8c KStG Rz. 133.

361 *Suchanek/Jansen*, GmbHR 2009, 412; *Gohr*, in: Schnitger/Fehrenbacher, KStG, 2012, § 8c KStG Rz. 292; *Gohr*, in: Schnitger/Fehrenbacher, KStG, 2012, § 8c KStG Rz. 292.

362 Bspw. Rücklagen nach § 6b EStG. *Dörr*, NWB 2010, 184, 195; *Stollenwerk/Scherff*, GmbH-StB 2011, 76, 77f.

kann diese für die Ermittlung des Eigenkapitals herangezogen werden.[363] In allen anderen Fällen ist die Vereinfachungsregelung nach Tz. 32 des BMF-Schreibens vom 4.7.2008 heranzuziehen und der Wert um tatsächliche Zugänge und Auskehrungen des Betriebsvermögens zu bereinigen.[364] Demnach erfolgt eine Fortschreibung des steuerlichen Eigenkapitals des Vorjahres durch Zwölftelung des laufenden Gewinns bzw. Verlust des laufenden Wirtschaftsjahres.[365]

ii. Gemeiner Wert

Für die Ermittlung der stillen Reserven, die auf das übertragene Eigenkapital entfallen, ist der Wert des steuerlichen Eigenkapitals vom gemeinen Wert der Anteile abzuziehen. In Fällen des § 8c Abs. 1 S. 1 KStG (quotaler Verlustuntergang) entspricht der gemeine Wert in der Regel dem entrichteten Kaufpreis für die erworbenen Anteile.[366] Gleiches gilt bei einem Erwerb von 100 % der Anteile an einer Verlustgesellschaft. Der Erwerb der Anteile muss aber unabhängig von der Erwerbsquote zu fremdüblichen Konditionen erfolgt sein, damit er für die Ermittlung des gemeinen Wertes herangezogen werden kann, § 9 Abs. 2 BewG i. V. m. § 11 Abs. 2 BewG.[367]

---

363 *Bien/Wagner*, BB 2009, 2627, 2631; *Sistermann/Brinkmann*, DStR 2009, 2633, 2636; *Neyer*, DStR 2010, 1600, 1604; *Dötsch*, in: Dötsch/Pung/Möhlenbrock, KStG, 2012, § 8c KStG Rz. 76f. *Gohr*, in: Schnitger/Fehrenbacher, KStG, 2012, § 8c KStG Rz. 292. Aus Vereinfachungsgründen wird eine monatsgenaue Verteilung, des im WJ entstandenen Gewinns oder Verlusts, vorgeschlagen. Der zwischen dem Beginn eines WJ und einem schädlichen Beteiligungserwerb erwirtschaftete Gewinn oder Verlust, ist entsprechend nach § 8c Abs. 1 S. 6 KStG zu berücksichtigen. *Brinkmann* schlägt bei unterjährigem Beteiligungserwerb eine Bereinigung um außergewöhnliche Geschäftsvorfälle vor, soweit dies notwendig ist. *Brinkmann*, Ubg 2011, 94, 95. Alternativ zur monatsgenauen Verteilung könnte auch ein Zwischenabschluss aufgestellt werden. Das BMF lässt gegenüber der zeitanteiligen Aufteilung eine andere Verteilung für Verluste zu, soweit diese wirtschaftlich begründbar ist. Für die Aufteilung der stillen Reserven muss der gleiche Maßstab gelten. BMF-Schreiben v. 4.7.2008, IV C 7 – S 2745 – a/08/10001, BStBl I 2008, 736 Tz. 32.

364 BMF-Schreiben v. 4.7.2008, IV C 7 – S 2745 – a/08/10001, BStBl I 2008, 736, Tz. 32; *BMF*, Entwurf eines BMF-Schreibens: Verlustabzugsbeschränkung für Körperschaften (§ 8c KStG), 2008 Tz. 57.

365 *Bien/Wagner*, BB 2009, 2627, 2636; *Sistermann/Brinkmann*, DStR 2009, 2633, 2636; *Dörr*, NWB 2010, 184, 195f; *Dötsch*, in: Dötsch/Pung/Möhlenbrock, KStG, 2012, § 8c KStG Rz. 76f.

366 *Dörr*, NWB 2010, 184, 194; *Neyer*, BB 2010, 1055, 1058; *Stollenwerk/Scherff*, GmbH-StB 2011, 76, 78; *Gohr*, in: Schnitger/Fehrenbacher, KStG, 2012, § 8c KStG Rz. 293. *BMF*, Entwurf eines BMF-Schreibens: Verlustabzugsbeschränkung für Körperschaften (§ 8c KStG), 2008 Tz. 50.

367 *Dörr*, NWB 2010, 184, 194. Werden Anteile an einer Börse gehandelt, ist der niedrigste Börsenkurs am Stichtag maßgeblich, § 11 Abs. 1 BewG. In anderen Fällen ist der gemeine Wert vorrangig aus Verkäufen zwischen fremden Dritten abzuleiten,

Beim vollständigen Verlustuntergang nach § 8c Abs. 1 S. 2 KStG muss eventuell eine Hochrechnung des Kaufpreises vollzogen werden. Werden bei einem Beteiligungserwerb mehr als 50 % aber weniger als 100 % der Anteile erworben, gehen Verluste grundsätzlich vollständig unter. Deshalb ist auch der Kaufpreis für die Ermittlung des Verschonungsvolumens auf einen Erwerb von 100 % der Anteile zu beziehen.[368] Diese Pflicht zur Hochrechnung ergibt sich aus der Formulierung, dass in Fällen des S. 2 das gesamte Eigenkapital maßgeblich ist. Infolge muss auch der gemeine Wert des gesamten Eigenkapitals herangezogen werden.

Mangelt es bspw. im Rahmen einer konzerninternen Umwandlung[369] an einem Kaufpreis ist der gemeine Wert nach den Grundsätzen des § 11 BewG zu ermitteln.[370] Abgesehen von der Übertragung börsennotierter Gesellschaften wird dazu regelmäßig eine Unternehmensbewertung[371] – aufgrund fehlender Vergleichstransaktionen – durchzuführen sein.[372] Als Bewertungsverfahren kommt neben dem Ertragswertverfahren nach IDW S1[373] auch das vereinfachte Ertragswertverfahren in Betracht.[374]

Aus praktischer Sicht sollten die Kosten der Unternehmensbewertung vorab geschätzt werden. Falls das künftige Steuersparpotenzial durch den Erhalt der Verlustvorträge geringer sein sollte als die Kosten der Unternehmensbewertung, kann auf die Anwendung der Stillen-Reserven-Klausel durch eine unterlassene Unternehmensbewertung verzichtet werden.[375]

In Fällen eines negativen Eigenkapitals ist nicht auf den gemeinen Wert der Anteile, sondern auf den gemeinen Wert der Wirtschaftsgüter des Unternehmens abzustellen,

---

die weniger als ein Jahr zurückliegen. Mangels vergleichbarer Transaktionen wird dies aber kaum möglich sein.

368 *Dörr*, NWB 2010, 184, 194; *Frotscher*, in: Frotscher, KStG GewStG UmwStG, 2013, § 8c KStG 148a.

369 Bei Übertragungen zum Buchwert wird bspw. der gemeine Wertes nicht ermittelt.

370 *Sistermann/Brinkmann*, DStR 2009, 2633, 2636.

371 Zur Anwendbarkeit des vereinfachten Ertragswertverfahrens vgl. *Sistermann/Brinkmann*, DStR 2009, 2633, 2636.

372 BT-Drs.-17/15, 19; *Fey/Neyer*, StuB 2010, 47, 52; *Dötsch*, in: Dötsch/Pung/Möhlenbrock, KStG, 2012, § 8c KStG Rz. 76i.

373 IDW S 1, Grundsätze zur Durchführung von Unternehemnsbewertungen verabschiedet am 2.4.2008, IDW Verlautbarungen 2008.

374 *Brinkmann*, Ubg 2011, 94, 95; *Stollenwerk/Scherff*, GmbH-StB 2011, 76, 78; *Frotscher*, in: Frotscher, KStG GewStG UmwStG, 2013, § 8c KStG Rz. 150. Die Anwendung anderer üblicher Unternehmensbewertungsverfahren, bspw. des Multiplikatorverfahrens oder eines umsatzabhängige Verfahrens, wird teilweise bejaht. *Stollenwerk/Scherff*, GmbH-StB 2011, 76, 78; a.A. *Frotscher*, in: Frotscher, KStG GewStG UmwStG, 2013, § 8c KStG Rz. 150, wonach nur in Ausnahmefällen vom (vereinfachten) Ertragswertverfahren abgewichen werden darf.

375 *Sistermann/Brinkmann*, DStR 2009, 2633, 2636.

die übertragen werden sollen, § 8c Abs. 1 S. 8 KStG.[376] Damit soll eine ungewollte Verschonung von Mantelgesellschaften vermieden werden.[377]

iii. Berücksichtigungsfähige stille Reserven

Laut § 8c Abs. 1 S. 6 KStG können nur im Inland steuerpflichtige stille Reserven in die Ermittlung des Verschonungsbetrags für den Verlustuntergang einbezogen werden.[378] Alle nicht im Inland steuerpflichtigen stillen Reserven sind deshalb vom Verschonungspotenzial abzuziehen. Die Erfordernis einer inländischen Steuerpflicht schließt alle stillen Reserven aus, die bei Aufdeckung steuerfrei vereinnahmt werden. Dies betrifft im Speziellen stille Reserven aus Beteiligungen, auf die § 8b Abs. 2 KStG anzuwenden ist.[379] Sollten Gewinne einer Beteiligungsveräußerung ausnahmsweise steuerpflichtig sein, erscheint es nur folgerichtig, dass die Erträge das Verschonungsvolumen erhöhen, weil diese im Falle der Hebung auch zur Verlustverrechnung geeignet wären.[380]

Stille Reserven, die einer ausländischen Betriebsstätte zuzuordnen sind, erhöhen das Verschonungspotenzial i. S. d. § 8c Abs. 1 S. 6 KStG, falls die Betriebsstätteneinkünfte in Deutschland der Anrechnungsmethode unterliegen.[381] Ist hingegen nach

---

376 *Häuselmann*, Steuk 2010, 507, 508.

377 § 8c Abs. 1 S. 8 KStG wurde im Zuge des JStG 2010 eingefügt. Vor der Änderung war bei einem negativen Eigenkapital sowie einem Kaufpreis der Anteile nahe null, dennoch ein Erhalt der Verlustvorträge in Höhe des Unterschiedsbetrags zwischen negativen Eigenkapital und Kaufpreis möglich. Es wurde damit der klassische Kauf eines Verlustmantels begünstigt. Gerade die Verhinderung des Handels mit Verlustmänteln war aber eines der Ziele des § 8c KStG, sodass die Einführung des Satzes 8 eine logische Konsequenz ist.

378 *Wagner*, DB 2010, 2751, 2752; *Stollenwerk/Scherff*, GmbH-StB 2011, 76, 80; *Gohr*, in: Schnitger/Fehrenbacher, KStG, 2012, § 8c KStG Rz. 294; *Suchanek*, in: Herrmann/Heuer/Raupach, EStG KStG Kommentar, 2013, § 8c KStG Rz. 64.

379 BT-Drs.-17/15, 19; *Bien/Wagner*, BB 2009, 2627, 2630; *Herzig/Bohn*, DStR 2009, 2341, 2343; *Frey/Mückl*, GmbHR 2010, 71, 73; *Rödder*, Ubg 2010, 162, 162; *Scheipers/Linn*, Ubg 2010, 8, 12; *Wittkowski/Hielscher*, DB 2010, 11, 15; *Rödder/Freeden*, Ubg 2010, 551, 551; *Gohr*, in: Schnitger/Fehrenbacher, KStG, 2012, § 8c KStG Rz. 294; *Frotscher*, in: Frotscher, KStG GewStG UmwStG, 2013, § 8c KStG Rz. 137a; *BMF*, Entwurf eines BMF-Schreibens: Verlustabzugsbeschränkung für Körperschaften (§ 8c KStG), 2008 Tz. 52.

380 *BMF*, Entwurf eines BMF-Schreibens: Verlustabzugsbeschränkung für Körperschaften (§ 8c KStG), 2008 Tz. 53.

381 *Wittkowski/Hielscher*, DB 2010, 11, 16; *Wagner*, DB 2010, 2751, 2753; *Stollenwerk/Scherff*, GmbH-StB 2011, 76, 80.

einem DBA die Freistellungsmethode anzuwenden, erhöhen die stillen Reserven der ausländischen Betriebsstätte[382] nicht das Verschonungspotenzial.[383]

iv. Mittelbare Erwerbe

Problematisch gestaltet sich die Ermittlung des gemeinen Wertes bei mittelbar schädlichen Beteiligungserwerben. In diesen Fällen repräsentiert der Kaufpreis nicht nur die Gegenleistung für die direkt erworbene Gesellschaft, sondern basiert auf der Ertragseinschätzung aller unmittelbar und mittelbar erworbenen Beteiligungen. Deshalb wäre es folgerichtig jede (un-)mittelbar erworbene Beteiligung isoliert zu bewerten und daraus das Verschonungspotenzial abzuleiten.[384]

Nach der Gesetzesbegründung ist bei mittelbaren Erwerben jedoch eine Höchstgrenze für die Ermittlung der stillen Reserven der nachgeordneten Verlustgesellschaften zu beachten.[385] Die im Kaufpreis oder Unternehmenswert enthaltenen stillen Reserven sind Obergrenze für die Summe der stillen Reserven aller nachgeordneten Verlustgesellschaften. Der Gesetzgeber wollte damit nach eigener Aussage ein Aufblähen des Verschonungsvolumens bei mehrstufigen Beteiligungsketten verhindern.[386]

Eine Höchstgrenze läuft aber nach der hier vertretenen Auffassung insgesamt der Intention der Stillen-Reserven-Klausel entgegen. Demnach soll ein steuerlicher Verlust erhalten bleiben, soweit dieser daraus resultiert, dass ein grundsätzlich steuerpflichtiger Gewinn noch nicht realisiert wurde.[387] Eine Kumulation der stillen Reserven i. S. d. § 8c Abs. 1 S. 6 KStG über mehrere Beteiligungsebenen ist aber bereits durch die Beteiligungsertragsbefreiung nach § 8b Abs. 2 KStG ausgeschlossen, die einen Veräußerungsgewinn auf der nächsthöheren Beteiligungsebene und

---

382 Die stillen Reserven sind in diesem Fall durch sachgerechte Trennung zu ermitteln. *BMF*, Entwurf eines BMF-Schreibens: Verlustabzugsbeschränkung für Körperschaften (§ 8c KStG), 2008, Tz. 51.

383 Ausnahme: Ist eine Switch-over Klausel vorgesehen, die auch zur Anwendung kommt, sind die stillen Reserven einer Freistellungsbetriebsstätte zu berücksichtigen. *Wagner*, DB 2010, 2751, 2753.

384 *Sistermann/Brinkmann*, DStR 2009, 2633, 2636; *Rödder/Freeden*, Ubg 2010, 551, 553; *Dötsch*, in: Dötsch/Pung/Möhlenbrock, KStG, 2012, § 8c KStG Rz. 76j.

385 BT-Drs.-17/15, 19.

386 BT-Drs.-17/15, 19. Aus der Anmerkung ergibt sich eine erhebliche Rechtsunsicherheit, weil diese der Ratio Legis der Stillen-Reserven-Klausel zuwiderläuft. Kritisch deshalb: *Sistermann/Brinkmann*, DStR 2009, 2633, 2636; *Scheipers/Linn*, Ubg 2010, 8, 14; *Wittkowski/Hielscher*, DB 2010, 11, 17; *Dörr*, NWB 2010, 184, 197; *Neyer*, BB 2010, 1055, 1058; *Wagner*, DB 2010, 2751, 2755; *Dötsch*, in: Dötsch/Pung/Möhlenbrock, KStG, 2012, § 8c KStG Rz. 76j; *Gohr*, in: Schnitger/Fehrenbacher, KStG, 2012, § 8c KStG Rz. 302.

387 *Rödder/Freeden*, Ubg 2010, 551, 553.

den nachfolgenden Beteiligungsebenen grundsätzlich steuerfrei stellt.[388] Die in der Gesetzesbegründung genannte Höchstgrenze ist demzufolge abzulehnen.

v. Probleme im Organschaftskonzern

Bei der Anwendung der Stillen-Reserven-Klausel im Organkreis stellen sich einige Sonderfragen. Falls der verlustbehaftete Organträger eine reine Holdingfunktion übernimmt, wäre die Stille-Reserven-Klausel de facto wirkungslos, auch wenn ausreichend stille Reserven auf Ebene einer verlustverursachenden Organgesellschaft(en) vorhanden wären. Ursächlich ist, dass die in einer Organgesellschaftsbeteiligung ruhenden stillen Reserven aufgrund ihrer Steuerfreiheit nach § 8b Abs. 2 KStG für Zwecke der Stillen-Reserven-Klausel nicht beim Organträger zur Erhöhung des Verschonungspotenzials geeignet sind.[389] Andererseits sind Verluste – soweit sie nicht aus vororganschaftlicher Zeit stammen – auf Basis der Verlustübernahmeverpflichtung nach § 302 AktG i. V. m. § 14 Abs. 1 S. 2 KStG, an den Organträger abzuführen.[390] Das Verrechnungspotenzial in Form der stillen Reserven und der Verlustvortrag fallen im Ergebnis durch die Gewinnabführung auseinander.

Nach herrschender Meinung wäre es deshalb sachgerecht, für die Anwendung der Stillen-Reserven-Klausel eine organkreisbezogene Betrachtungsweise anzuwenden.[391] Hierfür fehlt allerdings – mangels ausdrücklicher Regelung – m. E. die Grundlage.[392]

4.3.3 Gestaltungsoptionen

Sollen Anteile einer verlustbehafteten Kapitalgesellschaft veräußert werden, ist regelmäßig der Tatbestand des § 8c Abs. 1 S. 1f. KStG erfüllt, soweit die Schädlichkeitsgrenzen von einem Erwerber erreicht werden. Falls der Erwerb nicht unter die

---

388 Soweit ein Ausnahmefall von der Beteiligungsertragsbefreiung vorliegen würde, weil es sich um Anteile nach § 8b Abs. 7 oder 8 KStG handelt, wäre eine Durchreichung des Verschonungspotenzials auch sachgerecht, da den steuerlichen Verlustvorträgen auch steuerpflichtige Erträge gegenüberstehen würden. *Rödder/Freeden*, Ubg 2010, 551, 553.

389 BT-Drs.-17/15, 19.

390 *Scheipers/Linn*, Ubg 2010, 8, 15.

391 *Ortmann-Babel/Zipfel*, Ubg 2009, 813, 818; *Bien/Wagner*, BB 2009, 2627, 2631; *Sistermann/Brinkmann*, DStR 2009, 2633, 2636; *Scheipers/Linn*, Ubg 2010, 8, 15; *Scheunemann/Dennisen/Behrens*, BB 2010, 23, 29; *Eisgruber/Schaden*, Ubg 2010, 73, 78; *Dörr*, NWB 2010, 184, 197; *Frey/Mückl*, GmbHR 2010, 71, 76; *Cortez/Brucker*, BB 2010, 734, 739; *Rödder/Freeden*, Ubg 2010, 551, 552; *Dötsch*, in: Dötsch/Pung/Möhlenbrock, KStG, 2012, § 8c KStG Rz. 76m; *Gohr*, in: Schnitger/Fehrenbacher, KStG, 2012, § 8c KStG Rz. 304; *Frotscher*, in: Frotscher, KStG GewStG UmwStG, 2013, § 8c KStG Rz. 140a.

392 Gl.A. *Scheipers/Linn*, Ubg 2010, 8, 15; *Dötsch*, in: Dötsch/Pung/Möhlenbrock, KStG, 2012, § 8c KStG Rz. 76m; *Frotscher*, in: Frotscher, KStG GewStG UmwStG, 2013, § 8c KStG 140a; *BMF*, Entwurf eines BMF-Schreibens: Verlustabzugsbeschränkung für Körperschaften (§ 8c KStG), 2008 Tz. 61.

Konzernklausel fällt, verbleibt bei einer Anteilsübertragung nur die Möglichkeit Verluste in Höhe der stillen Reserven zu verschonen. Um das Verrechnungspotenzial nach § 8c Abs. 1 S. 6 KStG zu erhöhen, sind der Kapitalgesellschaft deshalb zusätzliche stille Reserven zuzuordnen.[393]

i. Einbringung von Teilbetrieben in eine Verlustgesellschaft mit stillen Reserven

Um ausreichend stille Reserven zuzuführen, kann eine Einbringung eines Teilbetriebs i. S. d. § 20 Abs. 1 UmwStG in Erwägung gezogen werden, der über stille Reserven verfügt. Gemäß § 20 Abs. 2 S. 2 UmwStG ist diese auf Antrag steuerneutral, falls die dort genannten Voraussetzungen erfüllt sind.[394]

Für eine steuerneutrale Einbringung in eine Kapitalgesellschaft hat der Übertragende[395] einen Betrieb, Teilbetrieb oder Mitunternehmeranteil in die Kapitalgesellschaft einzubringen, § 20 Abs. 1 UmwStG.[396] Im Gegenzug muss der Einbringende zwingend neue Anteile an der Gesellschaft erhalten.[397]

---

393 Weil die Zuordnung von stillen Reserven eine reale Umschichtung des Vermögens erfordert, wird dies in vielen Fällen nicht möglich sein. Dennoch sind Strukturen denkbar, in denen eine solche Umschichtung infrage kommt. In Kapitel C.III.4.3.8. werden keine umsatz- und grunderwerbsteuerlichen Folgen beachtet.

394 Eine steuerneutrale Übertragung erlaubt erst den Übergang eines Verschonungspotenzials i. S. d. § 8c Abs. 1 S. 6 KStG. Hingegen würde die Aufdeckung von stillen Reserven im Zuge der Einbringung wirkungslos sein, weil sich dadurch das Verschonungsvolumen nach § 8c Abs. 1 S. 6 KStG nicht erhöht.

395 Einbringender kann jeder sein, der die Voraussetzungen des § 1 Abs. 4 UmwStG erfüllt. Ob eine Steuerpflicht im Inland besteht, ist irrelevant. Im Einzelnen: *Brähler*, Umwandlungssteuerrecht, 2009, 472; *Jehl*, Internationale Einbringungen in eine Kapitalgesellschaft unter besonderer Berücksichtigung der östereichischen Einbringungsvorschriften zgl. Diss. Univ. Freiburg, 2010, 41; *Hruschka/Hellmann*, in: Haase/Hruschka, UmwStG, 2013, Einbringung in eine Kapitalgesellschaft oder Genossenschaft § 20 UmwStG Rz. 24; *Herlinghaus*, in: Rödder/Herlinghaus/van Lishaut, UmwStG, 2013, § 20 Rz. 6b ff.

396 Zum Begriff des Teilbetriebs in diesem Zusammenhang siehe: *Brähler*, Umwandlungssteuerrecht, 2009, 462; *Jehl*, Internationale Einbringungen in eine Kapitalgesellschaft unter besonderer Berücksichtigung der östereichischen Einbringungsvorschriften zgl. Diss. Univ. Freiburg, 2010, 46f.; *Patt*, UmwStG, in: Dötsch/Patt/Pung/u.a., 2011, 833; *Hötzel/Kaeser*, in: Rödder/Rogall/Stangl, 2012, 308, 323f.

397 Neue Anteile entstehen nur bei Gesellschaftsgründung oder im Rahmen einer Kapitalerhöhung, nicht hingegen im Falle einer verdeckten Einlage, verschleierten Sachgründung oder Sachkapitalerhöhung. *Hruschka/Hellmann*, in: Haase/Hruschka, UmwStG, 2013, Einbringung in eine Kapitalgesellschaft oder Genossenschaft § 20 UmwStG Rz. 19; *Jehl*, Internationale Einbringungen in eine Kapitalgesellschaft unter besonderer Berücksichtigung der östereichischen Einbringungsvorschriften zgl. Diss. Univ. Freiburg, 2010, 45.

Die übernehmende Gesellschaft kann auf Antrag einen geringeren Wert als den gemeinen Wert – mindestens jedoch dem Buchwert – für das eingebrachte Vermögen ansetzen, § 20 Abs. 2 S. 2 UmwStG. Für die Stille-Reserven-Klausel ist regelmäßig der Buchwert anzusetzen, weil damit das Verschonungspotenzial nach § 8c Abs. 1 S. 6 KStG maximiert wird. Für die Einbringung zum Buchwert muss allerdings sichergestellt sein, dass das eingebrachte Vermögen der Besteuerung mit Körperschaftsteuer unterliegt (§ 20 Abs. 2 S. 2 Nr. 1 UmwStG), die Passivposten die Aktivposten nicht übersteigen, d. h. kein „negatives Vermögen" eingebracht werden kann und das Recht der Bundesrepublik Deutschland, hinsichtlich der Besteuerung der Gewinne aus der Veräußerung dieses Vermögens, nicht eingeschränkt wird, § 20 Abs. 2 S. 2 Nr. 3 UmwStG.[398]

Für die Erhöhung des Verschonungspotenzials per Einbringung käme bspw. folgende Ausgangs- und Zielstruktur infrage:

Abbildung C-11: Einbringung von Teilbetrieben in eine Verlustgesellschaft mit stillen Reserven[399]

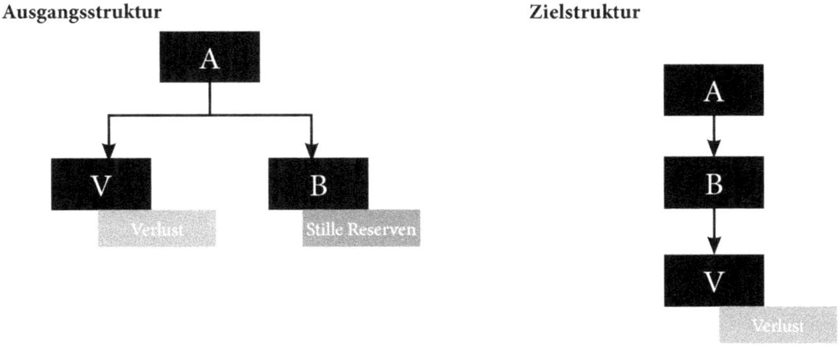

Wird die Beteiligung der V direkt an B veräußert, gehen vorhandenen Verlustvorträge der V nach § 8c Abs. 1 S. 2 KStG unter. Deshalb ist eine vorangehende Einbringung eines Betriebsteils der B in die V zu Buchwerten nach § 20 Abs. 2 S. 2 UmwStG durchzuführen, sodass sich das Verschonungspotenzial im Sinne des § 8c Abs. 1

398 Zu den Voraussetzungen im Detail: *Brähler*, Umwandlungssteuerrecht, 2009, 481ff; *Jehl*, Internationale Einbringungen in eine Kapitalgesellschaft unter besonderer Berücksichtigung der östereichischen Einbringungsvorschriften zgl. Diss. Univ. Freiburg, 2010, 48ff.; *Patt*, UmwStG, in: Dötsch/Patt/Pung/u.a., 2011, 888ff.; *Hruschka/Hellmann*, in: Haase/Hruschka, UmwStG, 2013, Einbringung in eine Kapitalgesellschaft oder Genossenschaft § 20 UmwStG R. 101ff.

399 Eigene Darstellung angelehnt an Ausführungen von Brinkmann (*Brinkmann*, in: Lüdicke/Sistermann, Unternehmensteuerrecht, 2008, § 16 Rz. 78), der sich auf die Rechtslage vor Einführung des § 8c Abs. 1 S. 6ff. KStG bezieht.

S. 6 KStG auf die Verlustgesellschaft überträgt. Bei einem anschließenden Beteiligungserwerb an V können Verluste in Höhe der (anteiligen)[400] zugeordneten stillen Reserven erhalten werden.

Abbildung C-12 Schritt 1 und 2: Einbringung von Teilbetrieben in eine Verlustgesellschaft mit stillen Reserven[401]

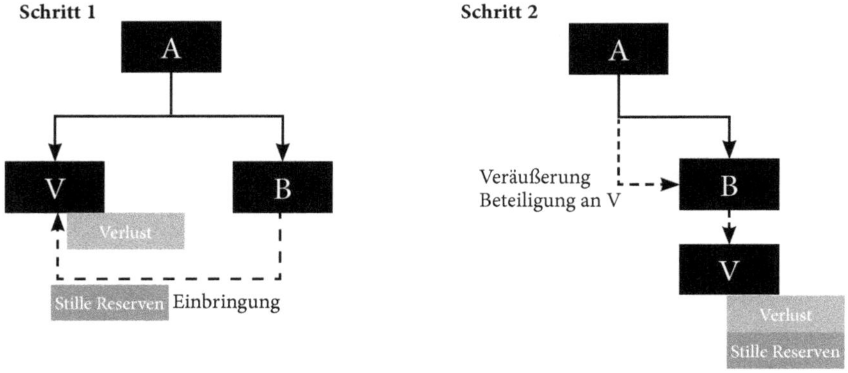

1. Rechtsfolgen nach § 8c KStG

Problematisch an der oben dargestellten Gestaltung ist auf den ersten Blick die zwingende Gewährung neuer Gesellschaftsrechte nach § 20 Abs. 1 S. 1 UmwStG, die der Einbringende an der Übernehmerin erhalten muss.[402] Bei der Ausgabe neuer Gesellschaftsrechte würde schließlich der Tatbestand des § 8c Abs. 1 S. 4 KStG erfüllt, weil es sich um eine disquotale Kapitalerhöhung handelt.[403] Das Tauschverhältnis für die neuen Anteile kann jedoch frei bestimmt werden. Weder ein Anteil am Gesamtkapital noch der Nennwert müssen dem eingebrachten Vermögen entsprechen.[404] Es reicht

400 Je nachdem, ob ein Beteiligungserwerb i. S. d. § 8c Abs. 1 S. 1 oder 2 KStG vorliegt. Im Beispielsfall wäre § 8c Abs. 1 S. 2 KStG einschlägig, sodass die gesamten stillen Reserven zu berücksichtigen sind.

401 Eigene Darstellung.

402 Die Einbringung kann zu einem schädlichen Beteiligungserwerb führen. BMF-Schreiben v. 4.7.2008, IV C 7 – S 2745 – a/08/10001, BStBl I 2008, 736 Tz. 7.

403 Soweit diese zu einer Verschiebung um mehr als 25 % des Kapitals der verlustbehafteten Gesellschaft führt, gehen bestehende Verlustvorträge zumindest anteilig unter.

404 *Schmitt*, § 20 UmwStG, 2009, § 20 UmwStG Rz. 213; *Jehl*, Internationale Einbringungen in eine Kapitalgesellschaft unter besonderer Berücksichtigung der östereichischen Einbringungsvorschriften zgl. Diss. Univ. Freiburg, 2010, 43; *Patt*, UmwStG, in: Dötsch/Patt/Pung/u.a., 2011, 887; *Hruschka/Hellmann*, in: Haase/Hruschka, UmwStG, 2013, Einbringung in eine Kapitalgesellschaft oder Genossenschaft § 20 UmwStG Rz. 82; *Herlinghaus*, in: Rödder/Herlinghaus/van Lishaut, UmwStG, 2013, § 20, Rz. 130a.

folglich aus, dem Einbringenden eine Beteiligung unter 25 % zu gewähren, damit die Voraussetzungen für eine Einbringung zum Buchwert im Hinblick auf die Gegenleistung erfüllt sind. Infolge kommt es zu keinem schädlichen Beteiligungserwerb durch die Einbringung, weil nicht mehr als 25 % der Anteile der Verlustkörperschaft übertragen werden.

Die anschließende Veräußerung der Beteiligung des A an der V zu Händen des B ist als schädlicher Beteiligungserwerb i. S. d. § 8c Abs. 1 S. 2 KStG zu werten. Aufgrund des zuvor übertragenen Verschonungspotenzials i. S. d. § 8c Abs. 1 S. 6 KStG bleiben die Verluste aber in Höhe der stillen Reserven erhalten, sodass ein schädlicher Beteiligungserwerb (teilweise) ohne Konsequenzen bleibt.[405]

2. Beurteilung

Die Gestaltung bietet Potenzial für den Verlusterhalt in Fällen, in denen ein grundsätzlich schädlicher Beteiligungserwerb unumgänglich ist. Voraussetzung ist neben der Einbringung eines mit stillen Reserven behafteten Teilbetriebs, dass die Bedingungen nach § 20 UmwStG erfüllt sind.

Grundsätzlich könnte allerdings ein Gestaltungsmissbrauch nach § 42 AO aus der Verlustnutzung durch die vorgelagerte Teilbetriebsübertragung resultieren. Dies würde aber voraussetzen, dass der Steuerpflichtige keine wirtschaftlichen Gründe ins Feld führen könnte, die diese Vorgehensweise rechtfertigen.

Nach der hier vertretenen Auffassung ist deshalb nicht von einer missbräuchlichen Gestaltung auszugehen. Aus außersteuerlicher Sicht kann die Übertragung eines Teilbetriebs auf das Krisenunternehmen einen Sanierungsbeitrag leisten, der nicht auf die Nutzung steuerlicher Vorteile gerichtet ist.[406] Darüber hinaus wird grundsätzlich auch kein Steuervorteil vom Gesetz gewährt, der nicht vorgesehen ist, weil dass der V zugeordnete Verschonungspotenzial ihr tatsächlich zuzurechnen ist. Eine Qualifikation als missbräuchliche Gestaltung ist deshalb nach der hier vertretenen Auffassung nicht anzunehmen.

ii. Upstream- oder Sidestream- Verschmelzung zur Nutzung des § 8c Abs. 1 S. 6 KStG

Um das Verschonungspotenzial der Stillen-Reserven-Klausel vor einer Übertragung der Anteile an einer verlustbehafteten Körperschaft zu erhöhen, ist die Verschmelzung einer anderen Kapitalgesellschaft mit entsprechenden stillen Reserven auf die Verlustgesellschaft in Erwägung zu ziehen.[407] In einem weiteren Schritt könnte

405 Die Verschonung hängt vom tatsächlichen Verschonungspotenzial ab.

406 Können wirtschaftliche Gründe für die realisierte Sachverhaltsgestaltung angebracht werden, ist nicht von einem Gestaltungsmissbrauch auszugehen.

407 Eine Erhöhung der stillen Reserven i. S. d. § 8c Abs. 1 S. 6 KStG bspw. durch rückwirkende Verschmelzung, Spaltung oder Einbringung ist nicht möglich, § 8c Abs. 1 S. 9 KStG. *Dörr*, NWB 2010, 184, 198.

durch eine entsprechende Neugründung mit Einbringung, der ursprünglich verschmolzenen Kapitalgesellschaft, die ursprüngliche Trennung wiederhergestellt werden.

Verschmelzungen können dabei nach § 11 Abs. 2 UmwStG zum Buchwert durchgeführt werden, falls die dort genannten Voraussetzungen erfüllt sind. Dies betrifft insbesondere die Sicherstellung der Besteuerung in der BRD an den übertragenen Wirtschaftsgütern. Des Weiteren ist eine Verschmelzung zum Buchwert nur möglich, wenn außer Gesellschaftsrechten keine andere Gegenleistung erbracht wird.

Ein Verzicht auf eine Gegenleistung ist möglich, wenn eine Verschmelzung einer 100 %-igen Tochtergesellschaft auf eine Muttergesellschaft vollzogen wird (Upstream-Merger).[408] Eine Anteilsgewährung ist darüber hinaus bei einer Sidestream-Verschmelzung gem. § 54 Abs. 1 S. 3 UmwG bzw. § 68 Abs. 1 S. 3 UmwG nicht notwendig, sofern ein notariell beurkundeter Verzicht aller Anteilseigner des übertragenden Rechtsträgers vorliegt.[409]

Für Zwecke des Verlusterhalts ist die Verschmelzungsrichtung beachtlich, weil Verluste nach § 12 Abs. 3 i. V. m. § 4 Abs. 2 S. 2 UmwStG nicht auf einen anderen Rechtsträger per Verschmelzung übergehen.

Abbildung C-13: Upstream und Siedestream-Merger zur Nutzung der Stillen-Reserven-Klausel[410]

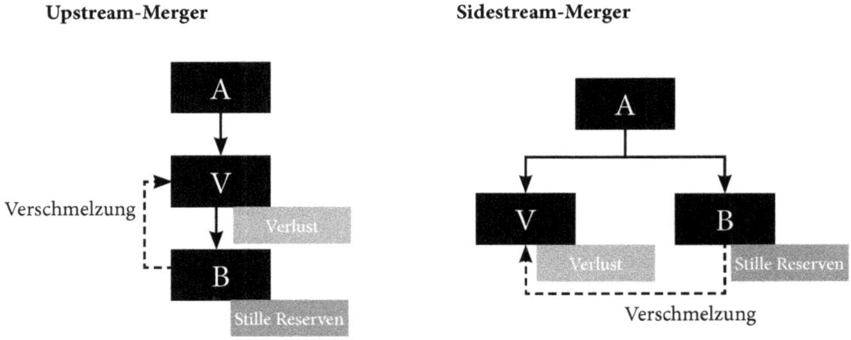

1. Rechtsfolgen nach § 8c KStG

Die Verschmelzung einer mit stillen Reserven behafteten Kapitalgesellschaft auf eine Sanierungsgesellschaft zu Buchwerten erhöht das Verschonungspotenzial nach § 8c

408 *Stratz*, in: Schmitt/Hörtnagl/Stratz, UmwG UmwStG, 2009, § 2 UmwG Rz. 16ff. In diesem Fall darf gem. § 54 Abs. 1 S. 1 Nr. 1 UmwG die GmbH bzw. nach § 68 Abs. 1 Nr. 1 UmwG die AG, ihr Stamm- oder Grundkapital nicht erhöhen.

409 *Stratz*, in: Schmitt/Hörtnagl/Stratz, UmwG UmwStG, 2009, § 54 UmwG Rz. 12 und § 68 UmwG Rz. 15.

410 Eigene Darstellung. Angelehnt an *Forst/Busch/Kubiak*, EStB 2009, 361, 365.

Abs. 1 S. 6 KStG. Kommt es anschließend zu einem schädlichen Beteiligungserwerb i. S. d. § 8c Abs. 1 S. 1 oder 2 KStG, sind die Verluste in Höhe des zu berücksichtigenden Verschonungspotenzials vom Verlustuntergang abgeschirmt.

2. Beurteilung

Durch die Notwendigkeit, dass eine mit stillen Reserven behaftete Gesellschaft überhaupt für die Verschmelzung zur Verfügung steht, eignet sich die Gestaltung insbesondere für die Vermeidung eines Verlustuntergangs zwischen verbundenen Gesellschaften.

Die Frage, ob ein Gestaltungsmissbrauch vorliegt, kann nach der hier vertretenen Auffassung verneint werden, weil die Verschmelzung einer anderen Kapitalgesellschaft auf das Krisenunternehmen einen eigenen Sanierungsbeitrag darstellt. Zudem können andere außersteuerliche Gründe für eine Verschmelzung sprechen. Gegen einen Gestaltungsmissbrauch i. S. d. § 42 AO ist außerdem die Tatsache anzubringen, dass kein Steuervorteil vom Steuerpflichtigen in Anspruch genommen wird, den das Gesetz nicht vorsieht.

iii. Downstream-Merger auf Verlustgesellschaft

In Fällen der Aufnahme eines neuen Investors können sich durch Kombinationsgestaltungen, die die stille Reserven-Klausel und die Konzernklausel nutzen, Vorteile hinsichtlich der Verlustrettung ergeben. Im Beispielfall soll D als neuer Investor an den Kapitalgesellschaften C und mittelbar an V beteiligt werden.

Abbildung C-14: Downstream Merger zur Vorbereitung eines Beteiligungserwerbs unter Nutzung des § 8c Abs. 1 S. 5 KStG[411]

Ausgangsstruktur

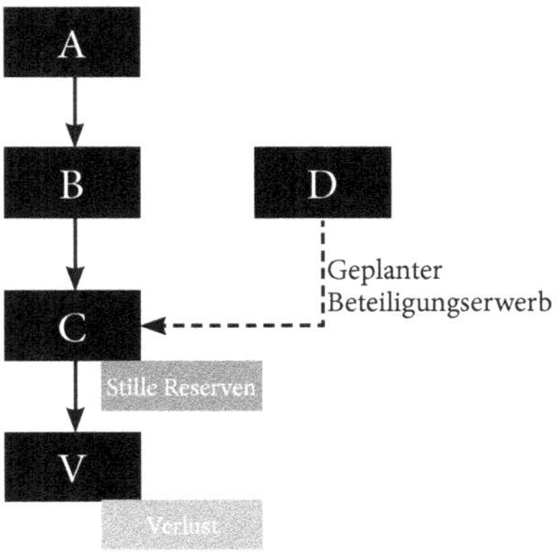

411 Eigene Darstellung.

Im Falle eines direkten Erwerbs des D von Anteilen an C gehen die bestehenden Verluste mindestens anteilig unter, falls es sich um einen Erwerb i. S. d. § 8c Abs. 1 S. 1 und 2 KStG handelt.

Die Transaktion sollte deshalb durch eine Verschmelzung der C auf die V vorbereitet werden. Falls eine wie in nachfolgender Abbildung dargestellte Struktur besteht, die die Anwendung der Konzernklausel ermöglicht, ist der Vorgang nicht mit einem Verlustuntergang verbunden.[412]

Abbildung C-15 Schritt 1: Downstream Merger zur Vorbereitung eines Beteiligungserwerbs unter Nutzung des § 8c Abs. 1 S. 5 KStG[413]

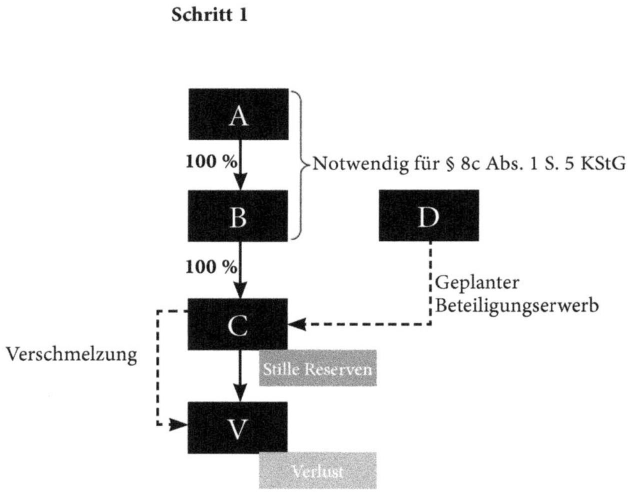

1. Rechtsfolgen nach § 8c KStG

Durch die Verschmelzung nach § 11 Abs. 1 UmwStG zu Buchwerten wird das Verschonungspotenzial der stillen Reserven i. S. d. § 8c Abs. 1 S. 6 KStG von C auf V übertragen.

412 Dieser würde nur bei wörtlicher Auslegung des § 8c Abs. 1 S. 5 KStG überhaupt eintreten.

413 Eigene Darstellung.

Abbildung C-16 Schritt 2: Downstream Merger zur Vorbereitung eines Beteiligungserwerbs unter Nutzung des § 8c Abs. 1 S. 5 KStG[414]

Schritt 2

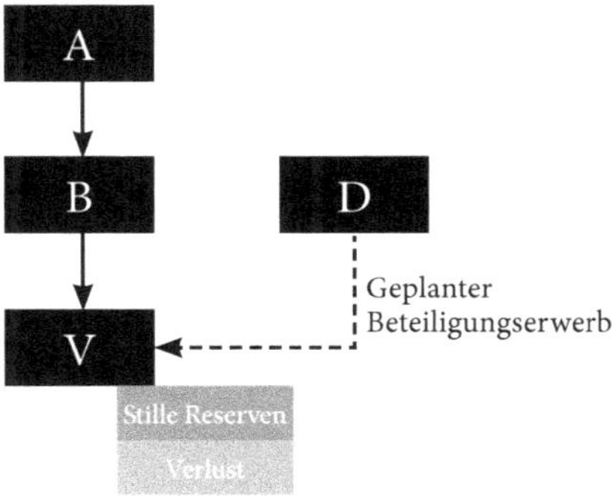

Anschließend kann sich D an V beteiligen. Es liegt zwar ein grundsätzlich schädlicher Beteiligungserwerb in Abhängigkeit der Beteiligungshöhe des D vor. Bestehende Verlustvorträge bleiben bei V jedoch in Höhe der stillen Reserven nach § 8c Abs. 1 S. 6 KStG verschont.

Abbildung C-17 Schritt 3: Downstream Merger zur Vorbereitung eines Beteiligungserwerbs unter Nutzung des § 8c Abs. 1 S. 5 KStG[415]

Schritt 3

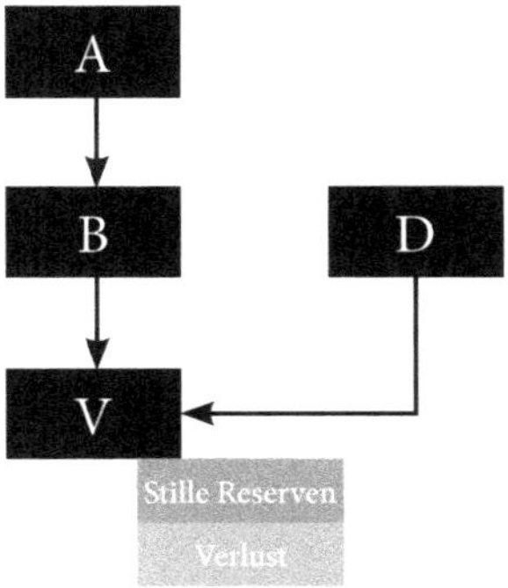

414 Eigene Darstellung.
415 Eigene Darstellung.

2. Beurteilung

Die Gestaltungsoption bietet unter der Voraussetzung, dass die notwendige Schutzstruktur für die Anwendung des § 8c Abs. 1 S. 5 KStG vorhanden ist und dass ein Rechtsträger existiert, der nach § 11 UmwStG auf die Sanierungsgesellschaft V zu Buchwerten verschmolzen werden kann, Gestaltungspotenzial. Hinsichtlich der Einordnung als missbräuchliche Gestaltung ergibt sich m. E. kein Unterschied zu Fall „Upstream- oder Sidestream- Verschmelzung zur Nutzung des § 8c Abs. 1 S. 6 KStG". Von einer missbräuchlichen Gestaltung ist deshalb nicht auszugehen.

iv. Verlustübertragung vor schädlichem Beteiligungserwerb

Verlustbehaftete Betriebsteile, die nicht über ausreichend stille Reserven verfügen, können grundsätzlich nicht ohne einen Verlustuntergang auf Dritte übertragen werden. Ein aus dem Verlustvortrag resultierender Steuervorteil wird deshalb auch nicht in einer Kaufpreiszahlung entlohnt. Falls der Verlust aber auf einen anderen Rechtsträger in der Hand des Veräußerers übertragen werden kann, bleibt der Steuervorteil erhalten.[416] Es soll von folgender Struktur ausgegangen werden:

Abbildung C-18: Befreiung des verlustverursachenden Betriebes von steuerlichen Verlustvorträgen[417]

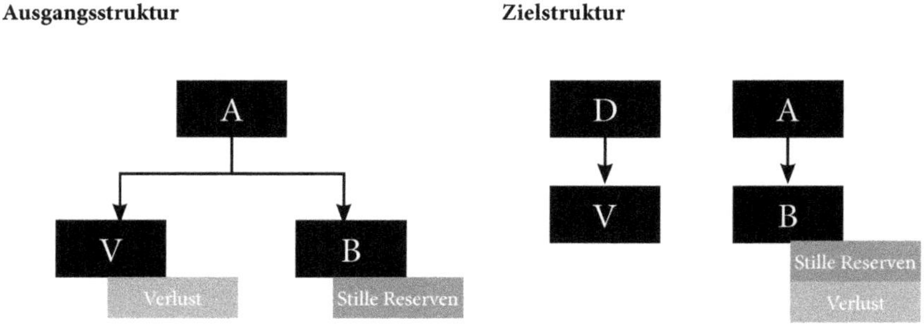

Auf die Kapitalgesellschaft V, die einen Verlust erwirtschaftet hat, ist eine andere Kapitalgesellschaft zunächst zu Buchwerten nach § 11 Abs. 1 UmwStG zu verschmelzen.

416 Die Vorteilhaftigkeit einer solchen Transaktion kann insgesamt erhöht werden, weil ein steuerlicher Verlustvortrag grundsätzlich nutzbar bleibt.

417 Eigene Darstellung.

Abbildung C-19 Schritt 1: Befreiung des verlustverursachenden Betriebes von steuerlichen Verlustvorträgen[418]

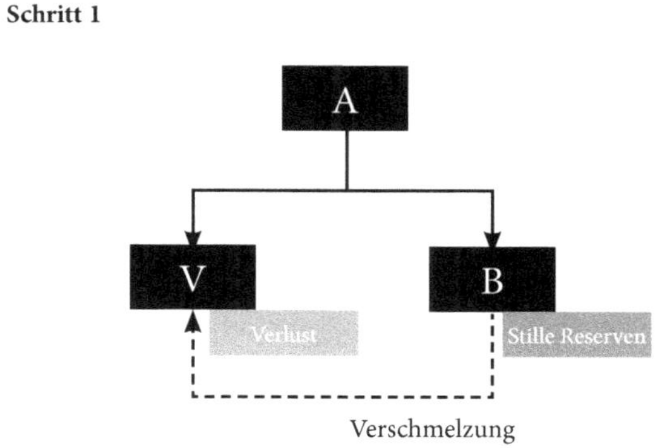

Anschließend ist der ursprünglich verlustverursachende Betriebsteil in eine (noch zu gründende) Kapitalgesellschaft einzubringen. Infolge kann dieser Betriebsteil an einen Dritten veräußert werden.

Abbildung C-20 Schritt 2: Befreiung des verlustverursachenden Betriebes von steuerlichen Verlustvorträgen[419]

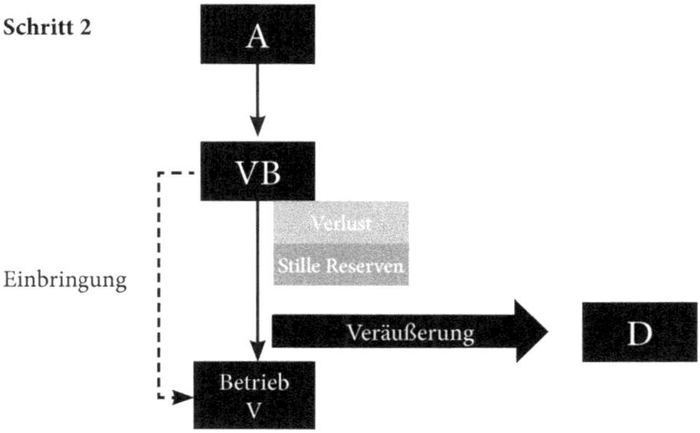

1. Rechtsfolgen nach § 8c KStG

Ein Verlustuntergang ist durch die zunächst stattfindende Verschmelzung nicht zu erwarten, soweit auf eine Ausgabe neuer Anteile an der verlustbehafteten Gesellschaft

418 Eigene Darstellung.
419 Eigene Darstellung.

verzichtet werden kann.[420] Wird anschließend der sich in der V-GmbH befindende verlustbringende Betriebsteil in eine andere Kapitalgesellschaft nach § 20 Abs. 1 UmwStG eingebracht, verbleiben die Verlustvorträge von V beim zuvor per Verschmelzung eingebrachten profitablen Unternehmensteil. Ein Verlustuntergang findet deshalb nicht statt. Die vom verlustbringenden Betriebsteil erwirtschafteten Verluste können auf Ebene der V weiterhin genutzt werden.

Die Kapitalgesellschaft, in die der verlustbringende Betriebsteil eingebracht wurde, kann anschließend an einen Investor D veräußert werden. Grundsätzlich führt die anschließende Veräußerung des Betriebs der V innerhalb der Sperrfrist des § 22 Abs. 1 UmwStG dazu, dass ein Einbringungsgewinn I zu versteuern ist. Im Einzelfall gilt es folglich abzuwägen, ob die rückwirkende Besteuerung des Einbringungsgewinns I nachteiliger ist als der Untergang vorhandener Verlustvorträge.

2. Beurteilung

Die Gestaltungsvariante sichert den Verlustabzug, obwohl der verlustverursachende Betriebsteil auf einen Dritten übertragen wird. Insoweit bietet die Gestaltung erhebliches Potenzial.

Es ist allerdings fraglich, ob der zur Sicherung des Verlustnutzungspotenzials dargelegte Weg nicht als rein künstliche Gestaltung qualifiziert. Schließlich dient die Verschmelzung und anschließende Einbringung in eine Kapitalgesellschaft der Erlangung eines Steuervorteils – dem Erhalt von Verlusten ohne ausreichend stille Reserven i. S. d. § 8c Abs. 1 S. 6 KStG. Eine Rechtfertigung wäre nach der hier vertretenen Auffassung nur möglich, wenn bspw. nicht oder nicht ausschließlich der gesamte verlustverursachende Betriebsteil eingebracht würde, sondern Teile zurückblieben oder Teile der zuvor verschmolzenen B mit eingebracht würden.[421] Ein Risiko für die Qualifikation als missbräuchliche Gestaltung ist m. E. aber nicht auszuschließen.

4.3.4 Bedeutung in Sanierungsfällen

Die Stille-Reserven-Klausel beschränkt trotz der aufgezeigten Schwierigkeiten und Zweifelsfragen den Verlustuntergang nach § 8c Abs. 1 S. 1f. KStG erheblich. Für Gesellschaften, die sich in einer wirtschaftlichen Krise befinden und Sanierungsbestrebungen unternehmen, gilt dies jedoch nur eingeschränkt.

- Erstens werden bei konzerninternen Übertragungen Schwierigkeiten durch die aufwendige und kostenintensive Ermittlung des gemeinen Wertes entstehen. Ist die Liquiditätslage bereits angespannt, kann die Anwendung der Stillen-Reserven-Klausel bereits an den Kosten der Unternehmensbewertung scheitern.

---

420 Bei Upstream, Sidestream- oder Downstream-Verschmelzung.

421 Die Teilbetriebserfordernis nach § 29 Abs. 1 S. 1 UmwStG gilt es zu beachten.

- Zweitens besteht eine gewisse Rechtsunsicherheit bei der Übertragung ganzer Beteiligungsstränge, wenn andere Gesellschaften als die Obergesellschaft über Verlustvorträge verfügen.
- Drittens – und dies wiegt am schwersten – ist die Tatsache, dass die Stille-Reserven-Klausel eher Start-ups und grundsätzlich „gesunde“ Gesellschaften zum Ziel hat. Befindet sich eine Gesellschaft jedoch seit Längerem in der Krise, liegen regelmäßig nur geringe stille Reserven vor, weil das „bilanzielle Tafelsilber“ bereits veräußert wurde, um Liquidität zu beschaffen. Geht man davon aus, dass sich bereits durch eine Unternehmenskrise ein Investitions- und Wartungsstau eingestellt hat, werden den noch vorhandenen materiellen Wirtschaftsgütern deshalb grundsätzlich auch keine hohen stillen Reserven innewohnen. Als Träger stiller Reserven verbleiben folglich immaterielle Vermögenswerte, deren Höhe bei einer fortgeschrittenen Krise aber nicht ausreichen wird, um genügend Verschonungspotenzial zu generieren. In der Krise ist die Norm damit auf die Nutzung für gestalterische Zwecke begrenzt.[422]

4.4 Sanierungsklausel

Die Sanierungsklausel ist bis auf Weiteres durch die Qualifikation als schädliche Beihilfe nicht anzuwenden. Gegen die Entscheidung der Kommission laufen mehrere Klagen,[423] deren Ausgang über die künftige Anwendung entscheidet.

Unabhängig von der europarechtlichen Diskussion setzt die Sanierungsklausel die kumulative Erfüllung von drei Tatbestandsmerkmalen voraus, damit der Anwendungsbereich nach § 8c Abs. 1a KStG eröffnet ist:[424]

I. Ein Beteiligungserwerb erfolgt mit dem Zweck den Geschäftsbetrieb zu sanieren.
II. Die Sanierung dient der Beseitigung oder Verhinderung des Eintritts der Tatbestände, die die Eröffnung des Insolvenzverfahrens nach sich ziehen.
III. Es werden wesentliche Betriebsstrukturen erhalten.

---

422 Siehe dazu Kap. C.III.4.4.

423 EuG, Klage v. 6.6.2011, T-287/11 Heitkamp BauHolding / Kommission, Abl. C 238 2011, 21; EuG, Klage v. 2.12.2011, T-610/11 Wagon Automotive Nagold / Kommission, Abl. C 32 2012, 33; EuG, Klage v. 2.12.2011, T-627/11 ATMvision / Kommission, Abl. C 49 2012, 26; EuG, Klage v. 2.12.2011, T-620/11 GFKL Financial Services / Kommission, Abl. C 39 2012, 18; EuG, Klage v. 2.12.2011, T-612/11 Treofan Holdings und Treofan Germany / Kommission, Abl. C 32 2012, 34EuG, Klage v. 3.2.2012, T-629/11 Biogas Nord Anlagenbau / Kommission, Abl. C 49 2012, 28; EuG, Klage v. 5.12.2011, T-613/11 VMS Deutschland / Kommission, ABl. C 32 2012, 35; EuGH, Anhängiges Verfahren, C-102/13 P Deutschland/Kommission, ABl EU C-164, 8.

424 *Neumann/Stimpel*, DK 2009, 409, 410; *Dötsch*, in: Dötsch/Pung/Möhlenbrock, KStG, 2012, § 8c KStG Rz. 107.

4.4.1 Anwendungsbereich der Sanierungsklausel

Gemäß § 8c Abs. 1a KStG ist ein Beteiligungserwerb zum Zweck der Sanierung im Rahmen der Verlustabzugsbeschränkung für Körperschaften unbeachtlich. Beteiligungserwerbe, die die Voraussetzungen des § 8c Abs. 1a KStG erfüllen, sind deshalb auch nicht als Zählerwerb zu erfassen.[425] Ob es sich um einen originären Beteiligungserwerb oder um einen vergleichbaren Sachverhalt handelt, ist bedeutungslos.[426]

Legaldefiniert ist eine Sanierung i. S. d. § 8c Abs. 1a KStG als Maßnahme, die darauf abzielt, wesentliche Betriebsstrukturen zu erhalten und eine Zahlungsunfähigkeit oder Überschuldung zu verhindern bzw. zu beseitigen, § 8c Abs. 1a S. 2 KStG. Die Anknüpfung an die insolvenzrechtlichen Termini der §§ 17 bis 19 InsO wirft allerdings Fragen auf, die nachfolgend näher zu analysieren sind.

4.4.2 Geeignete Maßnahmen

Nach dem Wortlaut des § 8c Abs. 1a S. 1 oder 2 KStG ist jedwede Maßnahme begünstigt, die die (drohende) Zahlungsunfähigkeit oder Überschuldung abwendet. Eine Sanierungsfähigkeit und –bedürftigkeit wird damit ebenso vorausgesetzt, wie die grundsätzliche Möglichkeit, dass die Maßnahmen geeignet sind, die Gesellschaft aus der Krise zu führen.[427]

Weder das Gesetz noch die Gesetzesbegründung beschränken den Begriff der „geeigneten Maßnahmen" i. S. d. Gesetzes dabei auf bestimmte Sanierungsinstrumente. Im Ergebnis kommen deshalb alle leistungs- und finanzwirtschaftlichen Maßnahmen infrage, die die Ertragsfähigkeit wiederherstellen könnten.[428] Es wird nicht gefordert, dass der Erwerber frisches Kapital zur Verfügung stellt.[429] Ein Sanierungsbeitrag

---

425 Eine Zusammenrechnung mit anderen Erwerben innerhalb der Fünfjahresfrist findet nicht statt. *Ziegenhagen/Thewes*, BB 2009, 2116, 2116; OFD-Rheinland/OFD-Münster-Verfügung v. 30.3.2010, S 2745 – 1007 – St 131 (Rhld) / S 2745 a – 253 – St 13 – 33 (Ms), GmbHR 2010, 557, Tz. 2.

426 Dies geht bereits aus der Formulierung in § 8c Abs. 1a S. 1 KStG hervor, die die Anwendung des § 8c Abs. 1 KStG insgesamt suspendiert. Bestätigend: OFD-Rheinland/OFD-Münster-Verfügung v. 30.3.2010, S 2745 – 1007 – St 131 (Rhld) / S 2745 a – 253 – St 13 – 33 (Ms), GmbHR 2010, 557, Tz. 3. Auch ein Beteiligungserwerb durch disquotale Kapitalerhöhung wird von § 8c Abs. 1a KStG erfasst. Im Ergebnis auch *Ortmann-Babel/Bolik/Gageur*, DStR 2009, 2173, 2174; *Bien/Wagner*, BB 2009, 2627, 2627; *Mückl/Remplik*, FR 2009, 689, 690; *Roser*, FR 2009, 937, 938; *Dötsch*, in: Dötsch/Pung/Möhlenbrock, KStG, 2012, § 8c KStG Rz. 106.

427 *Fey/Neyer*, AG 2009, 322, 323; *Hallerbach*, StuB 2009, 576, 577; *Mückl/Remplik*, FR 2009, 689, 691; *Roser*, FR 2009, 937, 941; *Imschweiler/Geimer*, EStB 2009, 324, 326; *Ortmann-Babel/Bolik/Gageur*, DStR 2009, 2173, 2175; *Scheunemann/Dennisen*, BB 2009, 2564, 2566; *Frey/Mückl*, GmbHR 2010, 1193, 1195.

428 Die Maßnahmen müssen lediglich für eine Sanierung geeignet sein. *Gohr*, in: Schnitger/Fehrenbacher, KStG, 2012, § 8c KStG Rz. 326; *Frotscher*, in: Frotscher, KStG GewStG UmwStG, 2013, § 8c KStG Rz. 190.

429 BR-Drs.-16/12674, 11; *Neumann/Stimpel*, DK 2009, 409, 410.

könnte nach der zutreffenden Meinung von *Neumann/Stimpel* deshalb auch durch Einräumung einer Kreditsicherheit, der Vereinbarung eines Rangrücktritts oder gar durch leistungswirtschaftliche Handlungen erreicht werden.[430] Dass die Maßnahme den Beteiligungserwerb bedingt, ist nicht Voraussetzung. Es muss lediglich ein Zusammenhang zwischen Beteiligungserwerb und der Sanierung bestehen.

Der Steuerpflichtige trägt die Beweislast für das Vorliegen aller Voraussetzungen zur Anwendung der Sanierungsklausel.[431] In jedem Fall sind die ergriffenen Mittel deshalb in einem Sanierungsplan zu dokumentieren.[432] Zur Beurteilung der Sanierungsbedürftigkeit kann auch auf die Höhe des Betriebsvermögens vor und nach Sanierung, die Ertragslage, die Kapitalverzinsung, die Gesamtleistungsfähigkeit und die Zahlungsfähigkeit im Allgemeinen dargestellt werden.[433] Auf den tatsächlichen Erfolg der Sanierungsbestrebungen kommt es hingegen nicht an.

4.4.3 Krisenstadium

Bei wörtlicher Auslegung des § 8c Abs. 1a S. 2 KStG wäre der Zeitpunkt drohender Zahlungsunfähigkeit gem. § 18 Abs. 2 InsO[434] oder der Eintritt der Überschuldung i. S. d. § 19 InsO,[435] der Zeitpunkt, in dem eine Inanspruchnahme der Sanierungsklausel erstmals möglich ist.[436]

Laut der Gesetzesbegründung ist allerdings ein Beteiligungserwerb zum Zweck der Sanierung frühestens möglich, wenn eine gesellschaftsrechtliche Krise nach § 32a GmbHG a.F. eingetreten ist.[437] Von einer solchen ist auszugehen, soweit eine

---

430 *Neumann/Stimpel*, DK 2009, 409, 410. *Dötsch* geht davon aus, dass die Frage eines konkreten Sanierungsbeitrags des Gesellschafters nicht geklärt ist. *Dötsch*, in: Dötsch/Pung/Möhlenbrock, KStG, 2012, § 8c KStG Rz. 109.

431 *Ziegenhagen/Thewes*, BB 2009, 2116, 2117.

432 BR-Drs.-16/12674, 11. Welche Anforderungen an den Sanierungsplan gestellt werden, ist unklar. Es empfiehlt sich den Sanierungsplan nach dem IDW S6 Standard zu erstellen. Gl.A.: *Mückl/Remplik*, FR 2009, 689, 693.

433 *Ziegenhagen/Thewes*, BB 2009, 2116, 2117; *Dötsch*, in: Dötsch/Pung/Möhlenbrock, KStG, 2012, § 8c KStG Rz. 110. Zu den Voraussetzungen im Einzelnen siehe auch: OFD-Hannover-Verfügung v. 11.2.2009, S 2140 – 8 – StO 241, DStR 2009, 532.

434 Die drohende Zahlungsunfähigkeit ist anzunehmen, falls das Schuldunternehmen voraussichtlich nicht mehr in der Lage sein wird, seinen Zahlungsverpflichtungen im Zeitpunkt der Fälligkeit nachzukommen.

435 Von einer Überschuldung ist auszugehen, falls das Vermögen auf Basis einer Liquidationsbewertung die Schulden nicht mehr deckt, es sei denn, die Fortführung des Unternehmens ist überwiegend wahrscheinlich. Zum Begriff der Überschuldung siehe auch Kap. B.I.1.3.3. und *Funk*, BB 2009, 867, 867; *Leithaus/Schaefer*, NZI 2010, 844, 8ff.; *Dubs/Möhlmann-Mahlau*, StuB 2013, 685, 688.

436 Nach Ortmann/Bolik/Gageuer ist vom Wortlaut des Gesetzes auch die Verhinderung der drohenden Zahlungsunfähigkeit gedeckt. *Ortmann/Bolik/Gageuer,* DStR 2009, 2173, 2174.

437 BT-Drs.-168/09, 31.

Deckung des Fremdkapitalbedarfs der Gesellschaft nicht mehr zu marktüblichen Konditionen aus eigenen Anstrengungen möglich ist.[438]

Da der Zeitpunkt für einen Sanierungserwerb laut Gesetzesbegründung[439] – die Kreditunwürdigkeit – daher vor dem eigentlichen im Gesetz definierten Zeitpunkt – der Insolvenz – liegt, besteht eine gewisse Unsicherheit hinsichtlich der Frage, wann die Begünstigungsvoraussetzungen des § 8c Abs. 1a KStG vorliegen.[440]

Ein Abstellen auf den Zeitpunkt der Krise nach § 32a GmbHG a.F. als frühestmöglicher Zeitpunkt der Inanspruchnahme scheint m. E. aber sinnvoller zu sein. Die Schwäche einer Beschränkung des Anwendungsbereichs der Sanierungsklausel auf die insolvenzrechtlichen Tatbestände, zeigt sich im Besonderen im Falle der Überschuldung. Diese setzt eine negative Fortführungsprognose nach § 19 Abs. 2 S. 1 InsO voraus, während die Sanierungsfähigkeit von einer positiven Prognose ausgehen muss. Im Ergebnis würde § 8c Abs. 1a KStG im Überschuldungsfall leerlaufen.[441] Damit ist die Überschuldung i. S. d. InsO kein geeignetes Kriterium für die Feststellung einer Sanierungsbedürftigkeit.[442]

Es ist deshalb sachgerecht, auf die Definition nach § 32a GmbHG a.F. zurückzugreifen, um keine unnötigen Sanierungshürden aufzubauen. Schließlich ist der genaue Zeitpunkt des Eintritts einer Krise für den Betroffenen selbst nicht immer zweifelsfrei zu erkennen, sodass eine möglichst weite Definition vorzugswürdig scheint.[443] Entscheidend für die Anwendung des § 8c Abs. 1a KStG in der Krise muss nach der hier vertretenen Auffassung letztendlich der Sanierungswille des Erwerbers sein.

4.4.4 Erhalt der wesentlichen Betriebsstrukturen

Ergänzend zum Ergreifen geeigneter Maßnahmen, die eine drohende Zahlungsunfähigkeit oder Überschuldung i. S. d. § 8c Abs. 1a KStG beseitigen, muss der Erhalt der wesentlichen Betriebsstrukturen sichergestellt werden, § 8c Abs. 1a S. 2 KStG.

---

438 BGH, Urteil v. 13.7.1992, II ZR 269/91, NJW 1992, 2891; BFH, 24.4.1997, VIII R 16/94, BStBl II 1999, 339; BFH, Urteil v. 13.7.1999, VIII R 31/98, BStBl II 1999, 724; BFH, Urteil v. 4.11.1997, VIII R 18/94, BStBl II 1999, 344; BFH, Urteil v. 10.11.1998, VIII R 6/96, BStBl II 1999, 348; BFH, Urteil v. 4.3.2008, IX R 80/06, BStBl II 2008, 577; *Mückl/Remplik*, FR 2009, 689, 691; *Ortmann-Babel/Bolik/Gageur*, DStR 2009, 2173, 2174; *Dötsch*, in: Dötsch/Pung/Möhlenbrock, KStG, 2012, § 8c KStG Rz. 114.

439 BT-Drs.: 168/01/09, 34.

440 *Altrichter-Herzberg*, GmbHR 2009, 466, 467; *Suchanek/Herbst*, Ubg 2009, 525, 526f.; *Dörr*, NWB 2009, 2050, 2053; *Mückl/Remplik*, FR 2009, 689, 690f.; *Trossen*, GmbH-StB 2009, 227, 228; *Fey/Neyer*, DB 2009, 1368, 1371; *Hielscher*, BC 2009, 421, 422; *Ziegenhagen/Thewes*, BB 2009, 2116, 2116f.; *Scheunemann/Dennisen*, BB 2009, 2564, 2566.

441 *Demuth*, KÖSDI 2009, 16779, 16785; *Sistermann/Brinkmann*, DStR 2009, 1453, 1454; *Lang*, DStZ 2009, 751, 752; *Dötsch*, in: Dötsch/Pung/Möhlenbrock, KStG, 2012, § 8c KStG Rz. 114.

442 *Ortmann-Babel/Bolik/Gageur*, DStR 2009, 2173, 2174.

443 BGH, Urteil v. 6.4.2000, IX ZR 422/98, ZIP 2000, 895; *Demuth*, KÖSDI 2009, 16779, 16785; *Dötsch*, in: Dötsch/Pung/Möhlenbrock, KStG, 2012, § 8c KStG Rz. 114a.

Das Gesetz nennt die nachfolgenden drei Alternativen, die den Erhalt der wesentlichen Betriebsstrukturen typisierend belegen, sodass der Anwendungsbereich der Sanierungsklausel eröffnet ist, § 8c Abs. 1a S. 3 KStG.[444]

i. Betriebsvereinbarung mit Arbeitsplatzregelung

Als erste Option für den Nachweis des Erhalts der wesentlichen Betriebsstrukturen, sieht das Gesetz den Abschluss einer Betriebsvereinbarung mit entsprechender Arbeitsplatzregelung vor, § 8c Abs. 1a S. 3 Nr. 1 KStG. Grundsätzlich handelt es sich dabei um eine schriftlich niederzulegende Vereinbarung i. S. d. § 77 BetrVG.[445] Diese muss ausschließlich eine Arbeitsplatzregelung enthalten. Weitere Bedingungen, als Beweis für den Erhalt wesentlicher Betriebsstrukturen[446] oder die Weiterbeschäftigung einer Mindestzahl von Mitarbeitern,[447] werden im Fall des § 8c Abs. 1a S. 3 Nr. 1 KStG nicht verlangt. Zwingend ist aber eine Einigung mit dem Betriebsrat auf die getroffene Regelung.

Nach Ansicht der Finanzverwaltung müssen mindestens die Hälfte der sozialversicherungspflichtigen Arbeitnehmer des betroffenen Geschäftsbereichs, von der Betriebsvereinbarung erfasst werden.[448] Nachgeordnete Personengesellschaften und Organgesellschaften sind aus Verwaltungssicht für die Feststellung zu berücksichtigen.

Einer Betriebsvereinbarung entsprechende Regelungen im Tarifvertrag oder in einem Sozialplan sind nach Ansicht der OFDen ebenfalls als Betriebsvereinbarung mit Arbeitsplatzregelung i. S. d. § 8c Abs. 1a S. 3 Nr. 1 KStG anzuerkennen.[449] Auch kleine Körperschaften, die über keinen Betriebsrat verfügen, können deshalb nach Ansicht der OFDen eine entsprechende Regelung individualvertraglich vereinbaren,

---

444 Die Aufzählung ist abschließend. *Neumann/Stimpel*, DK 2009, 409, 412; *Dötsch*, in: Dötsch/Pung/Möhlenbrock, KStG, 2012, § 8c KStG Rz. 117.

445 *Fey/Neyer*, DB 2009, 1368, 1372; *Neumann/Stimpel*, DK 2009, 409, 412. Ob die Betriebsvereinbarung zivilrechtlich wirksam ist, ist unbeachtlich, solange sie tatsächlich durchgeführt wird. Fey/Neyer, DB 2009, 1368, 1372; Trossen, GmbH-StB 2009, 227, 229; Ortmann-Babel/Bolik/Gageur, DStR 2009, 2173, 2175; Dötsch, in: Dötsch/Pung/Möhlenbrock, KStG, 2012, § 8c KStG Rz. 119.

446 *Lang*, DStZ 2009, 751, 754.

447 OFD-Rheinland/OFD-Münster-Verfügung v. 30.3.2010, S 2745 – 1007 – St 131 (Rhld) / S 2745 a – 253 – St 13 – 33 (Ms), GmbHR 2010, 557, Tz. 13.

448 OFD-Rheinland/OFD-Münster-Verfügung v. 30.3.2010, S 2745 – 1007 – St 131 (Rhld) / S 2745 a – 253 – St 13 – 33 (Ms), GmbHR 2010, 557 Tz. 13; *Dötsch*, in: Dötsch/Pung/Möhlenbrock, KStG, 2012, § 8c KStG Rz. 117.

449 OFD-Rheinland/OFD-Münster-Verfügung v. 30.3.2010, S 2745 – 1007 – St 131 (Rhld) / S 2745 a – 253 – St 13 – 33 (Ms), GmbHR 2010, 557 Tz. 13; *Dötsch*, in: Dötsch/Pung/Möhlenbrock, KStG, 2012, § 8c KStG Rz. 119. Insoweit sind die formalen Anforderungen des § 77 BetrVG unbeachtlich.

die den Anwendungsbereich von § 8c Abs. 1a Nr. 1 KStG eröffnet.[450] Diese Auffassung ist aber nach der hier vertretenen Auffassung kritisch zu beurteilen, weil der Gesetzeswortlaut eindeutig auf eine Betriebsvereinbarung mit Arbeitsplatzregelung abstellt.[451] Eine dahingehende teleologische Reduktion für kleine Kapitalgesellschaften ist folglich abzulehnen.

Die Alternative des § 8c Abs. 1a S. 3 Nr. 1 KStG bietet deshalb auf der einen Seite erhebliches Gestaltungspotenzial hinsichtlich des Verlusterhalts, weil keinerlei Anforderungen an die Arbeitsplatzregelung an sich gestellt werden.[452] Andererseits muss eine Einigung mit dem Betriebsrat erreicht werden, sodass dessen Kompromissbereitschaft über den Verlusterhalt entscheidet. In der Betriebsvereinbarung niedergelegte Sanierungsmaßnahmen sollten deshalb einen möglichst großen Spielraum enthalten, damit bei einer Änderung der Sanierungsparameter keine Neuverhandlung der Betriebsvereinbarung notwendig wird.[453]

Unklar ist, bis zu welchem Zeitpunkt die Betriebsvereinbarung abgeschlossen sein muss.[454] Die in der Literatur vertretene Meinung, des bloßen Kausalzusammenhangs zwischen Beteiligungserwerb, Sanierungsmaßnahme und Betriebsvereinbarung, scheint allerdings zweckmäßig.[455]

Eine Mindestlaufzeit für die Betriebsvereinbarung ist nach § 8c Abs. 1a S. 3 Nr. 1 KStG nicht vorgesehen.[456] Aus steuerlicher Sicht sollte deshalb eine möglichst kurze Laufzeit vereinbart werden, um das Risiko einer Nichtdurchführung zu minimieren.[457]

ii. Lohnsummenklausel

Von einem Erhalt der wesentlichen Betriebsstrukturen ist auch auszugehen, falls ein bestimmter Anteil der Ausgangslohnsumme nach der Sanierung fortgezahlt wird. Gemäß § 8c Abs. 1a S. 3 Nr. 2 KStG sind die Voraussetzungen erfüllt, falls die Summe der Löhne, der nächsten fünf Jahre (Überwachungszeitraum) das Vierfache der Ausgangslohnsumme nicht unterschreitet, § 8c Abs. 1a S. 3 Nr. 2 KStG.[458] Im

---

450 OFD-Rheinland/OFD-Münster-Verfügung v. 30.3.2010, S 2745 – 1007 – St 131 (Rhld) / S 2745 a – 253 – St 13 – 33 (Ms), GmbHR 2010, 557 Tz. 14.

451 Gl.A. *Lang*, DStZ 2009, 751, 754; *Demuth*, KÖSDI 2009, 16779, 16786; *Dörr*, NWB 2009, 2050, 2056; *Dötsch*, in: Dötsch/Pung/Möhlenbrock, KStG, 2012, § 8c KStG Rz. 119.

452 *Fey/Neyer*, DB 2009, 1368, 1372.

453 *Lang*, DStZ 2009, 751, 754.

454 *Dötsch*, in: Dötsch/Pung/Möhlenbrock, KStG, 2012, § 8c KStG Rz. 119.

455 *Ortmann-Babel/Bolik/Gageur*, DStR 2009, 2173, 2175; *Mückl/Remplik*, FR 2009, 689, 694; *Dötsch*, in: Dötsch/Pung/Möhlenbrock, KStG, 2012, § 8c KStG Rz. 119.

456 *Dötsch*, in: Dötsch/Pung/Möhlenbrock, KStG, 2012, § 8c KStG Rz. 119.

457 *Suchanek/Herbst*, Ubg 2009, 525, 530. In aller Regel werden die Parameter aber aus außersteuerlichen Gründen bestimmt sein.

458 *Imschweiler/Geimer*, EStB 2009, 324, *327; Suchanek/Herbst*, Ubg 2009, 525, 530; *Roser*, FR 2009, 937, 942; *Ortmann-Babel/Bolik/Gageur*, DStR 2009, 2173, 2175;

Ergebnis darf die durchschnittlich entrichtete Jahreslohnsumme um nicht mehr als 20 % absinken.[459]

Zur Ermittlung der Lohnsumme sind die §§ 13a Abs. 1 S. 3f. und Abs. 4 ErbStG entsprechend anzuwenden.[460] Davon ausgehend ist die Ausgangslohnsumme das arithmetische Mittel, der in den letzten fünf Wirtschaftsjahren[461] entrichteten Summe der Löhne, vor Eintritt des schädlichen Beteiligungserwerbs. Die Lohnsumme bezieht sich dabei auf die Bruttolöhne zzgl. sämtlicher Nebenleistungen.[462]

Beträgt die Ausgangslohnsumme null Euro oder waren weniger als 20 Mitarbeiter beschäftigt, kann die Lohnsummenklausel nach Ansicht der Verwaltung nicht angewendet werden.[463] Hingegen geht bspw. *Frotscher* davon aus, dass in diesen Fällen der Nachweis des Erhalts der wesentlichen Betriebsstrukturen nicht geführt werden braucht, sodass die Sanierungsbemühungen als erfüllt angesehen werden.[464] Letzterer Meinung ist zuzustimmen. Aufgrund des Wortlauts[465] des § 8c Abs. 1a S. 3 Nr. 2 KStG, der eine sinngemäße Geltung des § 13a Abs. 1 S. 4 ErbStG vorsieht, kann davon ausgegangen werden, dass sich der Nachweis erübrigt.[466] Schließlich dient die

---

Scheunemann/Dennisen, BB 2009, 2564, 2566; *Gehrke*, in: Kahlert/Rühland, Sanierungs- und Insolvenzsteuerrecht, 2011, Sanierungsmaßnahmen und die Steuerfolgen für die GmbH, 108.

459 Es ist allerdings irrelevant, ob die Lohnzahlungen gleichmäßig oder ungleichmäßig auf die Jahre des Überwachungszeitraums verteilt sind. *Ziegenhagen/Thewes*, BB 2009, 2116, 2118; *Frotscher*, in: Frotscher, KStG GewStG UmwStG, 2013, § 8c KStG Rz. 206.

460 Nach der Gesetzesbegründung dient der Verweis auf die erbschaftsteuerlichen Regelungen der Vereinfachung. Siehe BT-Drs.: 16/13429, 76.

461 Rumpfwirtschaftsjahre sind als Wirtschaftsjahr einzubeziehen. Insoweit reduziert sich die Ausgangslohnsumme mitunter erheblich, falls diese auch auf Basis eines Rumpfwirtschaftsjahres berechnet wird. *Frotscher*, in: Frotscher, KStG GewStG UmwStG, 2013, § 8c KStG Rz. 210.

462 Leiharbeitskräfte und Saisonarbeitskräfte sind nicht einzubeziehen. *Meincke*, in: Meincke, ErbStG, 2009, § 13a, § 13a Rz. 20. Soweit Löhne in eine vGA umqualifiziert werden, sind sie nicht zu berücksichtigen. *Dötsch*, in: Dötsch/Pung/Möhlenbrock, KStG, 2012, § 8c KStG Rz. 120. Zur Einbeziehung von Teilzeitkräften siehe *Neumann/Stimpel*, DK 2009, 409, 412.

463 OFD-Rheinland, Verfügung vom 30.03.2010, 2745 – 1007 – St 131 Tz. 18; a.A.: *Dörr*, NWB, 2050, 2056; *Fey/Neyer*, DB 2009, 1368, 1373; *Suchaneck/Herbst*, Ubg 2009, 525, 530.

464 *Frotscher*, in: Frotscher, KStG GewStG UmwStG, 2013, § 8c KStG Rz. 207.

465 *„Satz 2 [die Lohnsummenprüfung] ist nicht anzuwenden, wenn die Lohnsumme null Euro beträgt oder der Betrieb nicht mehr als 20 Beschäftigte hat.“*

466 Gl.A.: *Fey/Neyer*, DB 2009, 1368, 1373; *Suchanek/Herbst*, Ubg 2009, 525, 530; *Demuth*, KÖSDI 2009, 16779, 16786; *Dörr*, NWB 2009, 2050, 2056; *Ziegenhagen/Thewes*, BB 2009, 2116, 2118; *Frotscher*, in: Frotscher, KStG GewStG UmwStG, 2013, § 8c KStG Rz. 207; a.A. *Neumann/Stimpel*, DK 2009, 409, 413; *Dötsch*, in: Dötsch/Pung/Möhlenbrock, KStG, 2012, § 8c KStG Rz. 120.

Regelung auch im Rahmen der Erbschaftsteuer als Vereinfachung,[467] weshalb eine abweichende Anwendung kontraproduktiv wäre.

Die Heranziehung erbschaftsteuerlicher Regelungen ist nach der hier vertretenden Auffassung aber teilweise kritisch zu sehen. In Sanierungsfällen ist mit einer Abnahme der Beschäftigung in Jahren vor den Sanierungsbestrebungen zu rechnen. Aus diesem Grund wird die durchschnittliche Ausgangslohnsumme über der Lohnsumme im Sanierungsjahr liegen, sodass ein Erreichen der Mindestlohnsumme erschwert wird. Zudem kann davon ausgegangen werden, dass eine Sanierung regelmäßig nur gelingt, falls Personalkosten eingespart werden, sodass sich die Lohnsumme zunächst verringert.[468] Da erfolgsabhängige Lohnbestandteile mangels anderweitiger Regelung in die Ausgangslohnsumme einfließen, nach einer Sanierung jedoch in aller Regel nicht gezahlt werden können, verschärft dieser Umstand das Problem zusätzlich.[469] Zwar bietet die 400 %-Grenze einen gewissen Puffer, um diese Effekte abzufedern, in Sanierungsfällen wird dies m. E. aber nicht ausreichen, weil mit der Sanierung ein Personalabbau einhergeht.[470]

Weitere Probleme entstehen durch die Definition der Ausgangslohnsumme nach § 13a Abs. 4 ErbStG. Demnach werden alle mittelbaren und unmittelbaren Beteiligungen an Personen- und Kapitalgesellschaften, die ihren Sitz oder ihre Geschäftsleitung im EU/EWR-Raum haben und alle anderen Kapitalgesellschaften, an denen eine Beteiligung von mehr als 25 % besteht, anteilig für die Berechnung der Lohnsumme erfasst.[471] *Ortmann-Babel/Bolik/Gageur* halten diese Vorgehensweise zutreffenderweise für nicht sachgerecht.[472] § 8c Abs. 1a KStG rettet grundsätzlich nur den Verlust der Sanierungsgesellschaft.[473] Im Gegensatz dazu bezieht das Erbschaftsteuergesetz alle Gesellschaften ein, die nach § 13a ErbStG begünstigt wären.[474] Deshalb wäre es nach der hier vertretenen Auffassung sinnvoll nur die Sanierungsgesellschaft für die Berechnung der Lohnsumme heranzuziehen.

Im Gegensatz zum ErbStG ist bei Nichterfüllung der Voraussetzungen hinsichtlich der Lohnsumme, § 8c Abs. 1a KStG insgesamt nicht anzuwenden. Es liegt also ein schädlicher Beteiligungserwerb auch dann vor, wenn erst im letzten der fünf Jahre des

---

467 Siehe stellvertretend: *Scholten/Korezkij*, DStR 2009, 253, 254; *Weber/Schwind*, ZEV 2010, 351, 352.

468 *Altrichter-Herzberg*, GmbHR 2009, 466, 468; *Imschweiler/Geimer*, EStB 2009, 324, 327.

469 *Ziegenhagen/Thewes*, BB 2009, 2116, 2118; *Frotscher*, in: Frotscher, KStG GewStG UmwStG, 2013, § 8c KStG Rz. 208.

470 *Neumann/Stimpel*, DK 2009, 409, 412.

471 Zur Einbeziehung nachgeordneter Personengesellschaften siehe *Ortmann-Babel/Bolik/Gageur*, DStR 2009, 2173, 2176.

472 *Ortmann-Babel/Bolik/Gageur*, DStR 2009, 2173, 2175.

473 Hinsichtlich Einzelfragen bei mittelbaren Erwerben und der im Zusammenhang stehenden Anwendung der Sanierungsklausel siehe *Neumann/Stimpel*, DK 2009, 409, 414; *Altrichter-Herzberg*, GmbHR 2009, 466, 469; *Frotscher*, in: Frotscher, KStG GewStG UmwStG, 2013, § 8c KStG Rz. 245ff.

474 *Ortmann-Babel/Bolik/Gageur*, DStR 2009, 2173, 2175.

Überwachungszeitraums, die Lohnsumme nicht mehr erreicht werden kann.[475] Eine anteilige Verschonung, ähnlich den Reglungen des ErbStG, ist nicht vorgesehen.[476]

iii. Betriebsvermögensaufstockung durch Einlagen

Von einem Erhalt der wesentlichen Betriebsstrukturen ist auch auszugehen, wenn in wesentlichem Umfang Betriebsvermögen durch Einlagen zugeführt wird, § 8c Abs. 1a S. 3 Nr. 3 S. 1 KStG. Dazu muss sich das Aktivvermögen[477] der Steuerbilanz um mindestens 25 % gegenüber dem Schlussvermögen des vorangegangen Wirtschaftsjahres erhöhen.[478] Wird nur ein Teil der Anteile einer Kapitalgesellschaft erworben, ist die Quote von 25 % der Betriebsvermögensaufstockung nur entsprechend der Erwerbsquote zu leisten.[479] Dies gilt unabhängig von der Höhe des potenziellen Verlustuntergangs in Fällen des § 8c Abs. 1 S. 2 KStG.

Die Zuführung von neuem Betriebsvermögen muss innerhalb von zwölf Monaten nach dem potenziell schädlichen Beteiligungserwerb vollzogen werden, § 8c Abs. 1a Nr. 3 S. 2 KStG. Entscheidend für die Erfassung des Betriebsvermögens ist dabei der Zeitpunkt des Übergangs des wirtschaftlichen Eigentums.[480] Falls der potenziell schädliche Beteiligungserwerb in mehreren Zügen erfolgte, beginnt der Zwölfmonatszeitraum mit dem erstmaligen Überschreiten der Beteiligungsgrenzen nach § 8c Abs. 1 S. 1 und 2 KStG.[481]

Besonderer Bedeutung kommt der Vorgängerregelung – § 8 Abs. 4 KStG – bei Inanspruchnahme der Nummer 3 zum Erhalt der wesentlichen Betriebsstrukturen bei. Während im Rahmen des § 8 Abs. 4 KStG a.F. die Zuführung von neuem Betriebsvermögen grundsätzlich schädlich war, ist sie im Rahmen der Sanierungsklausel im Fall der Nummer 3 notwendig. Da die Vorgängerregelung aber unter bestimmten

---

475 Dies gilt allerdings nur, soweit nicht die Voraussetzungen für eine andere Option des § 8c Abs. 1 S. 3 KStG erfüllt sind. *Dötsch*, in: Dötsch/Pung/Möhlenbrock, KStG, 2012, § 8c KStG Rz. 121.

476 *Ortmann-Babel/Bolik/Gageur*, DStR 2009, 2173, 2176.

477 Das Aktivvermögen entspricht allen Buchwerten des Anlage- und Umlaufvermögens. Bilanzielle Hilfen sowie Rechnungsabgrenzungsposten sind nicht einzubeziehen. Anteile an Personengesellschaften sind mit dem positiven gespiegelten Kapitalkonto anzusetzen. Beteiligungen an Organgesellschaften sind hingegen voll einzubeziehen.

478 Zum Widerspruch zwischen Zuführung von neuem Betriebsvermögen und dem Erhalt wesentlicher Betriebsstrukturen siehe *Frotscher*, in: Frotscher, KStG GewStG UmwStG, 2013, § 8c KStG Rz. 124.

479 *Neumann/Stimpel*, DK 2009, 409, 413; *Eilers/Bühring*, Sanierungs-Steuerrecht, 2012, 31; *Frotscher*, in: Frotscher, KStG GewStG UmwStG, 2013, § 8c KStG Rz. 225.

480 *Neyer*, BB 2009, 2284, 2286; *Dötsch*, in: Dötsch/Pung/Möhlenbrock, KStG, 2012, § 8c KStG Rz. 124; *Frotscher*, in: Frotscher, KStG GewStG UmwStG, 2013, § 8c KStG Rz. 217.

481 *Dötsch*, in: Dötsch/Pung/Möhlenbrock, KStG, 2012, § 8c KStG Rz. 124; *Frotscher*, in: Frotscher, KStG GewStG UmwStG, 2013, § 8c KStG Rz. 216.

Umständen noch bis längstens Ende 2017 parallel anzuwenden ist,[482] kann der nach § 8c Abs. 1a KStG gerettete Verlust nach § 8 Abs. 4 KStG a.F. untergehen, gerade weil die Voraussetzungen für den Verlusterhalt nach § 8c Abs. 1a S. 3 Nr. 3 KStG erfüllt wurden.[483]

Die Betriebsvermögenszuführung ist vom Erwerber selbst oder einer ihm nahe stehenden Person zu leisten.[484] Diese kann sowohl als offene oder auch als verdeckte Einlage vollzogen werden.[485] Ob eine Bar- oder Sacheinlage geleistet wird, ist irrelevant. Die Finanzverwaltung geht auch bei Betriebsvermögenszuführungen durch Verschmelzung, Spaltung oder Einbringung davon aus, dass die Voraussetzungen für eine Betriebsvermögenszuführung erfüllt sind.[486] Dieser Meinung ist zuzustimmen, weil nur auf eine Betriebsvermögenszuführung an sich abgestellt wird.

Folgerichtig wird auch der Verzicht auf eine werthaltige Forderung in entsprechender Höhe als wesentliche Zuführung von Betriebsvermögen qualifiziert, § 8c Abs. 1 S. 3 Nr. 3 S. 4 KStG,[487] sodass auch ein Debt-Equity-Swap ausreicht.[488] Nach der hier vertretenen Auffassung gilt dies dagegen nicht für einen Debt-Mezzanine-Swap, soweit die Maßnahme keine Beteiligung am Gewinn und am Liquidationserlös vorsieht (Regelfall). Mit dem Swap wird kein Betriebsvermögen zugeführt, weil es sich beim Mezzanine-Kapital für steuerliche Zwecke um Fremdkapital handelt. Deshalb reicht ein Mezzanine-Swap nicht aus, um die Voraussetzungen nach § 8c Abs. 1a S. 3 Nr. 3 KStG zu erfüllen.[489]

Die Bewertung der Einlagen hat grundsätzlich zum Teilwert nach § 6 Abs. 1 Nr. 5 S. 1 1. HS. EStG zu erfolgen.[490] Wird die Sacheinlage durch Einbringung nach § 20 Abs. 1 UmwStG oder durch Anteilstausch nach § 21 Abs. 1 UmwStG geleistet, ist

---

482 BMF-Schreiben v. 4.7.2008, IV C 7 – S 2745 – a/08/10001, BStBl I 2008, 736 Tz. 37.

483 Siehe auch: *Ortmann-Babel/Bolik/Gageur*, DStR 2009, 2173, 2178; *Geberth*, Status Recht 2009, 116, 116.

484 *Neyer*, BB 2009, 2284, 2287; OFD-Rheinland/OFD-Münster-Verfügung v. 30.3.2010, S 2745 – 1007 – St 131 (Rhld) / S 2745 a – 253 – St 13 – 33 (Ms), GmbHR 2010, 557 Tz. 26; *Dötsch*, in: Dötsch/Pung/Möhlenbrock, KStG, 2012, § 8c KStG 124; a.A. *Frotscher*, in: Frotscher, KStG GewStG UmwStG, 2013, § 8c KStG Rz. 219.

485 *Ziegenhagen/Thewes*, BB 2009, 2116, 2119; *Dörr*, NWB 2009, 2050, 2057; *Hielscher*, BC 2009, 421, 424.

486 OFD-Rheinland/OFD-Münster-Verfügung v. 30.3.2010, S 2745 – 1007 – St 131 (Rhld) / S 2745 a – 253 – St 13 – 33 (Ms), GmbHR 2010, 557 Tz. 25.

487 *Dötsch*, in: Dötsch/Pung/Möhlenbrock, KStG, 2012, § 8c KStG Rz. 126.

488 BR-Drs.-16/12674, 11; *Dörr*, NWB 2009, 2050, 2058.

489 Ein solcher Debt-Mezzanine-Swap führt auch selbst nicht zu einem schädlichen Beteiligungserwerb. Siehe dazu Kap. D.IX.3.2.5.

490 *Suchaneck/Herbst* möchten eine einheitliche Bewertung mit dem gemeinen Wert vornehmen, um eine gleichmäßige Ermittlung des Verschonungsvolumens zu garantieren. *Suchanek/Herbst*, Ubg 2009, 525, 530f.

korrespondierend zum Übertragenden der Buchwert, Zwischenwert oder gemeine Wert anzusetzen.[491] Bareinlagen sind mit dem Nennwert zu berücksichtigen.[492]

Um Missbräuche zu verhindern sind von der Betriebsvermögenszuführung, Leistungen der Gesellschaft an ihre Gesellschafter im Sinne des § 27 Abs. 1 S. 3 KStG abzuziehen, die innerhalb von drei Jahren nach einer Sanierung geleistet werden, § 8c Abs. 1 S. 3 Nr. 3 S. 5 KStG.[493] Dies bedeutet, dass jegliche Art von Gewinnausschüttungen – verdeckt oder offen – zu einer Minderung der geleisteten Einlage führen.[494] Auch verspätet beschlossene Gewinnausschüttungen oder Vorabausschüttungen werden erfasst, weil das Gesetz keine Begrenzung vorsieht.

Suchanek/Herbst[495] erachten diese Einbeziehung jeglicher Ausschüttungen als kritisch, weil diese auch an Nicht-mehr Gesellschafter erfolgen könnten. Nach der hier vertretenen Auffassung ist diesbezüglich auf den Sanierungsbeitrag der Gesellschafter abzustellen, der sich auf die tatsächlich geleisteten Sanierungsbeiträge beziehen muss. Deshalb ist *Suchanek/Herbst* zuzustimmen, wenn sie es ablehnen, verspätet beschlossene Gewinnausschüttungen an Nicht-Mehr-Gesellschafter einzubeziehen, weil der Sanierungsbeitrag dadurch nicht gemindert wird. Vorabausschüttungen oder nachträgliche Ausschüttungen an Gesellschafter mindern hingegen den Sanierungsbeitrag und sind m. E. von der Betriebsvermögensmehrung abzuziehen.

4.4.5 Ausnahme: Einstellung Geschäftsbetrieb & Branchenwechsel

Nach § 8c Abs. 1a S. 4 KStG liegt kein begünstigter Sanierungserwerb vor, falls der Betrieb im Zeitpunkt des Beteiligungserwerbs bereits eingestellt ist. Ebenso führt ein Branchenwechsel innerhalb von fünf Jahren nach der Sanierung zur rückwirkenden Versagung des Verlusterhalts.

Von einer Einstellung des Geschäftsbetriebs ist auszugehen, wenn zum Zeitpunkt des potenziell schädlichen Beteiligungserwerbs die werbende Tätigkeit einer Gesellschaft nur noch unwesentlich ausgeübt wird.[496] Folglich soll verhindert werden, dass Mantelgesellschaften begünstigt erworben werden können.[497] Eine Einstellung der werbenden Tätigkeit, erst nach dem begünstigten Erwerb, hat hingegen keine

---

491 *Ortmann-Babel/Bolik/Gageur*, DStR 2009, 2173, 2177; OFD-Rheinland/OFD-Münster-Verfügung v. 30.3.2010, S 2745 – 1007 – St 131 (Rhld) / S 2745 a – 253 – St 13 – 33 (Ms), GmbHR 2010, 557, Tz. 21; a.A.: *Suchanek/Herbst*, Ubg 2009, 525, 531.

492 *Neyer*, BB 2009, 2284, 2285.

493 *Neyer*, BB 2009, 2284, 2287f.; *Suchanek/Herbst*, Ubg 2009, 525, 531.

494 *Suchanek/Herbst*, Ubg 2009, 525, 531; *Ziegenhagen/Thewes*, BB 2009, 2116, 2119. Zu den daraus resultierenden Problemen im Detail: *Neyer*, BB 2009, 2284, 2288.

495 *Suchanek/Herbst*, Ubg 2009, 525, 531.

496 BFH, Urteil v. 5.6.2003, I R 38/01, BStBl II 2003, 822; BFH, Urteil v. 5.6.2007, I R 9/06, BStBl II 2008, 988; BR-Drs.-16/12674, 11; *Suchanek/Herbst*, Ubg 2009, 525, 531. Zur Abgrenzung im Detail: *Frotscher*, in: Frotscher, KStG GewStG UmwStG, 2013, § 8c KStG Rz. 236ff.

497 BR-Drs.-16/12674, 11.

Konsequenzen auf die Gewährung des Sanierungsprivilegs.[498] Dies ist konsequent, weil die Inanspruchnahme der Sanierungsklausel sonst vom Sanierungserfolg abhängen würde.

Von einem Branchenwechsel ist auszugehen, falls die ursprüngliche Tätigkeit innerhalb von fünf Jahren[499] eingestellt und dafür eine andere Tätigkeit aufgenommen wird. Strittig ist in diesem Zusammenhang, ob auch ein Strukturwandel innerhalb des Fünfjahreszeitraums als rückwirkend schädliches Ereignis nach § 8c Abs. 1a S. 4 KStG gewertet werden muss.[500] Ein solcher liegt vor, wenn zwar die bisherige Tätigkeit beendet und eine andere aufgenommen wird, hierzu aber die wesentlichen personellen und sachlichen Ressourcen aus der bisherigen Tätigkeit genutzt werden.[501] Da die Gesetzesbegründung aber Missbräuche mit Satz 4 vermeiden will, kann bei einem Strukturwandel nach der hier vertretenen Auffassung nicht von einem Fall des Satzes 4 ausgegangen werden.[502]

4.4.6 Beihilferechtliche Einordnung des § 8c Abs. 1a KStG

Die Sanierungsklausel nach § 8c Abs. 1a KStG wurde von der Europäischen Kommission durch Beschluss v. 26.1.2011[503] als mit dem Binnenmarkt nicht vereinbare und deshalb unzulässige Beihilfe qualifiziert. Die zunächst durch BMF-Schreiben v. 30.4.2010[504] bis dato vorgesehene Aussetzung des § 8c Abs. 1a KStG von der Anwendung, wurde in Abhängigkeit des Ausgangs eingeleiteter Klageverfahren gesetzlich kodifiziert.[505] Nach § 34 Abs. 7c KStG hängt die Fortgeltung der Sanierungsklausel davon ab, wie die laufenden Verfahren vor dem EuG[506] und dem

---

498 *Suchanek/Herbst*, Ubg 2009, 525, 531; *Dötsch*, in: Dötsch/Pung/Möhlenbrock, KStG, 2012, § 8c KStG Rz. 130.

499 Die Frist ist Tag genau ab dem schädlichen Beteiligungserwerb zu berechnen. *Dötsch*, in: Dötsch/Pung/Möhlenbrock, KStG, 2012, § 8c KStG Rz. 130.

500 Die Unterscheidung erfolgte bereits im Rahmen des § 8 Abs. 4 S. 3 KStG a.F. Siehe auch BMF-Schreiben v. 16.4.1999, IV C 6 – S 2745 – 12/99, BStBl I 1999, 455.

501 BMF-Schreiben v. 16.4.1999, IV C 6 – S 2745 – 12/99, BStBl I 1999, 455 Tz. 19.

502 Gl.A. *Roser*, FR 2009, 937, 945; *Suchanek/Herbst*, Ubg 2009, 525, 532; *Ziegenhagen/Thewes*, BB 2009, 2116, 2120; *Brandis*, in: Blümich, EStG KStG GewStG, 2013, § 8c KStG Rz. 78; a.A. *Mückl/Remplik*, FR 2009, 689, 701; *Dörr*, NWB 2009, 2050, 2054; *Dötsch*, in: Dötsch/Pung/Möhlenbrock, KStG, 2012, § 8c KStG Rz. 129.

503 EU-Kommission, Beschluss v. 15.4.2011, K(2011)2608 Berichtigung des Beschlusses zur staatlichen Beihilfe K(2011)275 vom 26. Januar 2011 – C 7/2010 KStG, Sanierungsklausel – Deutschland, ABl. EG Nr. L 2011, 26.

504 BMF-Schreiben v. 30.4.2010, IV C 2 – S 2745-a/08/100005:002, BStBl I 2010, 488.

505 *Hörster*, NWB 2011, 4208, 4219.

506 EuG, Klage v. 6.6.2011, T-287/11 Heitkamp BauHolding / Kommission, Abl. C 238 2011, 21; EuG, Klage v. 2.12.2011, T-610/11 Wagon Automotive Nagold / Kommission, Abl. C 32 2012, 33; EuG, Klage v. 2.12.2011, T-627/11 ATMvision / Kommission, Abl. C 49 2012, 26; EuG, Klage v. 2.12.2011, T-620/11 GFKL Financial Services / Kommission, Abl. C 39 2012, 18; EuG, Klage v. 2.12.2011, T-612/11 Treofan Holdings und Treofan

EUGH[507] hinsichtlich des Einspruchs gegen die Entscheidung der EU-Kommission ausgehen.[508] Der Ausgang wird im Wesentlichen davon abhängen, ob die Qualifikation des § 8c Abs. 1a KStG durch die EU-Kommission als richtig zu beurteilen ist.

Grundsätzlich ist von einer schädlichen Beihilfe auszugehen, wenn es sich um eine vorteilhafte Maßnahme handelt, die aus staatlichen Mitteln finanziert wird, eine selektive Wirkung hat und grundsätzlich geeignet ist den Wettbewerb im Binnenmarkt zu verfälschen, Art. 107 AEUV.[509] Ob es sich bei § 8c Abs. 1a KStG um eine solche Maßnahme handelt, soll im Folgenden nachgegangen werden.

i. Finanzierung aus staatlichen Mitteln und Vorteilsgewährung

Nach ständiger Rechtsprechung geht der Begriff der Beihilfe über den Begriff der Subvention hinaus,[510] sodass auch ein Steuereinnahmeverlust den Tatbestand der Beihilfe erfüllen kann.[511] Ob der Steuervorteil für den Steuerpflichtigen bereits zahlungswirksam war, ist irrelevant.

Im Schreiben v. 24.2.2010[512] geht die EU-Kommission davon aus, dass durch die Sanierungsklausel, Steuermindereinnahmen entstehen werden. Diese sollen sich – wie von der Bundesregierung im Gesetzesentwurf angegeben – auf 900 Mio. €[513] pro Jahr belaufen.[514] Die Kommission schlussfolgert aus den Angaben des Gesetzgebers, dass durch die Sanierungsklausel die allgemeine Regel außer Kraft gesetzt würde,

---

Germany / Kommission, Abl. C 32 2012, 34EuG, Klage v. 3.2.2012, T-629/11 Biogas Nord Anlagenbau / Kommission, Abl. C 49 2012, 28; EuG, Klage v. 5.12.2011, T-613/11 VMS Deutschland / Kommission, ABl. C 32 2012, 35.

507 EuGH, Anhängiges Verfahren, C-102/13 P Deutschland/Kommission, ABl EU C-164, 8.

508 Zum Ablauf und den Voraussetzungen des Einspruchsverfahrens: *Hackemann/ Fiedler*, BB 2012, 2972, 2972ff.

509 *Cloer/Vogel*, IWB 2010, 439, 440; *Blumenberg/Kring*, Europäisches Beihilferecht und Besteuerung – IFSt-Schrift 473, 2011, 8ff.; *Dörr*, NWB 2011, 690, 692; *Marquart*, IStR 2011, 445, 446, *Bode*, FR 2011, 1034, 1035f.; *Hackemann/Momen*, BB 2012, 2135, 2135.

510 *Birkenmaier*, Die Vorgaben der Beihilfevorschriften des EG-Vertrages für die direkte Unternehmensbesteuerung, 2007, 31; *Khan*, in: Geiger/Khan/Kotzur, EUV / AEUV, 2010, Art. 107 AEUV Rz. 8.

511 *Ohler*, Die Fiskalische Integration in die Europäische Union, 1997, 226; *Birkenmaier*, Die Vorgaben der Beihilfevorschriften des EG-Vertrages für die direkte Unternehmensbesteuerung, 2007, 32.

512 EU-Kommission, Beschluss v. 24.2.2010, C7/2010 Sanierungsklausel der Regelung zur Verlustverrechnungsbeschränkung bei Körperschaften (§ 8c KStG), BStBl I 2010, 482.

513 Schätzung im Rahmen des Gesetzgebungsverfahrens zu § 8c Abs. 1a KStG.

514 EU-Kommission, Beschluss v. 24.2.2010, K(2010)970 Staatliche Beihilfe C 7/2010 (ex NN 5/2010) – „Bestimmungen des Körperschaftsteuergesetzes über den steuerlichen Verlustvortrag - Sanierungsklausel“, http://www.der-betrieb.de/content/pdfft,231,351630 Tz. 12.

dass Verluste untergehen. Angesichts des sich daraus ergebenden Steuerminderungspotenzials würde eine Investition in Krisenunternehmen begünstigt.[515]

Unstreitig dürfte sein, dass der Erhalt steuerlicher Verlustvorträge zumindest potenziell dazu geeignet ist die künftige Steuerlast zu minimieren. Bereits klärungsbedürftig ist jedoch die Tatsache, ob überhaupt eine Begünstigung aus staatlichen Mitteln per se vorliegt.[516] Schließlich ist der „Steuervorteil" der Verlustverrechnung dem Grunde nach bereits im Zeitpunkt des Entstehens des Verlusts realisiert. Nur die zeitliche Streckung der Verlustverrechnung im Rahmen der Mindestbesteuerung führt dazu, dass eine Verrechnung im System der Abschnittsbesteuerung noch nicht steuermindernd berücksichtigt ist.

Hackemann/Momen gehen deshalb zutreffend davon aus, dass die Vermögensmehrung bereits vor der tatsächlichen Verlustverrechnung beim Steuerpflichtigen eingetreten ist. Dies manifestiert sich auch im Ausweis aktiver latenter Steuer als Vermögensposition.[517] Deshalb handelt es sich bei der Versagung des Verlustabzugs nach § 8c Abs. 1 S. 1 und 2 KStG nicht um einen Vorteil, der aus staatlichen Mitteln gewährt wurde, sondern um den Entzug einer bereits vorhandenen Vermögensposition des Steuerpflichtigen.[518] Aus diesem Grund ist bereits eine Qualifikation der Sanierungsklausel als schädliche Beihilfe unzutreffend, weil der Steuerpflichtige keinen Vorteil durch die Sanierungsklausel erlangt, der aus staatlichen Mitteln finanziert wird.

ii. Beeinträchtigung des Binnenmarktes

Mit einer Beeinträchtigung des Binnenmarktes ist zu rechnen, falls eine Maßnahme geeignet ist, den Wettbewerb oder Handelsverkehr in der Union zu verfälschen.[519] Eine abstrakte Gefahr der Beeinträchtigung des Wettbewerbs reicht aus.[520] Da de

515 EU-Kommission, Beschluss v. 24.2.2010, K(2010)970 Staatliche Beihilfe C 7/2010 (ex NN 5/2010) – „Bestimmungen des Körperschaftsteuergesetzes über den steuerlichen Verlustvortrag - Sanierungsklausel", http://www.der-betrieb.de/content/pdfft,231,351630 Tz. 16.

516 *Blumenberg/Haisch* gehen davon aus, dass ein finanzieller Vorteil deswegen nicht vorliegt, weil das Unternehmen ohne Anteilseignerwechsel wegen Insolvenz aus dem Markt ausscheidet. *Blumenberg/Haisch*, FR 2012, 12, 20.

517 *Hackemann/Momen*, BB 2012, 2135, 2136.

518 Gl.A.: *Hackemann/Momen*, BB 2012, 2135, 2136; a.A.: *Cloer/Vogel*, IWB 2010, 439, 445; *Ehrmann*, DStR 2011, 5, 6; *Klemt*, DStR 2013, 1057, 1058.

519 Im Regelfall werden beide Kriterien in einem Schritt geprüft. *Birkenmaier*, Die Vorgaben der Beihilfevorschriften des EG-Vertrages für die direkte Unternehmensbesteuerung, 2007, 38; *Cloer/Vogel*, IWB 2010, 439, 440; *Dörr*, NWB 2011, 690, 692.

520 *Khan*, in: Geiger/Khan/Kotzur, EUV / AEUV, 2010, Art. 107 AEUV Rz. 15. Soweit nur eine abstrakte Gefahr der Wettbewerbsbeeinträchtigung vorliegt, ist diese von der Kommission zu beschreiben. Bei der Beeinträchtigung des Handelsverkehrs ist eine Bagatellgrenze von 200.000 € für einen Zeitraum von drei Jahren zu beachten. Siehe EU-Kommission-Verordnung v. 15.12.2006, 1998/2006, Abl. L 379 2006, 5, 8.

facto alle Unternehmen Teilnehmer des gemeinsamen Marktes sind, ist grundsätzlich von einer Beschränkung des Wettbewerbs auszugehen.[521] Das Kriterium ist deshalb im Kontext des § 8c KStG erfüllt,[522] da wohl nahezu alle Unternehmen, die die Sanierungsklausel in Anspruch nehmen können, Teilnehmer des gemeinsamen Marktes sind.[523]

iii. Selektive Wirkung

Eine Selektivität kann sich durch Ausschluss bestimmter Unternehmen per se ergeben oder durch einen selektiv wirkenden Ermessensspielraum, der der Verwaltung eingeräumt wird.[524] Laut Art. 107 Abs. 1 AEUV ist von einer schädlichen Beihilfe auszugehen, soweit durch eine Maßnahme nur bestimmte Unternehmen oder Produktionszweige begünstigt werden. Allgemeine wirtschaftspolitische Handlungen, sind hingegen keine Beihilfe, genauso wenig Maßnahmen, die durch die Natur oder den inneren Aufbau des Steuersystems bedingt sind.[525]

Entscheidenden Einfluss bei der Prüfung einer Begünstigung hat folglich die zugrunde liegende Vergleichspaarbildung, d. h. welche Unternehmen miteinander zu vergleichen sind, um festzustellen, ob Maßnahmen selektiv wirken. Die EU-Kommission geht in ihrer Erläuterung in Tz. 25 davon aus, dass ein Vergleich zwischen gesunden und sanierungsbedürftigen Unternehmen durchzuführen ist.[526] Dies wird an anderer Stelle damit begründet, dass eine Investorenentscheidung in Richtung sanierungsbedürftige Unternehmen verzerren würde.[527]

---

521 Die Kommission geht in der Praxis regelmäßig von einer Wettbewerbsverfälschung aus, weil hinreichend Gründe für eine zumindest abstrakte Störung des Binnenmarktes zu finden sein werden. *Birkenmaier*, Die Vorgaben der Beihilfevorschriften des EG-Vertrages für die direkte Unternehmensbesteuerung, 2007, 38.

522 *Cloer/Vogel*, IWB 2010, 439, 445.

523 Kritisch hierzu: *Breuninger/Ernst*, GmbHR 2011, 673, 683.

524 EuGH, Urteil v. 1.12.1998, C-200/97, *Ecotrade*, Slg. 1998, I-07907, Rz. 40; EuGH, Urteil v. 17.8.1999, C-75/97, *Belgien/Kommission*, Slg 1999, I-3671, Tz. 27; EuG, Urteil v. 11.7.2002, T-152/99, *Hamsa*, Slg. II-03049 2002, I-3049, Tz. 157.

525 Eine staatliche Maßnahme, die allen Unternehmen unabhängig vom Gegenstand ihrer Tätigkeit zugutekommt, ist grundsätzlich keine Beihilfe. *Birkenmaier*, Die Vorgaben der Beihilfevorschriften des EG-Vertrages für die direkte Unternehmensbesteuerung, 2007, 37; *Khan*, in: Geiger/Khan/Kotzur, EUV / AEUV, 2010, Art. 107 AEUV Rz. 14.

526 EU-Kommission, Beschluss v. 24.2.2010, K(2010)970 Staatliche Beihilfe C 7/2010 (ex NN 5/2010) – „Bestimmungen des Körperschaftsteuergesetzes über den steuerlichen Verlustvortrag - Sanierungsklausel“, http://www.der-betrieb.de/content/pdfft,231,351630 Tz. 25.

527 EU-Kommission, Beschluss v. 24.2.2010, K(2010)970 Staatliche Beihilfe C 7/2010 (ex NN 5/2010) – „Bestimmungen des Körperschaftsteuergesetzes über den steuerlichen Verlustvortrag - Sanierungsklausel“, http://www.der-betrieb.de/content/pdfft,231,351630 Tz. 16.

Entscheidend ist dabei aber wie der Begriff „bestimmte Unternehmen" bei der Beihilfeprüfung auszulegen ist. Grundsätzlich müssen sich Unternehmen dazu in einer vergleichbaren tatsächlichen und rechtlichen Situation befinden. Was darunter genau zu verstehen ist, ist offensichtlich strittig.

So führt die Bundesregierung aus, dass grundsätzlich alle Unternehmen die Sanierungsklausel in Anspruch nehmen können, falls sie sanierungsbedürftig sind. Deswegen ist von einer selektiven Wirkung aus deutscher Sicht nicht auszugehen.[528] Diese Meinung deckt sich m. E. auch mit den Leitlinien über staatliche Beihilfen auf dem Gebiet der direkten Unternehmensbesteuerung. Nach Tz. 13[529] ist demnach eine Maßnahme die grundsätzlich allen Wirtschaftsteilnehmern im Gebiet eines Mitgliedstaates zugutekommt eine allgemeine Maßnahme. Ob diese allgemeine Maßnahme von bestimmten Markteilnehmern verstärkt genutzt werden kann, soll nach Tz. 14 keine Rolle spielen.[530]

Der Vergleich, den die EU-Kommission in Tz. 25[531] zwischen gesunden und sanierungsbedürftigen Unternehmen zieht, berücksichtigt deshalb nach der hier vertretenen Auffassung gerade nicht, dass sich die Unternehmen in der gleichen rechtlichen und tatsächlichen Situation befinden. Eine Sanierungssituation führt im Endeffekt zu einem Zwang neues Eigenkapital zu beschaffen, der darin zum Ausdruck kommt, dass ein Anteilseignerwechsel stattfindet. Wird diesem Zwang nicht nachgegeben, führt dies zum Untergang des Unternehmens durch Insolvenz. Gesunde Unternehmen unterliegen diesem Zwang nicht, sodass die Vergleichspaarbildung unzutreffend scheint.

Selbst wenn der Meinung der Kommission auch im Hinblick auf die Vergleichspaarbildung gefolgt würde und die Sanierungsklausel damit selektiv sein könnte, ist eine Rechtfertigung der Ungleichbehandlung über den Aufbau und die Natur des Steuersystems zu prüfen. Deutschland brachte im Verfahren dazu vor, dass die Sanierungsklausel eine systemkohärente Differenzierung vornehme, sodass zwischen Mantelkäufen und nicht missbräuchlichen Anteilseignerwechseln unterschieden werden könnte.[532] Die EU-Kommission verwies hingegen auf die Gesetzesbegründung[533] zu § 8c KStG im Rahmen der Unternehmensteuerreform,

---

528 BT-Drs.-17/5752, 3.

529 EU-Kommission-Mitteilung v. 10.12.1998, 98/C 384/03, C 384 1198, 3 Tz. 13.

530 EU-Kommission-Mitteilung v. 10.12.1998, 98/C 384/03, C 384 1198, 3 Tz. 14.

531 EU-Kommission, Beschluss v. 24.2.2010, K(2010)970 Staatliche Beihilfe C 7/2010 (ex NN 5/2010) – „Bestimmungen des Körperschaftsteuergesetzes über den steuerlichen Verlustvortrag - Sanierungsklausel", http://www.der-betrieb.de/content/pdfft,231,351630 Tz. 25.

532 EU-Kommission, Beschluss v. 24.2.2010, K(2010)970 Staatliche Beihilfe C 7/2010 (ex NN 5/2010) – „Bestimmungen des Körperschaftsteuergesetzes über den steuerlichen Verlustvortrag - Sanierungsklausel", http://www.der-betrieb.de/content/pdfft,231,351630 Tz. 31.

533 BT-Drs.-16/4841.

nach derer die Verlustabzugsbeschränkung der Gegenfinanzierung der Körperschaftsteuersatzsenkung diene.[534]

Hierzu ist anzumerken, dass das deutsche Körperschaftsteuerrecht grundsätzlich eine unbeschränkte Möglichkeit der Verlustverrechnung vorsieht.[535] Anknüpfend an diese Tatsache ist die Sanierungsklausel nur eine Erweiterung des Regelfalls und damit logische Fortsetzung des Leistungsfähigkeitsprinzips.[536] Von einer selektiven Wirkung ist deshalb nicht auszugehen, weil die Sanierungsklausel dieses Prinzip bestätigt.[537] Letztlich begrenzt sie die Ausnahmeregelung „§ 8c Abs. 1 S. 1 und 2 KStG“ bzw. erweitert den Tatbestand des Regelfalls, dass Verluste grundsätzlich unbeschränkt verrechenbar sind.[538] Insoweit ist die Maßnahme durch die Natur und den inneren Aufbau des Steuersystems bedingt.[539]

iv. Rolle der weiteren Ausnahmetatbestände

Würde trotz oben genannter Argumente der Meinung der Kommission gefolgt, wären auch die Ausnahmeregelungen „Konzernklausel“ und „Stille-Reserven-Klausel“ als Maßnahmen zu qualifizieren, die dem Steuerpflichtigen einen Vorteil gewähren, der im von der Kommission gewählten Regelsystem „Verlustuntergang“ nicht zulässig wäre. Schließlich würde Investoren auch in diesen Fällen von dem Vorteil profitieren, dass Verluste nicht untergehen. Weil die Ausnahmen nach § 8c Abs. 1 S. 5ff. KStG zum Zeitpunkt der Einführung der Sanierungsklausel noch nicht bestanden haben, jedoch während der Prüfung der Kommission gesetzlich kodifiziert wurden, stellt sich die Frage inwieweit die Kommission dies berücksichtigt hat. Allerdings kann wohl davon ausgegangen werden, dass die Existenz der Änderungen des Wachstumsbeschleunigungsgesetzes[540] bei der Kommission bekannt war.[541]

Ob die Kommission die Stille-Reserven-Klausel und die Konzernklausel bei ihrer Prüfung berücksichtigt hat, ist auch deshalb von Bedeutung, weil offenbleibt, ob die Kommission bei einer weiteren Einschränkung des Untergangs von Verlusten zu einem anderen Ergebnis hinsichtlich der beihilferechtlichen Prüfung der Sanierungsklausel

---

534 EU-Kommission, Beschluss v. 24.2.2010, K(2010)970 Staatliche Beihilfe C 7/2010 (ex NN 5/2010) – „Bestimmungen des Körperschaftsteuergesetzes über den steuerlichen Verlustvortrag - Sanierungsklausel“, http://www.der-betrieb.de/content/pdfft,231,351630 Tz. 32.

535 *Blumenberg/Haisch*, FR 2012, 12, 15.

536 *Breuninger/Ernst*, GmbHR 2011, 673, 683; *Marquart*, IStR 2011, 445, 448f.

537 *Hackemann/Momen*, BB 2012, 2135, 2139.

538 *Marquart*, IStR 2011, 445, 446.

539 A.A. *Dörr*, NWB 2011, 690, 694.

540 BT-Drs.-17/15.

541 Auf das Wachstumsbeschleunigungsgesetz wird in Rz. 10 Bezug genommen. EU-Kommission, Beschluss v. 24.2.2010, K(2010)970 Staatliche Beihilfe C 7/2010 (ex NN 5/2010) – „Bestimmungen des Körperschaftsteuergesetzes über den steuerlichen Verlustvortrag - Sanierungsklausel“, http://www.der-betrieb.de/content/pdfft,231,351630.

kommen würde. Schließlich haben die Ergänzungstatbestände den Anwendungsbereich der Verlustabzugsbeschränkung für Körperschaften erheblich beschränkt, sodass sich das von der EU-Kommission zugrundegelegte Regel-Ausnahmeverhältnis verändert.[542]

Folglich ist spätestens nach Einführung der weiteren Ausnahmen des § 8c KStG nicht davon auszugehen, dass es im Rahmen der Sanierungsklausel zu einer unzulässigen Vorteilsgewährung aus staatlichen Mitteln kommt.[543] Ein Verlustuntergang ist zwar unter Berücksichtigung der weiteren Ausnahmen möglich, jedoch erheblich eingeschränkt, sodass nicht vom Regelfall „Verlustuntergang" ausgegangen werden kann. Nach der hier vertretenen Auffassung hat aber bereits vor Einführung des § 8c Abs. 1 S. 5ff. KStG eine Vorteilsgewährung aus den oben genannten Gründen nicht vorgelegen.

v. Keine Beihilfe in materieller Hinsicht

Im Ergebnis bleibt festzuhalten, dass die Argumentation der EU-Kommission in zahlreichen Punkten nicht überzeugt:

- Es liegt überhaupt keine Finanzierung aus staatlichen Mitteln vor, weil nicht eine Steuervergünstigung gewährt wird, sondern ein bereits entstandener nur zeitlich gestreckt nutzbarer „Vorteil" nachträglich entfällt.
- Die uneingeschränkte Verlustverrechnung ist kein Steuervorteil in Sanierungsfällen, sondern ein systemtragender Grundsatz des deutschen Steuerrechts. Dies wird bereits durch die Formulierung des § 8c Abs. 1 S. 1 und 2 KStG angezeigt *[...(nicht genutzten Verluste) nicht mehr abziehbar].*
- Für die Vergleichspaarbildung wurden Unternehmen herangezogen, die sich nicht in vergleichbaren rechtlichen und tatsächlichen Umständen befinden. Die Situation einer Sanierung ist nicht mit der Situation vergleichbar, in der Verlustvorträge aus anderen Gründen bestehen.
- Das Referenzsystems ist das Körperschaftsteuersystem mit dem Prinzip der Verlustverrechnung und nicht die Verlustabzugsbeschränkung des § 8c KStG. Selbst, wenn man der Argumentation der EU-Kommission folgt und alle kritischen Punkte ausblendet, wäre die Sanierungsklausel keine Ausnahme mehr, weil auch in anderen Fällen ein Verlustabzug möglich ist.

Die Sanierungsklausel ist folglich keine unzulässige Beihilfe.[544] Dennoch ist abzuwarten, inwieweit mit einem Erfolg der laufenden Verfahren vor dem EUGH und EUG

542 *Eisgruber/Schaden* gehen von einer Änderung des „Charakters" der Norm aus. *Eisgruber/Schaden*, Ubg 2010, 73, 74ff.

543 *Breuninger/Ernst*, GmbHR 2011, 673, 683; *Marquart*, IStR 2011, 445, 449f.

544 *Drüen*, DStR 2011, 289, 293; *Marquart*, IStR 2011, 445, 451; *Breuninger/Ernst*, GmbHR 2011, 673, 684; *Hackemann/Momen*, BB 2012, 2135, 2140f.; a.A.: *Weerth*, DB 2010, 1205, 1207; *Klemt*, DStR 2013, 1057, 1061.

zu rechnen ist. Es besteht aber nach der hier vertretenen Auffassung eine realistische Chance, dass § 8c Abs. 1a KStG wieder in Kraft tritt.[545]

Bei einer konträren Entscheidung durch den EuGH wäre grundlegend zu diskutieren, wie steuerliche Normen zu formulieren sind, damit nicht ein verzerrtes Regel-Ausnahmeverhältnis bei der beihilferechtlichen Prüfung zugrundegelegt wird.[546] Dies gilt insbesondere für „steuerliche Erleichterungen" in Sanierungsfällen.[547]

Sollte es bei der Qualifikation der Sanierungsklausel als unzulässige Beihilfe bleiben, wären sämtliche Ansprüche aus der Verlustverrechnung, die dadurch entstanden sind, nachträglich zu versagen.[548] Lediglich in Fällen, in denen die de minimis Ausnahme greift, der „Vorteil" demnach nicht mehr als 500.000 € beträgt, kann auf eine Rückforderung einer Beihilfe verzichtet werden.[549]

4.4.7 Bedeutung in der Krise

Die fehlende Sanierungsklausel war bereits bei Einführung des § 8c KStG ein zentraler Kritikpunkt.[550] Insoweit ist es grundsätzlich begrüßenswert, dass die Sanierungsklausel nach § 8c Abs. 1a KStG – wenn auch spät – gesetzlich verankert wurde.

Problematisch ist jedoch die Hängepartie hinsichtlich der Qualifikation der Sanierungsklausel als unzulässige Beihilfe. De facto ist die Regelung seit Einleitung eines förmlichen Prüfverfahrens durch die EU-Kommission[551] und der darauf folgen Reaktion des BMF[552] nicht mehr anwendbar. Für alle Altfälle ist nach wie vor unklar, ob die nach § 8c Abs. 1a KStG gewährte Begünstigung zulässig war. Im Ergebnis sieht das deutsche Steuerrecht bei der Verlustabzugsbeschränkung für Körperschaften bereits seit 2008 keine Ausnahmeregelung in Sanierungsfällen mehr vor.

In Teilen ist aber auch die Umsetzung der Norm – losgelöst von der beihilferechtlichen Diskussion – als kritisch zu erachten. Nicht zuletzt aufgrund des in Rekordzeit verabschiedeten Gesetzesvorhabens mögen der Klausel Zweifelsfragen innewohnen, die sich in unbestimmten Rechtsbegriffen niederschlagen. Eine Nachbesserung,

---

545 Eine Einbeziehung des § 8c Abs. 1a KStG bei Gestaltungen in der Unternehmenskrise ist aber aus heutiger Sicht abzulehnen, weil die Rechtsunsicherheit zu groß ist. *Olbing/Schwedhelm*, AG 2012, 327, 327f.

546 Zur Abwicklung im Fall einer Qualifikation als Beihilfe: *Forst/Kofmann/Pittelkow*, EStB 2010, 309, 309ff.

547 *Olbing*, KSI 2010, 17, 19.

548 Im Einzelnen: *Forst/Kofmann/Pittelkow*, EStB 2010, 309, 309ff.; *Dörr*, NWB 2011, 690, 695; *Engelberth*, NWB 2012, 1685, 1692.

549 EU-Kommission-Verordnung v. 15.12.2006, 1998/2006, Abl. L 379 2006, 5, 8; *Khan*, in: Geiger/Khan/Kotzur, EUV / AEUV, 2010, Art. 107 AEUV Rz. 16; *Blumenberg/Haisch*, FR 2012, 12, 14.

550 BR-Drs.:-220/1/07, 36.

551 EU-Kommission, Beschluss v. 24.2.2010, C7/2010 Sanierungsklausel der Regelung zur Verlustverrechnungsbeschränkung bei Körperschaften (§ 8c KStG), BStBl I 2010, 482.

552 BMF-Schreiben v. 30.4.2010, IV C 2 – S 2745-a/08/10005:002, BStBl I 2010, 488.

bspw. im Rahmen des Wachstumsbeschleunigungsgesetzes, wurde jedoch unterlassen. Durch die Verfügungen der OFDen[553] hat sich zwar die Verwaltung in einigen Punkten – bspw. dem Eintritt der Krise – klarstellend geäußert, eine entsprechende Anpassung des Gesetzeswortlautes wäre jedoch wünschenswert.

Insbesondere die Frage, wann eine Sanierung vorliegt, hätte im Gesetz und der Begründung durch eine einheitliche Definition des Zeitpunktes bestimmt werden müssen. Statt die insolvenzrechtlichen Termini „Zahlungsunfähigkeit" und „Überschuldung" zu verwenden, wäre eine abschließende Definition des Kriseneintritts, an die die Anwendung des § 8c Abs. 1a KStG anknüpft, begrüßenswert. Diese sollte sich an den Grundsätzen des § 32a GmbHG a.F. orientieren, weil der Sanierende zu einem Zeitpunkt mit der Sanierung beginnen kann, der zwar unzweifelhaft prekär ist, jedoch noch Sanierungschancen bietet. Die Anknüpfung der Sanierungsmerkmale an einen früheren Krisenzeitpunkt, scheidet m. E. bereits deshalb aus, da das Feststellen der Krisenmerkmale in diesem Stadium zu unpräzise wäre. Eine klare Abgrenzung zwischen temporärer Schwächephase und unternehmerischer Krise wäre demnach nicht möglich.

Zudem sind die Voraussetzungen für den Erhalt wesentlicher Betriebsstrukturen unglücklich definiert. Für kleine Unternehmen ist die erste Alternative, daher der Abschluss einer Betriebsvereinbarung mit Arbeitsplatzregelung, durch den klaren Gesetzeswortlaut nicht anzuwenden.

In älteren Fällen ist § 8 Abs. 4 S. 3 KStG a.F. zu beachten. Für die Sanierungsklausel nach § 8 Abs. 4 S. 3 KStG a.F. war Voraussetzung, dass der Betrieb nach dem Gesamtbild der wirtschaftlichen Verhältnisse in vergleichbarem Umfang fortbesteht. Die Reduktion der Arbeitskräftezahl um die Hälfte, die nach § 8c Abs. 1a S. 3 Nr. 1 KStG zulässig wäre, würde zum Untergang der Verluste nach der alten Mantelkaufregelung führen.[554]

Die Lohnsummenregelung ist dem ErbStG entliehen und verfolgt somit grundsätzlich andere Ziele. Insbesondere die Berücksichtigung der Ausgangslohnsumme auf Basis der letzten fünf Jahre vor der Sanierung, kann erhebliche Probleme verursachen. Schließlich wird in einigen Fällen die Unternehmenskrise bereits ein paar Jahre andauern, weshalb mit einem stetigen Abfallen des Mitarbeiterbestandes in den letzten fünf Jahren zu rechnen ist. Dass auch Tochtergesellschaften in die Berechnung einbezogen werden müssen, die von der Sanierung nicht profitieren, ist der erbschaftsteuerlichen Zielsetzung geschuldet, bereitet in Sanierungsfällen jedoch Probleme.

Er verbleibt zur Verschonung der Betriebsvermögensvergleich nach Nr. 3, dem aber in einigen Altfällen die latente Gefahr innewohnt, dass § 8 Abs. 4 KStG a.F. einschlägig sein kann. Ist dies der Fall, kann gerade die Erfüllung des Kriteriums „Erhalt der wesentlichen Betriebsstrukturen" und damit der Verlusterhalt nach § 8c Abs. 1a KStG zu einem Verlustuntergang nach § 8 Abs. 4 S. 3 KStG a.F. führen.

---

553 OFD-Rheinland/OFD-Münster-Verfügung v. 30.3.2010, S 2745 – 1007 – St 131 (Rhld) / S 2745 a – 253 – St 13 – 33 (Ms), GmbHR 2010, 557.

554 *Ortmann-Babel/Bolik/Gageur*, DStR 2009, 2173, 2178.

Probleme bereitet auch der Überwachungszeitraum nach einer erfolgreichen Sanierung im Falle der Betriebsvermögenszuführung. Es ist damit zu rechnen, dass Beanstandungen in Außenprüfungen, bspw. durch die Korrektur des Wertes der Einlagen im Falle des § 8c Abs. 1a S. 3 Nr. 3 KStG, zu einem rückwirkenden Verlustuntergang führen können. Insbesondere eine festgestellte vGA könnte dann den Verlust untergehen lassen, weil sich nachträglich die Einlage nach § 8c Abs. 1a Nr. 3 S. 5 KStG reduziert.[555]

IV. Sanierungserlass

1. Hintergrund

Ein wesentliches Sanierungsziel jedes Sanierungsvorhabens ist die Entschuldung des in die Krise geratenen Rechtsträgers. Regelmäßig werden Schulden dazu mindestens anteilig durch die Gläubigerschaft erlassen. Erlischt eine Verbindlichkeit bspw. durch Forderungsverzicht, ist diese gegen Ertrag auszubuchen.[556] Dieser Buchgewinn ist grundsätzlich steuerpflichtig, soweit er nicht durch eine verdeckte Einlage außerbilanziell korrigiert werden kann.[557]

Da der aus dem Forderungsverzicht entstandene Buchgewinn nicht zahlungswirksam ist, erhöht sich nicht die Leistungsfähigkeit des Schuldners.[558] Aufgrund dessen kann die potenzielle Steuerbelastung infolge eines Schuldenerlasses eine erfolgreiche Sanierung bedrohen.[559] Ist dieser Gewinn nicht vollständig mit Verlusten verrechenbar, entzieht die daraus resultierende Steuerbelastung dem Sanierenden letztendlich Liquidität.

Bis 1997 waren deshalb Sanierungsgewinne nach § 3 Nr. 66 EStG a.F. außerbilanziell zu kürzen, um eine Sanierungsgewinnbesteuerung zu vermeiden.[560] Die Reglung

---

555 *Neyer*, BB 2009, 2284, 2285; *Dötsch*, in: Dötsch/Pung/Möhlenbrock, KStG, 2012, § 8c KStG Rz. 128a.

556 BMF-Schreiben v. 27.3.2003, IV A 6 – S 2140 – 8/03, BStBl I 2003, 240, Tz. 3; *Hoffmann*, DStR 2008, 857, 858; *Heinz*, FR 2010, 1134, 1134; *Kahlert*, FD-DStR 2010, 308130; *Kahlert*, in: Kahlert/Rühland, Sanierungs- und Insolvenzsteuerrecht, 2011, Voraussetzungen für den Erlass eines Sanierungsgewinns, 13.

557 *Paus*, EStB 2003, 433, 433; *Hölzle*, FR 2004, 1193, 1204; *Rolf/Pankoke*, BB 2008, 2274, 2278; *Streit/Degen*, AG 2010, R373, R373; *Waza/Uhländer/Schmittmann*, Insolvenzen und Steuern, 2010, 331.

558 *Töben*, NWB 2009, 1462, 1462; *Schwenker/Fischer*, DStR 2010, 1117, 1121.

559 *Nolte*, NWB 2005, 3855, 3855; *Pflugbeil*, Steuerliche Auswirkungen von Sanierungsmaßnahmen bei Kapitalgesellschaften: Forderungsverzicht des Anteilseigners mit und ohne Besserungsschein, Rangrücktrittsvereinbarung und andere Gestaltungsmöglichkeiten zgl. Diss Univ. Münster, 2006, 69; *Gehrmann*, NWB 2009, NAAAA; *Bruschke*, DStZ 2009, 166, 167.

560 Die Steuerfreiheit von Sanierungsgewinnen geht auf die Rechtsprechung des Reichsfinanzhofes zurück. RFH, Urteil v. 30.6.1927, VI A 297/27, RStBl 1929, 86;

wurde jedoch im Rahmen des Unternehmensteuerreformgesetzes 1998[561] aufgehoben, weil sie als zu gestaltungsanfällig und überholt galt. Insbesondere konnte im Rahmen der Altregelung eine Begünstigung erreicht werden, da ein Sanierungsgewinn, unabhängig vom Vorhandensein eines Verlustvortrags, steuerfrei vereinnahmt wurde. Nach einer erfolgreichen Sanierung konnten die Altverlustvorträge mit künftigen Gewinnen verrechnet werden, sodass sie zusätzlich die Bemessungsgrundlage minderten.[562] Auch in Sanierungsfällen, die durch übermäßige Privatentnahmen ausgelöst wurden, war ein Sanierungsgewinn begünstigt, sodass die Vorschrift als systemwidrig erachtet wurde.[563]

Der Gesetzgeber wies aber bereits bei Abschaffung des § 3 Nr. 66 EStG a.F. in der Gesetzesbegründung darauf hin, dass in einzelnen persönlichen oder sachlichen Härtefällen Sanierungsgewinne im Erlasswege steuerfrei gestellt werden können.[564] Um wirtschaftlich sinnvolle Sanierungen nicht durch steuerliche Hemmnisse zu unterbinden, regelte die Finanzverwaltung aus diesem Grund in 2003 die Behandlung von Sanierungsgewinnen per BMF-Schreiben.[565] Die Körperschaftsteuer auf Sanierungsgewinne ist demnach grundsätzlich nach § 222 AO zunächst zu stunden und anschließend zu erlassen, soweit bestimmte nachfolgende Voraussetzungen erfüllt sind.[566]

2. Anwendungsvoraussetzungen nach dem Sanierungserlass

Damit ein Erlass der Körperschaftsteuer auf den Sanierungsgewinn überhaupt möglich ist, müssen die Voraussetzungen für eine Sanierung i. S. d. BMF-Schreibens vom 27.3.2003 erfüllt sein.[567] Andernfalls hat ein Antrag des Steuerpflichtigen auf eine

---

RFH, Urteil v. 12.12.1928, VI A 1499, RStBl 1929, 427. Zur historischen Entwicklung: *Khan/Adam*, ZInsO 2008, 899, 900.

561 Gesetz zur Fortsetzung der Unternehmenssteuerreform v. 19.10.1997, BGBl I 1997, 2590.

562 *Maus*, ZIP 2002, 589, 589; *Kahlert*, in: Kahlert/Rühland, Sanierungs- und Insolvenzsteuerrecht, 2011, Voraussetzungen für den Erlass eines Sanierungsgewinns 5; *Demuth/Eberhard*, in: CMS Hasche Sigle, Steueroptimale Gestaltungen, 2013, 275.

563 Siehe auch: Br- Drs: 13/7480, 192. Zur Kritik der Steuerfreiheit im Falle nicht ausreichend vorhandener Verluste *Kroschel*, DStR 1999, 1383, 1387. In diesen Fällen ist das Gebot der Einmalbesteuerung von Gewinnen nicht gewährleistet. Gleichwohl ergibt sich durch die Besteuerung ein erhebliches Restrukturierungshindernis. Deshalb sollte von einer Einmalbesteuerung zum Wohle der Allgemeinheit und zum Schutz von Arbeitsplätzen abgesehen werden. Vgl. *Buchwald*, FR 1964, 28, 28.

564 BR-Drs.-13/7480, 192; *Best*, Steuerboard des Handelsblattes 2010, 9.9.2010.

565 Andernfalls wären Gläubiger kaum bereit, zugunsten des Finanzamts auf ihre Forderung zu verzichten. *Schauhoff*, 2009, 183, 184.

566 BMF-Schreiben v. 27.3.2003, IV A 6 – S 2140 – 8/03, BStBl I 2003, 240.

567 BMF-Schreiben v. 27.3.2003, IV A 6 – S 2140 – 8/03, BStBl I 2003, 240.

Stundung und einen Erlass der Steuer, die auf einen Sanierungsgewinn[568] entfällt, keine Aussicht auf Erfolg.

Nach dem BMF-Schreiben sind folgende drei Aspekte wesentlich für die Steuerfreiheit eines Sanierungsgewinns:

I. Sanierungsbedürftigkeit des Unternehmens,
II. Sanierungsfähigkeit des Unternehmens und Sanierungseignung der Maßnahme, die den Sanierungsgewinn bedingt sowie die Sanierungsabsicht der Gläubiger,
III. Durchführung einer unternehmensbezogenen Sanierung.

Im Ergebnis werden die Voraussetzungen des § 3 Nr. 66 EStG damit teilweise wiederbelebt.[569]

2.1 Sanierungsbedürftigkeit

Eine Sanierung wird im Schreiben als Maßnahme definiert, die darauf abzielt ein Unternehmen oder einen Unternehmensträger vor dem finanziellen Zusammenbruch zu bewahren und dessen Ertragsfähigkeit wieder herzustellen.[570] Ob es sich um eine außergerichtliche Sanierung handelt oder die Sanierung aus der Insolvenz erfolgt, ist unerheblich.[571]

Für die Feststellung der Sanierungsbedürftigkeit sind zwingend Angaben bezüglich:[572]

- der Ertragslage des zu sanierenden Unternehmens,
- zur tatsächlichen und voraussichtlichen Höhe des Betriebsvermögens vor und nach der Sanierung,
- zu den Möglichkeiten bezüglich der Bezahlung von Steuern und Schulden,

568 Zur Berücksichtigung von Sanierungskosten bei der Berechnung des Sanierungsgewinns und den damit verbundenen Problemen siehe: *Mertzbach*, DStR 2014, 172, 172ff.

569 Folglich kann die Rechtsprechung zu 3 Nr. 66 EStG a.F. zur Konkretisierung herangezogen werden. *Düll/Fuhrmann/Eberhard*, DStR 2003, 862, 864f.; *Janssen*, DStR 2003, 1055, 1056; *Pflugbeil*, Steuerliche Auswirkungen von Sanierungsmaßnahmen bei Kapitalgesellschaften: Forderungsverzicht des Anteilseigners mit und ohne Besserungsschein, Rangrücktrittsvereinbarung und andere Gestaltungsmöglichkeiten zgl. Diss Univ. Münster, 2006, 72.

570 BMF-Schreiben v. 27.3.2003, IV A 6 – S 2140 – 8/03, BStBl I 2003, 240, Tz. 1; *Pflugbeil*, Steuerliche Auswirkungen von Sanierungsmaßnahmen bei Kapitalgesellschaften: Forderungsverzicht des Anteilseigners mit und ohne Besserungsschein, Rangrücktrittsvereinbarung und andere Gestaltungsmöglichkeiten zgl. Diss Univ. Münster, 2006, 72; *Kahlert*, in: Kahlert/Rühland, Sanierungs- und Insolvenzsteuerrecht, 2011, Voraussetzungen für den Erlass eines Sanierungsgewinns, 8.

571 BMF-Schreiben v. 27.3.2003, IV A 6 – S 2140 – 8/03, BStBl I 2003, 240, Tz. 1.

572 BFH, Urteil v. 27.1.1998, VIII R 64/96, BStBl II 1998, 537, Tz. 3 Buchst. c; OFD-Hannover-Verfügung v. 11.2.2009, S 2140 – 8 – StO 241, DStR 2009, 532.

- zur Gesamtleistungsfähigkeit des Unternehmens an sich sowie
- zur Höhe des Privatvermögens des Unternehmers zu machen (Letzteres mit Einschränkung).[573]

Nicht abschließend definiert ist der Zeitpunkt, ab dem eine Inanspruchnahme des Sanierungserlasses überhaupt möglich ist. Das BMF-Schreiben ordnet lediglich an, dass die Maßnahme dazu dienen muss ein Unternehmen vor dem finanziellen Zusammenbruch zu bewahren.[574]

Die OFD-Hannover geht darauf aufbauend von einer Sanierungsbedürftigkeit bei drohender Zahlungsunfähigkeit aus.[575] Der BFH teilt diese Ansicht.[576] Nicht ausreichen soll hingegen eine ausschließliche Überschuldung, wenn ausreichend hohe Umsätze mit entsprechender Rendite erwirtschaftet werden, die einen Zusammenbruch tatsächlich verhindern. Im Ergebnis ist entscheidend, ob ohne einen Schuldenerlass mit einem weiteren Bestehen des Unternehmens zu rechnen ist (positive Fortführungsprognose).[577]

Nach der hier vertretenen Auffassung war oben dargestellter Meinung,[578] bei Veröffentlichung der OFD-Verfügung,[579] zuzustimmen. Zum heutigen Zeitpunkt ist allerdings eine abweichende Beurteilung notwendig. Durch Wiedereinführung der modifizierten zweistufigen Überschuldungsprüfung[580] nach § 19 InsO setzt die Insolvenzordnung eine negative Fortführungsprognose für den Eintritt der Überschuldung voraus, sodass eben gerade nicht nur die rechnerische Überschuldung über die Eröffnung des Insolvenzverfahrens entscheidet. Falls eine Überschuldung demnach eingetretenen ist, ist der Fortbestand des Unternehmens ohne Sanierung nicht möglich, sodass eine Sanierungsbedürftigkeit offensichtlich erscheint.[581]

---

573 Deckt das Privatvermögen eines persönlich haftenden Gesellschafters die Schulden des Unternehmens, ist nicht zwangsläufig von einer Sanierungsbedürftigkeit bei Überschuldung auszugehen. BFH, Urteil v. 3.12.1963, 1375/60 U, BStBl III 1964, 128, 130.

574 BMF-Schreiben v. 27.3.2003, IV A 6 – S 2140 – 8/03, BStBl I 2003, 240, Tz. 1. Entscheidend sind die Verhältnisse im Zeitpunkt der Durchführung einer Maßnahme, für die die Inanspruchnahme des Sanierungserlasses beantragt wird.

575 OFD-Hannover-Verfügung v. 11.2.2009, S 2140 – 8 – StO 241, DStR 2009, 532.

576 BFH, Urteil v. 3.12.1963, I 375/60 U, BStBl III 1964, 128; BFH, Urteil v. 22.11.1983, VIII R 14/81, BStBl II 1984, 472.

577 RFH, Urteil v. 14.7.1942, I 240/41, RStBl 1942, 956; BFH, Urteil v. 22.11.1963, VI 117/62 U, BStBl III 1964; BFH, Urteil v. 22.11.1983, VIII R 14/81, BStBl II 1984, 472.

578 OFD-Hannover-Verfügung v. 11.2.2009, S 2140 – 8 – StO 241, DStR 2009, 532.

579 OFD-Hannover-Verfügung v. 11.2.2009, S 2140 – 8 – StO 241, DStR 2009, 532.

580 Durch das FMStG wurde der modifizierte zweistufige Überschuldungsbegriff wieder eingeführt. Die Fortführungsprognose hat damit erheblich an Bedeutung gewonnen. *Böcker/Poertzgen*, GmbHR 2013, 17, 18. Siehe auch Kap. Kap. B.I.1.3.1.

581 Am Beispiel des Sanierungserlasses zeigt sich auch die Schwäche der Anknüpfung des Steuerrechts an zivil- oder insolvenzrechtliche Termini: Werden die Begriffe aus außersteuerlichen Gründen neu definiert, ändert sich im Prinzip auch der Anwendungsbereich des Steuerrechts. Eine eigene aber einheitliche steuerliche

2.2 Sanierungsfähigkeit

Die Sanierungsfähigkeit bezieht sich auf die Frage, ob der Betrieb überhaupt saniert werden kann. Insbesondere dürfen auch keine rechtlichen oder tatsächlichen Gegebenheiten gegen die Fortführung sprechen.[582] Indiziell ist von einer Sanierungsfähigkeit auszugehen, wenn die Sanierung vollzogen wird und sich ein Kreditgeber zur weiteren Finanzierung bereit erklärt.[583]

Wurde die werbende Tätigkeit bereits vor dem Schuldenerlass eingestellt, kann deshalb nicht von einer unternehmensbezogenen Sanierung ausgegangen werden.[584] In solchen Fällen fehlt es gerade an der Möglichkeit und folglich am Zweck des Erlasses, das Unternehmen durch die Sanierungsbemühungen wieder ertragsfähig zu machen und vor dem Zusammenbruch zu bewahren.[585]

2.3 Sanierungseignung und -absicht

Ein begünstigter Sanierungsgewinn ist nur anzunehmen, soweit u. a. nachgewiesen wird, dass der Schuldenerlass, auf dem der Sanierungsgewinn basiert, die Sanierung tatsächlich ermöglicht.[586] Insbesondere ist zu beachten, dass zwar Sanierungsgewinne freigestellt werden können, die auf einem Schuldenerlass fußen, dieser Verzicht an sich aber nur mit besonderer Begründung als ausschließliche Maßnahme einer Sanierung anerkannt wird.[587] Im Zuge dessen muss auch belegt werden, dass der Schuldenerlass von den Gläubigern unterstützt wird (Sanierungsabsicht).[588] Es erfolgt damit im Ergebnis ein Rückgriff auf die Kriterien des § 3 Nr. 66 EStG a.F.[589]

2.4 Beweis durch Sanierungsplan

Regelmäßig ist von einer Erfüllung der Voraussetzungen des Sanierungserlasses auszugehen, falls ein Sanierungsplan vorgelegt wird.[590] Das BMF-Schreiben schweigt

Definition des Begriffs der Krise wäre deshalb wünschenswert. Ähnlich: Eilers/Bühring, Sanierungs-Steuerrecht, 2012, 20f.

582 *Kahlert*, in: Kahlert/Rühland, Sanierungs- und Insolvenzsteuerrecht, 2011, Voraussetzungen für den Erlass eines Sanierungsgewinns, 15.

583 BFH, Urteil v. 16.5.2002, IV R 11/01, BStBl 2002, 854; *Geist*, BB 2008, 2658, 2662.

584 BFH, Urteil v. 14.7.2010, X R 34/08, BStBl II 2010, 916, Tz. 33; *Demuth/Eberhard*, in: CMS Hasche Sigle, Steueroptimale Gestaltungen, 2013, 280.

585 BFH, Urteil v. 14.7.2010, X R 34/08, BStBl II 2010, 916, Tz. 33; BFH, Urteil v. 18.12.1990, VIII R 39/87, BStBl II 1991, 784, BFHE, 164.

586 BMF-Schreiben v. 27.3.2003, IV A 6 – S 2140 – 8/03, BStBl I 2003, 240, Tz. 4.

587 BFH, Urteil v. 25.2.1972, VIII R 30/66, BStBl II 1972, 531; *Eilers/Bühring*, Sanierungs-Steuerrecht, 2012.

588 BMF-Schreiben v. 27.3.2003, IV A 6 – S 2140 – 8/03, BStBl I 2003, 240, Tz. 3.

589 *Crezelius*, in: Schmidt/Uhlenbruck, GmbH in der Krise, Sanierung und Insolvenz, 2009, 310.

590 BMF-Schreiben v. 27.3.2003, IV A 6 – S 2140 – 8/03, BStBl I 2003, 240, Tz. 4. Ein fehlender Sanierungsplan führt jedoch nicht automatisch zum Ausschluss der

allerdings zu den genauen Voraussetzungen und Anforderungen an einen Sanierungsplan.[591] Praktisch empfiehlt sich der Rückgriff auf den IDW S 6-Standard.[592]

Im Sanierungsplan sind die leistungs- und finanzwirtschaftlich angezeigten Änderungen aufzuführen, die für eine Wiederherstellung der Ertragskraft notwendig sind.[593] Deshalb ist im Sanierungsplan zunächst die wirtschaftliche Ausgangslage der Krisengesellschaft darzustellen.[594] Hierzu gehören bspw. Informationen über wesentliche Unternehmensdaten, Ursachen und Wirkungszusammenhänge beim Sanierenden sowie über die rechtlichen und ökonomischen Einflussfaktoren.[595]

Darauf aufbauend ist das Krisenstadium[596] der Gesellschaft zu ermitteln und um eine Prognose der weiteren Entwicklung der Ergebnis-, Finanz- und Vermögenslage – ohne dass Sanierungsbemühungen eingeleitet wurden – zu schätzen. Die Bewertung ist auf den Daten des internen Rechnungswesens aufzubauen.[597]

Da mit dem Sanierungsplan die potenziellen Fortführungsmöglichkeiten des Krisenunternehmens erörtert werden sollen, ist eine Zahlungsfähigkeits-[598] und

---

Begünstigung durch den Sanierungserlass. BFH, Urteil v. 17.11.2004, I R 11/04, BFH/NV 2005, 1027; OFD-Niedersachsen-Verfügung v. 29.6.2012, S 2140-8-St 244, BeckVerw 2012, 262719; *Kahlert*, in: Kahlert/Rühland, Sanierungs- und Insolvenzsteuerrecht, 2011, Voraussetzungen für den Erlass eines Sanierungsgewinns, 17.

591 *Pflugbeil*, Steuerliche Auswirkungen von Sanierungsmaßnahmen bei Kapitalgesellschaften: Forderungsverzicht des Anteilseigners mit und ohne Besserungsschein, Rangrücktrittsvereinbarung und andere Gestaltungsmöglichkeiten zgl. Diss Univ. Münster, 2006, 73.

592 IDW S 6, Anforderungen an Sanierungskonzepte verabschiedet am 20.8.2012, IDW Verlautbarungen 2012. Bezugnehmend auf den Vorgängerstandard: *Blöse*, GmbHR 2003, 579, 580; *Pflugbeil*, Steuerliche Auswirkungen von Sanierungsmaßnahmen bei Kapitalgesellschaften: Forderungsverzicht des Anteilseigners mit und ohne Besserungsschein, Rangrücktrittsvereinbarung und andere Gestaltungsmöglichkeiten zgl. Diss Univ. Münster, 2006, 73.

593 *Illy*, in: Thierhoff/Müller/Illy/u.a., Unternehmenssanierung, 2012, 373.

594 IDW S 6, Anforderungen an Sanierungskonzepte verabschiedet am 20.8.2012, IDW Verlautbarungen 2012, Rz. 44.

595 *Blöse*, GmbHR 2003, 579, 580. Die verwendeten Quellen sind anzugeben. IDW S 6, Anforderungen an Sanierungskonzepte verabschiedet am 20.8.2012, IDW Verlautbarungen 2012, 45.

596 IDW S 6, Anforderungen an Sanierungskonzepte verabschiedet am 20.8.2012, IDW Verlautbarungen 2012, Rz. 47ff.

597 BGH, Urteil v. 4.12.1997, IX ZR 47/97, NZG 1998, 181.

598 Zur Zahlungsfähigkeitsprüfung: IDW PS 800, Beurteilung eingetretener oder drohender Zahlungsunfähigkeit bei Unternehmen verabschiedet am 6.3.2009, IDW Prüfungsstandard 2009.

Überschuldungsprüfung[599] durchzuführen. Damit wird sichergestellt, dass die Insolvenzantragspflichten[600] nicht verletzt werden.[601]

Fällt die Fortführungsprognose positiv aus, ist im Plan festzulegen, wie das künftige Businessmodell[602] gestaltet sein soll.[603] Dazu sind sämtliche geplanten Maßnahmen zur Überwindung der Unternehmenskrise anzugeben.[604] Alle Sanierungsbemühungen sind abschließend detailliert zu planen und zu verproben.[605]

Abbildung C-21: Aufbau eines Sanierungsplans nach IDW S6[606]

599 Zur Überschuldungsprüfung: IDW FAR 1/1996, Empfehlungen für die Überschuldungsprüfung bei Unternehmen, IDW Verlautbarungen 1996.

600 Für den Überschuldungsstatus sind die Wertansätze, entsprechend dem wahrscheinlichsten Fortführungsszenario zu wählen.

601 IDW S 6, Anforderungen an Sanierungskonzepte verabschiedet am 20.8.2012, IDW Verlautbarungen 2012, 84f.

602 Hierzu gehören Ausführungen zum Produktions- und Absatzprogramm, zum Marketing und zum Vertrieb, zur Produktion und Beschaffung, zur Forschung und Entwicklung, zu Finanzen, der Belegschaft, den Führungskräften, den Organisationsstrukturen, der Nachhaltigkeit und der Infrastruktur. IDW S 6, Anforderungen an Sanierungskonzepte verabschiedet am 20.8.2012, IDW Verlautbarungen 2012, Rz. 94f.

603 IDW S 6, Anforderungen an Sanierungskonzepte verabschiedet am 20.8.2012, IDW Verlautbarungen 2012, 90ff.

604 Das jeweilige Krisenstadium und die Ursachen der Krise bestimmen die notwendigen Maßnahmen. IDW S 6, Anforderungen an Sanierungskonzepte verabschiedet am 20.8.2012, IDW Verlautbarungen 2012, Rz. 100; *Hess/Groß*, in: Hess, Sanierungshandbuch, 2013, 216, Kap. 5 Rz. 11.

605 IDW S 6, Anforderungen an Sanierungskonzepte verabschiedet am 20.8.2012, IDW Verlautbarungen 2012, Rz. 131.

606 Eigene Darstellung. Angelehnt an den IDW S 6.

2.5 *Unternehmensbezogene Sanierung*

Die auf dem Sanierungserlass basierende Steuerfreiheit kann nur erreicht werden, falls es sich um eine unternehmensbezogene Sanierung handelt.[607] Die Sanierungsbemühungen müssen folglich auf den Erhalt des Unternehmens abzielen. Sanierungsmaßnahmen, von denen in erster Linie der Unternehmer in eigener Person profitiert, sind nicht begünstigungsfähig (unternehmerbezogene Sanierung[608]).[609]

Von einer Fortführung der unternehmerischen Tätigkeit und einer begünstigten unternehmensbezogenen Sanierung ist auch auszugehen, falls die Sanierung durch Übertragung[610] umgesetzt wird.[611] Die Entschuldung im Rahmen einer übertragenden Sanierung muss deshalb dazu dienen eine Auffanggesellschaft von der Schuldinanspruchnahme, des in die Krise geratenen Unternehmens, freizustellen.[612] Die Rettung des Unternehmens erfolgt in diesen Fällen durch Übernahme des Betriebs in ein neu gegründetes oder bereits bestehendes Unternehmen, das die Gesamtrechtsnachfolge des Sanierenden, unter Ausschluss eines Teils der Verbindlichkeiten, übernimmt.[613] Weder die Rechtsform der Unternehmen noch der Gesellschafterbestand müssen im Zuge dessen mit der Altgesellschaft übereinstimmen.[614]

---

607 BMF-Schreiben v. 27.3.2003, IV A 6 – S 2140 – 8/03, BStBl I 2003, 240, Tz. 1; *Hölzle*, FR 2004, 1193, 1204; *Nolte*, NWB 2005, 3855, 3857; *Knebel*, DB 2009, 1094, 1096.

608 Unternehmerbezogen und damit nicht begünstigt ist eine Sanierungsmaßnahme, die in erster Linie den Unternehmer entlastet. Davon ist auszugehen, falls sich der Schuldner ins Privatleben zurückzieht, einen neuen Betrieb etabliert oder in ein unselbstständiges Arbeitsverhältnis wechselt. Werden im Zuge dessen die im Rahmen der unternehmerischen Tätigkeit angehäuften Schulden erlassen, liegt eine unternehmerbezogene Sanierung vor. BFH, Urteil v. 14.7.2010, X R 34/08, BStBl II 2010, 916, Tz. 9.

609 *Gragert*, NWB 2011, 1438, 1439; BMF-Schreiben v. 27.3.2003, IV A 6 – S 2140 – 8/03, BStBl I 2003, 240, Tz. 2. Ausgenommen sind Billigkeitsmaßnahmen im Planinsolvenzverfahren i. S. d. §§ 217 InsO, Restschuldbefreiungen nach §§ 286ff. InsO oder Verbraucherinsolvenzen i. S. d. §§ 304ff. InsO. Siehe hierzu: BMF-Schreiben v. 22.12.2009, IV C 6 – S 2140/07/10001 – 01, BStBl I 2010, 18. Diese Ansicht wurde vom BFH nochmals per Urteil vom 14.7.2010 bestätigt. BFH, Urteil v. 14.7.2010, X R 34/08, BStBl II 2010, 916.

610 Zur Definition siehe BFH, Urteil 24.4.1986, IV R 282/84, BStBl II 1986, 672.

611 BMF-Schreiben v. 27.3.2003, IV A 6 – S 2140 – 8/03, BStBl I 2003, 240, Tz. 2.

612 BFH, Urteil 24.4.1986, IV R 282/84, BStBl II 1986, 672; *Kahlert*, in: Kahlert/Rühland, Sanierungs- und Insolvenzsteuerrecht, 2011, Voraussetzungen für den Erlass eines Sanierungsgewinns, 9.

613 BFH, Urteil 24.4.1986, IV R 282/84, BStBl II 1986, 672; *Siepmann*, FR 1997, 471; *Bachem*, Zur Steuerfreiheit von Sanierungsgewinnen nach Wegfall des § 3 Nr. 66 EStG – IFSt-Schrift Nr. 360, 1998, 71.

614 Die Fortführung derselben Steuerquelle ist damit nicht Voraussetzung für die Anwendung des Sanierungserlasses. Vielmehr ist der Erhalt des Betriebs an sich entscheidend für die Begünstigung. Siehe dazu FG-Hamburg, Urteil v. 27.3.1985,

2.6 Voraussetzung: Verlustverrechnung

Der Steuerpflichtige hat für eine Behandlung eines Sanierungsgewinns nach dem BMF-Schreiben v. 27.3.2003 einen entsprechenden Antrag zu stellen. Neben des Aufstellens eines Sanierungsplans bzw. der Darlegung der geforderten Kriterien ist Voraussetzung für die Billigkeitsmaßnahme, dass zunächst alle bestehenden Verluste des zu sanierenden Unternehmens vollständig verrechnet wurden.[615]

Verlustverrechnungsbeschränkungen sind bei der Verrechnung des Sanierungsgewinns mit bestehenden Verlustvorträgen nicht anzuwenden.[616] Alle negativen Einkünfte und Verlustvorträge gelten dabei in Höhe des Sanierungsgewinns als aufgebraucht.[617] Etwaige Änderungen der Besteuerungsgrundlagen durch eine nachfolgende Betriebsprüfung, ändern daran nichts mehr.

Möchte der Steuerpflichtige von einem Verlustrücktrag absehen, ist die Gewährung einer Billigkeitsmaßnahme i. S. d. Sanierungserlasses ausgeschlossen.[618] Diese totale Verlustverrechnung, ohne Beachtung etwaiger Verrechnungsbeschränkungen, soll die „doppelte Begünstigung" vermeiden, die zur Abschaffung des § 3 Nr. 66 EStG a.F. geführt hat.[619]

I 292/81, EFG 1985, 594; *Bachem*, Zur Steuerfreiheit von Sanierungsgewinnen nach Wegfall des § 3 Nr. 66 EStG – IFSt-Schrift Nr. 360, 1998, 71.

615 BMF-Schreiben v. 27.3.2003, IV A 6 – S 2140 – 8/03, BStBl I 2003, 240, Tz. 8; *Janssen*, DStR 2003, 1055, 1057; *Loose/Maier*, in: Lüdicke/Sistermann, Unternehmensteuerrecht, 2008, 781, § 17 Rz. 133.

616 BMF-Schreiben v. 27.3.2003, IV A 6 – S 2140 – 8/03, BStBl I 2003, 240, Tz. 8. Zur Problematik bei der Aushebelung der besonderen Verlustverrechnungsbeschränkungen siehe *Pflugbeil*, Steuerliche Auswirkungen von Sanierungsmaßnahmen bei Kapitalgesellschaften: Forderungsverzicht des Anteilseigners mit und ohne Besserungsschein, Rangrücktrittsvereinbarung und andere Gestaltungsmöglichkeiten zgl. Diss Univ. Münster, 2006, 76.

617 BMF-Schreiben v. 27.3.2003, IV A 6 – S 2140 – 8/03, BStBl I 2003, 240, Tz. 8; *Loose/Maier*, in: Lüdicke/Sistermann, Unternehmensteuerrecht, 2008, 781, § 17 Rz. 134.

618 BMF-Schreiben v. 27.3.2003, IV A 6 – S 2140 – 8/03, BStBl I 2003, 240, Tz. 8; *Loose/Maier*, in: Lüdicke/Sistermann, Unternehmensteuerrecht, 2008, 781, § 17 Rz. 134. Sollte der Steuerpflichtige im Festsetzungsverfahren Einspruch gegen die Verlustverrechnung einlegen, gilt der Antrag als nicht gestellt.

619 Im Zuge des § 3 Nr. 66 EStG a.F. wurden Sanierungsgewinne generell von der Besteuerung ausgenommen. Ob Verlustvorträge vorhanden waren, war irrelevant. Eine Begünstigung konnte dadurch eintreten, dass zunächst der Sanierungsgewinn steuerfrei gestellt wurde und in nachfolgenden Veranlagungszeiträumen die aufgelaufenen Verluste mit künftigen Gewinnen verrechnet werden konnten. Von einer doppelten Begünstigung kann deshalb nicht die Rede sein, weil lediglich die Freistellung des Sanierungsgewinns eine begünstigende Maßnahme darstellte. Siehe hierzu *Bachem*, Zur Steuerfreiheit von Sanierungsgewinnen nach Wegfall des § 3 Nr. 66 EStG – IFSt-Schrift Nr. 360, 1998, 6; *Nolte*, NWB 2005, 3855, 3856; *Loose/Maier*, in: Lüdicke/Sistermann, Unternehmensteuerrecht, 2008, 781, § 17 Rz. 12; *Bruschke*, DStZ 2009, 166, 166.

2.7 *Kritik*

Die Anforderungen, die der Sanierungserlass an den Steuerpflichtigen stellt, sind im Wesentlichen klar definiert und vom Steuerpflichtigen erfüllbar. Wünschenswert für eine rechtssichere Anwendung wäre eine abschließende Definition eines Krisenbegriffs der sich deckt mit dem Zeitpunkt des Eintritts der Krise nach § 8c Abs. 1a KStG. Diesbezüglich empfiehlt sich, den Begriff des Eintritts der Krise i. S. d. § 32a GmbHG heranzuziehen.

Das keine weiteren Anforderungen an die genaue Ausgestaltung des Sanierungsplans gestellt werden, ist grundsätzlich kritisch zu erachten. M. E. können aber die Kriterien des IDW S 6 Standards für die Erstellung herangezogen werden.

Die Verrechnung des Sanierungsgewinns – ohne die sonst üblichen Verlustverrechnungsbeschränkungen – verhindert eine Begünstigung des Steuerpflichtigen, wie sie im Falle des § 3 Nr. 66 EStG a.F. vorlag. Weil auch eine missbräuchliche unternehmerbezogene Sanierung nicht begünstigt ist, ist der Sanierungserlass zielgerichtet im Bezug auf seine generellen Anforderungen für die Inanspruchnahme.

3. Rechtsfolgen

3.1 *Stundung und Erlass*

Verfahrenstechnisch hat der Steuerpflichtige einen Antrag auf abweichende Festsetzung aus (sachlichen) Billigkeitsgründen zu stellen.[620] Bei positiver Entscheidung des zuständigen Finanzamts kann die Steuer gem. § 222 AO bis zur nächsten Veranlagung oder bis zu einem zu bestimmenden Zeitpunkt gestundet werden.[621] Für die Stundung und den Erlass sind die betragsmäßigen Zuständigkeitsgrenzen zu beachten.[622]

---

620 BMF-Schreiben v. 27.3.2003, IV A 6 – S 2140 – 8/03, BStBl I 2003, 240, Tz. 8. Sollte der Steuerpflichtige im Festsetzungsverfahren Einspruch gegen die Verlustverrechnung einlegen, gilt der Antrag als nicht gestellt.

621 Eine Stundung ist auch möglich, soweit die Voraussetzungen der §§ 163 und 227 AO nicht vorliegen, sondern lediglich die Tatbestandsmerkmale der §§ 307ff. InsO erfüllt sind. Vgl. *Loose*, in: Tipke/Kruse, AO/FGO, 2011, § 227, Rz. 16. BMF-Schreiben v. 27.3.2003, IV A 6 – S 2140 – 8/03, BStBl I 2003, 240, Tz. 8. Während der Steuerstundung ist allerdings die Steuerschuld in der handelsrechtlichen sowie insolvenzrechtlichen Bilanz zu passivieren, was bezüglich der Insolvenzantragspflicht nicht unproblematisch ist. Siehe auch: *Loose/Maier*, in: Lüdicke/Sistermann, Unternehmensteuerrecht, 2008, 781, § 17 Rz. 136.

622 Bis zu einer Höhe von 100.000 € können die Finanzämter zeitlich unbegrenzt über eine Stundung entscheiden, übersteigende Beträge dürfen ohne Zustimmung der OFD nur bis zu sechs Monate gestundet werden. Bis zu einem Betrag von 250.000 € ist die OFD befugt eine zeitlich unbegrenzte Stundung zu genehmigen, höhere Beträge sind ohne Zustimmung der obersten Landesfinanzbehörde maximal zwölf Monate stundungsfähig. Ein Erlass ist bis zu einem Betrag von einschließlich

Falls der Sanierungsgewinn durch einen Forderungsverzicht gegen Besserungsschein verursacht wurde, ist eine Stundung der Steuer so lange aufrechtzuerhalten, als Zahlungen auf den Besserungsschein geleistet werden.[623] Erst danach wird die auf den übersteigenden Teil des Sanierungsgewinns geschuldete Steuer im Billigkeitswege nach § 227 AO erlassen. Stundungszinsen sind ebenfalls nicht einzufordern, falls sie auf einem erlassenen Steuerbetrag basieren.[624]

Für den Erlass, der der Stundung folgt, ist der Ermessensspielraum der Verwaltung auf null reduziert.[625] In Konsequenz kann der Steuerpflichtige damit rechnen, dass die Steuerschuld samt Stundungszinsen abschließend erlassen wird.

Der Unterschiedsbetrag für die abweichende Festsetzung nach § 163 AO ergibt sich durch eine Gegenüberstellung: Zunächst ist der Steuerbetrag zu ermitteln, der fällig ist, soweit der Sanierungsgewinn einbezogen wird (Vergleichsgröße I).[626] Anschließend ist eine Veranlagung zu simulieren, bei der der Sanierungsgewinn unberücksichtigt bleibt (Vergleichsgröße II). Die gestundete und anschließend erlassene Steuer ist der Unterschiedsbetrag zwischen Vergleichsgröße I und II.

3.2 Problem Gewerbesteuer

Der Erlass der Steuerschuld nach § 227 AO bezieht sich ausschließlich auf die Körperschaft- bzw. Einkommensteuer.[627] Für Zwecke der Gewerbesteuer sind gesonderte Anträge bei den zuständigen Gemeinden zu stellen, falls diese für die Erhebung und Festsetzung der Gewerbesteuer zuständig sind, R 1.6 Abs. 1 GewStR.[628] Eine

---

20.000 € durch die Finanzämter, bis einschließlich 100.000 € durch die Oberfinanzdirektionen und darüber hinaus nur mit Zustimmung der obersten Landesfinanzbehörden möglich. Basis ist der gesamte Stundungs- bzw. Stundungsbetrag mehrerer Veranlagungszeiträume inklusive anfallender Säumniszuschläge. Siehe BMF-Gleichlt. LänderErl v. 2.1.2004, Stundungserlass 2004, BStBl I 2004, 29.

623 BMF-Schreiben v. 27.3.2003, IV A 6 – S 2140 – 8/03, BStBl I 2003, 240, Tz. 11; *Loose/Maier*, in: Lüdicke/Sistermann, Unternehmensteuerrecht, 2008, 781, § 17 Rz. 137.

624 BMF-Schreiben v. 27.3.2003, IV A 6 – S 2140 – 8/03, BStBl I 2003, 240, Tz. 12; *Janssen*, DStR 2003, 1055, 1057; *Pflugbeil*, Steuerliche Auswirkungen von Sanierungsmaßnahmen bei Kapitalgesellschaften: Forderungsverzicht des Anteilseigners mit und ohne Besserungsschein, Rangrücktrittsvereinbarung und andere Gestaltungsmöglichkeiten zgl. Diss Univ. Münster, 2006, 75; *Eilers/Bühring*, Sanierungs-Steuerrecht, 2012, 24.

625 BMF-Schreiben v. 27.3.2003, IV A 6 – S 2140 – 8/03, BStBl I 2003, 240, Tz. 12. Die tatsächliche Bewilligung der Stundung liegt hingegen im Ermessen der jeweiligen Finanzverwaltung.

626 Bayerisches Landesamt für Steuern, Verfügung v. 23.10.2006, 6S 2140 – 7 St32/St33, DStR 2006, 2176; *Eilers/Bühring*, Sanierungs-Steuerrecht, 2012, 23.

627 BMF-Schreiben v. 27.3.2003, IV A 6 – S 2140 – 8/03, BStBl I 2003, 240, Tz. 15.

628 Die Zuständigkeit der Gemeinden für die Erhebung der Gewerbesteuer in den Flächenländern ergibt sich bereits nach § 1 GewStG und R 1.2 GewStR 2009. Allerdings sieht § 184 Abs. 2 AO vor, dass eine Stundung der KSt oder ESt u.U. auch

Gewerbesteuerbefreiung des Sanierungsgewinns kann deshalb per se nicht angenommen werden.[629]

Eine Stundung und ein Erlass sind für gewerbesteuerliche Zwecke nur möglich, sofern die jeweils betroffenen Gemeinden einer Billigkeitsmaßnahme einzeln zustimmen.[630] Dies rührt aus der fehlenden Ermächtigung der Finanzämter für den Erlass der Gewerbesteuer, die für eine abweichende Festsetzung nach § 163 S. 1 AO zwingend notwendig wäre, die das BMF-Schreiben aber explizit ausschließt.[631]

Dieses gesonderte Antragsverfahren für die Gewerbesteuer kann bei Unternehmen mit Betriebsstätten in mehreren Gemeinden Probleme verursachen.[632] Jede Gemeinde hat in diesen Fällen für ihren Teil der Gewerbesteuer eine gesonderte Prüfung und Bewilligung zu vollziehen. Manche Landesämter für Steuern und Finanzen oder Oberfinanzdirektionen[633] haben allerdings auf Länderebene verfahrensrechtliche Grundsätze zur Behandlung von Sanierungsgewinnen im Bezug auf die Gewerbesteuer veröffentlicht, welche die Handhabung und den Datenaustausch mit den Gemeinden vereinheitlichen sollen.[634] Die Gemeinden können aber dennoch frei entscheiden, unter welchen Umständen sie die Gewerbesteuer erlassen oder nicht.

4. Konträre Rechtsprechung

Die ausschließliche Regelung der Steuerfreiheit von Sanierungsgewinnen im Erlasswege führte in der Vergangenheit zu zahlreichen Anwendungsproblemen.[635] Insbesondere ist fraglich, ob die dargelegte Verwaltungspraxis den verfassungsmäßigen Anforderungen entspricht, im Besonderen im Hinblick auf die Gesetzmäßigkeit des

---

auf die GewSt durchschlägt. Aus diesem Grund ist die Klarstellung in Tz. 15 des BMF-Schreiben v. 27.3.2003, IV A 6 – S 2140 – 8/03, BStBl I 2003, 240 zwingend.

629 *Nolte*, NWB 2005, 3855, 3867.

630 *Gehrmann*, NWB 2009, NAAAA, 4716; *Bruschke*, DStZ 2009, 166, 168; *Lechner/Haisch*, in: Köhler/Göbel/Körner, Handbuch Unternehmensfinanzierung, 2013, 647.

631 Dies gilt nicht für die Stadtstaaten, bei denen das Finanzamt für die Erhebung der GewSt zuständig ist. BMF-Schreiben v. 27.3.2003, IV A 6 – S 2140 – 8/03, BStBl I 2003, 240, Tz. 15.

632 *Eilers/Bühring*, FR 2012, 429, 429; *Lechner/Haisch*, in: Köhler/Göbel/Körner, Handbuch Unternehmensfinanzierung, 2013, 647.

633 Bspw. OFD-Magdeburg-Verfügung v. 14.10.2005, G 1498 – 3 – St 213, BeckVerw 2005, 070193.

634 *Loose/Maier*, in: Lüdicke/Sistermann, Unternehmensteuerrecht, 2008, 781, § 17 Rz. 139.

635 Zur Frage der unternehmerbezogenen Sanierung: BFH, Urteil v. 14.3.1990, I R 106/85, BStBl II 1990, 813; BFH, Urteil v. 17.11.2004, I R 11/04, BFH/NV 2005, 1027; BFH, Urteil v. 12.10.2005, X R 42/03, BFH/NV 2006, 715; BFH, Urteil v. 12.10.2005, X R 20/03, BFH/NV 2006, 713; BFH, Urteil v. 14.7.2010, X R 34/08, BStBl II 2010, 916; *Kahlert*, FD-DStR 2010, 308130; *Gragert*, NWB 2011, 1438, 1438f.

Verwaltungshandelns.[636] Hierzu muss im Folgenden kurz die Historie des Rechtsstreits beleuchtet werden.

4.1 Vorinstanzlicher Meinungsstreit

Die Anwendung des Sanierungserlasses war seit Längerem mit Unsicherheit behaftet. Im Kern ging es dabei um die Frage, ob die Wiedereinführung der Steuerfreiheit von Sanierungsgewinnen per BMF-Schreiben nicht eine Verwaltungspraxis contra legem darstelle.

Im Urteil[637] v. 27.5.2004 führte das FG-Münster dazu aus, dass ein Anspruch auf Erlass, der auf einen Sanierungsgewinn entstehenden Steuern bestünde, soweit alle Verlustverrechnungsmöglichkeiten zur Gänze ausgeschöpft sind.[638] Auf die Erhebung der Steuer, auf den im Rahmen eines Schuldenerlasses entstehenden Buchgewinn, sei aus sachlichen Billigkeitsgründen zu verzichten. Von einer solchen Unbilligkeit sei im zu entscheidenden Fall auszugehen. Die gesetzlichen Steuerfolgen, die im entschiedenen Sanierungsfall eintreten würden, würden den vermuteten oder tatsächlichen Wertungen des Gesetzgebers zuwiderlaufen.[639] Insoweit soll im Rahmen des Ermessens der Finanzverwaltung der Willen des Gesetzgebers aus sachlichen Billigkeitsgründen wiederhergestellt werden. Hingegen sollen durch den Sanierungserlass nicht etwa vom Gesetz vorgesehene oder in Kauf genommene Härten abgemildert werden.[640]

Das FG-Münster ging demnach davon aus, dass der Gesetzgeber den Sachverhalt trotz Abschaffung des § 3 Nr. 66 EStG a.F. divergierend zur tatsächlichen Gesetzeslage geregelt sehen wollte.[641] Insbesondere sei die Steuerbefreiung aufgrund der damals bestehenden Doppelbegünstigung abgeschafft worden und nicht etwa, um grundsätzlich die Besteuerung von Sanierungsgewinnen zu bewirken. Die Möglichkeit einer Doppelbegünstigung sei aber auszuschließen, soweit das gesamte Verlustverrechnungspotenzial ausgeschöpft ist. Deshalb sei ein verbleibender Sanierungsgewinn nach Ansicht des FG – auch nach Abschaffung des § 3 Nr. 66 EStG a.F. – insgesamt freizustellen.[642]

636 FG-Münster, Urteil v. 27.5.2004, 2 K 1307/02, EFG 2004, 1572.
637 FG-Münster, Urteil v. 27.5.2004, 2 K 1307/02, EFG 2004, 1572.
638 FG-Münster, Urteil v. 27.5.2004, 2 K 1307/02, EFG 2004, 1572.
639 Grundlegend hierzu: BVerfG, Beschluss v. 5.4.1978, I BvR 117/73, BStBl II 1978, 441 445.
640 BFH, Urteil v. 15.2.1973, V R 152/69, BStBl II 1973, 466; BVerfG, Beschluss v. 5.4.1978, I BvR 117/73, BverfGE 48, 102, 455.
641 Eine Bestätigung, dass der Gesetzgeber die Anwendung des Sanierungserlasses als durchweg korrekt erachtet, findet sich bspw. in der Gesetzesbegründung zur Unternehmensteuerreform 2008, BR-Drs.-16/12674, 126.
642 FG-Münster, Urteil v. 27.5.2004, 2 K 1307/02, EFG 2004, 1572.

Entgegen der Ansicht des FG-Münster stellte das FG-München[643] in seinem Urteil vom 12.12.2007 fest, dass die durch das BMF-Schreiben angedachte Verwaltungspraxis nicht mit der Gesetzmäßigkeit der Verwaltung zu vereinbaren ist. Das Gericht begründete diese Ansicht wie folgt: Zwar könnten Steuern nach § 163 AO grundsätzlich niedriger festgesetzt werden oder einzelne Sachverhalte, die die Besteuerungsgrundlage erhöhen, unberücksichtigt bleiben, falls die Erhebung der Steuer als unbillig i. S. d. § 227 AO erscheint. Durch das BMF-Schreiben vom 27.3.2003 und der damit verbundenen Vereinheitlichung der Verwaltungspraxis, würde nach Ansicht des FG die Gesetzeslage des § 3 Nr. 66 EStG a.F. wiederhergestellt.[644] Aus diesem Grund stehe die gelebte Verwaltungspraxis dem ausdrücklichen Willen des Gesetzgebers entgegen, der mit Abschaffung des § 3 Nr. 66 EStG a.F. die bis dato bestehende Rechtslage als systemwidrig angesehen hatte und sie deshalb beseitigen wollte.[645] Aufgrund dessen stelle sich die Verwaltung mit dem Sanierungserlass gegen den expliziten Willen des Gesetzgebers.[646]

Dabei hatte das FG-München aber verkannt, dass bereits im Rahmen der Abschaffung des § 3 Nr. 66 EStG a.F. auf die Möglichkeit der Regelung im Erlasswege durch den Gesetzgeber hingewiesen wurde.[647] Davon auszugehen, dass der Wille des Gesetzgebers durch das BMF-Schreiben zur Steuerfreiheit von Sanierungsgewinnen ausgehebelt wurde, erscheint deshalb fraglich. Das FG-München hatte die Revision zur Vorlage beim BFH zugelassen, weil ein Erlass aus sachlichen Billigkeitsgründen, dann infrage kommen könnte, wenn die für die Abschaffung des § 3 Nr. 66 EStG a.F. verantwortliche systemwidrige Doppelbegünstigung nicht besteht.[648]

Der Meinung des FG-München[649] folgte allerdings eine klare Absage durch das FG-Köln am 24.4.2008.[650] Das Gericht sah die Unbilligkeit der Besteuerung von Sanierungsgewinnen eindeutig als erfüllt an.[651] Sollte eine Verlustverrechnung aus dem Erlass der Schuld nicht möglich sein, wäre die Besteuerung des Sanierungsgewinns sachlich unbillig.[652] Die Abschaffung des § 3 Nr. 66 EStG a.F. zielte lediglich auf eine Vermeidung der Doppelbegünstigung durch die Freistellung der Sanierungsgewinne und die künftige Nutzung der Verluste ab.[653] Diese „doppelte" Begünstigung

643 FG-München, Urteil v. 12.12.2007, 1 K 4487/06, Rev BFH, VIII R 02/08, EFG 2008, 615.
644 FG-München, Urteil v. 12.12.2007, 1 K 4487/06, Rev BFH, VIII R 02/08, EFG 2008, 615.
645 BR-Drs.-13/7480, 192.
646 FG-München, Urteil v. 12.12.2007, 1 K 4487/06, Rev BFH, VIII R 02/08, EFG 2008, 615.
647 BR-Drs.-13/7480, 192.
648 FG-München, Urteil v. 12.12.2007, 1 K 4487/06, Rev BFH, VIII R 02/08, EFG 2008, 615.
649 FG-München, Urteil v. 12.12.2007, 1 K 4487/06, Rev BFH, VIII R 02/08, EFG 2008, 615.
650 FG-Köln, Urteil v. 24.4.2008, 6 K 2488/06, DStRE 2008, 1445.
651 FG-Köln, Urteil v. 24.4.2008, 6 K 2488/06, DStRE 2008, 1445. Das Gericht sah die Begünstigung eines Sanierungsgewinns auch über den Wortlaut des BMF-Schreibens als notwendig an.
652 FG-Köln, Urteil v. 24.4.2008, 6 K 2488/06, DStRE 2008, 1445.
653 FG-Köln, Urteil v. 24.4.2008, 6 K 2488/06, DStRE 2008, 1445; *Wagner*, BB 2008, 2666, 2672.

würde aber durch das BMF-Schreiben[654] v. 27.3.2003 vermieden, da zuerst alle Verluste zu verrechnen sind und nur der überschießende Teil als Sanierungsgewinn im Erlasswege von der Steuer befreit würde.

Insoweit folgte das FG-Köln der Ansicht des FG-Münster v. 27.5.2004.[655] Darüber hinaus merkte das Gericht an, dass ein Erlass aus sachlichen Billigkeitsgründen auch im Falle der unternehmerbezogenen Sanierung gerechtfertigt wäre.[656] Letzteres ist aber nach der hier vertretenen Auffassung in jedem Fall abzulehnen, weil der Sanierungserlass diese explizit nicht begünstigt.

4.2 BFH v. 14.7.2010 - X R 34/08

Die gegenläufige Rechtsprechung der Finanzgerichte führte zu erheblicher Verunsicherung bei der Durchführung von Maßnahmen, bei denen ein Sanierungsgewinn entstand.[657] Durch den Urteilsspruch des BFH v. 14.7.2010 wurde diese Rechtsunsicherheit zumindest teilweise beseitigt. Unternehmensbezogene Sanierungen im Sinne des Sanierungserlasses können im Erlasswege von der Steuer befreit werden.[658] Nach Ansicht des X. Senats ist gerade nicht von einer Verwaltungspraxis contra legem auszugehen, wie sie das FG-München in seinem Urteil rügte.[659] Der BFH vermerkte nochmals explizit, dass die im BMF-Schreiben getroffene Regelung sich damit innerhalb der Grenzen des Grundgesetzes bewege. Das Schreiben diene lediglich der gleichmäßigen Ausübung des Ermessens innerhalb der Verwaltung.

Weiter führte der BFH aus, dass es sich bei der Freistellung des Sanierungsgewinns im Wege des Erlasses i. S. d. § 227 AO um eine Ermessensentscheidung der Verwaltung handle, weshalb der Erlass von den Gerichten zu beachten ist. Schließlich dient das BMF-Schreiben der Ermessenslenkung und damit der Gleichbehandlung, in Fällen, in denen der Verwaltung ein Handlungsspielraum eingeräumt wurde.[660] Die bisher vertretene Verwaltungsauffassung wurde durch den BFH damit ausnahmslos bestätigt. Somit ist auch die durch das FG-Köln vertretene Auffassung, dass eine unternehmerbezogene Sanierung zu begünstigen wäre, hinfällig.[661] Mit

---

654 BMF-Schreiben v. 27.3.2003, IV A 6 – S 2140 – 8/03, BStBl I 2003, 240.

655 FG-Münster, Urteil v. 27.5.2004, 2 K 1307/02, EFG 2004, 1572.

656 Deshalb wurde die Auflösung einer GbR im strittigen Fall als unschädlich erachtet. Das FG-Köln stützte sich diesbezüglich auf die Rechtsprechung des BFH zu 3 Nr. 66 EStG. BFH, Urteil v. 14.3.1990, I R 64/85, BStBl II 1990, 810; BFH, Urteil v. 14.3.1990, I R 106/85, BStBl II 1990, 813; BFH, Urteil vom 12.10.2005, X R 42/03 (NV), BFH/NV 2006, 715.

657 *Eilers/Bühring*, DStR 2009, 137, 138; *Töben/Lohbeck/Specker*, NWB 2009, 1484, 1486f.; *Knebel*, DB 2009, 1094, 1096f.; *Töben*, FR 2010, 249, 253; *Streit/Degen*, AG 2010, R373, R373f.

658 BFH, Urteil v. 14.7.2010, X R 34/08, BStBl II 2010, 916.

659 FG-München, Urteil v. 12.12.2007, 1 K 4487/06, Rev BFH, VIII R 02/08, EFG 2008, 615.

660 BFH, Urteil v. 14.7.2010, X R 34/08, BStBl II 2010, 916, Tz. 39b.

661 FG-Köln, Urteil v. 24.4.2008, 6 K 2488/06, DStRE 2008, 1445, 1448; BFH, Urteil v. 14.7.2010, X R 34/08, BStBl II 2010, 916, Tz. 32.

Abschaffung des § 3 Nr. 66 EStG sollte gerade verhindert werden, dass der Unternehmer in der Sanierung nicht begünstigt wird.[662]

4.3 BFH v. 28.2.2012 – VIII R 2/08

Nachdem sich der X. Senat in seinem Urteil[663] eindeutig für die Steuerfreiheit von Sanierungsgewinnen auf Basis des BMF-Schreibens[664] ausgesprochen hatte, überraschte der Beschluss[665] des VIII. Senats, der als Folgeinstanz des Urteils des FG-München[666] über die Kostenverteilung zu entscheiden hatte. Im Urteil des VIII. Senats merkte dieser an, das es zweifelhaft wäre, Sanierungsgewinne nach Abschaffung des § 3 Nr. 66 EStG a.F. freizustellen.[667] Die Auffassung der Vorinstanz, dass der Gesetzgeber mit Abschaffung des § 3 Nr. 66 a.F. die Steuerfreiheit von Sanierungsgewinnen abschaffen wollte, könne nach Ansicht des Senats zum Entscheidungszeitpunkt nicht völlig von der Hand gewiesen werden.[668] Eine genauere Würdigung der Entscheidung des X. Senats oder der Literatur erfolgte im Beschluss nicht.[669]

Für die Bewertung des Beschlusses des VIII. Senats sollte nach der hier vertretenen Auffassung aber bedacht werden, dass über die Verteilung der Verfahrenskosten nach § 138 Abs. 1 FGO entschieden wurde. Deren je hälftige Verteilung war nach Ansicht des BFH gerechtfertigt, weil die Erfolgsaussichten der Revision durch die streitbare Zulässigkeit des Sanierungserlasses offen waren.[670] Die Ansicht des BFH ist deshalb zu relativieren. Allerdings verbleibt eine gewisse Unsicherheit unter anderem deshalb, weil der Leitsatz durch die Aussage, dass „im Rahmen einer summarischen Prüfung ... zweifelhaft (ist), ob auf der Grundlage des BMF-Schreibens vom 27.3.2003 [...] der Gewinn [...] steuerfrei zu stellen ist“ suggeriert wird, dass die Frage der Steuerfreiheit nach wie vor ungeklärt ist.

Nach der hier vertretenen Auffassung ist das Urteil des VIII. Senats aber kein inhaltlicher Widerspruch zum Urteil des X. Senats. *Braun/Geist*[671] ist aber zuzustimmen, wenn sie eine gesetzliche Regelung der Steuerfreiheit fordern, die dem Rechtsanwender Sicherheit verschafft.

662 BFH, Urteil v. 14.7.2010, X R 34/08, BStBl II 2010, 916, Tz. 37. Die Möglichkeit, einen Antrag wegen persönlicher Härte zu stellen, steht dem Steuerpflichtigen unabhängig davon zur Verfügung. Des Weiteren sind die Besonderheiten bei Verbraucherinsolvenz zu beachten.

663 BFH, Urteil v. 14.7.2010, X R 34/08, BStBl II 2010, 916.

664 BMF-Schreiben v. 27.3.2003, IV A 6 – S 2140 – 8/03, BStBl I 2003, 240.

665 BFH, Beschluss v. 28.2.2012, VIII R 2/08, BFH/NV 2012, 1135.

666 FG-München, Urteil v. 12.12.2007, 1 K 4487/06, Rev BFH, VIII R 02/08, EFG 2008, 615.

667 *Braun/Geist*, BB 2013, 351, 352.

668 BFH, Beschluss v. 28.2.2012, VIII R 2/08, BFH/NV 2012, 1135 Tz. 11; *Eilers*, SteuK 2012, 270; *Lindwurm*, AO-StB 2012, 168, 169.

669 Kritisch hierzu: *Braun/Geist*, BB 2013, 351, 352.

670 BFH, Beschluss v. 28.2.2012, VIII R 2/08, BFH/NV 2012, 1135 Tz. 11.

671 *Braun/Geist*, BB 2013, 351, 352.

4.4 BFH v. 25.4.2012 – I R 24/11

Selbst nach der lang erwarteten Entscheidung des BFH v. 14.7.2010[672] verblieb einer der Hauptanwendungsschwierigkeiten des Sanierungserlasses: Die Regelung im Erlasswege führt nach Tz. 15 des BMF-Schreibens v. 14.3.2007 dazu, dass die dort dargelegten Grundsätze keine Wirkung für die Gewerbesteuer entfalten, weil diese in den sachlichen Zuständigkeitsbereich der Gemeinde fällt.[673]

Grundsätzlich schließt die Befugnis zur Festsetzung des Gewerbesteuermessbetrags allerdings auch die Ermächtigung ein, einen Erlass i. S. d. § 163 Abs. 1 AO durchzuführen, § 184 Abs. 2 S. 1 AO.[674] Dies gilt allerdings nur, soweit für eine Billigkeitsmaßnahme entsprechende Richtlinien für allgemeine Verwaltungsregelungen der Bundesregierung oder einer obersten Landesfinanzbehörde aufgestellt worden sind, § 184 Abs. 2 2. HS AO.[675] Im Falle des Sanierungserlasses fehlt es an einem Entschluss der Bundesregierung mit anschließender Bestätigung durch den Bundesrat.[676] Es ist deshalb nicht von einer allgemeinen Verwaltungsregelung der Bundesregierung i. S. d. § 184 Abs. 2 S. 1 AO auszugehen.[677]

Fraglich ist jedoch, ob der Sanierungserlass nicht als eine von einer obersten Länderfinanzbehörde aufgestellte Richtlinie i. S. d. § 184 Abs. 2 S. 1 2. Alternative AO zu werten ist. Hierzu führt das Gericht aus, dass es sich um eine solche Vorschrift nicht handle, weil der alleinige Erlassgeber – das BMF – keine oberste Länderfinanzbehörde ist.[678] Dass das BMF-Schreiben im Einvernehmen mit den obersten Finanzbehörden der Länder ergangen ist, ist nach Ansicht des BFH irrelevant, weil alleiniger Adressat die obersten Finanzbehörden sind.[679]

Hageböcke und *Stangel* merken dazu an, dass BMF-Schreiben zur Eindämmung der Papierflut, in dem Moment als von den Landefinanzbehörden umgesetzt gelten, in dem sie im Bundessteuerblatt I erscheinen.[680] Aufgrund dessen gelten Schreiben bereits im Zeitpunkt der Veröffentlichung als Weisung der Landesfinanzbehörden

---

672 BFH, Urteil v. 14.7.2010, X R 34/08, BStBl II 2010, 916.

673 BMF-Schreiben v. 27.3.2003, IV A 6 – S 2140 – 8/03, BStBl I 2003, 240.

674 *Ratschow*, in: Klein, AO, 2012, § 184 Rz. 14; *Hageböcke/Stangl*, Ubg 2012, 598, 598; *Kunz*, in: Gosch/Beermann, AO/FGO, 2013, § 184 AO Rz. 18.

675 *Pahlke/König*, AO, 2009, § 163 Rz. 46; *Ratschow*, in: Klein, AO, 2012, § 184 Rz. 14.

676 Bejahend: BFH, Urteil v. 25.4.2012, I R 24/11, BFH/NV 2012, 1516, Tz. 10. Vor Verkündigung des BFH-Urteils waren Teile der Literatur der Ansicht, dass sich durch § 184 AO eine Zuständigkeit der Finanzbehörden für die Steuerfreiheit von Sanierungsgewinnen ergibt. Siehe hierzu: *Seer*, FR 2010, 306, 306; *Ratschow*, in: Klein, AO, 2012, § 184 Rz. 14; a.A.: *Bauschatz*, GmbHR 2008, 1204, 1207.

677 BFH, Urteil v. 25.4.2012, I R 24/11, BFH/NV 2012, 1516, Tz. 12.

678 BFH, Urteil v. 25.4.2012, I R 24/11, BFH/NV 2012, 1516, Tz. 14.

679 *Hageböcke/Stangl*, Ubg 2012, 598, 605.

680 *Hageböcke/Stangl*, Ubg 2012, 598, 605. Zu dieser Umsetzungspraxis im Allgemeinen: *Desens*, Die Bindung der Finanzverwaltung an die Rechtsprechung zugl. Habil-Schr. 2010, Univ. Münster, 2011.

an die untergeordneten Behörden, soweit sie per Umsetzungserlass der Landesfinanzbehörden „weitergeleitet" werden. Es sei deshalb unverständlich, dass der Sanierungserlass zumindest in einigen Bundesländern nicht als „allgemeine Verwaltungsvorschrift" i. S. d. § 184 Abs. 2 AO gelten soll.[681] Gleichwohl verbleibt die Zuständigkeit für den Erlass bei den Gemeinden, soweit eine notwendige Weiterleitung nicht stattgefunden hat.[682]

Nach der hier vertretenen Auffassung wäre die Anwendbarkeit des Sanierungserlasses für die Gewerbesteuer jedoch in jedem Falle zu verneinen, selbst wenn es sich um ein Schreiben i. S. d. § 184 Abs. 2 AO handeln sollte. In Tz. 15 wird die Zuständigkeit für den Erlass oder die Stundung der Gewerbesteuer gerade den Gemeinden angetragen.[683] Deshalb muss die Zuständigkeit bei den Gemeinden verbleiben.

5. Unionsrechtliche Problematik

5.1 Überblick

Spätestens seitdem die Sanierungsklausel nach § 8c Abs. 1a KStG als Beihilfe qualifiziert wurde, wird die Vereinbarkeit des Sanierungserlasses mit europäischem Recht als kritisch erachtet.[684] Zweifel gegen die Rechtmäßigkeit des Erlasses aus unionsrechtlicher Sicht bestehen aber bereits seit Längerem.[685] Ob die Steuerfreistellung von Sanierungsgewinnen als unzulässige staatliche Beihilfe i. S. d. Art. 107 AEUV zu qualifizieren ist, hängt davon ab, ob sich Auswirkungen auf den Binnenhandel ergeben, die selektiv wirken. Hierbei ist die de minimis Regelung zu beachten, wonach eine Beihilfe nicht beanstandet wird, falls sie einen Betrag von 500.000 € pro Unternehmer innerhalb von drei Jahren nicht übersteigt.[686]

---

681 Dies betrifft die Bundesländer Baden-Württemberg, Niedersachsen, Nordrhein-Westfalen und das Saarland. Baden-Württemberg-Erlass v. 3.6.1997, S 1900/31, AO-Kartei BW vor § 1 AO Karte 1 1997; Niedersachsen-Erlass v. 8.11.1999, S 2015 – 5 – 312, S 7500 – 145 – 32, S 4600 – 24 – 34, FR 1999, 1334; FinMin-Nordrhein-Westfalen-Erlass v. 13.6.1997, S 2010-25-V B 5, EStG-Kartei NW 2010, Vorblatt; FinMin Saarland-Erlass v. 12.5.2003, B-183/2003-S 1299 A, Juris 2003.

682 VG-Halle, Urteil v. 22.6.2011, 5 A 289/09, BeckRS 2012, 49526; *Rüsken*, AO, 2012, § 163 Rz. 134; BFH, Urteil v. 25.4.2012, I R 24/11, BFH/NV 2012, 1516.

683 BMF-Schreiben v. 27.3.2003, IV A 6 – S 2140 – 8/03, BStBl I 2003, 240, Tz. 15.

684 Das BMF wies bereits selbst auf die beihilferechtliche Problematik von Steuererlassen hin: BMF-Schreiben v. 13.9.2002, ZIP 2002, 1916. Des Weiteren: *Herrmann*, ZinsO 2003, 1069, 1069ff.; *Strüber/Donath*, BB 2003, 2036, 2040; *Harder*, ZInsO 2013, 1070, 1071.

685 *Strüber/Donath*, BB 2003, 2036, 2036, 2040; *Khan/Adam*, ZInsO 2008, 899, 906.

686 EU-Kommission-Verordnung v. 15.12.2006, 1998/2006, Abl. L 379 2006, 5, 8; *Khan*, in: Geiger/Khan/Kotzur, EUV / AEUV, 2010, Art. 107 AEUV Rz. 16.

5.2 Finanzierung aus staatlichen Mitteln

Nach ständiger Rechtsprechung können steuerliche Maßnahmen, die eine sonst übliche Belastung mindern, Beihilfen i. S. d. Art. 107 AEUV sein.[687] Es reicht deshalb aus, dass staatliche Einnahmen nicht entstehen, um von einer Beihilfe[688] auszugehen.[689] In Konsequenz ist der Sanierungserlass als Maßnahme zu werten, die aus staatlichen Mitteln finanziert wird. Durch das BMF-Schreiben wird eine ansonsten eintretende Steuerbelastung gemindert.

5.3 Beeinträchtigung des Binnenmarktes

Der Binnenmarkt ist beeinträchtigt, falls eine Maßnahme geeignet ist, den Wettbewerb oder Handelsverkehr zu beeinträchtigen.[690] Dazu reicht bereits die abstrakte Gefahr einer Behinderung des Binnenmarktes aus.[691] Da de facto alle Unternehmen Teilnehmer des gemeinsamen Marktes sind, ist grundsätzlich von einer Beeinträchtigung des Wettbewerbs auszugehen.[692]

Der Sanierungserlass ist in Konsequenz als Maßnahme zu qualifizieren, die den Wettbewerb des Binnenmarktes beeinträchtigen kann. Eine Wettbewerbsbeeinträchtigung könnte nur ausgeschlossen werden, falls das Unternehmen nicht – auch nicht

---

687 Siehe auch Kap. C.III.4.5. und *Ohler*, Die Fiskalische Integration in die Europäische Union, 1997, 226; *Birkenmaier*, Die Vorgaben der Beihilfevorschriften des EG-Vertrages für die direkte Unternehmensbesteuerung, 2007, 32.

688 Die wäre auch der Fall, falls keine direkte finanzielle Zuwendung gewährt wird, jedoch eine finanzielle Beteiligung durch einen Rechtsträger erfolgt, an dem ein Staat beteiligt ist. EuGH, Urteil v. 22.3.1977, 78/76, *Steinike/Weinling*, Slg 1977, I-595; *Cloer/Vogel*, IWB 2010, 439, 440. Eine Einflussnahme durch den Staat ist allerdings Voraussetzung für die Annahme einer Finanzierung aus staatlichen Mitteln. *Birkenmaier*, Die Vorgaben der Beihilfevorschriften des EG-Vertrages für die direkte Unternehmensbesteuerung, 2007, 36.

689 EU-Kommission-Mitteilung v. 10.12.1998, 98/C 384/03, C 384 1198, 3; *Cloer/Vogel*, IWB 2010, 439, 441; *Dörr*, NWB 2011, 690, 692; *Bode*, FR 2011, 1034, 1034.

690 Im Regelfall werden beide Kriterien in einem Schritt geprüft. *Birkenmaier*, Die Vorgaben der Beihilfevorschriften des EG-Vertrages für die direkte Unternehmensbesteuerung, 2007, 38; *Cloer/Vogel*, IWB 2010, 439, 440; *Dörr*, NWB 2011, 690, 692.

691 *Khan*, in: Geiger/Khan/Kotzur, EUV / AEUV, 2010, Art. 107 AEUV Rz. 15. Soweit nur eine abstrakte Gefahr der Wettbewerbsbeeinträchtigung vorliegt, ist diese von der Kommission zu beschreiben. Bei der Beeinträchtigung des Handelsverkehrs ist eine Bagatellgrenze von 200.000 € für einen Zeitraum von drei Jahren zu beachten. Siehe EU-Kommission-Verordnung v. 15.12.2006, 1998/2006, Abl. L 379 2006, 5, 8.

692 Die Kommission geht in der Praxis regelmäßig von einer Wettbewerbsverfälschung aus, weil hinreichend Gründe für eine zumindest abstrakte Störung des Binnenmarktes zu finden sein werden. *Birkenmaier*, Die Vorgaben der Beihilfevorschriften des EG-Vertrages für die direkte Unternehmensbesteuerung, 2007, 38.

zum Teil – fortgeführt würde.[693] Dies würde aber die Anwendung des Sanierungserlasses ausschließen, weil dieser gerade auf die „Gesundung" des Unternehmens abstellt.

5.4 Selektive Wirkung

5.4.1 Prüfungsablauf

Eine Selektivität kann sich durch Ausschluss bestimmter Unternehmen per se ergeben oder durch einen Ermessensspielraum, der der Verwaltung eingeräumt wird und faktisch eine Selektion verursacht.[694] Laut Art. 107 Abs. 1 AEUV ist von einer schädlichen Beihilfe deshalbauszugehen, soweit durch die Maßnahme nur bestimmte Unternehmen oder Produktionszweige begünstigt werden. Maßnahmen die als allgemeine wirtschaftspolitische Handlungen zu deklarieren sind, sind hingegen keine Beihilfe.[695] Gleiches gilt für Mittel, die durch die Natur oder den inneren Aufbau des Steuersystems bedingt sind.

Für die Feststellung, ob ein Unternehmen durch eine steuerliche Maßnahme begünstigt ist, sind Unternehmen zu vergleichen, die sich in einer vergleichbaren tatsächlichen und rechtlichen Situation[696] befinden. Resultiert aus der Vergleichspaarbildung und der anschließenden Prüfung, dass eine einseitige Begünstigung vorliegt, ist in einem nächsten Schritt zu prüfen, ob die Maßnahme durch den inneren Aufbau des Systems gerechtfertigt sein könnte oder mit der Begünstigung Ziele verfolgt werden, die eine Selektivität rechtfertigen.

5.4.2 Keine Beihilfe in materieller Hinsicht

Für Zwecke der Begünstigung von Sanierungsgewinnen ist die nach dem Beihilfeverfahren geforderte Vergleichspaarbildung nicht unproblematisch. Teile der Literatur vergleichen solvente Unternehmen mit solchen, die sich in einer Sanierungssituation befinden.[697] Dieser Meinung kann aber nicht gefolgt werden, da es gerade an der Vergleichbarkeit, der vom EuGH geforderten vergleichbaren rechtlichen und

---

693 *Wehner*, NZI 2012, 537, 539; *Herrmann*, ZinsO 2003, 1069, 1075. Auch eine Ausproduktion würde dazu führen, dass eine abstrakte Gefahr der Beeinträchtigung des Binnenmarktes vorliegt.

694 EuGH, Urteil v. 1.12.1998, C-200/97, *Ecotrade*, Slg. 1998, I-07907, Rz. 40; EuGH, Urteil v. 17.8.1999, C-75/97, *Belgien/Kommission*, Slg 1999, I-3671, Tz. 27; EuG, Urteil v. 11.7.2002, T-152/99, *Hamsa*, Slg. II-03049 2002, I-3049, Tz. 157.

695 Eine staatliche Maßnahme, die allen Unternehmen unabhängig vom Gegenstand ihrer Tätigkeit zugutekommt, ist grundsätzlich keine Beihilfe. *Birkenmaier*, Die Vorgaben der Beihilfevorschriften des EG-Vertrages für die direkte Unternehmensbesteuerung, 2007, 37; *Khan*, in: Geiger/Khan/Kotzur, EUV / AEUV, 2010, Art. 107 AEUV Rz. 14.

696 Zur Problematik dieser Vergleichspaarbildung im Kontext des § 8c Abs. 1a KStG siehe *Drüen*, DStR 2011, 289, 291; *Klemt*, DStR 2013, 1057, 1060f.

697 Bspw. *Eicke*, PIStB 2012, 131.

tatsächlichen Situation in diesen Fällen fehlt.[698] Insoweit ist die Steuerfreistellung von Sanierungsgewinnen an sich nicht bereits als selektive Beihilfe zu werten, weil die Inanspruchnahme von einer tatsächlichen wirtschaftlichen Situation – dem Sanierungsfall – abhängig ist.[699]

5.4.3 Problematischer Ermessensspielraum der Verwaltung

Kritisch ist die Regelung der Steuerfreistellung der Sanierungsgewinne im Erlasswege allerdings im Hinblick auf die Selektivität zu werten.[700] Maßnahmen, die einer Behörde einen tatsächlichen Ermessensspielraum einräumen, sind grundsätzlich geeignet nur bestimmte Unternehmen zu entlasten.[701] Aus diesem Umstand kann eine Begünstigung bestimmter Unternehmen resultieren, die augenscheinlich mit einer unzulässigen Selektivität einhergehen würde.[702]

Entscheidend für die beihilferechtliche Beurteilung ist, wie der Ermessensspielraum der Verwaltung in der Praxis tatsächlich ausgeübt wird.[703] So können grundsätzliche Ermessensentscheidungen der Finanzbehörde – die durch eine „Kann-Formulierung" angezeigt werden – tatsächlich einheitlich anzuwenden sein und damit nicht selektiv wirken.[704] Andererseits können abstrakt-generell wirkende Regelungen selektiv für bestimmte Unternehmen angewandt werden.[705] Es kommt deshalb nicht auf die gesetzliche Regelung, sondern die tatsächliche Anwendung an.

Wird eine nicht kodifizierte Regelung in der Verwaltung gleichmäßig für alle Unternehmen angewandt, ist trotz Ermessensausübung nicht von einem Ermessensspielraum auszugehen, der selektiv wirkt.[706] Eine bundeseinheitliche Ermessensreduzierung

---

698 EuGH, Urteil v. 17.8.1999, C-75/97, *Belgien/Kommission*, Slg 1999, I-3671, Tz. 17; *Lang*, Die Auswirkungen des gemeinschaftlichen Beihilferechts auf das Steuerrecht - Gutachten, 2009, 25.

699 Kritisch hierzu: *Strüber/Donath*, BB 2003, 2036, 2042; a.A. *Eicke*, PIStB 2012, 131, 133.

700 *Nolte*, NWB 2005, F 3 13735, F3 13736.

701 EuGH, Urteil v. 29.6.1999, C 256/97, *DMT*, Slg 1999, I-03913.

702 Grundlegend hierzu: EuG, Urteil v. 11.7.2002, T-152/99, *Hamsa*, Slg. II-03049 2002, I-3049, Tz. 157; EuGH, Urteil v. 26.9.1996, C-241/94, *Frankreich/Kommission*, Slg 1996, I-4551, Tz. 1. Demnach sind Ermessensentscheidungen, die aus staatlichen Mitteln finanziert werden Beihilfen, da eine Begünstigung bestimmter Unternehmen schon durch die Einräumung eines Spielraums bei der Beurteilung eines Sachverhalts vorliegt.

703 EuG, Urteil v. 11.7.2002, T-152/99, *Hamsa*, Slg. II-03049 2002, I-3049, Tz. 157; *Mestmäcker/Schweizer*, in: Mestmäcker/Schweizer, Europäisches Wettbewerbsrecht, 2004, EGWbR § 43 Beihilfen i.S.v. Art. 87 EG, Rz. 52.

704 *Lang*, Die Auswirkungen des gemeinschaftlichen Beihilferechts auf das Steuerrecht - Gutachten, 2009, 48.

705 *Khan*, in: Geiger/Khan/Kotzur, EUV / AEUV, 2010, Art. 107 AEUV, Rz. 14.

706 Der Wortlaut ist nur der Beginn des Interpretationsvorgangs. Siehe dazu auch *Lang*, Die Auswirkungen des gemeinschaftlichen Beihilferechts auf das Steuerrecht - Gutachten, 2009, 48.

auf null, basierend auf einem BMF-Schreiben, ist deshalb ausreichend für den Ausschluss der Selektivität.[707] Beim Sanierungserlass ist dies der Fall, soweit die Voraussetzungen für die Steuerfreiheit eines Sanierungsgewinns nach dem BMF-Schreiben erfüllt sind.[708] Allerdings verfügt die Finanzbehörde – zumindest theoretisch – über einen Beurteilungsspielraum bei der Frage, ob die Voraussetzungen für eine Sanierung überhaupt vorliegen.[709]

Im Fall *Hamsa*[710] sah es das Europäische Gericht als notwendig an, dass der zuständigen Stelle ein Ermessensspielraum eingeräumt wird, damit ein selektiver Charakter anzunehmen ist.[711] Damit wurde der Rechtsprechung im Falle DM Transport gefolgt.[712] Im Umkehrschluss bedeutet dies, dass Maßnahmen, die allen sanierungsbedürftigen Unternehmen offen stehen, nicht als selektive und damit unzulässige Beihilfe zu werten sind.[713]

Bezogen auf den Sanierungserlass findet eine Privilegierung einzelner Unternehmen, denen die Steuer nach dem Sanierungserlass gestundet und anschließend erlassen wird, nicht statt. Der beihilferechtliche Charakter ist im Ergebnis zu verneinen, da de facto kein Ermessensspielraum besteht.[714] Der Sanierungserlass ist demnach als Konkretisierung der § 5 AO i. V. m. § 163, § 222 und § 227 AO für Sanierungsfälle zu verstehen.[715] Dennoch verbleibt zumindest seit der schwer nachvollziehbaren Entscheidung der EU-Kommission zur Sanierungsklausel nach § 8c Abs. 1a KStG eine Unsicherheit bei der Anwendung des Sanierungserlasses.[716]

---

707 Im Ergebnis auch: *Nolte*, NWB 2005, F 3 13735, 13746.

708 *Strüber/Donath*, BB 2003, 2036, 2042; *Nolte*, NWB 2004, 1977, F3 13746; *Nolte*, NWB 2005, 3855, F3 13742; *Blumenberg/Kring*, Europäisches Beihilferecht und Besteuerung – IFSt-Schrift 473, 2011, 58.

709 Die Prüfung der Voraussetzungen hat sich insbesondere auf die Frage zu beziehen, ob ein konkreter Sanierungsplan vorliegt, in dem dargelegt wird, ob das sanierungsbedürftige Unternehmen (1) durch den Schuldenerlass (II) sanierungsfähig (III) ist. Darüber hinaus ist die Sanierungswilligkeit (IV) zu prüfen. *Strüber/Donath*, BB 2003, 2036, 2042.

710 EuG, Urteil v. 11.7.2002, T-152/99, *Hamsa*, Slg. II-03049 2002, I-3049.

711 EuG, Urteil v. 11.7.2002, T-152/99, *Hamsa*, Slg. II-03049 2002, I-3049, Tz. 157.

712 EuGH, Urteil v. 29.6.1999, C 256/97, *DMT*, Slg 1999, I-03913, Tz. 28.

713 *Blumenberg/Kring*, Europäisches Beihilferecht und Besteuerung – IFSt-Schrift 473, 2011, 58; *Blumenberg/Haisch*, FR 2012, 12, 19.

714 *Bachem*, Zur Steuerfreiheit von Sanierungsgewinnen nach Wegfall des § 3 Nr. 66 EStG – IFSt-Schrift Nr. 360, 1998, 77.

715 *Mertzbach*, DStR 2014, 172, 178f.

716 *Blumenberg/Kring*, Europäisches Beihilferecht und Besteuerung – IFSt-Schrift 473, 2011, 58; *Eilers/Bühring*, Sanierungs-Steuerrecht, 2012, 24; a.A. *Wehner*, NZI 2012, 537, 540. Letzterer geht von einer Einordnung des Sanierungserlasses als schädliche Beihilfe aus.

5.4.4 Divergierende Beurteilung für die Gewerbesteuer

Für Zwecke der Gewerbesteuer gestaltet sich die Selektivitätsprüfung differenziert. Wenn überhaupt eine Stundung mit anschließendem Erlass bewirkt werden kann, ist durchaus fraglich, inwieweit eine unzulässige selektive Beihilfe anzunehmen ist.

Die Gemeinden verfügen im Gegensatz zu den Finanzbehörden über einen erheblichen Ermessensspielraum, hinsichtlich des Erlasses der Gewerbesteuer, weil es an einer bundeseinheitlichen Regelung per BMF-Schreiben fehlt. Diese uneinheitliche Handhabe führt folglich zu einer Selektivität, sodass von einer Beihilfe durch Verwaltungsermessen auszugehen ist. Nach der hier vertretenen Auffassung ist der Erlass der Gewerbesteuer deshalb eine unzulässige Beihilfe.

5.5 Folgen im Falle einer Qualifikation als Beihilfe durch die EU-Kommission

Soweit eine Einordnung der (Gewerbe-)Steuerfreiheit von Sanierungsgewinnen als unzulässige Beihilfe erfolgen muss, müssen sämtliche bis dato gewährte Steuervorteile, mitsamt einer angemessenen Verzinsung, von den Gemeinden bzw. Finanzämtern zurückgefordert werden.[717] Dies gilt unabhängig von einer bereits eingetretenen Verjährung, Art. 9 VO (EG) Nr. 794/2004 der Kommission v. 21.4.2003.[718] Auch ein Rechtsschutz in Steuersachen würde grundsätzlich nicht bestehen.[719] Betroffen sind damit alle gewährten Beihilfen, die innerhalb der letzten zehn Jahre bewilligt wurden.[720] Auf eine Rückforderung kann lediglich bei Unmöglichkeit verzichtet werden.[721]

Ein Rückforderungsverlangen unterbleibt jedoch, soweit dieses gegen einen allgemeinen Grundsatz des Unionsrechts – bspw. den Vertrauensschutz[722] – verstößt.[723] Zwar darf der beihilfegewährende Staat in diesen Fällen nicht auf eine Einforderung

---

717 Ausgenommen wären Beihilfen, die nicht die Bagatellgrenze überschreiten.

718 EU-Kommission-Verordnung v. 21.4.2004, Verordnung (EG) Nr 794/2004 der Kommission vom 21. April 2004 zur Durchführung der Verordnung (EG) Nr. 659/1999 des Rates über besondere Vorschriften für die Anwendung von Artikel 93 des EG-Vertrags, ABl. L 140 2004; *Wehner*, NZI 2012, 537, 540.

719 Siehe dazu auch BMF-Schreiben v. 30.4.2010, IV C 2 – S 2745-a/08/10005:002, BStBl I 2010, 488.

720 Die Rückforderungsfrist wird unterbrochen, falls die Kommission oder ein Mitgliedstaat Maßnahmen ergreift. *Khan*, in: Geiger/Khan/Kotzur, EUV/AEUV, 2010, Art. 108 AEUV Rz. 21; *Cremer*, in: Christian/Ruffert, EUV/AEUV, 2011, AEUV Art. 108, 26.

721 Von einer Unmöglichkeit ist nicht bereits auszugehen, falls die Rückforderung zur Insolvenz und Liquidation des Rechtsträgers führt. *Cremer*, in: Christian/Ruffert, EUV/AEUV, 2011, AEUV Art. 108 Rz. 27.

722 Der Begriff des Vertrauensschutzes in unionsrechtlicher Hinsicht deckt sich nicht mit dem Vertrauensschutz im Steuerrecht.

723 *Khan*, in: Geiger/Khan/Kotzur, EUV / AEUV, 2010, Art. 107 AEUV Rz. 21.

verzichten, jedoch steht es dem Unionsrecht nicht entgegen, wenn nationales Recht berechtigtes Vertrauen vor Rückforderung schützt.[724] Im Fall des Sanierungserlasses dürfte es aber kaum möglich sein, sich auf den Vertrauensschutz zu berufen. Dieser bezieht sich ausschließlich auf gleich gelagerte Fälle, in denen ein Gemeinschaftsorgan eine Positiventscheidung im Falle einer Beihilfeprüfung gefällt hat.[725] Ein sorgfältiger Gewerbetreibender muss sich nach Ansicht des EuGH allerdings regelmäßig vergewissern, ob eine Beihilfe vorliegt und diese genehmigt wurde.[726] Deshalb kann für den Sanierungserlass nicht von einem Vertrauensschutz ausgegangen werden.

6. Bedeutung in Sanierungsfällen

Die Steuerpflicht eines Sanierungsgewinns ist ein zentrales ertragsteuerliches Sanierungshindernis.[727] Diese Steuerpflicht entzieht dem Sanierungsobjekt Liquidität und belastet den Sanierenden in erheblicher Weise.

Die im Rahmen des Sanierungserlasses privilegierte Verlustverrechnung mit einer anschließenden Stundung und Erlass der Steuer ist dabei für eine konkludente Umsetzung des Leistungsfähigkeitsprinzips nahezu zwingend, weil ansonsten eine Besteuerung nach der Leistungsfähigkeit durch Ausscheiden des Rechtsträgers über die Totalperiode nicht gewährleistet ist.

Dass seit Abschaffung des § 3 Nr. 66 EStG die Steuerfreistellung von Sanierungsbuchgewinnen ausschließlich im Erlasswege geregelt ist, ist deshalb kritisch zu sehen. Infolge führen gerade die konträre Rechtsprechung der Finanzgerichte[728] und die unterschiedlichen bzw. unklaren Auffassungen der Senate des BFH[729] dazu, dass während einer der größten Wirtschaftskrisen, die die Bundesrepublik erlebt hat, erhebliche Rechtsunsicherheit für die Steuerfreiheit eines Sanierungsgewinns bestand und teilweise noch heute besteht.

Da die Gewerbesteuer im Vergleich zur Körperschaftsteuer für Kapitalgesellschaften nahezu gleichbedeutend ist, ist die fehlende einheitliche Steuerbefreiung

---

724 EuGH, Urteil v. 20.9.1990, C-5/89, *BUG Alutechnik*, Slg 1990, I-3437, I-3437f.

725 *Ehrmann*, DStR 2011, 5, 8; *Dörr*, NWB 2011, 690, 696; *Götz/Martinez Soria*, in: Dauses, Handbuch des EU-Wirtschaftsrechts, 2013, H. III. Subventionsrecht Rz. 269.

726 Diese Ansicht ist äußerst kritisch zu sehen, weil sie voraussetzt, dass der Beihilfetatbestand überhaupt zu erkennen ist. Dies dürfte – insbesondere im Hinblick auf die Kommissionsentscheidung zu § 8c Abs. 1a KStG – nicht in allen Fällen zweifelsfrei möglich sein. *Götz/Martinez Soria*, in: Dauses, Handbuch des EU-Wirtschaftsrechts, 2013, H. III. Subventionsrecht Rz. 280.

727 *Herzig/Liekenbrock*, Ubg 2011, 313, 316ff.

728 FG-Münster, Urteil v. 27.5.2004, 2 K 1307/02, EFG 2004, 1572; FG-München, Urteil v. 12.12.2007, 1 K 4487/06, Rev BFH, VIII R 02/08, EFG 2008, 615; FG-Köln, Urteil v. 24.4.2008, 6 K 2488/06, DStRE 2008, 1445.

729 BFH, Urteil v. 14.7.2010, X R 34/08, BStBl II 2010, 916; BFH, Beschluss v. 28.2.2012, VIII R 2/08, BFH/NV 2012, 1135; BFH, Urteil v. 25.4.2012, I R 24/11, BFH/NV 2012, 1516.

im Rahmen des Erlasses ein erhebliches Sanierungshindernis.[730] Sind mehrere Gemeinden hebeberechtigt, ist der Gewerbesteuererlass mit jeder Gemeinde einzeln zu verhandeln. Eine gesetzliche Verankerung der Steuerfreiheit von Sanierungsgewinnen im Einkommen- oder Körperschaftsteuergesetz würde diese Unsicherheit durch die Anknüpfung des Gewerbeertrags an den Gewinn über § 7 S. 1 GewStG beseitigen, sodass eine Abstimmung mit den einzelnen Gemeinden in jedem Fall überflüssig würde.[731]

Die beihilferechtlichen Zweifel könnten im Zuge einer gesetzlichen Neuregelung ebenfalls ausgeräumt werden. Kritisch ist nicht unbedingt die Steuerfreistellung eines Sanierungsgewinns an sich. Der EuGH hat diesbezüglich mehrfach bestätigt, dass eine allgemeine Maßnahme, die gerade nicht für einzelne Unternehmen selektiv wirkt, aus beihilferechtlicher Sicht unkritisch ist. Deshalb ist auch eine (wacklige) Rechtfertigung über die Natur und den inneren Aufbau des Steuersystems überhaupt nicht notwendig, da es bereits am selektiven Charakter fehlt. Die Regelung im Erlasswege ohne Anwendung für die Gewerbesteuer, gibt den Gemeinden jedoch einen unzulässigen Ermessensspielraum. In der Folge wirkt die Steuerfreistellung selektiv, da eine gleichmäßige Anwendung nicht sichergestellt wird. Weil eine Steuererleichterung die staatlichen Mittel – hier die Einnahmen aus der Gewerbesteuer – mindert und von einer Beeinträchtigung des Binnenmarktes per se auszugehen ist, ist der Erlass bzw. die begünstigte Verlustverrechnung als selektive Beihilfe zu werten. Zwar hat die EU-Kommission bisher keine Untersuchung eingeleitet, eine latente Gefahr der Rückforderung bleibt aber bestehen.

Der Sanierungserlass ist deshalb aus den oben genannten Gründen durch eine gesetzliche Regelung zu ersetzen. Diese kann den Zweck des Sanierungserlasses widerspiegeln. Wünschenswert wäre es im Zuge dessen den Zeitpunkt des Eintritts der Anwendbarkeit abschließend gesetzlich zu definieren.

V. Nichtberücksichtigung von Gewinnminderungen bei Gesellschafterdarlehen

1. Überblick

Bis zur Einführung des § 8b Abs. 3 S. 4ff. KStG im Zuge des JStG 2008[732] galt der Grundsatz, dass Gewinnminderungen, die durch einen Verlust der Werthaltigkeit eines Darlehens eintreten, grundsätzlich für körperschaft- und gewerbesteuerliche

730 *BMF*, Steuerstandort Deutschland – attraktive Bandbreite der Unternehmensteuerbelastung für Kapitalgesell – schaften in deutschen Gemeinden auf die kommunale Ebene entfallende Anteil 2 Niveau und Streuung der nominalen Unternehmen – steuerbelastung, 47, http://www.bundesfinanzministerium.de/Content/DE/Monatsberichte/Publikationen_Migration/2008/12/081217agmb010.pdf?__blob=publicationFile&v=2, abgerufen am 2.4.2014.

731 *Herzig/Liekenbrock*, Ubg 2011, 313, 318; *Mertzbach*, DStR 2014, 172, 179.

732 Jahressteuergesetz 2008 v. 20.12.2007 BGBl. I 2007, 3150.

Zwecke aufwandswirksam geltend gemacht werden können.[733] Ob es sich um ein Gesellschafterdarlehen handelte oder nicht, war irrelevant. Gleichsam kam es auf eine Qualifikation als eigenkapitalersetzendes Darlehen nicht an.

Mit Einführung des § 8b Abs. 3 S. 4ff. KStG hat sich dies grundlegend geändert.[734] Die Berücksichtigung von Gewinnminderungen im Zusammenhang mit einem Gewinnanteil i. S. d. § 8b Abs. 2 KStG ist demnach nur noch eingeschränkt möglich. Insbesondere sollen mit der Regelung missbräuchliche Gestaltungen bekämpft werden, die das mit § 8b KStG im Zusammenhang stehende Abzugsverbot zu umgehen versuchen.[735]

2. Anwendungsbereich

2.1 Sachlicher Anwendungsbereich

Gewinnminderungen, die den Tatbestand des § 8b Abs. 3 S. 4 KStG erfüllen, sind grundsätzlich nicht abzugsfähig. Als Gewinnminderungen kommen in diesem Zusammenhang zulässige Teilwertabschreibungen, ausgefallene Forderungen aufgrund von Insolvenz oder Löschung des Schuldners, Forderungsverzichte in Höhe des nicht werthaltigen Teils der Forderung oder die Abtretung einer Forderung mit Verlust infrage.[736] Gleiches gilt für Gewinnminderungen, die sich aus der Inanspruchnahme von Sicherheiten ergeben.[737]

Da der Begriff des Darlehens nicht weiter definiert wird, ist auf § 488 BGB zurückzugreifen.[738] Demnach handelt es sich bei einem Darlehen um eine Bereitstellung eines Geldbetrags für eine bestimmte Zeit, für die ein Zins zu entrichten ist.[739]

---

733 BFH, Urteil v. 14.1.2009, I R 52/08, BStBl II 2009, 674; *Lechner/Haisch*, in: Köhler/Göbel/Körner, Handbuch Unternehmensfinanzierung, 2013, 649. Vor dem Urteil des BFH war die Rechtslage umstritten. Zur Diskussion vgl.: *Pflugbeil*, Steuerliche Auswirkungen von Sanierungsmaßnahmen bei Kapitalgesellschaften: Forderungsverzicht des Anteilseigners mit und ohne Besserungsschein, Rangrücktrittsvereinbarung und andere Gestaltungsmöglichkeiten zgl. Diss Univ. Münster, 2006, 94f.; *Pung*, in: Dötsch/Pung/Möhlenbrock, KStG, 2012, 8b KStG Rz. 214ff.

734 Der Gesetzgeber ging laut Gesetzesbegründung von einer bloßen Klarstellung aus. BT-Drs.-16/6290, 73. Der BFH hat dieser Meinung eine Absage erteilt und den verschärfenden Charakter der Norm betont. BFH, Urteil v. 14.1.2009, I R 52/08, BStBl II 2009, 674. Die Regelung ist deshalb erstmals ab dem VZ 2008 anzuwenden.

735 BT-Drs.-16/6290, 73. Zu den damals möglichen Gestaltungsoptionen siehe: *Gosch*, in: Gosch, KStG, 2004, § 8b Rz. 277.

736 *Pung*, in: Dötsch/Pung/Möhlenbrock, KStG, 2012, 8b KStG Rz. 255.

737 *Pung*, in: Dötsch/Pung/Möhlenbrock, KStG, 2012, 8b KStG Rz. 225; *Schnitger*, in: Schnitger/Fehrenbacher, KStG, 2012, § 8b KStG Rz. 472.

738 *Gocke/Hötzel*, in: Kessler/Förster/Watrin, FS Herzig, 2010, 89, 96.

739 *Gocke/Hötzel*, in: Kessler/Förster/Watrin, FS Herzig, 2010, 89, 96; *Pung*, in: Dötsch/Pung/Möhlenbrock, KStG, 2012, 8b KStG Rz. 225; *Frotscher*, in: Frotscher, KStG GewStG/UmwStG, 2013, § 8b Rz. 311. Teilweise wird die Ansicht vertreten, dass auch Sachdarlehen erfasst werden.

Nach Ende der Laufzeit ist der zur Verfügung gestellte Betrag zurückzuzahlen.[740] Für die Anwendung des § 8b Abs. 3 S. 4ff. KStG ist es dabei zunächst unerheblich, ob das Darlehen verzinslich oder unverzinslich ist, ebenso ist die Laufzeit ohne Bedeutung.[741] Allerdings muss es sich in jedem Fall um ein Darlehen oder ein vergleichbares Rechtsgeschäft handeln, § 8b Abs. 3 S. 4 und S. 7 KStG.[742]

Weil sich die Gewinnminderung auf ein Rechtsgeschäft beziehen muss, dass einem Darlehen vergleichbar ist, ist strittig inwieweit Gewinnminderungen hybrider Finanzinstrumente unter die Abzugsbeschränkung des § 8b Abs. 3 S. 4ff. KStG fallen. So gehen *Gocke/Hötzel* davon aus, dass partiarische Darlehen[743] und typisch stille Beteiligungen[744] von der Abzugsbeschränkung erfasst werden. Genussrechte werden von *Gocke/Hötzel*[745] insgesamt als vergleichbar qualifiziert, während bspw. *Prinz* eine Einbeziehung von der Qualifikation als „steuerliches Eigenkapital" abhängig

740 Bei einer Verlustbeteiligung ist in jedem Fall nicht von einem Darlehen auszugehen. Die Einbeziehung von Sachdarlehen i. S. d. § 607 BGB ist zwar dem Grunde nach vom Wortlaut erfasst, erscheint aber nicht sachgerecht. A.A. *Rengers*, in: Blümich, EStG KStG GewStG, 2013, KStG § 8b Rz. 296. Des Weiteren werden auch Verluste aus der Gestellung von Sicherheiten erfasst, soweit diese für ein Darlehen hingegeben wurden. Für welche Zwecke ein Darlehen gewährt wird ist ebenfalls unerheblich. Ausweislich der Gesetzesbegründung sind auch Forderungen aus Lieferungen und Leistungen sowie Mietforderungen unter dem Begriff des Darlehens nach § 8b Abs. 3 S. 4ff. KStG subsumieren. BR-Drs.-544/07, 95; siehe auch: *Strahl*, KÖSDI 2008, 15896, 15905.

741 *Schnitger*, in: Schnitger/Fehrenbacher, KStG, 2012, § 8b KStG Rz. 460.

742 Der Gesetzgeber nennt als vergleichbare Sachverhalte auch Forderungen aus Lieferungen und Leistungen und Mietforderungen. BT-Drs.-16/6290, 73; a.A.: *Frotscher*, in: Frotscher, KStG GewStG/UmwStG, 2013, § 8b Rz. 311. *Frotscher* will nur solche Lieferungen und Leistungen einbeziehen will, die nicht fremdüblich sind. Dieser Meinung ist zuzustimmen. Gl.A. *Fuhrmann/Strahl*, DStR 2008, 125, 127; *Schnitger*, in: Schnitger/Fehrenbacher, KStG, 2012, § 8b KStG Rz. 509; a.A. *Winhard*, FR 2010, 686, 687; *Harle/Geiger*, BB 2011, 735, 737; *Lang*, NWB 2010, 3798, 3799; *Pung*, in: Dötsch/Pung/Möhlenbrock, KStG, 2012, 8b KStG Rz. 234.

743 *Gosch*, in: Gosch, KStG, 2009, 8b KStG Rz. 279b; *Gocke/Hötzel*, in: Kessler/Förster/Watrin, FS Herzig, 2010, 89, 96; *Prinz*, in: Spindler/Tipke/Rödder, FS Schaumburg, 2009, 459, 468; *Rengers*, in: Blümich, EStG KStG GewStG, 2013, KStG § 8b Rz. 296; *Kosner/Kaiser*, DStR 2012, 925, 928; a.A. *Ersting*, GStB 2008, 203 206.

744 *Gosch*, in: Gosch, KStG, 2009, 8b KStG Rz. 279b; *Gocke/Hötzel*, in: Kessler/Förster/Watrin, FS Herzig, 2010, 89, 96; *Prinz*, in: Spindler/Tipke/Rödder, FS Schaumburg, 2009, 459, 468; *Rengers*, in: Blümich, EStG KStG GewStG, 2013, KStG § 8b Rz. 296; *Kosner/Kaiser*, DStR 2012, 925, 928; a.A. *Ersting*, GStB 2008, 203 206; *Schnitger*, in: Schnitger/Fehrenbacher, KStG, 2012, § 8b KStG Rz: 462.

745 *Gocke/Hötzel*, in: Kessler/Förster/Watrin, FS Herzig, 2010, 89, 96.

macht.[746] *Schmidt/Schwindt*[747] gehen davon aus, dass stille Beteiligungen nicht in den Anwendungsbereich des § 8b Abs. 3 S. 4 KStG fallen.

Nach der hier vertretenen Auffassung sind stille Beteiligungen nicht mit einem Darlehensverhältnis vergleichbar,[748] weil der Stille sich am Handelsgeschäft eines Anderen beteiligt. Insoweit gehen die daraus resultierenden Pflichten und Rechte über die eines Darlehensverhältnisses hinaus. Die Abzugsbeschränkung sollte deshalb nicht anzuwenden sein.

Genussrechte, die die Voraussetzungen nach § 8 Abs. 3 S. 2 KStG erfüllen, qualifizieren ebenfalls nicht als vergleichbare Rechtshandlung,[749] weil ihr Rechtscharakter über ein Vertragsverhältnis nach § 488 BGB hinausgeht und sie als steuerliches Eigenkapital qualifizieren.[750] Genussrechte, die keine Beteiligung am Liquidationserlös gewähren, fallen m. E. wohl unter § 8b Abs. 3 S. 7 KStG, weil sie in steuerlicher Hinsicht als Fremdkapital zu behandeln sind und keine besonderen Rechte oder Pflichten mit sich bringen. Partiarische Darlehen sind gleichartig mit „gewöhnlichen" Darlehen und deshalb von der Abzugsbeschränkung betroffen.

Ebenfalls von einer Anwendung des § 8b Abs. 3 S. 4ff. KStG ist auszugehen, wenn eine Gewinnminderung auf einer Gestellung von Sicherheiten basiert. Als Sicherheitsleistungen kommen bspw. Bürgschaften,[751] harte Patronatserklärungen, Garantien oder dingliche Sicherheitsrechte[752] infrage.[753] Die bloße Hingabe einer Sicherheit reicht allerdings nicht aus, sondern es muss eine Passivierung der Sicherheitsleistung eintreten.[754] Die Sicherheit muss sich in jedem Fall auf ein Darlehen beziehen.[755]

---

746 *Prinz*, in: Spindler/Tipke/Rödder, FS Schaumburg, 2009, 459, 468; *Pung*, in: Dötsch/Pung/Möhlenbrock, KStG, 2012, 8b KStG Rz. 234; *Rengers*, in: Blümich, EStG KStG GewStG, 2013, KStG § 8b Rz. 296; *Frotscher*, in: Frotscher, KStG GewStG/UmwStG, 2013, § 8b Rz. 346.

747 *Schmidt/Schwind*, NWB 2008, F4 5223, 5224.

748 *Schnitger*, in: Schnitger/Fehrenbacher, KStG, 2012, § 8b KStG Rz. 462.

749 Gewinnminderungen sind in diesen Fällen aber nach § 8b Abs. 3 S. 3 nicht zu berücksichtigen.

750 Neben einer Beteiligung am Gewinn muss eine Beteiligung am Liquidationserlös bestehen. *Schnitger*, in: Schnitger/Fehrenbacher, KStG, 2012, § 8b KStG Rz. 463.

751 *Dötsch/Pung*, DB 2007, 2669, 2670; *Kosner/Kaiser*, DStR 2012, 925, 926.

752 *Dötsch/Pung*, DB 2007, 2669, 2670; *Kosner/Kaiser*, DStR 2012, 925, 926.

753 *Schnitger*, in: Schnitger/Fehrenbacher, KStG, 2012, § 8b KStG Rz. 471.

754 Im Detail Kap. D.II.4. Ob die Passivierung auf einer Inanspruchnahme oder einer Passivierung einer Rückstellung fußt, ist irrelevant. *Pung*, in: Dötsch/Pung/Möhlenbrock, KStG, 2012, § 8b KStG Rz. 219; *Becker*, DStR 2009, 1796, 1797; a.A. *Schmidt/Schwind*, NWB 2008, F4 5223, F4 5225.

755 Es reicht aus, wenn die Sicherheit für einen Teilbetrag ausgesprochen wurde. Nicht erfasst werden hingegen Sicherheiten, die sich auf die Zinsen eines Darlehens beziehen. *Gosch*, in: Gosch, KStG, 2009, 8b KStG Rz. 279b; *Pung*, in: Dötsch/Pung/Möhlenbrock, KStG, 2012, § 8b KStG Rz. 234; *Schnitger*, in: Schnitger/Fehrenbacher, KStG, 2012, § 8b KStG Rz. 471; *Frotscher*, in: Frotscher, KStG GewStG/UmwStG, 2013, § 8b Rz. 313; *Rengers*, in: Blümich, EStG KStG GewStG, 2013, KStG § 8b Rz. 297.

2.2 Persönlicher Anwendungsbereich

Damit die Nichtabzugsfähigkeit von Gewinnminderungen nach § 8b Abs. 3 S. 4ff. KStG einschlägig ist, muss der Darlehensgeber zwingend ein wesentlich beteiligter Gesellschafter oder eine diesem nahestehende Person sein. Zusätzlich muss eine der folgenden Voraussetzungen obwalten:

- Das Darlehen wurde von einem wesentlich beteiligtem Gesellschafter gewährt.[756] Dies bedeutet, dass die (un-)mittelbare[757] Beteiligung des Gesellschafters am Grund oder Stammkapital der Gesellschaft mindestens 25 % betragen muss, § 8b Abs. 3 S. 4 KStG. Eine abweichende Verteilung der Stimm- oder Gewinnbezugsrechte ist irrelevant.[758]
- Die Darlehenshingabe erfolgte von einer nahestehenden Person i. S. d. § 1 Abs. 2 AStG. Damit werden auch Upstream-Darlehen und solche zwischen Schwestergesellschaften erfasst.[759]
- Es handelt sich beim Gläubiger um einen rückgriffsberechtigten Dritten, d. h. um eine Person, die auf den wesentlich beteiligten Gesellschafter oder eine ihm nahestehende Person zurückgreifen kann, ohne dass eine Leistung gegenüber dem Dritten erbracht wurde. Unklar ist in diesem Zusammenhang wie der Begriff des Rückgriffs auszulegen ist. Für eine weite Auslegung spricht die Tatsache, dass bei Gewährung einer Sicherheit bereits der Tatbestand des § 8b Abs. 3 S. 4 KStG erfüllt ist. Ein faktische Absicherung[760] einer Darlehensschuld reicht damit aus.[761]

---

756 *Stümper/Entenmann*, GmbHR 2008, 312, 314.

757 Zur Ermittlung der Beteiligungsquote bei mittelbaren Beteiligungen ist die Durchrechnungsmethode anzuwenden. *Schnitger*, in: Schnitger/Fehrenbacher, KStG, 2012, § 8b KStG Rz. 480; *Frotscher*, in: Frotscher, KStG GewStG/UmwStG, 2013, § 8b Rz. 295.

758 *Fuhrmann/Strahl*, DStR 2008, 125, 125; *Schnitger*, in: Schnitger/Fehrenbacher, KStG, 2012, § 8b KStG Rz. 478; *Frotscher*, in: Frotscher, KStG GewStG/UmwStG, 2013, § 8b Rz. 296.

759 *Urbahns*, StuB 2008, 561, 564f.; *Gosch*, in: Gosch, KStG, 2009, 8b KStG Rz. 279d; *Eberhard*, DStR 2009, 2226, 2229; *Moran/Mahler*, in: Kneip/Jänisch, Tax Due Diligence, 2010, B Rz. 231; *Gocke/Hötzel*, in: Kessler/Förster/Watrin, FS Herzig, 2010, 89, 98; *Harle/Geiger*, BB 2011, 735, 736; *Rengers*, in: Blümich, EStG KStG GewStG, 2013, KStG § 8b 306. Kritisch zur Einbeziehung von Upstreamdarlehen im Falle des § 8b Abs. 3 S. 5 KStG: *Bohne*, DStR 2008, 2444, 2447; *Winhard*, FR 2010, 686, 691.

760 *Schnitger* nennt bspw. weiche Patronatsvereinbarungen oder die Zugehörigkeit zu einem Konzern als Beispiele für eine faktische Verpflichtung. *Schnitger*, in: Schnitger/Fehrenbacher, KStG, 2012, § 8b KStG Rz. 491.

761 Gl.A.: *Pung*, in: Dötsch/Pung/Möhlenbrock, KStG, 2012, § 8b *KStG* Rz. 230; *Neumann* in: *Neumann/Watermeyer*, Ubg 2008, 748, 754; *Lang*, NWB 2010, 3798, 3804; *Schnitger*, in: Schnitger/Fehrenbacher, KStG, 2012, § 8b KStG Rz. 491; a.A.: *Watermeyer*, GmbH-StB 2008, 81, 2008; *Watermeyer*, in: *Neumann/Watermeyer*, Ubg 2008, 748, 753; *Grotherr*, IWB 2008, Gr. 1 F3 2271, Gr. 1 F3 2278.

Die Vereinbarung einer konkreten Sicherheit – bspw. einer harten Patronatserklärung – ist nach der hier vertretenen Auffassung nicht notwendig.[762]

2.3 Zeitpunkt des Vorliegens der Voraussetzungen

Strittig ist, zu welchen Zeitpunkten die Voraussetzungen nach § 1 Abs. 2 AStG bezüglich der Beteiligungshöhe erfüllt sein müssen. Nach dem Gesetzeswortlaut muss bei der Darlehensgewährung die Beteiligung bestanden haben.[763] Ob es sich aber bereits zu diesem Zeitpunkt um eine qualifizierte Beteiligung i. S. d. § 1 Abs. 2 AStG handeln muss, ist strittig. So gehen *Prinz* und andere davon aus, dass bereits bei Gewährung des Darlehens eine wesentliche Beteiligung bestanden haben muss.[764] Hingegen nehmen *Neumann/Stimpel* an, dass es ausreicht, wenn eine solche Beteiligung, entweder im Zeitpunkt der Darlehensgewährung oder bei Gewinnminderung, existierte.[765]

Im Zeitpunkt der Gewinnminderung ist jedoch – bei einer wortlautgetreuen Auslegung – eine Beteiligung des Gläubigers nach der hier vertretenen Auffassung überhaupt entbehrlich. Es reicht demnach aus, wenn bei Hingabe des Darlehens oder zu einem anderen Zeitpunkt der Darlehensgewährung eine wesentliche Beteiligung bestanden hat.[766]

Diese Auslegungsweise des Gesetzes wirft aber Fragen hinsichtlich der Zielgenauigkeit des Wortlauts auf:[767] Mit § 8b Abs. 3 S. 4ff. KStG sollen gerade Gestaltungen verhindert werden, die versuchen durch fremdunübliche Gesellschafterdarlehen das Abzugsverbot von Aufwendungen im Zusammenhang mit Beteiligungserträgen nach § 8b KStG zu umgehen.[768] Dies würde voraussetzen, dass § 8b KStG im Zeitpunkt des Verzichts überhaupt auf Erträge einschlägig sein kann, die der Gläubiger von der Gesellschaft erhält. Gerade bei Nicht-Mehr-Gesellschaftern sind aber Fälle denkbar, in denen im Zeitpunkt des Verzichts gerade nicht von einer noch bestehenden Beteiligung ausgegangen werden kann.[769] Da der Wortlaut des § 8b Abs. 3 S. 4f. KStG eine anderweitige Auslegung allerdings nicht zulässt, ist dem zuzustimmen.

---

762 Bei einer engen Auslegung des Begriffs wären lediglich Back-to-Back Finanzierungen erfasst. Vgl. *Neumann/Watermeyer*, Ubg 2008, 748, 753.

763 *Gocke/Hötzel*, in: Kessler/Förster/Watrin, FS Herzig, 2010, 89, 94; a.A. *Pung*, in: Dötsch/Pung/Möhlenbrock, KStG, 2012, § 8b KStG Rz. 131.

764 *Prinz*, in: Spindler/Tipke/Rödder, FS Schaumburg, 2009, 459, 466; *Rolf/Pankoke*, BB 2009, 1844, 1845; *Kosner/Kaiser*, DStR 2012, 925, 926 a.A. *Pung*, in: Dötsch/Pung/Möhlenbrock, KStG, 2012, § 8b KStG Rz. 131.

765 *Neumann/Stimpel*, GmbHR 2008, 57, 63; *Neumann* in: *Neumann/Watermeyer*, Ubg 2008, 748, 751; *Lang*, NWB 2010, 3798, 3800; *Schmidt/Mielke*, Ubg 2009, 395, 398.

766 *Grotherr*, IWB 2008, Gr. 1 F3 2271, Gr. 1 F3 2279; *Neumann* in: *Neumann/Watermeyer*, Ubg 2008, 748, 751; *Pung*, in: Dötsch/Pung/Möhlenbrock, KStG, 2012, § 8b KStG Rz. 227; *Schnitger*, in: Schnitger/Fehrenbacher, KStG, 2012, § 8b KStG Rz. 485; a.A. *Watermeyer*, in: *Neumann/Watermeyer*, Ubg 2008, 748, 750.

767 *Neumann/Watermeyer*, Ubg 2008, 748, 751.

768 BR-Drs.-544/07, 94.

769 *Pung*, in: Dötsch/Pung/Möhlenbrock, KStG, 2012, § 8b KStG Rz. 131.

Zu lösen ist der oben dargestellte Widerspruch über das Führen eines Gegenbeweises i. S. d. § 8b Abs. 3 S. 6 KStG. Weil eine gesellschaftsrechtliche Veranlassung bereits durch das fehlende Gesellschafterverhältnis ausscheidet, ist regelmäßig von einer Vergleichbarkeit mit einem Dritten auszugehen. Ein Gegenbeweis nach § 8b Abs. 3 S. 6 KStG sollte deshalb in Fällen regelmäßig möglich sein, in denen der Darlehensgeber nicht mehr beteiligt ist.[770]

3. Gegenbeweis

Nach § 8b Abs. 3 S. 6 KStG besteht grundsätzlich die Möglichkeit einen Gegenbeweis zu führen und damit die steuerliche Berücksichtigung einer Gewinnminderung zu sichern.[771] Dazu ist durch den Steuerpflichtigen nachzuweisen,[772] dass auch ein Dritter das Darlehen gewährt, bzw. nicht abgezogen hätte. Eine solche Beweislastumkehr ist insbesondere für Altdarlehen kritisch, weil zum Zeitpunkt der Hingabe nicht klar war, dass entsprechende Nachweise für die Berücksichtigung von Gewinnminderungen notwendig waren.[773]

Die Gesetzesbegründung nennt als typische Ereignisse, die die Fremdüblichkeit und damit die Anwendung des § 8b Abs. 3 S. 6 KStG ausschließen, die Gewährung eines zinsloses Darlehens, fehlende Sicherheiten oder das Stehenlassen eines Darlehens in der Krise.[774] Keines der Kriterien ist aber bei genauer Betrachtung ein geeigneter Maßstab für die Beurteilung der Fremdüblichkeit einer Darlehenshingabe.

Schließlich werden Blankofinanzierungen gegen Gewährung eines entsprechend hohen Zinses auch ohne Sicherheiten zwischen fremden Dritten gewährt.[775] So vergeben bspw. Banken Kredite ohne Sicherheit bei einem positiven Ergebnis der Kreditwürdigkeitsprüfung. Auch Risikofinanzierungen werden ohne jegliche Sicherheiten eingeräumt und können in der Krise oftmals nicht abgezogen werden. Allein schon deshalb ist das pauschale Abstellen auf ein Stehen lassen des Darlehens in der Krise ungünstig.

Es kann durchaus einer objektiv sinnvollen unternehmerischen Entscheidung entsprechen, ein Darlehen in der Krise stehen zu lassen bzw. auf einen Teil der Forderung

---

770 *Neumann/Watermeyer*, Ubg 2008, 748, 751; *Gosch*, in: Gosch, KStG, 2009, 8b KStG Rz. 279c; *Schnitger*, in: Schnitger/Fehrenbacher, KStG, 2012, § 8b KStG Rz. 485.

771 Im Falle der Gewährung einer Sicherheit sieht das Gesetz keine Möglichkeit des Gegenbeweises vor. *Graf/Bisle*, GWR 2009, 240, 240.

772 Welche Nachweise zu erbringen sind, ist nicht näher bestimmt. Das Gesetz nennt lediglich typisierende Umstände, die eine Fremdüblichkeit ausschließen. *Lang*, NWB 2010, 3798, 3801.

773 *Ott*, StuB 2007, 599, 600; *Schmidt/Schwind*, NWB 2008, F4 5223, F4 5228; *Watermeyer*, GmbH-StB 2008, 81, 84; *Janssen*, GmbHR 2008, 699, 700; *Kosner/Kaiser*, DStR 2012, 925, 930.

774 BR-Drs.-544/07, 95.

775 Am Beispiel höherer Zinsen für Darlehen für Gesellschaften in Krisenländern. *Eilers/Roderburg*, DB 2011, 2738, 2742.

gänzlich zu verzichten.[776] Der Forderungsverzicht (gegen Besserungsabrede) könnte der Sicherung langfristiger Leistungsbeziehungen dienen und somit durchaus als fremdüblich erachtet werden.[777]

In der Krise ist auch die Fremdüblichkeit einer unverzinslichen oder niedrig verzinsten Darlehensforderung differenziert zu betrachten.[778] Gerade in der Krise kann die Hingabe eines unverzinslichen Darlehens ein fremdüblicher Sanierungsbeitrag sein.[779] Zudem kann der nachträgliche Verzicht auf Zinsen eine fremdübliche Sanierungsmaßnahme darstellen, falls durch die finanzielle Entlastung die Wahrscheinlichkeit gesteigert werden kann, dass die zugrunde liegende Schuld bedient wird.[780]

Da der Gesetzgeber auch Forderungen aus Lieferungen und Leistungen[781] von § 8b Abs. 3 S. 4ff. KStG erfasst haben möchte, ist selbst eine fehlende Verzinslichkeit, auch ohne der Notwendigkeit einen Sanierungsbeitrag zu leisten, nicht unbedingt als fremdunüblich zu erachten. Schließlich werden entsprechende Forderungen auch zwischen Dritten im gewöhnlichen Geschäftsverkehr nicht verzinst.

Bemerkenswert ist zudem die Tatsache, dass die Finanzverwaltung im Hinblick auf die fremdvergleichskonforme Ausgestaltung von Darlehensbeziehungen ausländischer Konzerngesellschaften es als fremdüblich erachtet, auf einen Risikozuschlag bei fehlender Sicherheitsgewährung zu verzichten.[782] Nach Ansicht der Verwaltung stellt der Konzernrückhalt[783] in diesen Fällen eine ausreichende Sicherheit dar. Im § 8b Abs. 3 S. 6 KStG ist hingegen eine fremdvergleichskonforme Ausgestaltung gerade dann nicht anzunehmen, wenn eine Sicherheitsgewährung oder ein Risikozuschlag fehlt.[784] Dass nur eigene Sicherungsmittel der Gesellschaft in die Beurteilung einbezogen werden dürfen, scheint deshalb nicht folgerichtig.

Es kann deshalb nach der hier vertretenen Auffassung nicht auf einzelne Aspekte wie Verzinslichkeit, Besicherung, Wahrscheinlichkeit des Ausfalls oder die Lage des Schuldners an sich abgestellt werden, sondern es muss die Gesamtheit der

---

776 *Gocke/Hötzel*, in: Kessler/Förster/Watrin, FS Herzig, 2010, 89, 101.

777 Auch die Gewährung eines Darlehens in der Krise kann zum Erhalt der Geschäftsbeziehung fremdüblich sein. *Schnitger*, in: Schnitger/Fehrenbacher, KStG, 2012, § 8b KStG Rz. 495.

778 Zur Behandlung niedrig verzinslicher Darlehen: *Altrichter-Herzberg*, GmbHR 2008, 337, 339; *Gosch*, in: Gosch, KStG, 2009, 8b KStG Rz. 279e.

779 *Fuhrmann/Strahl*, DStR 2008, 125, 128; *Hahne*, StuB 2008, 299, 303.

780 *Hahne*, StuB 2008, 299, 303; *Lang*, NWB 2010, 3798, 3801.

781 BR-Drs.-544/07, 95; siehe auch: *Strahl*, KÖSDI 2008, 15896, 15905.

782 BMF-Schreiben v. 29.3.2011, IV B 5 – S 1341/09/10004, BStBl I 2011, 277 Tz. 10. Kritisch zur Auffassung der Verwaltung: *Bogenschutz*, Ubg 2014, 155, 155ff.

783 Von einem solchen Rückhalt ist auszugehen, falls der beherrschende Gesellschafter die Zahlungsfähigkeit der Tochtergesellschaft gegenüber Dritten sicherstellt. BMF-Schreiben v. 29.3.2011, IV B 5 – S 1341/09/10004, BStBl I 2011, 277 Tz. 11.

784 BR-Drs.-544/07, 95.

Verhältnisse betrachtet werden.[785] Ein Dritter würde ebenfalls die Gesamtsituation, unter Beachtung des persönlichen Leistungsgeflechts mit dem Schuldner, als Basis für die Entscheidungsfindung zugrundelegen.

4. Steuerfreiheit künftiger Zuschreibungen

Falls eine Gewinnminderung nach § 8b Abs. 3 S. 4ff. KStG nicht berücksichtigungsfähig ist, ist eine anschließende Zuschreibung zu 100 % steuerfrei, § 8b Abs. 3 S. 8 KStG.[786] Dies ist folgerichtig.[787]

Falls sowohl berücksichtigungsfähige als auch nicht berücksichtigungsfähige Gewinnminderungen das Darlehen gemindert haben, entsteht im Zuschreibungsfall ein Reihenfolgeproblem. Es ist nicht weiter geregelt, nach welchem Schema mehrere Teilwertabschreibungen rückgängig gemacht werden müssen. *Pung* schlägt dazu vor, die zuletzt durchgeführte Abschreibung zuerst zu revidieren,[788] wohingegen bspw. *Schmidt/Schwind* dem Steuerpflichtigen ein Wahlrecht einräumen wollen.[789] Nach der hier vertretenen Auffassung ist das LIFO-Prinzip anzuwenden,[790] weil davon ausgegangen werden muss, dass die letzte Bewertung in einem System der Folgebewertung zuerst revidiert werden muss.

Nach dem Wortlaut des § 8b Abs. 3 S. 8 KStG ist eine Zuschreibung nur steuerfrei, falls diese auf eine Darlehensforderung beruht.[791] Diesbezüglich ist aber m. E. eine Auslegung dahin geboten, dass alle Zuschreibungen steuerfrei sind, die zuvor vom Abzugsverbot des § 8b Abs. 3 S. 4ff. KStG betroffen waren.[792] Dies gilt u. a. auch für Gewinnminderungen, die auf einem Forderungsverzicht mit Besserungsschein

785 *Prinz*, in: Spindler/Tipke/Rödder, FS Schaumburg, 2009, 459, 468. Im Zusammenhang mit der Qualifikation eines Darlehens als vGA mit gleicher Argumentation: BFH, Urteil v. 29.10.1997, I R 24/97, BStBl II 1998, 573.

786 *Gosch*, in: Gosch, KStG, 2009, 8b KStG, Rz. 279j; *Göcke/Hötzel*, FS Herzig, 2010, 89, 102; *Pung*, in: Dötsch/Pung/Möhlenbrock, KStG, 2012, § 8b *KStG* Rz. 138.

787 Es handelt sich nicht um eine Billigkeitsmaßnahme wie die Gesetzesbegründung suggeriert, sondern um eine systematische Notwendigkeit. Gl.A. *Frotscher*, in: Frotscher, KStG GewStG/UmwStG, 2013, § 8b Rz. 354a; a.A. BR-Drs.-544/07, 95.

788 *Pung*, in: Dötsch/Pung/Möhlenbrock, KStG, 2012, § 8b KStG Rz. 242.

789 *Schmidt/Schwind*, NWB 2008, F4 5223, F 5229.

790 Gl.A. *Schnitger*, in: Schnitger/Fehrenbacher, KStG, 2012, § 8b KStG Rz. 522. Zum LIFO-Prinzip bei Teilwertabschreibungen im Allgemeinen: BFH, Urteil v. 19.8.2009, I R 2/09, BStBl II 2010, 760.

791 Zum fehlerhaften Gesetzestext siehe *Frotscher*, in: Frotscher, KStG GewStG/UmwStG, 2013, § 8b Rz. 354.

792 *Dötsch/Pung*, DB 2007, 2669, 2671; *Schmidt/Schwind*, NWB 2008, F4 5223, F 5229; *Grotherr*, IWB 2008, Gr. 1 F3 2271, Gr. 1 F3 2281; *Fuhrmann/Strahl*, DStR 2008, 125, 128; *Pung*, in: Dötsch/Pung/Möhlenbrock, KStG, 2012, § 8b KStG Rz. 242; *Frotscher*, in: Frotscher, KStG GewStG/UmwStG, 2013, § 8b Rz. 354.

fußen.[793] Andernfalls würde es zu einer Mehrfachbelastung desselben Steuersubstrats kommen.

5. Bedeutung des § 8b Abs. 3 S. 4ff. KStG in Sanierungsfällen

Die Bereitstellung von Fremdkapital[794] oder die Gewährung einer Sicherheit durch einen Gesellschafter sind äußerst effektive, weil in kurzer Zeit durchführbare Sanierungsmaßnahmen. Die Bereitschaft eines Gesellschafters an Sanierungsmaßnahmen zu partizipieren, hängt neben seiner persönlichen Leistungsfähigkeit davon ab, welchen Rückfluss er sich aus der Beteiligung an den Sanierungsmaßnahmen erhofft. Kann er die Sanierungsbeiträge steuerlich nicht geltend machen, wird der Sanierungsbeitrag regelmäßig geringer sein, der dem Krisenunternehmen zur Verfügung gestellt werden kann. Deshalb ist die Nichtberücksichtigung einer Sanierungsmaßnahme im Zuge des § 8b Abs. 3 S. 4ff. KStG ein erhebliches Sanierungshindernis.

Die Regelung des § 8b Abs. 3 S. 4 KStG erfasst nicht nur den direkten Verzicht auf eine Darlehensforderung, sondern auch weitere Sanierungsmaßnahmen, die zu einer Teilwertabschreibung bei einem Gesellschafter i. S. d. § 8b Abs. 3 S. 4 KStG führen. Ob es sich um Gewinnminderungen obligationsähnlicher Genussrechte oder um Gewinnminderungen bei (partiarischen) Darlehensverhältnissen handelt, ist irrelevant. Lediglich Gewinnminderungen, die eigenkapitalähnliche Genussrechte betreffen, fallen nicht unter § 8b Abs. 3 S. 4 KStG.[795]

Umstritten ist die Frage, zu welchem Zeitpunkt die Voraussetzungen für eine Beteiligung i. S. d. § 1 Abs. 2 AStG vorgelegen haben müssen. Nach der hier vertretenen Auffassung sieht das Gesetz lediglich vor, dass entweder bei Hingabe des Darlehens oder zu einem anderen Zeitpunkt der Darlehensgewährung eine wesentliche Beteiligung bestanden haben muss.

Problematisch erscheinen die Voraussetzungen für den Beweis der fremdüblichen Darlehenshingabe oder des Stehen Lassens des Darlehens in der Krise. Das vom Gesetzgeber vorgeschlagene Abstellen auf einzelne Indizien entspricht nicht real existierenden Umständen, die eine Fremdüblichkeit anzeigen. Aus praktischer Sicht ist die Einschränkung des § 8b Abs. 3 S. 6 2. HS KStG hinsichtlich der Berücksichtigungsfähigkeit von Sicherungsmitteln bei wortgetreuer Auslegung ein Ausschlusskriterium für das Führen eines Gegenbeweises. Dies ist abzulehnen. Für die Feststellung, ob von

---

793 *Watermeyer*, GmbH-StB 2008, 81, 85; *Neumann/Watermeyer*, Ubg 2008, 748, 756; *Göcke/Hötzel*, FS Herzig, 2010, 89, 102; *Bildstein/Dallwitz*, DStR 2009, 1177, 1179; *Winhard*, FR 2010, 686, 688; *Pung*, in: Dötsch/Pung/Möhlenbrock, KStG, 2012, § 8b KStG Rz. 242; *Schnitger*, in: Schnitger/Fehrenbacher, KStG, 2012, § 8b KStG Rz. 519; *Frotscher*, in: Frotscher, KStG GewStG/UmwStG, 2013, § 8b Rz. 357; a.A. *Gosch*, in: Gosch, KStG, 2009, 8b KStG Rz. 279j.

794 Das Darlehen muss ggf. mit einem Rangrücktritt ausgestattet werden.

795 Diesbezüglich ist aber mit einer Nichtberücksichtigung der Gewinnminderungen nach § 8b Abs. 3 S. 3 KStG zu rechnen. Siehe auch: BMF-Schreiben v. 28.4.2003, BMF IV A 2 – S 2750 a – 7/03, BStBl I 2003, 292 Tz. 24.

fremdüblichen Handeln auszugehen ist, sind die Gesamtverhältnisse im Einzelfall zu würdigen.

VI. Zwischenfazit

Das deutsche Steuerrecht kennt kein eigenes Sanierungssteuerrecht, jedoch lassen sich als steuerliche Eckpfeiler von Sanierungsbestrebungen die Mindestbesteuerung nach § 10d EStG i. V. m. § 10a GewStG, die Verlustabzugsbeschränkung nach § 8c KStG i. V. m. § 10a GewStG, das BMF-Schreiben über die steuerliche Behandlung von Sanierungsgewinnen (Sanierungserlass) sowie die Abzugsbeschränkung für Gewinnminderungen nach § 8b Abs. 3 S. 4ff. KStG identifizieren.

Die Normen sind – wie aufgezeigt – mit zahlreichen Rechtsunsicherheiten behaftet. So stellen sich im Zusammenhang mit den Regelungen ungeklärte verfassungs- und europarechtliche Probleme, wobei Letztere empfindliche Steuerfolgen beim Sanierenden nach sich ziehen könnten. Für die praktische Anwendung sind auch die unbestimmten Rechtsbegriffe, die erheblichen Dokumentations- und Ermittlungskosten sowie die fehlende Zielgenauigkeit der Normen problematisch.

Die Regelungen zur Mindestbesteuerung sind in vielerlei Hinsicht in einer Krisensituation mit Schwierigkeiten verbunden. Durch die aus fiskalpolitischen Gründen verständliche Einschränkung des Verlustrücktrags wird ein antizyklisches Besteuerungselement aus der Hand gegeben, welches im Falle einer beginnenden Krise äußerst wirksam sein könnte. Besonders kritisch zu würdigen ist allerdings die Mindestbesteuerung beim Ergreifen von Sanierungsmöglichkeiten. Die im Ergebnis beschränkte Verrechnungsmöglichkeit eines Sanierungsgewinns, trotz ausreichender Verlustvorträge für die Verrechnung, behindert effektive Sanierungskonzepte.

Insbesondere im Zusammenspiel mit der Verlustabzugsbeschränkung für Körperschaften ist die Mindestbesteuerung deshalb ein Sanierungshindernis. § 8c KStG konterkariert Sanierungskonzepte, die auf einer Beschaffung neuen Eigenkapitals fußen. Das FG-Hamburg[796] hat diesbezüglich dem BVerfG[797] die Frage zur Entscheidung vorgelegt, ob das Zusammenspiel aus Mindestbesteuerung und § 8c KStG nicht gegen verfassungsrechtliche Grenzen verstößt.

§ 8c KStG ist jedoch auch selbst dann ein Sanierungshindernis, wenn ausschließlich die bisherigen Gesellschafter unterschiedliche Sanierungsbeiträge leisten. Zwar wurde der Verlustuntergang in einigen Fällen durch die neu geschaffenen Ausnahmetatbestände begrenzt, diese sind in Sanierungsfällen jedoch nicht zielführend. Die außer Kraft gesetzte Sanierungsklausel würde hingegen ein adäquates Mittel darstellen, um die Sanierungschancen zu verbessern. Jedoch stellen sich auch losgelöst von der Diskussion, ob eine mit Europarecht unvereinbare Beihilfe vorliegt oder nicht, wichtige Auslegungsfragen. Insbesondere der Zeitpunkt, ab dem eine Anwendung

---

796 FG-Hamburg, Beschluss v. 4.4.2011, 2 K 33/10, DStR 2011, 1172.
797 BVerfG, Anhängiges Verfahren, 2 BvL 6/11.

infrage kommen würde, bedarf einer Präzisierung. Es wäre allerdings zielführender § 8c KStG generell auf Missbrauchsfälle zu begrenzen.

Der Sanierungserlass soll die unzureichende gesetzliche Würdigung des Sanierungsfalls im deutschen Steuerrecht teilweise ausgleichen. Zwar ist die grundsätzliche Freistellung von Sanierungsgewinnen zu begrüßen, die Regelung wäre in Teilen bei einem Wegfall der Mindestbesteuerung und anderer systemwidriger Verlustverrechnungsbeschränkungen jedoch hinsichtlich der bevorzugten Verlustverrechnung entbehrlich. Schwächen zeigt der Erlass im Hinblick auf die Anwendbarkeit bei der Gewerbesteuer. Eine gesetzliche Regelung – die m. E. europarechtlich zulässig wäre – würde dieses Problem und den Verdacht der Beihilfe beheben. Durch diese Kodifizierung wäre zudem der Diskussion um die Zulässigkeit des Sanierungserlasses der Nährboden entzogen.

Für die Verbesserung der ertragsteuerlichen Rahmenbedingungen einer Sanierung, sind nach den Ergebnissen der Untersuchung folgende Maßnahmen wünschenswert:

- Der Begriff des Eintritts der Krise ist abschließend und einheitlich für alle Normen zu definieren, die das „Sanierungssteuerrecht“ betreffen. Dieser ist an die aufgegebene Definition der Kreditunwürdigkeit anzulehnen, um Sanierungsmaßnahmen frühzeitig – und in Konsequenz effizient – umsetzen zu können. Im Zuge dessen sollten die erforderlichen Nachweise für den Beweis der Krise explizit aufgeführt werden. Regelmäßig sollte eine Bankbescheinigung über die Kreditunwürdigkeit, ein Ratingergebnis oder eine Feststellung eines Wirtschaftsprüfers dafür ausreichen.
- Der Begriff der „begünstigten Sanierungsmaßnahmen“[798] sollte einheitlich abstrakt und anhand der Nennung konkreter Maßnahmen im Gesetz definiert werden. Im Zuge dessen ist auch zu determinieren, welche Nachweise vom Steuerpflichtigen zwingend zu erbringen sind. Falls sich neue Sanierungsstrategien in der Praxis etablieren, hat das BMF zu erörtern, ob es sich um begünstigte Sanierungsmaßnahmen handelt.
- Die Steuerfreiheit von Sanierungsgewinnen ist im Einkommensteuergesetz auf Basis des Sanierungserlasses zu regeln.[799] Dies hat neben der Schaffung von Rechtssicherheit den Vorteil, dass die Steuerfreiheit im Rahmen der Gewerbesteuer nicht gemeindebezogen beantragt werden muss. Europarechtliche Probleme, die dem Sanierungserlass momentan innewohnen, könnten auf diese Weise beseitigt werden.
- Die Mindestbesteuerung verschärft durch ihre prozyklische Ausgestaltung einer Unternehmenskrise und stellt ein Sanierungshindernis dar. Die Regelung des § 10d EStG ist aus diesem Grund abzuschaffen.[800]

---

798 Die Definition soll Anknüpfungspunkt für steuerliche Erleichterungen bspw. beim Sanierungserlass, der Sanierungsklausel u.Ä. sein.

799 *Eilers/Bühring*, Sanierungs-Steuerrecht, 2012, 142.

800 Zur Diskussion möglicher Alternativkonzepte: *Dorenkamp*, Systemgerechte Neuordnung der Verlustverrechnung - Haushaltsverträglicher Ausstieg aus der Mindestbesteuerung - IFSt-Schrift Nr. 461, 2010.

- Die Verlustabzugsbeschränkung ist durch eine auf missbräuchliche Verlustnutzungsstrategien begrenzte Regelung, zu ersetzen. Gegebenenfalls ist eine zeitliche Begrenzung der Verlustvortragsmöglichkeiten in Erwägung zu ziehen, die die Mindestbesteuerung und § 8c KStG remplaciert.
- Die Versagung der Berücksichtigung von Gewinnminderungen im Zusammenhang mit § 8b Abs. 3 S. 4ff. KStG ist durch eine auf Missbrauchsfälle begrenzte Regelung zu ersetzen.

D. Sanierungsinstrumente

I. Einleitung

In der Praxis haben sich unterschiedliche Sanierungsinstrumente zur Rettung einer angeschlagenen Gesellschaft etabliert, die auf unterschiedlichen zivilrechtlichen Gestaltungsformen basieren. Obwohl alle Instrumente der Verbesserung der finanziellen oder wirtschaftlichen Lage dienlich sind, weichen die daraus resultierenden Rechtsfolgen teils erheblich voneinander ab.

Neben Sicherungsinstrumenten, die im Wesentlichen der Erweiterung der Kreditwürdigkeit und (Wieder-)herstellung der Werthaltigkeit einer Forderung dienen, stehen verschiedene Kapitalmaßnahmen zur Auswahl. Diese Maßnahmen helfen, die Finanzierungslage der in die Krise geratenen Gesellschaft im Allgemeinen zu verbessern.

Um die Instrumente hinsichtlich ihres Beitrags zum Sanierungserfolg einordnen zu können und um eine zielgerichtete Anwendung zu garantieren, sind die Mittel bezüglich ihrer konkreten Auswirkungen auf die finanzielle und wirtschaftliche Situation des Unternehmens im Folgenden zu analysieren. Dazu sind die Maßnahmen im Besonderen in das in Kap. B.II. aufgestellte Zielsystem einzuordnen, um eine stringente Analyse zu gewährleisten. Soweit offene Rechtsfragen im Bezug auf die konkreten Rechtsfolgen einer Maßnahme bestehen, sind diese im Detail zu erörtern, nicht zuletzt, um den daraus resultierenden Grad der Rechtsunsicherheit ableiten zu können.

II. Bürgschaft

Wird dem Schuldner eine Bürgschaftsvereinbarung gewährt, kann er Fremdkapital zu einem Zeitpunkt beschaffen, in welchem er sonst keines mehr gewährt bekommen hätte. Eine Bürgschaft verbessert zudem die Finanzierungskonditionen des Schuldners, soweit der Bürge über entsprechende Solvenz verfügt. Die Pflicht des Bürgen zur Leistung seines Bürgschaftsversprechens tritt dabei nur ein, falls der Originärschuldner nicht in der Lage sein sollte, den Ansprüchen aus dem Darlehensverhältnis nachzukommen.[801]

801 *Fabry*, in: Gosch/Schwedhelm/Spiegelberger, GmbH-Beratung, 2014, Bürgschaft.

Abbildung D-1: Bürgschaft[802]

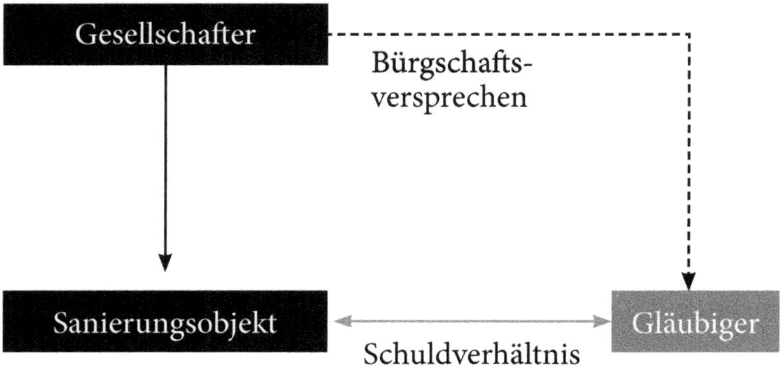

1. Zivilrechtliche Einordnung

Die Übernahme einer Bürgschaft durch einen Gesellschafter für eine Verbindlichkeit der Gesellschaft ist eine der einfachsten Formen der Stützung während einer Unternehmenskrise. Durch den Abschluss einer Bürgschaftsverpflichtung i. S. d. § 765ff. BGB garantiert der Bürge gegenüber dem Gläubiger für die Verpflichtung des Schuldners – bspw. einer verbundenen Gesellschaft – einzustehen.[803]

Da es sich um eine Personalsicherheit handelt, hängt die Bürgschaft nicht von einem bestimmten Sicherungsgut ab.[804] Der Bürge haftet folglich mit seinem gesamten Vermögen in Höhe der Bürgschaftsverpflichtung, sodass er seine Solvenz auf den Schuldner in Höhe der vereinbarten Bürgschaft überträgt.[805]

Ergänzend zur eigentlichen Bürgschaft wird regelmäßig eine Bürgschaftsprovision zu vereinbaren sein.[806] Dieses Entgelt für die Gestellung einer Sicherheit ist fremdüblich zu vereinbaren, falls es nicht als vGA bzw. verdeckte Einlage qualifizieren soll.[807]

---

802 Eigene Darstellung.

803 *Körner*, in: Köhler/Göbel/Körner, Handbuch Unternehmensfinanzierung, 2013, 141; *Heß*, Bürgschaft, 2013, Bürgschaft, Rz. 1. Grundsätzlich bedarf die Bürgschaft der Schriftform, diese entfällt jedoch bei Kaufleuten, § 766 BGB i. V. m. § 350 HGB. Aus Beweisgründen ist aber von einer schriftlichen Niederlegung auszugehen.

804 *Schmalenbach*, in: Eilers/Rödding/Schmalenbach, 2008, 216.

805 Hieraus können sich auch Nachteile ergeben, da nicht ein bestimmtes Sicherungsgut für den Schuldner reserviert ist. Insoweit kann auf bestimmte Wirtschaftsgüter kein vorrangiger Vermögenszugriff erlangt werden. Siehe auch: *Wittig*, in: Schmidt/Uhlenbruck, GmbH in der Krise, Sanierung und Insolvenz, 2009, 814.

806 *Heß*, Bürgschaft, 2013, Bürgschaft Rz. 1.

807 *Körner*, in: Köhler/Göbel/Körner, Handbuch Unternehmensfinanzierung, 2013, 141. Zur Problematik der Ermittlung eines fremdüblichen Entgelts, wenn die

2. Insolvenzrechtliche Aspekte

Die Abgabe einer Bürgschaftsverpflichtung reicht regelmäßig nicht aus, damit die Verbindlichkeit, für die eine Bürgschaft abgegeben wurde, beim Schuldner in der Überschuldungsbilanz unberücksichtigt bleibt.[808] Schließlich hat der Bürge regelmäßig einen Rückgriffsanspruch gegen den Schuldner, sodass sich bei Inanspruchnahme lediglich der Gläubiger des Krisenunternehmens ändert, nicht jedoch die Höhe der Verpflichtung.[809]

Selbst bei einem Verzicht auf den Rückgriffsanspruch durch den Bürgen im Innenverhältnis oder der Vereinbarung eines Rangrücktritts für den Anspruch, hat eine Passivierung der Verbindlichkeit im Überschuldungsstatus zu erfolgen. Dies ist konsequent, weil zumindest die Gefahr des Ausfalls des Bürgen verbleibt, sodass der Schuldner auch direkt vom Originärgläubiger in Anspruch genommen werden könnte.[810]

3. Ebene des Schuldners

3.1 Handelsrechtliche Erfassung beim Schuldner

Wird für ein Darlehen der Gesellschaft eine Bürgschaft gewährt, ist die Schuld unverändert in der Handelsbilanz des Schuldners zu erfassen. Dies ist damit begründet, dass das Bürgschaftsversprechen gerade nicht zu einer Reduzierung der wirtschaftlichen Belastung des Schuldners führt. Folglich hat der Schuldner die Schuld weiterhin mit dem Nominalwert nach § 246 Abs. 1 S. 3 HGB i. V. m. § 253 Abs. 1 S. 2 HGB auszuweisen.[811] Ein Vermerk für das Bürgschaftsverhältnis im Anhang oder unterhalb der Bilanz hat beim Schuldner nicht zu erfolgen.[812] Soweit der Bürge in Anspruch genommen wird, ist beim Schuldner die Originärschuld in Höhe des Bürgschaftsbetrags zwar auszubuchen, gleichzeitig ist aber eine Verbindlichkeit gegenüber dem

---

Sicherungsnehmerin erst durch die Bürgschaft kreditwürdig wird, schlägt Körner in multinationalen Konzernen vor lediglich das Länderrisiko pauschal einzupreisen.

808 *Buth/Hermanns*, in: Buth/Hermanns, Restrukturierung Sanierung Insolvenz, 2009, § 16 Finanzwirtschaftliche Aspekte bei der Fortführung von Krisenunternehmen Rz. 34; *Uhlenbruck*, in: Uhlenbruck, InsO, 2010, § 19 InsO Rz. 98.

809 *Uhlenbruck*, in: Uhlenbruck, InsO, 2010, § 19 InsO Rz. 98.

810 *Uhlenbruck*, in: Uhlenbruck, InsO, 2010, § 19 InsO Rz. 98.

811 *Eilers/Ottermann*, in: Lüdicke/Sistermann, Unternehmenssteuerrecht, 2008, § 8 Rz. 10; *Rühland*, in: Kahlert/Rühland, Sanierungs- und Insolvenzsteuerrecht, 2011, Sanierungsmaßnahmen und die Steuerfolgen für die GmbH, 69; *Ott*, Steueroptimale Gestaltungen, 2013 407.

812 *Grottel/Haußer*, in: Fröschle/Grottel/Schmidt/u.a., Beck'scher Bilanzkommentar, 2014, § 251 HGB Rz. 24.

Bürgen aus dem Rückgriffsanspruch wieder einzubuchen. Die Inanspruchnahme des Bürgen bleibt im Ergebnis beim Schuldner erfolgsneutral.[813]

3.2 Ertragsteuerliche Konsequenzen beim Schuldner

Auf Basis des Maßgeblichkeitsprinzips hat ein Bürgschaftsversprechen für den Schuldner keine steuerbilanziellen Auswirkungen.[814] Weil es an einer speziellen Norm fehlt, sind auch keine anderen ertragsteuerlichen Folgen beim Schuldner mit dem Bürgschaftsversprechen verbunden.

Sollte der Bürge nach seiner Inanspruchnahme von seinen Rückgriffsanspruch Abstand nehmen, ist der Verzichtsbetrag entsprechend den Grundsätzen eines Forderungsverzichts zu behandeln. Infolgedessen entsteht in Höhe des nicht werthaltigen Teils der Forderung ein Ertrag.[815] Dieser kann unter den Voraussetzungen des Sanierungserlasses[816] für Zwecke der Körperschaftsteuer befreit sein.[817]

4. Ebene des Bürgen

4.1 Handelsrechtliche Erfassung beim Bürgen

Das Eingehen einer Bürgschaftsverpflichtung hat grundsätzlich keine Auswirkungen auf die handelsbilanzielle Vermögens- und Ertragslage des Bürgen. Bürgschaftsversprechen sind aber als Haftungsverhältnisse unterhalb der Bilanz nach § 251 HGB anzugeben.[818] Alternativ kommt eine Angabe der Bürgschaftsverpflichtungen im Anhang in Betracht.

Muss ernsthaft mit einer Inanspruchnahme aus dem Bürgschaftsverhältnis gerechnet werden, ist eine Verbindlichkeitsrückstellung auszuweisen.[819] Diese Rückstellung ist mit ihrem nach vernünftiger kaufmännischer Beurteilung ermittelten Erfüllungsbetrag anzusetzen, § 253 Abs. 1 S. 2 HGB. Dies ist der Wert, der voraussichtlich aus der Inanspruchnahme als Verbindlichkeit hervorgeht.

---

813 *Eilers/Ottermann*, in: Lüdicke/Sistermann, Unternehmenssteuerrecht, 2008, § 8 Rz. 10; *Rühland*, in: Kahlert/Rühland, Sanierungs- und Insolvenzsteuerrecht, 2011, Sanierungsmaßnahmen und die Steuerfolgen für die GmbH, 69.

814 *Eilers/Ottermann*, in: Lüdicke/Sistermann, Unternehmenssteuerrecht, 2008, § 8 Rz. 10; *Ott*, Steueroptimale Gestaltungen, 2013 407.

815 *Rühland*, in: Kahlert/Rühland, Sanierungs- und Insolvenzsteuerrecht, 2011, Sanierungsmaßnahmen und die Steuerfolgen für die GmbH, 70; Im Einzelnen siehe Kap. D.V.3.

816 BMF-Schreiben v. 27.3.2003, IV A 6 – S 2140 – 8/03, BStBl I 2003, 240.

817 Im Einzelnen Kap. C.IV.

818 *Grottel/Haußer*, in: Fröschle/Grottel/Schmidt/u.a., Beck'scher Bilanzkommentar, 2014, § 251 HGB Rz. 33.

819 BFH, Urteil v. 15.10.1998, IV R 8/98, BStBl II 1999, 333; *Heß*, Bürgschaft, 2013, Bürgschaft Rz. 8; *Schubert*, in: Fröschle/Grottel/Schmidt/u.a., Beck'scher Bianzkommentar, 2014, § 249 Rz. 100.

Korrespondierend zur entstandenen Verbindlichkeit bei Inanspruchnahme bildet sich eine Rückgriffsforderung, sodass der wirtschaftlichen Belastung des Bürgen eine Entlastung durch den Rückgriffsanspruch gegenübersteht. Dieser Anspruch ist jedoch auf Werthaltigkeit[820] zu überprüfen.[821] Aus diesem Grund ist die Rückstellung für die drohende Inanspruchnahme nur in Höhe des Betrags der Rückgriffsforderung zu bilden, der voraussichtlich nicht werthaltig sein wird und den Bürgen wahrscheinlich belasten wird.[822]

4.2 Steuerliche Behandlung beim Bürgen

4.2.1 Steuerverstrickte Beteiligung

Hat sich ein Anteilseigner für eine Verbindlichkeit verbürgt und wird er daraus in Anspruch genommen, ohne dass er eine gleichwertige Rückgriffsforderung gegen die Gesellschaft erhält, können ihm nachträgliche Anschaffungskosten der Beteiligung i. S. d. § 17 Abs. 2 EStG entstehen.[823] Dies gilt nur, falls die Vereinbarung der Bürgschaft auf dem Gesellschafterverhältnis[824] beruht und es sich respektive um eine Bürgschaft handelt, die als Eigenkapitalersatz qualifiziert.[825]

Von einer Bürgschaftsverpflichtung mit Eigenkapitalersatzcharakter ist auszugehen, wenn diese bei Kriseneintritt nicht aufgekündigt wird, erst in der Krise gewährt wird oder für eine Krise bestimmt ist. Gleiches gilt für Finanzplanbürgschaften.[826] Die Höhe der nachträglichen Anschaffungskosten i. S. d. § 17 Abs. 2 EStG richtet sich in

---

820 *Schubert*, in: Fröschle/Grottel/Schmidt/u.a., Beck'scher Bianzkommentar, 2014, § 249 Rz. 100.

821 In Sanierungsfällen wird häufig davon auszugehen sein, dass die Rückgriffsforderung insgesamt wertlos ist, sodass eine Rückstellung für den gesamten Bürgschaftsbetrag zu bilden ist.

822 *Rühland*, in: Kahlert/Rühland, Sanierungs- und Insolvenzsteuerrecht, 2011, Sanierungsmaßnahmen und die Steuerfolgen für die GmbH, 70; *Krumm*, in: Heuermann/Brandis, Blümich - EStG KStG GewStG, 2014, § 5 EStG Rz. 920.

823 OFD-München-Verfügung v. 30.4.1996, S 2244 – 8 St 42, FR 1996, 431; *Eilers/Schmidt*, in: Hermann/Heuer/Rapbach, EStG KStG, § 17 EStG Rz. 202; *Pung/Werner*, in: Dötsch/Pung/Möhlenbrock, KStG, 2014, § 17 EStG Rz. 279.

824 BFH, Urteil v. 22.4.2008, IX R 75/06, BFH/NV 2008, 1994; BFH, Urteil v. 2.4.2008, IX R 76/06, BStBl II 2008, 706; BFH, Urteil v. 4.3.2008, IX R 80/06, BStBl II 2008, 577; BFH, Urteil v. 22.5.2005, VIII R 41/03, BFH/NV 2005, 1518. Eine Veranlassung ist regelmäßig anzunehmen, soweit ein ordentlicher und gewissenhafter Geschäftsführer eine Bürgschaft nicht mehr gewährt hätte oder falls eine Bürgschaft von einem Dritten nicht mehr zu marktüblichen Konditionen erreicht werden könnte.

825 BFH, Urteil, v. 6.7.1999, VIII R 9/98, BStBl II 1999, 817. Die Grundsätze des Eigenkapitalersatzrechts sind für die Beurteilung nachträglicher Anschaffungskosten auch nach Einführung des MoMiG und der damit verbundenen Löschung des Eigenkapitalersatzrechts weiterhin anzuwenden. Siehe hierzu: BMF-Schreiben v. 21.10.2010, IV C 6 – S 2244/08/10001, BStBl I 2010, 832.

826 *Pung/Werner*, in: Dötsch/Pung/Möhlenbrock, KStG, 2014, § 17 EStG Rz. 279.

diesen Fällen nach dem Zeitpunkt, in dem der Gesellschafter aus gesellschaftsrechtlichen Gründen nicht fremdüblichen Maßstäben folgend, handelt.[827]

Wird die Bürgschaft erst nach Eintritt der Krise gewährt, ist der Nennwert der Verbindlichkeit als nachträgliche Anschaffungskosten zu erfassen.[828] Gleiches gilt in Fällen, in denen eine Bürgschaft für die Krise bestimmt ist.[829] Schließlich ist eine gesellschaftsrechtliche Veranlassung des Bürgschaftsversprechens in solchen Fällen anzunehmen, weil ein fremder Dritter – unter sonst gleichen Bedingungen – eine solches nicht abschließen würde.

Indiziell ist von einem Abschluss eines Bürgschaftsversprechens während der Krise auszugehen, soweit bei Gewährung bereits mehr als die Hälfte des Stammkapitals durch Verluste aufgezehrt ist, ohne dass stille Reserven in nennenswertem Umfang vorhanden sind.[830] Gleiches gilt, wenn der benötigte Finanzierungsbedarf von einem Kreditinstitut nicht ohne die Gestellung einer Bürgschaft durch einen Dritten beschafft werden kann.[831] Krisenbestimmt ist eine Bürgschaft, wenn es an einem Kündigungsrecht im Zeitpunkt der Krise fehlt.[832]

Bei Finanzplanbürgschaften[833] ist der Nennwert für die Höhe der nachträglichen Anschaffungskosten maßgebend, falls eine Inanspruchnahme aus dem Bürgschaftsverhältnis erfolgt.[834] Schließlich dient eine solche Bürgschaft dazu, denn notwendigen Kapitalbedarf für das Aufnehmen der Geschäfte überhaupt beschaffen zu können. Insoweit ist bereits bei Vereinbarung eines Finanzplandarlehens davon auszugehen, dass die Hingabe durch das Gesellschafter-Gesellschaftsverhältnis bedingt ist. Eine Berücksichtigung von nachträglichen Anschaffungskosten in Höhe

---

827 *Heß*, Bürgschaft, 2013, Bürgschaft Rz. 3; *Frotscher*, in: Frotscher, EStG, § 17 Rz. 251; *Pung/Werner*, in: Dötsch/Pung/Möhlenbrock, KStG, 2014, § 17 EStG Rz. 279.

828 BFH, Urteil v. 16.4.1991, VIII R 100/87, BStBl II 1992, 234; BFH, Urteil v. 24.4.1997, VIII R 16/94, BStBl II 1999, 339; BMF-Schreiben v. 21.10.2010, IV C 6 – S 2244/08/10001, BStBl I 2010, 832, Rz. 3d; *Frotscher*, in: Frotscher, EStG, § 17 Rz. 253; *Pung/Werner*, in: Dötsch/Pung/Möhlenbrock, KStG, 2014, § 17 EStG Rz. 311.

829 *Pung/Werner*, in: Dötsch/Pung/Möhlenbrock, KStG, 2014, § 17 EStG Rz. 279.

830 BFH, Urteil v. 13.7.1999, VIII R 31/98, BStBl II 1999, 724.

831 Auch in diesem Fall handelt der Gesellschafter nicht fremdvergleichskonform. Siehe hierzu auch: *Frotscher*, in: Frotscher, EStG, § 17 Rz. 253; BFH, Urteil v. 24.1.2012, IX R 34/10, DStR 2012, 854; *Kobor*, SteuK 2012, 233, 233.

832 FG-Bremen, Urteil v. 10.12.2003, 2 K 148/03, EFG 2004, 508; *Pung/Werner*, in: Dötsch/Pung/Möhlenbrock, KStG, 2014, § 17 EStG Rz. 280.

833 Von einer solchen Bürgschaft ist auszugehen, wenn das darauf basierende Darlehen unentbehrlich für die Erreichung des Gesellschaftszwecks ist, die Bürgschaft langfristig oder unkündbar vereinbart wurde und im Verhältnis zum Nennkapital der Gesellschaft einen erheblichen Betrag ausmacht.

834 BFH, Urteil v. 4.11.1997, VIII R 18/94, BStBl II 1999, 344; *Pung/Werner*, in: Dötsch/Pung/Möhlenbrock, KStG, 2014, § 17 EStG Rz. 314.

des Nennwerts ist folglich sinnlogisch, weil im Zeitpunkt der Hingabe bereits von einer gesellschaftsrechtlichen Veranlassung auszugehen ist.[835]

Wurde eine Bürgschaft in der Krise stehen gelassen, ist abweichend der gemeine Wert der Rückgriffsforderung ausschlaggebend für die Höhe der Anschaffungskosten.[836] Ist das Darlehen bereits durch mangelnde Solvenz des Schuldners nicht mehr voll werthaltig, bedeutet dies, dass nachträgliche Anschaffungskosten in Höhe des geminderten Werts entstehen.[837] Entscheidend ist folglich der Wert der Rückgriffsforderung im Zeitpunkt der Entscheidung, dass das Darlehen stehen gelassen wird.[838]

4.2.2 Beteiligung im Betriebsvermögen

Ist die Bürgschaft Teil eines Betriebsvermögens, ist zunächst nach dem Maßgeblichkeitsgrundsatz eine Bilanzverlängerung, durch die Einbuchung der Verbindlichkeit und die Erfassung der Rückgrifforderung zu verzeichnen.[839] Der Vorgang bleibt zunächst steuerneutral. Allerdings wird durch die regelmäßige krisenbedingte Wertminderung der Rückgriffsforderung eine Abschreibung auf den Teilwert notwendig sein. Diese wirkt sich grundsätzlich in voller Höhe steuermindernd aus,[840] falls nicht auf die Teilwertabschreibung verzichtet wird.

4.2.3 Beteiligung durch Kapitalgesellschaft

Das Abzugsverbot für Gewinnminderungen im Zusammenhang mit einem Darlehen nach § 8b Abs. 3 S. 4ff. KStG erfasst auch die Inanspruchnahme aus der Hingabe von Sicherheiten, sofern die weiteren Voraussetzungen erfüllt sind.[841] Konkret handelt es

---

835 BMF-Schreiben v. 21.10.2010, IV C 6 – S 2244/08/10001, BStBl I 2010, 832 Rz. 3c; *Frotscher*, in: Frotscher, EStG, § 17 Rz. 260.

836 BFH, Urteil v. 6.7.1999, VIII R 9/98, BStBl II 1999, 817, Tz. 2c; BMF-Schreiben v. 21.10.2010, IV C 6 – S 2244/08/10001, BStBl I 2010, 832 Rz. 2b; *Eilers/Schmidt*, in: Hermann/Heuer/Rapbach, EStG KStG, § 17 EStG, 202; *Frotscher*, in: Frotscher, EStG, § 17 Rz. 252.

837 BFH, Urteil v. 16.4.1991, VIII R 100/87, BStBl II 1992, 234; BFH, Urteil v. 7.7.1992, VIII R 24/90, BStBl II 1993, 333; BFH, Urteil v. 24.4.1997, VIII R 16/94, BStBl II 1999, 339; BFH, Urteil v. 4.11.1997, VIII R 18/94, BStBl II 1999, 344; BFH, Urteil v. 13.7.1999, VIII R 31/98, BStBl II 1999, 724; BMF-Schreiben v. 21.10.2010, IV C 6 - S 2244/08/10001, BStBl I 2010, 832; *Frotscher*, in: Frotscher, EStG, § 17 Rz. 251; *Eilers/Schmidt*, in: Hermann/Heuer/Rapbach, EStG KStG, § 17 EStG Rz. 202.

838 Die Differenz zwischen dem gemeinen Wert und dem Nennwert ist beim Gesellschafter nicht berücksichtigungsfähig.

839 *Rühland*, in: Kahlert/Rühland, Sanierungs- und Insolvenzsteuerrecht, 2011, Sanierungsmaßnahmen und die Steuerfolgen für den Gesellschafter, 187.

840 BFH, Urteil v. 18.4.2012, X R 5/10, BStBl II 2013, 785; BFH, Urteil v. 18.4.2012, X R 7/10, BStBl II 2013, 791; BMF-Schreiben v. 23.10.2013, IV C 6 – S 2128/07/10001, BStBl I 2013, 1269 Tz. 18.

841 Es reicht aus, wenn die Sicherheit für einen Teilbetrag ausgesprochen wurde. Nicht erfasst werden hingegen Sicherheiten, die sich auf die Zinsen eines Darlehens

sich bei den Gewinnminderungen um Teilwertabschreibungen der auf dem Bürgschaftsversprechen basierenden Rückgriffsforderung, die durch die fehlende Werthaltigkeit des Rückgriffsanspruchs bedingt sind.[842]

Sollte nach Inanspruchnahme der Sicherheit die Rückgriffsforderung im Wert gemindert sein – was in der Krise regelmäßig der Fall sein dürfte – ist der aus der Teilwertabschreibung resultierende Verlust nach § 8b Abs. 3 S. 4 KStG nicht abzugsfähig. Eine spätere Zuschreibung bei Rückerlangung der Werthaltigkeit wäre nach § 8b Abs. 3 S. 8 KStG steuerfrei. Das Führen eines Gegenbeweises wird in der Krise regelmäßig nicht möglich sein.[843]

5. Einordnung in das Zielsystem

Bürgschaftsversprechen können selbst unter erheblichem Zeitdruck schnell und einfach umgesetzt werden, soweit ein Bürge bereit ist für das Krisenunternehmen einzustehen. Der Abschluss einer Bürgschaft setzt lediglich voraus, dass diese schriftlich niedergelegt wird. Aufgrund dessen und durch die hohe Flexibilität sowie geringe Komplexität des Abschlusses einer Bürgschaft eignet sich das Instrument als Sofortmaßnahme in der Krise, um bspw. die Kreditlinie zu erweitern.

Andere Stakeholder müssen einer Bürgschaft nicht zustimmen, sodass bei der Umsetzung keine Widerstände von anderer Seite zu erwarten sind, auch weil sich die Position anderer Stakeholder des Sanierenden durch die Bürgschaft nicht verschlechtert. Für den Bürgen ist zudem das übernommene Risiko aus der Bürgschaft genau einzuschätzen, weil diese betragsmäßig beschränkt werden kann. Ansonsten richtet sich das Risiko nach den Bewertungsrisiken der Schulden, die übernommen wurden.

Bürgschaften können zur Wiederherstellung bzw. Aufrechterhaltung der Zahlungsfähigkeit dienlich sein. Zwar ist die Bürgschaft selbst nicht einnahmewirksam und führt dem Unternehmen keine liquiden Mittel zu, jedoch erlaubt sie die Aufnahme neuer Fremdkapitalmittel, die zur Aufrechterhaltung bzw. Wiederherstellung der Zahlungsfähigkeit eingesetzt werden können.

In diesem Zusammenhang wird augenscheinlich die Grenze der Eignung als Sanierungsinstrument deutlich. Bürgschaften führen nicht zur Schuldenkonsolidierung beim Krisenunternehmen. Selbst wenn der Bürge für die Schuld einsteht, entsteht gegenüber dem Originärschuldner eine Regressforderung, sodass sich der Schuldenstand nicht reduziert. Sollte zur Abwendung der Insolvenz die Kreditlinie einer Gesellschaft erweitert werden, die sich in einer Krise i. S. d. § 32a GmbHG a.F. befindet,

---

beziehen. *Gosch*, in: Gosch, KStG, 2009, 8b KStG Rz. 279b; *Pung*, in: Dötsch/Pung/Möhlenbrock, KStG, 2012, § 8b KStG Rz. 234; *Schnitger*, in: Schnitger/Fehrenbacher, KStG, 2012, § 8b KStG Rz. 471; *Frotscher*, in: Frotscher, KStG GewStG/UmwStG, 2013, § 8b Rz. 313; *Rengers*, in: Blümich, EStG KStG GewStG, 2013, KStG § 8b Rz. 297.

842 *Rengers*, in: Blümich, EStG KStG GewStG, 2013, KStG § 8b Rz. 297; *Pung*, in: Dötsch/Pung/Möhlenbrock, KStG, 2012, § 8b KStG Rz. 225.

843 Im Detail & zur Begründung siehe Kap. C.V.

steigt die Schuldenlast zunächst sogar an. Insoweit eignet sich die Maßnahme nicht zur Entschuldung.

Weil eine Entschuldung nicht eintritt, sind Bürgschaften zur Beseitigung der Überschuldung i. S. d. § 19 InsO ungeeignet. Zur Abwendung einer Überschuldung müsste die Bürgschaft mit einem anderen Sanierungsinstrument kombiniert werden, das zu einer Nichtberücksichtigung der Regressforderung im Überschuldungsstatus führt.

Die nicht eintretende Entschuldung ist dafür verantwortlich, dass ein Bürgschaftsversprechen keinen Einfluss auf die handelsrechtliche Bilanzierung beim Schuldner hat. Zwar wird die Originärschuld gegen eine Regressverbindlichkeit bei Inanspruchnahme des Bürgen ersetzt, an der Bilanzierung nach § 253 Abs. 1 S. 2 HGB mit dem Erfüllungswert ändert sich dadurch nichts. Ein Bürgschaftsversprechen eignet sich deshalb nicht zur Verbesserung der Eigenkapitalquote oder anderer Bilanzkennzahlen,[844] die im Ratingverfahren von Relevanz sind.

Der Abschluss einer Bürgschaft verursacht keine steuerlichen Folgen beim Sanierenden. Aus Sicht des Originärschuldners ist die Maßnahme deshalb selbst steuerneutral. Interessant kann das Instrument in steuerlicher Hinsicht aber sein, weil es sich eignet, die Werthaltigkeit einer im Wert geminderten Forderung wiederherzustellen. Im Zuge des unter Kap. D.V.6.1 dargestellten Gestaltungsansatzes kann sich gegenüber einem Forderungsverzicht ohne Bürgschaftsversprechen eine erhebliche Erleichterung für den Sanierenden ergeben, da er das mit Rechtsunsicherheit verbundene Verfahren zur Steuerfreiheit von Sanierungsgewinnen durch Wiederherstellen der Werthaltigkeit vermeiden kann.

Steuerliche Verlustvorträge sind durch den Abschluss einer Bürgschaft nicht gefährdet, weil es zu keinem potenziell schädlichen Beteiligungserwerb kommt. Die aufgelaufenen Verlustvorträge sind auch nicht im Rahmen des Sanierungserlasses zu verrechnen.

Der Abschluss eines Bürgschaftsversprechens hat keinen Einfluss auf das Entstehen von Fremdkapitalvergütungen, sodass keine erfolgsabhängige Vergütung die Folge ist. Die bisherige Abzugsfähigkeit der Fremdkapitalzinsen als Betriebsausgaben bleibt folglich bestehen.

Auf Seite des Bürgen ist bis zur Inanspruchnahme aus dem Bürgschaftsverhältnis keine Veränderung der Handelsbilanz festzustellen; lediglich eine Angabe nach § 251 HGB ist vom Bürgen unter der Bilanz oder im Anhang zu machen. Erst wenn mit einer Inanspruchnahme aus dem Bürgschaftsverhältnis zu rechnen ist, ist der voraussichtliche Erfüllungsbetrag als Rückstellung zu bilanzieren. Weil zunächst aber eine korrespondierende Regressforderung in gleicher Höhe gegen den Originärgläubiger zu bilanzieren ist, bleibt der Vorgang erfolgsneutral. Es wird allerdings regelmäßig eine Forderungskorrektur auf den beizulegenden Wert in der Handelsbilanz notwendig sein, die aufwandswirksam zu berücksichtigen ist.

---

844 Bspw. der Gesamtkapitalrentabilität, der Schuldentilgungsdauer oder der Cash-Flow-Rate, die üblicherweise im Ratingverfahren eingesetzt würden.

Die steuerliche Geltendmachung des Aufwands aus der Wertberichtigung per Teilwertabschreibung ist grundsätzlich als Betriebsausgaben zu berücksichtigen. Bei Anteilseignern i. S. d. § 17 EStG entstehen nachträgliche Anschaffungskosten auf die Beteiligung, deren Höhe sich u. a. nach dem Zeitpunkt der Hingabe der Bürgschaft richtet. Soweit es sich beim Bürgen um einen Anteilseigner handelt, der die Voraussetzungen des § 8b Abs. 3 S. 4 KStG erfüllt, kommt im Ergebnis eine steuermindernde Berücksichtigung der Teilwertabschreibung nicht infrage.[845]

Insgesamt erlaubt der Abschluss eines Bürgschaftsversprechens eine rechtssichere Sachverhaltsrealisation sowohl in zivil- als auch in handels- und steuerrechtlicher Hinsicht. Kraft der hohen Flexibilität und Autonomie des Instruments kann die Bürgschaft vom Steuerplaner nahezu unabhängig von anderen Entscheidungsparametern eingesetzt werden, solange die Zustimmung des Bürgen vorhanden ist. Mit umfassenden Haftungs- und Klagerisiken des Sanierenden ist deswegen nicht zu rechnen. Demgegenüber steht die begrenzte Wirkung des Bürgschaftsversprechens auf die Handels- und Überschuldungsbilanz, weil es zu keiner Entschuldung an sich kommt. Die Übernahme einer Bürgschaft durch den Gesellschafter wird deswegen regelmäßig nicht zur Abwendung der Krise genügen, kann aber als flankierende Maßnahme eingesetzt werden.

III. Patronatserklärung

Per Patronatserklärung bekennt ein Rechtsträger gegenüber einem Darlehensgeber, dass er dafür Sorge tragen wird, dass der ursprüngliche Darlehensnehmer seinen Verpflichtungen nachkommt.[846] Patronatserklärungen werden dabei als Sicherungsmittel und Sanierungsmittel insbesondere im Konzern eingesetzt.[847]

845 In diesen Fällen kann auf die Abschreibung verzichtet werden.

846 Patronatserklärungen sind typische Sicherungsmittel im Konzern. Ausschlaggebend für diese Art der Besicherung ist, dass zum einen das Risiko nicht vollständig von der Muttergesellschaft getragen werden soll, zum Anderen die Kreditgeber (Banken) ein Mindestmaß an konzerninterner Absicherung fordern. Siehe auch *Küffner*, DStR 1996, 145; *Merkel/Tetzlaff*, in: Schimansky/Bunte/Lwowski, Bankrechts-Handbuch, 2011, § 98 Rz. 6f.; *Horst*, DB 2013, 656, 661.

847 *Dubs/Möhlmann-Mahlau*, StuB 2013, 685, 685.

Abbildung D-2: Harte externe Patronatserklärung[848]

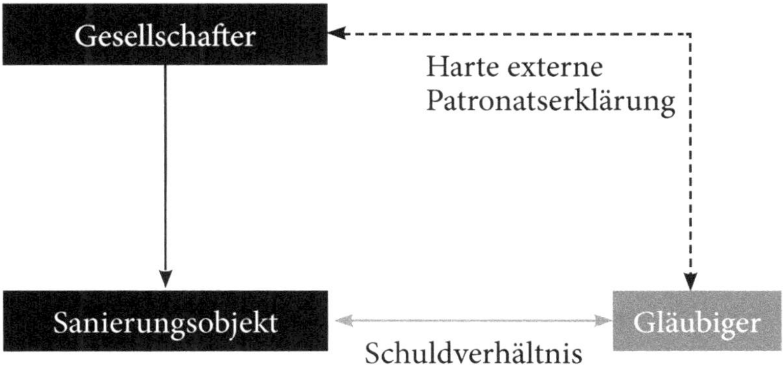

Abbildung D-3: Harte interne Patronatserklärung[849]

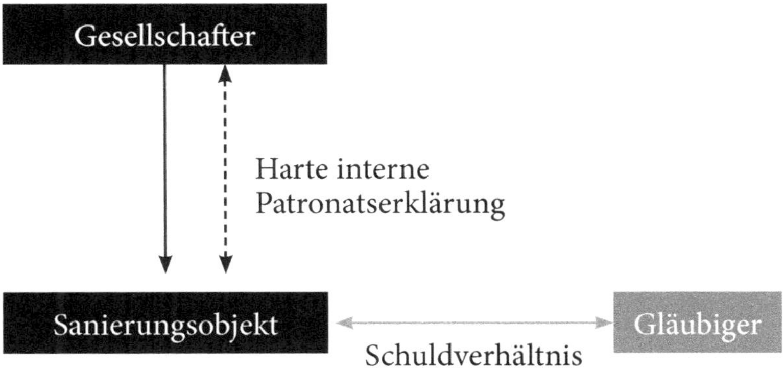

1. Zivilrechtliche Einordnung

Die Patronatserklärung ist eine Personalsicherheit, deren Formulierung keiner besonderen Form bedarf.[850] Weil genaue Anforderungen an die Erklärung nicht bestehen und nicht jede Vereinbarung zur Sanierung geeignet ist, ist zu unterscheiden, wer die Patronin in Anspruch nehmen darf (I.) und welches Versprechen abgegeben wurde (II.).

848 Eigene Darstellung.
849 Eigene Darstellung.
850 *Wittig*, in: Schmidt/Uhlenbruck, GmbH in der Krise, Sanierung und Insolvenz, 2009, 817.

Im Rahmen einer weichen Patronatserklärung erklärt sich der Patron lediglich unverbindlich zu seinen Absichten.[851] Beispielsweise kann eine solche Erklärung hinsichtlich der Aufrechterhaltung der Beteiligung an der Schuldnerin abgegeben werden. Als Kreditsicherheit ist die weiche Patronatserklärung deshalb ungeeignet, da sie unverbindlich und unkonkret ist.[852] Insoweit eignet sie sich nicht für die Erweiterung der Kreditlinie und die Beschaffung von zusätzlichem Fremdkapital.[853]

Im Gegensatz dazu begründen harte Patronatsverpflichtungen eine rechtsgeschäftliche Einstandspflicht des Patrons gegenüber dem Adressaten der Erklärung. In dieser verpflichtet sich der Patron, eine Gesellschaft mit ausreichend Kapital auszustatten, sodass diese ihren Zahlungsverpflichtungen nachkommen kann.[854]

Bei harten Patronatserklärungen ist jedoch zu unterscheiden, wer Empfänger einer solchen Erklärung ist. Adressat einer harten externen Patronatserklärung ist der Gläubiger des ursprünglichen Schuldners. Dieser erhält einen Anspruch gegenüber der Patronin zur Erfüllung einer Leistung.[855] Demgegenüber richtet sich eine interne harte Patronatserklärung direkt an den Schuldner. Die Patronin verpflichtet sich darin, die Schuldnerin mit finanziellen Mitteln auszustatten.[856]

2. Insolvenzrechtliche Aspekte

Die Formulierung der Patronatserklärung hat entscheidenden Einfluss auf die Eignung als Sanierungsinstrument zur Vermeidung der Insolvenz.[857] Da sich die externe harte Patronatserklärung direkt an den Gläubiger und nicht an die Schuldnerin richtet, ist nach Ansicht des BGH die Erklärung zur Vermeidung einer bereits eingetretenen Zahlungsunfähigkeit oder einer Überschuldung ungeeignet.[858] Die externe

851 *Küffner*, DStR 1996, 145, 145; *Thurow*, BC 2011, 282, 282; *Krüger/Pape*, NZI 2011, 617, 617; *Wolf*, StuB 2011, 447, 448; *Horst*, DB 2013, 656, 662.

852 *Dubs/Möhlmann-Mahlau*, StuB 2013, 685, 685.

853 *Küffner*, DStR 1996, 145, 145; *Thurow*, BC 2011, 282, 282; *Krüger/Pape*, NZI 2011, 617, 617; *Wolf*, StuB 2011, 447, 448; *Horst*, DB 2013, 656, 662.

854 Ausstattungsverpflichtungen sind unechte Verträge zu Gunsten Dritter i. S. d. § 329 BGB. Prinzipiell kann der Vertrag formfrei, d.h. auch mündlich geschlossen werden. In der Regel wird aber eine Patronatserklärung schriftlich vereinbart werden.

855 *Merkel/Tetzlaff*, in: Schimansky/Bunte/Lwowski, Bankrechts-Handbuch, 2011, § 98 Rz. 13; *Thurow*, BC 2011, 282, 283. In der Regel sind externe Patronatserklärungen nur an einzelne Schuldner gerichtet.

856 Da es sich bei Patronatserklärungen um Verträge sui generis handelt, kann die Leistungspflicht sowohl auf einen Betrag beschränkt sei als auch unbegrenzt gelten. Auch für die Wirkungsdauer und Kündbarkeit der Verpflichtung können individuelle Vereinbarungen getroffen werden.

857 *Merkel/Tetzlaff*, in: Schimansky/Bunte/Lwowski, Bankrechts-Handbuch, 2011, § 98 Rz. 15; *Wolf*, StuB 2011, 447, 450; *Raeschke-Kessler*, NZG 2010, 1361, 1361; *Horst*, DB 2013, 656, 661f.

858 BGH, Urteil v. 19.5.2011, IX ZR 9/10 (KG), NZI 2011, 536, Tz. 22.

Patronatserklärung eignet sich deshalb nur, um die Kreditwürdigkeit einer Gesellschaft zu unterstreichen, nicht aber um eine drohende Insolvenz abzuwenden.[859]

Für die Beseitigung einer bereits eingetretenen Zahlungsunfähigkeit i. S. d. § 17 InsO ist die Beseitigung des Insolvenzgrundes – die Einstellung der Zahlungen – unumgänglich.[860] Neben der bloßen Zusage der Ausstattung mit neuen Mitteln durch einen Patron müssen die Zahlungen deshalb tatsächlich wieder aufgenommen werden.[861] Aus diesem Grund ist die tatsächliche Ausstattung mit entsprechenden Kapitalien zwingend, sodass ausreichend Liquidität für die Beseitigung des Zahlungsstaus vorhanden ist.[862]

Für die Abwendung einer Überschuldung ist nur eine werthaltige harte interne Patronatserklärung geeignet, da sie der Schuldnerin einen in der Überschuldungsbilanz aktivierbaren Anspruch einräumt.[863] Die Erklärung muss aber zumindest mit einem Rangrücktritt[864] kombiniert werden, da ansonsten bei Leistung durch den Patron eine entsprechende Regressverbindlichkeit[865] beim Schuldner zu berücksichtigen wäre.[866]

3. Ebene des Schuldners

3.1 Handelsrechtliche Erfassung beim Schuldner

Die Abgabe einer internen harten Patronatserklärung hat zunächst keine Konsequenzen für die Handelsbilanz des Schuldners. Wird die interne harte Patronatserklärung als Sanierungsinstrument genutzt, hängen deshalb deren Rechtsfolgen nach Leistung der Patronatsverpflichtung vom zusätzlich genutzten Sanierungsinstrument ab.[867]

---

859 *Horst*, DB 2013, 656, 662.

860 Vor der tatsächlichen Zahlungsunfähigkeit ist eine Liquiditätszusage ausreichend für die Abwendung der Insolvenz, soweit der Patron auch tatsächlich in der Lage und gewillt ist eine solche Zahlung zu leisten. BGH, Beschluss v. 17.9.2009, IX ZR 103/07, BeckRs 2009, 26574; BGH, Urteil v. 19.5.2011, IX ZR 9/10 (KG), NZI 2011, 536; *Ziemons*, GWR 2009, 411; *Merkel/Tetzlaff*, in: Schimansky/Bunte/Lwowski, Bankrechts-Handbuch, 2011; *Thurow*, BC 2011, 282, 282.

861 *Merkel/Tetzlaff*, in: Schimansky/Bunte/Lwowski, Bankrechts-Handbuch, 2011, § 98 Rz. 19.

862 *Thies*, in: CMS Hasche Sigle, Steueroptimierte Gestaltungen, 2013, 337.

863 *Ziemons*, GWR 2009, 411; BGH, Urteil v. 19.5.2011, IX ZR 9/10, NZI 2011, 536; *Commandeur/Kappstein*, NZG 2011, 857, 857.

864 Zu den Folgen siehe Kap. D.VI.

865 Als Alternative kann der Patron auf seine Regressforderung verzichten. Diese Vorgehensweise wäre ebenso zielführend für die Abwendung der Insolvenz und der Eignung der harten internen Patronatserklärung als Sanierungsinstrument. In diesem Fall treten die Folgen eines Forderungsverzichts ein. Siehe dazu Kap. Kap. D.V.

866 *Ziemons*, GWR 2009, 411; *Wolf*, StuB 2011, 447, 451; *Merkel/Tetzlaff*, in: Schimansky/Bunte/Lwowski, Bankrechts-Handbuch, 2011, § 98 Rz. 18.

867 *Rühland*, in: Kahlert/Rühland, Sanierungs- und Insolvenzsteuerrecht, 2011, Sanierungsmaßnahmen und die Steuerfolgen für die GmbH, 70; *Thies*, in: CMS Hasche Sigle, Steueroptimierte Gestaltungen, 2013, 338.

Schließlich ist eine tatsächliche Entlastung erst durch die Kombination der Patronatserklärung mit einem Forderungsverzicht oder einem Rangrücktritt möglich.[868] Andernfalls steht dem Freistellungsanspruch ein korrespondierender Regressanspruch des Patrons in der Überschuldungsbilanz gegenüber, sodass keine Entschuldung eintritt.[869]

3.2 Ertragsteuerliche Konsequenzen beim Schuldner

Grundsätzlich ist die Gewährung einer harten internen Patronatserklärung beim Schuldner steuerneutral. Soweit im Zusammenhang mit der Patronatserklärung ein Forderungsverzicht ausgesprochen wird, richten sich die steuerlichen Folgen nach dem Forderungsverzicht. Der werthaltige Teil der Forderung ist als verdeckte Einlage außerbilanziell zu korrigieren.[870] In Höhe des nicht werthaltigen Teils entsteht unterdessen ein Buchgewinn, der grundsätzlich voll steuerpflichtig ist.[871] Die Anwendung des Sanierungserlasses kommt infrage, soweit weitere Voraussetzungen erfüllt sind.[872]

Wird die Patronatserklärung zur Vermeidung der Überschuldung mit einem Rangrücktritt kombiniert, richten sich die steuerlichen Konsequenzen nach denen des Rangrücktritts. Die Verbindlichkeit, für die ein Rangrücktritt vereinbart wurde, ist gegebenenfalls ertragswirksam nach § 5 Abs. 2a EStG auszubuchen.[873]

4. Ebene des Patrons

4.1 Handelsrechtliche Erfassung beim Patron

Die Abgabe einer harten Patronatserklärung findet in der Bilanz des Patrons zunächst keine Beachtung.[874] Eine harte Patronatserklärung ist allerdings gem. § 251 i. V. m. § 268 Abs. 7 HGB als Haftungsverhältnis im Anhang oder unterhalb der Bilanz anzugeben.[875]

Eine Verbindlichkeitsrückstellung für die Patronatserklärung ist für handelsrechtliche Zwecke hingegen erst auszuweisen, wenn eine Inanspruchnahme des Patronaten ernsthaft droht.[876] Zusätzlich zur Berücksichtigung der Rückstellung hat

---

868 *Wolf*, StuB 2011, 447, 450f.

869 *Förschle/Heinz*, in: Budde/Förschle/Winkeljohann, Sonderbilanzen, 2008, Rz. 79; *Rühland*, in: Kahlert/Rühland, Sanierungs- und Insolvenzsteuerrecht, 2011, Sanierungsmaßnahmen und die Steuerfolgen für die GmbH, 69.

870 Im Einzelnen siehe Kap. Kap. D.V.3.2.

871 BFH, Beschluss v. 9.6.1997, GrS 1/94, BStBl II 1998, 307.

872 Im Einzelnen Kap. C.IV.

873 Im Einzelnen siehe Kap. D.VI.3.2.

874 *Thies*, in: CMS Hasche Sigle, Steueroptimierte Gestaltungen, 2013, 337.

875 *Horst*, DB 2013, 656, 662.

876 *Horst*, DB 2013, 656, 662; *Thies* und *Schubert* gehen davon aus, dass eine Ausweis erst im Zeitpunkt der Inanspruchnahme zulässig ist. *Thies*, in: CMS Hasche

der Patronat einen Erstattungsanspruch gegen den Originärschuldner zu erfassen. Allerdings ist die Rückforderung auf ihre Werthaltigkeit zu überprüfen und in der Krise regelmäßig auf den beizulegenden Wert abzuschreiben.

4.2 Ertragsteuerliche Konsequenzen beim Patron

4.2.1 Steuerverstrickte Beteiligung

Weil Patronatserklärungen als Sicherungsmittel den Bürgschaftsversprechen ähneln, entsprechen sich die steuerlichen Folgen bei einem Anteilseigner i. S. d. § 17 EStG.[877] Fällt der Anteilseigner nicht unter das Kleinanlegerprivileg im Sinne des § 39 Abs. 1 Nr. 5 i. V. m. Abs. 5 InsO (Beteiligung < 10 %), sind die Verluste aus der Abschreibung der Regressverbindlichkeit als nachträgliche Anschaffungskosten zu berücksichtigen.[878] Die bloße Hingabe einer Patronatserklärung begründet hingegen keine nachträglichen Anschaffungskosten auf die Beteiligung.[879]

4.2.2 Beteiligung im Betriebsvermögen

In der Sanierung wird ein Regressanspruch des Patrons gegen seinen Protegé regelmäßig im Wert gemindert sein. Deshalb ist grundsätzlich eine Teilwertabschreibung nach der Wertüberprüfung angezeigt. Diese kann bei Beteiligungen im Betriebsvermögen grundsätzlich in voller Höhe aufwandswirksam geltend gemacht werden.[880]

Wird die interne harte Patronatserklärung als Sanierungsinstrument genutzt, hängen die Rechtsfolgen nach Leistung der Patronatsverpflichtung vom zusätzlich genutzten Sanierungsinstrument ab. Schließlich ist eine tatsächliche Entlastung erst durch die Kombination mit einem Forderungsverzicht oder einem Rangrücktritt möglich.[881] Deshalb wird auf die Ausführungen zu diesen Sanierungsinstrumenten verwiesen.

4.2.3 Beteiligung durch Kapitalgesellschaften

Kapitalgesellschaften, die als Protegé den Beschränkungen des § 8b Abs. 3 S. 4ff. KStG unterliegen, begeben mit einer Patronatserklärung ein Sicherungsmittel. Werden sie

---

Sigle, Steueroptimierte Gestaltungen, 2013, 337; *Schubert*, in: Fröschle/Grottel/Schmidt/u.a., Beck'scher Bianzkommentar, 2014, § 249 Rz. 100.

877 *Körner*, in: Köhler/Göbel/Körner, Handbuch Unternehmensfinanzierung, 2013, 141.

878 BMF-Schreiben v. 21.10.2010, IV C 6 – S 2244/08/10001, BStBl I 2010, 832.

879 FG-Düsseldorf, Urteil v. 17.7.1996, 14 K 2511/92 E, EFG 1996, 1035.

880 BFH, Urteil v. 18.4.2012, X R 5/10, BStBl II 2013, 785; BFH, Urteil v. 18.4.2012, X R 7/10, BStBl II 2013, 791; BMF-Schreiben v. 23.10.2013, IV C 6 – S 2128/07/10001, BStBl I 2013, 1269 Tz. 18.

881 *Wolf*, StuB 2011, 447, 450f.; *Horst*, DB 2013, 656, 662; *Thies*, in: CMS Hasche Sigle, Steueroptimierte Gestaltungen, 2013, 337. Siehe zur jeweiligen Behandlung Kap. D.V und D.VI.

daraus in Anspruch genommen, sind im Zusammenhang stehende Teilwertabschreibungen auf die Regressforderungen oder ein Aufwand aus einem anschließenden Verzicht auf diese nicht gewinnmindernd zu berücksichtigen. Ein Gegenbeweis dürfte regelmäßig im Sanierungszeitpunkt nicht gelingen.

5. Einordnung in das Zielsystem

Patronatserklärungen bedürfen weder der Einhaltung bestimmter formalrechtlicher Anforderungen, noch ist eine Zustimmung von Dritten erforderlich. Hinsichtlich des Ziels, ob eine Maßnahme die Zustimmung anderer Stakeholder bedarf, ist die Patronatserklärung deshalb positiv zu bewerten. Aus diesem Grund lässt sich eine Patronatserklärung unter Zeitdruck umsetzen.

Patronatserklärungen eignen sich grundsätzlich nicht zur Vermeidung der Insolvenzeröffnung nach § 17 InsO, falls der Patron es unterlässt Liquidität bereitzustellen. Vielmehr sind die Zahlungen auch tatsächlich wieder aufzunehmen, damit eine Insolvenz aufgrund von Zahlungsunfähigkeit abgewendet werden kann. Allerdings können harte interne Patronatserklärungen der Ausweitung der Kreditlinie dienen, da der Patron für die Verbindlichkeit einsteht.

Die Patronatserklärung für sich genommen, führt nicht zur Entschuldung des Sanierenden. Regelmäßig entsteht dem Patron bei Inanspruchnahme eine Regressforderung. Folglich wechselt lediglich der Gläubiger. Deswegen sind alle Patronatserklärungen als isolierte Maßnahme zur Schuldenkonsolidierung ungeeignet.

Zur Abwendung einer Überschuldung muss eine harte interne Patronatserklärung mindestens mit einem Rangrücktritt für die Regressforderung kombiniert werden. Andernfalls ersetzt die Regressforderung wertgleich, die in der Überschuldungsbilanz nicht mehr zu berücksichtigende Originärschuld, sodass eine Entlastung nicht eintritt. Externe oder weiche Patronatserklärungen sind hingegen völlig ungeeignet zur Abwendung der Überschuldung des Originärschuldners.

In der Handelsbilanz des Krisenunternehmens ist die Patronatserklärung zunächst nicht zu bilanzieren. Tilgt der Patron eine Verbindlichkeit, wird diese durch einen Regressanspruch des Patrons beim Originärschuldner ersetzt. Die Erklärung einer harten internen Patronatserklärung vollzieht sich folglich als Tausch von Verbindlichkeiten.

Die Patronatserklärung ist beim in die Krise geratenen Unternehmen steuerneutral, weil kein Sanierungsgewinn entsteht. Zudem fehlt es an einem Erwerb von Anteilen i. S. d. § 8c Abs. 1 S. 1 und 2 KStG. Ein Verlustuntergang tritt deshalb nicht ein. Sollte die Patronatserklärung mit einem anderen Sanierungsinstrument kombiniert werden, hängen die Rechtsfolgen vom zusätzlich gewählten Instrument ab.

Patronatserklärungen haben keinen Einfluss auf das Entstehen der Fremdkapitalvergütungen. Auch an der Abzugsfähigkeit von Fremdkapitalzinsen als Betriebsausgaben, die der Patron zunächst ausgleicht, ändert sich auf Ebene des Originärschuldners nichts. Schließlich werden die entrichteten Zinsen Teil der Regressforderung, sodass die entsprechenden Grundsätze anzuwenden sind.

Patronatserklärungen bedingen keine besondere Rechtsunsicherheit bei deren Abschluss, soweit sie betragsmäßig begrenzt werden.[882] Deshalb und durch den hohen Grad an Unabhängigkeit, den die Maßnahme bietet, ist sie für den Steuerplaner hilfreich, bspw. um die Werthaltigkeit einer Verbindlichkeit wiederherzustellen. Das Instrument kann dabei unabhängig von leistungswirtschaftlichen Maßnahmen eingesetzt werden, weil lediglich eine Sicherheitsleistung von einem Dritten erbracht wird.

IV. Schuldbeitritt

Im Zuge eines Schuldbeitritts wird der bisherige Schuldner nicht aus seiner Schuldnerposition entlassen. Es tritt vielmehr ein weiterer Schuldner dem Schuldverhältnis bei, sodass Neu- und Originärschuldner gemeinsam für die Verpflichtungen einstehen.

Abbildung D-4: Schuldbeitritt[883]

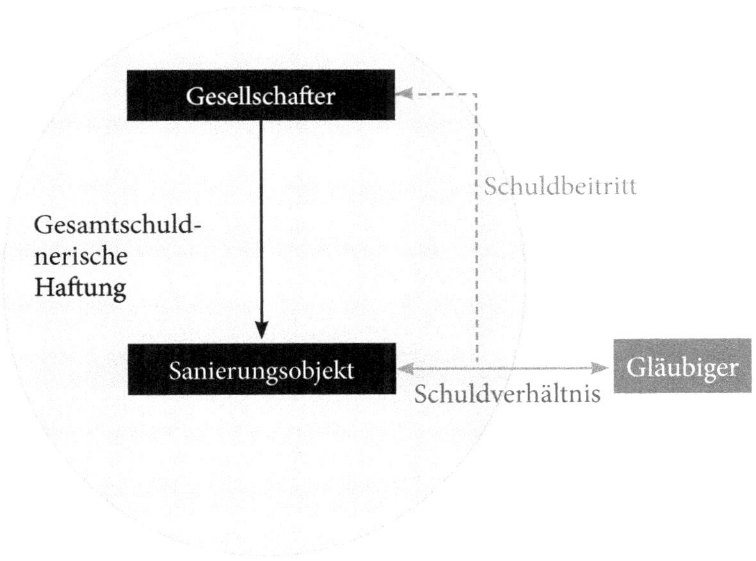

882 Zu Möglichkeiten der Begrenzung in betragsmäßiger und zeitlicher Hinsicht: *Dubs/Möhlmann-Mahlau*, StuB 2013, 685, 690.
883 Eigene Darstellung.

1. Zivilrechtliche Einordnung

Der Schuldbeitritt als Sanierungsmaßnahme wurde durch die Rechtsprechung entwickelt und basiert auf den allgemeinen Grundsätzen über Schuldverhältnisse nach § 311 BGB.[884] Zum Originärschuldner tritt demnach ein weiterer Schuldner (Zusatzschuldner) dem ursprünglichen Schuldverhältnis hinzu.[885] Die daraus hervorgehende Schuldnergemeinschaft haftet gegenüber dem Gläubiger gesamtschuldnerisch nach § 421ff. BGB.[886] Eine Reihenfolge für die Inanspruchnahme besteht nicht.[887] Im Innenverhältnis zwischen Altschuldner und Zusatzschuldner wird gewöhnlich ein Freistellungsanspruch des Altschuldners gegenüber dem Neuschuldner vereinbart, sodass Letzterer zum Ausgleich verpflichtet ist.[888] Insgesamt kann die Schuld aber nur einmal eingefordert werden.

Ob der Schuldbeitritt zwischen dem Gläubiger und dem Originärschuldner oder zwischen den Schuldnern selbst vereinbart wird, ist für dessen Wirksamkeit ohne Belang. Da sich die Position des Gläubigers zumindest nicht verschlechtert, kann auf eine Zustimmung des Gläubigers bei Vereinbarung zwischen Originär- und Neuschuldner verzichtet werden.[889]

2. Insolvenzrechtliche Aspekte

Für Zwecke der Abwendung einer Insolvenz wegen (drohender) Zahlungsunfähigkeit kann ein solventer Gesellschafter einer Schuld der Krisengesellschaft als

884 Erstmalig RG, Urteil v. 14.11.1904, VI 12/04, RGZ 59 1904, 232, 233.

885 Im Außenverhältnis entsteht demnach ein zusätzliches Schuldverhältnis zwischen Beitretendem und Gläubiger. *Prinz*, Ubg 2013, 52, 64; *Grüneberg*, in: Palandt, Bürgerliches Gesetzbuch, 2014, Überbl v § 414 Rz. 2.

886 *Wellisch/Bleckmann*, DB 2006, 120, 120; *Schmalenbach*, in: Eilers/Rödding/Schmalenbach, Unternehmensfinanzierung, 2008, 243; *Prinz*, FR 2011, 551, 556; *Eilers/Bühring*, Sanierungs-Steuerrecht, 2012, 77; *Thies*, in: CMS Hasche Sigle, Steueroptimierte Gestaltungen, 2013, 344; *Nobiling/Kraus*, Steueroptimierte Gestaltungen, in: CMS Hasche Siegel, 2013, 363; *Lechner/Haisch*, in: Köhler/Göbel/Körner, Handbuch Unternehmensfinanzierung, 2013, 679. Dem Schuldbeitritt kommt insbesondere bei der Auslagerung von Pensionsverpflichtungen eine bedeutende Rolle zu. Gemäß § 4 BetrAVG ist ein anderer Weg der Übertragung von Pensionsverpflichtungen aus arbeitsrechtlichen Gründen de facto ausgeschlossen. Der Schuldbeitritt ist deshalb zulässig, weil dieser den Arbeitgeber nicht aus der Verantwortung entlässt, sondern lediglich die Position des Arbeitnehmers durch den Hinzutritt eines weiteren Schuldners stärkt.

887 *Ott*, Steueroptimale Gestaltungen, 2013, 408. Im Innenverhältnis ist die Schuld grundsätzlich nach Köpfen zu verteilen, § 426 BGB. In Sanierungsfällen wird aber regelmäßig ein Freistellungsanspruch gegenüber dem Schuldner vereinbart.

888 Wird die Schuld von einem Schuldner erfüllt, ist der andere Schuldner in jedem Fall gegenüber dem Gläubiger von der Erfüllung seiner Schuld befreit. Siehe auch *Eilers/Bühring*, Sanierungs-Steuerrecht, 2012, 77.

889 *Prinz*, FR 2011, 445, 446; *Eilers/Bühring*, Sanierungs-Steuerrecht, 2012, 77.

Zusatzschuldner beitreten. In Konsequenz können die laufenden Zahlungsverpflichtungen aus dem Schuldverhältnis durch den Beitretenden erfüllt werden. Die Eröffnung der Insolvenz nach § 17 InsO kann folglich verhindert werden.

Der Schuldbeitritt führt nicht dazu, dass die Verbindlichkeit im Überschuldungsstatus i. S. d. § 19 InsO nicht mehr zu berücksichtigen ist. Schließlich besteht das Schuldverhältnis fort. Allerdings ist bei ausreichender Solvenz des hinzutretenden Schuldners ein Freistellungsanspruch zu aktivieren, sodass mit einer Entlastung in Höhe des werthaltigen Freistellungsanspruchs zu rechnen ist. Folglich verbessert der Schuldbeitritt das Bild der Überschuldungsbilanz nachhaltig, wenn der Beitretende über ausreichende Solvenz verfügt.

3. Ebene des Originärschuldners

3.1 Handelsrechtliche Erfassung beim Originärschuldner

Durch den Schuldbeitritt wird der Originärschuldner zwar nicht aus seiner rechtlichen Erfüllungspflicht gegenüber dem Gläubiger entlassen, wirtschaftlich belastet ihn die Verbindlichkeit aber mit an Sicherheit grenzender Wahrscheinlichkeit nicht mehr, soweit der solventer Zusatzschuldner eine Erfüllungsverpflichtung zugesagt hat.[890] Durch Letztere kann der Originärschuldner den Neuschuldner zur Erfüllung der Originärverbindlichkeit in Höhe des Freistellungsanspruchs verpflichten.[891] In Konsequenz ist die Verbindlichkeit nach dem Substance-over-form-Grundsatz gegen Ertrag aus der Handelsbilanz auszubuchen, soweit eine Inanspruchnahme des Originärschuldners so gut wie ausgeschlossen ist.[892] Ein Vermerk des Schuldbeitritts unter der Bilanz ist aber nach § 251 HGB anzugeben, weil bei Zahlungsunfähigkeit des Beitretenden eine Erfüllung der Schuld erfolgen müsste.[893]

---

890 Andernfalls ist die Schuld weiterhin beim originären Schuldner zu passivieren. *Schmidt/Mielke*, Ubg 2009, 395, 397; *Hoffmann/Lüdenbach*, NWB Bilanzierung, 2012, § 246 Rz. 379; *Eilers/Bühring*, Sanierungs-Steuerrecht, 2012, 77.

891 Der Gläubiger hat keinen Anspruch auf eine Erfüllung durch den Originärschuldner. Begleicht der Originärschuldner dennoch die Schuld (anteilig), entsteht ihm ein Anspruch gegenüber dem Beigetretenen. *Prinz*, FR 2011, 551, 557.

892 *Förschle/Heinz*, in: Budde/Förschle/Winkeljohann, Sonderbilanzen, 2008, Q. Rz. 77; *Schmidt/Mielke*, Ubg 2009, 395, 397; *Prinz*, FR 2011, 551, 556; *Ellrott/Rhiel*, in: Ellrott/Fröschle/Grottel/u.a., Beck'scher Bilanzkommentar, 2012, § 249, Rz. 220; *Eilers/Bühring*, Sanierungs-Steuerrecht, 2012, 77; BFH, Urteil v. 26.4.2012, IV R 43/09, DStR 2012, 1128. Ob der Schuldbeitritt gegen Entgelt erfolgt, ist für die Ausbuchung unerheblich. Gl. A. *Lechner/Haisch*, in: Köhler/Göbel/Körner, Handbuch Unternehmensfinanzierung, 2013, 679.

893 *Prinz*, FR 2011, 445, 557; *Hoffmann/Lüdenbach*, NWB Bilanzierung, 2012, § 246 Rz. 379; *Hillmer*, BC 2012, 279, 279; *Ott*, Steueroptimale Gestaltungen, 2013, 408; *Grottel/Haußer*, in: Fröschle/Grottel/Schmidt/u.a., Beck'scher Bilanzkommentar, 2014, § 251 HGB Rz. 33.

3.2 *Ertragsteuerliche Konsequenzen beim Originärschuldner*

Aus steuerbilanzieller Sicht ist die Verpflichtung auf Basis der maßgebenden Handelsbilanz nach § 5 Abs. 1 S. 1 EStG ebenfalls in Höhe des Nominalwerts der Verbindlichkeit ertragswirksam aufzulösen.[894] Ein gegebenenfalls vereinbarter Preis für den Schuldbeitritt ist gegenzuzeichnen. Letzteres wird im Falle der Krise jedoch häufig nicht möglich sein, da es an entsprechenden finanziellen Mitteln beim Originärschuldner fehlt.[895]

Der außerordentliche Ertrag, der durch den Wegfall der Verbindlichkeit entsteht, ist grundsätzlich voll steuerpflichtig. Soweit die Voraussetzungen für die Anwendung des Sanierungserlasses vorliegen, kommt eine Steuerfreiheit infrage.[896]

4. Ebene des hinzutretenden Schuldners

4.1 *Handelsrechtliche Erfassung beim hinzutretenden Schuldner*

Der hinzutretende Schuldner hat die Verbindlichkeit, der er beigetreten ist, aufwandswirksam in seine Handelsbilanz einzubuchen. Mit welcher Höhe die Verbindlichkeit zu erfassen ist, richtet sich nach den allgemeinen Grundsätzen des § 253 Abs. 1 S. 2 HGB, sodass regelmäßig eine Berücksichtigung mit Erfüllungsbetrag (Nominalwert) angezeigt ist. Rückstellungen, für die ein Schuldbeitritt vereinbart wurde, sind mit ihrem wahrscheinlichen Erfüllungsbetrag beim hinzutretenden Schuldner zu bilanzieren.[897]

---

894 Für einen eventuell resultierenden Gewinn kann ein Erlass bzw. die vorab stattfindende Stundung für einen Sanierungsgewinn i. S. d. BMF-Schreiben v. 27.3.2003, IV A 6 – S 2140 – 8/03, BStBl I 2003, 240 beantragt werden. *Eilers/Bühring*, Sanierungs-Steuerrecht, 2012, 78.

895 Für den Fall, dass es sich um den Schuldbeitritt um eine Verbindlichkeit handelt, die in der Steuer- und Handelsbilanz unterschiedlich anzusetzen ist, ergeben sich hieraus stille Lasten. Eine solche Differenz rührt zum Beispiel aus den Ansatzdifferenzen nach § 5 Abs. 2a EStG, § 5 Abs. 3 EStG, § 5 Abs. 4 EStG, § 5 Abs. 4a EStG, § 5 Abs. 4b EStG und § 6a Abs. 1 und 2 EStG. Daraus resultierende Bewertungsdifferenzen konnten bis zur Neuregelung des § 5 Abs. 7 EStG und des § 4f EStG aufwandswirksam durch entgeltliche Übertragungen gehoben werden, weil der Übernehmende den Ansatzbeschränkungen nicht unterlag. Siehe dazu: BFH, Urteil v. 16.12.2009, I R 102/08, BStBl II 2011, 566; *Prinz*, FR 2011, 551, 551ff.; BFH, Urteil v. 26.4.2012, IV R 43/09, DStR 2012, 1128; BFH, Urteil v. 12.12.2012, I R 69/11, BFH/NV 2013, 840. Im Zuge der Neuregelung ist eine aufwandswirksame Hebung der stillen Lasten nur noch eingeschränkt möglich. Der daraus resultierende Aufwand ist nur zeitlich gestreckt über 15 Jahre als Betriebsausgabe abzugsfähig. *Prinz*, Ubg 2013, 52, 57ff; *Förster/Staaden*, Ubg 2014, 1, 1.

896 *Lechner/Haisch*, in: Köhler/Göbel/Körner, Handbuch Unternehmensfinanzierung, 2013, 679.

897 *Grottel/Rhiel*, in: Förschle/Grottel/Schmidt/u.a., Beck'scher Bilanzkommentar, 2014, § 249 Rz. 220.

4.2 Ertragsteuerliche Konsequenzen beim hinzutretenden Schuldner

Weil der Zusatzschuldner für die gesamte Verbindlichkeit einstehen muss, entspricht die Höhe des Schuldbeitritts dem Nennwert der Schuld im Zeitpunkt des Beitritts.[898] Infolge ist beim (bilanzierenden) Zusatzschuldner die Verbindlichkeit mit ihren Anschaffungskosten aufwandswirksam einzubuchen. Sollte die Verbindlichkeit unentgeltlich übernommen werden, ist diese mit ihrem Erfüllungsbetrag zu erfassen.

Sollte eine entgeltliche Übertragung einer Verbindlichkeit erfolgt sein, ist für Verpflichtungen, die steuerbilanziellen Passivierungsbeschränkungen unterliegen, die Sonderregelung des § 5 Abs. 7 S. 2 EStG zu beachten.[899] Demnach ist eine Verpflichtung am Abschlussstichtag nach der Übernahme so zu bilanzieren, als ob die Ansatz- und/oder Bewertungsbeschränkungen des Schuldners auch für den Beitretenden gelten würden, § 5 Abs. 7 S. 1 EStG.[900] Da der Erwerbsvorgang zunächst steuerneutral zu Anschaffungskosten erfolgt,[901] anschließend jedoch ein niedrigerer Wert am Abschlussstichtag auszuweisen ist, entsteht in Höhe des Unterschiedsbetrags ein voll steuerpflichtiger außerordentlicher Ertrag. Dieser Ertrag kann aber nach § 5 Abs. 7 S. 5 EStG zu vierzehn Fünfzehntel in eine gewinnmindernde Rücklage eingestellt werden, welche innerhalb der nächsten 15 Jahre gewinnerhöhend aufzulösen ist. Wurde die Verpflichtung vor dem 14.12.2011 übernommen, ist die Rücklage in Höhe von 19/20 zu bilden und über das Wirtschaftsjahr und die nachfolgenden 19 Jahre aufzulösen, § 52 Abs. 14a S. 3 EStG.[902] Sollte die Verpflichtung vor Ablauf des Auflösezeitraums erlöschen, ist die Rücklage gewinnerhöhend aufzulösen.[903]

5. Einordnung in das Zielsystem

Im Zuge des Schuldbeitritts verschlechtert sich weder die Position des Gläubigers noch die der anderen Stakeholder, weshalb die Maßnahme keiner Zustimmung bedarf.[904] In Kombination mit der geringen Komplexität ist der Schuldbeitritt folglich zeitnah umzusetzen.

---

898 *Eilers/Bühring*, Sanierungs-Steuerrecht, 2012, 77; *Ott*, Steueroptimale Gestaltungen, 2013, 408.

899 Zum Hintergrund siehe: BFH, Urteil v. 16.12.2009, I R 102/08, BStBl II 2011, 566; BFH, Urteil v. 14.12.2011, I R 72/10, BFH/NV 2012, 635; *Prinz*, Ubg 2013, 52, 57ff.

900 *Benz/Placke*, DStR 2013, 2653, 2658; *Förster/Staaden*, Ubg 2014, 1, 8.

901 Der Anschaffungsvorgang selbst muss steuerneutral bleiben. *Prinz*, Ubg 2013, 52, 70; *Günkel*, BB 2013, 1001, 1005; *Schlotter*, FR 2013, 608, 616; *Adrian/Fey*, StuB 2013, 404, 408; *Förster/Staaden*, Ubg 2014, 1, 8.

902 *Förster/Staaden*, Ubg 2014, 1, 9.

903 BT-Drs.-18/68, 76; *Benz/Placke*, DStR 2013, 2653, 2660; *Förster/Staaden*, Ubg 2014, 1, 9.

904 *Schlotter/Pinkernell*, FR 2011, 689, 691. Zur Relevanz bei Pensionsverpflichtungen *Wellisch/Bleckmann*, DB 2006, 120, 120.

Das Hinzutreten eines Gesellschafters in ein bestehendes Schuldverhältnis eignet sich regelmäßig dazu, die Insolvenz aufgrund von Zahlungsunfähigkeit abzuwenden. Schließlich wird der Schuldbeitritt mit einem Freistellungsanspruch kombiniert, sodass der Hinzutretende für aufkommende Zahlungsverpflichtungen aus dem Schuldverhältnis einsteht. Allerdings kontaktiert der entstehende Sanierungsgewinn zumindest z. T. die Abwendung der Zahlungsunfähigkeit, weil dem Krisenunternehmen die Zahlung eines Steuerbetrags droht.

Durch die gesamtschuldnerische Haftung bei einem Schuldbeitritt tritt zunächst keine Entschuldung des Originärschuldners ein. Allerdings hat dieser einen im Wert korrespondierenden Freistellungsanspruch zu erfassen, falls der Hinzutretende ausreichend solvent ist. Deshalb eignet sich die Maßnahme indirekt zur Entschuldung. Dank dieses Umstandes kann der Insolvenzeröffnungsgrund der Überschuldung durch einen Schuldbeitritt beseitigt werden.

Da der Originärschuldner durch die Schuld nicht mehr belastet ist, ist diese in der Handelsbilanz auszubuchen, weshalb sich die Bilanzkennzahlen nachhaltig verbessern. Infolge der handelsrechtlichen Ausbuchung gegen Ertrag ist für steuerliche Zwecke ein Sanierungsgewinn in Höhe des Nennbetrags der Verbindlichkeit zu erfassen. Dieser kann unter den Voraussetzungen des Sanierungserlasses von der Körperschaftsteuer befreit sein. Für die Gewerbesteuer sind Verhandlungen mit den jeweiligen Gemeinden zu führen.

Durch einen Schuldbeitritt bleibt die Eigentümerstruktur der Krisengesellschaft unangetastet, weswegen keine Gefahr besteht, dass Verluste oder Zinsvorträge durch die Maßnahme nach § 8c KStG untergehen. Bis zum Sockelbetrag von einer Mio. € sind Verluste mit dem entstehenden Sanierungsgewinn zu verrechnen. Darüber hinaus ist die Mindestbesteuerung zu beachten, falls eine Begünstigung nach dem Sanierungserlass nicht infrage kommt. Die mit dem Sanierungsgewinn verrechneten Verluste leben nicht wieder als Aufwandspotenzial auf, sodass zwar unter dem Regime des Sanierungserlasses kein Buchgewinn in Höhe der verrechneten Verluste zu versteuern ist, jedoch das Verlustverrechnungspotenzial endgültig verbraucht ist.

Für den Hinzutretenden ist das Risiko der Schuldübernahme klar begrenzt. Dieses bezieht sich ausschließlich auf die Verbindlichkeiten, für die der Schuldbeitritt ausgesprochen wurde. Unsicherheiten hinsichtlich der genauen Höhe der Schuld können sich allerdings aus der Übernahme von Rückstellungen ergeben, falls Risiken nicht hinreichend genau bewertet werden können.

Der Hinzutretende hat die Schuld aufwandswirksam zu erfassen, weswegen sich seine steuerliche Bemessungsgrundlage grundsätzlich mindert. Auch die laufenden Zahlungen an den Gläubiger, die auf die Schuld zu leisten sind, sind als Aufwand zu behandeln.

Ein Schuldbeitritt kann rechtssicher gestaltet werden. Weil der Schuldbeitritt losgelöst von anderen Maßnahmen durchgeführt werden kann, ist ein hoher Flexibilitäts- und Autonomiegrad der Maßnahme anzunehmen. Allerdings ist durch das Entstehen eines Sanierungsgewinns eine Abstimmung mit zunächst durchzuführenden Verlustverwertungsstrategien notwendig. Andernfalls würden in Höhe des verrechenbaren Sanierungsgewinns Verluste verbraucht.

V. Forderungsverzicht

Der Forderungsverzicht ist ein zentrales Element vieler Sanierungskonzepte. Ohne einen zumindest teilweisen Schuldenerlass - gegebenenfalls gegen Besserungsschein - sind die Erfolgsaussichten einer Restrukturierung des Unternehmens gering. Die erdrückende Schuldenlast würde letzten Endes dazu führen, dass große Teile neu beschaffter Eigenkapitalmittel für die Schuldentilgung verwendet werden müssten und damit nicht für Umstrukturierungsanstrengungen zur Verfügung stehen. Zudem werden potenzielle Investoren oftmals nicht bereit sein, der in die Krise geratenen Gesellschaft Mittel zur Verfügung zu stellen, soweit die (Gesellschafter-) Gläubiger nicht auf einen Teil ihrer Forderungen verzichten.

Abbildung D-5: Forderungsverzicht[905]

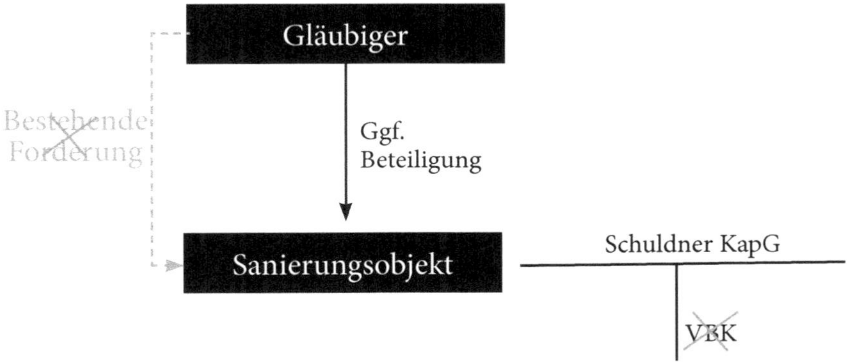

1. Zivilrechtliche Einordnung

1.1 Erlass und negatives Schuldanerkenntnis

Beim Forderungsverzicht handelt es sich rechtstechnisch um einen Erlassvertrag i. S. d. § 397 Abs. 1 BGB.[906] Durch diesen erklärt der Gläubiger per Vertrag,[907] dass er auf eine bestehende Forderung gegen den Schuldner verzichtet.[908] Der Abschluss

---

905 Eigene Darstellung. Angelehnt an *Eilers/Bühring*, Sanierungs-Steuerrecht, 2012, 59.

906 *Herlinghaus*, Forderungsverzicht und Besserungsschein zur Sanierung von Kapitalgesellschaften, 1994, 5; *Gerl*, Steuergestaltung in Unternehmenskrisen zgl. Diss. Univ. Regensburg, 1997, 101; *Hess/Reeh*, in: Hess, Sanierungshandbuch, 2013, 467, 493; *Kramer/Peter*, Insolvenzrecht, 2014, 39.

907 Ein einseitiger Verzicht auf eine Forderung ist zivilrechtlich nicht möglich. *Knebel*, DB 2009, 1094, 1094.

908 Für steuerliche Zwecke ist eine einseitige Verzichtserklärung auf eine Forderung wohl analog zu behandeln. Nach § 41 Abs. 1 S. 1 AO ist eine zivilrechtlich unwirksame

einer solchen Vereinbarung führt zur Auflösung des zugrunde liegenden Schuldverhältnisses, weshalb sowohl die Forderung als auch die korrespondierende Verbindlichkeit als erloschen gelten.[909] Der Verzicht kann sich auch nur auf einen Teilbetrag einer Verbindlichkeit beziehen.[910]

Der Erlassvertrag unterliegt keinerlei Formzwang.[911] Es muss jedoch klar und unmissverständlich sein, dass ein Erlassvertrag abgeschlossen werden soll. Jegliche Vermutung ist in diesem Zusammenhang unzulässig.[912] Alternativ zum Erlassvertrag kann ein negatives Schuldanerkenntnis nach § 397 Abs. 2 BGB ausgesprochen werden.[913] Danach erkennt der Gläubiger vertraglich an, dass ein Schuldverhältnis nicht mehr besteht, sodass Forderung und Verbindlichkeit erlöschen.[914]

Gemeinsam mit dem Verzicht auf die Forderung erlöschen alle akzessorischen Sicherheiten, weil es am Grundgeschäft – dem Schuldverhältnis – fehlt.[915] Andere Sicherungsformen – d. h. Personalsicherheiten – erlöschen zwar nicht per se, da

---

Sachverhaltsrealisation für steuerliche Zwecke als durchgeführt zu behandeln, falls das wirtschaftliche Ergebnis eingetreten ist und bestehen soll. *Weber-Grellet*, BB 1995, 243, 244; *Pflugbeil*, Steuerliche Auswirkungen von Sanierungsmaßnahmen bei Kapitalgesellschaften: Forderungsverzicht des Anteilseigners mit und ohne Besserungsschein, Rangrücktrittsvereinbarung und andere Gestaltungsmöglichkeiten zgl. Diss Univ. Münster, 2006, 14.

909 *Gerl*, Steuergestaltung in Unternehmenskrisen zgl. Diss. Univ. Regensburg, 1997, 101; *Hoffmann*, DStR 2008, 857, 858; *Pohl*, DB 2008, 1531, 1531; *Rolf/Pankoke*, BB 2008, 2274, 2278. Durch Abschluss des Verzichts erlöschen auch sämtliche Zinsansprüche, welche aus dem Darlehensverhältnis resultieren.

910 *Demuth/Eberhard*, in: CMS Hasche Sigle, Steueroptimale Gestaltungen, 2013, 266.

911 *Demuth/Eberhard*, in: CMS Hasche Sigle, Steueroptimale Gestaltungen, 2013, 266. Berührt der Erlassvertrag gesetzliche Formvorschriften ist er formbedürftig. *Herlinghaus*, Forderungsverzicht und Besserungsschein zur Sanierung von Kapitalgesellschaften, 1994, 6. Eine schriftliche Niederlegung ist aber aus Beweisgründen anzustreben. *Uhlenbruck*, in: Schmidt/Uhlenbruck, GmbH in der Krise, Sanierung und Insolvenz, 2009 250.

912 BGH, Urteil v. 10.5.2001, VII ZR 356/00, NJW 2001, 2325.

913 BFH, Urteil v. 27.1.1998, VIII R 64/96, BStBl II 1998, 537; *Pflugbeil*, Steuerliche Auswirkungen von Sanierungsmaßnahmen bei Kapitalgesellschaften: Forderungsverzicht des Anteilseigners mit und ohne Besserungsschein, Rangrücktrittsvereinbarung und andere Gestaltungsmöglichkeiten zgl. Diss Univ. Münster, 2006, 13; *Fleischer*, Stbg 2009, 437, 438.

914 Der Sanierungserlass nennt ebenfalls das negative Schuldanerkenntnis als vergleichbar mit dem Forderungsverzicht. BMF-Schreiben v. 27.3.2003, IV A 6 – S 2140 – 8/03, BStBl I 2003, 240 Tz. 3. Siehe auch: *Blöse*, GmbHR 2003, 579, 579; *Strüber/Donath*, BB 2003, 2036, 2037; *Nolte*, NWB 2005, 3855, 3860; *Geist*, BB 2008, 2658, 2665; *Knebel*, DB 2009, 1094, 1096; *Ziegenhagen/Thieme*, Besteuerung in Krise und Insolvenz, 2010, 101; *Kirschner*, Wege aus der Krise zgl. Diss. TU Dresden, 2010, 37.

915 *Uhlenbruck*, in: Schmidt/Uhlenbruck, GmbH in der Krise, Sanierung und Insolvenz, 2009, 250.

es aber am Sicherungszweck fehlt, ist eine Aufhebung geboten.[916] Dies gilt unabhängig davon, ob ein Aufleben im Besserungsfall vereinbart wird.[917]

1.2 Forderungsverzicht mit Besserungsschein

Dritte werden sich nur unter der Bedingung auf einen Forderungsverzicht einlassen, dass auch die Gesellschafter und weitere Gläubiger ähnlichen Maßnahmen zustimmen, die sie wirtschaftlich in einem vergleichbaren Umfang belasten.[918] Andernfalls würde der Verzicht des Einen zu einer Begünstigung der anderen Gläubiger führen.[919] Zudem ist davon auszugehen, dass ein Verzicht nur ausgesprochen wird, soweit dieser die Insolvenz abwendet, weil die erloschene Verbindlichkeit nicht mehr in der Überschuldungsbilanz zu berücksichtigen ist.[920] Andernfalls erscheint ein Verzicht für einen Drittgläubiger nicht sinnvoll.[921]

Ein Dritter wird außerdem nur auf seine Forderung verzichten, wenn neben der Aussicht auf eine Besserung der Ertragslage der Gesellschaft, ein Aufleben der Forderung vereinbart wird (Forderungsverzicht mit Besserungsschein).[922] Deshalb ist die Vereinbarung eines bedingten Forderungsverzichts bei Drittgläubigern die Regel.[923]

---

916 *Eilers/Bühring*, Sanierungs-Steuerrecht, 2012, 60.

917 *Uhlenbruck*, in: Schmidt/Uhlenbruck, GmbH in der Krise, Sanierung und Insolvenz, 2009, 250.

918 Banken vergeben größere Darlehenssummen in der Regel nur, soweit eine ausreichende Sicherheit gestellt werden kann. Sollte die Sicherheit nach wie vor werthaltig sein, wird ein Verzicht ohne Bestellung einer dinglichen Sicherheit oder einer Bürgerschaftsübernahme nicht möglich sein. Siehe auch *Eilers/Bühring*, Sanierungs-Steuerrecht, 2012, 68f.

919 *Becker/Pape/Wobbe*, DStR 2010, 506, 507. Ein Gesellschafter profitiert hingegen in jedem Fall zumindest anteilig vom Forderungsverzicht, da er an künftigen Gewinnen partizipiert.

920 Voraussetzung für die Nichtberücksichtigung im Überschuldungsstatus ist, dass die Verbindlichkeit nicht bei Eintritt der Insolvenz wieder auflebt. Andernfalls muss eine Schuld, für die ein Forderungsverzicht mit Besserungsschein ausgesprochen wurde, auch im Überschuldungsstatus berücksichtigt werden. *Pflugbeil*, Steuerliche Auswirkungen von Sanierungsmaßnahmen bei Kapitalgesellschaften: Forderungsverzicht des Anteilseigners mit und ohne Besserungsschein, Rangrücktrittsvereinbarung und andere Gestaltungsmöglichkeiten zgl. Diss Univ. Münster, 2006, 143f.

921 Wird die Insolvenz durch den Verzicht abgewendet, kann der Gläubiger mit einer Schulderfüllung rechnen, auch wenn diese mit zeitlicher Verzögerung erfolgt. Im Falle der Insolvenzeröffnung ist die Befriedigung hingegen mindestens genauso unsicher wie bei einem Verzicht. Des Weiteren ist der Verzicht auch dann geboten, falls das in die Krise geratene Unternehmen ein wichtiger Partner ist, an dessen Fortbestand ein Interesse des Gläubigers besteht.

922 *Pohl*, DB 2008, 1531, 1531; *Eilers/Bühring*, Sanierungs-Steuerrecht, 2012, 69.

923 Die Besserungsabrede kann frei formuliert werden. Jedoch sind alle Vereinbarungen von vornherein klar und eindeutig zu regeln. Eine nachträgliche Anpassung einer Besserungsvereinbarung oder die nachträgliche Vereinbarung an sich, ist steuerlich

Der Forderungsverzicht wird in diesen Fällen mit einer Besserungsabrede, die eine auflösenden Bedingung gem. § 158 Abs. 2 BGB ist, verknüpft.[924] Wird ein Forderungsverzicht mit einem Besserungsschein verknüpft, bedarf die Erklärung der Schriftform.[925] Der Besserungsfall und das damit verbundene Aufleben der Forderung sind so zu behandeln, als ob ein Verzicht nie ausgesprochen worden wäre, § 158 Abs. 2 BGB.[926]

Wird ein Forderungsverzicht unter einer Besserungsvereinbarung abgeschlossen, partizipiert der Gläubiger am Erfolg der Sanierung, indem seine Forderung wieder auflebt.[927] Der Erlass einer Verbindlichkeit erfolgt also nur unter der Prämisse, dass sich die wirtschaftliche Lage der Gesellschaft nicht verbessert.[928] Aus zivilrechtlicher Sicht gilt die Forderung nach § 362 BGB aber auch unter einer Besserungsabrede als erloschen.[929]

---

nicht anzuerkennen. Sollte auf Basis einer nachträglichen Vereinbarung gehandelt werden, sind sämtliche daraus resultierende Zahlungen an einen Gesellschafter als Ausschüttung zu behandeln. Nicht zu empfehlen ist eine Vereinbarung, die sich an eher subjektiven Kriterien orientiert. Beispielsweise ist das Anknüpfen an „bessere Verhältnisse" oder eine „Nicht(mehr)-Beeinträchtigung des Geschäftsbetriebs" zu allgemein und deshalb äußerst streitanfällig. Eine Anknüpfung an bilanzielle Indikatoren ist sinnvoller, bspw. indem der Besserungsfall nach Erreichen einer bestimmten Eigenkapitalquote, eines Umsatzziels oder eines bestimmten Jahresüberschusses eintritt. Siehe dazu auch *Becker/Pape/Wobbe*, DStR 2010, 506, 507. Ausführlich zur Formulierung einer Besserungsabrede: *Herlinghaus*, Forderungsverzicht und Besserungsschein zur Sanierung von Kapitalgesellschaften, 1994, 107ff. Neben dem Aufleben der Forderung kann auch vereinbart werden, dass erlassene Zinsforderungen wieder entstehen. Der Gläubiger hat nach § 159 BGB die Möglichkeit die während des Verzichtszeitraums eigentlich entstandenen Zinsen nachzufordern.

924 *Pflugbeil*, Steuerliche Auswirkungen von Sanierungsmaßnahmen bei Kapitalgesellschaften: Forderungsverzicht des Anteilseigners mit und ohne Besserungsschein, Rangrücktrittsvereinbarung und andere Gestaltungsmöglichkeiten zgl. Diss Univ. Münster, 2006, 139; *Ziegenhagen/Thieme*, Besteuerung in Krise und Insolvenz, 2010, 95.

925 *Pflugbeil*, Steuerliche Auswirkungen von Sanierungsmaßnahmen bei Kapitalgesellschaften: Forderungsverzicht des Anteilseigners mit und ohne Besserungsschein, Rangrücktrittsvereinbarung und andere Gestaltungsmöglichkeiten zgl. Diss Univ. Münster, 2006, 140. Der Besserungsfall stellt ein Schuldanerkenntnis nach § 781 BGB dar. Kapitalgesellschaften sind von der Formerfordernis grundsätzlich befreit, jedoch wird es aus Beweisgründen außer Frage stehen, dass solche Verträge schriftlich niedergelegt werden.

926 *Lechner/Haisch*, in: Köhler/Göbel/Körner, Handbuch Unternehmensfinanzierung, 2013, 672.

927 *Becker/Pape/Wobbe*, DStR 2010, 506, 507; *Ziegenhagen/Thieme*, Besteuerung in Krise und Insolvenz, 2010, 95; *Rühland*, in: Kahlert/Rühland, Sanierungs- und Insolvenzsteuerrecht, 2011, Sanierungsmaßnahmen und die Steuerfolgen für die GmbH, 3.114.

928 *Benzel/Linzbach*, DStR 2009, 1599, 1600.

929 *Eilers/Bühring*, Sanierungs-Steuerrecht, 2012, 69; *Demuth/Eberhard*, in: CMS Hasche Sigle, Steueroptimale Gestaltungen, 2013, 266.

Abbildung D-6: Forderungsverzicht gegen Besserungsschein[930]

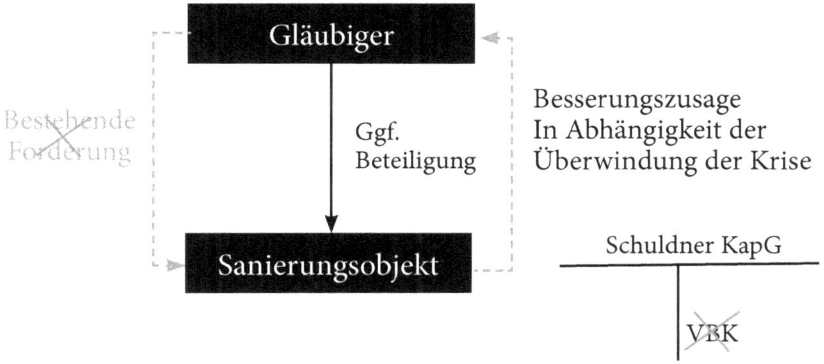

2. Insolvenzrechtliche Aspekte

Ein Forderungsverzicht gegen Besserungsschein, wirkt sich in mehrfacher Hinsicht auf die Insolvenzeröffnungsgründe aus. Durch den Wegfall des Schuldverhältnisses reduzieren sich zunächst die im Überschuldungsstatus zu berücksichtigenden Passiva. Dies gilt auch im Falle des Forderungsverzichts gegen Besserungsschein, weil die Haftungsmasse nicht durch die Schuld belastet ist, solange sich die wirtschaftliche Lage nicht gebessert hat. Eine Anmeldung der Insolvenz wegen Überschuldung i. S. d. § 19 InsO kann somit verhindert werden.[931]

Die Zahlungsfähigkeit einer Krisengesellschaft wird durch den Forderungsverzicht positiv beeinflusst, wenn auf anstehende Zahlungen verzichtet wird.[932] Zudem wird die Liquidität durch den Verzicht in der Zukunft weniger belastet, falls auf eine verzinsliche Schuld verzichtet wurde. Deshalb ist die Maßnahme prinzipiell geeignet eine Insolvenz wegen Zahlungsunfähigkeit zu verhindern.

3. Ebene des Schuldners

3.1 Handelsrechtliche Erfassung beim Schuldner

Verzichtet ein Gläubiger auf eine Forderung, entsteht aus handelsrechtlicher Sicht beim Schuldner durch den Wegfall des Passivpostens „Verbindlichkeit“[933] ein Ertrag

930 Eigene Darstellung.
931 *Wälzholz*, GmbH-StB 2006, 76, 80; *Benzel/Linzbach*, DStR 2009, 1599, 1599.
932 Der Forderungsverzicht eignet sich deshalb zur Abwendung der Insolvenz durch Zahlungsunfähigkeit nach § 17 InsO. *Becker/Pape/Wobbe*, DStR 2010, 506, 507.
933 BFH, Beschluss v. 9.6.1997, GrS 1/94, BStBl II 1998, 307. Buchung „Verbindlichkeit an außerordentlicher Ertrag“.

in Höhe des bisherigen Bilanzansatzes.[934] Dies gilt unabhängig davon, ob der Forderungsverzicht mit einem Besserungsschein verknüpft wird oder nicht.[935] Auf die Werthaltigkeit kommt es für handelsrechtliche Zwecke auf Ebene des Schuldners nicht an. Insoweit ergeben sich keine Unterschiede aus handelsrechtlicher Sicht gegenüber dem Forderungsverzicht ohne Besserungsabrede im Verzichtszeitpunkt.[936] Eine Rückstellung darf während des Verzichtszeitraums nicht gebildet werden.[937]

3.2 Ertragsteuerliche Konsequenzen beim Schuldner

Da die handelsrechtliche Qualifikation grundsätzlich für die steuerliche Beurteilung maßgebend ist, ist der Verzicht in der Steuerbilanz analog abzubilden, § 5 Abs. 1 S. 1 EStG.[938] Aus steuerbilanzieller Sicht bleibt es deshalb zunächst bei einem steuerpflichtigen außerordentlichen Ertrag in Höhe des Nominalwertes der Verbindlichkeit. Ob allerdings der Ertrag als solcher in die Bemessungsgrundlage eingeht, ist davon abhängig, ob der Forderungsverzicht betrieblich bedingt war oder gesellschaftsrechtlich veranlasst ist.[939]

3.2.1 Betrieblich veranlasster Verzicht oder Verzicht durch Dritten

Handelt es sich beim Verzichtenden weder um einen Gesellschafter noch um eine nahestehende Person, führt ein Forderungsverzicht beim Schuldner zu einem steuerpflichtigen Ertrag in Höhe des Nominalwertes der Verbindlichkeit. Dieser Sanierungsgewinn ist unter Umständen von der Besteuerung im Stundungs- und Erlassverfahren[940] auszunehmen.[941]

Verzichtet ein Gesellschafter auf seine Forderung, treten die gleichen Rechtsfolgen ein wie beim Verzicht eines Dritten, falls der Gesellschafter aus betrieblichen Gründen

---

934 Würde es sich beim Gläubiger nicht um einen Bilanzierenden handeln, wäre kein Ertrag zu erfassen. Im System der Einnahmen-Überschussrechnung wäre die Einbuchung der Verbindlichkeit bereits nicht erfasst worden. Siehe dazu auch *Paus*, EStB 2003, 433, 433; *Ekkenga*, Ubg 2009, 761, 761; *Ziegenhagen/Thieme*, Besteuerung in Krise und Insolvenz, 2010, 92.

935 *Pflugbeil*, Steuerliche Auswirkungen von Sanierungsmaßnahmen bei Kapitalgesellschaften: Forderungsverzicht des Anteilseigners mit und ohne Besserungsschein, Rangrücktrittsvereinbarung und andere Gestaltungsmöglichkeiten zgl. Diss Univ. Münster, 2006, 146.

936 *Knebel*, DB 2009, 1094, 1095.

937 *Knebel*, DB 2009, 1094, 1097; *Fleischer*, Stbg 2009, 437, 438; *Crezelius*, in: Schmidt/ Uhlenbruck, GmbH in der Krise, Sanierung und Insolvenz, 2009, 338; *Schwenker/ Fischer*, DStR 2010, 1117, 119, *Eilers/Bühring*, Sanierungs-Steuerrecht, 2012, 69.

938 Siehe auch *Kulosa*, in: Schmitt, EStG Kommentar, 2010, § 6 Rz. 451.

939 *Kroniger/Korb*, BB 2008, 2656, 2656.

940 BMF-Schreiben v. 27.3.2003, IV A 6 – S 2140 – 8/03, BStBl I 2003, 240.

941 Für Zwecke der Gewerbesteuer ist ein Antrag bei jeder Gemeinde zu stellen. Siehe Kap. C.IV.3.2.

auf die Schuld verzichtet.[942] Von einer betrieblichen Veranlassung ist regelmäßig auszugehen, wenn neben dem Gesellschafter auch andere Gläubiger in entsprechender Höhe auf ihre Forderung verzichten.[943] Eine betriebliche Veranlassung des Erlasses impliziert jedoch nicht unter allen Umständen, dass auch Außenstehende[944] auf ihre Forderung verzichten,[945] weil der Bedingung eine indizielle Wirkung zukommt.[946] Verfügen bspw. Banken über umfassende Sicherheiten werden sie nicht in gleichem Umfang wie andere Schuldner an einem Verzicht partizipieren. Schließlich ist ihre Rechtsposition eine andere, weil die Schulderfüllung auch im Falle einer eintretenden Insolvenz gesichert bleibt.[947] Gleiches gilt in Fällen, in denen es an anderen Gläubigern schlicht und ergreifend fehlt, weil nur Gesellschafter Fremdkapital zur Verfügung gestellt haben.

3.2.2 Verzicht causa societatis

Von einem Verzicht, der durch das Gesellschafter-Gesellschaftsverhältnis bedingt ist, ist auszugehen, soweit ein Nichtgesellschafter bei Anwendung der Sorgfalt eines gewissenhaften und ordentlichen Kaufmanns, den Vermögensvorteil an die Gesellschaft nicht gewährt hätte, R 40 Abs. 3 S. 2 KStR. Dies bedeutet, dass der Verzicht quasi ausschließlich zum Erhalt der Gesellschaft erfolgt ist, wohingegen die Rückzahlung der Schulden von untergeordneter Bedeutung für den Gläubiger scheint.[948] Wird ein Gesellschafter auf seine Forderung verzichten, ist regelmäßig damit zu rechnen, dass ein gesellschaftsrechtlicher Verzicht vorliegt.[949]

Erfolgt ein Verzicht aus gesellschaftsrechtlichen Gründen ist der in der Steuerbilanz erfasste Ertrag in Höhe des werthaltigen Teils, als verdeckte Einlage in die Schuldner-Kapitalgesellschaft zu qualifizieren.[950] Deshalb ist der werthaltige Teil der

---

942 *Gänsler*, Ubg 2013, 154, 155.

943 BFH, Urteil v. 31.7.1991, VIII R 23/89, BStBl II 1992, 375; BFH, Urteil v. 29.7.1997, VIII R 57/94, BStBl II 1998, 652; *Hölzle*, FR 2004, 1193, 1205f.; *Kroniger/Korb*, BB 2008, 2656, 2656; *Eilers/Bühring*, Sanierungs-Steuerrecht, 2012, 61.

944 Ein Schuldenerlass der Kleingläubiger in Erwartung einer Gegenleistung ist kein Indiz für einen nicht durch das Gesellschaftsverhältnis bedingten Schuldenerlass.

945 Die ältere BFH-Rechtsprechung ging in diesen Fällen von einer gesellschaftsrechtlichen Veranlassung aus. Vgl. BFH, Urteil v. 31.7.1991, VIII R 23/89, BStBl II 1992, 375 Tz. 2; BFH, Urteil v. 29.7.1997, VIII R 57/94, BStBl II 1998, 652, Tz. 1. Zur Gefahr der Schenkungsteuerpflicht, falls lediglich ein Teil der Gesellschafter verzichtet vgl. *Riedel*, NZI 2011, 577, 577ff.; *Eilers/Bühring*, FR 2012, 429, 431; *Horst*, DB 2013, 656, 657; *Blaas/Schwahn*, DB 2013, 2350, 2356; *Demuth/Eberhard*, in: CMS Hasche Sigle, Steueroptimale Gestaltungen, 2013, 267; *Gluth/Rund*, AO-StB 2014, S003, S015f.

946 FG-Hessen, Urteil v. 11.2.2010, 3 K 351/06, Steuk 2010, 345; *Förster*, Ubg 2010, 758, 759; FG-Sachsen-Anhalt, Urteil v. 14.11.2013, 6 K 1267/11, BeckRS 2014, 94587; *Blaas/Schwahn*, DB 2013, 2350, 2355.

947 *Eilers/Bühring*, Sanierungs-Steuerrecht, 2012, 61.

948 *Benz/Böing*, Ubg 2012, 440, 440; *Gänsler*, Ubg 2013, 154, 155.

949 *Helm/Krinninger*, DB 2005, 1989, 1991; *Kellersmann/Pannewig*, Ubg 2009, 848, 855.

950 BFH, Beschluss v. 16.5.2001, I B 143/00, BStBl II 2002, 436.

erlassenen Verbindlichkeit nach § 8 Abs. 3 S. 3 KStG außerbilanziell zu korrigieren.[951] Der Verzicht ist deshalb steuerneutral, soweit die Forderung voll werthaltig ist.[952] Die Höhe der verdeckten Einlage orientiert sich nach § 6 Abs. 1 S. 1 Nr. 5 S. 1 EStG am Teilwert.[953] Nach § 6 Abs. 1 Nr. 1 S. 3 i. V. m. Abs. 1 Nr. 2 S. 2 EStG ist der Teilwert einer Forderung der Anteil eines Kaufpreises, den ein Erwerber eines gesamten Betriebs einem einzelnen Wirtschaftsgut zurechnen würde.[954] Bei Ermittlung des Teilwerts ist von einer Fortführung des Betriebs auszugehen.[955]

Konkret ermittelt wird der Teilwert als fiktiver Wiederbeschaffungswert, basierend auf einer Zukunftsprognose. Entscheidend für die Bewertung einer Forderung, die erlassen werden soll, ist damit die Einschätzung über die künftige Zahlungsfähigkeit und -willigkeit des Schuldners sowie die Verzinslichkeit der Forderung.[956]

Von einer gänzlichen Wertlosigkeit ist auszugehen, falls die Gesellschaft bereits im Zeitpunkt des Verzichts wirtschaftlich überschuldet[957] oder zahlungsunfähig war.[958] In diesen Fällen entspricht die Differenz zwischen dem Nominalwert der Forderung und ihrem Teilwert dem gesamten Nominalwert. Folglich entsteht beim Schuldner ein steuerpflichtiger Ertrag in voller Höhe der Forderung.[959] Weil die Höhe des Teilwerts über den Umfang der (grundsätzlich) steuerneutralen Einlage

951 *Buth/Hermanns*, in: Buth/Hermanns, Restrukturierung Sanierung Insolvenz, 2009, § 16 Finanzwirtschaftliche Aspekte bei der Fortführung von Krisenunternehmen, Rz. 28; *Crezelius*, in: Schmidt/Uhlenbruck, GmbH in der Krise, Sanierung und Insolvenz, 2009, 335.

952 *Förster/Wendland*, GmbHR 2006, 169, 173f; *Kellersmann/Pannewig*, Ubg 2009, 848, 855; *Eilers/Bühring*, Sanierungs-Steuerrecht, 2012, 60.

953 BFH, Beschluss v. 9.6.1997, GrS 1/94, BStBl II 1998, 307; BFH, Beschluss v. 16.5.2001, I B 143/00, BStBl II 2002, 436; *Helm/Krinninger*, DB 2005, 1989, 1991; *Förster/Wendland*, GmbHR 2006, 169, 173; *Crezelius*, in: Schmidt/Uhlenbruck, GmbH in der Krise, Sanierung und Insolvenz, 2009, 336; *Hierstetter*, DStR 2010, 882, 883.

954 *Hoffmann*, in: Littmann/Bitz/Pust, EStG, 2013, § 6 EStG Rz. 405f.

955 *Hierstetter*, DStR 2010, 882, 883. Vom Teilwert zu unterscheiden ist der Liquidationswert eines Wirtschaftsguts, da gerade nicht von einem Ausscheiden des Wirtschaftsguts aus dem Betriebsvermögen auszugehen ist.

956 FG-München, Urteil v. 4.4.2004, 7 K 337/99, BeckRs 2004, 26016669; *Helm/Krinninger*, DB 2005, 1989, 1993.

957 Von einer wirtschaftlichen Überschuldung ist auszugehen, wenn der Verkehrswert der Aktiva nicht mehr den Verkehrswert der Passiva deckt. Für diese Zwecke kann eine Überschuldungsbilanz aufgestellt werden. Grundsätzlich ist auch der Firmenwert einzubeziehen, falls eine Verwertung des ganzen Unternehmens in Betracht kommt. Im Einzelnen siehe auch FG-München, Urteil v. 4.4.2004, 7 K 337/99, BeckRs 2004, 26016669.

958 *Lechner/Haisch*, in: Köhler/Göbel/Körner, Handbuch Unternehmensfinanzierung, 2013, 668.

959 Der steuerpflichtige Gewinn entspricht der Differenz zwischen Nennwert und Teilwert der Forderung. *Kellersmann/Pannewig*, Ubg 2009, 848, 855; *Eilers/Bühring*, Sanierungs-Steuerrecht, 2012, 61.

und des steuerpflichtigen Ertrags entscheidet, kommt der Wertermittlung per Gutachten[960] folglich eine erhebliche Bedeutung zu.[961]

Für den nicht werthaltigen Teil der Forderung bleibt es bei einem steuerpflichtigen Ertrag (Sanierungsgewinn), weil keine entsprechende außerbilanzielle Kürzung durchzuführen ist.[962] Dieser Sanierungsgewinn kann im Jahr des Entstehens mit körperschaftsteuerlichen und gewerbesteuerlichen Verlustvorträgen, unter Beachtung der Mindestbesteuerung, verrechnet werden.[963] Eine Steuerfreiheit auf Ebene der Schuldnergesellschaft kann sich für den nicht werthaltigen Teil nur durch Anwendung des Sanierungserlasses ergeben.

4. Ebene des Gläubigers

4.1 Steuerverstrickten Beteiligungen

Ist der Gläubiger-Gesellschafter ein Beteiligter i. S. d. § 17 EStG, auf den die Grundsätze des Eigenkapitalersatzrechts anzuwenden sind, können Wertminderungen nur als Anschaffungskosten der Beteiligung berücksichtigt werden, sodass lediglich der Veräußerungsgewinn nach § 17 Abs. 2 EStG gemindert werden kann. Der Verzicht auf eine Forderung ist damit im Ergebnis erst bei einer Veräußerung der Beteiligung zu berücksichtigen.[964]

Hinsichtlich der Höhe der nachträglichen Anschaffungskosten aus dem Forderungsverzicht hat eine Fallunterscheidung zu erfolgen.[965] Liegt dem Forderungsverzicht ein Sanierungsdarlehen nach dem Eigenkapitalersatzrecht[966] zugrunde, entstehen nachträgliche Anschaffungskosten in Höhe der Darlehensvaluta.[967] Davon

---

960 Zur Wertermittlung: *Benz/Böing*, Ubg 2012, 440, 442.

961 *Förster/Wendland*, GmbHR 2006, 169, 174; *HelmMarkus/Krinninger*, DB 2005, 1989, 1993, 1993; *Kellersmann/Pannewig*, Ubg 2009, 848, 855.

962 *Förster/Wendland*, GmbHR 2006, 169, 173f.; *Fox/Scheidle*, GWR 2009, 51; *Crezelius*, in: Schmidt/Uhlenbruck, GmbH in der Krise, Sanierung und Insolvenz, 2009, 336; *Fleischer*, Stbg 2009, 437, 442; *Eilers/Bühring*, Sanierungs-Steuerrecht, 2012, 60; *Demuth/Eberhard*, in: CMS Hasche Sigle, Steueroptimale Gestaltungen, 2013, 267.

963 *Fleischer*, Stbg 2009, 437, 442; *Förster*, Ubg 2010, 758, 760.

964 *Förster*, Ubg 2010, 758, 761; *Eilers/Bühring*, Sanierungs-Steuerrecht, 2012, 63f.

965 *Eilers/Bühring*, Sanierungs-Steuerrecht, 2012, 64.

966 Ein Darlehen ist als eigenkapitalersetzend anzusehen, soweit die Voraussetzungen nach § 32a, 32b GmbHG a.F. erfüllt sind. Im Zuge des MoMiG wurde das Eigenkapitalersatzrecht grundlegend dereguliert. Gesellschafterforderungen sind nach § 39 Abs. 1 Nr. 5, 44a, 135 und 145 Abs. 3 InsO generell nachrangig gegenüber Forderungen von Dritten, unabhängig davon, ob sie bereits vor Eintritt der Krise gewährt worden sind oder nicht. Im Detail siehe auch: *Neufang/Kübler/Schmid*, StB 2009, 148, 151f. Für steuerliche Zwecke gelten die Grundsätze fort: BMF-Schreiben v. 21.10.2010, IV C 6 – S 2244/08/10001, BStBl I 2010, 832.

967 Zum Ansatz der Anschaffungskosten bei Darlehenshingabe in der Krise: BFH, 24.4.1997, VIII R 16/94, BStBl II 1999, 339; bei krisenbestimmten Darlehen: BFH,

ist auszugehen, wenn die Rückzahlung des Darlehens aufgrund von Überschuldung in einem solchen Maße gefährdet ist, dass ein ordentlicher Kaufmann das Darlehen zurückfordern würde oder überhaupt nicht gewähren würde.[968] Hingegen ist bei „normalen" Darlehen die verdeckte Einlage grundsätzlich mit dem Teilwert nach § 6 Abs. 6 S. 2 EStG zu bewerten.[969] Diese Bewertungsdifferenz s kann erhebliche Auswirkungen haben, weil im Falle eines nicht mehr werthaltigen Darlehens, der Betrag der als nachträgliche Anschaffungskosten berücksichtigt werden kann, regelmäßig 0 € betragen würde. Insoweit wäre der Forderungsverzicht beim Gesellschafter nicht aufwandswirksam.[970] Da die Grundsätze des Eigenkapitalersatzrechts fortgelten sollen, dürfte dies auch für die aktuelle Rechtslage zutreffend sein.[971]

Soweit die Beteiligung i. S. d. § 17 EStG bereits bei Verzicht auf die Forderung bestanden hat, sind die Anschaffungskosten regelmäßig um den Nominalbetrag des Verzichtsbetrags zu erhöhen.[972] Lag im Zeitpunkt des Forderungsverzichts noch keine wesentliche Beteiligung vor, sind nachträgliche Anschaffungskosten nur in der Höhe zu berücksichtigen, die sie zum Zeitpunkt der Begründung einer wesentlichen Beteiligung ausmachten.[973]

4.2 Beteiligung im Betriebsvermögen

Als Drittgläubiger werden im Wesentlichen Banken und andere Unternehmen infrage kommen, die die Forderung[974] im Betriebsvermögen halten. Soweit ein Forderungsverzicht mit oder ohne Besserungsschein vereinbart wird, ist im Verzichtszeitpunkt

---

Urteil v. 10.11.1998, VIII R 6/96, BStBl II 1999, 348; bei Finanzplandarlehen: BFH, Urteil v. 4.11.1997, VIII R 18/94, BStBl II 1999, 344. Siehe auch *Neufang/Kübler/Schmid*, StB 2009, 148, 152.

968 BMF-Schreiben v. 21.10.2010, IV C 6 – S 2244/08/10001, BStBl I 2010, 832, Tz. 3.

969 BFH, Beschluss v. 9.6.1997, GrS 1/94, BStBl II 1998, 307; *Lechner/Haisch*, in: Köhler/Göbel/Körner, Handbuch Unternehmensfinanzierung, 2013, 669; *Kellersmann/Pannewig*, Ubg 2009, 848, 856. Für einen pauschalen Rückgriff auf den Teilwert als Bewertungsmaßstab: *Förster/Wendland*, GmbHR 2006, 169, 174.

970 *Kellersmann/Pannewig*, Ubg 2009, 848, 856; *Eilers/Bühring*, Sanierungs-Steuerrecht, 2012, 64.

971 *Eilers/Bühring*, Sanierungs-Steuerrecht, 2012, 64.

972 *Neufang/Kübler/Schmid*, StB 2009, 148, 152; *Kellersmann/Pannewig*, Ubg 2009, 848, 856.

973 *Neufang/Kübler/Schmid*, StB 2009, 148, 152.

974 Grundsätzlich ist die Forderung regelmäßig im Zuge der Folgebewertung auf ihre Werthaltigkeit zu überprüfen. Falls diese an Werthaltigkeit verliert, ist für handelsrechtliche Zwecke auf den niedrigeren beizulegenden Wert abzuschreiben. Die Teilwertabschreibung ist in diesen Fällen aufwandswirksam. Siehe auch: *Pflugbeil*, Steuerliche Auswirkungen von Sanierungsmaßnahmen bei Kapitalgesellschaften: Forderungsverzicht des Anteilseigners mit und ohne Besserungsschein, Rangrücktrittsvereinbarung und andere Gestaltungsmöglichkeiten zgl. Diss Univ. Münster, 2006, 80f.

in Höhe des (Rest-)Buchwertes die Forderung abzuschreiben.[975] Falls nur auf einen Teil der Forderung verzichtet wird, ist ein Aufwand in Höhe des Teilverzichts zu berücksichtigen. Der Aufwand ist beim Drittgläubiger ergebniswirksam.[976]

Hält ein Gesellschafter, die für den Forderungsverzicht ursächliche Beteiligung im Betriebsvermögen, ist der Verzichtsbetrag grundsätzlich Betriebsausgabe, soweit eine betriebliche Veranlassung vorliegt. Falls von einer Veranlassung durch das Gesellschafterverhältnis auszugehen ist, gilt dies nur für den nicht werthaltigen Teil der Forderung, der nicht als verdeckte Einlage zu berücksichtigen ist. In Höhe des werthaltigen Teils erhöhen sich hingegen die Anschaffungskosten der Beteiligung nach § 6 Abs. 6 S. 2 EStG.[977]

Für die tatsächliche Abzugsfähigkeit des Verlusts in Höhe des nicht werthaltigen Teils war allerdings umstritten, ob nicht das Teilabzugsverbot nach § 3c Abs. 2 EStG anzuwenden sei, weshalb infolge eine Berücksichtigung des nicht werthaltigen Teils lediglich in Höhe des steuerpflichtigen Teils möglich wäre.[978]

Die Literatur merkt dazu kritisch an, dass der damaligen Interpretation des BMF die Grundlage fehlte.[979] Voneinander unabhängige Wirtschaftsgüter – Forderung und Beteiligung Alles i. O. – werden je nach Gusto entweder getrennt voneinander betrachtet – soweit ihre Erträge (Zinsen) voll steuerpflichtig sind – oder anschließend bei der Berücksichtigung von negativen Wertänderungen der Basis wirtschaftlich zusammengerechnet, sodass die Minderung als Beteiligungsaufwand steuerlich nicht geltend gemacht werden kann.[980]

Im Urteil von 18.4.2012 hat der BFH der oben dargelegten Auffassung der Finanzverwaltung eine folgerichtige Absage erteilt und diese in einem weiteren Urteil v. 18.4.2012 bestätigt.[981] Es kommt für die Berücksichtigung des Darlehensverlusts demnach nicht auf die Fremdüblichkeit der Vereinbarung an. Dass der Gesellschafter das Darlehen in der Krise nicht zurückgefordert hat, ist nach Ansicht des X. Senats unerheblich für die steuerliche Beurteilung, weil es sich beim Darlehen und der Beteiligung um voneinander getrennte Wirtschaftsgüter handle.[982]

---

975 *Herlinghaus*, Forderungsverzicht und Besserungsschein zur Sanierung von Kapitalgesellschaften, 1994, 67; *Gänsler*, Ubg 2013, 154, 155.

976 *Herlinghaus*, Forderungsverzicht und Besserungsschein zur Sanierung von Kapitalgesellschaften, 1994, 67; *Gänsler*, Ubg 2013, 154, 155.

977 *Eilers/Bühring*, Sanierungs-Steuerrecht, 2012, 65; *Gänsler*, Ubg 2013, 154, 155; *Lechner/Haisch*, in: Köhler/Göbel/Körner, Handbuch Unternehmensfinanzierung, 2013, 668.

978 BMF-Schreiben v. 8.11.2010, IV C 6 – S 2128/07/10001, BStBl I 2010, 1292, Tz. 2.

979 *Fuhrmann/Strahl*, DStR 2008, 125; *Hoffmann*, DStR 2008, 857, 860; *Neumann/Watermeyer*, Ubg 2008, 748, 758; *Eberhard*, DStR 2009, 2226, 2228; *Ziegenhagen/Thieme*, Besteuerung in Krise und Insolvenz, 2010, 94.

980 *Hoffmann*, DStR 2008, 857, 860.

981 BFH, Urteil v. 18.4.2012, X R 5/10, BStBl II 2013, 785; BFH, Urteil v. 18.4.2012, X R 7/10, BStBl II 2013, 791.

982 BFH, Urteil v. 18.4.2012, X R 7/10, BStBl II 2013, 791.

Mit Schreiben v. 23.10.2013 hat das BMF auf die Urteile des BFH reagiert.[983] Nach Tz. 11 findet § 3c Abs. 2 EStG demnach keine Anwendung in diesen Fällen. Der Gesellschafter kann also, den aus dem Forderungsverzicht resultierenden Aufwand in Höhe des nicht werthaltigen Teils steuermindernd berücksichtigen.[984]

4.3 Abzugsfähigkeit bei Kapitalgesellschaften

Ist Gesellschafter und Gläubiger dieselbe Kapitalgesellschaft, führt die Abschreibung eines nicht werthaltigen Teils einer Forderung zu abziehbaren Betriebsausgaben.[985] Allerdings können diese unter Umständen nicht steuerwirksam geltend gemacht werden. Erfüllt die Kapitalgesellschaft die Voraussetzungen des § 8b Abs. 3 S. 4 KStG steht die Abzugsfähigkeit grundsätzlich infrage.[986] Die Erbringung eines Gegenbeweises i. S. d. § 8b Abs. 3 S. 6 KStG, dürfte regelmäßig nicht gelingen, sodass eine gewinnmindernde Wirkung ausscheidet.[987]

5. Konsequenzen des Forderungsverzichts mit Besserungsschein bei Eintritt des Besserungsfalls

5.1 Konsequenzen bei der Schuldnergesellschaft

Tritt der Besserungsfall bei einem bedingten Forderungsverzicht ein, ist die auflebende Verbindlichkeit auf Ebene der Schuldnergesellschaft als außerordentlicher Aufwand einzubuchen.[988] Der Bilanzansatz der wiedererstandenen Verbindlichkeit richtet sich nach dem Nennwert des Schuldbetrags, auf den verzichtet wurde.[989]

Welche steuerlichen Konsequenzen aus dem Aufleben der Verbindlichkeit folgen, richtet sich nach der Behandlung im Erlasszeitpunkt.[990] Wurde der Verzicht auf eine werthaltige Forderung als verdeckte Einlage und damit steuerneutral abgewickelt, gilt die Einlage bei Eintritt des Besserungsfalls als zurückgewährt.[991]

---

983 BMF-Schreiben v. 23.10.2013, IV C 6 – S 2128/07/10001, BStBl I 2013, 1269.

984 BFH, Urteil v. 18.4.2012, X R 5/10, BStBl II 2013, 785; BFH, Urteil v. 18.4.2012, X R 7/10, BStBl II 2013, 791; *Kerst*, GWR 2012, 333; *Lechner/Haisch*, in: Köhler/Göbel/Körner, Handbuch Unternehmensfinanzierung, 2013, 649; BMF-Schreiben v. 23.10.2013, IV C 6 – S 2128/07/10001, BStBl I 2013, 1269, Tz. 11.

985 *Knebel*, DB 2009, 1094, 1095.

986 *Benzel/Linzbach*, DStR 2009, 1599, 1600.

987 *Kellersmann/Pannewig*, Ubg 2009, 848, 857; *Eilers/Bühring*, Sanierungs-Steuerrecht, 2012, 66; *Lechner/Haisch*, in: Köhler/Göbel/Körner, Handbuch Unternehmensfinanzierung, 2013, 669. Siehe auch Kap. C.V.3.

988 *Becker/Pape/Wobbe*, DStR 2010, 506, 508; *Ziegenhagen/Thieme*, Besteuerung in Krise und Insolvenz, 2010, 96; *Eilers/Bühring*, Sanierungs-Steuerrecht, 2012, 70.

989 Akzessorische Sicherheiten leben im Besserungsfall nicht auf. *Eilers/Bühring*, Sanierungs-Steuerrecht, 2012, 69.

990 *Loose/Maier*, in: Lüdicke/Sistermann, Unternehmensteuerrecht, 2008, 781, 809.

991 BMF-Schreiben v. 2.12.2003, IV A 2 – S 2743 – 5/03, BStBl I 2003, 648; *Wälzholz*, GmbH-StB 2006, 76, 80; *Schwenker/Fischer*, DStR 2010, 1117, 1119.

Der außerordentliche Aufwand ist für steuerliche Zwecke daher außerbilanziell zu neutralisieren, sodass das Aufleben steuerneutral vonstattengeht.[992] Für einen nicht werthaltigen Teil einer Forderung verbleibt es hingegen bei einem steuermindernd zu berücksichtigenden außerordentlichen Aufwand der Schuldnergesellschaft.[993]

Sollte im Verzichtszeitpunkt der Sanierungserlass zur Anwendung gekommen sein, ist die Steuer auf den Sanierungsgewinn bis zum Besserungsfall nur zu stunden und nicht zu erlassen.[994] Zahlungen auf den Besserungsschein sind deshalb bis zur Höhe des Sanierungsgewinns nicht als Aufwand zu berücksichtigen, sondern reduzieren die gestundete Freistellung. § 3c EStG ist damit sinngemäß anzuwenden.[995]

5.2 Gläubigerebene

5.2.1 Steuerverstrickte Beteiligung

Ein etwaiger fiktiver Veräußerungsgewinn im Falle einer Beteiligung i. S. d. § 17 EStG, unterliegt dem Teileinkünfteverfahren nach § 17 Abs. 4 i. V. m. § 3 Nr. 40 Buchst. a EStG.[996] Die Höhe des Betrags ergibt sich aus dem Unterschiedsbetrag zwischen Einlagenrückgewähr – das heißt, das Aufleben der Forderung – und den nachträglichen Anschaffungskosten, die im Verzichtszeitpunkt berücksichtigt wurden. Im Ergebnis wird also der nicht werthaltige Teil beim Gläubiger gewinnerhöhend erfasst.

5.2.2 Beteiligung im Betriebsvermögen

Auf Ebene des Gläubigers ist die auflebende Forderung mit Eintritt des Besserungsfalls grundsätzlich ertragswirksam einzubuchen.[997] Wurde im Zeitpunkt des Verzichts eine verdeckte Einlage in Höhe des werthaltigen Teils der Forderung verbucht, welche die Anschaffungskosten der Beteiligung erhöht hat, ist der Besserungsfall als vermögensmindernde Einlagenrückgewähr zu behandeln.[998] Ob das steuerliche Einlagenkonto in diesem Fall negativ wird, ist irrelevant. Das Gebot des positiven Einlagenkontos nach § 27 Abs. 1 S. 4 KStG ist nicht zu berücksichtigen, da es sich um keine Leistung des § 27 Abs. 1 KStG handelt.[999]

---

992 Der Vorgang ist deshalb wie die verdeckte Einlage selbst, außerbilanziell zu korrigieren, sodass im Falle des Auflebens eine außerbilanzielle Erhöhung des Einkommens vorzunehmen ist, um die grundsätzlich aufwandswirksame Einbuchung der Forderung wieder rückgängig zu machen.

993 *Fox/Scheidle*, GWR 2009, 51; *Becker/Pape/Wobbe*, DStR 2010, 506, 508; *Schwenker/Fischer*, DStR 2010, 1117, 1119.

994 BMF-Schreiben v. 27.3.2003, IV A 6 – S 2140 – 8/03, BStBl I 2003, 240, Tz. 11.

995 BMF-Schreiben v. 27.3.2003, IV A 6 – S 2140 – 8/03, BStBl I 2003, 240, Tz. 5. Im Einzelnen siehe Kap. C.IV.3.

996 *Ziegenhagen/Thieme*, Besteuerung in Krise und Insolvenz, 2010.

997 *Eilers/Bühring*, Sanierungs-Steuerrecht, 2012, 71.

998 *Ziegenhagen/Thieme*, Besteuerung in Krise und Insolvenz, 2010, 96.

999 *Crezelius*, in: Schmidt/Uhlenbruck, GmbH in der Krise, Sanierung und Insolvenz, 2009, 339.

Nach dem Schreiben v. 23.10.2013 sieht das BMF von einer Anwendung des § 3c Abs. 2 EStG im Erlassfall ab.[1000] Im Gegenzug sind etwaige Zuschreibungen im Besserungsfall nach § 6 Abs. 1 Nr. 2 S. 3 EStG als Wertaufholungen voll steuerpflichtig.[1001] Dieser Ansicht – die auch in Einklang mit der BFH-Rechtsprechung steht – ist zuzustimmen.[1002]

5.2.3 Beteiligung durch Kapitalgesellschaft

Handelt es sich beim Anteilseigner um eine Kapitalgesellschaft, ist die steuerliche Behandlung im Besserungsfall von der Anwendung des Abzugsverbots im Verzichtsfall abhängig. Wurde der Verzicht nach § 8b Abs. 3 S. 4ff. KStG als unzulässige Gewinnminderung erfasst, ist § 8b Abs. 3 S. 8 KStG im Besserungsfall einschlägig.[1003] Der im Verzichtszeitpunkt nicht werthaltige Teil der Forderung ist demnach bei Zuschreibung nicht steuererhöhend zu erfassen.[1004] Andernfalls würde die Zuschreibung berücksichtigt, wohingegen der vorangegangene Ausfall nach § 8b Abs. 3 KStG – wenn auch systemwidrig[1005] – nicht zu berücksichtigen war.

Konnte der Forderungsausfall stattdessen steuermindernd geltend gemacht werden, ist die Zuschreibung im Besserungsfall steuerwirksam, § 8b Abs. 3 S. 8 KStG. Die Berücksichtigung als steuerfreien Ertrag unter § 8b Abs. 1 KStG wäre hingegen systemwidrig,[1006] weil es sich beim Darlehen und der Beteiligung um voneinander unabhängige Wirtschaftsgüter handelt.

6. Gestaltungsansätze

6.1 Wiederherstellen der Werthaltigkeit durch gegenseitige Bürgschaftsversprechen der Gesellschafter

Beteiligen sich an einer Sanierungsmaßnahme mehrere Gesellschafter kann die Ertragsteuerbelastung der Sanierungsmaßnahme u. U. ohne Anwendung des Sanierungserlasses optimiert werden. Dabei dient die gegenseitige Vergabe von betragsgleichen Bürgschaften der Gesellschafter der Wiederherstellung der im Wert geminderten Gesellschafterforderungen.

1000 BMF-Schreiben v. 23.10.2013, IV C 6 – S 2128/07/10001, BStBl I 2013, 1269, Tz. 3.

1001 BMF-Schreiben v. 23.10.2013, IV C 6 – S 2128/07/10001, BStBl I 2013, 1269, Tz. 12.

1002 BFH, Urteil v. 18.4.2012, X R 7/10, BStBl II 2013, 791, Tz. 61.

1003 *Kellersmann/Pannewig*, Ubg 2009, 848, 857.

1004 *Göcke/Hötzel*, FS Herzig, 2010, 89, 102; *Watermeyer*, GmbH-StB 2008, 81, 85; *Fuhrmann/Strahl*, DStR 2008, 125, 128; *Bildstein/Dallwitz*, DStR 2009, 1177, 1179.

1005 Siehe ausführlich Kap. C.V.4.

1006 *Ziegenhagen/Thieme*, Besteuerung in Krise und Insolvenz, 2010, 96.

Abbildung D-7: Überkreuzbürgschaft[1007]

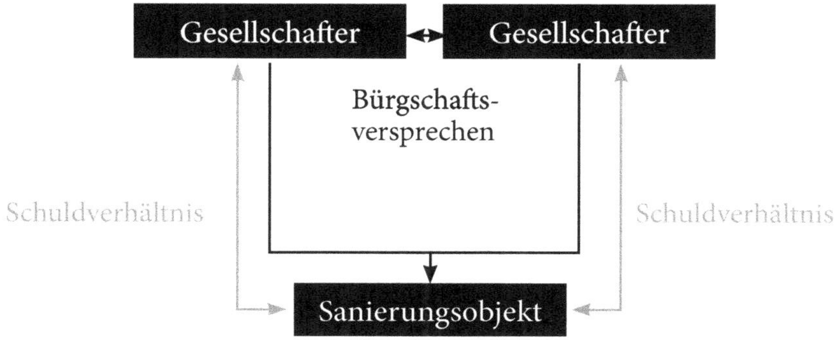

Im Zuge der Wiederherstellung der Werthaltigkeit, kann ein Forderungsverzicht gegen Besserungsschein ertragsteueroptimiert vollzogen werden, weil der für die Bewertung maßgebliche Teilwert erhöht wird. Schließlich ist die Forderung eines Gesellschafters durch die Übernahme eines Bürgschaftsversprechens eines anderen Gesellschafters abgesichert. Sollte durch die Überkreuzbürgschaften eine vollständige Rückgewinnung der Werthaltigkeit erreicht werden können, ist ein anschließender Verzicht auf die Gesellschafterforderungen steuerneutral möglich, weil anstelle eines grundsätzlich steuerpflichtigen Sanierungsgewinns eine verdeckte Einlage entsteht. Im Zuge des Verzichts können auch die gegenseitigen Bürgschaftsversprechen wieder aufgehoben werden.

6.2 Gläubigerwechsel vor Eintritt des Besserungsfalls

6.2.1 Rückblick

Die Finanzverwaltung nahm im Rahmen der Vorgängerreglung zu § 8c KStG – § 8 Abs. 4 KStG a.F. eine missbräuchliche Gestaltung an, soweit ein Forderungsverzicht gegen Besserungsabrede vereinbart wurde, wobei der Besserungsfall nach Eintritt eines schädlichen Ereignisses i. S. d. § 8 Abs. 4 KStG a.F. realisiert wurde. Der Aufwand, der bei Wiedereinbuchung im Besserungsfall entsteht, war nach Ansicht des BMF nicht steuermindernd zu berücksichtigen.[1008] Vielmehr wurde dem Steuerpflichtigen ein Missbrauch unterstellt, weil durch Wechsel des Anwartschaftsinhabers Aufwandspotenzial auf Dritte übertragen werden konnte.[1009] Die Einstufung

1007 Eigene Darstellung.

1008 BMF-Schreiben v. 2.12.2003, IV A 2 – S 2743 – 5/03, BStBl I 2003, 648, Tz. 2. Siehe auch *Pohl*, DB 2008, 1531, 1531.

1009 Im Detail siehe *Bachem*, Zur Steuerfreiheit von Sanierungsgewinnen nach Wegfall des § 3 Nr. 66 EStG – IFSt-Schrift Nr. 360, 1998, 6ff.

des BMF als Missbrauch wurde in der Literatur größtenteils zu Recht abgelehnt.[1010] Schließlich bezog sich § 8 Abs. 4 KStG a.F. auf Verlustvorträge, die im Zusammenhang mit einem Anteilseignerwechsel nicht übergehen sollen. Eine Ausweitung auf die Übertragung von Besserungsabreden ist vom Gesetz nicht gedeckt gewesen.[1011]

Mit Urteil[1012] v. 12.7.2012 hat der BFH zur lange umstrittenen Frage Stellung genommen, ob bei Veräußerung einer Besserungsanwartschaft bei Gesellschafterwechsel von einer Missbrauchsabsicht auszugehen ist.[1013] Der Senat sah es dabei als erwiesen an, dass durch den Verkauf des Besserungsscheins, im Zusammenhang mit einer Veräußerung aller Anteile einer Kapitalgesellschaft, keine vGA[1014] und auch kein Gestaltungsmissbrauch i. S. d. § 42 AO anzunehmen ist. Dies gilt nach Ansicht des judizierenden Senats unabhängig davon, ob ein im Rahmen des Verzichts genutzter Verlust nach dem Gesellschafterwechsel per Besserungsschein wieder als Aufwand auflebt.[1015]

Dem Urteilsspruch des erkennenden Senats ist m. E. uneingeschränkt zuzustimmen. Schließlich setzt eine vGA regelmäßig eine durch das Gesellschafterverhältnis initiierte und dadurch begründete Handlung voraus.[1016] Im Verzichtszeitpunkt kann aber nicht von einer gesellschaftsrechtlichen Veranlassung ausgegangen werden,

---

1010 *Berg/Schmich*, FR 2004, 520, 521ff.; *Hoffmann*, DStR 2004, 293, 293ff.; *Hölzle*, FR 2004, 1193, 1207; *Grube/Altrichter-Herzberg*, GmbHR 2005, 284, 287.

1011 *Crezelius*, in: Schmidt/Uhlenbruck, GmbH in der Krise, Sanierung und Insolvenz, 2009, 339f.

1012 BFH, Urteil v. 12.7.2012, I R 23/11, BFH/NV 2012, 1901.

1013 Für § 8 Abs. 4 a.F. KStG war nach Ansicht des BMF eine missbräuchliche Gestaltung anzunehmen, falls der Anwendungsbereich des Verlustuntergangs eröffnet war. Der Aufwand, der bei Wiedereinbuchung entsteht, war nach Ansicht des BMF deshalb nicht zu berücksichtigen. Siehe BMF-Schreiben v. 2.12.2003, IV A 2 - S 2743 – 5/03, BStBl I 2003, 648.

1014 *Rolf/Pankoke*, BB 2008, 2274, 2278.

1015 Der Sachverhalt bezog sich auf den Fall eines im Jahre 2001 stattfindenden Anteilseignerwechsels, bei dem der bisherige Alleingesellschafter seine Beteiligung jeweils hälftig an zwei Neugesellschafter übertragen hat. Diese haben die GmbH, an der sie Anteile erworben hatten per 31.10.2000 auf eine andere Gesellschaft verschmolzen. Der ursprüngliche Alleingesellschafter hatte auf eine Forderung vor der Veräußerung gegen Besserungsabrede verzichtet. Die Besserungsabrede veräußerte er nach dem Share-Deal gegen einen Teilbetrag an einen der neuen Gesellschafter. Diese erhielt im VZ 2001 eine Zahlung auf den Besserungsschein.

1016 H 36 KStH: Eine Veranlassung durch das Gesellschaftsverhältnis liegt vor, wenn ein ordentlicher und gewissenhafter Geschäftsleiter die Vermögensminderung oder verhinderte Vermögensmehrung gegenüber einer Person, die nicht Gesellschafter ist, unter sonst gleichen Umständen nicht hingenommen hätte. Siehe auch: BFH, Urteil v. 11.2.1987, I R 177/83, BStBl II 1987, 461; BFH, Urteil v. 29.4.1987, X R 2/80, BStBl II 1987, 733; BFH, Urteil v. 10.6.1987, I R 253/83, BStBl II 1988, 27.

soweit der Verzicht aus betrieblichen Gründen erfolgt ist.[1017] Daran ändert auch das vorübergehende Erlöschen der Verbindlichkeit nichts.[1018]

Auch die Annahme eines Gestaltungsmissbrauchs i. S. d. § 42 AO wurde vom BFH abgelehnt. Schließlich fehle es bereits an einer unangemessenen Vorgehensweise mit Umgehungsabsicht, die regelmäßig für das Vorliegen eines Gestaltungsmissbrauchs notwendig ist.[1019] Der Forderungsverzicht gegen Besserungsschein an sich und der Verkauf des Besserungsscheins als solches kann folglich nicht als Gestaltungsmissbrauchs gewertet werden, da dieser im Sanierungsfall ein probates Mittel der Entschuldung darstellt. Eine rein künstliche Gestaltung, die nicht durch realwirtschaftliche Umstände begründet ist, ist konsequenterweise nicht anzunehmen. Auch kann vom Alt-Gesellschafter nicht verlangt werden, dass er den Besserungsschein gesondert veräußert, weil ggf. realwirtschaftliche Umstände für den Verkauf als „Paket“ sprechen.

Zudem sah § 8 Abs. 4 KStG a.F. nicht einen möglichst vollumfassenden Verlustuntergang vor, sondern beschränkt die Nutzung des Verlustvortrags nach § 10d EStG. Eine Nichtberücksichtigung von Aufwand im Rahmen einer Passivierung wäre hingegen eine nicht durch den Wortlaut gedeckte Ausweitung des Anwendungsbereichs.[1020] Der BFH folgte damit der überwiegenden Mehrheit in der Literatur.[1021]

6.2.2 Übertragbarkeit auf § 8c KStG

Fraglich ist, ob sich die Grundsätze des Urteils[1022] des I. Senats auch auf die aktuelle Gesetzeslage – die Verlustabzugsbeschränkung für Körperschaften – übertragen lassen.[1023] Nach der hier vertretenen Auffassung ist davon auszugehen.[1024] Schließlich beschränkt sich auch § 8c KStG auf den Verlustuntergang im Rahmen des Anteilseignerwechsels. Eine Ausweitung der Anwendung in der vom BMF[1025] zu § 8 Abs. 4 KStG a.F. dargelegten Weise, wäre ebenfalls vom Wortlaut und Zweck der Norm nicht gedeckt. Die Berücksichtigung von Betriebsausgaben als abziehbare Aufwendungen bei Aufleben der Forderung, kann daher nicht als missbräuchliche

---

1017 *Horst*, NWB 2012, 3512, 3513.

1018 BFH, Beschluss v. 9.6.1997, GrS 1/94, BStBl II 1998, 307; BFH, Urteil v. 29.1.2003, I R 50/02, BStBl I 2003, 768; *Böing*, GmbH-StB 2012, 329 329.

1019 BFH, Urteil v. 12.7.2012, I R 23/11, BFH/NV 2012, 1901.

1020 BFH, Urteil v. 12.7.2012, I R 23/11, BFH/NV 2012, 1901, Tz. 26.

1021 *Dötsch*, in: Gocke/Gosch/Lang, FS Wassermeyer, 2005, 132f.; *Prinz*, GmbHR 2004, 921, 926ff.; *Berg/Schmich*, FR 2004, 520, 521ff.; *Hoffmann*, DStR 2004, 293, 293ff.; *Hölzle*, FR 2004, 1193, 1207; *Grube/Altrichter-Herzberg*, GmbHR 2005, 284, 287; *Pohl*, DB 2008, 1531, 1531.

1022 BFH, Urteil v. 12.7.2012, I R 23/11, BFH/NV 2012, 1901.

1023 Zum Problem vor Entscheidung des BFH, siehe: *Kellersmann/Pannewig*, Ubg 2009, 848, 856; *Eilers/Bühring*, Sanierungs-Steuerrecht, 2012, 71.

1024 Gl. A. *Schultz*, DB 2012, 1, 9f.; *Böing*, GmbH-StB 2012, 329, 330; *Thies*, in: CMS Hasche Sigle, Steueroptimierte Gestaltungen, 2013.

1025 BMF-Schreiben v. 2.12.2003, IV A 2 – S 2743 – 5/03, BStBl I 2003, 648.

Umgehung gewertet werden. Im Prinzip liegt m. E. überhaupt keine Umgehungshandlung vor, weil es sich um die Passivierung einer Verbindlichkeit, und nicht um den Verlusttransfer als solchen handelt.[1026]

Steuerminderungspotenzial kann im Ergebnis durch Übertragung des Besserungsscheins auf einen Dritten vor dem Untergang gerettet werden. Schließlich würde durch Veräußerung des Besserungsscheins an den „Neugesellschafter" bei anschließender Genesung der Verlust auf Ebene der Kapitalgesellschaft weiterhin nutzbar bleiben. Die Rechtsfolgen der Verlustuntergangsnormen könnten durch das Generieren eines vor der Veräußerung steuerpflichtigen Ertrags und eines zu berücksichtigenden Aufwands nach der Veräußerung im Besserungsfall, umgangen werden.[1027] Der Forderungsverzicht mit Besserungsabrede eignet sich folglich um Verluste auf einen Erwerber zu übertragen, soweit diese neben einer Beteiligung auch den Besserungsschein für eine erlassene Forderung erwerben. Lebt die Forderung wieder auf, ist sie in Höhe des zuvor nichtwerthaltigen Teils wieder aufwandswirksam auf Ebene der Gesellschaft zu berücksichtigen.[1028]

7. Einordnung in das Zielsystem

Ein Forderungsverzicht kann zügig umgesetzt werden, weil weder besondere formale Anforderungen zu beachten sind, noch es sich um eine Maßnahme handelt, die der Zustimmung weiterer Stakeholder bedarf. Für den Verzichtenden ist das Risiko bzw. den Vermögensverlust, den er eingeht, klar zu erkennen, weil sich die Forderung auf die verzichtet wird, genau beziffern lässt.

Der Forderungserlass eignet sich grundsätzlich, um die Insolvenz aufgrund von Zahlungsunfähigkeit abzuwenden, weil die laufenden Zahlungsverpflichtungen auf die erloschene Verbindlichkeit entfallen. Dies gilt auch für bereits aufgelaufene Zinsen, falls sich der Forderungsverzicht auf diese erstreckt. Andererseits kann durch das Entstehen eines steuerpflichtigen Ertrags im Verzichtszeitpunkt die Liquidität zusätzlich belastet werden, sodass sich die Zahlungsfähigkeit auch verschlechtern kann. Deshalb ist der Forderungsverzicht nur eingeschränkt zur Abwendung der Zahlungsfähigkeit geeignet.

Durch einen Forderungsverzicht erlöschen Verbindlichkeiten zunächst unabhängig davon, ob ein Aufleben der Verbindlichkeit im Besserungsfall vereinbart wurde.

1026 Zum Zeitpunkt der Vereinbarung des Verzichts konnte im Urteilsfall auch nicht zwangsläufig von einer Veräußerung der Beteiligung ausgegangen werden. Auch ist der Eintritt des Besserungsereignisses im Urteilsfall im Wesentlichen von der nach der Übertragung stattfindenden Verschmelzung abhängig gewesen, da die Gesellschaft zuvor weitestgehend funktionslos war.

1027 *Pohl*, DB 2008, 1531, 1531; *Crezelius*, in: Schmidt/Uhlenbruck, GmbH in der Krise, Sanierung und Insolvenz, 2009, 339f.

1028 BMF-Schreiben v. 2.12.2003, IV A 2 – S 2743 – 5/03, BStBl I 2003, 648; *Wälzholz*, GmbH-StB 2006, 76, 80; *Becker/Pape/Wobbe*, DStR 2010, 506, 508; *Schwenker/Fischer*, DStR 2010, 1117, 1119.

Folglich erfüllt die Maßnahme ihren Zweck bei der Schuldenkonsolidierung, weil sich der Schuldenstand beim Krisenunternehmen reduziert.

Auf die Überschuldungsbilanz hat der Verzicht einen positiven Einfluss, da die entfallende Schuld nicht mehr zu berücksichtigen ist. Dies gilt auch für den Fall, dass ein Verzicht gegen Besserungsschein vereinbart wurde.

Der Forderungsverzicht verbessert die Bilanzkennzahlen und das bilanzielle Bild des Krisenunternehmens im Allgemeinen. Auch im Falle eines Forderungsverzichts gegen Besserungsschein ist die Schuld aus der Bilanz des Schuldners zunächst auszubuchen. Eine Rückstellung ist nicht zu bilden. Tritt anschließend der Besserungsfall ein, ist die Verbindlichkeit wieder aufwandswirksam einzubuchen.

In steuerlicher Hinsicht ist der Forderungsverzicht ohne Besserungsschein betreffend der Zielerreichung bei Sanierungen als suboptimal einzustufen. Soweit der Verzicht durch das Gesellschaftsverhältnis bedingt ist, ist der außerordentliche Ertrag in Höhe des nicht werthaltigen Teils der Forderung steuerpflichtig. Der übrige Teil ist als verdeckte Einlage des Gesellschafters zu qualifizieren. Verzichtet ein Nichtgesellschafter auf seine Forderung, fließt der Nominalbetrag der Verbindlichkeit als steuerpflichtiger Ertrag in die Bemessungsgrundlage ein.

Weil ein Sanierungsgewinn bei dieser Sanierungsmaßnahme in der Regel nicht vollständig vermieden werden kann, verbleibt nur die Möglichkeit auf einen Erlass der Steuerschuld zu setzen. Im Zuge dessen sind bestehende Verluste im Rahmen der Körperschaftsteuer zunächst vollständig gegen den Sanierungsgewinn zu verrechnen. Für die Gewerbesteuer hängt die Behandlung vom Ermessen der Gemeinde ab.

Kritisch ist in diesem Zusammenhang das Streitpotenzial zu würdigen, das der Forderungsverzicht mit sich bringt. Ein Forderungsverzicht eines Gesellschafters ist mit dem Teilwert zu bewerten, damit zwischen werthaltigem und nicht werthaltigem Teil der Forderung differenziert werden kann. Die Bewertung ist folglich wesentlich für die Höhe des aus dem Forderungsverzicht entstehenden Sanierungsgewinns. Soweit nicht die gesamte Forderung als wertlos deklariert wird, bietet die Bewertung Streitpotenzial in Betriebsprüfungen.

Tritt bei einem Forderungsverzicht gegen Besserungsschein der Besserungsfall ein, ist der wieder auflebende Betrag aufwandswirksam in der Handels- und Steuerbilanz einzubuchen. Unter dem Regime des Sanierungserlasses reduziert sich die bis dato gestundete Steuer nachträglich, weil auch der Sanierungsgewinn geringer wird.

Auf Ebene des Verzichtenden richten sich die Rechtsfolgen nach dessen Person. Weil es sich beim Verzicht um Teilwertabschreibungen auf die Forderung handelt, ist eine Berücksichtigung bei Kapitalgesellschaften, die die Voraussetzungen des § 8b Abs. 3 S. 4 KStG erfüllen, nur eingeschränkt möglich. Bei Anteilseignern i. S. d. § 17 EStG erhöhen sich lediglich die Anschaffungskosten der Beteiligungen. Damit ist eine volle Aufwandsberücksichtigung nur möglich, falls sich die Forderung im Betriebsvermögen befindet.

Vorteilhaft ist der Forderungsverzicht, wenn er als Vorbereitung einer Anteilsübertragung zur Mobilisierung von Verlustvorträgen, unter den Voraussetzungen der Mindestbesteuerung, genutzt wird. In diesen Fällen kann das Aufwandspotenzial bei einem geplanten Erwerb konserviert werden, indem ein Verzicht gegen Besserungsschein vereinbart wird.

Der Forderungsverzicht gegen Besserungsschein bietet regelmäßig einen hohen Grad an Autonomie gegenüber anderen steuerlichen Maßnahmen. Allerdings muss für die Durchführung von Verlustverwertungsstrategien darauf geachtet werden, dass Verluste durch die Verrechnung im Rahmen des Sanierungserlasses verbraucht werden. Aufgrund dessen sind die Maßnahmen, die die Verlustnutzung zum Ziel haben vorab durchzuführen. Auf leistungswirtschaftliche Maßnahmen wirkt sich der Forderungsverzicht negativ aus, weil er der Unternehmung grundsätzlich Liquidität entzieht.

Insgesamt bleibt festzuhalten, dass ein Forderungsverzicht gegen Besserungsschein nur eingeschränkt als steueroptimale Sanierungsstrategie infrage kommt. Sollte allerdings der Verzichtsbetrag unter einer Mio. € liegen und ein Verlust in Höhe des nicht werthaltigen Teils der Verbindlichkeit in gleicher Höhe zur Verfügung stehen, ist der Forderungsverzicht gegen Besserungsschein eine geeignete Strategie zur Entschuldung. In diesen Fällen führt die Maßnahme zur tatsächlichen Entschuldung des Sanierenden in der Handels- und Überschuldungsbilanz, ohne dass ein Sanierungsgewinn zu versteuern wäre.

VI. Rangrücktritt

Die Vereinbarung eines Rangrücktritts ist ein gängiges Instrument zur Vermeidung der Insolvenzantragspflicht bei Überschuldung.[1029] Dieser führt dazu, dass die zugrunde liegende Verbindlichkeit nachrangig hinter anderen Forderungen steht.[1030] Deshalb ist sie im Überschuldungsstatus nach § 19 Abs. 2 S. 2 InsO nicht zu berücksichtigen.

1029 *Loose/Maier*, in: Lüdicke/Sistermann, Unternehmensteuerrecht, 2008, 781, 815; *Blaas/Schwahn*, DB 2013, 2350, 2352.

1030 Im ersten Fall handelt es sich um einen einfachen Rangrücktritt, im zweiten Fall um einen qualifizierten Rangrücktritt. Im Einzelnen siehe auch *Wälzholz*, GmbH-StB 2006, 76, 76ff.

Abbildung D-8: Rangrücktritt[1031]

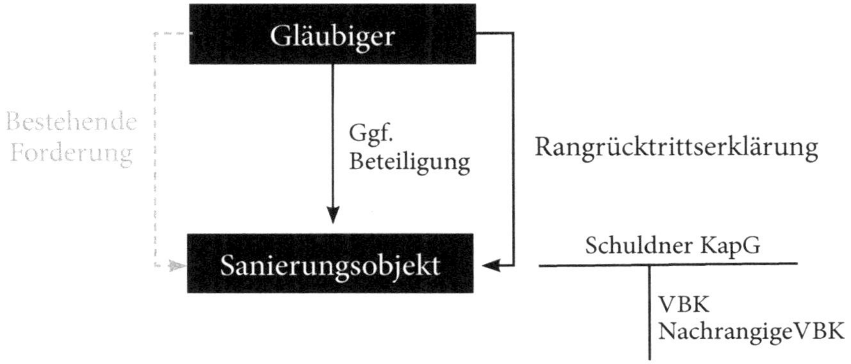

1. Zivilrechtliche Einordnung

Für die Vereinbarung eines Rangrücktritts haben Schuldner und Gläubiger einen Vertrag zu schließen.[1032] Die Forderung gegen die Schuldnergesellschaft erlischt dabei nicht durch die Vereinbarung eines Rangrücktritts, weil es sich lediglich um einen schuldändernden und nicht einen aufhebenden Vertrag i. S. d. § 311 Abs. 1 BGB handelt.[1033] Alternativ zum Abschluss eines Vertrages kann das Angebot zur Vereinbarung einer Rangrücktrittserklärung auch konkludent angenommen werden.[1034] Aus diesem Grund wird der Gesellschaft das Recht der Einrede gegen die Geltendmachung der Verbindlichkeit zugesprochen.[1035] Die vereinbarte Nachrangigkeit kann sich sowohl ausschließlich auf die Forderung als solche beziehen oder auch rückständige und zukünftige Zinsverbindlichkeiten einbeziehen.[1036]

1031 Eigene Darstellung. Angelehnt an Ausführungen von *Eilers/Bühring*, Sanierungs-Steuerrecht, 2012, 78f.

1032 *Wolf*, KSi 2010, 207, 207. Aus Beweisgründen ist der Rangrücktritt praktisch nur schriftlich zu schließen, auch wenn keine besonderen Formerfordernisse seitens des Gesetzgebers vorgesehen sind. *Pflugbeil*, Steuerliche Auswirkungen von Sanierungsmaßnahmen bei Kapitalgesellschaften: Forderungsverzicht des Anteilseigners mit und ohne Besserungsschein, Rangrücktrittsvereinbarung und andere Gestaltungsmöglichkeiten zgl. Diss Univ. Münster, 2006, 185.

1033 *Taraschka*, DStR 2006, 109; *Lang*, DStZ 2006, 789; *Häuselmann*, BB 2010, 944, 949; *Eilers/Bühring*, Sanierungs-Steuerrecht, 2012, 79; *Lechner/Haisch*, in: Köhler/Göbel/Körner, Handbuch Unternehmensfinanzierung, 2013, 662.

1034 BGH, Beschluss v. 2.2.2006, IX ZB 167/04, NZI 2006, 232; *Wolf*, KSi 2010, 207, 207.

1035 Es handelt sich rechtstechnisch um ein Stillhalteabkommen also ein sog. „pactum de non petendo". *Eilers/Bühring*, Sanierungs-Steuerrecht, 2012, 79; *Braun*, DStR 2012, 1360.

1036 Falls für bereits entstandene Zinsverbindlichkeiten ein Rangrücktritt vereinbart werden soll, ist eine explizite Regelung zu vereinbaren. *Pflugbeil*, Steuerliche

2. Insolvenzrechtliche Aspekte

Der Rangrücktritt zielt darauf ab, eine Überschuldung i. S. d. § 19 InsO zu vermeiden.[1037] Wird für (einen Teil der) Verbindlichkeiten ein Rangrücktritt ausgesprochen, sind diese in der Überschuldungsbilanz nicht mehr zu passivieren.[1038] Konkret ist dazu ein Rücktritt nach § 39 Abs. 2 S. 2 InsO hinter die in § 39 Abs. 1 Nr. 1 bis 5 InsO[1039] bezeichneten Gläubiger zu vereinbaren.[1040] Ein relativer Rangrücktritt zwischen den einzelnen Gläubigern genügt hingegen nicht, um eine Passivierung im Überschuldungsstatus zu entgehen.[1041]

Basierend auf der bisherigen Rechtsprechung des BFH[1042] und der Auffassung der Finanzverwaltung[1043] werden zwei Typen des Rangrücktritts unterschieden. Der einfache Rangrücktritt sieht vor, dass die Rückzahlung einer Verbindlichkeit nur zu erfolgen hat, soweit der Schuldner diese aus zukünftigen Gewinnen, aus einem Liquidationsüberschuss oder aus anderem freien Vermögen[1044] leisten

---

Auswirkungen von Sanierungsmaßnahmen bei Kapitalgesellschaften: Forderungsverzicht des Anteilseigners mit und ohne Besserungsschein, Rangrücktrittsvereinbarung und andere Gestaltungsmöglichkeiten zgl. Diss Univ. Münster, 2006, 189.

1037 BGH, Urteil v. 9.2.1987, II ZR 104/86, WM 1987, 468; BFH, Urteil v. 30.3.1993, IV R 57/91, BStBl II 1993, 502, Tz. 13; *Wälzholz*, GmbH-StB 2006, 76; *Schmidt/Mielke*, Ubg 2009, 395, 397; *Fox/Scheidle*, GWR 2009, 51, 51; *Funk*, BB 2009, 867, 867; *Ziegenhagen/Thieme*, Besteuerung in Krise und Insolvenz, 2010, 90; 77; *Seppelt*, BB 2010, 1395, 1395; *Mühlhaus*, GmbH-StB 2012, 185, 185; *Weitnauer*, GWR 2012, 193, 193; *Kahlert*, NWB 2012, 2141; *Thies*, in: CMS Hasche Sigle, Steueroptimierte Gestaltungen, 2013, 334. Die Regelung wurde insbesondere im Hinblick auf die im Rahmen der Finanzmarktkrise ausgelösten Turbulenzen, an den Wertpapier- und Immobilienmärkten, eingeführt.

1038 *Eilers/Bühring*, Sanierungs-Steuerrecht, 2012, 79.

1039 Nachrangige Insolvenzgläubiger sind nach § 39 Abs. 1 Nr. 1 bis 5 InsO alle Gläubiger, die Forderungen gegenüber einer insolventen Gesellschaft haben, die rechtlich seit der Eröffnung des Insolvenzverfahrens als aufgelaufene Zinsen, und Säumniszuschläge entstanden sind (Nr. 1), Kosten, die den einzelnen Insolvenzgläubigern durch das Verfahren erwachsen (Nr. 2), Geldstrafen, Geldbußen sowie Ordnungs- und Zwangsgelder und andere Nebenfolgen einer Straftat oder einer Ordnungswidrigkeit, die zur Geldzahlung verpflichten (Nr. 3), Forderungen auf eine unentgeltliche Leistung des Schuldners (Nr. 4) sowie alle Gesellschafterforderungen und wirtschaftliche vergleichbare Darlehen (Nr. 5).

1040 *Schmidt/Mielke*, Ubg 2009, 395, 397; *Förster*, Ubg 2010, 758, 764; *Wolf*, KSi 2010, 207, 211; *Herzig/Liekenbrock*, Ubg 2011, 313, 319; *Thies*, in: CMS Hasche Sigle, Steueroptimierte Gestaltungen, 2013, 334f.

1041 *Blaas/Schwahn*, DB 2013, 2350, 2352.

1042 BFH, Urteil v. 10.11.2005, IV R 13/04, BStBl II 2006, 618.

1043 BMF-Schreiben v. 8.9.2006, IV B 2 – S 2133 – 10/06, BStBl I 2006, 497.

1044 Ist ein die sonstigen Verbindlichkeiten übersteigendes Vermögen vorhanden, handelt es sich um freies Vermögen, welches zur Rückzahlung - bei entsprechender

kann.[1045] Der Schuldner tritt zwar hinter andere Gläubiger zurück, stellt sich aber nicht gleich mit den Eigenkapitalgebern, da er gegenüber diesen vorrangig bedient werden muss.[1046] Im Ergebnis kann die Forderung vom Gläubiger solange nicht eingefordert werden, bis der Besserungsfall eintritt.[1047] Demgegenüber erklärt der Gläubiger beim qualifizierten Rangrücktritt gegenüber dem Schuldner solange hinter andere Gläubiger mit seiner Forderung zurückzutreten, bis eine Krise der Schuldnergesellschaft abgewendet ist.[1048]

Wird ein Rangrücktritt vereinbart, sind Verpflichtungen aus dem zugrunde liegenden Schuldverhältnis zunächst nicht zu bedienen. Deshalb kann der Rangrücktritt geeignet sein, eine Insolvenz wegen Zahlungsunfähigkeit anzuwenden.

2.1 Rangrücktritt bei Gesellschaftergläubigern

Für Gesellschaftergläubiger hat die obige Unterscheidung zwischen einfachem und qualifiziertem Rangrücktritt inzwischen keine nähere Bewandtnis mehr. Für die Nichtberücksichtigung in der Überschuldungsbilanz ist es für Gesellschafterverbindlichkeiten nicht notwendig, dass das Gesellschafterdarlehen wie statuarisches Eigenkapital behandelt wird. Der auf dem Urteil des BGH v. 8.1.2001[1049] basierende Grundsatz ist seit den Änderungen durch das MoMiG[1050] hinfällig, weil § 19 Abs. 2 S. 2 InsO explizit vorsieht, dass ein Rücktritt hinter die Gläubiger i. S. d. § 39 Abs. 1 Nr. 1 bis Nr. 5 InsO ausreicht.[1051] Im Ergebnis ist damit sowohl der einfache als auch der qualifizierte Rangrücktritt geeignet, damit eine Gesellschafterforderung im Überschuldungsstatus nicht mehr zu berücksichtigen ist.[1052]

Vereinbarung - genutzt werden könnte. Siehe auch *Schildknecht*, DStR 2005, 181, 182; *Weitnauer*, GWR 2012, 193, 193.

1045 Nicht alle Rückzahlungsbedingungen müssen kumulativ vereinbart werden. BMF-Schreiben v. 8.9.2006, IV B 2 – S 2133 – 10/06, BStBl I 2006, 497.

1046 BFH, Urteil v. 10.11.2005, IV R 13/04, BStBl II 2006, 618; BMF-Schreiben v. 8.9.2006, IV B 2 – S 2133 – 10/06, BStBl I 2006, 497; *Kellersmann/Pannewig*, Ubg 2009, 848, 852; *Wolf*, KSi 2010, 207, 208; *Eilers/Bühring*, Sanierungs-Steuerrecht, 2012, 82; *Weitnauer*, GWR 2012, 193, 193; *Lechner/Haisch*, in: Köhler/Göbel/Körner, Handbuch Unternehmensfinanzierung, 2013, 663.

1047 BMF-Schreiben v. 8.9.2006, IV B 2 – S 2133 – 10/06, BStBl I 2006, 497; *Mühlhaus*, GmbH-StB 2012, 185, 186.

1048 BMF-Schreiben v. 8.9.2006, IV B 2 – S 2133 – 10/06, BStBl I 2006, 497.

1049 BGH, Urteil v. 8.1.2001, II ZR 88/99, GmbHR 2001, 190.

1050 BT-Drs.-16/6140.

1051 *Schüppen*, in: Drüen, JFSt, 2010, Die Kapitalgesellschaft in der Krise, 300, 302; *Ziegenhagen/Thieme*, Besteuerung in Krise und Insolvenz, 2010, 91; *Mühlhaus*, GmbH-StB 2012, 185, 187; *Weitnauer*, GWR 2012, 193, 193; *Schmid*, FR 2012, 837, 837ff.

1052 *Förster*, Ubg 2010, 758, 758; *Wolf*, KSi 2010, 207, 211; *Lechner/Haisch*, in: Köhler/Göbel/Körner, Handbuch Unternehmensfinanzierung, 2013, 663; *Blaas/Schwahn*, DB 2013, 2350, 2352; *Gänsler*, Ubg 2013, 154, 159.

2.2 Rangrücktritt von Dritten

Fraglich ist, ob die Differenzierung zwischen einfachem und qualifiziertem Rangrücktritt nach wie vor bei Drittgläubigern von Bedeutung ist, soweit deren Forderung nicht in der Überschuldungsbilanz Berücksichtigung finden soll.[1053] Dazu ist zu hinterfragen, ob es für die Nichtberücksichtigung in der Überschuldungsbilanz notwendig ist, dass sich ein Drittgläubiger auf die Stufe eines Gesellschafters bezüglich der Rückgewähr seines Darlehens stellt, mit der Folge, dass die Forderung wie statuarisches Eigenkapital behandelt wird.

Diese auf dem BGH-Urteil v. 8.1.2001[1054] basierende Annahme, scheint aber überholt zu sein, weil ein Drittgläubiger mit seinem Anspruch „weiter zurücktreten" müsste, als dies von einem Gesellschafter nach § 19 Abs. 2 S. 2 InsO gefordert wird. Darum könnte die Forderung eines Drittgläubigers nur im Rahmen der Schlussverteilung i. S. d. § 199 S. 2 InsO bedient werden.[1055]

Aus diesem Grund schlagen bspw. *Kahlert* und *Gehrke*[1056] die analoge Anwendung des § 19 Abs. 2 S. 2 InsO auf Darlehen von Drittgläubigern vor.[1057] Andere Stimmen[1058] aus der Literatur sehen hingegen aufgrund des klaren Wortlauts des § 19 Abs. 2 S. 2 InsO keinen Raum für dessen analoge Anwendung auf Darlehen von Drittgläubigern. Für diese Verbindlichkeiten sollen die vom BGH festgelegten Grundsätze fortgelten.[1059]

Nach der hier vertretenen Auffassung reicht ein Rücktritt entsprechend den Grundsätzen für Gesellschafter aus, damit eine Drittverbindlichkeit in der Überschuldungsbilanz nicht zu berücksichtigen ist.[1060] Andernfalls würde von Dritten ein höheres „Opfer" für die Vermeidung der Einleitung eines Insolvenzverfahrens erwartet, als von den Gesellschaftern der Krisengesellschaft. Deshalb ist eine entsprechende

---

1053 *Schmid*, FR 2012, 837, 838.

1054 BGH, Urteil v. 8.1.2001, II ZR 88/99, GmbHR 2001, 190.

1055 Andernfalls würde dies im Falle der Insolvenz einen Rücktritt auf den Status eines Gesellschafters bedeuten, der nur im Rahmen der Schlussverteilung entsprechend § 199 S. 2 InsO berücksichtigt werden kann. *Schüppen*, in: Drüen, JFSt, 2010, Die Kapitalgesellschaft in der Krise, 300, 302; *Ziegenhagen/Thieme*, Besteuerung in Krise und Insolvenz, 2010, 91; *Mühlhaus*, GmbH-StB 2012, 185, 187; *Weitnauer*, GWR 2012, 193, 193; *Schmid*, FR 2012, 837, 837ff.

1056 *Kahlert/Gehrke*, DStR 2010, 227, 230; *Schmid*, FR 2012, 837, 838.

1057 Gl. A. *Leithaus/Schaefer*, NZI 2010, 844, 846; *Schmid*, FR 2012, 837, 838.

1058 *Weitnauer*, GWR 2012, 193; *Bußhardt*, in: Braun, InsO, 2010, § 19, Rz. 14.

1059 *Weitnauer*, GWR 2012, 193; *Bußhardt*, in: Braun, InsO, 2010, § 19, Rz. 14.

1060 *Wälzholz*, GmbH-StB 2009, 75, 78. Im Allgemeinen wird aber eine Formulierung entsprechend den Grundsätzen des BFH vorgeschlagen, um sicherzugehen, dass der Rücktritt wirksam die Überschuldung vermeidet.

Anwendung des § 19 Abs. 2 S. 2 InsO auf Drittdarlehen anzunehmen,[1061] weil dies dem Zweck der Norm zuträglich ist.[1062]

2.3 Zeitliche Geltungsdauer des Rangrücktritts

Aus insolvenzrechtlicher Sicht stellt sich außerdem die Frage, ob entgegen des klaren Wortlauts des § 19 Abs. 2 S. 2 InsO der Rangrücktritt nicht nur für das Insolvenzverfahren, sondern auch für die Zeit davor wirken muss.[1063] Ansonsten könnten Verbindlichkeiten – insbesondere von Gesellschaftern – kurz vor Eröffnung des Insolvenzverfahrens eingefordert werden. In diesem Fall würde gerade nicht die Wirkung eines Rangrücktritts eintreten, der die Nichtberücksichtigung in der Überschuldungsbilanz rechtfertigt. Schließlich wird mit der Überschuldungsbilanz geprüft, ob die Gläubiger mit den vorhandenen Mitteln jederzeit bedient werden können. Ein jederzeit möglicher Abzug eines Gesellschafterdarlehens vor eintreten der Insolvenz, würde folglich dazu führen, dass die Masse zur Befriedigung der Gläubiger nicht mehr ausreicht. Ein Rangrücktritt, der de facto erst bei Eröffnung des Insolvenzverfahrens wirkt, würde folglich bedeuten, dass eine jederzeit fällige Forderung nicht im Überschuldungsstatus berücksichtigt wird,[1064] was nicht Ziel des Gesetzes sein kann.

Selbst wenn man dieser Meinung nicht folgt, würde das Einfordern der Verbindlichkeit zwangsläufig zu deren Passivierung im Überschuldungsstatus führen. *Wolf* führt deshalb zutreffend aus, dass eine Passivierung der Verbindlichkeit im Überschuldungsstatus bereits in dem Zeitpunkt zu erfolgen hat, in dem mit einem Wegfall der Rücktritts und einer Einforderung des Betrags ernsthaft zu rechnen ist.[1065] Ein Wegfall der Passivierungspflicht bei Rangrücktritt kommt deshalb nur infrage, wenn der Rücktritt für die gesamte Dauer der Krise ausgesprochen wurde. Das Begrenzen des Rücktritts auf den Zeitpunkt nach Eintritt der Insolvenz reicht hingegen nicht aus.[1066]

1061 *Wälzholz*, GmbH-StB 2009, 75, 78; *Kahlert/Gehrke*, DStR 2010, 227, 229; *Leithaus/Schaefer*, NZI 2010, 844, 846; *Blaas/Schwahn*, DB 2013, 2350, 2352; *Lechner/Haisch*, in: Köhler/Göbel/Körner, Handbuch Unternehmensfinanzierung, 2013, 663; a.A. *Weitnauer*, GWR 2012, 193; *Bußhardt*, in: Braun, InsO, 2010, § 19, Rz. 14.

1062 Der Gesetzgeber wollte mit der Definition in § 19 Abs. 2 S. 2 InsO Rechtssicherheit schaffen, um dem Geschäftsführer die Beurteilung zu erleichtern, ob das Darlehen in der Überschuldungsbilanz zu berücksichtigen sei. BT-Drs.-16/6140.

1063 *Haas*, DStR 2009, 326, 327; *Funk*, BB 2009, 867, 869; *Kahlert/Gehrke*, DStR 2010, 227, 229; *Wolf*, KSi 2010, 207, 210. Die strittige Formulierung bezieht sich auf „*der Nachrang im Insolvenzverfahren*".

1064 *Wolf*, KSi 2010, 207, 210; a.A. *Wälzholz*, GmbH-StB 2009, 75, 78; *Kahlert/Gehrke*, DStR 2010, 227, 229.

1065 *Wolf*, KSi 2010, 207, 210.

1066 *Haas*, DStR 2009, 326, 327; *Funk*, BB 2009, 867, 869; *Kahlert/Gehrke*, DStR 2010, 227, 229; *Wolf*, KSi 2010, 207, 210; *Lechner/Haisch*, in: Köhler/Göbel/Körner, Handbuch Unternehmensfinanzierung, 2013, 663.

3. Ebene des Schuldners

3.1 Handelsrechtliche Erfassung des Rangrücktritts

Aus handelsrechtlicher Sicht ergibt sich aus dem Vollständigkeitsgebot des § 246 Abs. 1 HGB, dass Schulden – auch im Falle des Rangrücktritts – uneingeschränkt zu bilanzieren sind.[1067] Dies gilt unabhängig vom Grad des Rangrücktritts, der vereinbart wurde.[1068] Die Ansatzverpflichtung bleibt folglich unabhängig von der Rangrücktrittsvereinbarung bestehen, da nach wie vor der Nominalwert der Verbindlichkeit – wenn auch nachrangig – zurückzuzahlen ist.[1069]

Ein Ausbuchen aus der Handelsbilanz wäre nur zulässig, wenn mit an Sicherheit grenzender Wahrscheinlichkeit damit gerechnet werden könnte, dass eine Belastungswirkung aus der Verbindlichkeit nicht mehr eintritt.[1070] Auf die tatsächliche Zahlungsfähigkeit kommt es hingegen nicht an.

Handelsrechtlich hat der Rangrücktritt keine anderen Auswirkungen als einen „Davon-Vermerk" oder eine Anhangsangabe.[1071]

1067 BFH, Urteil v. 30.3.1993, IV R 57/91, BStBl II 1993, 502; BFH, Urteil v. 20.10.2004, I R 11/03, BStBl II 2005, 581; *Heerma*, BB 2005, 537, 543; BFH, Urteil v. 10.11.2005, IV R 13/04, BStBl II 2006, 618; *Lang*, DStZ 2006, 789, 789; *Loose/Maier*, in: Lüdicke/Sistermann, Unternehmensteuerrecht, 2008, 781, 815; *Seppelt*, BB 2010, 1395, 1396; *Förster*, Ubg 2010, 758, 764; *Altendorf*, GmbH-StB 2012, 147, 148; *Rätke*, StuB 2012, 338, 340; *Hoffmann/Lüdenbach*, NWB Bilanzierung, 2012, § 246, Tz. 73; *Lechner/Haisch*, in: Köhler/Göbel/Körner, Handbuch Unternehmensfinanzierung, 2013, 664; *Schubert*, in: Förschle/Grottel/Schmidt/u.a., Beck'scher Bilanzkommentar, 2014, § 247 Rz. 232; *Blaas/Schwahn*, DB 2013, 2350, 2352.

1068 *Schubert*, in: Förschle/Grottel/Schmidt/u.a., Beck'scher Bilanzkommentar, 2014, § 247 Rz. 232. a.A. für den qualifizierten Rangrücktritt: BFH, Urteil v. 30.11.2011, I R 100/10, BStBl II 2012, 332.

1069 An der wirtschaftlichen Belastung des Schuldners ändert sich durch den Rangrücktritt nichts. *Hoffmann*, StuB 2012, 1, 1; *Altendorf*, GmbH-StB 2012, 147, 148.

1070 BFH, Urteil v. 22.11.1988, VIII R 62/85, BStBl II 1989, 359; *Taraschka*, DStR 2006, 109, 110; *Förster*, Ubg 2010, 758, 764; *Schmid*, FR 2012, 837, 841. Nach Ansicht von *Taraschka* wäre die Ausbuchung einer Verbindlichkeit, für die ein Rangrücktritt vereinbart wurde nur zulässig, falls eine Erfüllung der Verbindlichkeit während des Fortbestands des Unternehmens ausgeschlossen ist. Die Vereinbarung einer solchen Bedingung ist jedoch theoretischer Natur.

1071 *Küting/Kessler*, BB 1994, 2103, 2109; *Kropff*, in: Hennrichs/Kleindiek/Watrin, Münchener Kommentar zum Bilanzrecht, 2013, HGB § 272 Eigenkapital Rz. 289; *Schubert/Krämer*, in: Fröschle/Grottel/Schmidt/u.a., Beck'scher Bilanzkommentar, 2014, § 266 Rz. 255.

3.2 *Steuerliche Konsequenzen des Rangrücktritts*

3.2.1 *Grundsatz Maßgeblichkeit*

Aus steuerlicher Sicht ist eine bilanzielle Erfassung einer im Rang zurückgetretenen Forderung kritisch zu prüfen. Grundsätzlich führt das Maßgeblichkeitsprinzip nach § 5 Abs. 1 S. 1 EStG dazu, dass es bei der Passivierung als Solches bleibt.[1072] Unter Umständen ist die Schuld aber nach einer steuerbilanziellen Vorschrift ertragswirksam auszubuchen.[1073] So sind nach § 5 Abs. 2a EStG Verbindlichkeiten nicht zu bilanzieren, deren Rückzahlung davon abhängt, ob künftig Gewinne oder Einnahmen entstehen.[1074] Erst wenn solche Einnahmen oder Gewinne anfallen, ist die Schuld in voller Höhe einzubuchen.[1075]

3.2.2 *Anwendungszeitpunkt des § 5 Abs. 2a EStG*

Fraglich ist, zu welchem Zeitpunkt die Bedingung des § 5 Abs. 2a EStG erfüllt sein muss, dass die Rückzahlung nur bei Erzielung von Einnahmen oder Gewinnen erfolgt. Zahlreiche Stimmen in der Literatur[1076] und der IV. Senat des BFH[1077] gehen davon aus, dass eine Prüfung des § 5 Abs. 2a EStG ausschließlich im Zeitpunkt der Einbuchung einer solchen Verbindlichkeit vorgenommen werden muss. Folglich wäre § 5 Abs. 2a EStG nur für die Zugangsbewertung einschlägig, nicht hingegen bei der Folgebewertung.[1078]

Demgegenüber gehen die Finanzverwaltung,[1079] der I. Senat des BFH[1080] und auch einige Stimmen aus der Literatur[1081] davon aus, dass eine Vereinbarung einer

---

1072 *Schwenker/Fischer*, DStR 2010, 1117, 1118; *Schubert*, in: Förschle/Grottel/Schmidt/u.a., Beck'scher Bilanzkommentar, 2014, § 247, 232.

1073 BMF-Schreiben v. 8.9.2006, IV B 2 – S 2133 – 10/06, BStBl I 2006, 497; *Förster*, Ubg 2010, 758, 764; BFH, Urteil v. 30.11.2011, I R 100/10, BStBl II 2012, 332; *Altendorf*, GmbH-StB 2012, 147, 148; *Blaas/Schwahn*, DB 2013, 2350, 2353; *Schubert*, in: Förschle/Grottel/Schmidt/u.a., Beck'scher Bilanzkommentar, 2014, § 247 Rz. 232.

1074 Eine Passivierung als Rückstellung scheidet ebenfalls aus. Siehe auch: *Weber-Grellet*, in: Schmidt/Weber-Grellet, EStG, 2012, § 5 Rz. 315.

1075 *Strahl*, in: Korn, EStG, § 5 EStG Rz. 548.

1076 *Funk*, BB 2009, 867, 870; *Kellersmann/Pannewig*, Ubg 2009, 848, 852; *Hoffmann*, StuB 2012, 209; *Rätke*, StuB 2012, 338, 340.

1077 Der IV. Senats des BFH schließt die Anwendung des § 5 Abs. 2a EStG bei qualifiziertem Rangrücktritt aus. Siehe BFH, Urteil v. 10.11.2005, IV R 13/04, BStBl II 2006, 618 Rz. 35f.

1078 Im Ergebnis auch *Funk*, BB 2009, 867, 870; *Kellersmann/Pannewig*, Ubg 2009, 848, 852; *Hoffmann*, StuB 2012, 209, 209; *Rätke*, StuB 2012, 338, 340. a.A. BFH, Urteil v. 30.11.2011, I R 100/10, BStBl II 2012, 332, Tz. 17.

1079 BMF-Schreiben v. 8.9.2006, IV B 2 – S 2133 – 10/06, BStBl I 2006, 497.

1080 BFH, Urteil v. 30.11.2011, I R 100/10, BStBl II 2012, 332; a.A. BFH, Urteil v. 10.11.2005, IV R 13/04, BStBl II 2006, 618.

1081 *Förster*, Ubg 2010, 758, 764f.; *Schmid*, FR 2012, 837, 844; *Berg/Schmich*, GmbHR 2012, 406, 409.

Rückzahlung nur aus künftigen Einnahmen oder Gewinnen im Rahmen eines schuldändernden Vertrags zur Ausbuchung der Verbindlichkeit führen kann. § 5 Abs. 2a EStG wäre damit bei der Folgebewertung beachtlich, falls sich die Rückzahlungsbedingungen ändern.

Nach Ansicht des I. Senats[1082] ist deshalb eine Bezugnahme auf die Befriedigung der Darlehensschuld aus sonstigem freien Vermögen unentbehrlich, um eine Ausbuchung nach § 5 Abs. 2a EStG zu verhindern, falls die Rückzahlung in Abhängigkeit künftiger Gewinne erfolgen soll. Dies begründet das Gericht damit, dass aus wirtschaftlicher Sicht ansonsten dasselbe Ergebnis beim Rangrücktritt mit einer Rückzahlungsbegrenzung auf künftige Gewinne eintritt, als ob ein Forderungsverzicht gegen Besserungsschein vereinbart worden wäre.[1083] Auch eine Einbeziehung eines Liquidationsüberschusses als „Rückzahlungsmasse" ändert nichts an der Beurteilung des erkennenden Senats. Schließlich wäre nach Ansicht der Judizierenden grundsätzlich von einer Fortführung des Unternehmens auszugehen, sodass die im Falle einer Liquidation eintretende wirtschaftliche Belastung zum Bilanzierungszeitpunkt noch nicht vorgelegen haben kann.[1084]

Nach der hier vertretenen Auffassung ist der Verwaltungsmeinung und der Auffassung des I. Senats allerdings nicht zuzustimmen. Durch den klaren Wortlaut des § 5 Abs. 2a EStG, der auf die Zugangsbewertung abstellt (*„erst anzusetzen")*, ist die Regelung nicht bei der Folgebewertung beachtlich.[1085] Zwar stellt eine im Rang zurückgetretene Verbindlichkeit, deren Tilgung in Abhängigkeit eines Gewinns oder anderer Einnahmen beginnt, keine momentane (Zahlungs-)Belastung für den Schuldner dar, gleichwohl existiert die Schuld rechtlich fort, im Zweifelsfall im Insolvenzverfahren.[1086] Diese Ansicht bestätigt der Senat in Tz. 22[1087] in gewisser Weise, da er von einer korrespondierenden Einlage absieht, weil der Fremdkapitalcharakter der Verbindlichkeit erhalten bleibt. Dies ist auch richtig, weil es dem Gläubiger nach wie vor offen steht seine Forderung einzufordern, wenn auch unter Beachtung des Rangrücktritts. Es kommt demnach nicht darauf an, ob der Schuldner derzeitig durch die Verbindlichkeit belastet wird, sondern ob er zu irgendeinem Zeitpunkt mit einer Belastung rechnen muss.[1088] *Hoffmann* führt dazu zutreffend

---

1082 BFH, Urteil v. 30.11.2011, I R 100/10, BStBl II 2012, 332.

1083 BFH, Urteil v. 30.11.2011, I R 100/10, BStBl II 2012, 332, Tz. 20.

1084 *Braun*, DStR 2012, 1360, 1362.

1085 Gl.A. *Suchanek/Hagedorn*, FR 2004, 451, 454; *Hoffmann*, GmbH-StB 2004, 351, 351f.; *Watermeyer*, GmbH-StB 2004, 369, 372; *Strahl*, in: Korn, EStG, § 5 EStG, Rz. 550.2. Zum gesetzgeberischen Ziel der Norm siehe *Wendt*, EStB 2000, 309, 310; *Braun*, DStR 2012, 1360, 1361. Die Regelung betrifft insbesondere die Filmförderung, Druckbeihilfen und bestimmte Fördermittel.

1086 BFH, Beschluss v. 6.11.2007, I B 50/07, BFH/NV 2008, 616, Tz. 12; *Schmid*, FR 2012, 837, 841. Andernfalls würde das Vermögen nicht korrekt in der Bilanz ausgewiesen.

1087 BFH, Urteil v. 30.11.2011, I R 100/10, BStBl II 2012, 332, Tz. 22.

1088 *Hoffmann*, StuB 2012, 209, 210; *Schmid*, FR 2012, 837, 841; *Braun*, DStR 2012, 1360, 1362.

aus, dass eine Zahlungsverpflichtung als wirtschaftliche Belastung identisch ist mit einer rechtlichen Schuld,[1089] sodass eine Bewertung entlang der wirtschaftlichen Betrachtungsweise ausscheidet.

Eine Gleichsetzung des Rangrücktritts mit dem Forderungsverzicht gegen Besserungsschein, wie sie der I. Senat des BFH[1090] darstellt, erscheint unter wirtschaftlichen Gesichtspunkten deshalb obskur.[1091] Zwar folgt auch die Bilanzierung wirtschaftlichen Grundsätzen – es gilt der Grundsatz Substance-over-Form – dennoch kann die rechtliche Basis nicht völlig außer Acht gelassen werden,[1092] die bei Rangrücktritt und Forderungsverzicht gänzlich unterschiedlich ist.

Beim Forderungsverzicht gegen Besserungsschein handelt es sich um einen Vertrag, nachdem eine Forderung zunächst erlischt, sodass die korrespondierende Verbindlichkeit auszubuchen ist.[1093] Zivilrechtlich bestehen weder Forderung noch Verbindlichkeit während dieses Zeitraums fort, sondern leben erst durch den Besserungsfall wieder auf.[1094] Aufgrund dessen ist die Ausbuchung der Schuld zweckmäßig, weil bis zum Besserungsfall kein Schuldverhältnis besteht, aus dem eine wirtschaftliche Belastung entstehen könnte. Hingegen ändern sich beim Rangrücktritt lediglich die Bedingungen und die Abfolge für die Rückzahlung; der Fortbestand der Verbindlichkeit bleibt indessen unberührt.[1095] Der Schuldner erhält im Ergebnis lediglich ein Leistungsverweigerungsrecht bis zur vereinbarten Bedingung,[1096] was jedoch die wirtschaftliche Belastung der Schuld nicht beeinflusst.

3.2.3 Tilgung aus dem freien Vermögen

Des Weiteren führt der BFH in seinem Urteil[1097] aus, dass eine ertragswirksame Ausbuchung der Verbindlichkeit nicht zu erfolgen hat, wenn eine Rückzahlung auch aus freiem Vermögen[1098] vereinbart wurde. Diese Meinung ist kritisch zu würdigen. Freies Vermögen kann schließlich nur auf zweierlei Arten der Gesellschaft zugeführt werden: Zum einen können Überschüsse aus laufenden Erträge generiert werden, die

---

1089 *Hoffmann*, StuB 2012, 1, 1.

1090 Tz. 20 des Urteils: *„Es ist daher gerechtfertigt, diese Verbindlichkeit* [für die ein Rangrücktritt vereinbart wurde] *wie einen Erlass mit Besserungsabrede zu behandeln und die Verbindlichkeit nicht auszuweisen.“* BFH, Urteil v. 30.11.2011, I R 100/10, BStBl II 2012, 332.

1091 *Rätke*, StuB 2012, 338, 341; *Horst*, DB 2013, 656, 660.

1092 Ansonsten würde die Betrachtung „without any form“ vollzogen werden. *Hoffmann*, StuB 2012, 209, 210.

1093 Siehe im Detail Kap. D.V.

1094 *Rätke*, StuB 2012, 338, 341.

1095 BFH, Urteil v. 20.10.2004, I R 11/03, BStBl II 2005, 581.

1096 *Rätke*, StuB 2012, 338, 341.

1097 BFH, Urteil v. 30.11.2011, I R 100/10, BStBl II 2012, 332.

1098 Dies ist der positive Teil des Eigenkapitals, der bei Verwendung zur Rückzahlung nicht zur Überschuldung führt.

aber bereits in die Tilgungsvereinbarung als Gewinne aufgenommen sind. Daneben kann freies Vermögen nur noch durch Einlagen der Gesellschafter entstehen. Das Fortbestehen einer Verbindlichkeit in der Steuerbilanz von diesem Umstand abhängig zu machen, erscheint jedoch nicht schlüssig.[1099]

Auch ein Rückgriff auf das bestehende Vermögen ist im Sanierungsfall eher unbeachtlich. Im Zeitpunkt des Rangrücktritts wird regelmäßig kein freies Vermögen vorhanden sein, da ansonsten die Vereinbarung eines Rangrücktritts zur Vermeidung der Überschuldung nicht notwendig wäre.[1100] Die wirtschaftliche Belastung einer Rangrücktrittsvereinbarung, ohne Bezugnahme auf das freie Vermögen, entspricht bei wirtschaftlicher Betrachtung im Sanierungsfall derer, als ob eine Tilgung aus dem freien Vermögen nicht vereinbart worden wäre. Es ist deshalb nicht ersichtlich, weswegen ausgerechnet auf diese Bedingung des Rangrücktritts hinsichtlich der Ausbuchung nach § 5 Abs. 2a EStG abgestellt wird.

3.2.4 Keine verdeckte Einlage bei Ausbuchung nach § 5 Abs. 2a EStG

Soweit der Meinung der Finanzverwaltung und des I. Senats gefolgt wird, dass eine Verbindlichkeit unter Umständen nach § 5 Abs. 2a EStG bei Änderung der Rückzahlungsmodalitäten auszubuchen ist, ergibt sich außerdem ein Folgeproblem. Es stellt sich die Frage, ob eine korrespondierende verdeckte Einlage zu bilden ist, wenn ein Gesellschafter auf seine Forderung verzichtet. Grundsätzlich ist davon auszugehen, dass bei einer Rückzahlung aus künftigen Gewinnen keine Einlage vorliegen kann.[1101] Schließlich wäre nach Ansicht des I. Senats die Darlehensschuld aus künftigen Gewinnen zu bedienen, sodass eine Ausbuchung nicht infrage kommt.[1102] Ist eine Rückzahlung hingegen nur aus künftigen Liquidationsüberschüssen vorgesehen, ist nach herrschender Meinung von einer Einlage, in Höhe des werthaltigen Teils der Forderung, auszugehen.[1103] Andere Stimmen schließen die Berücksichtigung einer verdeckten Einlage hingegen aus, weil der Gläubiger auf die Rückzahlung der Schuld nach wie vor bestehen wird und diese auch zivilrechtlich fortbesteht.[1104] Letzterer Meinung ist zuzustimmen, da eine Qualifikation als Einlage die zivilrechtlichen Umstände umkehren würde.

1099 *Schmid*, FR 2012, 837, 840; *Hoffmann*, StuB 2012, 209, 210.

1100 *Schmid*, FR 2012, 837, 840.

1101 BFH, Urteil v. 30.11.2011, I R 100/10, BStBl II 2012, 332.

1102 BFH, Urteil v. 30.11.2011, I R 100/10, BStBl II 2012, 332, Tz. 23.

1103 BGH, Urteil v. 8.1.2001, II ZR 88/99, GmbHR 2001, 190; *Berg/Schmich*, GmbHR 2012, 406, 409; *Lechner/Haisch*, in: Köhler/Göbel/Körner, Handbuch Unternehmensfinanzierung, 2013, 665; *Demuth/Eberhard*, in: CMS Hasche Sigle, Steueroptimale Gestaltungen, 2013, 272.

1104 *Hoffmann*, GmbHR 2006, 1115, 1118; *Lang*, DStZ 2006, 789, 791f.; *Förster*, Ubg 2010, 758, 765.

3.2.5 *Handlungsempfehlung*

Wird bei Vereinbarung eines einfachen oder qualifizierten Rangrücktritts[1105] eine steuerneutrale Umsetzung angestrebt, ist bei der Vertragsgestaltung entweder kein Bezug auf die Zahlungsmodalitäten zu nehmen oder diese sind so zu abzufassen, dass neben künftigen Gewinnen und Liquidationserlösen auch eine Tilgung aus den freien Rücklagen eingefordert werden kann.[1106] Bestehende Rangrücktrittvereinbarungen sind deshalb auf eine analoge Formulierung zu überprüfen.[1107] Das Fehlen einer Vereinbarung der Rückzahlungsmodalitäten kann aber nach der hier vertretenen Auffassung nicht zur gewinnerhöhenden Ausbuchung der Forderung nach § 5 Abs. 2a EStG führen, weil in diesen Fällen lediglich die Rangfolge der Verbindlichkeiten verändert wird.[1108] Demnach sollte eine entsprechende Formulierung gewählt werden, um Risiken zu minimieren.

3.2.6 *Gestaltungsmöglichkeiten durch die geänderte Rechtsprechung*

Auch wenn die Beurteilung der Finanzverwaltung und des I. Senats hinsichtlich der Anwendung des § 5 Abs. 2a EStG nach der hier vertretenen Auffassung unzutreffend ist, erweitert sich durch diese Auffassung der Gestaltungsspielraum. Je nach Absicht des Sanierenden kann zielgenau ein Ertrag realisiert werden oder der Rangrücktritt steuerneutral umgesetzt werden.

Die Ertragsrealisierung könnte dabei zur Verlustkonservierung genutzt werden. Im Gegensatz zum Forderungsverzicht gegen Besserungsschein stellt sich nicht die Frage nach der Werthaltigkeit, weil keine korrespondierende Einlage erfasst wird.[1109] Der Gewinn aus der Ausbuchung nach § 5 Abs. 2a EStG ist deshalb der Höhe nach unstrittig.

Bei Eintritt des Ereignisses, an das der Rangrücktritt anknüpft, ist die Verbindlichkeit nach § 5 Abs. 2a EStG aufwandswirksam einzubuchen. Findet zwischen dem Zeitpunkt der Ein- und Ausbuchung ein schädlicher Anteilseignerwechsel oder

---

1105 Zwar bezog sich das Urteil des I. Senats laut Leitsatz auf einen qualifizierten Rangrücktritt, die Vereinbarung hatte aber eher den Charakter eines einfachen Rangrücktritts. So auch: *Berg/Schmich*, GmbHR 2012, 406, 408; *Rätke*, StuB 2012, 338, 340f.; *Lechner/Haisch*, in: Köhler/Göbel/Körner, Handbuch Unternehmensfinanzierung, 2013, 664. Alle Autoren empfehlen zur Absicherung der Steuerneutralität jedoch die Aufnahme einer Reglung hinsichtlich der Rückzahlung, die das freie Vermögen einschließt.

1106 *Kellersmann/Pannewig*, Ubg 2009, 848, 852; *Förster*, Ubg 2010, 758, 765; *Kahlert/Gehrke*, DStR 2010, 227, 232; *Eilers/Bühring*, Sanierungs-Steuerrecht, 2012, 83; *Rätke*, StuB 2012, 338, 342; *Lechner/Haisch*, in: Köhler/Göbel/Körner, Handbuch Unternehmensfinanzierung, 2013, 664; *Blaas/Schwahn*, DB 2013, 2350, 2353.

1107 *Haug*, Steuk 2012, 209, 209; *Kreide*, KSI 2012, 125, 125; *Braun*, DStR 2012, 1360, 1362; *Gänsler*, Ubg 2013, 154, 156.

1108 *Berg/Schmich*, GmbHR 2012, 406, 408; *Lechner/Haisch*, in: Köhler/Göbel/Körner, Handbuch Unternehmensfinanzierung, 2013, 664.

1109 BFH, Urteil v. 30.11.2011, I R 100/10, BStBl II 2012, 332.

ein anderes Ereignis statt, das einen Verlustuntergang auslösen würde, bietet sich auf diese Weise eine Chance die Verluste – unabhängig von der Werthaltigkeit der Forderung – zu übertragen.[1110]

4. Erfassung beim Gläubiger

An der Bilanzierung von Forderungen, für die ein Rangrücktritt vereinbart wurde, ändert sich beim Gläubiger grundsätzlich nichts.[1111] Die Werthaltigkeit der Forderung ist jedoch zu hinterfragen,[1112] weil die Rückzahlungswahrscheinlichkeit gemindert sein kann.[1113] Ein gesonderter Vermerk im Anhang oder in der Bilanz, dass ein Rangrücktritt vereinbart wurde, muss nicht angegeben werden.[1114] Für steuerliche Zwecke kann ggf. auf eine Abschreibung auf den niedrigeren Teilwert verzichtet werden, wenn es sich um eine dauernde Wertminderung handelt, § 6 Abs. 1 Nr. 1 und Nr. 2 EStG.[1115]

4.1 Auswirkungen bei steuerverstrickten Beteiligungen

Handelt es sich um eine Beteiligung i. S. d. § 17 EStG erhöhen sich die Anschaffungskosten der Beteiligung, weil es sich durch die Vereinbarung eines Rangrücktritts um ein krisenbestimmtes Darlehen handelt. Dies gilt allerdings nicht, falls das Kleinanlegerprivileg anzuwenden ist.[1116]

1110 *Förster*, Ubg 2010, 758, 765.

1111 *Pflugbeil*, Steuerliche Auswirkungen von Sanierungsmaßnahmen bei Kapitalgesellschaften: Forderungsverzicht des Anteilseigners mit und ohne Besserungsschein, Rangrücktrittsvereinbarung und andere Gestaltungsmöglichkeiten zgl. Diss Univ. Münster, 2006, 206; *Förster*, Ubg 2010, 758, 765; *Herzig/Liekenbrock*, Ubg 2011, 313, 320; *Eilers/Bühring*, Sanierungs-Steuerrecht, 2012, 84; *Thies*, in: CMS Hasche Sigle, Steueroptimierte Gestaltungen, 2013, 336.

1112 Es gilt das strenge Niederstwertprinzip nach § 253 Abs. 4 HGB.

1113 Ein Automatismus für die Abschreibung darf nicht angenommen werden. Schließlich könnte der Rangrücktritt auch ohne Krise vereinbart werden. *Seppelt*, BB 2010, 1395, 1396; *Förster*, Ubg 2010, 758, 765; *Herzig/Liekenbrock*, Ubg 2011, 313, 320; *Buth/Hermanns*, Restrukturierung Sanierung Insolvenz, 2014, 810; a.A. *Berndt*, BB 2006, 2744, 2745.

1114 *Pflugbeil*, Steuerliche Auswirkungen von Sanierungsmaßnahmen bei Kapitalgesellschaften: Forderungsverzicht des Anteilseigners mit und ohne Besserungsschein, Rangrücktrittsvereinbarung und andere Gestaltungsmöglichkeiten zgl. Diss Univ. Münster, 2006, 206f.

1115 BMF-Schreiben v. 12.3.2010, IV C 6 – S 2133/09/10001, BStBl I 2010, 597; *Herzig/Liekenbrock*, Ubg 2011, 313, 320; *Lechner/Haisch*, in: Köhler/Göbel/Körner, Handbuch Unternehmensfinanzierung, 2013, 666; *Thies*, in: CMS Hasche Sigle, Steueroptimierte Gestaltungen, 2013, 336.

1116 FG-Köln, Urteil v. 18.3.2014, 1 K 3127/11, DB 2014, 5.

4.2 Beteiligungen im Betriebsvermögen

Ist das Darlehen für das ein Rangrücktritt ausgesprochen wurde einer Beteiligung im Betriebsvermögen zuzuordnen, sind Forderungsabschreibungen aufwandswirksam berücksichtigungsfähig.[1117] Gesonderte Abzugsverbote sind nicht zu beachten, wenn der Gesellschafter eine natürliche Person ist. Mit den Urteilen v. 18.4.2012[1118] und dem BMF-Schreiben v. 23.10.2013 ist auch rechtssicher geklärt, dass eine Anwendung des Teilabzugsverbots nicht infrage kommt.[1119] § 3c Abs. 2 EStG findet hiernach keine Anwendung, weshalb natürliche Personen, die die Forderung im Betriebsvermögen halten, die Wertminderung in voller Höhe steuerlich geltend machen können.

4.3 Abzugsfähigkeit bei Kapitalgesellschaften

Ist Gesellschafter und Gläubiger dieselbe Kapitalgesellschaft, führt die Abschreibung eines nicht werthaltigen Teils einer Forderung, grundsätzlich zu abziehbaren Betriebsausgaben.[1120] Allerdings können diese unter Umständen nicht steuerwirksam geltend gemacht werden, wenn die Voraussetzungen des § 8b Abs. 3 S. 4 KStG erfüllt sind.[1121] Fraglich ist jedoch, ob bei Anwendung einer Ausbuchung der Verbindlichkeit nach den Grundsätzen des § 5 Abs. 2a EStG, § 8b Abs. 3 S. 4 KStG überhaupt zu Anwendung kommen kann. Hiervon muss wohl ausgegangen werden, da der Tatbestand alle Gewinnminderungen im Zusammenhang mit einem Darlehen umfasst.

Die Erbringung eines Gegenbeweises i. S. d. § 8b Abs. 3 S. 6 KStG, dürfte nicht möglich sein.[1122] Im Gegenzug sind etwaige Zuschreibungen im Besserungsfall nicht steuerwirksam, § 8b Abs. 3 S. 8 KStG.

5. Einordnung in das Zielsystem

Ein Rangrücktritt ist als schuldändernder Vertrag einfach und zeitnah umsetzbar. Deshalb sind die Ziele hinsichtlich der schnellen zeitlichen Umsetzung, der Unabhängigkeit der Maßnahme von anderen Sanierungsstrategien und das Ziel der Umgehung von Sachverhalten, die eine Zustimmung weiterer Stakeholder fordern, als voll erfüllt anzusehen.

1117 *Thies*, in: CMS Hasche Sigle, Steueroptimierte Gestaltungen, 2013, 337.

1118 BFH, Urteil v. 18.4.2012, X R 5/10, BStBl II 2013, 785; BFH, Urteil v. 18.4.2012, X R 7/10, BStBl II 2013, 791.

1119 BMF-Schreiben v. 23.10.2013, IV C 6 – S 2128/07/10001, BStBl I 2013, 1269.

1120 *Knebel*, DB 2009, 1094, 1095.

1121 *Förster*, Ubg 2010, 758, 765; *Eilers/Bühring*, Sanierungs-Steuerrecht, 2012, 84; *Lechner/Haisch*, in: Köhler/Göbel/Körner, Handbuch Unternehmensfinanzierung, 2013, 666; *Thies*, in: CMS Hasche Sigle, Steueroptimierte Gestaltungen, 2013, 336. Siehe zu den Voraussetzungen Kap. C.V.2.

1122 *Kellersmann/Pannewig*, Ubg 2009, 848, 857; *Eilers/Bühring*, Sanierungs-Steuerrecht, 2012, 66; *Lechner/Haisch*, in: Köhler/Göbel/Körner, Handbuch Unternehmensfinanzierung, 2013, 669; Siehe Kap. C.V.3.

Wird ein Rangrücktritt gewährt, kann dieser eine Zahlungsunfähigkeit beseitigen, weil im Rang zurückgetretene Verbindlichkeiten zunächst nicht zu erfüllen sind. Dadurch mindert sich die laufende Liquiditätsbelastung für die Krisengesellschaft. Deshalb ist der Rangrücktritt zur Vermeidung der Insolvenz nach § 17 InsO grundsätzlich geeignet.

Bei Gewährung eines Rangrücktritts reduziert sich der Schuldenstand nicht, da lediglich eine Reihenfolge festgelegt wird, nach der die Gläubiger bedient werden müssen. Zur tatsächlichen Entschuldung des Unternehmens ist das Instrument deshalb ungeeignet.

Verbindlichkeiten, für die ein Rangrücktritt korrekt vereinbart wurde, sind in der Überschuldungsbilanz des Krisenunternehmens nicht mehr zu erfassen. Entscheidend für die Nichtberücksichtigung ist, dass ein Rücktritt hinter die in § 39 Abs. 1 Nr. 1 bis 5 InsO genannten Gläubiger vereinbart wird. Der Rücktritt muss für die gesamte Dauer der Krise gelten, um einer Ansatzpflicht der Verbindlichkeit im Überschuldungsstatus zu entgehen.

Weil eine tatsächliche Entschuldung bei Anwendung des Rangrücktritts nicht eintritt, verbessert sich das handelsbilanzielle Bild im Allgemeinen nicht. Allerdings sind die Verbindlichkeiten, für die ein Rangrücktritt vereinbart wurde, durch einen Davon-Vermerk zu kennzeichnen. Der Rangrücktritt verbessert allerdings das Rating, weil nachrangige Verbindlichkeiten dem ratingorientierten wirtschaftlichen Eigenkapital zuzurechnen sind.

In steuerlicher Hinsicht ist bei der Formulierung des Rangrücktritts darauf zu achten, dass die gewünschten steuerlichen Folgen durch korrekte Formulierung der Rücktrittsvereinbarung ausgelöst werden. Entweder wird der Rangrücktritt steuerneutral ausgestaltet oder entsprechend den Grundsätzen des Urteils des BFH v. 30.11.2011, sodass eine Aufdeckung nach § 5 Abs. 2a EStG erfolgt. Letzteres erscheint aber systematisch falsch, und ist deshalb mit Rechtsunsicherheit verbunden. Zur rechtssicheren Gestaltung ist deshalb entweder kein Bezug auf die Rückzahlungsbedingungen zu nehmen oder zu vereinbaren, dass neben einer Tilgung aus künftigen Gewinnen eine Tilgung aus freiem Vermögen möglich ist, soweit eine steuerfreie Vereinbarung des Rangrücktritts angestrebt wird. Wird der Rangrücktritt trotz Rechtsunsicherheit ertragswirksam gestaltet, bietet sich die Möglichkeit, Aufwandspotenzial vor einem Verlustuntergang zu schützen.

Auf den Erhalt von Zins- und Verlustvorträgen hat der Rangrücktritt keinen Einfluss, weil keine Änderung im Gesellschafterbestand eintritt. Deshalb ist die Vereinbarung eines Rangrücktritts im Rahmen des § 8c KStG unbeachtlich.

Bei demjenigen, der einen steuerwirksamen Rangrücktritt ausspricht, richten sich die Rechtsfolgen nach seiner Person. Verbleibt es beim Schuldner bei der Bilanzierung der im Rang zurückgetretenen Verbindlichkeit, ist der Rangrücktritt beim Gläubiger weder in der Handels- noch in der Steuerbilanz weiter zu berücksichtigen. Für handelsrechtliche Zwecke ist die Werthaltigkeit der Forderung zu prüfen. Auf eine Teilwertabschreibung sollte für steuerliche Zwecke verzichtet werden, falls es sich um eine Kapitalgesellschaft handelt, die die Voraussetzungen des § 8b Abs. 3 S. 4 KStG erfüllt. Bei Beteiligungen im Betriebsvermögen im Allgemeinen sollte hingegen dem handelsrechtlichen Wertansatz gefolgt werden, weil die Teilwertabschreibung steuermindernd berücksichtigt werden kann.

Ein steuerneutraler Rangrücktritt erlaubt eine relativ rechtssichere Sachverhaltsrealisation, deren Risiko auch bei demjenigen, der die Vereinbarung gewährt, klar umrissen ist. Insoweit treten für denjenigen, der im Rang zurücktritt, keine besonderen Haftungs- und Klagerisiken auf. Dabei ist der Rangrücktritt äußerst flexibel und autonom von anderen Maßnahmen einsetzbar.

VII. Schuldübernahme (Debt-Push-Up)

Verfügt eine in die Krise geratene Kapitalgesellschaft über umfassende Verbindlichkeiten wird regelmäßig eine Entschuldung notwendig. Ein möglicher Weg diese zu vollziehen, ist die Übernahme einer Schuld durch den Gesellschafter.

Abbildung D-9: Schuldübernahme[1123]

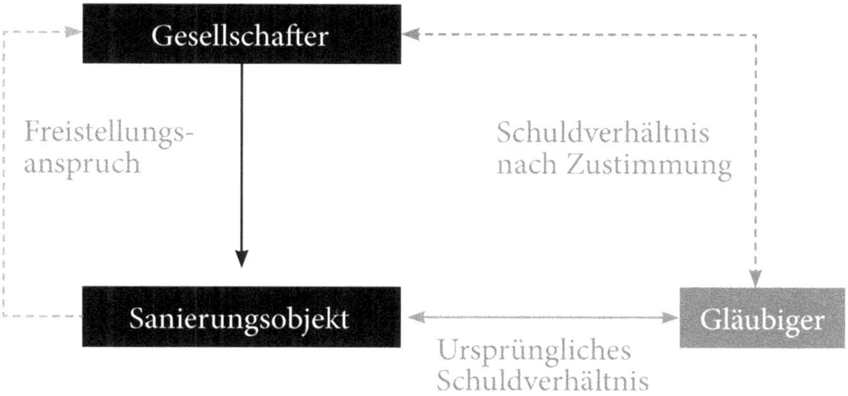

1. Zivilrechtliche Einordnung

Die Schuldübernahme ist in den §§ 414ff. BGB geregelt. Eine Schuldübernahme kann demnach direkt zwischen dem Übernehmer und dem Gläubiger vereinbart werden oder zwischen dem Schuldner und den Übernehmenden, § 414 und § 415 Abs. 1 S. 1 BGB.[1124] Erfolgt die Erklärung zur Schuldübernahme zwischen Neu- und Altschuldner, muss der Gläubiger zustimmen, um die schuldbefreiende Wirkung zu

1123 Eigene Darstellung. Angelehnt an *Eilers/Bühring*, Sanierungs-Steuerrecht, 2012, 73; *Horst*, DB 2013, 656, 663.

1124 *Prinz*, FR 2011, 445, 451; *Horst*, DB 2013, 656, 663; *Lechner/Haisch*, in: Köhler/Göbel/Körner, Handbuch Unternehmensfinanzierung, 2013, 677.

erreichen.[1125] Ohne diese Genehmigung ist die Schuldübernahme von Anfang an nichtig, § 415 Abs. 2 S. 1 BGB.[1126] Eine Genehmigung wirkt aus zivilrechtlicher Sicht grundsätzlich nach § 184 Abs. 1 BGB auf den Zeitpunkt zurück, an dem die Schuldübernahme vereinbart wurde.

Bei Übernahme der Schuld erlöschen automatisch etwaig vorhandene Bürgschaften oder Pfandrechte, die zur Sicherung gewährt wurden, § 418 Abs. 1 S. 1 BGB.[1127] Nur wenn der Sicherungsgeber explizit erklärt, dass die Sicherung bestehen bleiben soll, ist ausnahmsweise von deren Fortbestand nach § 418 Abs. 1 S. 3 BGB auszugehen.[1128]

2. Insolvenzrechtliche Aspekte

Wird die Schuldübernahme direkt zwischen Gläubiger und Neuschuldner vereinbart, ist die Verbindlichkeit beim Originärschuldner direkt nicht mehr in der Überschuldungsbilanz zu berücksichtigen. Wird hingegen eine Schuldübernahme zwischen dem Originärschuldner und dem Gesellschafter vereinbart, ist bis zur Zustimmung des Gläubigers ein Freistellungsanspruch beim Originärschuldner zu aktivieren.[1129] Bereits die Einbuchung des Freistellungsanspruchs verhindert damit die Überschuldung. Das

---

1125 *Künkele/Zwirner*, BC 2011, 479, 479f.; *Prinz*, FR 2011, 445, 446; *Rühland*, in: Kahlert/Rühland, Sanierungs- und Insolvenzsteuerrecht, 2011, Sanierungsmaßnahmen und die Steuerfolgen für die GmbH, 65; *Eilers/Bühring*, Sanierungs-Steuerrecht, 2012, 72; *Blaas/Schwahn*, DB 2013, 2412, 2415; *Schubert*, in: Förschle/Grottel/Schmidt/u.a., Beck'scher Bilanzkommentar, 2014, § 247 Rz. 239; *Buth/Hermanns*, Restrukturierung Sanierung Insolvenz, 2014, 814. Sollte eine Zustimmung verweigert werden, kann für die Entschuldung der Gesellschaft auf das Instrument der Erfüllungsübernahme gem. § 329 BGB zurückgegriffen werden. In diesem Fall begründet der Freistellungsverpflichtete (Gesellschafter) ein eigenes Vertragsverhältnis mit dem Schuldner (Gesellschaft), ohne dass das Verhältnis zum Gläubiger berührt wird. Der Anspruch auf Erfüllung besteht damit ausschließlich zwischen Schuldner und Freistellungsverpflichtetem. Aus wirtschaftlicher Sicht wird dasselbe Ergebnis erzielt. Steuerlich als auch zivilrechtlich resultieren aus dem Vorgang aber andere Konsequenzen. *Prinz*, FR 2011, 445, 446.

1126 Wird dem Gläubiger eine Frist gesetzt, bis zu der er der Schuldübernahme zustimmen muss, gilt die Übernahme als abgelehnt im Zeitpunkt des Verstreichens der Frist. Bis zur Erteilung einer Genehmigung hat lediglich der Altschuldner einen Anspruch gegenüber dem Neuschuldner (Erfüllungsanspruch im Innenverhältnis nach § 415 Abs. 3 BGB und § 329 BGB).

1127 *Eilers/Bühring*, Sanierungs-Steuerrecht, 2012, 73; *Buth/Hermanns*, Restrukturierung Sanierung Insolvenz, 2014, 814.

1128 Die Erklärung muss den Anforderungen an eine Bürgschaftserklärung i. S. d. § 766 BGB genügen. Insbesondere ist die Schriftform zu wahren. Siehe auch: *Grüneberg*, in: Palandt, § 418, 2011, § 418, Rz. 1. Unter Kaufleuten besteht grundsätzlich Formfreiheit bei analoger Anwendung der Bürgschaftsregelungen.

1129 *Lechner/Haisch*, in: Köhler/Göbel/Körner, Handbuch Unternehmensfinanzierung, 2013, 677.

Sanierungsinstrument eignet sich damit in erster Linie zur Abwendung einer Überschuldung bei negativer Fortführungsprognose i. S. d. § 19 InsO.

Außerdem kann zumindest mittelfristig eine drohende Zahlungsfähigkeit verhindert werden, weil ein Teil der laufenden Fremdkapitalverpflichtungen durch die Schuldübernahme entfällt. Werden ausstehende Zinszahlungen mit übernommen, kann ein Liquiditätsengpass abgewendet werden.

3. Ebene der Gesellschaft

3.1 Handelsrechtliche Erfassung der Schuldübernahme

Die bilanzielle Behandlung einer Schuldübernahme fußt im Wesentlichen auf dem Beschluss des BFH v. 20.12.2001.[1130] Nach Ansicht des judizierenden Senats ist für eine Schuldübernahme zwischen Originärschuldner und Gesellschafter – die also der Zustimmung des Gläubigers bedarf – zunächst ein Freistellungsanspruch i. S. d. § 329 BGB, als Forderung gegen den Gesellschafter beim Originärschuldner, zu aktivieren.[1131] Dieser Vorgang ist für handelsrechtliche Zwecke grundsätzlich erfolgswirksam. Dabei ist der Freistellungsanspruch in Höhe des Nominalwerts der Verbindlichkeit zu erfassen, weil der Neuschuldner die Übernahme der gesamten Verbindlichkeit garantiert. Ansonsten würde es sich gerade nicht um eine Übernahme der Schuld handeln. Voraussetzung ist allerdings, dass der Neuschuldner über eine ausreichende Solvenz verfügt,[1132] weil ansonsten eine Abschreibung des Freistellungsanspruchs bei Originärschuldner geboten wäre.

Wird infolge der Zustimmung des Gläubigers die Schuldübernahme vollzogen, ist aus handelsrechtlicher Sicht der Freistellungsanspruch gegen die übernommene Schuld zu verrechnen, sodass sich in Konsequenz die Bilanz erfolgsneutral verkürzt.[1133] Voraussetzung ist allerdings, dass die Schuldübernahme unter Ausschluss jeglicher Rückgriffsansprüche und ohne Bedingung erklärt wird.[1134]

1130 BFH, Beschluss v. 20.12.2001, I B 74/01, BFH/NV 2002, 678.

1131 BFH, Beschluss v. 20.12.2001, I B 74/01, BFH/NV 2002, 678; *Hoffmann*, GmbHR 2002, 221, 222f.; *Düll/Fuhrmann/Eberhard*, DStR 2002, 1030, 1030; *Vogt*, DStR 2002, 1432, 1433; *Schmidt/Hageböcke*, DStR 2002, 2150, 2150; *Schmidt/Mielke*, Ubg 2009, 395, 396f.; *Töben/Lohbeck/Specker*, NWB 2009, 1484, 1492; *Bogenschütz*, Ubg 2010, 407, 407ff.; *Hierstetter*, DStR 2010, 882, 886; *Förster*, Ubg 2010, 758, 763; *Horst*, DB 2013, 656, 663; *Blaas/Schwahn*, DB 2013, 2412, 2415.

1132 *Lechner/Haisch*, in: Köhler/Göbel/Körner, Handbuch Unternehmensfinanzierung, 2013, 677.

1133 *Rühland*, in: Kahlert/Rühland, Sanierungs- und Insolvenzsteuerrecht, 2011, Sanierungsmaßnahmen und die Steuerfolgen für die GmbH, 65; *Blaas/Schwahn*, DB 2013, 2412, 2416; *Schubert*, in: Förschle/Grottel/Schmidt/u.a., Beck'scher Bilanzkommentar, 2014, § 247 Rz. 239.

1134 *Eilers/Bühring*, Sanierungs-Steuerrecht, 2012, 74.

3.2 *Ertragsteuerliche Konsequenzen beim bisherigen Schuldner*

Die steuerliche Beurteilung folgt zunächst den handelsrechtlichen Grundsätzen, sodass die ertragswirksame Einbuchung des Freistellungsanspruchs für steuerliche Zwecke zu übernehmen ist. Da der Freistellungsanspruch wohl eindeutig auf Basis des Gesellschafter-Gesellschaftsverhältnisses gewährt wird, liegt eine verdeckte Einlage vor.[1135] Infolge der Qualifikation als solche, ist der Ertrag aus der Einbuchung des Freistellungsanspruchs außerbilanziell beim Sanierungsobjekt zu korrigieren, § 8 Abs. 3 S. 2 KStG.[1136] Die anschließende Bilanzverkürzung gestaltet sich steuerneutral, wie die gesamte Schuldübernahme.[1137]

Eine entsprechende Behandlung der Schuldübernahme ist auch anzunehmen, soweit bereits eine Bürgschaft zugunsten des Altschuldners durch den Gesellschafter übernommen wurde, dieser aber vor Inanspruchnahme durch den Drittschuldner die Verbindlichkeit für den Schuldner erfüllt.[1138] Entgegen dem Fall des tatsächlichen Rückgriffs auf den Bürgen entsteht kein Rückgriffsanspruch gegen den Schuldner i. S. d. § 774 BGB.[1139]

1135 BFH, Beschluss v. 20.12.2001, I B 74/01, BFH/NV 2002, 678; *Hoffmann*, GmbHR 2002, 221, 222f.; *Düll/Fuhrmann/Eberhard*, DStR 2002, 1030, 1030; *Vogt*, DStR 2002, 1432, 1433; *Schmidt/Hageböcke*, DStR 2002, 2150, 2153; *Schmidt/Mielke*, Ubg 2009, 395, 396f.; *Töben/Lohbeck/Specker*, NWB 2009, 1484, 1492; *Bogenschütz*, Ubg 2010, 407, 409; *Hierstetter*, DStR 2010, 882, 886; *Förster*, Ubg 2010, 758, 763; *Blaas/Schwahn*, DB 2013, 2412, 2415.

1136 *Herzig/Liekenbrock*, Ubg 2011, 313, 321; *Blaas/Schwahn*, DB 2013, 2412, 2415f.

1137 *Loose/Maier*, in: Lüdicke/Sistermann, Unternehmensteuerrecht, 2008, 781, 814; *Schmidt/Hageböcke*, DStR 2002, 2150, 2153; *Hierstetter*, DStR 2010, 882, 886.

1138 BFH, Urteil v. 31.5.2005, X R 36/02, BStBl II 2005, 707; *Schmidt/Mielke*, Ubg 2009, 395, 397; *Eilers/Bühring*, Sanierungs-Steuerrecht, 2012, 75.

1139 Wurde der Bürge hingegen bereits in Anspruch genommen, ist der Sachverhalt differenziert zu beurteilen. *Hierstetter*, DStR 2010, 882, 886. Auf einen bereits entstandenen Regressanspruch aus der Bürgschaft kann zur Entschuldung anstelle der Schuldübernahme zwar verzichtet werden, die steuerlichen Folgen sind aber verschieden. Dies gründet auf der Tatsache, dass ein Verzicht auf den Regressanspruch nichts anderes als ein gewöhnlicher Forderungsverzicht ist. Die Steuerneutralität der Entschuldung ist nach den Grundsätzen des Großen Senats von der Werthaltigkeit der Forderung abhängig. Eine außerbilanzielle Korrektur als verdeckte Einlage kann deshalb nur in Höhe des werthaltigen Teils anzunehmen vorgenommen werden. Der nichtwerthaltige Teil führt hingegen zu einem Sanierungsgewinn, der nur unter dem Regime des Sanierungserlasses von der Körperschaftsteuer befreit sein kann. Für die Gewerbesteuerfreiheit ist eine Billigkeitsmaßnahem auf Gemeindeebene zu beantragen.

4. Erfassung beim schuldübernehmenden Gesellschafter

Beim Gesellschafter führt die Schuldübernahme zunächst zur Passivierung des Freistellungsanspruchs gegenüber der Schuldnergesellschaft.[1140] Die Höhe des Freistellungsanspruchs richtet sich dabei nach dem Nominalbetrag der ursprünglichen Verpflichtung. Sobald die Schuldübernahme durch den Gläubiger genehmigt ist, ist der Freistellungsanspruch gegen die Schuld aufwandsneutral auszutauschen.

Die Schuldübernahme ist durch das Gesellschafterverhältnis veranlasst, weshalb eine verdeckte Einlage für steuerliche Zwecke zu erfassen ist. Infolge erhöhen sich die Anschaffungskosten der Beteiligung nach § 6 Abs. 6 S. 2 EStG.[1141] Diese Erhöhung ist unabhängig von der Werthaltigkeit des Darlehens, weil die Schuldübernahme an den Nennwert des Darlehens und nicht, an dessen Werthaltigkeit anknüpft.[1142]

Im Falle der Rückzahlung der Schuld zum Nennbetrag ergeben sich demnach keine ertragswirksamen Auswirkungen beim Gesellschafter. Ist hingegen vom Beitretenden ein geringerer Betrag als der Nennbetrag für die Begleichung der Schuld aufzuwenden, entsteht in Höhe des Unterschiedsbetrags ein Gewinn.[1143] Ertragswirkungen aus der Entschuldung werden demnach auf den Gesellschafter transferiert.[1144]

5. Kein Gestaltungsmissbrauch

Die höchst unterschiedlichen steuerlichen Folgen von einer Schuldübernahme mit Regreßverzicht und einem Forderungsverzicht veranlassen einige Stimmen in der Literatur[1145] dazu, die Frage eines Gestaltungsmissbrauchs durch die Vereinbarung einer Schuldübernahme mit Regreßverzicht zu stellen. Schließlich würde kein grundsätzlich steuerpflichtiger Gewinn in Höhe des nicht werthaltigen Teils der Forderung

---

1140 *Herzig/Liekenbrock*, Ubg 2011, 313, 321; *Rühland*, in: Kahlert/Rühland, Sanierungs- und Insolvenzsteuerrecht, 2011, Sanierungsmaßnahmen und die Steuerfolgen für die GmbH, 65; *Lechner/Haisch*, in: Köhler/Göbel/Körner, Handbuch Unternehmensfinanzierung, 2013, 678.

1141 *Förster*, Ubg 2010, 758, 763; *Ott*, Steueroptimale Gestaltungen, 2013, 408.

1142 Der fundamentale Unterschied zwischen Schuldübernahme und Forderungsverzicht ergibt sich durch die unterschiedliche Basis des Geschäftsgebarens. Im Rahmen der Schuldübernahme wird eine Schuld zu ihrem Nennwert übernommen und belastet den Schuldner folglich in der entsprechenden Höhe. Beim Forderungsverzicht kann hingegen nur der werthaltige Teil der Forderung als Einlage berücksichtigt werden, weil der nicht werthaltige Teil bereits als nicht mehr vorhanden anzusehen ist. Kritisch ist dies aber unter dem Aspekt zu sehen, dass bei der Schuldnergesellschaft eine in selber Höhe vereinbarte Verbindlichkeit wegfällt, unabhängig davon, ob eine Schuldübernahme oder ein Forderungsverzicht ausgesprochen wird.

1143 *Schmidt/Hageböcke*, DStR 2002, 2150, 2153; *Bogenschütz*, Ubg 2010, 407, 412; *Förster*, Ubg 2010, 758, 763.

1144 *Herzig/Liekenbrock*, Ubg 2011, 313, 321.

1145 *Blaas/Schwahn*, DB 2013, 2412, 2416.

realisiert, wie es beim Forderungsverzicht der Fall wäre. Dies wird insbesondere in Fällen als kritisch erachtet, in denen der Gesellschafter eine Schuld gegenüber sich selbst übernimmt.[1146]

Entscheidend für die unterschiedliche Behandlung von Schuldübernahme und des Forderungsverzichts ist nach der hier vertretenen Auffassung der voneinander abweichende Zeitpunkt des Handelns aus gesellschaftsrechtlichem Interesse.[1147] Weil sich die Höhe der verdeckten Einlage danach richten muss, was der Gesellschafter aus seinem Vermögen leistet,[1148] entscheidet die Werthaltigkeit im Einlagezeitpunkt über den Wertansatz der verdeckten Einlage.

Beim Forderungserlass leistet der Gesellschafter als verdeckte Einlage eine im Wert geminderte Forderung. Sein Vermögen, das er hingibt, entspricht dem Teilwert der im Wert geminderten Forderung, weswegen in Sanierungsfällen regelmäßig keine verdeckte Einlage mehr zu erfassen ist.[1149] Hingegen handelt der Gesellschafter bei Schuldübernahme im Zeitpunkt der Übernahme aus gesellschaftsrechtlichem Interesse.[1150] Er leistet damit einen Vermögensbeitrag in Höhe des übernommenen Nominalwerts einer Schuld, weil sein Vermögen in dieser Höhe zunächst belastet wird. Deshalb ist grundsätzlich nicht von einem Gestaltungsmissbrauch auszugehen, wenn anstelle eines Forderungsverzichts eine Schuldübernahme vereinbart wird, weil die Sachverhalte nicht vollständig miteinander vergleichbar sind.

Für den Fall, dass der Gesellschafter eine Schuldübernahme seines eigenen Darlehens durchführt, ist allerdings eine differenzierte Bewertung vorzunehmen.[1151] Eine Genehmigung durch den Gläubiger scheidet aus, weil sich der Gesellschafter als Gläubiger und Neuschuldner selbst die Schuldübernahme genehmigen müsste. Ein Freistellungsanspruch kann deshalb nicht eingebucht werden, weshalb nur der Verzicht auf den werthaltigen Teil des Regressanspruchs gegen den Originärschuldner als Einlage zu behandeln ist.

1146 *Vogt*, DStR 2002, 1432, 1432, 1433; *Loose/Maier*, in: Lüdicke/Sistermann, Unternehmensteuerrecht, 2008, 781, 814; *Hierstetter*, DStR 2010, 882, 886; *Eilers/Bühring*, Sanierungs-Steuerrecht, 2012, 75; *Thies*, in: CMS Hasche Sigle, Steueroptimierte Gestaltungen, 2013, 344.

1147 *Bogenschütz*, Ubg 2010, 407, 411.

1148 *Groh*, DB 1988, 514, 516.

1149 Bzw. nur in Höhe des werthaltigen Teils der Forderung.

1150 *Bogenschütz*, Ubg 2010, 407.

1151 Sollte dennoch der Versuch unternommen werden, die eigene Verbindlichkeit direkt zu übernehmen, sollte eine verbindliche Auskunft nach § 89 Abs. 2 AO eingeholt werden. Andernfalls droht im Falle des Scheiterns eine erhebliche Steuerbelastung. Sollte eine verbindliche Auskunft erlangt werden, ist der Vorgang für Zwecke der Gewerbe- und Körperschaftsteuer steuerneutral.

6. Optimierungsmöglichkeiten bei der Entschuldung von Gesellschafterverbindlichkeiten

6.1 *Problemstellung*

Die Schuldübernahme eignet sich als Sanierungsinstrument im Bezug auf die Entlastung von Drittverbindlichkeiten im besonderen Maße. Sollen hingegen Verbindlichkeiten des Gesellschafters von ihm selbst übernommen werden, dürfte eine entsprechende steuerliche Behandlung fraglich sein. Schließlich stellt die Übernahme einer eigenen Verbindlichkeit nichts anderes als einen Forderungsverzicht dar. Aus steuerlicher Sicht ist dies aber nicht wünschenswert, weil sich die Höhe der verdeckten Einlage dann nicht am Nominalwert des Freistellungsanspruchs – ergo am Nominalwert der Verbindlichkeit – zu orientieren hat, sondern am werthaltigen Teil der Verbindlichkeit. Dies ist darin begründet, dass nicht davon ausgegangen werden kann, dass eine Schuldübernahme erst durch den Gläubiger genehmigt werden muss, wenn sich Gläubiger und Schuldner entsprechen.

Um dennoch eine steuerneutrale Entschuldung von einer Gesellschafterverbindlichkeit zu bewirken, ist der Verzicht entsprechend zu strukturieren. Im Kern ist dabei zu beachten, dass sich Gläubiger und der künftige Schuldner, der die Verbindlichkeit übernimmt, nicht entsprechen dürfen.

6.2 *Einbringung der Forderung*

Für die steuerneutrale Schuldübernahme ist deshalb die Forderung auf eine (noch zu gründenden) Kapitalgesellschaft einzubringen. Nach der Übertragung der Forderung entsprechen sich bei einer nachfolgenden Schuldübernahme Gläubiger und hinzutretender Schuldner nicht mehr. Grundsätzlich ist deshalb gegenüber dem Originärschuldner ein Freistellungsanspruch durch den Gesellschafter zu gewähren, dessen Wert sich am Nominalbetrag der Ursprungsverbindlichkeit zu orientieren hat. Entsprechend ist eine verdeckte Einlage in Höhe des Nominalbetrags des Freistellungsanspruchs nach § 8 Abs. 3 S. 3 KStG zu korrigieren. Die eigentliche Schuldübernahme nach Genehmigung durch die Gläubigerin ist als wertneutraler Passivtausch wiederrum steuerneutral möglich.

Allerdings ist fraglich, inwieweit der Vorgang nicht als missbräuchliche Gestaltung i. S. d. § 42 AO qualifiziert. Schließlich ist der gewählte Weg aus außersteuerlichen Gründen schwierig zu begründen. Nach der hier vertretenen Auffassung ist deshalb von einer missbräuchlichen Absicht auszugehen.

6.3 *Finanzierungsgesellschaft*

Divergierend könnte der Sachverhalt zu beurteilen sein, wenn die Forderung, die das Pendant zur Verbindlichkeit darstellt, für die eine Schuldübernahme bewirkt werden soll, nicht eingebracht wird, sondern der Vorgang umgekehrt wird. Der Gläubiger-Gesellschafter hätte demnach eine (noch zu gründende) Kapitalgesellschaft (K) mit ausreichend Bonität auszustatten, sodass diese in der Lage ist, die Verbindlichkeit zu übernehmen. Übernimmt K in einem nächsten Schritt die Verbindlichkeit, ist zunächst ein Freistellungsanspruch des Originärschuldners gegen K zu erfassen. Weil K und die Originärschuldnerin Schwestergesellschaften sind, ist der Freistellungsanspruch als verdeckte Einlage des Gesellschafters in die Originärschuldnerin zu werten. Im Gegenzug ist die Übernahme der Freistellungsverbindlichkeit als verdeckte Gewinnausschüttung zu qualifizieren.

Abbildung D-10: Schuldübernahme durch Finanzierungsgesellschaft[1152]

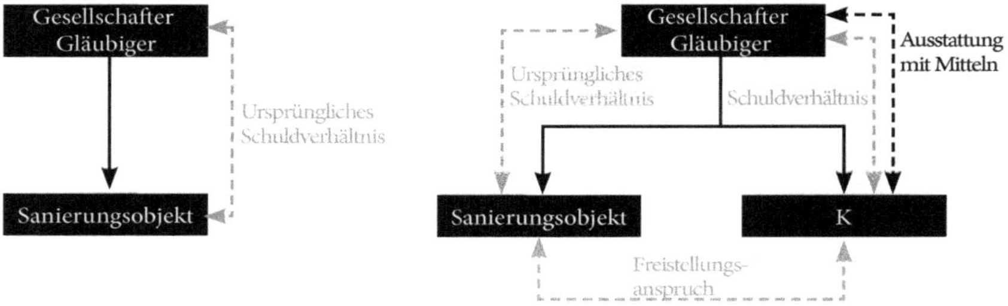

Falls es sich beim Gesellschafter um eine Kapitalgesellschaft handelt ist die vGA nach den Grundsätzen des § 8b Abs. 1 i. V. m. § 8b Abs. 5 KStG zu 95 % steuerbefreit. Im Gegenzug ist von einer verdeckten Einlage in die in die Krise geratene Schuldnergesellschaft auszugehen, § 8 Abs. 3 S. 3 i. V. m. S. 5 KStG. Der Beteiligungswert, der in die Krise geratenen Schuldnergesellschaft, erhöht sich entsprechend. Abgesehen von der Belastung der vGA im Rahmen des § 8b Abs. 5 KStG vollzieht sich der Vorgang damit steuerneutral, soweit der Gesellschafter selbst eine Kapitalgesellschaft ist.

Gegen eine Qualifikation als missbräuchliche Gestaltung nach den Grundsätzen des § 42 AO spricht in diesem Fall, dass die Bündelung von Verbindlichkeiten eine Maßnahme darstellen kann, um etwaige Haftungsrisiken zu begrenzen. Schließlich ist die Etablierung einer Finanzierungsgesellschaft nicht fremdunüblich. Dass eine solche Gesellschaft die Schuldübernahme durchführt, erscheint folgerichtig. Gleichwohl besteht ein Risiko, dass der Sachverhalt als missbräuchlich beurteilt wird.

6.4 Wechselseitige Schuldübernahme der Gesellschafter

Sollten mehrere Gesellschafter – die zugleich Gläubiger sind – an einer Sanierung teilnehmen, könnte eine wechselseitige Übernahme der Schulden in Erwägung gezogen werden, um einen Sanierungsgewinn zu verhindern. Durch die Übernahme einer (Teil-)schuld eines anderen Gesellschafters verbleibt es bei der Erfassung des Freistellungsanspruchs als verdeckte Einlage in Höhe des nominellen Übernahmebetrags. Deshalb wäre die Übernahme nach der hier vertretenen Auffassung als Schuldübernahme steuerneutral.

1152 Eigene Darstellung.

Die Durchführbarkeit einer solchen Maßnahme wird im Wesentlichen davon abhängen, ob sich die Gesellschafter dazu bereit erklären, eine wertgleiche Übernahme der Schulden zu tätigen. Jedoch ist auch in diesem Fall nicht auszuschließen, dass die Vorgehensweise als Gestaltungsmissbrauch nach § 42 AO qualifiziert.

7. Einordnung in das Zielsystem

Eine Schuldübernahme führt zu einem Wechsel desjenigen, den der Gläubiger in Anspruch nehmen darf. Dieser Wechsel des Schuldners bedarf der Zustimmung des Gläubigers. Allerdings dürfte zumindest in Fällen, in denen der Gläubiger über keine weiteren Sicherungsrechte verfügt, die Zustimmung des Gläubigers unproblematisch sein, falls der Übernehmende über ausreichende Solvenz verfügt. Für den Übernehmenden selbst ist die Höhe der übernommenen grundsätzlich klar einzuschätzen, soweit keine Bewertungsprobleme hinsichtlich der Schuld bestehen.

Die Vereinbarung einer Schuldübernahme eignet sich einer drohenden Zahlungsunfähigkeit entgegenzuwirken, weil sich die Liquiditätsbelastung durch den Wegfall der Darlehenszinsen aus der übernommenen Schuld reduziert. Ist der Schuldner bereits nicht mehr in der Lage seine Zahlungsverpflichtungen zu bedienen, müssen zur Abwendung der Insolvenz diese Verpflichtungen übernommen werden.

Durch die Schuldübernahme wird eine Krisengesellschaft endgültig von einer Schuld befreit. Deshalb eignet sich die Schuldübernahme zur wirtschaftlichen Entschuldung, sodass sich auch das Rating verbessert. Im Zuge dessen ist aber zu beachten, dass die Schuld lediglich auf einen anderen Schuldner verlagert wird und nicht etwa endgültig erlischt.

Weil beim Sanierenden eine Verbindlichkeit endgültig entfällt, wendet das Instrument eine Überschuldung ab. Die Beseitigung des Eröffnungsgrundes nach § 19 InsO tritt bereits ein, wenn ein Freistellungsanspruch gewährt wird.

Wird die Schuldübernahme zwischen dem Originärschuldner und dem Übernehmenden vereinbart, ist der Freistellungsanspruch zunächst erfolgswirksam in der handelsrechtlichen Rechnungslegung zu erfassen. Sobald der Gläubiger die Übernahme genehmigt, sind der Freistellungsanspruch und die korrespondierende Verbindlichkeit wertgleich auszubuchen. Der Vorgang bleibt als Bilanzverkürzung erfolgsneutral.

Aus ertragsteuerlicher Sicht ist eine gegenüber dem Originärschuldner angezeigte und anschließend durch den Gläubiger genehmigte Schuldübernahme steuerneutral möglich. Dies ergibt sich aus der Tatsache, dass der Freistellungsanspruch wertgleich in Höhe des Nominalbetrags der Verbindlichkeit zu gewähren ist. Die Bewilligung des Freistellungsanspruchs, ist als verdeckte Einlage außerbilanziell zu korrigieren. Weil sich die Werthaltigkeit des Freistellungsanspruchs an der Solvenz des Schuldners orientiert, ist eine Einlage in voller Höhe des Nominalwertes der Schuld anzunehmen. Ein Sanierungsgewinn kann folglich vermieden werden.[1153]

1153 Ausnahme direkte Übernahme einer eigenen Schuld.

Auf den Erhalt von Verlust- und Zinsvorträgen hat die Gewährung einer Schuldübernahme keinerlei Auswirkungen, weil der Tatbestand des § 8c Abs. 1 S. 1 und 2 KStG nicht erfüllt ist. Ein Verbrauch von Verlusten tritt ebenfalls nicht ein, da kein Sanierungsgewinn entsteht, der zu verrechnen ist.

Weil im Zuge der Schuldübernahme der Gesamtbetrag als verdeckte Einlage erfasst wird, erhöhen sich die Anschaffungskosten der Beteiligung. Eine aufwandswirksame Berücksichtigung im Zeitpunkt der Gewährung beim Gläubiger der Schuldübernahme scheidet folglich aus.

An den Zahlungs- und Vergütungsbedingungen für die Fremdkapitalüberlassung ändert sich durch die Schuldübernahme grundsätzlich nichts. Bei Übernahme der Schuld von einem Dritten kann jedoch ein Teilverzicht des Dritten auf die Verbindlichkeit angestrebt werden, weil durch den Schuldbeitritt eine möglicherweise wertlose Forderung wieder werthaltig wird.[1154] Sollte ein Teilverzicht bewirkt werden können, führt dieser auf Ebene des Gesellschafters zu einem Steuerpflichtigen Ertrag.

Die Schuldübernahme bietet in steuerlicher Hinsicht eine interessante Gestaltungsalternative zu anderen Sanierungsmaßnahmen, da ein Sanierungsgewinn bei entsprechender Ausgestaltung gänzlich vermieden werden kann. Die Maßnahme bindet den Steuerpflichtigen nicht langfristig. Zwar ist die Schuldübernahme zunächst final, allerdings bestünde nach einer gelungenen Sanierung zumindest die Möglichkeit die Schuld als vGA an den Originärschuldner weiterzureichen. Eine rechtssichere Sachverhaltsrealisierung und die damit einhergehende Minimierung von Klage- und Haftungsrisiken, kann allerdings nur eingeschränkt bestätigt werden. Wie im Einzelnen vorgestellt, ist die Maßnahme aus triftigen Gründen nicht wie ein Forderungsverzicht zu behandeln, soweit die Schuld eines Dritten übernommen wird. Allerdings verbleibt ein Restrisiko hinsichtlich der Behandlung als Forderungsverzicht, weshalb einige Autoren[1155] die Absicherung der Maßnahme über eine verbindliche Auskunft nach § 89 Abs. 2 AO vorschlagen. In Fällen, in denen eine der aufgezeigten Gestaltungsvarianten in Anspruch genommen wird, gilt dies im Besonderen.

VIII. Debt-Equity-Swap

Kern eines Debt-Equity-Swaps ist die Umwandlung einer Verbindlichkeit in eine eigenkapitalmäßige Beteiligung am bisherigen Schuldner. Der ursprüngliche Gläubiger wird folglich Gesellschafter des Krisenunternehmens oder es erhöht sich eine bereits bestehende Beteiligung.[1156] Ein Debt-Equity-Swap wird in zwei Transaktionsschritten vollzogen. Zunächst wird eine Kapitalherabsetzung bewerkstelligt, auf

---

1154 Die Wiederherstellung der Werthaltigkeit bietet schließlich Verhandlungspotenzial.

1155 Stellvertretend: *Blaas/Schwahn*, DB 2013, 2412, 2416.

1156 Bezüglich der Zulässigkeit einer Beteiligung durch Banken *Kemper*, in: Buth/Hermanns, Restrukturierung, Sanierung und Insolvenz, 2014, 61f.

die eine Kapitalerhöhung in Form einer Sacheinlage folgt. Gegenstand dieser Sachkapitalerhöhung ist die Einbringung des bestehenden Darlehens gegen Gewährung von Gesellschaftsrechten.[1157] Durch die Vereinigung von Forderung[1158] und Schuld auf einem Rechtsträger erlöschen beide Positionen durch Konfusion,[1159] soweit nicht ein gesonderter Erlass vereinbart wird.[1160]

Abbildung D-11: Debt-Equity-Swap[1161]

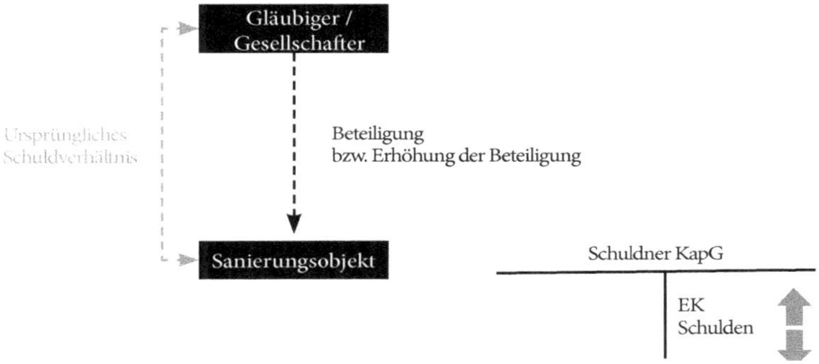

1. Zivilrechtliche Behandlung

Soll frisches Kapital beschafft werden, indem neue Gesellschafter aufgenommen werden, ist bei einer in die Krise geratenen Gesellschaft eine Herabsetzung des bisherigen Stamm- bzw. Grundkapitals notwendig. Durch diesen Schritt kann eine buchmäßige Überschuldung einer Kapitalgesellschaft bereits z. T. beseitigt werden.[1162] Der bisher ausgewiesene Nominalwert des Stamm- bzw. Grundkapitals wird im Ergebnis der wahren Eigenkapitalsituation angenähert.[1163]

1157 *Eilers/Bühring*, Sanierungs-Steuerrecht, 2012, 126.

1158 Zur Einlagefähigkeit von Forderungen gegen die Gesellschaft: *Eilers/Bühring*, Sanierungs-Steuerrecht, 2012, 127.

1159 Für verbriefte Forderungen ist ein gesonderter Verzicht zu erklären.

1160 *Scheunemann/Hoffmann*, DB 2009, 983, 983; *Vetter*, in: Fleischer/Goette, 2011, § 58 Rz. 86.

1161 Eigene Darstellung.

1162 *Loose/Maier*, in: Lüdicke/Sistermann, Unternehmensteuerrecht, 2008, 781, § 17 Rz. 23; *Eilers*, GWR 2009, 3; *Scheunemann/Hoffmann*, DB 2009, 983, 983; *Hess*, in: Hess, Sanierungshandbuch, 2013, 1129; *Nobiling/Kraus*, in: CMS Hasche Sigle, Steueroptimierte Gestaltungen, 2013, 365. Die Beseitigung der bilanziellen Überschuldung reicht nur dann für die Überwindung der Krise aus, soweit die Gesellschaft mit dem restlichen Kapital überlebensfähig bleibt.

1163 *Hierstetter*, DStR 2010, 882, 882; *Schwenker/Fischer*, DStR 2010, 1117, 1117; *Mückl*, FR 2009, 497, 497.

Ein Kapitalschnitt kann in Sanierungsfällen unter vereinfachten Bedingungen vollzogen werden.[1164] Gemäß § 58a GmbHG bzw. § 229 AktG ist eine vereinfachte Kapitalherabsetzung möglich, falls diese das Ziel hat, Wertminderungen auszugleichen oder andere Verluste zu decken.[1165] Auf einen Gläubigeraufruf i. S. d. § 58 Abs. 1 Nr. 1 GmbHG und das Einhalten eines Sperrjahres i. S. d. § 58 Abs. 1 Nr. 3 GmbHG kann deshalb verzichtet werden.[1166] Eine Sicherheitsleistung nach § 58 Abs. 1 Nr. 2 GmbHG ist ebenso wenig erforderlich.[1167]

Die Kapitalherabsetzung muss außerhalb des Insolvenzverfahrens mit einer qualifizierten Mehrheit (75 %) durch die Altgesellschafter beschlossen werden, § 53 Abs. 2 GmbHG bzw. § 222 Abs. 1 AktG. Allerdings stellt sich die Frage, inwieweit die Treuepflicht der Gesellschafter einen faktischen Zustimmungszwang zu einer mehrheitlich angestrebten Maßnahme generiert, die als wirtschaftlich sinnvolle Sanierungsmaßnahme erachtet werden kann, falls ausschließlich eigennützige Gründe gegen eine Zustimmung sprechen.[1168] Ob sich allerdings eine Zustimmungspflicht tatsächlich aus der Treuepflicht ergibt, hängt vom Einzelfall ab. Je wahrscheinlicher eine Eröffnung des Insolvenzverfahrens ist, desto eher ist von einer faktischen Zustimmungspflicht auszugehen.[1169]

Im Insolvenzverfahren gilt die Herabsetzung auch ohne Mehrheitsbeschluss als vereinbart, wenn sie im Insolvenzplan aufgeführt wird.[1170] Die Durchsetzung gegen den Willen der Altgesellschafter ist damit möglich.

Bei einer vereinfachten Kapitalherabsetzung muss nicht der Mindestbetrag für das Stammkapital in Höhe von 25.000 € bzw. 50.000 € eingehalten werden.[1171] Auch

---

1164 Vor Einführung des § 58a GmbHG, der die vereinfachte Kapitalherabsetzung regelt, wurden Gesellschaften mit beschränkter Haftung in eine AG umgewandelt, um den formellen Hürden der Kapitalherabsetzung nach dem GmbHG a.F. zu entgehen.

1165 *Zöllner/Haas*, in: Baumbach/Hueck, GmbHG, 2013, GmbHG § 58a Vereinfachte Kapitalherabsetzung Rz. 6.

1166 *Schmidt*, in: Schmidt/Uhlenbruck, GmbH in der Krise, Sanierung und Insolvenz, 2009, 154; *Lüdenbach/Hoffmann*, § 272, 2012, § 272, Rz. 33.

1167 *Scheunemann/Hoffmann*, DB 2009, 983, 983. Im Gegenzug für die Erleichterungen stellt das Gesetz gewisse Beschränkungen auf, die in den §§ 58b ff. GmbHG bzw. 230ff. AG niedergelegt sind. Diese betreffen die Rücklagenauflösung, Gewinnverwendung und die Korrektur bei Nichteintritt der angenommenen Verluste.

1168 BGH, Urteil v. 20.3.1995, II ZR 205/94, NJW 1995, 1739; *Redeker*, BB 2007, 673, 675; *Scheunemann/Hoffmann*, DB 2009, 983, 983; *Schmidt/Schlitt*, DK 2009, 279, 282.

1169 In diesen Fällen ist insbesondere die Zumutbarkeit einer solchen Maßnahme nicht mehr diskussionsfähig, da im Falle der Überschuldung oder Zahlungsunfähigkeit der Anteilswert gegen Null tendiert. Insoweit ist den Gesellschaftern ein Machtverlust zumutbar, weil sie von einer erfolgreichen Sanierung nur profitieren können. Zur Problematik der Durchsetzbarkeit: *Redeker*, BB 2007, 673, 676.

1170 *Hess*, in: Hess, Sanierungshandbuch, 2013, 1129; *Knecht/Haghani*, in: Buth/Hermanns, Sanierung Restrukturierung Insolvenz, 2014, 361.

1171 *Zöllner/Haas*, in: Baumbach/Hueck, GmbHG, 2013, GmbHG § 58a Vereinfachte Kapitalherabsetzung Rz. 33.

eine Herabsetzung des Stammkapitals auf 0 € ist zulässig, soweit der Mindestbetrag durch eine nachfolgende Kapitalerhöhung wieder erreicht wird, § 58a Abs. 4 GmbHG bzw. § 228 Abs. 1 AktG.[1172] Die anschließende Kapitalerhöhung muss bis zur Höhe des Mindestkapitals als Barkapitalerhöhung vollzogen werden.[1173] Der Betrag, der das Mindestkapital übersteigt, kann als Sachkapitalerhöhung geleistet werden.[1174]

Infolge der Kapitalherabsetzung werden Altgesellschafter final mit bisher aufgelaufenen Verlusten belastet.[1175] Nach einer erfolgreichen Sanierung erzielte Gewinne sind für gewöhnlich ausschüttungsfähig.[1176] Zudem würden ohne eine Kapitalherabsetzung die Altgesellschafter bei einer anschließenden disquotalen Kapitalerhöhung quersubventioniert.[1177] Schließlich würde diese zunächst die bisher aufgelaufenen Verluste ausgleichen und damit zumindest anteilig der Kapitalbasis der Altgesellschafter dienen, die nicht an der Kapitalerhöhung teilnehmen.[1178]

Die der Kapitalherabsetzung folgende Kapitalerhöhung hat die Gesellschafterversammlung außerhalb des Insolvenzverfahrens mit 75 % zu beschließen, § 55 GmbHG

1172 *Schmidt*, in: Schmidt/Uhlenbruck, GmbH in der Krise, Sanierung und Insolvenz, 2009, 154. Wird der Mindestbetrag für Geschäftsanteile im Zuge der Kapitalherabsetzung unterschritten, sind die Anteile mit anderen zu vereinigen. *Zöllner/Haas*, in: Baumbach/Hueck, GmbHG, 2013, GmbHG § 58a Vereinfachte Kapitalherabsetzung Rz. 27.

1173 *Fischer*, NZI 2013, 823, 824.

1174 Die vereinfachte Kapitalherabsetzung muss gemeinsam mit der Kapitalerhöhung beschlossen werden. Dies bedeutet, dass die Beschlüsse zumindest in der gleichen Gesellschafterversammlung bzw. Hauptversammlung vollzogen werden müssen. Die Zustimmung zu beiden Maßnahmen muss aber nicht im selben Beschluss erfolgen. Mit der Kapitalerhöhung muss der Betrag der Mindesteinlage nach § 5 Abs. 1 GmbHG bzw. § 7 AktG erreicht werden. Eine Eintragung hat gem. § 4 S. 2 GmbHG binnen drei Monaten zu erfolgen. Der die Mindesteinlage übersteigende Betrag kann zwar im Wege einer Sachkapitalerhöhung geleistet werden, davon wird aber aufgrund der daraus resultierenden zusätzlichen Anfechtungs- u. Eintragungsrisiken abgeraten. Bezugsberechtigt sind grundsätzlich die bisherigen Gesellschafter entsprechend ihrer Beteiligungsquote vor dem Kapitalschnitt. Zur Problematik der Sachkapitalerhöhung an sich und des Hin- und Herzahlens im Speziellen siehe *Schmidt*, in: Schmidt/Uhlenbruck, GmbH in der Krise, Sanierung und Insolvenz, 2009, 156ff.

1175 *Förschle/Heinz*, in: Budde/Förschle/Winkeljohann, Sonderbilanzen, 2008, Rz. 166.

1176 *Loose/Maier*, in: Lüdicke/Sistermann, Unternehmensteuerrecht, 2008, 781, § 17 Rz. 23; *Förschle/Heinz*, in: Budde/Förschle/Winkeljohann, Sonderbilanzen, 2008, Sanierungsmaßnahmen und Bilanzierung Rz. 166; *Schmidt*, in: Schmidt/Uhlenbruck, GmbH in der Krise, Sanierung und Insolvenz, 2009, 153.

1177 *Schmidt*, in: Schmidt/Willhelm, GmbH in der Krise, Sanierung und Insolvenz, 2009, 148; *Schmidt*, in: Schmidt/Uhlenbruck, GmbH in der Krise, Sanierung und Insolvenz, 2009, 153.

1178 *Aleth/Böhle*, DStR 2010, 1186, 1188; *Nobiling/Kraus*, in: CMS Hasche Sigle, Steueroptimierte Gestaltungen, 2013, 365.

bzw. §§ 179, 182 AktG.[1179] Da die Kapitalerhöhung beim Debt-Equity-Swap als Sacheinlage durchgeführt werden soll, ist die Werthaltigkeit des Einlagegegenstandes zu prüfen.

Damit sich der bisherige Gläubiger beteiligen kann, bedarf es für die Kapitalerhöhung regelmäßig eines Bezugsrechtsausschlusses der Altgesellschafter. Dieser ist im Falle der Umwandlung einer Forderung in Eigenkapital zulässig, soweit eine entsprechende Kapitalerhöhung nicht aus Barmitteln geleistet werden kann.[1180] Die Gesellschafterversammlung bzw. Hauptversammlung hat den Bezugsrechtsausschluss mit 75%iger Mehrheit zu genehmigen, § 186 Abs. 3 AktG, § 53 Abs. 2 GmbHG.[1181]

2. Insolvenzrechtliche Aspekte

Ein Debt-Equity-Swap eignet sich grundsätzlich zur Beseitigung einer Überschuldung, weil sich durch die Wandlung von Fremd- in Eigenkapital die Eigenkapitalquote verbessert. Die Verbindlichkeit, die bisher zu passivieren war, ist folglich im Überschuldungsstatus nicht mehr zu berücksichtigen. Stattdessen hat sich durch die Kapitalerhöhung die Überschuldungssituation verbessert.[1182]

Für die Abwendung einer drohenden Zahlungsunfähigkeit ist der Debt-Equity-Swap geeignet, weil durch die Umwandlung von (Zins-)Verbindlichkeiten in Eigenkapital die Liquiditätslage entspannt wird.[1183] Darüber hinaus können durch die verbesserte Eigenkapitalsituation neue liquide Mittel beschafft werden, die für die Beseitigung eines Zahlungsstaus eingesetzt werden können.[1184]

Soweit der Debt-Equity-Swap nur einen Teil der Schulden eines Dritten betrifft und dieser dadurch erstmals in die Position eines Gesellschafters tritt, ist zu beachten, dass für den Rest der Verbindlichkeiten des Dritten die Grundsätze nach § 39 Abs. 1 Nr. 5 InsO anzuwenden sind.[1185] Folglich treten diese Verbindlichkeiten grundsätzlich im Rang zurück.

1179 Wurde eine andere Mehrheit im Gesellschaftsvertrag vereinbart, ist diese einschlägig. *Redeker*, BB 2007, 673, 675; *Eilers/Bühring*, Sanierungs-Steuerrecht, 2012, 129; *Zöllner/Fastrich*, in: Baumbach/Hueck, GmbHG § 55 Erhöhung des Stammkapitals, 2013, GmbHG § 55 Erhöhung des Stammkapitals Rz. 25; *Hess*, in: Hess, Sanierungshandbuch, 2013 1130. Im Falle der Durchführung innerhalb des Insolvenzverfahrens als im Sanierungsplan festgelegte Maßnahme, ist § 254a Abs. 2 InsO beachtlich.

1180 Ein Bezugsrechtsausschluss bedarf regelmäßig einer sachlichen Rechtfertigung, § 186 Abs. 4 AktG. Erfolgt der Ausschluss im Interesse der Gesellschaft, sodass der Gesellschaftszweck gefördert wird, ist der Anforderung entsprochen. *Scheunemann/Hoffmann*, DB 2009, 983, 984.

1181 *Redeker*, BB 2007, 673, 675; *Eilers/Bühring*, Sanierungs-Steuerrecht, 2012, 129; *Zöllner/Fastrich*, in: Baumbach/Hueck, GmbHG § 55 Erhöhung des Stammkapitals, 2013, GmbHG § 55 Erhöhung des Stammkapitals Rz. 25.

1182 *Demuth/Eberhard*, in: CMS Hasche Sigle, Steueroptimale Gestaltungen, 2013, 269.

1183 *Schmidt/Schlitt*, DK 2009, 279, 280.

1184 *Scheunemann/Hoffmann*, DB 2009, 983, 983.

1185 *Schmidt/Schlitt*, DK 2009, 279, 280.

3. Ebene der Gesellschaft

3.1 Handelsrechtliche Erfassung des Debt-Equity-Swap

Aus handelsrechtlicher Sicht verkürzt sich zunächst die Bilanz durch die im ersten Schritt vollzogene Kapitalherabsetzung. Im Zuge dessen, kann eine Unterbilanz zumindest teilweise beseitigt werden.

In Schritt zwei des Debt-Equity-Swaps werden die Verbindlichkeit und die eingelegte korrespondierende Forderung ausgebucht, weil beide durch Konfusion erlöschen. Gleichzeitig erhöht sich das Stamm- bzw. Grundkapital der Gesellschaft durch die Kapitalerhöhung.

3.2 Ertragsteuerliche Konsequenzen bei der Gesellschaft

3.2.1 Strittiges Entstehen eines Sanierungsgewinns

Da es sich sowohl bei der (vereinfachten) Kapitalherabsetzung als auch bei der Kapitalerhöhung um nicht ertragswirksame Vorgänge handelt, ziehen diese auf Ebene der Gesellschaft grundsätzlich keine ertragsteuerlichen Konsequenzen nach sich.[1186] Allerdings führt der Wegfall einer Schuld zu einer grundsätzlich ertragswirksamen Ausbuchung auf Ebene der Gesellschaft, falls keine korrespondierende Einlage vorliegt.[1187]

In diesem Zusammenhang ist strittig, ob die Grundsätze des Beschlusses des Großen Senats[1188] hinsichtlich des Forderungsverzichts auf den Debt-Equity-Swap übertragen werden können. Zahlreiche Stimmen aus der Literatur sehen eine analoge Anwendung für den Debt-Equity-Swap vor.[1189] In Konsequenz würde ein steuerpflichtiger Ertrag in Höhe des nicht werthaltigen Teils der Forderung im Zeitpunkt des Debt-Equity-Swaps entstehen.[1190] Soweit die Voraussetzungen des

---

1186 Wird durch Kapitalherabsetzung Vermögen an die Gesellschafter ausbezahlt, erzielen die Gesellschafter Einkünfte aus Kapitalvermögen bzw. aus Gewerbebetrieb. Da im Rahmen einer Sanierung eine Auskehrung regelmäßig nicht in Frage kommt, wird an dieser Stelle auf weitere Ausführungen verzichtet. Siehe auch: *Dötsch/Pung*, DB 2003, 1345, 1349ff.

1187 *Lechner/Haisch*, in: Köhler/Göbel/Körner, Handbuch Unternehmensfinanzierung, 2013, 675.

1188 BFH, Beschluss v. 9.6.1997, GrS 1/94, BStBl II 1998, 307.

1189 Stellvertretend: *Bauer/Dimmling*, NZI 2011, 517, 519f.; *Fox/Scheidle*, GWR 2009, 51, 52; *Hierstetter*, DStR 2010, 882, 884; *Scheunemann/Hoffmann*, DB 2009, 983, 986; *Eilers/Bühring*, Sanierungs-Steuerrecht, 2012, 131; *Lechner/Haisch*, Handbuch Unternehmensfinanzierung, in: Köhler/Göbel/Körner, 2013, 675; *Groß*, in: Hess, Sanierungshandbuch, 2013, 1183.

1190 *Eilers*, GWR 2009, 3; *Mückl*, FR 2009, 497, 499; *Rödding/Bühring*, DStR 2009, 1933, 1939; *Eilers/Bühring*, Sanierungs-Steuerrecht, 2012, 131; *Gänsler*, Ubg 2013, 154, 160.

Sanierungserlasses[1191] erfüllt sind, kann eine Stundung mit dem Ziel eines Erlasses für die Körperschaft- und die Gewerbesteuer bewirkt werden.[1192]

Ekkenga zweifelt hingegen an der Übertragung der Grundsätze des Beschlusses des Großen Senats auf den Debt-Equity-Swap, weil im Gegenzug für die Entschuldung eine offene Sacheinlage erfolgt.[1193] Nach seiner Ansicht sind die vom Großen Senat[1194] aufgestellten Grundsätze der Einlagebewertung auf die offene Sacheinlage nicht übertragbar. Vielmehr müsse sich die Bewertung der Sacheinlage danach orientieren, ob der bisherige Gläubiger in der Lage ist, die vereinbarte Leistung im Rahmen der Kapitalerhöhung zu erbringen.[1195]

Demnach ist fraglich, ob der Vorgang als Tauschgeschäft oder als Einlagevorgang zu behandeln ist. So gehen bspw. *Schmidt/Hageböcke*[1196] davon aus, dass es sich bei einer offenen Einlage auf Ebene des Gesellschafters nicht um einen tauschähnlichen Vorgang handle, weil es schlicht an einer Gegenleistung fehle. Die Emission neuer Gesellschaftsrechte berühre demnach nicht den betrieblichen Bereich.[1197] Vielmehr handelt es sich um einen Rechenposten, der die Sacheinlage repräsentiert,[1198] weil keine Aufwendungen aus dem eigenen Vermögen entstehen.[1199]

Der BFH geht hingegen in ständiger Rechtsprechung davon aus, dass ein Anschaffungsvorgang vorliegt, falls eine Sacheinlage gegen Gewährung von Gesellschaftsrechten geleistet wird.[1200] Diese auf das BFH-Gutachten[1201] v. 16.12.1958 fußende Auffassung wird damit begründet, dass im Gegenzug zur Gewährung eines Sachwerts (die Übertragung der Forderung) Gesellschaftsrechte hingegeben werden.[1202] Diese Ansicht überzeugt, weil durch die Umverteilung der Gesellschaftsrechte die Gesellschaft, als Institution der bisherigen Gesellschafter, einen Teil ihrer Vermögensposition auf den Neugesellschafter überträgt.

Infolge der Qualifikation des Debt-Equity-Swaps als tauschähnlicher Vorgang gelten demzufolge auch andere Bewertungsgrundsätze als bei der Qualifikation als Einlage. Die Bewertung zum Teilwert, wie sie der Große Senat für den Forderungsverzicht vorsieht, ist damit m. E. nicht einschlägig.[1203] Vielmehr bemisst sich der Wert eines

---

1191 BMF-Schreiben v. 27.3.2003, IV A 6 – S 2140 – 8/03, BStBl I 2003, 240.

1192 *Mückl*, FR 2009, 497, 500. Im Einzelnen siehe Kap. C.IV.

1193 *Ekkenga*, Ubg 2009, 761, 764.

1194 BFH, Beschluss v. 9.6.1997, GrS 1/94, BStBl II 1998, 307.

1195 *Ekkenga*, Ubg 2009, 761, 764.

1196 *Schmidt/Hageböke*, DStR 2003, 1813, 1816.

1197 *Müller*, in: Herzig, Steuerorientierte Umstrukturierung, 1997, 149.

1198 *Müller*, WPg 1996, 857, 863; *Schmidt/Hageböke*, DStR 2003, 1813, 1816.

1199 *Schmidt/Hageböke*, DStR 2003, 1813, 1816.

1200 BFH, Urteil v. 24.4.2007, I R 35/05, BStBl II 2008, 253; BFH, Urteil v. 7.4.2010, I R 55/09, BStBl II 2010, 1094; BFH, Urteil v. 25.7.2012, I R 88/10, BStBl II 2013, 94; BFH, Urteil v. 12.12.2012, I R 28/11, BFH/NV 2013, 884.

1201 BFH, Gutachten v. 16.12.1958, I D 1/57 S, BStBl III 1959, 30. Siehe dazu auch *Dautel*, BB 2002, 1844, 1844ff.

1202 BFH, Urteil v. 24.4.2007, I R 35/05, BStBl II 2008, 253; *Ekkenga*, Ubg 2009, 761, 763.

1203 BFH, Urteil v. 24.4.2007, I R 35/05, BStBl II 2008, 253.

Tauschvorgangs nach § 6 Abs. 6 S. 1 EStG als gemeiner Wert des hingegebenen Wirtschaftsgutes. Die im Gegenzug zur Beteiligung an der Gesellschaft erworbene Forderung ist deshalb nach dem Wert der hingegebenen Beteiligung zu bemessen, die im Rahmen der Kapitalerhöhung vereinbart wird.

Der Wert der Kapitalerhöhung entspricht dabei mindestens dem Ausgabepreis, weil der bisherige Gläubiger im Rahmen der Differenzhaftung i. S. d. § 9 GmbHG bzw. § 36a i. V. m. § 9 Abs. 1 AktG mindestens in dieser Höhe verpflichtet ist eine Einlage zu leisten.[1204] Schließlich ist der für gewöhnlich erzielbare Ausgabepreis von Kapitalgesellschaftsanteilen zugrundezulegen. Dieser darf gem. § 9 Abs. 1 AktG nicht unter dem Nennbetrag der genehmigten Kapitalerhöhung liegen.[1205]

Im Ergebnis ist beim Debt-Equity-Swap nicht die Werthaltigkeit der Forderung in Abhängigkeit der Solvenz der Krisengesellschaft entscheidend, weil der nominell vereinbarte Betrag der Kapitalerhöhung den Wert des Geschäfts festlegt, den der Gläubiger tatsächlich leistet. Der Debt-Equity-Swap bleibt deshalb nach der hier vertretenen Auffassung bei Erlöschen der Verbindlichkeit steuerneutral, falls der vereinbarte Wert der Kapitalerhöhung mindestens dem Nominalwert der Verbindlichkeit entspricht und der Inferent über eine ausreichende Bonität verfügt.[1206]

3.2.2 Schicksal bestehender Verlustvorträge

Durch die Beteiligung des bisherigen Gläubigers am Kapital der Gesellschaft können bestehende Verluste nach § 8c Abs. 1 S. 1 und 2 KStG untergehen.[1207] Dies resultiert aus der disquotalen Sachkapitalerhöhung,[1208] die eine Veränderung der Beteiligungsquoten nach § 8c Abs. 1 S. 4 KStG impliziert.[1209]

Dabei ist bereits die Kapitalherabsetzung als verlustschädlicher Vorgang i. S. d. § 8c Abs. 1 KStG zu werten, sodass es bei einer nicht verhältniswahrenden Kapitalherabsetzung zum Verlustuntergang kommt.[1210] Problematisch ist aber auch die im

---

1204 Die Einlagenbewertung ist nicht vom Einlagegegenstand abhängig. BFH, Urteil v. 24.4.2007, I R 35/05, BStBl II 2008, 253; *Ekkenga*, Ubg 2009, 761, 764.

1205 Für GmbH-Anteile: BGH, Urteil v. 14.3.1977, II ZR 156/75, BGHZ 65, 191; *Ekkenga*, Ubg 2009, 761, 766.

1206 *Ekkenga*, Ubg 2009, 761, 773.

1207 *Lechner/Haisch*, in: Köhler/Göbel/Körner, Handbuch Unternehmensfinanzierung, 2013, 676; *Hess*, in: Hess, Sanierungshandbuch, 2013, 1133.

1208 Weil sich der bisherige Gläubiger erst nach der Kapitalherabsetzung per Kapitalerhöhung beteiligt, ist mit einer erheblichen Änderung der Beteiligungsquoten bei Kapitalerhöhung zu rechnen.

1209 Mückl, GWR 2010, 262. Aufgrund der Änderung der Beteiligungsquoten kann auch Grunderwerbsteuer ausgelöst werden. § 1 Abs. 3 GrEStG sieht eine Besteuerung mit Grunderwerbsteuer vor, soweit mehr als 95 % der Anteile auf einen Erwerber übertragen werden. Für Personengesellschaften ist § 1 Abs. 2a GrEStG zu beachten. Siehe auch: *Lechner/Haisch*, in: Köhler/Göbel/Körner, Handbuch Unternehmensfinanzierung, 2013, 650; *Gänsler*, Ubg 2013, 154, 160.

1210 *Neyer*, BB 2007, 1415, 1416; *Hans*, FR 2007, 775, 777; *Dötsch*, in: Dötsch/Pung/Möhlenbrock, KStG, 2012, § 8c KStG Rz. 37; *Gosch*, in: Gosch, KStG, 2009, § 8c

zweiten Schritt stattfindende disquotale Kapitalerhöhung als schädlicher Vorgang nach § 8c Abs. 1 S. 4 KStG, weil mit einer Verschiebung der Beteiligungsquoten zu rechnen ist.

Im Ergebnis droht bei einem grundsätzlich quotalen Verlustuntergang ein zweifacher Verlustuntergang. Zunächst würde die Rechtsfolgen des § 8c Abs. 1 S. 1 KStG bezüglich eines vergleichbaren Sachverhalts ausgelöst (Kapitalherabsetzung), während die Kapitalerhöhung[1211] ausschließlich vom bisherigen Gläubiger gezeichnet wird, weswegen eine disquotale Kapitalerhöhung vorliegt. Eine Art „Anrechnung" der Rechtsfolgen des ersten Erwerbs auf den zweiten Erwerb ist regelmäßig nicht möglich.[1212] Sollte es bei der Kapitalerhöhung zu einem Wechsel der Anteilseignerschaft von mehr als 50 % kommen, gehen die bestehenden Verluste ex Definition nach § 8c Abs. 1 S. 2 KStG vollständig unter.

Die Inanspruchnahme der Erleichterungen nach der Konzernklausel i. S. d. § 8c Abs. 1 S. 5 KStG dürfte beim Debt-Equity-Swap regelmäßig nicht möglich sein. Bereits bei „gewöhnlichen" Transaktionen ist die Anwendung durch die restriktiven Voraussetzungen stark eingeschränkt. Die Aufnahme eines neuen Gesellschafters, der bisher Gläubiger war, wird nicht dazu führen, dass an der übernehmenden und übertragenden Gesellschaft dieselbe Person zu 100 % beteiligt ist, sodass der Anwendungsbereich des § 8c Abs. 1 S. 5 KStG nicht eröffnet ist.

Die Anwendung der Stillen-Reserven-Klausel i. S. d. § 8c Abs. 1 S. 6ff. KStG erscheint ebenfalls als schwierig, weil davon auszugehen ist, dass keine stillen Reserven beim Krisenunternehmen vorhanden sind.[1213] Schließlich geht dem Debt-Equity-Swap eine Kapitalherabsetzung zur Beseitigung stiller Lasten voraus. Insoweit ist regelmäßig nicht davon auszugehen, dass der gemeine Wert der Anteile i. S. d. § 8c Abs. 1 S. 7 KStG, bzw. der gemeine Wert des Betriebsvermögens nach § 8c Abs. 1 S. 8 KStG, das (anteilige), in der Steuerbilanz ausgewiesene Eigenkapital übersteigt.

Grundsätzlich könnte ein Verlustuntergang nach § 8c Abs. 1a KStG verhindert werden, soweit von einer Krise i. S. d. Sanierungsklausel auszugehen ist und die weiteren Voraussetzungen des Abs. 1a erfüllt sind. Schließlich würde der Beteiligungserwerb, der sich aus der Kapitalerhöhung ergibt zum Zweck der Sanierung erfolgen, soweit sich die Kapitalgesellschaft bereits in einer gesellschaftsrechtlichen Krise befindet.

Der Erhalt der wesentlichen Betriebsstrukturen, wie er in § 8c Abs. 1a S. 3 KStG anhand von typisierenden Tatbeständen verlangt wird, dürfte regelmäßig möglich

KStG Rz. 57. Eine solche könnte bspw. vorliegen, wenn die Kapialherabsetzung in einem solchen Umfang erfolgen muss, dass Anteile zusammenzulegen sind.

1211 Für die Berechnung der Quote eines schädlichen Beteiligungserwerbs sind die Beteiligungsquoten vor und nach der Kapitalerhöhung zu vergleichen. Gehen im Zuge dessen mehr als 25 % der Stimmrechte oder anderer Mitgliedschaftsrechte oder mehr als 25 % des Kapitals auf einen Erwerber über, ist mit einen zumindest quotalen Verlustuntergang zu rechnen.

1212 BMF-Schreiben v. 4.7.2008, IV C 7 – S 2745 – a/08/10001, BStBl I 2008, 736 Tz. 22.

1213 *Aleth/Böhle*, DStR 2010, 1186, 1188.

sein. Bereits der Debt-Equity-Swap an sich, kann ausreichen, um die Voraussetzungen des § 8c Abs. 1a Nr. 3 KStG zu erfüllen. Nach S. 4 ist bereits der Verzicht auf eine werthaltige Forderung als Erhalt der wesentlichen Betriebsstrukturen zu werten, wenn der Verzichtsbetrag mindestens 25 % des Wertes des Aktivvermögens der Steuerbilanz des vorangegangen Wirtschaftsjahres entspricht. Allerdings darf dabei nicht verkannt werden, dass sich die Werthaltigkeit nach der Solvenz der Krisengesellschaft zu richten hat, weil die Anwendung der Tauschgrundsätze für die originäre Forderungsbewertung keine Relevanz hat.

Die Sanierungsklausel nach § 8c Abs. 1a KStG ist dennoch nicht anzuwenden, weil sie von der Kommission als schädliche Beihilfe deklariert wurde. Weil das Verfahren vor dem EUGH jedoch noch nicht entschieden ist, sind Veranlagungen hinsichtlich des Tatbestands offenzuhalten.

4. Ertragsteuerliche Behandlung beim bisherigen Gläubiger

Ein Debt-Equity-Swap wandelt eine Forderung in Gesellschaftsrechte. Aus diesem Grund handelt es sich beim bisherigen Gläubiger um einen tauschähnlichen Vorgang. Die erhaltenen Anteile sind gem. § 6 Abs. 6 S. 1 EStG, mit dem gemeinen Wert der Forderung in die Bilanz aufzunehmen.[1214]

Das Erlöschen der Forderung führt grundsätzlich zu einem Verlust zwischen dem Buchwert der Forderung und ihrem gemeinen Wert. Dieser Verlust ist beim Gesellschafter steuerlich abzugsfähig, soweit sich die Forderung in einem Betriebsvermögen befand.[1215]

Sollte der Gläubiger im Zeitpunkt des Verzichts bereits an der Gesellschaft zu mehr als 25 %[1216] beteiligt gewesen sein und selbst eine Kapitalgesellschaft sein, kann die Abzugsfähigkeit des Einbringungsverlusts ausgeschlossen sein.[1217] § 8b Abs. 3 S. 4ff. KStG verhindert die steuerwirksame Abschreibung einer Gesellschafterforderung, soweit nicht nachgewiesen werden kann, dass auch ein Dritter, unter sonst gleichen Umständen, die Forderung nicht hätte stehen lassen, § 8b Abs. 3 S. 6 KStG. Bereits das Stehen lassen in der Krise wird als fremdunüblich erachtet.[1218] Insoweit dürfte ein Verlust aus einer Gesellschafterforderung in Sanierungsfällen regelmäßig nicht abzugsfähig sein, soweit eine entsprechende Beteiligung i. S. d. § 8b Abs. 3 S. 4 KStG besteht.[1219]

1214 *Mückl*, FR 2009, 497, 502; *Förster*, Ubg 2010, 758, 763; *Lechner/Haisch*, in: Köhler/Göbel/Körner, Handbuch Unternehmensfinanzierung, 2013, 676.

1215 *Eilers/Bühring*, Sanierungs-Steuerrecht, 2012, 133.

1216 Auch für nahestehende Personen i. S. d. § 1 Abs. 2 AStG, bspw. Schwestergesellschaften gilt das Abzugsverbot. *Mückl*, FR 2009, 497, 503; *Gosch*, in: Gosch, KStG, 2009, 8b KStG Rz. 279c und 279d.

1217 Siehe auch Kap. C.V.

1218 BR-Drs.-544/07, 95.

1219 *Gosch*, in: Gosch, KStG, 2009, 8b KStG Rz. 279e.

Für einen Gläubiger, der nicht bereits vor dem Debt-Equity-Swap an der zu sanierenden Gesellschaft beteiligt war, bleibt die Gewinnminderung hingegen abzugsfähig. § 8b Abs. 3 S. 4 KStG setzt regelmäßig eine Beteiligung von mindestens 25 % zu irgendeinem Zeitpunkt voraus.[1220]

5. Einordnung in das Zielsystem

Der Debt-Equity-Swap ist schwer durchsetzbar, da mit der Sachkapitalerhöhung ein immanentes Risiko der Fehlbewertung der Sacheinlage verbunden ist.[1221] Die daraus resultierende Gefahr der Nachzahlung in Höhe der Wertdifferenz zwischen vereinbarter Kapitalerhöhung und dem Wert der geleisteten Sacheinlage,[1222] bereitet praktische Probleme, weil sie die Suche nach Investoren erschwert.[1223]

Darüber hinaus tritt der Hinzutretende durch den Debt-Equity-Swap per Gesamtrechtsnachfolge der Rechtsposition der bisherigen Gesellschafter bei.[1224] Für steuer- und zivilrechtliche Risiken, die erst nach dem Übergang der Beteiligung zum Vorschein kommen, haftet der Neugesellschafter grundsätzlich wie die Altgesellschafter. Dieses Risiko kann nicht nur sämtliche Sanierungsprognosen zu Nichte machen, sondern stellt auch für den Investor ein nicht nur finanzielles Risiko dar.[1225] Die Übernahme von Gesellschaftsrechten erfordert deshalb eine deutlich umfassendere Due-Diligence-Prüfung. Im Hinblick auf gestiegene Compliance-Anforderungen, gilt es diesem Aspekt besondere Beachtung zu schenken.[1226] Eine schnelle Abwicklung des Debt-Equity-Swap scheidet aufgrund der notwendigen Informationsbeschaffung zur Risikoeinschätzung gewöhnlich aus.

Nach Wandlung der Schuld in Gesellschaftsrechte entstehen die künftigen Kapitalvergütungen erfolgsabhängig. Allerdings ist eine Abzugsfähigkeit der Zahlungen nicht mehr gewährleistet, weil es sich um die Gewinnverwendung – sprich Ausschüttungen – handelt.

1220 Vgl. hierzu Kap. C.V.2.3.

1221 *Redeker*, BB 2007, 673, 674; *Eilers*, GWR 2009, 3, 3; *Knebel/Schmidt*, BB 2009, 430, 432; *Mückl*, FR 2009, 497, 498; *Oelke/Wöhlert/Degen*, BB 2010, 299, 299; *Steben*, GStB 2012, 384; *Theiselmann*, GmbH-StB 2013, 150. Zu Gestaltungsmöglichkeiten in diesem Zusammenhang siehe Kap. D.VIII.1.

1222 Die Differenzhaftung basiert auf dem Prinzip der effektiven Kapitalaufbringung. *Vatter*, in: Spindle/Stilz, AktG, 2010, § 9 AktG Rz. 18.

1223 *Wittig*, in: Schmidt/Uhlenbruck, GmbH in der Krise, Sanierung und Insolvenz, 2009, 279; *Oelke/Wöhlert/Degen*, BB 2010, 299, 299.

1224 So ist bspw. die Haftung des Betriebsübernehmers nach § 75 AO zu beachten. Siehe auch: *Arends/Hofert von Weiss*, BB 2009, 1538, 1540.

1225 So können auf den Rechtsnachfolger auch steuerstrafrechtliche Konsequenzen übergehen.

1226 Da die Zeit für eine umfassende Due Diligence fehlt, scheitert die Übertragung von Gesellschaftsrechten häufig an Unwägbarkeiten, die aus der Transaktion resultieren könnten.

Ein Debt-Equity-Swap ist der Abwendung der Insolvenz wegen Zahlungsunfähigkeit dienlich. Schließlich stärkt die Maßnahme die Eigenkapitalbasis erheblich, sodass die Aufnahme neuer liquider Mittel möglich wird. Zudem kann bzw. muss bei der Kapitalerhöhung neben der Einlage der Forderung ein Barzuschuss[1227] geleistet werden, der sich unmittelbar auf die Verbesserung der Liquiditätslage auswirkt.

Der Debt-Equity-Swap entschuldet den Sanierenden auf wirkungsvolle Weise. Neben des tatsächlichen Entfalls einer Verbindlichkeit wird die Eigenkapitalbasis des Schuldners durch die Kombination von Kapitalherabsetzung und Kapitalerhöhung gestärkt. Alle Maßnahmen führen bereits für sich genommen zu einer Reduktion der relativen Schuldenbelastung.

Die positiven Wirkungen des Debt-Equity-Swaps setzen sich auch in der Handelsbilanz fort. Durch die Maßnahme verbessern sich die für das Rating einschlägigen Parameter zum Teil erheblich. Des Weiteren wird die Eigenkapitalbasis durch die Sacheinlage gestärkt.

In steuerlicher Hinsicht ist der Debt-Equity-Swap jedoch höchst problematisch. Wird der hier vertretenen Mindermeinung gefolgt, dass ein Debt-Equity-Swap steuerneutral möglich ist, ist die Maßnahme hinsichtlich der Vermeidung eines Sanierungsgewinns als vorteilhaft gegenüber anderen Maßnahmen einzustufen, bei denen ein Sanierungsgewinn entsteht. Allerdings ist diese Auslegungsweise nicht gesichert, sodass die Feststellung eines Sanierungsgewinns durch die Verwaltung und Gerichte droht. Eine Anwendung des Sanierungserlasses käme in diesen Fällen infrage, ist aber mit den damit einhergehenden Risiken verbunden.

Zur Minimierung der Risiken könnte die Transaktion auch als Reverse-Debt-Equity-Swap[1228] durchgeführt werden. Dieser wird in der Literatur als weniger kritisch erachtet.

1227 Mindestens in Höhe des Grund- oder Stammkapitals.

1228 Der Debt-Equity-Swap ist nach der dargelegten Auffassung zwar steuerfrei, jedoch ist diese Ansicht mit Risiko hinsichtlich einer Aufdeckung eines Sanierungsgewinns behaftet. In der Literatur wird deshalb empfohlen, zunächst die Forderungen, die als Sacheinlage umgewandelt werden sollen in eine Zweckgesellschaft einzubringen. Im Gegenzug würden die bisherigen Gesellschafter an der Zweckgesellschaft eine Beteiligung erhalten. Darauf folgend wird das Krisenunternehmen in den Zweckbetrieb eingebracht. Weil sich auf Ebene der Zweckgesellschaft die Verbindlichkeiten und Forderungen vereinigen, erlöschen diese durch Konfusion. Soweit die Verbindlichkeiten sich nicht im Wert entsprechen, entsteht daraus ein Einbringungsgewinn, für den gem. § 23 Abs. 6 i. V. m. § 6 Abs. 3 UmwStG eine Rücklage gebildet werden kann, die über drei Jahre gewinnerhöhend aufzulösen ist. Der Einbringungsvorgang kann grundsätzlich steuerneutral bewerkstelligt werden oder unter Durchführung eines Step-ups. Dies gilt allerdings nur, falls die Voraussetzungen nach § 20 UmwStG erfüllt sind. Der Reverse-Debt-Equity-Swap ist allerdings nur in speziellen Situationen als Sanierungsinstrument geeignet. Im Einzelnen siehe auch: *Nobiling/Kraus*, in: CMS Hasche Sigle, Steueroptimierte Gestaltungen, 2013, 379ff.; *Buth/Hermanns*, Restrukturierung Sanierung Insolvenz, 2014, 818f.

Da im Zuge des Debt-Equity-Swaps in der Regel mit einem Überschreiten einer schädlichen Beteiligungsquote i. S. d. § 8c Abs. 1 S. 1f. KStG zu rechnen ist, können vorhandene Verlustvorträge regelmäßig nicht (in voller Höhe) erhalten werden. Die Anwendung der Stillen-Reserven-Klausel wird regelmäßig nicht möglich sein, da entsprechende stiller Reserven fehlen. Folglich muss mit einem umfassenden Verlustuntergang gerechnet werden, wenn es dem Steuerpflichtigen nicht gelingt, eine Ausnahmeregelung in Anspruch zu nehmen. Soweit Gestaltungsspielräume genutzt werden, gehen diese mit einer Risikoerhöhung einher.

Eine rechtssichere Sachverhaltsrealisation in steuerlicher Hinsicht ist deswegen und wegen der Frage, ob eine ertragswirksame Auflösung der Verbindlichkeit droht nur eingeschränkt möglich. Weil der Debt-Equity-Swap zu einem Wechsel in der Gesellschafterstruktur und damit zu einer grundsätzlich längerfristigen Bindung führt, wiegt die Rechtsunsicherheit besonders schwer, zumal das Instrument auf andere Sanierungsbestrebungen Einfluss hat. Attraktiv ist die Maßnahme folglich nur, weil sie eine Gesellschafterstellung vermittelt, die eine Einflussnahme und eine Beteiligung am Sanierungserfolg bedingt.

Auf Gläubigerseite ist ein Verlust der Werthaltigkeit der ursprünglichen Forderung nur eingeschränkt zu berücksichtigen. Sollte eine Abschreibung notwendig werden, sind die Beschränkungen nach § 8b Abs. 3 S. 4ff. KStG für Kapitalgesellschaften zu beachten. Natürliche Personen, die eine Beteiligung i. S. d. § 17 EStG innehaben, können die Wertminderung lediglich als Erhöhung der Anschaffungskosten geltend machen.

Obwohl sich der Debt-Equity-Swap als wirksames Sanierungsinstrument erweist, indem er einen Überschuldungszustand durch die Umwandlung von Eigen- in Fremdkapital beseitigt und gleichzeitig die Liquiditätsbelastung senkt, gehen mit ihm nicht unerhebliche Schwierigkeiten einher.[1229]

IX. Debt-Mezzanine-Swap unter Einsatz von Genussrechten

Anstelle der Umwandlung einer Forderung durch eine vereinfachte Kapitalerhöhung in Gesellschaftsrechte können auch Mezzanine zur Wandlung von bisherigem Fremdkapital in handelsbilanzielles Eigenkapital genutzt werden.[1230] Diese bieten durch eine indirekte Beteiligung am Erfolg des Unternehmens den Vorteil, dass eine direkte Kapitalerhöhung nicht notwendig ist. Damit einhergehende gesellschafts- und steuerrechtliche Probleme des Debt-Equity-Swaps können folglich

1229 *Redeker*, BB 2007, 673, 673ff.; *Mückl*, FR 2009, 497, 504; *Scheunemann/Hoffmann*, DB 2009, 983, 985; *Ekkenga*, Ubg 2009, 761, 763; *Blöse*, GStB 2012, 273, 273; *Theiselmann*, GmbH-StB 2013, 150, 150ff.

1230 *Oelke/Wöhlert/Degen*, BB 2010, 299, 299; *Stollenwerk/Piron*, GmbH-StB 2012, 150, 150ff.; *Hoffmann*, StuB 2012, 417, 417; *Breuninger/Ernst*, GmbHR 2012, 494, 494; *Hofert/Möller*, GmbHR 2009, 527, 527; *Lechner/Haisch*, Ubg 2012, 115, 115.

zumindest teilweise vermieden werden. Im Gegensatz zu anderen Sanierungsmaßnahmen partizipiert der bisherige Gläubiger aber dennoch am Erfolg[1231] des Unternehmens, falls eine Sanierung gelingt.

Mezzanine können durch die grundsätzliche Gestaltungs- und Wahlfreiheit auf das restrukturierungsbedürftige Unternehmen und die potenziellen Sanierer zugeschnitten werden.[1232] Die Gestaltungsfreiheit führt aber auch dazu, dass zahlreiche Auslegungsprobleme hinsichtlich der bilanziellen und steuerlichen Behandlung existieren.[1233]

Abbildung D-12: Debt-Mezzanine-Swap[1234]

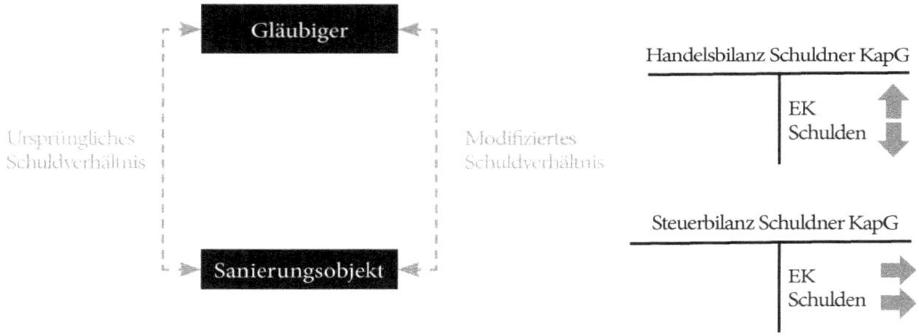

1. Zivilrechtliche Einordnung

Beim Debt-Mezzanine-Swap handelt es sich aus zivilrechtlicher Sicht um eine Schuldumschaffung, bei der das bisherige Schuldverhältnis – das bspw. auf einem Darlehen basiert – in ein neues Schuldverhältnis (Genussrecht) umgewandelt wird. Die Modifikationen werden regelmäßig über einen Änderungsvertrag umgesetzt. Je nachdem, in welchem Umfang Anpassungen erfolgen, kann auch eine Novation

1231 *Töben/Lohbeck/Specker*, NWB 2009, 1484, 1496; *Ziegenhagen/Thieme*, Besteuerung in Krise und Insolvenz, 2010, 106; *Streit/Degen*, AG 2010, R373, R373; *Eilers/Bühring*, FR 2012, 429, 432; *Stollenwerk/Piron*, GmbH-StB 2012, 150, 151; *Eilers/Bühring*, Sanierungs-Steuerrecht, 2012, 135.

1232 So kann beispielsweise die Größe des Unternehmens oder das Auftreten am Kapitalmarkt eine Rolle für die Wahl des Finanzierungsinstruments spielen. In diesem Zusammenhang die Situation des Mittelstands darstellend: *Maurenbacher*, Sanierung mittelständischer Unternehmungen durch Private-Equity-Gesellschaften, Fallstudienuntersuchungen, Modellentwicklung, Gestaltungsempfehlungen - Schriften zum Management Band 31, 2008 16ff.

1233 *Böhlmann/Engels*, in: Schragl/Stefaner, Handbuch Genussrechte, 2010, 291, 291.

1234 Eigene Darstellung.

des Schuldverhältnisses vorliegen. In diesem Fall ist aus zivilrechtlicher Sicht von einem Tausch der Schuldverhältnisse auszugehen.[1235]

Typischerweise werden beim Debt-Mezzanine-Swaps Genussrechte als Mezzanine-Finanzierungsinstrumente eingesetzt, weil sie eine individuelle Gestaltung der Vertragsdetails zulassen. Dies liegt unter anderem daran, dass Genussrechte gesetzlich nicht definiert sind,[1236] obschon das Aktiengesetz mehrfach auf diese Mezzanine Bezug nimmt.[1237] Trotz der teilweisen Ähnlichkeit zu Mitgliedschaftsrechten, sind Genussrechte Gläubigerrechte sui generis, da sie keinerlei Mitspracherechte begründen.[1238] Folglich fehlt ein Kernelement der eigentlichen Mitgliedschaftsrechte, da der Genussrechtsinhaber i. d. R. über keinerlei Stimmrecht, Informations- oder Kontrollrecht verfügt.[1239]

Die Ausgabe von Genussrechten ist rechtsformunabhängig möglich, wenngleich Kapitalgesellschaften diese Finanzierungsinstrumente häufiger einsetzen.[1240] Kennzeichnend für Genussrechte ist die Leistung einer Kapitaleinlage des Genussrechtsinhabers, für die er im Gegenzug am Erfolg der Gesellschaft partizipiert.[1241]

Die Ausgabe von Genussrechten bedarf bei einer AG nach § 221 Abs. 3 AktG der Zustimmung der Hauptversammlung mit einer Mehrheit von 75 %. Andernfalls ist eine Ausgabe von Genussrechten nicht zulässig. Ob bei einer Genussrechtsausgabe einer GmbH eine Zustimmung der Gesellschafter notwendig ist, ist gesetzlich nicht geregelt, m. E. aber notwendig.

1235 *Häuselmann*, BB 2010, 944, 944; *Heinz/Sand*, BB 2011, 2795, 2798; *Beyer*, DStR 2012, 2199, 2199f.; *Nobiling/Kraus*, in: CMS Hasche Sigle, Steueroptimierte Gestaltungen, 2013, 373. Die Einordnung als Novation oder Schuldänderung richtet sich nach dem Willen der Parteien. Von einer Novation darf aber nur in Ausnahmefällen ausgegangen werden, wenn der Wille unzweifelhaft erkennbar ist. BGH, Urteil v. 14.3.2013, III ZR 417/12, NZM 2013, 545.

1236 *Lutter*, in: Knobbe-Keuk/Klein/Moxter, 1988, 383, 383; *Holtum*, GmbH-StB 2013, 219, 220.

1237 § 221 Abs. 3 und 4 AktG regeln die Ausgabe von Genussrechten. Die Hauptversammlung muss der Ausgabe mit mindestens 75 % zustimmen. § 160 Abs. 1 Nr. 6 AktG sieht zwingende Angaben in jedem Anhang zum Jahresabschluss für Genussrechte vor. *Frotscher*, in: Frotscher, § 8, 2013, § 8 Rz. 122.

1238 *Dittmers/Gerig*, Den Mittelstand begleiten - FS für Horst Kary, in: Dittmers/Gerig/Seemann, 2009, 101, 101.

1239 BGH, Urteil v. 5.10.1992, II ZR 172/91, BB 1993, 451; BFH, Urteil v. 8.4.2008, VIII R 3/05, BStBl II 2008, 719; *Schwaiger*, in: Müller/Winkeljohann, Beck'sches Handbuch der GmbH, 2009, § 7 Rz. 224; *Böhlmann/Engels*, in: Schragl/Stefaner, Handbuch Genussrechte, 2010, 291, 291.

1240 *Lutter*, in: Knobbe-Keuk/Klein/Moxter, 1988, 383, 384; *Gosch*, in: Gosch, KStG, 2009, § 8 Rz. 149; *Böhlmann/Engels*, in: Schragl/Stefaner, Handbuch Genussrechte, 2010, 291, 291; *Blaurock*, Handbuch Stille Gesellschaft, 2010, 145; *Stollenwerk/Piron*, GmbH-StB 2012, 150, 150; *Holtum*, GmbH-StB 2013, 219, 220.

1241 Neben der Leistung einer Kapitaleinlage sind auch andere Leistungen für die Begründung eines Genussrechts denkbar.

Nach welchem Schlüssel der Erfolg zwischen Genussrechtsinhaber und Gesellschafter verteilt wird, ist gestaltbar. Auch die Bezugsgröße kann von den Vertragsparteien festgelegt werden.[1242] Typischerweise wird die Genussrechtsvergütung gewinnorientiert – basierend auf dem Jahresabschluss – festgelegt. Deswegen erhält der Genussrechtsinhaber eine Vergütung seiner Kapitalleistung nur, falls sich die Lage der zu sanierenden Gesellschaft verbessert.

Alternativ kommt auch eine gewinnabhängige Vergütung in Frage, d. h. die Zahlung eines grundsätzlich fixen Zinses, der jedoch nicht zu leisten ist, soweit durch die Zahlung ein Verlust entsteht.[1243] Eine Partizipation am Ergebnis muss jedoch nicht auf den Gewinnfall begrenzt sein. Eine Verlustübernahme ist ebenso zulässig.[1244] Die Beteiligung des Genussrechtsinhabers am Liquidationserlös, ist vom individuellen Konsens der Vertragspartner bestimmt und nicht zwingend notwendig.

2. Insolvenzrechtliche Aspekte

Der Wandel einer Verbindlichkeit in Genussrechtskapital hat zunächst keine Auswirkung auf die Passivierung der Schuld im Überschuldungsstatus, weil nach wie vor eine schuldrechtliche Verpflichtung des Genussrechtsemittenten gegenüber einem Gläubiger besteht. Allerdings wird im Zuge des Debt-Mezzanine-Swaps regelmäßig ein Rangrücktritt vereinbart, der die Insolvenz bei negativer Fortführungsprognose im Bezug auf § 19 InsO verhindert.[1245]

Auf eine drohende Zahlungsunfähigkeit wirkt sich eine Wandlung in Mezzaninekapital insoweit aus, als dass bei einer Vereinbarung einer gewinnabhängigen Vergütung des Genussrechtsinhabers die Liquiditätsbelastung senkt. Das Risiko einer Zahlungsunfähigkeit kann damit zumindest mittelfristig abgewendet werden.

3. Ebene der Gesellschaft

3.1 Handelsrechtliche Erfassung des Debt-Mezzanine-Swap

Ob Genussrechte aus handelsrechtlicher Sicht als Eigen- oder Fremdkapital zu behandeln sind, hängt von der Ausgestaltung einzelner Vertragsparameter ab.[1246]

1242 Für die gewünschte Erfassung des Genussrechtskapitals als handelsrechtliches Eigenkapital und steuerliches Fremdkapital sind Einschränkungen zu beachten.

1243 *Schwaiger*, in: Müller/Winkeljohann, Beck'sches Handbuch der GmbH, 2009, § 7 Rz. 225; *Bauer*, in: Schragl/Stefaner, Handbuch Genussrechte, 2010, 19, 21.

1244 *Blaurock*, Handbuch Stille Gesellschaft, 2010, 146.

1245 Ein Rangrücktritt ist ausreichend. Gl.A.: *Ekkenga*, Ubg 2009, 761, 770; a.A.: *Aleth*, in: Eilers/Rödding/Schmalenbach, Unternehmensfinanzierung, 2008, 774.

1246 Siehe auch *Lutter*, in: Knobbe-Keuk/Klein/Moxter, 1988, 383, 384; IDW HFA 1/1994, Wpg 1994, 419; *Küting/Kessler/Harth*, BB-Beilage 1996, 1, 2; *Uhlenbruck*, in: Schmidt/Uhlenbruck, GmbH in der Krise, Sanierung und Insolvenz, 2009, 532; *Große*, DStR 2010, 1397, 1398. *Ziegenhagen/Thieme*, Besteuerung in Krise und Insolvenz, 2010, 106; *Bauer*, in: Schragl/Stefaner, Handbuch Genussrechte, 2010, 19, 21f.; *Stollenwerk/*

Maßgebend für die Qualifikation als handelsrechtliches Fremd- oder Eigenkapital[1247] ist die Annäherung an ein mitgliedschaftsähnliches Verhältnis und damit die Schaffung von Kapital, das eine Haftungsfunktion übernimmt.[1248] Die tatsächliche Begründung eines Mitgliedschaftsrechts findet aber auch bei Erfüllung aller Voraussetzungen nicht statt, da es an Mitbestimmungs- und Kontrollrechten fehlt,[1249] sodass die Genussrechte ihren schuldrechtlichen Charakter behalten.[1250] Entscheidend ist demnach nicht die Gesellschafterstellung an sich, sondern die übernommene Gläubigerschutzfunktion, ergo die Deckungsfunktion des Kapitals im Verlustfall für die handelsrechtliche Einordnung. Diese Funktion als Risikoträger,[1251] manifestiert sich über nachfolgende Kriterien, die kumulativ erfüllt sein müssen:[1252]

3.1.1 Erfolgsabhängige Vergütung mit Verlustteilnahme

Damit Genussrechte als Eigenkapital qualifizieren, ist eine erfolgsabhängige Vergütung mit unbeschränkter Verlustpartizipation zu vereinbaren.[1253] Dies gründet in der

---

Piron, GmbH-StB 2012, 150, 150. Die IFRS sehen hingegen in IAS 32.16ff. eine generelle Einordnung als Eigen- oder Fremdkapital in Abhängigkeit von vier Kriterien vor: Wurde (I.) eine unbegrenzte Laufzeit vereinbart, (II.) kein Kündigungsrecht vereinbart, (III.) die Rückzahlung in liquiden Mitteln nur bei Liquidation des Emittenten erfolgt und (IV.) die Höhe der Ausschüttungen vom Emittenten ermessen werden kann, ist das Genussrechtskapital als Eigenkapital auszuweisen. *Böhlmann/Engels*, in: Schragl/Stefaner, Handbuch Genussrechte, 2010, 291.

1247 *Baetge* schlägt vor einen eigenen Gliederungspunkt zwischen Eigenkapital und Rückstellungen in die Bilanzgliederung einzufügen. *Baetge/Brüggemann*, DB 2005, 2145, 2152. Dem ist nicht zuzustimmen, weil dadurch die Informationsfunktion der Bilanz erheblich getrübt würde. Schließlich wäre nicht klargestellt, inwieweit das Genussrecht eigenkapitalähnliche Attribute in sich vereint.

1248 *Häuselmann*, in: Kessler/Kröner/Köhler, Konzernsteuerrecht, 2008, 900, 901f.; *Fischer/Lohbeck*, IStR 2012, 678, 679.

1249 Auch stimmrechtslose Vorzugsaktien i. S. d. § 139 Abs. 1 AktG gewähren keine Mitbestimmungsrechte im eigentlichen Sinn. Den Vorzugsaktionären steht es aber bspw. frei an der Hauptversammlung teilzunehmen. Dies gilt nicht für Genussrechtsinhaber.

1250 IDW HFA 1/1994, Zur Behandlung von Genussrechten im Jahresabschluss von Kapitalgesellschaften, WPg 1994, 419, Tz. 1.

1251 *Breuninger/Prinz*, DStR 2006, 1345, 1346; *Lühn*, Genussrechte – Grundlagen Einsatzmöglichkeiten Bilanzierung und Besteuerung, 2013, 71.

1252 Mitunter werden die „Herkunft des Kapitals" (*Schmidt*, in: Havermann, FS Goerdeler, 1987, 487, 491) und die „Verwaltungsrechte des Kapitalnehmers" (*Vormbaum*, Finanzierung der Betriebe, 1995, 37) als weitere Kriterien für die Abgrenzung genannt. Diese werden jedoch größtenteils abgelehnt. Siehe dazu *Thiele*, Das Eigenkapital im handelsrechtlichen Jahresabschluss, 1998, 158ff.; *Lühn*, Genussrechte – Grundlagen Einsatzmöglichkeiten Bilanzierung und Besteuerung, 2013, 72.

1253 IDW HFA 1/1994, Zur Behandlung von Genussrechten im Jahresabschluss von Kapitalgesellschaften, WPg 1994, 419, Tz. 2.1.1 Buchst. b; *Küting/Kessler/Harth*,

Tatsache, dass nur frei verfügbares Eigenkapital ausgeschüttet werden darf, wenn die Genussrechte eine dem Eigenkapital vergleichbare Rechtsposition vermitteln.[1254] Es muss deshalb sichergestellt werden, dass die gesetzlichen Kapitalerhaltungsregelungen nicht umgangen werden können, weil die Verlustteilnahme beschränkt ist oder eine gewinnunabhängige Mindestvergütung vereinbart wurde.[1255] Eine solche gewinnunabhängige Vergütungskomponente wäre aus Sicht des IDW aber unschädlich, falls entweder ein Ausgleichsanspruch gegenüber einem Dritten besteht oder eine Zahlung nur unter dem Vorbehalt der Kapitalerhaltung erfolgt.[1256] Das Genussrechtskapital ist demnach vor dem Haftkapital und ausschüttungsgesperrten Beträgen zu belasten.[1257] Etwaig vorhandenes ungebundenes Eigenkapital ist vorrangig mit Verlusten zu verrechnen.[1258]

Eine Eigenkapitalqualifikation ist nur zulässig, falls eine Verlustteilnahme in voller Höhe des Genussrechtsanteils vorgesehen ist. Die Teilnahme an Verlusten muss derer des Eigenkapitals entsprechen.[1259] Deshalb muss das Genussrechtskapital spätestens vor Rückzahlung mit Verlusten belastet werden, die während der Laufzeit entstanden sind. Andernfalls wirkt das Genussrechtskapital nicht als Kapitalpuffer.

3.1.2 Längerfristigkeit der Kapitalüberlassung

Für die Qualifikation als Eigenkapital muss das Genussrechtskapital nach Tz. 2.1.1 des IDW-Standards längerfristig überlassen werden.[1260] Welche Mindestlaufzeit und welche Kündigungsfrist jedoch auf eine langfristige Beteiligung schließen lassen, ist

---

BB-Beilage 1996, 1, 5; *Brokamp/Hölzer*, FR 2006, 272, 274; *Holtum*, GmbH-StB 2013, 219, 220f.; *Große*, DStR 2010, 1397, 1398.

1254 *Lühn*, Genussrechte – Grundlagen Einsatzmöglichkeiten Bilanzierung und Besteuerung, 2013, 75.

1255 IDW HFA 1/1994, Zur Behandlung von Genussrechten im Jahresabschluss von Kapitalgesellschaften, WPg 1994, 419, Tz. 2.1.1 Buchst. b; *Böhlmann/Engels*, in: Schragl/Stefaner, Handbuch Genussrechte, 2010, 291, 292.

1256 IDW HFA 1/1994, Zur Behandlung von Genussrechten im Jahresabschluss von Kapitalgesellschaften, WPg 1994, 419, Tz. 2.1.1 Buchst. b.

1257 *Böhlmann/Engels*, in: Schragl/Stefaner, Handbuch Genussrechte, 2010, 291, 292; Ausnahmsweise ist eine Zahlung eines ausschüttungsgesperrten Betrags an den Genussrechtsinhaber zulässig, soweit ein Dritter den Betrag umgehend auszugleichen hat. *Große*, DStR 2010, 1397, 1398.

1258 *Dittmers/Gerig*, Den Mittelstand begleiten - FS für Horst Kary, in: Dittmers/Gerig/Seemann, 2009, 101, 112.

1259 IDW HFA 1/1994, Zur Behandlung von Genussrechten im Jahresabschluss von Kapitalgesellschaften, WPg 1994, 419, Tz. 2.1.1 Buchst. b; *Schrecker*, Mezzanine-Kapital im Handels- und Steuerrecht – Eine Untersuchung zur Abgrenzung zwischen Eigenkapital und Fremdkapital zgl. Diss. Univ. Speyer, 2012, 57; *Lühn*, Genussrechte – Grundlagen Einsatzmöglichkeiten Bilanzierung und Besteuerung, 2013, 76.

1260 IDW HFA 1/1994, Zur Behandlung von Genussrechten im Jahresabschluss von Kapitalgesellschaften, WPg 1994, 419, Tz. 2.1.1 Buchst. c.

nicht definiert. Ergänzend ist nicht bestimmt, ob sich die Längerfristigkeit auf die Restlaufzeit oder auf die ursprünglich vereinbarte Laufzeit bezieht. Der IDW sieht lediglich im Falle einer Restlaufzeit von weniger als einem Jahr einen Ausweis als Fremdkapital vor.[1261]

Baetge/Brüggemann gehen dabei von einer längerfristigen Überlassung aus, wenn eine Kündigungsfrist von zwei bis fünf Jahren vereinbart wurde. Sofern ein wichtiger Grund vorliegen sollte, soll nach Ansicht der Autoren aber auch eine vorherige Kündigung infrage kommen.[1262]

Eine Mindestdauer von 5 Jahren für die Kapitalüberlassung wird bspw. von *Küting/Kessler* vorgeschlagen.[1263] Als Mindestzeitraum für die Kündigungsfrist werden in diesem Fall zwei Jahre veranschlagt.[1264]

Teile der Literatur[1265] fordern aber auch eine Mindestlaufzeit von 15 bis 25 Jahren. Diese Ansicht stützt sich auf das Klöckner-Urteil[1266] des BGH. Die Kündigungsfrist muss in diesen Fällen für die Qualifikation als Eigenkapital i. d. R. mindestens 2 Jahre betragen, damit von einer nicht nur kurzfristigen Beteiligung ausgegangen werden kann.[1267]

Andere Autoren propagieren, dass auf eine Mindestlaufzeit insgesamt verzichtet werden kann.[1268] Dies wird damit begründet, dass andere Eigenkapitalinstrumente auch nicht über eine Mindestlaufzeit verfügen.

Nach der hier vertretenen Auffassung kommt es zunächst nicht auf eine Mindestlaufzeit an sich an, sondern auf den Zeitraum, innerhalb dessen eine Kündigung erfolgen kann. Eine grundsätzliche Mindestlaufzeit für die Qualifikation als Genussrecht zu fordern, würde zwangsläufig dazu führen, dass im Extremfall die geforderte Mindestlaufzeit nur im Jahr der Vereinbarung des Genussrechts vorliegt. Unter dem Aspekt, dass das Kapital unter Gläubigerschutzaspekten zur Verfügung

---

1261 IDW HFA 1/1994, Zur Behandlung von Genussrechten im Jahresabschluss von Kapitalgesellschaften, WPg 1994, 419, Tz. 2.1.1 Buchst. c.

1262 *Baetge/Brüggemann*, DB 2005, 2145, 2148.

1263 *Küting/Kessler/Harth*, BB-Beilage 1996, 1, 14; *Holtum*, GmbH-StB 2013, 219, 220. Zur nach wie vor strittigen Zeitspanne siehe: *Wengel*, DStR 2001, 1316, 1321; *Böhlmann/Engels*, in: Schragl/Stefaner, Handbuch Genussrechte, 2010, 291.

1264 *Oelke/Wöhlert/Degen*, BB 2010, 299, 301; *Große*, DStR 2010, 1397, 1398; *Stollenwerk/Piron*, GmbH-StB 2012, 150, 152.

1265 *Häuselmann*, in: Kessler/Kröner/Köhler, Konzernsteuerrecht, 2008, 900, 902; *Böhlmann/Engels*, in: Schragl/Stefaner, Handbuch Genussrechte, 2010, 291, 292.

1266 BGH, Urteil v. 5.10.1992, II ZR 172/91, BB 1993, 451.

1267 *Große*, DStR 2010, 1397, 1398. Wurde keine Kündigungsfrist vereinbart ist eine Umbuchung des Eigen- in Fremdkapital erforderlich, soweit eine Rückzahlung in dem auf den nächsten Bilanzstichtag folgenden Geschäftsjahr möglich ist. IDW HFA 1/1994, Zur Behandlung von Genussrechten im Jahresabschluss von Kapitalgesellschaften, WPg 1994, 419, Tz. 2.1.1. Buchst. c).

1268 *Schweitzer/Volpert*, BB 1994, 821, 825; *Schrecker*, Mezzanine-Kapital im Handels- und Steuerrecht – Eine Untersuchung zur Abgrenzung zwischen Eigenkapital und Fremdkapital zgl. Diss. Univ. Speyer, 2012, 71.

gestellt werden soll, ist für den Ausweis als Eigenkapital entscheidend, dass auf einen Abzug des Kapitals rechtzeitig reagiert werden kann. Ob ein Fremdkapitalgeber rechtzeitig reagieren kann, richtet sich ausschließlich nach der Kündigungsfrist ggf. in Kombination mit einer Nachhaftung bei Abzug des Kapitals.

Langfristig ist eine Kapitalüberlassung nach allgemeinem Verständnis dann, wenn das Kapital für einen Zeitraum von mehr als 4 Jahren zur Verfügung gestellt wird.[1269] Wird ein entsprechend Kündigungsrecht vereinbart, ist deshalb nach der hier vertretenen Auffassung davon auszugehen, dass die Haftungsfunktion des Genusskapitals sichergestellt ist. Schließlich würde ein Gläubiger dem Jahresabschluss rechtzeitig entnehmen können, dass sich die Eigenkapitalsituation ändert.[1270]

3.1.3 Nachrangigkeit

Die Übernahme einer Haftungsfunktion ist nach Ansicht des IDW zwingende Voraussetzung für den Ausweis des Genussrechtskapitals im Eigenkapital. Diese Funktion wird erfüllt, soweit das Genussrechtskapital im Liquidations- oder Insolvenzfall der Haftungsmasse zuzurechnen ist. Die Bedienung des Genussrechtsinhabers darf demnach erst nach allen anderen Fremdkapitalgläubigern erfolgen.[1271] Deshalb ist ein Rangrücktritt[1272] zu vereinbaren, sodass das Genussrechtskapital als Forderung i. S. d. § 39 Abs. 2 InsO qualifiziert.[1273] Die Nachrangigkeit muss sich auch auf die Verteilung des laufenden Gewinns beziehen.[1274]

3.1.4 Ausweis

Sind alle oben genannten Kriterien kumulativ erfüllt, ist das Genussrechtskapital handelsrechtlich Eigenkapital.[1275] Es ist deshalb als Sonderposten im Eigenkapital

1269 BFH, Urteil v. 7.5.1971, III R 7/69, BStBl II 1971, 642; BFH, Urteil v. 22.2.1974, III R 5/73, BStBl II 1974, 330; BFH, Urteil v. 17.10.1980, III R 52/79, BStBl II 1981, 247.

1270 *Lühn*, Genussrechte – Grundlagen Einsatzmöglichkeiten Bilanzierung und Besteuerung, 2013, 78.

1271 *Wengel*, DStR 2001, 1316, 1319; *Große*, DStR 2010, 1397, 1398; *Böhlmann/Engels*, in: Schragl/Stefaner, Handbuch Genussrechte, 2010, 291, 292; *Stollenwerk/Piron*, GmbH-StB 2012, 150, 152.

1272 Vgl. Kap. D.VI.

1273 IDW HFA 1/1994, Zur Behandlung von Genussrechten im Jahresabschluss von Kapitalgesellschaften, WPg 1994, 419, Tz. 2.1.1. Buchst. a); *Häuselmann*, in: Kessler/Kröner/Köhler, Konzernsteuerrecht, 2008, 900, 902; *Uhlenbruck*, in: Schmidt/Uhlenbruck, GmbH in der Krise, Sanierung und Insolvenz, 2009, 532; *Holtum*, GmbH-StB 2013, 219, 221; *Böhlmann/Engels*, in: Schragl/Stefaner, Handbuch Genussrechte, 2010, 291, 292; *Breuninger/Ernst*, GmbHR 2012, 494, 495.

1274 *Lühn*, Genussrechte – Grundlagen Einsatzmöglichkeiten Bilanzierung und Besteuerung, 2013, 78.

1275 IDW HFA 1/1994, Zur Behandlung von Genussrechten im Jahresabschluss von Kapitalgesellschaften, WPg 1994, 419, Tz. 2.1.1.

auszuweisen.[1276] Dieser ist nach dem gezeichneten Kapital und den Gewinnrücklagen als letzter Posten zu bilanzieren.[1277]

Die Umwandlung einer bisherigen Verbindlichkeit in ein Genussrecht mit Eigenkapitalcharakter qualifiziert regelmäßig als erfolgsneutraler Vorgang. Die bisherige Verbindlichkeit ist demnach gegen das Eigenkapital in der Handelsbilanz auszubuchen.[1278]

Fehlt es an einer der Voraussetzungen für die Qualifikation als Eigenkapital, ist das Genussrechtskapital als gesonderter Posten unter den Verbindlichkeiten i. S. d. § 266 Abs. 3 C. HGB auszuweisen.[1279] Unabhängig von der Ausgestaltung des Genussrechts als Eigen- oder Fremdkapital sind weitere Angaben im Anhang zu machen.[1280] Insbesondere ist die Restlaufzeit des Genussrechts anzugeben. Des Weiteren ist *Lühn*[1281] zuzustimmen, wenn er davon ausgeht, dass weitere Angaben bei Ausgestaltung als Eigenkapitalinstrument nach § 264 Abs. 2 S. 2 HGB notwendig sind.[1282]

3.2 Ertragsteuerliche Konsequenzen bei der Gesellschaft

Die steuerliche Qualifikation des Genussrechtskapitals als Eigen- oder Fremdkapital ist mit Unsicherheit verbunden.[1283] Steuerlich ist die Frage u. a. deshalb von großer

---

1276 Das Eigenkapital ist nicht auf die in § 266 Abs. 3 Buchst. A HGB genannten Positionen beschränkt. IDW HFA 1/1994, Zur Behandlung von Genussrechten im Jahresabschluss von Kapitalgesellschaften, WPg 1994, 419 Tz. 2.1.1.

1277 IDW HFA 1/1994, Zur Behandlung von Genussrechten im Jahresabschluss von Kapitalgesellschaften, WPg 1994, 419, Tz. 2.1.3; *Böhlmann/Engels*, in: Schragl/Stefaner, Handbuch Genussrechte, 2010, 291, 292.

1278 IDW HFA 1/1994, Zur Behandlung von Genussrechten im Jahresabschluss von Kapitalgesellschaften, WPg 1994, 419, Tz. 2.1.2.

1279 Das Genussrechtskapital ist als solches zu bezeichnen. *Böhlmann/Engels*, in: Schragl/Stefaner, Handbuch Genussrechte, 2010, 291.

1280 Handelt es sich um ein fremdkapitalähnliches Genussrecht, sind die Angaben auf Basis des § 285 Abs. 1 Nr. 1 und 2 HGB zu machen.

1281 *Lühn*, Genussrechte – Grundlagen Einsatzmöglichkeiten Bilanzierung und Besteuerung, 2013, 85.

1282 Eine Bildung eines eigenen Gliederungspostens zwischen „A. Eigenkapital" und „B. Rückstellungen" im Schema des § 266 HGB wie sie bspw. *Baetge/Benedikt* (*Baetge/Brüggemann*, DB 2005, 2145, 2151) vorschlagen, ist abzulehnen, da die Informationsfunktion der Handelsbilanz unterlaufen würde. Schließlich wäre unklar, inwieweit das Kapital eine Haftungsfunktion übernimmt.

1283 Zur Diskussion und Historie siehe: RFH, Urteil v. 17.4.1934, I A 316/32, RStBl 1934, 773; BMF-Schreiben v. 8.12.1986, IV B 7 – S 2742 – 26/86, BB 1987, 667; *Lutter*, in: Knobbe-Keuk/Klein/Moxter, 1988, 383, 383ff.; BFH, Urteil v. 19.1.1994, I R 67/92, BStBl II 1996, 49; BMF-Schreiben v. 27.12.1995, IV B 7-S 2742-76/95, BStBl I 1996, 49; *Küting/Kessler/Harth*, BB-Beilage 1996, 1, 1ff.; *Wengel*, DStR 2001, 1316, 1316ff.; *Kratzsch*, BB 2005, 2603, 2603ff.; *Breuninger/Prinz*, DStR 2006, 1345, 1345ff.; *Brokamp/Hölzer*, FR 2006, 272, 272ff.; *Kracht*, GStB 2006, 243, 243ff.; *Briesemeister*, Hybride Finanzierungsinstrumente im Ertragsteuerrecht zgl. Diss. Univ. zu Köln, 2006, 111ff.;

Bedeutung, da die Umwandlung einer Verbindlichkeit in Genusskapital die Gefahr eines Buchgewinns in sich birgt.

Wird das im Gegenzug für den Erlass der Forderung gewährte Genussrecht als steuerliches Eigenkapital behandelt, entsteht ein Ertrag in Höhe des nicht werthaltigen Teils der Verbindlichkeit, soweit die Grundsätze des Beschlusses des Großen Senats[1284] beim Debt-Mezzanine-Swaps einschlägig sind. Die Forderung müsste dann zum Teilwert bewertet werden, § 6 S. 1 Abs. 1 Nr. 5 S. 1 1. HS EStG.[1285] Der in Höhe des nicht werthaltigen Teils entstehende Gewinn ist grundsätzlich voll steuerpflichtig. Eine Anwendung des Sanierungserlasses, ist aber bei Erfüllung aller anderen Voraussetzungen grundsätzlich möglich.[1286]

Im Regelfall wird jedoch ein Ausweis als steuerliches Fremdkapital angestrebt, während handelsrechtlich eine Zuordnung zum Eigenkapital das Ziel ist.[1287] Der Vorgang ist in der Steuerbilanz folglich erfolgsneutral, weil eine Schuld gegen eine andere Schuld getauscht würde. Die Schulden sind jeweils mit ihrem Höchstbetrag auszuweisen.[1288]

Fraglich ist allerdings, ob eine divergierende Einordnung der Genussrechte in Handels- und Steuerbilanz überhaupt zulässig ist. Für einen Ausweis als steuerliches Fremdkapital spricht, dass der Debt-Mezzanine-Swap lediglich eine Anpassung der Vertragsbedingungen der Darlehensvereinbarung bewirkt.[1289] Weil sich die Identität der Fremdkapitalüberlassung dadurch nicht ändert, erscheint eine Umwidmung in steuerliches Eigenkapital zunächst unzutreffend.

Andererseits wird in der Handelsbilanz genau diese Umwidmung vollzogen, weil sich die für die handelsrechtliche Bilanzierung immanente Fragestellung nach der

Dittmers/Gerig, Den Mittelstand begleiten - FS für Horst Kary, in: Dittmers/Gerig/Seemann, 2009, 101; *Eilers*, GWR 2009, 3, 3; *Ekkenga*, Ubg 2009, 761, 771; *Haase*, StuB 2009, 495, 495ff.; *Hofert/Möller*, GmbHR 2009, 527, 527ff.; *Böhlmann/Engels*, in: Schragl/Stefaner, Handbuch Genussrechte, 2010, 291, 291ff.; *Große*, DStR 2010, 1397, 1397ff.; *Häuselmann*, in: Kessler/Kröner/Köhler, Konzernsteuerrecht, 2008, 900, 900ff.; *Oelke/Wöhlert/Degen*, BB 2010, 299, 299ff.; *Stollenwerk/Piron*, GmbH-StB 2012, 150, 150; *Kröner/Momen*, DB 2012, 829, 829ff.; *Holtum*, GmbH-StB 2013, 219, 219ff.

1284 BFH, Beschluss v. 9.6.1997, GrS 1/94, BStBl II 1998, 307.

1285 Zur Frage der Anwendbarkeit vgl. Kap. D.V.3.2.

1286 Der Sanierungserlass stellt in Tz. 3 lediglich auf einen Erlass der Schulden ab. Demnach ist die Umwandlung einer bestehenden Verbindlichkeit in Eigenkapital als solche zu werten. BMF-Schreiben v. 27.3.2003, IV A 6 – S 2140 – 8/03, BStBl I 2003, 240. Unsicher hinsichtlich der Anwendbarkeit des Sanierungserlasses *Blaas/Schwahn*, DB 2013, 2412, 2415.

1287 *Breuninger/Ernst*, GmbHR 2012, 494, 495; *Körner*, in: Köhler/Göbel/Körner, Handbuch Unternehmensfinanzierung, 2013, 98; *Gänsler*, Ubg 2013, 154, 161.

1288 Es würde demnach lediglich eine erfolgsneutraler Schuldumschaffung vorliegen. *Breuninger/Ernst*, GmbHR 2012, 494, 496.

1289 Insoweit ist lediglich von einer Schuldänderung auszugehen. Bei Novation/Schuldumschaffung gestaltet sich die Situation differenziert. *Häuselmann*, BB 2010, 944; *Breuninger*, in: Drüen, JbfSt, 282, 290.

Haftungsqualität durch die Wandlung in Genussrechte mit bestimmten Merkmalen wesentlich ändert.[1290] Eine Umwidmung des bisherigen Fremdkapitals in steuerliches Eigenkapital würde zunächst dem Maßgeblichkeitsgrundsatz nach § 5 Abs. 1 S. 1 EStG entsprechen.[1291] Die Qualifikation aus steuerlicher Sicht bedarf deshalb einer genaueren Untersuchung.

3.2.1 Sinn und Zweck der handels- und steuerlichen Bilanzierung als Basis für die Auslegung

Der Zweck der handelsrechtlichen Umwidmung, eines originär schuldrechtlichen Verhältnisses in Eigenkapital basiert auf der Ausschüttungs- und Informationsfunktion der Handelsbilanz, unter besonderer Berücksichtigung des Gläubigerschutzes.[1292] Eine Erfassung, der auf einem schuldrechtlichen Verhältnis basierenden Genussrechte als Eigenkapital, ist unter den Voraussetzungen des IDW HFA 1/1994 deshalb vertretbar, weil dem Genussrechtskapital die Funktion von Haftkapital in diesen Fällen anwächst.[1293] Diese Information für die Gläubiger, dass der Kaufmann über eine höhere Haftungsmasse als vor Umwandlung des Darlehens in ein Genussrecht verfügt, rechtfertigt diesen – eigentlich unsystematischen – Ausweis als handelsbilanzielles Eigenkapital.[1294]

Die Steuerbilanz ist hingegen der Ausgangspunkt für die Ermittlung der steuerlichen Last eines Bilanzierenden.[1295] Maßgebend für die Beurteilung, ob im Zuge eines Debt-Mezzanine-Swaps eine Erhöhung des Reinvermögens stattgefunden hat und sich in Konsequenz das Eigenkapital erhöht hat, ist die Tatsache, ob der Steuerpflichtige tatsächlich von einer Schuld befreit wurde. Es kommt folglich darauf an, ob der Steuerpflichtige eine Belastungsdifferenz gegenüber der bisherigen Schuldsituation

---

1290 Voraussetzung ist, dass überhaupt eine Wandlung in handelsrechtliches Eigenkapital erfolgt ist.

1291 Zustimmend zur Anwendung des Maßgeblichkeitsgrundsatzes: OFD-Rheinland-Kurzinformation v. 14.12.2011, Steuerliche Behandlung der Umwandlung von Darlehen in Genussrechte, DStR 2012, 189.

1292 IDW HFA 1/1994, Zur Behandlung von Genussrechten im Jahresabschluss von Kapitalgesellschaften, WPg 1994, 419, Tz. 1.

1293 IDW HFA 1/1994, Zur Behandlung von Genussrechten im Jahresabschluss von Kapitalgesellschaften, WPg 1994, 419, Tz. 2.1.1.

1294 Die handelsrechtliche Umqualifikation geschieht auch nicht ohne einen entsprechenden Hinweis auf diese Besonderheit. Das Genussrechtskapital ist entsprechend in einer eigenen Position auszuweisen, IDW HFA 1/1994, Zur Behandlung von Genussrechten im Jahresabschluss von Kapitalgesellschaften, WPg 1994, 419 Tz. 2.1.1. Zum Problem der fehlenden Systematik bei der handelsrechtlichen Qualifikation siehe *Hoffmann*, StuB 2012, 417, 418.

1295 Ob das Genussrechtskapital im Rang hinter anderen Verbindlichkeiten zurück steht, ist für die Qualifikation als steuerliches Eigen- oder Fremdkapital nicht von Relevanz. Die Ermittlung des wirklichen Gewinns steht im Vordergrund. *Winnefeld*, Bilanz-Handbuch, 2006, Kap. C Rz. 290.

erfährt, sodass sich seine Leistungsfähigkeit erhöht.[1296] Davon ist nicht auszugehen, weil das Genussrecht nach wie vor auf einem Schuldrechtsverhältnis basiert, das eine Rückzahlung vorsieht, wenngleich sich die Bedingungen des Schuldverhältnisses geändert haben.[1297] Eine Belastungsdifferenz ist deshalb nicht anzunehmen.

Hoffmann führt in diesem Zusammenhang zutreffend aus, dass der Debt-Mezzanine-Swap nicht mit einem Debt-Equity-Swap vergleichbar ist.[1298] Schließlich verzichtet der ehemalige Schuldner im letzteren Fall auf eine Forderung, während sich bei Umwandlung eines Darlehens in ein Genussrecht lediglich die Vertragsbedingungen der Rückzahlung und der Vergütung ändern.

3.2.2 Strittige Behandlung nach dem Maßgeblichkeitsgrundsatz

Fraglich ist allerdings, auf welcher Basis eine Umqualifizierung des handelsrechtlichen Eigenkapitals in steuerliches Fremdkapital, unter dem Regime des Maßgeblichkeitsgrundsatzes, vorgenommen werden kann. In der Literatur wird argumentiert, dass der Maßgeblichkeitsgrundsatz nicht für die Residualgröße „Eigenkapital" gilt.[1299] Dies ist korrekt, aber dennoch nicht weiterführend, weil bspw. die OFD Rheinland[1300] nicht die Höhe des handelsrechtlichen Eigenkapitals an sich übernimmt, sondern auf die Qualifikation als Eigenkapital nach den Kriterien des IDW[1301] abstellt.[1302] Eine von der Handelsbilanz abweichende Qualifikation bedarf deshalb grundsätzlich einer gesonderten steuerlichen Wertung.[1303]

3.2.3 § 8 Abs. 3 S. 2 KStG

i. Regelungsinhalt

Hinsichtlich der Qualifikation als Eigen- oder Fremdkapital stellt sich die Frage nach der Funktion des § 8 Abs. 3 S. 2 KStG. Laut dem 2. Halbsatz mindern Ausschüttungen auf Genussrechte das Einkommen nicht, falls eine Beteiligung am Liquidationserlös und am laufenden Gewinn vereinbart wurde.

1296 m.a.W. RFH, Urteil v. 17.4.1934, I A 316/32, RStBl 1934, 773.

1297 *Hoffmann*, StuB 2012, 417, 418; *Breuninger/Ernst*, GmbHR 2012, 494, 497.

1298 *Hoffmann*, StuB 2012, 417, 418.

1299 *Briesemeister*, Hybride Finanzierungsinstrumente im Ertragsteuerrecht zgl. Diss. Univ. zu Köln, 2006, 111; *Körner*, in: Köhler/Göbel/Körner, Handbuch Unternehmensfinanzierung, 2013, 99.

1300 OFD-Rheinland-Kurzinformation v. 14.12.2011, Steuerliche Behandlung der Umwandlung von Darlehen in Genussrechte, DStR 2012, 189.

1301 IDW HFA 1/1994, Zur Behandlung von Genussrechten im Jahresabschluss von Kapitalgesellschaften, WPg 1994, 419.

1302 *Hoffmann/Lüdenbach*, NWB Bilanzierung, 2012, § 246 Rz. 125.

1303 *Lechner/Haisch*, Ubg 2012, 115, 115f.; *Hoffmann*, StuB 2012, 417, 418.

- Als Beteiligung am Gewinn qualifiziert jede Vergütung, deren Zahlung bzw. die Höhe der Zahlung vom Erfolg abhängig ist.[1304] Dies ist auch anzunehmen, wenn eine gestaffelte Vergütung in Abhängigkeit des Gewinns einen steigenden prozentualen Vergütungsanteil vorsieht. Wird eine Mindestverzinsung vereinbart, ist eine Gewinnabhängigkeit nur anzunehmen, soweit der fixe Vergütungsanteil eine untergeordnete Rolle spielt.[1305] Hingegen ist die Vereinbarung einer umsatzabhängigen Vergütung, nicht als Beteiligung am Gewinn i. S. d. § 8 Abs. 3 S. 2 KStG zu werten.[1306] Eine Partizipation an entstehenden Verlusten ist nicht zwingend für die Annahme einer gewinnabhängigen Vergütung.
- Von einer Beteiligung am Liquidationserlös ist auszugehen, falls der Genussrechtsinhaber im Liquidationsfall an den stillen Reserven partizipiert.[1307] Die bloße Rückzahlung des Genussrechtskapitals zum Nennwert aus dem Liquidationserlös ist hingegen nicht als eine Beteiligung am Liquidationswert zu werten. Die Finanzverwaltung[1308] sieht allerdings auch bei einer Laufzeit von mehr als 30 Jahren, das Kriterium der Beteiligung am Liquidationserlös als erfüllt an.[1309]

ii. Eignung für die Durchbrechung der Maßgeblichkeit

Als Einkommensermittlungsvorschrift, die an den steuerbilanziellen Gewinn anknüpft, scheint § 8 Abs. 3 S. 2 KStG zunächst ungeeignet für eine Qualifikationsentscheidung in Eigen- oder Fremdkapital. Schließlich ist die Norm bei den außerbilanziellen Korrekturen verortet und knüpft somit an einem Punkt an, zu dem eine Qualifikationsentscheidung hinsichtlich Eigen- oder Fremdkapital aus systematischer Sicht bereits getroffen wurde.[1310]

Es stellt sich die Frage, ob eine abweichende Interpretation geboten ist, nicht zuletzt im Hinblick auf die Rechtsfolgen einer Genussrechtszahlung, die sich aus § 8 Abs. 3

1304 *Hofert/Möller*, GmbHR 2009, 527, 529; *Böhlmann/Engels*, in: Schragl/Stefaner, Handbuch Genussrechte, 2010, 291, 295; *Dötsch/Pung/Möhlenbrock*, in: Dötsch/Pung/Möhlenbrock, § 8 Abs. 3 KStG, 2013, § 8 Abs. 3 KStG Rz. 109.

1305 *Dötsch/Pung/Möhlenbrock*, in: Dötsch/Pung/Möhlenbrock, § 8 Abs. 3 KStG, 2013, § 8 Abs. 3 KStG Rz. 109.

1306 *Dötsch/Pung/Möhlenbrock*, in: Dötsch/Pung/Möhlenbrock, § 8 Abs. 3 KStG, 2013, § 8 Abs. 3 KStG Rz. 111.

1307 *Gosch*, in: Gosch, KStG, 2009, § 8 Rz. 151; *Böhlmann/Engels*, in: Schragl/Stefaner, Handbuch Genussrechte, 2010, 291, 295; *Dötsch/Pung/Möhlenbrock*, in: Dötsch/Pung/Möhlenbrock, § 8 Abs. 3 KStG, 2013, § 8 Abs. 3 KStG Rz. 112.

1308 BMF-Schreiben v. 8.12.1986, IV B 7 – S 2742 – 26/86, BB 1987, 667; BMF-Schreiben v. 27.12.1995, IV B 7-S 2742-76/95, BStBl I 1996, 49.

1309 Der BFH hat sich diesbezüglich bereits gegenteilig geäußert: BFH, Urteil v. 19.1.1994, I R 67/92, BStBl II 1996, 49. Nichtanwendungserlass hierzu: BMF-Schreiben v. 27.12.1995, IV B 7-S 2742-76/95, BStBl I 1996, 49.

1310 Dies kann aus der Anknüpfung an das Einkommen abgeleitet werden. A.A.: *Lechner/Haisch*, Ubg 2012, 115, 116; *Höng*, Ubg 2014, 27, 36. Die Autoren kommen zu einem gleichen Ergebnis jedoch mit abweichender Begründung.

S. 2 KStG ergeben: Das deutsche Ertragsteuerrecht sieht eine Abzugsfähigkeit von Eigenkapitalkosten beim Kapitalgeber nicht vor.[1311] Für Genussrechte wäre dieses systemtragende Prinzip in Fällen zu durchbrechen, in denen handelsrechtlich Eigenkapital vorläge, eine abweichende steuerliche Qualifikation jedoch nicht möglich sein sollte und nicht alle Kriterien des § 8 Abs. 3 S. 2 KStG erfüllt sind. Dies wäre der Fall, wenn der Genussrechtsinhaber nicht am Liquidationserlös partizipiert, die Voraussetzungen für eine Qualifikation als handelsrechtliches Eigenkapital aber erfüllt sind.

Gegen die Eignung des § 8 Abs. 3 S. 2 KStG zur Durchbrechung der Maßgeblichkeit wird angeführt, dass eine Zuordnung zum Eigen- oder Fremdkapital auf Basis der Kriterien des § 8 Abs. 3 S. 2 KStG nicht rechtsformneutral möglich wäre. Dieser Meinung ist insoweit nicht zuzustimmen, soweit die „Beteiligung am Liquidationserlös" und „Beteiligung am Gewinn" als globale Qualifikationskriterien verstanden werden für eine Zuordnungsentscheidung zwischen steuerlichem Fremd- oder Eigenkapital und die Eignung der Schuld als Wirtschaftsgut.

iii. Beteiligung am Gewinn und Liquidationserlös als Eckpfeiler des steuerlichen Eigenkapitalbegriffs

An einer abschließenden Legaldefinition des Eigenkapitals bzw. des Betriebsvermögens fehlt es sowohl im Handels- als auch im Steuerrecht. Weil das Steuer- und das Handelsrecht unterschiedliche Zielsetzungen bei der Bilanzierung verfolgen, können sich die gesetzlich zunächst nicht näher definierten Eckpfeiler für die Abgrenzung zwischen Eigen- und Fremdkapital unterscheiden.[1312]

Das Steuerrecht stellt dabei für die Abgrenzung zwischen Eigen- und Fremdkapital auf die Attribute „Beteiligung am Liquidationserlös und am „Gewinn" ab, weil diese Kriterien die tatsächliche Gewinnverwendung von der Einkommenserzielung abgrenzen. Während bei der Gewinnerzielung alle Aufwendungen abzuziehen sind, die für die Erwirtschaftung des Gewinns notwendig sind, können über die Gewinnverwendung nur die Inhaber des Eigenkapitals entscheiden.

Aus diesem Grund ist auch die Frage obsolet, ob im Anwendungszeitpunkt des § 8 Abs. 3 S. 2 KStG überhaupt noch eine Zuordnungsentscheidung getroffen werden kann, weil sich diese bereits bei Abschluss der Genussrechtsvereinbarung vollzogen hat. Die explizite Regelung des § 8 Abs. 3 S. 2 KStG stellt damit lediglich klar, dass bei einer Qualifikation des Genussrechts als Eigenkapital in der Steuerbilanz anhand der Kriterien „Beteiligung am Gewinn und am Liquidationserlös" die Genussrechtszahlungen nicht abziehbar sind, wohingegen die Zuordnungsentscheidung, ob es sich um Eigen- oder Fremdkapital handelt, bereits getroffen ist.

Der Meinung, dass eine von der handelsrechtlichen Qualifikation abweichende Einordnung des Mezzaninen Kapitals in der Steuerbilanz nicht möglich wäre, ist deshalb nicht zuzustimmen. Mezzanine zeichnen sich gerade dadurch aus, dass sie

---

1311 *Lechner/Haisch*, Ubg 2012, 115, 117.

1312 Im Ergebnis auch: *Schön*, in: Schön, Eigen- und Fremdkapital, 2013, 1ff.

Elemente des Eigen- und des Fremdkapitals in sich vereinen.[1313] Wegen der unterschiedlichen Funktionen und voneinander abweichenden Definitionen des handelsrechtlichen und steuerlichen Eigenkapitals sind in Konsequenz die Zuordnungen verschieden, da sich die Einordnung anhand der Kriterien vollzieht, die den Zielen des Bilanzierungssystems entsprechen. Das Steuerrecht stellt diesbezüglich auf den Belastungsvergleich[1314] ab, der durch die Kriterien der Beteiligung am Gewinn und Liquidationserlös konkretisiert wird.

Dass die Nutzung der Kriterien „Beteiligung am Gewinn" und „Beteiligung am Liquidationserlös" § 8 Abs. 3 S. 2 KStG für die Abgrenzung zwischen Eigen- und Fremdkapital gängige Praxis ist, zeigt sich dabei anhand zahlreicher Beispiele aus der Verwaltung und Rechtsprechung:

- Das BMF zieht § 8 Abs. 3 S. 2 KStG für die Abgrenzung von abzugsfähigen Zinsen nach § 4h EStG heran.[1315] Insoweit lässt diese Abgrenzung einen Rückschluss auf die Unterscheidung zwischen Fremd- und Eigenkapital zu, weil nur Fremdkapitalzinsen von der Zinsschranke erfasst werden.
- Im Rahmen des § 8c Abs. 1 S. 3 KStG soll ein vergleichbarer Sachverhalt vorliegen, wenn Genussscheine übertragen werden, deren Zahlungen auf einen Genussschein nicht nach § 8 Abs. 3 S. 2 KStG abgezogen werden können. Insoweit wird die Erwerb eigenkapitalähnlicher Genussrechte als vergleichbar mit dem Erwerb von Stimm-, Mitgliedschafts- oder Beteiligungsrechten erachtet.
- Im Schreiben v. 8.12.1986 wird eine Qualifikation als Eigenkapital abgelehnt, soweit keine Beteiligung am Liquidationsüberschuss vereinbart wurde.[1316]
- Der Reichfinanzhof stellt in seinem Urteil auf einen Belastungsvergleich zwischen Eigen- und Fremdkapital ab. Auf Basis dessen werden die Kriterien „Beteiligung am Gewinn" und „Beteiligung am Liquidationserlös" identifiziert, auf denen letztlich § 8 Abs. 3 S. 2 KStG basiert.[1317]
- Zahlungen auf ein Genussrecht sind nach Ansicht des FG-Rheinland-Pfalz als Dauerschulden i. S. d. § 8 Nr. 1 GewStG a.F. zu behandeln.[1318] Insoweit werden Genussrechte als Fremdkapital qualifiziert. Eine eigene gewerbesteuerliche Qualifikation als Eigen- oder Fremdkapital kann alleine schon, durch den Objektcharakter der Gewerbesteuer nicht unterstellt werden. Die Hinzurechnungen haben gerade die Herstellung einer Besteuerung, unabhängig von der Finanzierung zum Ziel.[1319]

1313 *Gleske/Laudenklos*, in: Eilers/Rödding/Schmalenbach, Unternehmensfinanzierung, 2008, 467; *Bock*, DStR 2005, 1067, 1067; *Brokamp/Hölzer*, FR 2006, 272, 272.

1314 RFH, Urteil v. 17.4.1934, I A 316/32, RStBl 1934, 773; *Kratzsch*, BB 2005, 2603, 2606; *Höng*, Ubg 2014, 27, 32.

1315 BMF-Schreiben v. 4.7.2008, IV C 7 -S 2742-a/07/10001, BStBl I 2008, 718.

1316 BMF-Schreiben v. 8.12.1986, IV B 7 – S 2742 – 26/86, BB 1987, 667.

1317 RFH, Urteil v. 17.4.1934, I A 316/32, RStBl 1934, 773.

1318 FG Rheinland-Pfalz, Urteil v. 26.4.2001, 6 K 3450/98, EFG 2001, 1159; BFH, Urteil, v. 10.5.2012, I R 61/12, BFH/NV 2013, 1626.

1319 BT-Drs.-16/4841, 79.

Es darf darüber hinaus auch nicht unbeachtet bleiben, weshalb eine Steuerbilanz überhaupt aufgestellt wird. Diese dient ausschließlich der Ermittlung der Leistungsfähigkeit des Bilanzierenden,[1320] während die Handelsbilanz unter anderem den Gläubigerschutz fokussiert. Weil der IDW/HFA 1/1994 dem Gläubigerschutz in besonderem Maße Rechnung tragen will,[1321] entsteht ein Ergebnis, dass der üblichen „Logik der Bilanzierung" nach handelsrechtlichen Grundsätzen in gewisser Weise zuwiderläuft.[1322] Dies zeigt sich bereits daran, dass das Genussrecht bei fällig werden innerhalb eines Jahres wieder aufwandswirksam ausgebucht werden muss.[1323] Einziger Grund für diese Vorgehensweise ist eine Informationsbereitstellung für die Gläubiger, die jedoch einer besonderen Erläuterung bedarf.[1324] Die grundsätzliche Maßgeblichkeit der Bilanzierung muss deshalb, durch die besonderen Umstände bei der handelsrechtlichen Qualifikation in diesen Fällen, durch die Zielsetzung der Steuerbilanz – Ermittlung der Leistungsfähigkeit – überlagert werden.

Im Falle des Debt-Mezzanine-Swaps bleibt es deshalb, nach der hier vertretenen Auffassung, unabhängig von § 8 Abs. 3 S. 2 KStG bei der Qualifikation als Fremdkapital, weil andernfalls die steuerliche Rechnungslegung ihr Ziel verfehlt.

Letztendlich ist die dafür notwendige Durchbrechung über eine unterschiedliche Definition der Begriffe „Vermögensgegenstand" und „Wirtschaftsgut zu lösen. Werden die Kriterien „Beteiligung am Gewinn" und „Beteiligung am Liquidationserlös" als negative Qualifikationskriterien des Wirtschaftsgutes Schuld verstanden, ist eine abweichende Erfassung als Fremdkapital in der Steuerbilanz angezeigt, falls nicht beide Voraussetzungen erfüllt sind.

3.2.4 Bilanzierungsverbot nach § 5 Abs. 2a EStG

Nach § 5 Abs. 2a EStG sind Verbindlichkeiten, deren Zahlung vom Erwirtschaften künftiger Gewinne oder Einnahmen abhängig ist erst zu bilanzieren, falls Gewinne oder Einnahmen erwirtschaftet werden. Unabhängig von der Frage, ob bei Umwandlung einer Schuld in Genussrechte § 5 Abs. 2a EStG überhaupt anwendbar ist, ist die Steuerneutralität gewährleistet, soweit die Genussrechtsvereinbarung keine Rückzahlung aus freiem Kapital vorsieht.[1325]

1320 BFH, Urteil v. 3.2.1969, GrS 2/68, BStBl II 1969, 291.

1321 IDW HFA 1/1994, Zur Behandlung von Genussrechten im Jahresabschluss von Kapitalgesellschaften, WPg 1994, 419 Tz. 1.

1322 Ähnlich: *Hoffmann*, StuB 2012, 417, 418.

1323 IDW HFA 1/1994, Zur Behandlung von Genussrechten im Jahresabschluss von Kapitalgesellschaften, WPg 1994, 419 Tz. 2.1.1. c.

1324 Die Notwendigkeit weiterer Erläuterungen ergibt sich bspw. durch die Pflicht zur Angabe der Mindestlaufzeit und durch Angaben i. S. d. § 264 Abs. 2 S. 2 HGB.

1325 Siehe Kap. VI.3.2.3.

3.2.5 Kein schädlicher Beteiligungserwerb

Nach § 8c Abs. 1 S. 1 KStG müssen für die Annahme eines (potenziell) schädlichen Beteiligungserwerbs Mitgliedschafts-, Stimm- oder Beteiligungsrechte übertragen werden. Dies gilt auch für vergleichbare Sachverhalte. Nach Ansicht des BMF ist in Abhängigkeit der Qualifikation nach § 8 Abs. 3 S. 2 KStG die Ausgabe von Genussscheinen[1326] als ähnlicher Sachverhalt zu behandeln, soweit eine Abzugsfähigkeit der Vergütungen nicht vorgesehen ist.[1327]

Für den Fall des Debt-Mezzanine-Swaps bedeutet dies, dass regelmäßig kein schädlicher Beteiligungserwerb vorliegt, weil eine Abzugsfähigkeit der Genussrechtsvergütungen unter dem Regime des § 8 Abs. 3 S. 2 KStG gewährleistet bleibt.[1328]

3.2.6 Abzugsfähigkeit der Genussrechtsvergütungen

Genussrechtsvergütungen sind handelsrechtlich abzugsfähig, unabhängig von der Qualifikation als Eigen- oder Fremdkapital.[1329] Kapitalgesellschaften können die Leistungen auf ein Genussrecht allerdings steuerlich nur geltend machen, soweit der Genussrechtsinhaber am Gewinn und/oder am Liquidationserlös nicht partizipiert.[1330] Ist entweder eine Beteiligung am Gewinn oder eine Beteiligung am Liquidationserlös nicht vorgesehen, mindern die Genussrechtsvergütungen den Gewinn als Betriebsausgaben.[1331]

Für gewerbesteuerliche Zwecke ist zu beachten, dass Zahlungen auf das Genussrecht bei obligationsähnlicher Ausgestaltung als Entgelte für Schulden qualifizieren, § 8 Nr. 1 Buchst. a GewStG. Folglich sind ein Viertel der Entgelte im Gewerbeertrag enthalten.[1332]

1326 Es wird ausschließlich auf das verbriefte Recht Bezug genommen. Genussrechte im Allgemeinen werden nicht genannt.

1327 BMF-Schreiben v. 4.7.2008, IV C 7 – S 2745 – a/08/10001, BStBl I 2008, 736 Tz. 7.

1328 *Eilers/Bühring*, Sanierungs-Steuerrecht, 2012, 138; *Gänsler*, Ubg 2013, 154, 161.

1329 § 8 Abs. 3 S. 2 EStG enthält diesbezüglich keine Wertung. *Frotscher*, in: Frotscher, KStG/GewstG UmwStG Rz. 123. Kritisch zur generellen Abzugsfähigkeit: *Lühn*, Genussrechte – Grundlagen Einsatzmöglichkeiten Bilanzierung und Besteuerung, 2013, 86ff.

1330 Dies ergibt sich aus dem Wortlaut des § 8 Abs. 3 S. 2 KStG. Eine Ausweitung auf alle Körperschaften, die Ausschüttungen vollziehen können erscheint problematisch. An der Fähigkeit Genussrechte aufzulegen, ändert der zu eng gewählte Wortlaut für die Abzugsfähigkeit der Vergütungen jedoch nichts. *Gosch*, in: Gosch, KStG, 2009, § 8 Rz. 150; *Dötsch/Pung/Möhlenbrock*, in: Dötsch/Pung/Möhlenbrock, § 8 Abs. 3 KStG, 2013, § 8 Abs. 3 KStG Rz. 106.

1331 *Lühn*, Genussrechte – Grundlagen Einsatzmöglichkeiten Bilanzierung und Besteuerung, 2013, 149; *Höng*, Ubg 2014, 27, 36.

1332 Der Freibetrag in Höhe von 100.000 € ist zu beachten.

4. Besteuerung beim Genussrechtsinhaber

In Sanierungsfällen werden Genussrechte regelmäßig so ausgestaltet, dass sie in steuerlicher Hinsicht als Fremdkapital qualifizieren. Infolge des Debt-Mezzanine-Swap ändern sich lediglich die Bedingungen eines bereits bestehenden Schuldverhältnisses, weswegen die Wandlung – unabhängig von der Person des Inhabers – steuerneutral ist.

5. Einordnung in das Zielsystem

Anstelle der Umwandlung einer Forderung durch vereinfachte Kapitalerhöhung in Gesellschaftsrechte können auch Mezzanine zur Wandlung von bisherigem Fremdkapital in handelsbilanzielles Eigenkapital genutzt werden.[1333] Mit dem Debt-Equity-Swap einhergehende gesellschaftsrechtliche Risiken können folglich reduziert werden. Die Ausgabe von Genussrechten gegen Erlöschen einer Verbindlichkeit lässt sich zeitnah umsetzen, da es sich im Regelfall um eine schuldändernde Maßnahme handeln wird, die allerdings zustimmungspflichtig ist. Für die Ausgabe von Genussrechten ist eine Zustimmung der Hauptversammlung mit einer Mehrheit von 75 % bei der AG notwendig, § 221 Abs. 3 AktG. Begibt eine GmbH Genussrechte, ist nicht geklärt, ob eine Zustimmung der Gesellschafter notwendig ist.

Das Risiko des künftigen Genussrechtsinhabers ist auf den Ausgabebetrag der Genussrechte begrenzt. Eine darüber hinausgehende Inanspruchnahme des Genussrechtsgläubigers ist nicht möglich. Allerdings steht dieser wegen des notwendigen Rangrücktritts im Sanierungsfall hinter anderen Gläubigern.

Durch die Ausgabe von Genussrechten hängt das künftige Entstehen von Zinsansprüchen auf das Genussrechtskapital vom Erreichen der vereinbarten Gewinnziele ab. Eine Verzinsung des Genussrechtskapitals ist folglich vom Ergebnis abhängig. In Konsequenz senkt die Maßnahme die Liquiditätsbelastung, weshalb sie zur Aufrechterhaltung der Zahlungsfähigkeit eignet.

Weil das Instrument eine Schuld gegen Mezzanine wandelt, ist für die Frage, ob eine Entschuldung erreicht wird, die Ausgestaltung der mezzaninen Finanzierungsinstrumente maßgebend. Grundsätzlich kommt es nach der hier vertretenen Auffassung allerdings nicht zur Entschuldung im eigentlichen Sinn. Dies wird auch dadurch angezeigt, dass die Laufzeit der Genussrechte beschränkt ist.

Der Debt-Mezzanine-Swap ist zur Beseitigung einer Überschuldung i. S. d. § 19 InsO geeignet, da zur Erfüllung der handelsrechtlichen Kriterien für die Einordnung als Eigenkapital regelmäßig ein Rangrücktritt vereinbart wird. Folglich ist das Genussrechtskapital nach § 19 Abs. 2 S. 1 InsO zu behandeln.

1333 *Oelke/Wöhlert/Degen*, BB 2010, 299, 299; *Stollenwerk/Piron*, GmbH-StB 2012, 150, 150ff.; *Hoffmann*, StuB 2012, 417, 417; *Breuninger/Ernst*, GmbHR 2012, 494, 494; *Hofert/Möller*, GmbHR 2009, 527, 527; *Lechner/Haisch*, Ubg 2012, 115, 115.

Ob eine Verbesserung des handelsbilanziellen Bildes erreicht wird, ist davon abhängig wie das Genussrecht i. S. d. Kriterien des HFA 1/1994[1334] konzipiert wird. In Sanierungsfällen wird es deshalb regelmäßig zur Verbesserung des Ratings und der Bilanzkennzahlen kommen, weil sich die Schuldenquote verringert bzw. der Eigenkapitalanteil steigt.

In steuerlicher Hinsicht ist das Genussrechtskapital weiterhin Fremdkapital, wenn eine Beteiligung des Genussrechtsinhabers am Liquidationserlös der Gesellschaft nicht vereinbart wird. Nach der hier vertretenen Auffassung ist eine Zuordnung zum steuerlichen Eigenkapital nur vorzunehmen, soweit die globalen Abgrenzungsmerkmale „Beteiligung am Liquidationserlös" und „Beteiligung am Gewinn" kumulativ erfüllt sind. Da sich die Schuldenlast durch den Debt-Mezzanine-Swap für steuerbilanzielle Zwecke nicht ändert, entsteht auch kein Sanierungsgewinn. Der Debt-Mezzanine-Swap bleibt infolge steuerneutral.

Durch den Debt-Mezzanine-Swap bleiben steuerliche Verlustvorträge bestehen, falls sich an der Qualifikation der Genussrechte als steuerliches Fremdkapital nichts ändert. Diese Auffassung wird allerdings nicht von allen Stimmen in der Literatur geteilt, sodass ein geringes Restrisiko besteht, dass die Genussrechtsausgabe als schädlicher Beteiligungserwerb qualifiziert.

Die laufenden Zahlungen auf das Genussrecht, bleiben gem. § 8 Abs. 2 S. 2 KStG auch weiterhin beim zu sanierenden Unternehmen abzugsfähig. Im Gegenzug hat der Empfänger die Genussrechtsvergütungen als Kapitalerträge zu versteuern.

Im Ergebnis bleibt festzuhalten, dass ein Debt-Mezzanine-Swap ein hohes Potenzial erkennen lässt, eine Sanierung steueroptimal durchzuführen. Dabei bietet die Maßnahme einen hohen Autonomie- und Flexibilitätsgrad gegenüber finanz- und leistungswirtschaftlichen Maßnahmen, die zur Sanierung vollzogen werden. Allerdings ist die Durchführung in steuerlicher Hinsicht mit den diskutierten Rechtsunsicherheiten verbunden. Sollte sich die Meinung der OFD-Rheinland[1335] in der Verwaltung durchsetzen, droht eine erhebliche Steuermehrbelastung aus der Umqualifizierung von steuerlichem Fremd- in Eigenkapital und durch den daraus resultierenden Verlustuntergang, die nur im Klageweg abgewendet werden könnte.

1334 IDW HFA 1/1994, Zur Behandlung von Genussrechten im Jahresabschluss von Kapitalgesellschaften, WPg 1994, 419.

1335 OFD-Rheinland-Kurzinformation v. 14.12.2011, Steuerliche Behandlung der Umwandlung von Darlehen in Genussrechte, DStR 2012, 189.

X. Zusammenfassung der Wirkungen

Abbildung D-13: Sanierungsmaßnahmen im Zielsystem

Maßnahme / Ziel	Bürgschaft	Patronatserklärung	Schuldbeitritt	Forderungsverzicht	Forderungsverzicht mt Besserungsschein	Rangrücktritt	Schuldübernahme	Debt-Equity-Swap	Habi EK SteuBi FK Debt-Mezzanine-Swap-Genussrechte
Generelle Wirkungen beim Sanierenden									
Geringe Vorlaufzeit zur Umsetzung notwendig	Ja	Ja	Ja	Ja	Ja	Ja	Zustimmung Gläubiger erforderlich	Nein	Zustimmung Hauptversammlung/Gesellschafter erforderlich
Entschuldung der Unternehmung	Nein	Nein	Ja	Ja	Ja, bis zur Überwindung der Krise	Nein	Ja	Ja	Nein, nur vorübergehend
Verbesserung des Bildes der Überschuldungsbilanz	Nein	Nein	Ja	Ja	Ja	Ja	Ja	Ja	Ja
Aufrechterhaltung bzw. Wiederherstellung der Zahlungsfähigkeit	Bedingt	Bedingt, wenn tatsächlicher Zugriff auf Mittel des Pratons durch den Protegé möglich	Ja, jedoch wirkt Entstehung eines Sanierungsgewinns dem Ziel entgegen	Ja, jedoch wirkt Entstehung eines Sanierungsgewinns dem Ziel entgegen	Ja, jedoch wirkt Entstehung eines Sanierungsgewinns dem Ziel entgegen	Ja	Ja	Ja, ggf. auch direkt wegen Bareinlage. Jedoch wirkt Entstehung eines Sanierungsgewinns dem Ziel entgegen	Ja
Unabhängigkeit von steuerlichen Anforderungen bei der Durchführung leistungswirtschaftlicher Maßnahmen	Ja	Ja	Ja	Ja	Ja	Ja	Ja	Bedingt, da Wechsel im Gesellschafterbestand	Ja
Hoher Flexibilitäts- und Autonomiegrad	Ja	Ja	Ja	Ja	Ja	Ja	Ja	Nein	Bedingt
Umgehung von Sachverhalten, für die eine Zustimmung der Stakeholder notwendig ist	Ja	Ja	Ja	Ja	Ja	Ja	Zustimmung Gläubiger erforderlich	Nein	Nein
Herstellung der Werthaltigkeit einer Schuld möglich	Ja	Ja	Bedingt, weil andere Schulden durch Maßnahme an Werthatligkeit gewinnen	Bedingt, weil andere Schulden durch Maßnahme an Werthatligkeit gewinnen	Bedingt, weil andere Schulden durch Maßnahme an Werthatligkeit gewinnen	Bedingt, weil andere Schulden durch Maßnahme an Werthatligkeit gewinnen	Bedingt, weil andere Schulden durch Maßnahme an Werthatligkeit gewinnen	Bedingt, weil andere Schulden durch Maßnahme an Werthatligkeit gewinnen	Bedingt, weil andere Schulden durch Maßnahme an Werthatligkeit gewinnen
Rechtssichere Sachverhaltsrealisierung	Ja	Ja	Ja	Kritisch	Kritisch	Nahezu unkritisch, wenn korrekt vereinbart	Kritisch	Sehr Kritisch	Kritisch

Ziel / Maßnahme	Bürgschaft	Patronatserklärung	Schuldbeitritt	Forderungsverzicht	Forderungsverzicht mt Besserungsschein	Rangrücktritt	Schuldübernahme	Debt-Equity-Swap	Habi EK SteuBi FK Debt-Mezzanine-Swap-Genussrechte
Generelle Wirkungen beim Sanierenden									
Bilanzielle und ertragsteuerliche Auswirkungen beim Sanierenden									
Verbesserung des handelsbilanziellen Bildes	Nein	Nein	Ja	Ja	Ja	Nein, aber "davon Vermerk" und Verbesserng des Ratings	Ja	Ja	Ja
Handelsbilanzielle Angaben beim Gegenpart notwendig	Ausweis als Haftungsverhältnis	Ausweis als Haftungsverhältnis	Einbuchung Verbindlichkeit	Ausbuchung Forderung	Ausbuchung Forderung	Nein	Aufwandswirksame Einbuchung	Ausweis Beteiligung anstelle von Forderung	Ausweis Mezzanine anstelle von Forderung
Vermeidung von Sanierungsgewinnen	Ja	Ja	Nein, Sanierungsgewinn in Höhe des Nominalbetrags	Nein, Sanierungsgewinn in Höhe des nicht werthaltigen Teils	Nein, Sanierungsgewinn in Höhe des nicht werthaltigen Teils	Ja	Ja	Ja, aber äußerst umstritten	Ja
Erhalt von Zins- und Verlustvorträgen	Ja	Ja	Ja, aber Verrechnung mit Sanierungsgewinn	Ja, aber Verrechnung mit Sanierungsgewinn	Ja, aber Verrechnung mit Sanierungsgewinn	Ja	Ja	Nein	Ja
Nutzung zur Sicherung von Aufwandspotenzial bei drohendem Verlustuntergang möglich	Nein	Nein	Nein	Nein	Ja	Ja	Nein	Nein	Nein
Steuerliche Geltendmachung von Kapitalvergütungen als Aufwand	Ja	Ja	Ja	Ja	Ja	Ja	Ja	Nein	Ja
Wirkungen beim Sanierenden									
Ergebnisabhängige Entstehung von Kapitalvergütungen	Nein	Nein	Nein	Nein	Ja, wenn entsprechende Vereinbarung für den Besserungsfall	Nein	Nein	Ja	Ja
Klar begrenzte Risikoübernahme durch Träger der Sanierungsmaßnahme	Abhängig vom Umfang des Bürgschaftsversprechens	Abhängig von Vereinbarung	Abhängig von Bewertungsrisiken der Schuld	Ja	Ja	Ja	Abhängig von Bewertungsrisiken der Schuld	Nein	Ja
Berücksichtigung von Verlusten beim Anteilseigner	Teilwertabschreibung auf Regressforderung, soweit berücksichtigungsfähig	Teilwertabschreibung auf Regressforderung, soweit berücksichtigungsfähig	Ja	Verzichtsbetrag in Höhe des nicht werthaltigen Teils, soweit berücksichtigungsfähig	Verzichtsbetrag in Höhe des nicht werthaltigen Teils, soweit berücksichtigungsfähig	Teilwertabschreibung, soweit berücksichtigungsfähig	Nein	Verzichtsbetrag in Höhe des nicht werthaltigen Teils, soweit berücksichtigungsfähig	Nein, aber Teilwertabschreibung für Genussrechte

E. Ertragsteueroptimale Sanierungsstrategie

I. Ausgangslage

Unter den in Kap. D vorgestellten Sanierungsmaßnahmen lässt sich keine Maßnahme herausfiltern, die als Einzelmaßnahme bereits als eine dominante Strategie gegenüber allen anderen Maßnahmen qualifiziert. Schließlich verfügen die einzelnen Instrumente über unterschiedliche Vorteile. Welche Sanierungsstrategie letztlich optimal ist, ist vom Einzelfall abhängig, in dem die einzelnen Ziele des Zielsystems eine individuelle Gewichtung erfahren.

Durch die im Rahmen der Arbeit gewonnenen Erkenntnisse sind jedoch Aussagen hinsichtlich einer optimalen Sanierungsstrategie in Abhängigkeit einzelner Parameter und – unter Einsatz der vorgestellten Maßnahmen – möglich. Infolge lässt sich für den Sanierenden eine ertragsteueroptimale Sanierungsstrategie ableiten, die sich aus dem Zusammenspiel einzelner Sanierungsmaßnahmen ergibt. Im Zuge dessen kann eine zeitliche Abfolge der Maßnahmen vorgegeben werden, sodass sich die einzelnen Instrumente möglichst nicht konterkarieren.

Im konkreten Sanierungsfall werden allerdings nicht alle diskutierten Maßnahmen zur Verfügung stehen, weshalb einige Schritte einer ertragsteueroptimalen Sanierungsstrategie im Einzelfall nicht infrage kommen. Auch werden die beteiligten Gläubiger nicht in allen Fällen dem Sanierungsinstrument zustimmen, dass ertragsteueroptimal wäre.

In diesen Fällen ergibt sich im System der nachfolgend vorgestellten Sanierungsstrategie eine „Second-Best-Lösung" durch die übrigen Sanierungsschritte. Im Folgenden werden die chronologisch abzuarbeitenden Prüfschritte dargestellt.

Abbildung E-1: Entscheidungsbaum für die ertragsteueroptimale Sanierungsstrategie[1336]

II. Schritt I: Sofortmaßnahmen ohne Wirkung auf die Handelsbilanz

Entschuldungsstrategien, die sich nicht auf die Handelsbilanz auswirken (sollen), können in der Regel steuerneutral abgewickelt werden. Aus Gründen der Risikominimierung und um dem Ziel einer zügigen Sanierung gerecht zu werden, ist deshalb

1336 Eigene Darstellung.

zuerst zu prüfen, ob eine Entschuldung in der Handelsbilanz zwingend notwendig ist. Sollte dies nicht der Fall sein, sind Maßnahmen unter dem Aspekt der Risikominimierung vorzugswürdig, die keinen Einfluss auf die Handelsbilanz haben.

Um in einem ersten Schritt der Zahlungsunfähigkeit entgegenzuwirken, eignen sich als Instrumente der Rangrücktritt, eine interne harte Patronatserklärung oder ein Bürgschaftsversprechen.

Die konkret gewählte Maßnahme wird in der Regel davon abhängen, ob Schuldner und Gesellschafter dieselbe Person sind. Ist dies der Fall, kann ein Rangrücktritt ausgesprochen werden. Ansonsten, bspw. wenn die Verbindlichkeiten gegenüber einer Bank bestehen, ist von den Gesellschaftern ein Bürgschaftsversprechen oder eine harte externe Patronatserklärung abzugeben.

III. Schritt 2: Verbesserung der Überschuldungsbilanz

Lediglich Bürgschaften sind unter den oben vorgestellten Sanierungsmaßnahmen ungeeignet zur Abwendung einer Überschuldung i. S. d. § 19 InsO. Infolge sind diese ertragsteueroptimalen Sanierungsmaßnahmen auszuschließen, falls eine Abwendung der Überschuldung erreicht werden soll.

Unter den Maßnahmen, die keine Auswirkungen auf die Handelsbilanz haben verbleiben folglich nur der erfolgsneutral ausgestaltete Rangrücktritt oder eine harte interne Patronatserklärung. Der Einsatz dieser Instrumente ist eine optimale Sanierungsstrategie, wenn es auf eine Entschuldung in der Handelsbilanz nicht ankommt, sondern die Beseitigung der Überschuldung das Ziel ist. Soll die Maßnahme einen Einfluss auf das Rating des Unternehmens haben, ist ein Rangrücktritt eine dominante Strategie gegenüber der harten internen Patronatserklärung.

IV. Schritt 3: Vorbereitungen zur Abmilderung eines schädlichen Beteiligungserwerbs

Soll im Rahmen des Sanierungsvorhabens ein Sachverhalt i. S. d. § 8c Abs. 1 S. 1 oder 2 KStG realisiert werden, ist das vorhandene Verlustpotenzial durch vorgelagerte Maßnahmen zu mobilisieren, soweit dies steuerneutral möglich ist. Dies gilt allerdings nicht, wenn ein schädlicher Beteiligungserwerb durch § 8c Abs. 1 S. 5 KStG vermieden werden kann.

Sollte eine Anwendung der Konzernklausel trotz vorgelagerter Gestaltungen[1337] – bspw. durch einen vorgelagerten Squeeze-out – nicht möglich sein, ist zu prüfen, inwieweit eine Inanspruchnahme der Stillen-Reserven-Klausel infrage kommt. Hierbei sind Gestaltungsansätze – wenn möglich – zu realisieren, die das Verschonungspotenzial erweitern.[1338]

1337 Siehe Kap. C. III.4.2.8.

1338 Siehe Kap. C.III.4.3.8.

Falls auch die Stille-Reserven-Klausel nicht ausreichend Verschonungspotenzial bietet, ist der schädliche Beteiligungserwerb nach Möglichkeit in zwei Schritten zu realisieren, falls nur ein anteiliger Verlustuntergang droht. Der erste Erwerb sollte dabei die Schädlichkeitsschwelle nach § 8c Abs. 1 S. 1 KStG gerade überschreiten, damit der Verlustuntergang auf diese Erwerbsquote begrenzt bleibt. Folglich sind im ersten Schritt 25,1 % zu erwerben.

Vor einem schädlichen Beteiligungserwerb sind vorhandene Verluste durch Realisierung von Gewinnen möglichst umfassend steuerneutral aufzudecken. Dies ist allerdings nur im Rahmen der Mindestbesteuerung überhaupt möglich. Als Instrumente zur Ertragsrealisierung kommen ein Forderungsverzicht gegen Besserungsschein oder ein ertragswirksamer Rangrücktritt[1339] infrage. Beide Maßnahmen führen zur Konservierung von Steuerminderungspotenzial, das im Besserungsfall, unabhängig von einem schädlichen Beteiligungserwerb, wieder auflebt.

V. Schritt 4: Verrechnung Sanierungsgewinn im Rahmen der Mindestbesteuerung

Sollten bestehende Verluste, soweit als möglich für einen schädlichen Beteiligungserwerb gesichert worden sein, ist nachfolgend zu prüfen, in welcher Höhe der Sanierungsgewinn, der voraussichtlich bei Realisierung der Gesamtstrategie entsteht im Rahmen der Mindestbesteuerung verrechnet werden kann. Dazu ist zunächst ein etwaig verbleibender unbeschränkt verrechenbarer Verlust mit einem aufgedeckten Sanierungsgewinn zu konsolidieren. Welche Maßnahme dafür infrage kommt, ist abhängig vom Verhältnis des Nominalwertes und des restlichen verrechenbaren Verlusts.

Zunächst entscheidet das Verhältnis vom Nominalwert zum nicht werthaltigen Teil einer Forderung über den grundsätzlich steuerpflichtigen Gewinn. Sollte eine Forderung nicht bereits vollständig wertlos sein, ist zur Vermeidung von Risiken aus der Bewertung ein ertragswirksamer Rangrücktritt für die Aufdeckung zu nutzen. Dies gilt allerdings nur dann, wenn auf eine Entschuldung der Handelsbilanz in dieser Höhe verzichtet werden kann. Regelmäßig wird deshalb ein Forderungsverzicht gegen Besserungsschein für die Aufdeckung zum Einsatz kommen, sodass ein Sanierungsgewinn in Höhe des werthaltigen Teils aufzudecken ist.

VI. Schritt 5: Minimierung eines potenziellen Sanierungsgewinns

Ist ein Forderungsverzicht unumgänglich, ist ein potenzieller Sanierungsgewinn vor einem Verzicht zu minimieren. Entscheidend ist hierfür, ob es gelingt die Werthaltigkeit

---

1339 Die Maßnahme kann jedoch nur in Kombination mit anderen Maßnahmen eingesetzt werden, die zur Abwendung der Überschuldung dienen.

der Forderung zu erhöhen, sodass der Sanierungsgewinn niedriger ausfällt.[1340] Deshalb ist zu prüfen, inwieweit Forderungen durch Gesellschafterbürgschaften wieder werthaltig gemacht werden können. Dies kann bspw. dadurch erreicht werden, dass Gesellschafter durch die gegenseitige Gewährung von Bürgschaften ihre Forderungen werthaltig stellen.[1341] Ein Verzicht auf die Forderung und die damit verbundene Entschuldung wäre in Konsequenz steuerneutral möglich, falls ein Gesellschafter auf die Forderung verzichtet.

VII. Schritt 6: Beteiligung am Sanierenden

Will ein Gläubiger nur unter der Bedingung an den Sanierungsbemühungen partizipieren, wenn er am Stamm- bzw. Grundkapital beteiligt wird, verbleibt letztlich nur der Debt-Equity-Swap als Sanierungsmaßnahme. Sollte nur eine Verbindlichkeit für die Krise verantwortlich sein, ist dennoch zu prüfen, ob nicht zumindest eine Verlustverrechnung im Rahmen der Mindestbesteuerung vorab infrage kommt, um das Steuerminderungspotenzial beim Anteilseignerwechsel zu erhalten.

Weil bezüglich der Steuerfreiheit des Debt-Equity-Swap eine erhebliche Rechtsunsicherheit besteht, ist außerdem zu prüfen, inwieweit die Voraussetzungen des Sanierungserlasses erfüllt werden können, um auf dem Erlasswege eine Steuerfreiheit anzustreben.

VIII. Schritt 7: Partizipation am Erfolg der Sanierung und Geltendmachung von Teilwertabschreibungen

Soll der Sanierende am Erfolg einer Sanierung beteiligt werden und sind alle zuvor genannten Aspekte beachtet oder nicht umsetzbar gewesen, verbleibt als steueroptimale Sanierungsmaßnahme der Debt-Mezzanine-Swap. Spielt die Beteiligung am Sanierungserfolg keine Rolle, kommt auch eine Schuldübernahme als Teil der Sanierungsstrategie infrage. Weder die Schuldübernahme noch der Debt-Mezzanine-Swap verursachen dabei einen Sanierungsgewinn.

Eine Schuldübernahme wird aus rein steuerlicher Sicht allerdings nur infrage kommen, wenn beim übernehmenden die Berücksichtigung einer Teilwertabschreibung nicht möglich ist oder außersteuerliche Gründe gegen den Debt-Mezzanine-Swap sprechen. Zudem werden regelmäßig nur Gesellschafter der Krisengesellschaft als Übernehmende auftreten, da Dritten ein Anreiz zur Übernahme fehlt. Soweit es sich um eine eigene Schuld des Gesellschafters handelt, kann diese steuerneutral durch

1340 Maßnahmen, die zur Verlustverrechnung ergriffen wurden, erhöhen bereits die Werthaltigkeit der Forderung, weil die Gesamtschuldenlast gesunken ist.

1341 Siehe Kap. D.V.6.1.

Gründung einer Finanzierungsgesellschaft übernommen werden.[1342] Andere Gläubiger werden eine Beteiligung am Erfolg der Sanierung über den Debt-Mezzanine-Swap anstreben. Letzterer kann auch bei einer von Gesellschaftern durchgeführten Sanierung interessant sein, falls sich diese in unterschiedlichem Umfang an der Sanierung beteiligen möchten

1342 Kap. D.VII.6.3.

F. Zusammenfassung der Ergebnisse

Die dargelegte Untersuchung hat Sanierungsvorhaben in unterschiedlichen Blickwinkeln beleuchtet. Dass aus den allgemeinen Anforderungen an eine Sanierung abgeleitete Zielsystem, stellt dabei den Maßstab dar, an dem sich einzelne Sanierungsmaßnahmen messen lassen müssen.

Um jedoch überhaupt die einzelnen Sanierungsinstrumente in ein Zielsystem einordnen zu können, mussten zunächst die ertragsteuerlichen Rahmenbedingungen eingehend untersucht werden. Im Zuge dessen wurden folgende Ergebnisse erzielt:

- Ein in sich geschlossenes, gesondert definiertes Sanierungssteuerrecht gibt es nicht. Im Rahmen eines Sanierungsvorhabens sind jedoch die Regelungen zur Mindestbesteuerung, die Verlustabzugsbeschränkung für Körperschaften, der Sanierungserlass und die Regelung des § 8b Abs. 3 S. 4ff. KStG von höchster Relevanz für die ertragsteuerlichen Folgen einer Kapitalgesellschaft, die saniert wird. Diese Normen und der Sanierungserlass haben unmittelbaren Einfluss auf das Sanierungsvorhaben.
- Die Mindestbesteuerung bildet die Keimzelle für ertragsteuerliche Probleme von Sanierungsbestrebungen. Durch den Mechanismus der beschränkten Verlustverrechnung entstehen im Wesentlichen erst die Probleme, die sich hinsichtlich der Notwendigkeit einer begünstigten Behandlung von Sanierungsgewinnen und im Rahmen der Verlustabzugsbeschränkung für Körperschaften ergeben. Es wäre deshalb zu begrüßen, wenn die Regelung einheitlich für alle Ertragsteuern sanierungsfreundlicher reformiert würde.
- Die Verlustabzugsbeschränkung für Körperschaften ist unsystematisch und sanierungsfeindlich. Zwar hat sich die Situation durch die Nachbesserungen des Gesetzgebers im Rahmen mehrerer Gesetzesvorhaben insgesamt entschärft. Die aktuell bestehende Rechtslage wirft jedoch zahlreiche Zweifelfragen auf, die insbesondere auf unbestimmte Rechtsbegriffe zurückzuführen sind. Deshalb ist eine umfassende Auslegung der Norm notwendig, die nicht in allen Belangen eine rechtssichere Sachverhaltsrealisation erlaubt. Das daraus resultierende Risiko ist gerade in Sanierungssituationen als kritisch einzustufen. In Sanierungsfällen ist dabei insbesondere die im Raum stehende Qualifikation des § 8c Abs. 1a KStG als unzulässige Beihilfe höchst problematisch. Zwar ist diese – wie dargelegt – wohl unzutreffend, dennoch kann bis zur Entscheidung durch die europäischen Gerichte keine „geplante Inanspruchnahme" des § 8c Abs. 1a KStG empfohlen werden.
- Der Sanierungserlass schließt eine Gesetzeslücke, die insbesondere durch die beschränkten Verlustverrechnungsmöglichkeiten – basierend auf der Mindestbesteuerung – zu unbilligen Ergebnissen führen würde. Jedoch ist die Regelung im Erlasswege – wie dargelegt – streitanfällig und unvollständig. Zudem birgt die uneinheitliche Behandlung von Sanierungsgewinnen bei der Gewerbesteuer

ein erhebliches Risiko betreffend der Qualifikation der begünstigten Behandlung von Sanierungsgewinnen als schädliche Beihilfe. Aus Gründen der Rechtssicherheit ist deshalb ein Sanierungsgewinn möglichst zu vermeiden, obwohl er nach dem Sanierungserlass körperschaftsteuerfrei wäre. Sollte ein Sanierungsgewinn erzielt werden, ist ein Sanierungsplan nach den Kriterien des IDW S 6 zu erstellen.
- Die Regelung des § 8b Abs. 3 S. 4ff. KStG schränkt die Berücksichtigung von Gewinnminderungen auf Ebene des Gesellschafters in unsystematischer Weise ein. Schließlich ist die Steuerfreiheit von Beteiligungserträgen keine Begünstigung an sich, sondern verhindert lediglich die Mehrfachbesteuerung desselben Steuersubstrats. Unabhängig davon ist die Anknüpfung der Rechtsfolgen aus der Gewährung eines Darlehens an die Behandlung der Beteiligungserträge abzulehnen, weil es sich bei Beteiligung und Darlehen um eigenständige Wirtschaftsgüter handelt.

Aus den gewonnen Erkenntnissen konnte durch einen Mix mehrerer Einzelmaßnahmen eine ertragsteueroptimale Sanierungsstrategie identifiziert werden. Auf dem Weg dorthin wurden folgende Erkenntnisse gewonnen:

- Die untersuchten Sanierungsinstrumente haben höchst unterschiedliche Auswirkungen auf die festgelegten Sanierungsziele. Dabei gibt es kein Sanierungsinstrument, das alle anderen Maßnahmen, im Hinblick auf die im Zielsystem definierten Anforderungen, dominiert.
- Die einzelnen Sanierungsmaßnahmen sind zum Teil mit erheblicher Rechtsunsicherheit verbunden. Diese hat ihren Ursprung in den fehlenden steuerlichen Regelungen oder im unklar formulierten Gesetzeswortlaut, ergibt sich aber auch aus einer widersprüchlichen Rechtsprechung.
- Im Kontext der Rechtsfolgen einzelner Sanierungsmaßnahmen wird die Reichweite der wirtschaftlichen Betrachtungsweise teils kontrovers diskutiert. Im Zuge dessen ist die teilweise festzustellende Verselbstständigung der Argumentation entlang der wirtschaftlichen Betrachtungsweise abzulehnen. Die Auslegung eines Sachverhalts nach der wirtschaftlichen Betrachtungsweise bedarf dabei grundsätzlich einer analogen Behandlung in der Handels- und Steuerbilanz. Im Zuge dessen dürfen jedoch die rechtlichen Rahmenbedingungen nicht völlig außer Acht gelassen werden. Insbesondere die Wertung, ob eine Schuld rechtlich erloschen ist oder nicht, kann nicht durch eine Argumentation entlang der wirtschaftlichen Betrachtungsweise für Zwecke der Bilanzierung unbeachtet bleiben, wenn eine wirtschaftliche Belastung durch eine weiterhin existente Schuld fortbesteht.
- Bürgschafts- und Patronatserklärung können ertragsteuerneutral als Sofortmaßnahmen in Sanierungsfällen genutzt werden, vorausgesetzt ein solventer Gesellschafter bietet sich als Bürge oder Patron an. Zur direkten Entschuldung eignen sich die Maßnahmen allerdings nur, wenn sie mit einem anschließenden Forderungsverzicht auf die Regressforderung kombiniert würden. Dieser kann allerdings ertragsteuerliche Folgen nach sich ziehen. Die Maßnahmen eignen

sich aber, um die Werthaltigkeit einer im Wert geminderten Forderung zumindest teilweise wiederherzustellen.

- Ein Schuldbeitritt dürfte sich in den wenigsten Fällen als steueroptimale Sanierungsstrategie erweisen, weil durch den Beitritt grundsätzlich ein steuerpflichtiger Gewinn in Höhe des Nominalwertes entsteht. Allerdings eignet sich das Instrument als einziges zur Übernahme von Pensionsverpflichtungen. In diesen Fällen sind die Voraussetzungen für den Sanierungserlass zu erfüllen, um eine Steuerfreiheit des Sanierungsgewinns soweit wie möglich herbeizuführen.
- Ein Forderungsverzicht gegen Besserungsschein kann Teil einer steueroptimalen Sanierungsstrategie sein. Zentral ist in diesem Zusammenhang die Bewertung der Forderung zum Teilwert, weil dieser über die Aufteilung des grundsätzlich steuerpflichtigen Sanierungsgewinns und den als verdeckte Einlage zu behandelnden Restbetrag bei einem Verzicht causa societatis entscheidet. Abschließend dürfte die Frage geklärt sein, inwieweit das Teilabzugsverbot zur Anwendung kommen kann, falls der Gesellschafter die Forderung in einem Betriebsvermögen hält. Diesbezüglich hat der BFH eindeutig entschieden, dass eine Ausweitung des Teilabzugsverbots auf Forderungsverluste nicht infrage kommt. Weil es sich um unterschiedliche und damit getrennte voneinander zu behandelnde Wirtschaftsgüter bei einer Forderung und einer Beteiligung handelt, ist der Meinung uneingeschränkt zuzustimmen.
- Ein Rangrücktritt ist grundsätzlich steuerneutral. Die vom I. Senat des BFH[1343] propagierte Ausbuchung der Verbindlichkeit aus der Steuerbilanz nach § 5 Abs. 2a EStG läuft sowohl dem Telos der Norm als auch ihrem Wortlaut zuwider. Eine Argumentation entlang einer wirtschaftlichen Betrachtungsweise kann in der Handels- und Steuerbilanz grundsätzlich nicht unterschiedlich ausfallen. Unabhängig davon bietet ein Verständnis des § 5 Abs. 2a EStG nach den Grundsätzen des I. Senats Gestaltungspotenzial, da dem Steuerpflichtigen ein faktisches Wahlrecht eingeräumt wird. Infolgedessen kann zwischen steuerpflichtiger Ausbuchung der Verbindlichkeit zur Aufwandskonservierung während der Krise und ertragsteuerneutraler Gewährung eines Rangrücktritts entschieden werden.
- Die Übernahme einer Schuld gegenüber einem Dritten durch den Gesellschafter ist steuerneutral möglich, weil die Werthaltigkeit des Freistellungsanspruchs bei ausreichender Solvenz des Gesellschafters nicht infrage steht. Eine „wirtschaftliche Betrachtungsweise" in der Form, dass der Vorgang als Forderungsverzicht qualifiziert wird, verbietet sich nach der hier vertretenen Auffassung für die Übernahme einer Drittschuld. Soll die Gesellschaft hingegen von einer Schuld des Gesellschafters selbst befreit werden, sind zunächst die aufgezeigten Gestaltungsspielräume zu nutzen.

1343 BFH, Urteil v. 30.11.2011, I R 100/10, BStBl II 2012, 332; a.A. BFH, Urteil v. 10.11.2005, IV R 13/04, BStBl II 2006, 618.

- Ein Debt-Equity-Swap ist als tauschähnlicher Vorgang zu behandeln. Deshalb ist abweichend von den Grundsätzen der Behandlung des Forderungsverzichts nicht der Teilwert für die Bewertung zugrundezulegen, sondern der gemeine Wert der Gegenleistung – ergo die nominale Kapitalerhöhung für die Bewertung maßgeblich. Deswegen kann der Debt-Equity-Swap steuerneutral gestaltet werden, falls der Inferent über eine ausreichende Bonität verfügt. Allerdings ist diese Ansicht höchst umstritten. Der Debt-Equity-Swap ist jedoch die einzige Maßnahme, die eine direkte Beteiligung des bisherigen Gläubigers bewirkt. Möchte dieser auf eine Gesellschafterstellung nicht verzichten, bleibt der Debt-Equity-Swap – dann ggf. als Reverse Debt-Equity-Swap – das einzige Sanierungsinstrument, das die Voraussetzungen erfüllt. Weil jedoch Gesellschaftsrechte übertragen werden, sind sämtliche Verluste vom Untergang bedroht.
- Die handelsrechtliche Rechnungslegung priorisiert den Gläubigerschutz. Deshalb sind Schulden, soweit sie rechtlich fortbestehen mit ihrem Nominalwert auszuweisen. Eine abweichende Interpretation ist lediglich entlang den Kriterien des IDW HFA 1/1994 zulässig, weil dem Gläubigerschutz in diesem Falle in besonderer aber auch unsystematischer Weise Rechnung getragen werden soll. Deshalb ist ausnahmsweise eine von der handelsrechtlichen Interpretation abweichende Qualifikation in der Steuerbilanz notwendig, weil ansonsten die Leistungsfähigkeit des Steuerpflichtigen fälschlicherweise erhöht würde. Unabhängig davon stellt der Debt-Mezzanine-Swap ein interessantes Sanierungsinstrument dar, wenngleich es nicht zu einer endgültigen Entschuldung geeignet ist.
- Wie eine ertragsteueroptimale Sanierungsstrategie für den jeweiligen Einzelfall gefunden werden kann, wurde abschließend aufgezeigt. Dem Steuerplaner werden zwar in den seltensten Fällen als Optionen offen stehen, dennoch kann anhand der dargelegten Entscheidungsstruktur eine steueroptimale Sanierungsstrategie als „Second-Best-Lösung“ gefunden werden. Entscheidend ist hierbei die zeitliche Abstimmung der Maßnahmen aufeinander. Andernfalls kann kein ertragsteueroptimales Sanierungsergebnis erzielt werden.

Für die Zukunft wäre es wünschenswert, dass der Gesetzgeber an die Verbesserung der zivilrechtlichen Rahmenbedingungen für Sanierungsfälle auch in steuerlicher Hinsicht anknüpft. Hierbei geht es nicht um eine Privilegierung des Sanierenden, sondern um die Gewährleistung der Grundprinzipien des deutschen Ertragsteuerrechts. Hierzu sind – wie im Zwischenfazit festgestellt – folgende Maßnahmen zu ergreifen.

- Der Begriff des Eintritts der Krise ist abschließend und einheitlich für alle Normen zu definieren, die das „Sanierungssteuerrecht“ betreffen. Dieser ist an die aufgegebene Definition der Kreditunwürdigkeit anzulehnen, um Sanierungsmaßnahmen frühzeitig – und in Konsequenz effizient – umsetzen zu können. Im Zuge dessen sollten die erforderlichen Nachweise für den Beweis der Krise explizit aufgeführt werden. Regelmäßig sollte eine Bankbescheinigung über die Kreditunwürdigkeit, ein Ratingergebnis oder eine Feststellung eines Wirtschaftsprüfers dafür ausreichen.

- Der Begriff der „begünstigten Sanierungsmaßnahmen“[1344] sollte einheitlich abstrakt und anhand der Nennung konkreter Maßnahmen im Gesetz definiert werden. Im Zuge dessen ist auch zu determinieren, welche Nachweise vom Steuerpflichtigen zwingend zu erbringen sind. Falls sich neue Sanierungsstrategien in der Praxis etablieren, hat das BMF zu erörtern, ob es sich um begünstigte Sanierungsmaßnahmen handelt.
- Die Steuerfreiheit von Sanierungsgewinnen ist im Einkommensteuergesetz auf Basis des Sanierungserlasses zu regeln. Dies hat neben der Schaffung von Rechtssicherheit den Vorteil, dass die Steuerfreiheit im Rahmen der Gewerbesteuer nicht gemeindebezogen beantragt werden muss. Europarechtliche Probleme, die dem Sanierungserlass momentan innewohnen, könnten auf diese Weise beseitigt werden.
- Die Mindestbesteuerung verschärft durch ihre prozyklische Ausgestaltung einer Unternehmenskrise und stellt ein Sanierungshindernis dar. Die Regelung des § 10d EStG ist aus diesem Grund abzulehnen.
- Die Verlustabzugsbeschränkung ist durch eine auf missbräuchliche Verlustnutzungsstrategien begrenzte Regelung, zu ersetzen. Gegebenenfalls ist eine zeitliche Begrenzung der Verlustvortragsmöglichkeiten in Erwägung zu ziehen, die die Mindestbesteuerung und § 8c KStG ersetzt.
- Die Versagung der Berücksichtigung von Gewinnminderungen im Zusammenhang mit § 8b Abs. 3 S. 4ff. KStG ist durch eine auf Missbrauchsfälle begrenzte Regelung zu ersetzen.

1344 Die Definition soll Anknüpfungspunkt für steuerliche Erleichterungen bspw. beim Sanierungserlass, der Sanierungsklausel u.Ä. sein.

Literaturverzeichnis

Adrian, Gerrit: Niedersächsisches FG: Feststellung des verbleibenden Verlustvortrags mit Anmerkungen, BB 2012, 2993–2996.

Adrian, Gerrit/Fey, Julian: Aktuelle Entwicklungen bei angeschafften Rückstellungen - Folgerungen aus den BFH-Urteilen vom 12.12.2012, StuB 2013, 404–410.

Aleth, Franz: Finanzierungen in der Krise, in: Eilers/Rödding/Schmalenbach, Unternehmensfinanzierung, München 2008, 754–794.

Aleth, Franz/Böhle, Jens: Neue Transaktionsformen als Folge der Finanzmarkt- / Wirtschaftskrise – handels-, gesellschafts- und insolvenzrechtliche Aspekte, DStR 2010, 1186–1193.

Altendorf, Klaus: Führt die Vereinbarung eines qualifizierten Rangrücktritts zur Anwendung von § 5 Abs. 2a EStG?, GmbH-StB 2012, 147–150.

Altrichter-Herzberg, Torsten: Gewinnminderungen im Zusammenhang mit Darlehen wesentlich beteiligter Gesellschafter - Die Neufassung des § 8b Abs. 3 KStG durch das JStG 2008, GmbHR 2008, 337–341.

Altrichter-Herzberg, Torsten: Die mögliche Einführung eines Sanierungsprivilegs in § 8c KStG, GmbHR 2009, 466–470.

Altrichter-Herzberg, Torsten: Steuerliche Verlustvorträge: Der Fünf-Jahres-Zeitraum im Sinne des § 8c KStG, GmbHR 2010, 799–804.

Altrichter-Herzberg, Torsten: Die teleologisch gebotene Auslegung des § 8c KStG am Beispiel der zu berücksichtigenden Beteiligungserwerbe, GmbHR 2012, 724–728.

Angerer, Lutz: Der Squeeze - out, BKR 2002, 260–268.

Arends, Volker/Hofert von Weiss, Sebastian: Distressed M&A - Unternehmenskauf aus der Insolvenz, BB 2009, 1538–1544.

Bachem, Wilfired: Zur Steuerfreiheit von Sanierungsgewinnen nach Wegfall des § 3 Nr. 66 EStG – IFSt-Schrift Nr. 360, Bonn 1998.

Baetge, Jörg/Brüggemann, Benedikt: Ausweis von Genussrechten auf der Passivseite der Bilanz des Emittenten, DB 2005, 2145–2152.

Barth, Alexander: Unternehmensteuerreform 2008, 1. Auflage, Baden-Baden 2008.

Bauer, David Christian: Genussrechte – ein zivilrechtlicher Überblick, in: Schragl/Stefaner, Handbuch Genussrechte, 1. Auflage, Wien 2010, 19–40.

Bauer, Andreas F./Dimmling, Andreas: Endlich im (Gesetz)entwurf: Der Debt-Equity-Swap, NZI 2011, 517–521.

Bäuml, Swen O.: Gesellschafterdarlehen nach MoMiG: (Steuer-)Rechtliche Beratungsschwerpunkte in der Krise, GmbHR 2009, 632–637.

Bausch, Andreas/Matthes, Markus: Unternehmenssanierung als Managementaufgabe, in: Thierhoff/Müller/Illy/u.a., Unternehmenssanierung, Heidelberg 2012.

Bauschatz, Peter: Steuerpflicht des Sanierungsgewinns im Spannungsfeld zwischen Mindestbesteuerung und Billigkeitsmaßnahmen, GmbHR 2008, 1204–1209.

Beck, Matthias/Stanneck, Rüdiger: Ausgewählte Einzelfragen, in: Tierhoff/Müller/Illy/u.a., Unternehmenssanierung, München 2012.

Becker, Christoph: Teilwertabschreibungen auf Gesellschafterdarlehen – Anwendung der Grundsätze des BFH-Urteils vom 14.1.2009 auf nationale und grenzüberschreitende Konstellationen, DStR 2009, 1796–1798.

Becker, Johannes/Dwenger, Nadja: Die Besteuerung von Fremd- und Eigenkapital aus ökonomischer Sicht, in: Schön, Eigen- und Fremdkapital, 3. Auflage, Berlin Heidelberg 2013, 101–124.

Becker, Bernhard/Pape, Markus/Wobbe, Christian: Forderungsverzicht mit Besserungsschein – ein vermehrt genutztes Instrument zur Überwindung der Krise, DStR 2010, 506–510.

Behrendt, Lars/Arjes, André: § 8c KStG - Struktur zum Erhalt gewerbesteuerlicher Verlustvorträge, BB 2008, 367–369.

Behrendt, Lars/Klages, Simon: Verschmelzung in der Krise als Steuerrisiko? Zur Besteuerung von Konfusionsgewinnen vor dem Hintergrund des § 8b Abs. 3 KStG, GmbHR 2010, 190–195.

Benz, Sebastian/Böing, Christian: Zur Werthaltigkeit der Gesellschafterforderung beim Forderungsverzicht im Konzern, Ubg 2012, 440–450.

Benz, Sebastian/Placke, Kirsten: Die neue gesetzliche Regelung durch das AIFM-Steuer-Anpassungsgesetz zur „angeschafften Drohverlustrückstellung" in § 4f und § 5 Abs. 7 EStG, DStR 2013, 2653–2660.

Benzel, Ute/Linzbach, Meike: Auswirkungen des Forderungsverzichtes – Steuerliche Belastung und Beeinflussung der Steuerquote, DStR 2009, 1599–1602.

Berens, Wolfgang/Brauner, Hans/Strauch, Joachim/u.a.: Due Diligene bei Unternehmensakquisition, 7. Auflage, Stuttgart 2013.

Berg, Hans-Georg/Schmich, Rolf: Die Auswirkungen eines Forderungsverzichts mit Besserungsschein im Rahmen des § 8 Abs. 4 KStG - Anmerkung zum BMF-Schreiben v. 2.12.2003 – IV A 2 – S 2743 – 5/03, BStBl. I 2003, 648, FR 2004, 520–524.

Berg, Hans-Georg: Internationale steuerliche Aspekte des Finanzmarktstabilisierungsgesetzes, IStR 2009, 156–159.

Berg, Hans-Georg/Schmich, Rolf: Gewinnermittlung: Keine Passivierung einer Verbindlichkeit bei sog. qualifiziertem Rangrücktritt, GmbHR 2012, 406–409.

Berndt, Thomas: Bilanzielle Behandlung von Rangrücktrittsvereinbarungen – Zugleich Besprechung des BMF-Schreibens vom 8.9.2006 - IV B 2-S 2133-10/06, BB 2006, 2744–2746.

Beyer, Bettina: Die handels- und steuerrechtliche Behandlung eines Debt-Equity-Swap mit Genussrechten bei Kapitalgesellschaften, DStR 2012, 2199–2203.

Bien, Roland/Wagner, Thomas: Erleichterungen bei der Verlustabzugsbeschränkung und der Zinsschranke nach dem Wachstumsbeschleunigungsgesetz, BB 2009, 2627–2634.

Bien, Roland/Wagner, Thomas: Die Konzernklausel bei § 8c KStG, BB 2010, 923–933.

Bildstein, Christoph/Dallwitz, Holger: Das Schicksal von Verpflichtungen aus Besserungsscheinen in Umwandlungsfällen, DStR 2009, 1177–1182.

Birkenmaier, Markus: Die Vorgaben der Beihilfevorschriften des EG-Vertrages für die direkte Unternehmensbesteuerung, 1. Auflage, München 2007.

Blaas, Ulrich/Schwahn, Alexander: Steueroptimierte Restrukturierung - Teil 1: Stundung und Kapitalisierung von Kreditforderungen, Rangrücktritt und Forderungsverzicht, DB 2013, 2350–2357.

Blaas, Ulrich/Schwahn, Alexander: Steueroptimierte Restrukturierung - Teil 2: Debt/Equity Swap, Debt Buy Back, Debt/Hybrid Swap, Debt Push Up und stille Liquidation durch Amtslöschung, DB 2013, 2412–2417.

Blaurock, Uwe: Handbuch Stille Gesellschaft, 7. Auflage, Köln 2010.

Blöse, Jochen: Besteuerung von Sanierungsgewinnen: Gesteigerte Sanierungschancen durch das BMF-Schr. v. 27.3.2003, ZIP 2003, 690ff., GmbHR 2003, 579–580.

Blöse, Jochen: „Debt-Equity-Swap“ als Sanierungsmaßnahme: Das neue ESUG sieht deutliche Erleichterungen vor, GStB 2012, 273–278.

Blumenberg, Jens/Kring, Wulf: Europäisches Beihilferecht und Besteuerung – IFSt-Schrift 473, Berlin 2011.

Blumenberg, Jens/Haisch, Martin L.: Die unionsrechtliche Beihilfeproblematik der Sanierungsklausel nach § 8c Abs. 1a KStG, FR 2012, 12–21.

Bock, Volker: Steuerliche und bilanzielle Aspekte mezzaniner Nachrang-Darlehen, DStR 2005, 1067–1072.

Böcker, Philipp/Poertzgen, Christoph: Finanzmarkt-Rettungspaket ändert Überschuldungsbegriff (§ 19 InsO), GmbHR 2008, 1289–1296.

Böcker, Philipp/Poertzgen, Christoph: Der insolvenzrechtliche Überschuldungsbegriff ab 2014 - Perpetuierung einer Übergangsregelung statt Neuanfang –, GmbHR 2013, 17–22.

Bode, Walter: Steuerliche Begünstigungen als staatliche Beihilfe i. S. d. Art. 107 AEUV – Folgerungen für die Praxis der Fachgerichte, FR 2011, 1034–1043.

Bogenschütz, Eugen: Regresslose Schuldübernahme als Sanierungsinstrument, Ubg 2010, 407–413.

Bogenschutz, Eugen: Der Fremdvergleichsgrundsatz der Konzernfinanzierung - das nach wie vor unbekannte Wesen?, Ubg 2014, 155–163.

Böhlmann, Steffen/Engels, Wolfgang: Genussrechte in Deutschland, in: Schragl/Stefaner, Handbuch Genussrechte, 1. Auflage, Wien 2010, 291–301.

Bohne, Jochen: Teilwertabschreibung auf eine unverzinsliche Darlehensforderung gegen den Gesellschafter im Kontext der vGA-Grundsätze, DStR 2008, 2444–2447.

Böing, Christian: Übertragung eines Besserungsscheins im Hinblick auf § 8 Abs. 4 KStG a.F.: nicht missbräuchlich - Anmerkungen zum BFH-Urteil v. 12.7.2012, GmbH-StB 2012, 329–330.

Brähler, Gernot: Umwandlungssteuerrecht, 5. Auflage, Wiesbaden 2009.

Brandis, Peter, in: Blümich, EStG KStG GewStG, 118. Erg. Lfg., Köln 2013.

Braun, Norbert: Bilanzielle Behandlung von Gesellschafterdarlehen mit Rangrücktrittsklausel, DStR 2012, 1360–1362.

Braun, Eckhart;/Geist, Andreas: Forderungsverzichte im „Bermudadreieck" von Sanierungsgewinn, Verlustverrechnung und Mindestbesteuerung, BB 2013, 351–355.

Braunagel, Ralf U.: Betriebswirtschaftliche Vorgaben, in: Lüdicke/Kempf/Brink, Verluste im Steuerrecht, 1. Auflage, Baden-Baden 2010, 51–55.

Breuninger, Gottfried: Verluste, Verlustnutzung, Debt-Equity-Swap, in: Drüen, Jahrbuch der Fachanwälte für Steuerrecht, Hamm, 282–295.

Breuninger, Gottfried/Prinz, Ulrich: Ausgewählte Bilanz- und Steuerrechtsfragen von Mezzaninefinanzierungen, DStR 2006, 1345–1349.

Breuninger, Gottfried E/Schade, Dirk: Entwurf eines BMF-Schreibens zu § 8c KStG - „Verlustvernichtung" ohne Ende, Ubg 2008, 261–268.

Breuninger, Gottfried E/Ernst, Markus: Der Beitritt eines rettenden Investors als (stiller) Gesellschafter und der „neue" § 8c KStG – Droht jetzt das Ende der Sanierungsklausel durch das EU-Beihilfeverbot?, GmbHR 2010, 561–568.

Breuninger, Gottfried/Ernst, Markus: Debt-Mezzanine-Swap und die Unmaßgeblichkeit der Maßgeblichkeit - Anmerkungen zur Kurzinformation der OFD-Rheinland vom 14.12.2011 –, GmbHR 2012, 494–498.

Breuninger, Gottfried E/Ernst, Markus: § 8 c KStG im „Zangengriff" von Europa- und Verfassungsrecht – Sanierungsklausel und Beihilferecht nach der Negativentscheidung der EU-Kommission –, GmbHR 2011, 673–684.

Briesemeister, Simone: Hybride Finanzierungsinstrumente im Ertragsteuerrecht zgl. Diss. Univ. zu Köln, Köln 2006.

Brinkmann, Jan: Verlustnutzung, in: Lüdicke/Sistermann, Unternehmensteuerrecht Gründung Finanzierung Umstrukturierung Übertragung Liquidation, München 2008, 760–778.

Brinkmann, Lars: Die Stille Reserven-Klausel des § 8c KStG - bisherige gesetzliche Regelung und Änderungen durch das JStG 2010, Ubg 2011, 94–101.

Brocke, Klaus von: Das FMStG vor dem Hintergrund der EuGH-Rechtsprechung, IWB 2009, 613–620.

Brocke, Klaus von/Wohlhöfler, Andreas: Beihilferechtliche Aspekte steuerrechtlicher Vergünstigungen im Rahmen der Behandlung von Verlusten im Fall des Gesellschafterwechsels, ISR 2013, 291–294.

Brokamp, Jürgen/Hölzer, Lars: Innovative Fianzierungen mittels mezzaniner Finanzinstrumente - Ein Vergleich zwischen Genussscheinen und Anleihen mit ewiger bzw. langer Laufzeit, FR 2006, 272–276.

Bron, Jan Frederik: Verlustnutzungsrestriktionen des § 8c KStG und erbschaft- und schenkungsteuerlich motiviertes Stimmrechtspooling, FR 2010, 208–214.

Bruschke, Gerhard: Der steuerfreie Sanierungsgewinn, DStZ 2009, 166–170.

Buchalik, Robert/Kraus, Alfred/Lenger, Norman/u.a.: Die Unternehmensinsolvenz in der Beratungspraxis, StC 2012, 17–22.

Buchwald, F.: Die Besteuerung von Sanierungsgewinnen, FR 1964, 28–33.

Buciek, Klaus/Dorenkamp, Nico: BFH-Beschluss I B 49/10 v. 26.08.2010 mit Anmerkung, FR 2011, 75–81.

Burger, Anton: Zahlungsunfähigkeit und drohende Zahlungsunfähigkeit nach der geplanten Insolvenzordnung (InsO), DB 1992, 2149–2152.

Busch, Christina/Spiekermann, Petra: Die Konzernklausel des § 8c Abs. 1 Satz 5 KStG – Ausgewählte Fallbeispiele zur Anwendung, EStB 2010, 260–265.

Bußhardt, Harald, in: Braun, InsO, 4. Auflage 2010.

Buth, Andrea K. von/Hermanns, Michael, in: Buth/Hermanns, Restrukturierung Sanierung Insolvenz, 3. Auflage, München 2009.

Buth, Andrea K. von/Hermanns, Michael: § 35 Sanierungssteuerrecht, Restrukturierung Sanierung Insolvenz, 4. Auflage, München 2014.

Cloer, Adrian/Vogel, Nina: Die Sanierungsklausel auf dem Prüfstand, IWB 2010, 439–448.

Commandeur, Anja/Kappstein, Hanna: Externe Patronatserklärung beseitigt nicht die objektive Zahlungsunfähigkeit der begünstigten Gesellschaft und die hierauf gerichtete Kenntnis des Gläubigers, NZG 2011, 857.

Cortez, Benjamin/Brucker, Benjamin: Änderungen der Verlustabzugsbeschränkungsregelung des § 8c KStG durch das Wachstumsbeschleunigungsgesetz vom 22.12.2009, BB 2010, 734–740.

Cremer, Wolfgang, in: Christian/Ruffert, EUV/AEUV, 4. Auflage, München 2011.

Crezelius, Georg: Steuerrechtliche Folgen der Sanierung, in: Schmidt/Uhlenbruck, Die GmbH in der Krise, Sanierung und Insolvenz, 4. Auflage, Köln 2009, 305–343.

Dautel, Ralph: Steuerneutraler Erwerb von Kapitalgesellschaftsanteilen durch Tausch, BB 2002, 1844–1845.

Demuth, Ralf: Beratungsakzente zur steuerlichen Verlustverwertung bei Kapitalgesellschaften, KÖSDI 2009, 16779–16787.

Demuth, Ralf/Helms, Ulrike: Gesellschafterforderungen und Nutzungsüberlassungen in der InsO - steuerliche Fernwirkung zivilrechtlicher Bestimmungen, KÖSDI 2012, 18066–18075.

Demuth, Ralf/Eberhard, Martin: Sanierung von Unternehmen, in: CMS Hasche Sigle, Steueroptimale Gestaltungen in Restrukturierung, Sanierung und Insolvenz 2013.

Desens, Marc: Die Bindung der Finanzverwaltung an die Rechtsprechung zugl. Habil-Schr. 2010, Univ. Münster, Tübiingen 2011.

Dieterlen, Anja/Winkler, Hartmut: Konzernsachverhalte im Rahmen der neuen „Mantelkauf"-Regelung des § 8c KStG, GmbHR 2007, 815–817.

Dittmers, Herrmann/Gerig, Nicolai (Den Mittelstand begleiten - FS für Horst Kary): Genussrechte als haftendes Eigenkapital, in: Dittmers/Gerig/Seemann, Den Mittelstand begleiten - FS für Horst Kary, Freiburg 2009, 101–115.

Doliwa, Cornelia: Die geplante Insolvenz zgl. Diss. Univ. Berlin, Baden-Baden 2012.

Dorenkamp, Christian: Systemgerechte Neuordnung der Verlustverrechnung - Haushaltsverträglicher Ausstieg aus der Mindestbesteuerung - IFSt-Schrift Nr. 461, Bonn 2010.

Dörfler, Harald/Käfferlein, Stefan: Auswirkungen der Steueränderungen 2004 auf Unternehmen mit zyklischem Ergebnisverlauf am Beispiel von Filmproduktionsgesellschaften, FR 2004, 869–876.

Dörfler, Harald/Wittkowski, Ansas: Verschärfung der Verlustnutzung bei Kapitalgesellschaften: Wie § 8c KStG-E das Kinde mit dem Bade ausschüttet, GmbHR 2007, 513–518.

Dörfler, Oliver/Rautenstrauch, Gabriele/Adrian, Gerrit: Das Jahressteuergesetz 2009 - Ausgewählte Aspekte der Unternehmensbesteuerung, BB 2009, 580–587.

Dorfmueller, Pia: Die praktische Anwendung des Verlustabzugs nach § 8c KStG bei Umwandlungen im Ausland, IStR 2009, 411–415.

Dörr, Ingmar: § 8c KStG wird saniert! – Ausnahme von der Verlustabzugsbeschränkung für Körperschaften, NWB 2009, 2050–2062.

Dörr, Ingmar: § 8c Abs. 2 KStG tritt nicht in Kraft! – EU-Kommission kippt branchenspezifische Ausnahme von der Verlustabzugsbeschränkung, NWB 2009, 3499–3507.

Dörr, Ingmar: Erleichterung bei der Verlustabzugsbeschränkung für Körperschaften – Wachstumsbeschleunigung durch den neuen § 8c KStG, NWB 2010, 184–203.

Dörr, Ingmar: Steuerliche Sanierung gescheitert: EU-Kommission kippt § 8c Abs. 1a KStG, NWB 2011, 690–699.

Dötsch, Ewald/Pung, Alexandra: Steuerliches Einlagekonto, Kapitalerhöhung aus Rücklagen und Kapitalherabsetzung: Das Einführungsschreiben des BMF vom 4.6.2003, DB 2003, 1345–1352.

Dötsch, Ewald: Abzugsbeschränkung für körperschaftsteuerliche und gewerbesteuerliche Verlustabzüge nach § 8 Abs. 4 KStG i. V. mit § 10a S. 4 GewStG, in: Gocke/Gosch/Lang, Körperschaftsteuer Internationales Steuerrecht Doppelbesteuerung - Festschrift für Franz Wassermeyer, München 2005, 113–138.

Dötsch, Ewald/Pung, Alexandra: JStG 2008: Die Änderungen des KStG, des UmwStG und des GewStG, DB 2007, 2669–2679.

Dötsch, Ewald/Pung, Alexandra: § 8c KStG: Verlustabzugsbeschränkung für Körperschaften, DB 2008, 1703–1711.

Dötsch, Ewald, in: Dötsch/Pung/Möhlenbrock, KStG, 76. Erg. Lfg., Stuttgart 2012.

Dötsch, Ewald/Pung, Alexandra/Möhlenbrock, Rolf, in: Dötsch/Pung/Möhlenbrock, Die Körperschaftsteuer, 65 Erg. Lfg. 2013.

Drüen, Klaus-Dieter: Die Sanierungsklausel des § 8c KStG als europarechtswidrige Beihilfe – Anmerkungen zur Beihilfeentscheidung der EU-Kommission vom 26.1.2011, DStR 2011, 289–294.

Dubs, Erhard/Möhlmann-Mahlau, Thomas: Patronatserklärungen in Handelsbilanz und Überschuldungsprüfung, StuB 2013, 685–691.

Düll, Alexander/Fuhrmann, Gerd/Eberhard, Martin: Aktuelles Beratungs-Know-how mittelständische Kapitalgesellschaften, DStR 2002, 1030–1035.

Düll, Alexander/Fuhrmann, Gerd/Eberhard, Martin: Aktuelles Beratungs-Know-how mittelständische Kapitalgesellschaften, DStR 2003, 862–869.

Eberhard, Martin: Steuerwirksame Abschreibungen auf Gesellschafterdarlehen - Mögliche Folgen aus dem BFH-Urteil I R 52 / 08 vom 14.1.2009, DStR 2009, 2226–2232.

Ehrmann, Oliver: Beihilferechtliche Zulässigkeit des § 8c Abs. 1a KStG - Zur voraussichtlichen Europarechtswidrigkeit der Sanierungsklausel, DStR 2011, 5–8.

Eicke, Rolf: Auswirkungen der Europarechtswidrigkeit der Sanierungsklausel auf den Sanierungserlass, PIStB 2012, 131–134.

Eickhorst, Daniel: Auswirkungen der Unternehmensteuerreform 2008 auf Krisenunternehmen und ihre Sanierung, BB 2007, 1707–1710.

Eilers, Stephan/Ottermann, Torsten: § 8 Fremdkapitalmaßnahmen von Gesellschaftern und Drittten, in: Lüdicke/Sistermann, Unternehmenssteuerrecht, 1. Auflage, München 2008, 319–348.

Eilers, Stephan: Der Debt Equity Swap - Eine Sanierungsmaßnahme für unternehmerische Krisensituationen, GWR 2009, 3.

Eilers, Stephan/Bühring, Franziska: Das Ende des Schönwetter-Steuerrechts, DStR 2009, 137–141.

Eilers, Stephan/Roderburg, Georg: Eurokrise und Steuerrecht, DB 2011, 2738–2743.

Eilers, Stephan: Die Rechtsqualität des Sanierungserlasses bleibt offen, SteuK 2012, 270.

Eilers, Stephan/Bühring, Franziska: Sanierungs-Steuerrecht, Köln 2012.

Eilers, Stephan/Bühring, Franziska: Was kann das Steuerrecht in der Staatsschuldenkrise leisten?, FR 2012, 429–435.

Eilers, Stephan/Schmidt, R., in: Hermann/Heuer/Rapbach, EStG KStG Kommentar, Köln, 243. Erg. Lfg 2010.

Eisgruber, Thomas/Schaden, Michael: Vom Sinn und Zweck des § 8c KStG - Ein Beitrag zur Auslegung der Norm, Ubg 2010, 73–84.

Ekkenga, Jens: Zur Ertragsbesteuerung von Sanierungsgewinnen bei Kapitalumschichtungen, Ubg 2009, 761–773.

Ellrott, Helmut/Rhiel, Raimund, in: Ellrott/Fröschle/Grottel/u.a., Beck'scher Bilanzkommentar, 8. Auflage, München 2012.

Engelberth, Martin: Der Verlustabzug bei Körperschaften – Ein Wegweiser durch das Minenfeld des § 8c KStG, NWB 2012, 1685–1695.

Ernst, Markus: Neuordnung der Verlustnutzung nach Anteilseignerwechsel - IFSt-Schrift Nr. 470, Berlin 2011.

Ersting, Ingo: Abschreibungen auf Gesellschafterdarlehen: Aktuelle Entwicklung und Gestaltungshinweise, GStB 2008, 203–206.

Esterer, Fritz/Bartelt, Martin: Einordnung ausgewählter Verlustnutzungsregelungen in die Steuersystematik - Kritische Analyse von sog. Mantelkaufregelung und Mindestgewinnbesteuerung, Ubg 2012, 383–394.

Fabry, Peter, in: Gosch/Schwedhelm/Spiegelberger, GmbH-Beratung, 34. Erg. Lfg. 2014.

Farle, Valentina/Schmitt, Rainer: Handlungsoptionen zur Beseitigung inaktiver Gesellschaften mit Schuldenüberhang, DB 2013, 1746–1751.

Fey, Achim/Neyer, Wolfgang: Sanierungsprivileg für § 8c KStG: Die Bundesratsinitiative vom 3. April 2009, AG 2009, 322–324.

Fey, Achim/Neyer, Wolfgang: Entschärfung der Mantelkaufregelung für Sanierungsfälle, DB 2009, 1368–1376.

Fey, Achim/Neyer, Wolfgang: Konzernklausel, Sanierungsprivileg, Anrechnung stiller Reserven – Erleichterungen bei der Mantelkaufnorm des § 8c KStG durch das Wachstumsbeschleunigungsgesetz, StuB 2010, 47–55.

Fischer, Hardy/Lohbeck, Allit: Generalthema II: Das „Eigen- / Fremdkapital-Rätsel", IStR 2012, 678–682.

Fischer, Roderich: Der Übernahme-Swap durch Insolvenzplan – Investitionsentscheidung im Wettbewerb, NZI 2013, 823–830.

Fleischer, Heinrich: Besteuerung von Kapitalmaßnahmen der Gesellschafter in der Sanierung - Steine statt Brot, Stbg 2009, 437–446.

Förschle Gerhart/Heinz, Stephan: Sanierungsmaßnahmen und Bilanzierung, in: Budde/Förschle/Winkeljohann, Sonderbilanzen, 4. Auflage, München 2008.

Förschle, Gerhart/Hoffmann, Karl, in: Ellrott/Förschle/Grottel/u.a., Beck'scher Bilanzkommentar, 8. Auflage, München 2012.

Forst, Paul/Kofmann, Stanislav/Pittelkow, Alexander: Die mögliche Europarechtswidrigkeit der sog. Sanierungsklausel (§ 8c Abs. 1a KStG), EStB 2010, 309–312.

Forst, Paul/Busch, Christina/Kubiak, Ira: Verlustnutzung innerhalb einer Unternehmensgruppe – Ausgewählte Fallbeispiele zur Verlustverrechnung in der Krise, EStB 2009, 361–366.

Förster, Guido/Wendland, Jan: Steuerliche Folgen von Gesellschafterdarlehen in der Krise der GmbH, GmbHR 2006, 169–178.

Förster, Guido: Steuerliche Aspekte der Entlastung einer Kapitalgesellschaft von Verbindlichkeiten durch ihre Gesellschafter, Ubg 2010, 758–766.

Förster, Guido/Staaden, Felix: Übertragung von Verpflichtungen mit Ansatz- und Bewertungsvorbehalten, Ubg 2014, 1–12.

Fox, Thomas/Scheidle, Andreas: Steuerliche Aspekte von Gestaltungsmaßnahmen in der Krise, GWR 2009, 51.

Franz, Einiko B: Enge oder weite Auslegung der „Konzernklausel" in § 8c Abs. 1 S. 5 KStG, BB 2010, 991–1000.

Freeden, Arne von: F. Verlustabzugsbesschränkung für Körperschaften, in: Schaumburg/Rödder, Unternehmensteuerreform 2008, 1. Auflage, München 2007, 521–540.

Frey, Johannes/Mückl, Norbert: Entschärfung von Transaktionshindernissen beim Verlustabzug durch Konzernklausel und Verschonungsregelung, AG 2009, 866–869.

Frey, Johannes/Mückl, Norbert: Konzeption und Systematik der Änderungen beim Verlustabzug (§ 8c KStG) – Chancen und Risiken für die Gestaltungspraxis, GmbHR 2010, 71–78.

Frey, Johannes/Mückl, Norbert: Sanierungen – steuerliche Fallstricke und Gestaltungsmöglichkeiten in der Praxis, GmbHR 2010, 1193–1200.

Frischmuth, Markus: Steuerlich erforderliche Maßnahmen im Zuge der Finanz- und Wirtschaftskrise in Deutschland, Ubg 2009, 264–267.

Frotscher, Gerrit, in: Frotscher, KStG GewStG/UmwStG, 119. Erg. Lfg., Freiburg 2013.

Frotscher, Gerrit, in: Frotscher, KStG GewStG/UmwStG, 116. Erg. Lfg., Freiburg 2013.

Frotscher, Gerrit, in: Frotscher, KStG GewStG/UmwStG, 121. Erg. Lfg., Freiburg 2013.

Frotscher, Gerrit, in: Frotscher, EStG Kommentar, 163. Erg. Lfg., Freiburg.

Fuhrmann, Claas/Strahl, Martin: Änderungen im Unternehmensteuerrecht durch das JStG 2008, DStR 2008, 125–131.

Funk, Thomas: Der Rangrücktritt bei Gesellschafterdarlehen nach MoMiG im Steuerrecht, BB 2009, 867–870.

Gänsler, Katrin: Unternehmenssanierung - Steuerliche Fallstricke erkennen und vermeiden, Ubg 2013, 154–161.

Geberth, Georg: Verlustvortrag und Gesellschafterwechsel, Status Recht 2009, 116.

Gebhardt, Sven/Leoprechting, Gunter von: Sanierungsstrategie, in: Leoprechting, Unternehmenssanierung, 1. Auflage, Herne 2010.

Gehrke, Hans Dieter, in: Kahlert/Rühland, Sanierungs- und Insolvenzsteuerrecht, 2. Auflage, Köln 2011.

Gehrmann, Reinald: Sanierungsgewinn, NWB 2009, NAAAA-41716.

Geist, Andreas: Die Besteuerung von Sanierungsgewinnen – Zur Anwendbarkeit, Systematik und Auslegung des BMF-Schreibens vom 27.3.2003, BB 2008, 2658–2666.

Gerl, Christian: Steuergestaltung in Unternehmenskrisen zgl. Diss. Univ. Regensburg, Herne 1997.

Gleske, Christoph L./Laudenklos, Frank: Hybride Finanzierung, in: Eilers/Rödding/Schmalenbach, Unternehmensfinanzierung, München 2008, 467–501.

Gluth, Rüdiger/Rund, Thomas: Fallstricke in der Steuerberatungspraxis 2013/2014 - Versteckte Gefahrenquellen erkennen und vermeiden, AO-StB 2014, S003–S026.

Gocke, Rudolf/Hötzel, Oliver: Ein weiterer rechtsprechungsbrechender Eingriff: Ausgewählte Aspekte zu Darlehensverlusten nach § 8b Abs. 3 Sätze 4ff. KStG, in: Kessler/Förster/Watrin, Unternehmensbesteuerung – Festschrift für Norbert Herzig, München 2010, 89–113.

Gocksch, Sebastian/Gröger, Heide/Schuck, Karsten: Steuerliche Aspekte bei der Inanspruchnahme von Rettungsmaßnahmen des Finanzmarktstabilisierungsgesetzes, DB 2008, 2668–2673.

Gohr, Marion, in: Schnitger/Fehrenbacher, Körperschaftsteuer, 1. Auflage, Wiesbaden 2012.

Gosch, Dietmar, in: Gosch, KStG, 1. Auflage, München 2005.

Gosch, Dietmar, in: Gosch, KStG, 2. Auflage, München 2009.

Götz, Volkmar/Martinez Soria, José, in: Dauses, Handbuch des EU-Wirtschaftsrechts, 33. Erg. Lfg., München 2013.

Gragert, Katja: Besteuerung von Sanierungsgewinnen, NWB 2011, 1438–1445.

Grieser, Utho: Unterjähriger Beteiligungserwerb im Lichte von § 8c KStG und § 10d EStG, DStR 2012, 1007–1011.

Gröger, Heide: Verlustnutzung in Folge eines Sanierungserwerbs in 2010, BB 2010, 2926–2931.

Groh, Manfred: Nutzungseinlage, Nutzungsentnahme und Nutzungsausschüttung, DB 1988, 514–524.

Groß, Paul: Der Insolvenzplan, in: Hess, Sanierungshandbuch, 6. Auflage, Köln 2013, 1142–1232.

Große, Frank: Bilanzielle Behandlung von Genussrechten bei Kapitalgesellschaften in Handels- und Steuerbilanz, DStR 2010, 1397–1400.

Grotherr, Siegfried: International relevante Änderungen 2008 im EStG, KStG und GewStG, IWB 2008, Gr. 1 F3 2271–2284.

Grottel, Bernd/Haußer, Jochen, in: Fröschle/Grottel/Schmidt/u.a., Beck'scher Bilanzkommentar, 9. Auflage, München 2014.

Grottel, Bernd/Rhiel, Raimund, in: Förschle/Grottel/Schmidt/u.a., Beck'scher Bilanzkommentar, 9. Auflage, München 2014.

Grube, Frank/Altrichter-Herzberg, Torsten: Aktuelles im Bereich von steuerlichen Verlustvorträgen bei Körperschaften im Zusammenhang mit § 8 Abs. 4 KStG, GmbHR 2005, 284–287.

Grube, Frank/Behrendt, Lars: § 8c KStG - ein neues Kapitel in der unendlichen Geschichte der Nutzung steuerlicher Verluste, BB 2007, Editorial Nr. 33.

Grüneberg, Christian, in: Palandt, Bürgerliches Gesetzbuch, 70. Auflage, München 2011.

Grüneberg, Christian, in: Palandt, Bürgerliches Gesetzbuch, 73. Auflage, München 2014.

Grützner, Dieter: Die Einschränkungen des Verlustabzugs durch § 8c KStG, StuB 2008, 617–623.

Günkel, Manfred: Übergang von steuerlich beschränkt passivierungsfähigen Verpflichtungen beim Unternehmenskauf, BB 2013, 1001–1005.

Haas, Ulrich: Die Passivierung von Gesellschafterdarlehen in der Überschuldungsbilanz nach MoMiG und FMStG, DStR 2009, 326–327.

Haase, Florian: Die bilanzielle und steuerliche Behandlung von Genussrechten, StuB 2009, 495–498.

Haase, Florian/Dorn, Katrin: Forderungsverzicht als zwingende Folge der Liquidation einer verbundenen Unternehmung?, BB 2011, 2907–2910.

Hackemann, Tim/Momen, Leila: Sanierungsklausel (§ 8c Abs. 1a KStG) - Analyse der Entscheidungsbegründung der EU-Kommission Argumente der Bundesrepublik und der EU-Kommission und eigene Stellungnahme, BB 2012, 2135–2141.

Hackemann, Tim/Fiedler, Rüdiger: Voraussetzungen einer Nichtigkeitsklage gegen den Beschluss der Europäischen Kommission vom 26.1.2011 zur Sanierungsklausel, BB 2012, 2972–2977.

Hageböcke, Jens;/Stangl, Ingo: BMF-Schreiben als „allgemeine Verwaltungsvorschrift" i.S.v. § 184 Abs. 2 Satz 1 AO, Ubg 2012, 598–606.

Hahne, Klaus D.: Vermeidung des Abzugsverbots für Verluste aus Gesellschafter-Fremdfinanzierungen bei Risikodarlehen, StuB 2008, 299–305.

Hallerbach, Dorothee: Änderungen der Unternehmensbesteuerung durch das Bürgerentlastungsgesetz Krankenversicherung, StuB 2009, 576–580.

Hans, Adrian: Unternehmensteuerreform 2008: Kritik an der Neuregelung über die Nutzung körperschaftsteuerlicher Verluste (§ 8c KStG), FR 2007, 775–781.

Harder, Phillip-Boie: Gewerbesteuerliche Behandlung von Sanierungsgewinnen, ZInsO 2013, 1070–1071.

Harle, Georg/Geiger, Annette: Der steuerliche Umgang mit Gesellschafterdarlehen, BB 2011, 735–739.

Hartmann, Jörg: Die Krise und ihre Auswirkungen auf das Gesellschafts-, Steuer- und Insolvenzrecht – Alumni-Seminar am 6.11.2009, Österberg Tübingen, NZG 2010, 211–215.

Haug, Felix: Keine Passivierung bei sog. qualifiziertem Rangrücktritt, Steuk 2012, 209–210.

Häuselmann, Holger: § 10 Finanzströme, in: Kessler/Kröner/Köhler, Konzernsteuerrecht National International, 2. Auflage, München 2008, 900–921.

Häuselmann, Holger: Unternehmensbesteuerung nach dem Jahressteuergesetz 2010, Steuk 2010, 507–511.

Häuselmann, Holger: Rerstrukturierung von Finanzverbindlichkeiten und ihre Abbildung in der Bilanz, BB 2010, 944–950.

Hecker, Andreas/Glozbach, Pierre: Offene Fragen zur Anwendung des gegenwärtigen Überschuldungsbegriffs, BB 2009, 1544–1548.

Heerma, Jan Dirk: Passivierung bei Rangrücktritt: widersprüchliche Anforderungen an Überschuldungsbilanz und Steuerbilanz?, BB 2005, 537–544.

Heinicke, in: Schmidt, EStG Kommentar, 31. Erg. Lfg. 2012.

Heinz, Carsten: Steuereffiziente Verlustnutzung als Bestandteil einer steuerzentrierten Sanierungsberatung, FR 2010, 1134–1138.

Heinz, Carsten/Sand, Andreas: Bilanzielle Abbildung von Sanierungsmaßnahmen nach dem Bilanzstichtag – Möglichkeit und Grenzen der handelsbilanziellen Rückwirkung, BB 2011, 2795–2799.

Helios, Marcus/Wiesbrock, Michael R.: Der Regierungsentwurf des Gesetzes zur Förderung von Wagniskapitalbeteiligungen (Wagniskapitalbeteiligungsgesetz – WKBG), DStR 2007, 1793–1800.

Helm, Markus/Krinninger, Markus: Steuerrechtliche Folgen des Gesellschafterverzichts auf Forderungen gegenüber einer Kapitalgesellschaft, DB 2005, 1989–1994.

Graf, Helmut/Bisle, Michael: Steuerliche Neuregelung zum Ausfall von Gesellschafterdarlehen, GWR 2009, 240.

Herff, Arndt: Optimierung der steuerlichen Verlustnutzung, KÖSDI 2004, 14253–14260.

Herlinghaus, Andreas: Forderungsverzicht und Besserungsschein zur Sanierung von Kapitalgesellschaften, Köln 1994.

Herlinghaus, Andreas, in: Rödder/Herlinghaus/van Lishaut, UmwStG, 2. Auflage. Auflage, Köln 2013.

Hermann, Julia: Die Folgen der Unternehmensteuerreform 2008 für Kapitalgesellschaften, NWB 2008, 507–520.

Herrmann, Juliane: Beihilferechtliche Risiken im Alltag der Sanierungspraxis - Steuerfreiheit von Sanierungsgewinnen als rechtswidrige Beihilfe?, ZinsO 2003, 1069–1079.

Herzig, Norbert/Wagner, Thomas: Mindestbesteuerung durch die Begrenzung der Verrechnung von Verlustvorträgen, WPg 2004, 53–65.

Herzig, Norbert/Bohn, Alexander: Das Wachstumsbeschleunigungsgesetz als Umsetzung des Sofortprogramms der Koalitionsparteien zum Unternehmensteuerrecht, DStR 2009, 2341–2349.

Herzig, Norbert/Liekenbrock, Bernhard: Überlegungen zur Beseitigung von steuerlichen Sanierungshindernisssen – Ein Beitrag zur steuerlichen Flankierung der geplanten Insolvenzrechtsreform, Ubg 2011, 313–327.

Hess, Friederike/Groß, Paul: Begriffe, Krisenvermeidung, Krisenmanagement, in: Hess, Sanierungshandbuch, 6. Auflage, Köln 2013, 1–47.

Hess, Friederike/Groß, Paul: Die Planung der Sanierungsmaßnahmen, in: Hess, Sanierungshandbuch, 6. Auflage, Köln 2013, 216–314.

Hess, Harald: Die Insolvenzgründe, in: Hess, Sanierungshandbuch, 6. Auflage, Köln 2013, 671–727.

Hess, Harald/Groß, Paul: Die Ermittlung der Krisenmerkmale, in: Hess, Sanierungshandbuch, 6. Auflage, Köln 2013, 95–196.

Hess, Harald/Reeh, Dietmar: Kreditsanierung, in: Hess, Sanierungshandbuch, 6. Auflage, Köln 2013, 467–501.

Hess, Harald: Die Unternehmenssanierung nach dem ESUG, in: Hess, Sanierungshandbuch, 6. Auflage, Köln 2013, 1123–1140.

Heß, Ines, Beck'sches Steuer- und Bilanzrechtslexikon 1/2013, München 2013.

Heublein, Gerrit: Zahlungsunfähigkeit im Sinne des § 17 Abs. 2 Satz 1 InsO – eine Antwort, neue Fragen, KSI 2006, 12–17.

Heuermann, Bernd, in: Kirchhoff/Söhn/Mellinghoff, Einkommensteuergesetz Kommentar, 230 Erg. Lfg., Köln 2012.

Hielscher, Stephan: Praxishinweise zur Beachtung der Sanierungsklausel mit Blick auf die Aufnahme neuer Investoren, BC 2009, 421–425.

Hierstetter, Felix: Steuerliche Risiken der Entschuldung einer Kapitalgesellschaft in der Krise, DStR 2010, 882–887.

Hillmer, Hans-Jürgen: Verstößt die Sanierungsklausel des § 8c Abs. 1a KStG tatsächlich gegen Gemeinschaftsrecht?, BC 2011, 379.

Hillmer, Hans-Jürgen: Keine Rückstellungen für Pensionsverpflichtungen im Falle des Schuldbeitritts, BC 2012, 279.

Hofert, Sebastian/Möller, Christian: GmbH-Finanzierung: Debt Mezzanine Swap - der bessere Debt Equity Swap, GmbHR 2009, 527–531.

Hoffmann, Wolf-Dieter: Keine verdeckte Einlage zum Teilwert bei Schuldübernahme unter Verzicht auf Regreßansprüche - Anmerkungen zum Urteil v. 20.12.2001, GmbHR 2002, 221–223.

Hoffmann, Wolf-Dieter: Forderungsverzicht des Gesellschafters einer Kapitalgesellschaft gegen Besserungsschein bei Gesellschafterwechsel - Anmerkung zum BMF-Schreiben vom 2.12.2003, BStBl I, 648, DStR 2004, 34, DStR 2004, 293–299.

Hoffmann, Wolf-Dieter: Rangrücktrittsvereinbarung als Steuergestaltungsinstrument?, GmbH-StB 2004, 351–352.

Hoffmann, Wolf-Dieter: Gesellschafter: Passivierung von Verbindlichkeiten bei Vereinbarung eines einfachen oder qualifizierten Rangrücktritts; Auswirkungen des § 5 Abs. 2a EStG, GmbHR 2006, 1115–1118.

Hoffmann, Wolf-Deter Wolf-Dieter: Zur Steuerökonomie des Forderungsverlustes eines GmbH-Gesellschafters im Betriebsvermögen, DStR 2008, 857–860.

Hoffmann, Wolf-Dieter: Zinsschranke, 1. Auflage, Stuttgart 2008.

Hoffmann, Wolf-Dieter: Das Ansatzverbot für wirtschaftliche Nichtverbindlichkeiten, StuB 2012, 1–2.

Hoffmann, Wolf-Dieter: Rangrücktritt = Forderungsverzicht, StuB 2012, 209–210.

Hoffmann, Wolf-Dieter: Earn-out-Klausel bei Beteiligungsverkauf, GmbH-StB 2012, 290.

Hoffmann, Wolf-Dieter: Der Debt-Mezzanine-Swap, StuB 2012, 417–418.

Hoffmann, Wolf-Dieter: Forderungsverzicht gegen Besserungsschein, StuB 2012, 769–770.

Hoffmann, Wolf-Dieter: Neue Entwicklungen im Bilanzsteuerrecht Aktuelle BFH-Urteile und Verwaltungsanweisungen: Darlehensverluste, Pensionsverpflichtungen, Forderungsverzicht, Rangrücktritt, BC 2012, 533–537.

Hoffmann, Wolf-Dieter/Lüdenbach, Norbert, NWB Kommentar Bilanzierung, 3. Auflage, Herne 2012.

Hoffmann, Wolf-Dieter, in: Littmann/Bitz/Pust, EStG, 102. Erg. Lfg., Stuttgart 2013.

Holtum, Egbert von: Genussrechte für den Mittelstand: Praxis- und Rechtsfragen – Teil 17 der Serie „Corporate Finance Lösungen entlang der GmbH-Unternehmensbilanz", GmbH-StB 2013, 219–223.

Hölzle, Gerrit: Besteuerung der Unternehmenssanierung – Die steuerlichen Folgen gängiger Sanierungsinstrumente, FR 2004, 1193–1210.

Hommel, Ulrich/Knecht, Thomas/Wohlenberg, Holger: Handbuch Unternehmensrestrukturierung: Grundlagen - Konzepte - Maßnahmen, Wiesbaden 2006.

Honert, Jürgen/Obser, Ralph: Steuerlich nicht genutzte Verluste und/oder Zinsvorträge in der Gesellschaft - Vorsicht beim Abschluss von Stimmrechtsvereinbarungen!, BB 2009, 1161–1165.

Höng, Gregor: Der Debt-Mezzanine-Swap in Handels- und Steuerrecht, Ubg 2014, 27–36.

Horst, Alexander: Überblick über Entschuldungsinstrumente und ihre bilanz- und steuerrechtlichen Auswirkungen, DB 2013, 656–665.

Horst, Alexander: Mantelkauf mit Abtretung einer Forderung gegen Besserungsschein, NWB 2012, 3512–3513.

Hörster, Ralf: Gesetz zur Umsetzung der Beitreibungsrichtlinie sowie zur Änderung steuerlicher Vorschriften, NWB 2011, 4208–4221.

Hötzel, Oliver: Unternehmenskauf und Steuern, 2. Auflage, Düsseldorf 1997.

Hötzel, Oliver (JbFfSt 2010/2011): Die Stille-Reserven-Klausel in § 8c KStG, in: Drüen, Jahrbuch der Fachanwälte für Steuerrecht 2010/11, Herne 2010, 150.

Hötzel, Oliver/Kaeser, Christian: E 20 UmwStE, in: Rödder/Rogall/Stangl, Der Umwandlungssteuer-Erlass 2011, 1. Auflage, Bonn 2012, 308–361.

Hruschka, Franz/Hellmann, Dieter, in: Haase/Hruschka, Umwandlungssteuergesetz Praxiskommentar, 1. Auflage, Berlin 2013.

Illy, Thomas: Sanierung in der Insolvenz, in: Thierhoff/Müller/Illy/u.a., Unternehmenssanierung, München 2012.

Imschweiler, Christoph/Geimer, Gregor: Einführung einer Sanierungsklausel in § 8c KStG, EStB 2009, 324–331.

Jacobsen, Hendrik: Die Generierung und Koordination steuerlicher Teilgestaltungen im Rahmen der Umstrukturierung von Unternehmen, BB 2009, 1955–1962.

Janssen, Bernhard: Erlass von Steuern auf Sanierungsgewinne, DStR 2003, 1055–1059.

Janssen, Bernhard: Jahresabschluss 2007: Letzte Chance für steuerwirksame Teilwertabschreibung auf Gesellschafterdarlehen, GmbHR 2008, 699–701.

Jebens, Carsten Thomas: Einwendungsmöglichkeiten gegen Gesamtplan-Besteuerungen, BB 2009, 2172–2177.

Jehl, Melanie: Internationale Einbringungen in eine Kapitalgesellschaft unter besonderer Berücksichtigung der östereichischen Einbringungsvorschriften zgl. Diss. Univ. Freiburg, Düsseldorf 2010.

Jehlin, Alexander von/Geffken, Lennart: Bericht zum 12. Münchner Unternehmenssteuerforum: „Grenzen steuerlicher Gestaltungsfreiheit – Verhältnis des § 42 AO zu speziellen Missbrauchsvermeidungsvorschriften“, DStR Beihefter 2014, 3–8.

Jünger, Wolfgang: Beiträge zur Restrukturierung/Sanierung - Finanzen und Controlling, in: Buth/Hermanns, Restrukturierung Sanierung Insolvenz, 3. Auflage, München 2009.

Kaczarepa, Daniel: ‚Hin- und Herzahlen‘ als steuerlich vorzugswürdige Gestaltungsalternative zum Forderungsverzicht?, Ubg 2011, 885–901.

Kahlert, Günter: Keine Billigkeitsmaßnahmen bei unternehmerbezogenen Sanierungen – Kurzkommentar zur Entscheidung des BFH vom 14.7.2010, X R 34/08, FD-DStR 2010, 308130.

Kahlert, Günther/Gehrke, Hans Dieter: Der Rangrücktritt nach MoMiG im GmbH-Recht: Insolvenz- und steuerrechtliche Aspekte, DStR 2010, 227–233.

Kahlert, Günther, in: Kahlert/Rühland, Sanierungs- und Insolvenzsteuerrecht, 2. Auflage, Köln 2011.

Kahlert, Günther: Passivierung eines Rangrücktritts in der Steuerbilanz, NWB 2012, 2141–2148.

Kalss, Susanne, in: Goette/Habersack/Kalss, Münchener Kommentar zum Aktiengesetz, 3. Auflage, München 2008.

Kaltenhäuser, Nicola: Partiarische Darlehen zur Unternehmensfinanzierung, GmbH-StB 2013, 86–89.

Karrenbrock, Holger: Wider die Aushöhlung des Leistungsfähigkeitsprinzips durch die Mindestbesteuerung - Stellungnahme zu den BFH-Beschlüssen vom 6.3.2003 und zur Neuregelung der Mindestbesteuerung durch das ProtErklG, DB 2004, 559–564.

Kellersmann, Dietrich/Pannewig, Yvonne: Darlehen im Konzern in Zeiten der Wirtschaftskrise aus steuerlicher Sicht, Ubg 2009, 848–862.

Kemper, Ralf: Restrukturierungs-/Sanierungsmöglichkeiten, in: Buth/Hermanns, Restrukturierung Sanierung Insolvenz, 4. Auflage, München 2014.

Kempf, Andreas/Vogel, Manja: Beschränkung des Verlustabzugs gem. § 10d EStG, in: Lüdicke/Kempf/Brink, Verluste im Steuerrecht, 1. Auflage, Baden-Baden 2010, 80–83.

Kerber, Markus C.: Der Europäische Stabilitätsmechanismus ist eine Hydra, Wirtschaftsdienst 2013, 455–461.

Kerst, Andreas: BFH: Keine Anwendbarkeit des Abzugsverbots des § 3c II 1 EStG auf Teilwertabschreibungen auf Gesellschafterdarlehen Anmerkung von Andreas Kerst, GWR 2012, 333.

Kessens, Magnus/Trapp, Felix: Restrukturierung von Unternehmen, in: CMS Hasche Sigle, Steueroptimale Gestaltungen in Restrukturierung, Sanierung und Insolvenz, Stuttgart 2013.

Kessler, Wolfgang: Die Euro-Holding zgl. Habil. Univ. zu Köln, München 1996.

Khan, Daniel-Erasmus, in: Geiger/Khan/Kotzur, EUV AEUV, 5. Auflage, München 2010.

Khan, Sascha/Adam, Sven: Die Besteuerung von Sanierungsgewinnen aus steuerrechtlicher, insolvenzrechtlicher und europarechtlicher Sicht, ZInsO 2008, 899–908.

Kinzl, Ulrich-Peter: Neuregelungen beim Verlustabzug für Kapitalgesellschaften, AG 2007, 815–817.

Kirschner, Sandra: Wege aus der Krise zgl. Diss. TU Dresden, Dresden 2010.

Klemt, Felix: Richtungsentscheidung für Kompetenzen in Europa – lässt das Beihilferecht die Sanierungsklausel in § 8c Abs. 1a KStG zu?, DStR 2013, 1057–1064.

Kliebisch, René/Linsenbarth, Martin: Die Haftungsrisiken der Geschäftsleitung aufgrund des befristeten Überschuldungsbegriffs des § 19 Abs. 2 InsO, DZWIR 2012, 232–238.

Kliengebiel, Jörg, in: Dötsch/Pung/Möhlenbrock, Die Körperschaftsteuer, 78. Erg. Lfg., Stuttgart 2013.

Knebel, Andreas/Schmidt, Thomas: Gestaltungen zur Eigenkapital-Optimierung vor dem Hintergrund der Finanzkrise, BB 2009, 430–434.

Knebel, Andreas: Der Forderungsverzicht als Sanierungsmaßnahme, DB 2009, 1094–1097.

Knecht, Thomas C./Haghani, Sascha: Bilanzielle Restrukturierung und Financial Covenants, in: Buth/Hermanns, Restrukturierung Sanierung Insolvenz, 4. Auflage, München 2014.

Knepper, Karl Heinz: Rechtliche und wirtschaftliche Identität als Voraussetzung für den körperschaftsteuerlichen Verlustabzug, DStR 1994, 1796–1799.

Kobor, Hagen: Krisenbestimmte Finanzierungshilfen auch durch Einbeziehung der Umstände des konkreten Finanzierungsanlasses möglich - Urteilsbesprechung, SteuK 2012, 233–234.

Körner, Andreas: Steuerliche Grundprinzipien und Spezialnormen der Unternehmensfinanzierung, in: Köhler/Goebel/Körner, Handbuch der steueroptimalen Unternehmensfinanzierung, Stuttgart 2013, 4–10.

Körner, Michael: Grundlegende Analyse einzelner Finanzierungsformen, in: Köhler/Göbel/Körner, Handbuch der steueroptimalen Unternehmensfinanzierung, Stuttgart 2013.

Kosner, Frank/Kaiser, Mariana: Zweifelsfragen und Praxiserfahrungen im Zusammenhang mit dem Abzugsverbot für Gewinnminderungen i. S. des § 8b Abs. 3 Satz 4ff. KStG, DStR 2012, 925–930.

Kracht, Robert: Darlehensgestaltung über Genussrechte als Steuerstrategie, GStB 2006, 243.

Kraft, Cornelia/Kraft, Gerhard: Mittelbare Anteilserwerbe, Verlustuntergang und steuerliche Mitwirkungspflichten des Managements von Kapitalgesellschaften, FR 2011, 841–846.

Kramer, Ralph/Peter, Frank K.: Insolvenzrecht, 3. Auflage, Wiesbaden 2014.

Kratzsch, Alexander: Die Behandlung von Genussrechten im Steuerrecht, BB 2005, 2603–2612.

Kraus, Karl-Josef (Restrukturierung Sanierung Insolvenz): Sanierungskonzept einer nachhaltigen Unternehmenssanierung, in: Buth/Hermanns, Restrukturierung Sanierung Insolvenz, 4. Auflage, München 2014, 67–91.

Kreide, Raoul: Bilanzierung bei Rangrücktrittsvereinbarungen: Rechtssicherheit und doch neue Fragen, KSI 2012, 125.

Kröner, Ilse/Momen, Leila: Debt-Mezzanine-Swap – Die OFD Rheinland auf dem Irrweg?, DB 2012, 829–831.

Kroniger, Axel/Korb, Markus: Die Handhabung von Sanierungsgewinnen vor und nach dem Urteil des Finanzgerichts München vom 12.12.2007, BB 2008, 2656–2658.

Kropff, Bruno, in: Hennrichs/Kleindiek/Watrin, Münchener Kommentar zum Bilanzrecht, 1. Auflage, München 2013.

Kroschel, Jörg: Rechtskritische Anmerkungen zur steuerlichen Behandlung von Sanierungsgewinnen, DStR 1999, 1383–1388.

Krüger, Stefan/Pape, Maximilian: Patronatserklärungen und Beseitigung von Zahlungsunfähigkeit, NZI 2011, 617–620.

Krugman, Paul: Revenge of the Optimum Currency Area, in: Acemoglu/Parker/Woodford, NBER Macroeconomics Vol. 27, Chicago 2012, 439–448.

Krumm, Marcel, in: Heuermann/Brandis, Blümich - EStG KStG GewStG, 121 Erg. Lfg., Köln 2014.

Krystek, Ulrich: Unternehmungskrisen: Beschreibung, Vermeidung und Bewältigung überlebenskritischer Prozesse in Unternehmungen, Wiesbaden 1987.

Krystek, Ulrich/Klein, Johannes: Erstellung von Sanierungskonzepten (Teil 1): Kritische Würdigung bestehender Standards, speziell IDW S6, DB 2010, 1769–1775.

Küffner, Thomas: Patronatserklärungen im Bilanzrecht, DStR 1996, 145–151.

Kulosa, Egmont, in: Schmitt, Einkommensteuergesetz Kommentar, 29. Erg. Lfg., München 2010.

Künkele, Kai Peter/Zwirner, Christian: Bilanzsteuerrechtliche Ansatz- und Bewertungsvorbehalte bei der Übernahme schuldrechtlicher Verpflichtungen – Sind Schuldübernahme und Erfüllungsübernahme unterschiedlich zu beurteilen? –, BC 2011, 479–483.

Kunz, in: Gosch/Beermann, Abgabenordnung - Finanzgerichtsordnung, 104. Erg. Lfg., Stuttgart 2013.

Kußmaul, Heinz/Zabel, Michael: Ist Deutschland auf dem Weg (zurück) zu einer verstärkten Substanzbesteuerung? - Kritische Anmerkungen zu aktuellen Gesetzesvorhaben der Bundesregierung, BB 2007, 967–974.

Kußmaul, Heinz/Richter, Lutz/Tcherveniachki, Vassil: Ausgewählte praktische Problemfelder im Kontext des § 8 c KStG - Zugleich Anmerkungen zum BMF-Schr. vom 4.7.2008, GmbHR 2008, 1009–1017.

Küting, Karlheinz/Kessler, Harald/Harth, Hans-Jörg: Genußrechtskapital in der Bilanzierungspraxis – Eine empirische Untersuchung zur Resonanz der HFA-Stellungsnahme 1/1994 unter Berücksichtigung bilanzpolitischer Gesichtspunkte, BB-Beilage 1996, 1–24.

Küting, Karlheinz/Kessler, Harald: Eigenkapitalähnliche Mittel in der Handelsbilanz und im Überschuldungsstatus - Bestandsaufnahme und Entwicklungstendenzen unter Berücksichtigung der Stellungnahme des HFA 1/1994 „Zur Behandlung von Genußrechten im Jahresabschluß von Kapitalgesellschaften," BB 1994, 2103–2114.

Lambrecht, Claus, in: Kirchhof, EStG, 12. Auflage, Köln 2013.

Landmann, Oliver: Europas fiskalpolitisches Koordinationsdefizit, in: Held/Kubon-Gilke/Sturn, Jahrbuch Normative und institutionelle Grundfragen der Öknonomik – Unsere Institutionen in Zeiten der Krisen, Band 13. Auflage, Marburg 2014, 41.

Lang, Bianca: Gelöste und ungelöste Probleme des Rangrücktritts – Das BMF-Schreiben vom 8.9.2006, BStBl I 2006, 497, DStZ 2006, 789–793.

Lang, Bianca: Die Neufassung des § 8c KStG durch das Wachstumsbeschleunigungsgesetz, DK 2010, 35–44.

Lang, Bianca: Aufwand auf inländische Gesellschafterdarlehen, NWB 2010, 3798–3805.

Lang, Joachim/Englisch, Joachim: Zur Verfassungswidrigkeit der neuen Mindestbesteuerung, StuW 2005, 3–24.

Lang, Joachim: Die Neuregelung der Verlustabzugsbeschränkung gem. § 8c KStG durch das Unternehmensteuerreformgestz 2008, DStZ 2007, 652–663.

Lang, Joachim: Die neue Sanierungsklausel in § 8c KStG, DStZ 2009, 751–760.

Lang, Joachim: Die Auswirkungen des gemeinschaftlichen Beihilferechts auf das Steuerrecht - Gutachten, Wien 2009.

Lang, Joachim: Verfassungswidrigkeit des § 8c KStG - eine Bestandsaufnahme, GmbHR 2012, 57–63.

Lechner, Florian;/Haisch, Martin: Besteuerung von Debt-Mezzanine-Swaps – Kritische Anmerkungen zur Kurzinformation der OFD Rheinland vom 14.12.2011, Ubg 2012, 115–118.

Lechner, Florian/Haisch, Martin: Unternehemensfinanzierung in der Sanierung, in: Köhler/Göbel/Körner, Handbuch der steueroptimalen Unternehmensfinanzierung, Stuttgart 2013.

Leithaus, Rolf/Schaefer, Thiemo: Rangrücktrittsvereinbarungen zur Vermeidung der Überschuldung anno 2010 – Unter welchen Voraussetzungen lässt sich eine Rangrücktrittsvereinbarung aufheben?, NZI 2010, 844–849.

Lenz, Martin/Ribbrock, Martin: Versagung des Verlustabzugs bei Anteilseignerwechsel - kritische Analyse des § 8c KStG in der Fassung des Referentenentwurfs zur Unternehmensteuerreform 2008, BB 2007, 587–591.

Lenz, Martin: Der neue § 8c KStG aus Unternehmenssicht, Ubg 2008, 24–30.

Lindauer, Jürgen: BB-Forum: Anmerkungen zur Mindestbesteuerung 2004, BB 2004, 2720–2726.

Lindberg, in: Frotscher, Einkommensteuergesetz, 165. Erg. Lfg., Freiburg 2011.

Lindwurm, Christof: Steuerfreiheit von Sanierungsgewinnen, AO-StB 2012, 168–170.

Lishaut, Ingo von: Grenzfragen zum „Mantelkauf" (§ 8c KStG), FR 2008, 789–801.

Loose, Matthias, in: Tipke/Kruse, AO FGO, 129. Erg. Lfg., Köln 2011.

Loose, Falk/Maier, Anette: Unternehmenskrise/Liquidation, in: Lüdicke/Sistermann, Unternehmensteuerrecht - Gründung Finanzierung Umstrukturierung Übertragung Liquidation, München 2008, 781–831.

Lorenz, Anja: Die Neuregelung zum „Mantelkauf" – Wegfall von Verlustvorträgen durch den neuen § 8c KStG, BBK 2008, 1061–1068.

Lüdenbach, Norbert;/Hoffmann, Wolf-Dieter, NWB Kommentar Bilanzierung, 3. Auflage, Herne 2012.

Lühn, Michael: Genussrechte – Grundlagen Einsatzmöglichkeiten Bilanzierung und Besteuerung, Wiesbaden 2013.

Lutter, Marcus: Ausgabe von Genussrechten im Jahresabschluß, in: Knobbe-Keuk/Klein/Moxter, Handelsrecht und Steuerrecht - Festschrift für Georg Döllerer, Köln 1988, 383.

Mach, Holger: Die Besteuerung des Forderungsverzichts – Vergleichsbetrachtungen zu einem sog. „Steuersparmodell" (Teil 1), FR 2012, 800–808.

Mach, Holger: Die Besteuerung des Forderungsverzichts – Vergleichsbetrachtungen zu einem sog. „Steuersparmodell" (Teil 2), FR 2012, 845–857.

Manz, Gerhard/Lammel, Stefan: Stille Beteiligungen an Kapitalgesellschaften: Eigenkapitalcharakter und Rang in der Insolvenz nach Inkrafttreten des MoMiG, GmbHR 2009, 1121–1125.

Marquart, Christian: Die Möglichkeit der Verlustverrechnung als selektive Begünstigung sanierungsbedürftiger Unternehmen? Wider die Beihilferechtswidrigkeit der Sanierungsklausel (§ 8c Abs. 1a KStG), IStR 2011, 445–451.

Maurenbacher, Patrick S.: Sanierung mittelständischer Unternehmungen durch Private-Equity-Gesellschaften, Fallstudienuntersuchungen, Modellentwicklung, Gestaltungsempfehlungen - Schriften zum Management Band 31, Mering und München 2008.

Maus, Karl Heinz: Die Besteuerung des Sanierungsgewinns - ein Problem für die Sanierungspraxis, die Insolvenzgerichte und die Insolvenzverwalter, ZIP 2002, 589–596.

Maus, Karl Heinz: Krisenvermeidung, Krisenfrüherkennung und Krisenbewältigung, in: Schmidt/Uhlenbruck, Die GmbH in Krise, Sanierung und Insolvenz, 4. Auflage, Köln 2009, 1–136.

Meiisel, Patrick/Bokeloh, Bettina: Anmerkungen zum Entwurf des BMF-Schreibens zu § 8c KStG, BB 2008, 808–816.

Meincke, Jens Peter, in: Meincke, ErbStG, 15. Auflage, München 2009.

Merkel, Helmut/Tetzlaff, Christian: § 98 Atypische Sicherheiten, in: Schimansky/Bunte/Lwowski, Bankrechts-Handbuch, 4. Auflage, München 2011.

Mertzbach, Markus: Die Behandlung von Sanierungskosten im Rahmen des sog. Sanierungserlasses – Ermessensgerechte Auslegung oder Ermessensfehlgebrauch der Finanzverwaltung?, DStR 2014, 172–179.

Mestmäcker, Ernst-Joachim/Schweizer, Heike, in: Mestmäcker/Schweizer, Europäisches Wettbewerbsrecht, 2. Auflage 2004.

Mohr, Daniel: Rechtliche und betriebswirtschaftliche Anforderungen an die Verlustverrechnung im Steuerrecht, in: Lüdicke/Kempf/Brink, Verluste im Steuerrecht, 1. Auflage, Baden-Baden 2010, 30–41.

Moran, Kevin/Mahler, Lars Christian: B. Tax Due Diligence, in: Kneip/Jänisch, Tax Due Diligence, 2. Auflage, München 2010, 136–163.

Mückl, Norbert: Der Debt-Equity-Swap als Sanierungsinstrument im Steuerrecht, FR 2009, 497–506.

Mückl, Norbert/Remplik, Alexander: Die neue Sanierungsklausel gem. § 8c Abs. 1a KStG n.F., FR 2009, 689–703.

Mückl, Norbert: Steuerliche Transaktionsrisiken bei Unternehmenssanierungen in der Praxis, GWR 2010, 262.

Mühlhaus, Gunter: Rangrücktritt zur finanziellen Restrukturierung (I) – Teil 5 der Serie „Corporate Finance Lösungen entlang der GmbH-Unternehmensbilanz“, GmbH-StB 2012, 185–188.

Müller, Welf: Zweifelsfragen zum Umwandlungsrecht, WPg 1996, 857–868.

Müller, Welf: Steuerorientierte Umstrukturierung von Unternehmen, in: Herzig, Steuerorientierte Umstrukturierung von Unternehmen, Köln 1997.

Musil, Andreas/Volmering, Björn: Systematische, verfassungsrechtliche und europarechtliche Probleme der Zinsschranke, DB 2008, 12–16.

Nagel, Sibilla/Knorr, Tim: Risiken bei Distressed M&A-Deals außerhalb der Insolvenz, AG 2010, R396–R397.

Nentwig, Martin: Durchsetzung von Sanierungsmaßnahmen in der GmbH, GmbHR 2012, 664–669.

Neufang, Bernd/Kübler, Heiko/Schmid, Franz: Darlehensgewährungen durch den Gesellschafter an eine Kapitalgesellschaft (Teil I), StB 2009, 148–156.

Neumann, Ralf: Die neue Mantelkaufregelung in § 8c KStG – Verlustabzugsbeschränkungen nach der Unternehmensteuerreform 2008, GmbH-StB 2007, 249–254.

Neumann, Ralf/Watermeyer, Heinrich: Forderungsverluste von Gesellschaftern im Betriebsvermögen (§ 8b Abs. 3 Sätze 4ff. KStG und § 3c Abs. 2 EStG), Ubg 2008, 748–761.

Neumann, Ralf/Stimpel, Thomas: Ausgewählte Zweifelsfragen zur neuen Verlustabzugsbeschränkung nach § 8c KStG, GmbHR 2007, 1194–1201.

Neumann, Ralf/Stimpel, Thomas: Wesentliche Änderungen für Kapitalgesellschaften und deren Gesellschafter durch das JStG 2008, GmbHR 2008, 57–67.

Neumann, Ralf/Stimpel, Thomas: Die neue Sanierungsklausel in § 8c KStG - erste Überlegeungen –, DK 2009, 409–416.

Neyer, Wolfgang: Verlustnutzung nach Anteilsübertragung: Die Neuregelung des Mantelkaufs durch § 8c KStG n. F., BB 2007, 1415–1420.

Neyer, Wolfgang: Der Mantelkauf, 1. Auflage, Herne 2008.

Neyer, Wolfgang: Sanierungsprivileg gem. § 8c Abs. 1a KStG - Qualifizierte Zuführung von Betriebsvermögen als Verlustrettungsmaßnahme, BB 2009, 2284–2289.

Neyer, Wolfgang: Verlustnutzung nach Anteilsübertragung: Anwendung der neuen Verschonungsregeln auf Konzernsachverhalte, BB 2010, 1055–1062.

Neyer, Wolfgang: Die Konzernklausel für den Verlustabzug – Problembereiche der Verschonungsregel des § 8c Abs. 1 S. 5 KStG –, GmbHR 2010, 1132–1139.

Neyer, Wolfgang: Verlustnutzung nach unterjährigem Anteilserwerb: Verwertungsverbot und Verschonungsregeln, DStR 2010, 1600–1605.

Nobiling, Jesko/Kraus, Michael: Sanierung von Unternehmen, in: CMS Hasche Sigle, Steueroptimierte Gestaltungen in Restrukturierung, Sanierung und Insolvenz, Stuttgart 2013.

Nolte, Anna M.: Geänderte Verlustverrechnungsmodalitäten im Ertragsteuerrecht, NWB 2004, 1977–1991.

Nolte, Anna M: Ertragsteuerliche Behandlung von Sanierungsgewinnen, NWB 2005, 3855–3868.

Oelke, Herbert/Wöhlert, Helge-Torsten/Degen, Stephan: Debt Mezzanine Swap – Königsweg für die Restrukturierungsfinanzierung?, BB 2010, 299–303.

Ohler, Christoph: Die Fiskalische Integration in die Europäische Union, Baden-Baden 1997.

Olbing, Klaus/Schwedhelm, Streck Mack: Der Steuergesetzgeber als Totengräber notleidender Unternehmen, AG 2007, 696–697.

Olbing, Klaus: Ist ein sanierungsfreundliches Insolvenzsteuerrecht EU-rechtswidrig?, KSI 2010, 17–19.

Olbing, Klaus/Schwedhelm, Streck Mack: Doch noch Hoffnung? – Die ungewisse Zukunft der Sanierungsklausel gem. § 8c Abs. 1a KStG, AG 2012, 327–328.

Olbing, Klaus: Wie europatauglich ist Deutschland? Das Trauerspiel um die Sanierungsklausel gem. § 8c Abs. 1a KStG, GmbH-StB 2013, 89–91.

Orth, Manfred: Mindestbesteuerung und Verlustnutzungsstrategien, FR 2005, 515–532.

Orth, Manfred: Vertlustverwertungsstrategien, in: Kessler/Kröner/Köhler, Konzernsteuerrecht National International, 2. Auflage, München 2008, 967–1098.

Orth, Manfred: Verbesserte Verlustverrechnungsmöglichkeiten, Ubg 2010, 169–178.

Ortmann-Babel, Martina/Zipfel, Lars: Praxisfälle zur neuen Konzernklausel in § 8c KStG, SteuK 2010, 109–114.

Ortmann-Babel, Martina/Zipfel, Lars: Umsetzung des Sofortprogramms der Bundesregierung - das Wachstumsbeschleunigungsgesetz, Ubg 2009, 813–821.

Ortmann-Babel, Martina/Zipfel, Lars: Unternehmensteuerreform 2008 Teil I: Gewerbesteuerliche Änderungen und Besteuerung von Kapitalgesellschaften und deren Anteilseignern, BB 2007, 1869–1882.

Ortmann-Babel, Martina/Bolik, Andreas/Gageur, Patrick: Mantelkauf: Passt nicht, immer noch zu weit! Zweifelsfragen und Lösungsansätze im Zusammenhang mit der Sanierungsklausel in § 8c Abs. 1a KStG, DStR 2009, 2173–2179.

Ott, Michaela: C. Sanierung von Unternehmen, Steueroptimale Gestaltungen in Restrukturierung, Sanierung und Insolvenz, 1. Auflage, Stuttgart 2013.

Ott, Hans: Ausgewählte Aspekte des Entwurfs zum Jahressteuergesetz 2008, StuB 2007, 599–600.

Pahlke, Armin/König, Ulrich, Abgabenordnung, 2. Auflage, München 2009.

Patt, Joachim (UmwStG): § 20 UmwStG, in: Dötsch/Patt/Pung/u.a., Umwandlungssteuerrecht, 7. Auflage, Stuttgart 2011.

Paus, Bernhard: Forderungsverzicht betrieblicher Gläubiger – Verringerte Steuerbelastung bei Erlass durch Betriebsfremde – Gestaltungsideen bei Verzicht durch Gesellschafter, EStB 2003, 433–438.

Paus, Bernhard: Gestaltungsfragen beim Verlustabzug, DB 1994, 1842–1845.

Pflugbeil, Antje: Steuerliche Auswirkungen von Sanierungsmaßnahmen bei Kapitalgesellschaften: Forderungsverzicht des Anteilseigners mit und ohne Besserungsschein, Rangrücktrittsvereinbarung und andere Gestaltungsmöglichkeiten zgl. Diss Univ. Münster, Aachen 2006.

Philipp, Illberg/Tschesche, Frank: Rechtliche und steuerliche Betrachtung des Rückkaufs von Schulden (Debt-Buy-Back), BB 2010, 259–264.

Pohl, Carsten: Die Auswirkung eines Forderungsverzichts mit Besserungsschein im Rahmen des § 8c KStG, DB 2008, 1531–1533.

Pohl, Carsten: Gesplittete Anteilsübertragung und § 8 c KStG – Ein neuer Anwendungsfall der Gesamtplanrechtsprechung?, GmbHR 2009, 132–135.

Prinz, Markus: Die Besteuerung der Schuldbefreiung, Schuldübernahme, Schuldbeitritt und Erfüllungsübernahme im steuerlichen Vergleich (Teil I), FR 2011, 445–455.

Prinz, Markus: Die Besteuerung der Schuldbefreiung Schuldübernahme, Schuldbeitritt und Erfüllungsübernahme im steuerlichen Vergleich (Teil II), FR 2011, 551–562.

Prinz, Markus: Drohendes Aus für die steuerwirksame Hebung stiller Lasten, Ubg 2013, 52–57.

Prinz, Ulrich: Verluste und Finanzierung: Ausgewählte verlustnutzende Finanzierungsgestaltungen, GmbHR 2004, 921–928.

Prinz, Ulrich: Körperschaftsteuerliches Gewinnminderungsverbot bei qualifizierten Gesellschafterdarlehen - unsystematisch und fragwürdig, aber gestaltbar, in: Spindler/Tipke/Rödder, Steuerzentrierte Rechtsberatung – Festschrift für Harald Schaumburg, Köln 2009, 459–476.

Prinz, Ulrich: Zinsschranke unter „partiellem Verfassungsverdacht," FR 2012, 541–543.

Pung, Alexandra, in: Dötsch/Pung/Möhlenbrock, Die Körperschaftsteuer, 75. Erg. Lfg., Stuttgart 2012.

Pung, Alexandra/Werner, Torsten, in: Dötsch/Pung/Möhlenbrock, KStG, 80. Erg. Lfg., Stuttgart 2014.

Raeschke-Kessler, Hilmar: Die harte Patronatserklärung als befristetes Sanierungsmittel, NZG 2010, 1361–1366.

Rätke, Bernd: Gewinnerhöhung durch Rangrücktritt? - BFH erweckt § 5 Abs. 2a EStG zum Leben, StuB 2012, 338–342.

Ratschow, Eckardt, in: Klein, AO, 11. Auflage, München 2012.

Rechenberg, Wolf-Georg Freiherr von: Restrukturierung von Unternehmen, in: CMS Hasche Sigle, Steueroptimierte Gestaltungen in Restrukturierung, Sanierung und Insolvenz, Stuttgart 2013, 30–33.

Redeker, Rouven: Kontrollerwerb an Krisengesellschaften: Chancen und Risiken des Debt-Euqity-Swap, BB 2007, 673–680.

Reimer, Philipp: Stundung, Erlass und Niederschlagung von Forderungen der öffentlichen Hand – sämtlich verbotene Beihilfen?, NVwZ 2011, 263–268.

Reitsam, Michael: Gestaltungen zur Verlustverwertung im Konzern zgl. Diss. Univ. Freiburg, Bamberg 2006.

Reitsam, Michael (UntStRefG): Verlustabzug für Körperschaften, in: Breithecker/ Förster/Förster/u.a., UntStRefG, Berlin 2007, 421.

Rengers, Jutta, in: Blümich, EStG KStG GewStG, 119 Erg. Lfg., München 2013.

Rennings, Peter: Einschränkungen der Verlustverrechnung, FR 2011, 741–745.

Riedel, Christoph: Geplante Änderung des Erbschaft- und Schenkungsteuerrechts: Ein Sanierungshindernis?!, NZI 2011, 577–581.

Rödder, Thomas: Gestaltungssuche im Ertragsteuerrecht zgl. Diss. Univ. zu Köln, Wiesbaden 1990.

Rödder, Thomas: Unternehmensteuerreformgesetz 2008, DStR Beihefter 2007, 2–19.

Rödder, Thomas/Möhlenbrock, Rolf: Die Neuregelung des § 8c KStG betr. Verluste von Kapitalgesellschaften bei Beteiligungserwerben, Ubg 2008, 595–607.

Rödder, Thomas: Perspektiven der Unternehmensbesteuerung (Wachstumsbeschleunigungsgesetz, Koalitionsvertrag), Ubg 2010, 162–168.

Rödder, Thomas/Freeden, Arne von: Stille Reserven für Zwecke des § 8c KStG bei unmittelbaren und zugleich mittelbarem (mehrstufigem) Beteiligungserwerb, Ubg 2010, 551–555.

Rödding, Adalbert/Bühring, Franziska: Neue Transaktionsformen als Folge der Finanzmarktkrise – Überblick über die steuerlichen Aspekte, DStR 2009, 1933–1940.

Rodewald, Jörg: Die steuerlichen Auswirkungen des Finanzmarktstabilisierungsgesetzes, BB 2009, 356–360.

Rolf, Henning/Pankoke, Frank: Gewinnrealisierung und Aufwandsentlastung als Gegenmaßnahmen zur Verlustabzugsbeschränkung innerhalb von Konzernstrukturen, BB 2008, 2274–2280.

Rolf, Henning/Pankoke, Frank: Steuerliche Anerkennung von Teilwertabschreibungen auf Gesellschafterdarlehen, BB 2009, 1844–1846.

Römermann, Volker: Neues Insolvenz- und Sanierungsrecht durch das ESUG, NJW 2012, 645–652.

Roser, Frank: Verlust- (und Zins-) Nutzung nach § 8c KStG, DStR 2008, 77–81.

Roser, Frank: Verlustabzüge nach § 8c KStG – ein ernüchterndes Anwendungsschreiben, DStR 2008, 1561–1567.

Roser, Frank: Auslegungsfragen zu der Sanierungsklausel des § 8c KStG, FR 2009, 937–945.

Roser, Frank, in: Gosch, KStG, 2. Auflage, München 2009.

Roth, Hans-Peter: Verlustabzug bei unterjährigem schädlichem Beteiligungserwerb - eine Bestandsaufnahme zu § 8c KStG, Ubg 2012, 300–307.

Rühland, Bernd, in: Kahlert/Rühland, Sanierungs- und Insolvenzsteuerrecht, 2. Auflage, Köln 2011.

Rüsken, Reinhardt, AO, 11. Auflage, München 2012.

Schauhoff, Stephan: Neues Sanierungssteuerrecht, JFSt 2009/2010, Herne 2009, 183–192.

Scheipers, Thomas/Linn, Alexander: Änderungen des § 8c KStG durch das Wachstumsbeschleunigungsgesetz, Ubg 2010, 8–16.

Scheunemann, Marc P./Hoffmann, Guido: Debt-Equity-Swap – Steuerliche Strukturierung und zivilrechtliche Rahmenbedingungen, DB 2009, 983–986.

Scheunemann, Marc P./Dennisen, Andre: Unternehmensbesteuerung 2010 - Überblick über die im Wachstumsbeschleunigungsgesetz vorgesehenen Änderungen, BB 2009, 2564–2567.

Scheunemann, Marc P/Dennisen, Andre/Behrens, Stefan: Steuerliche Änderungen durch das Wachstumsbeschleunigungsgesetz, BB 2010, 23–35.

Scheunemann, Marc P: Sanierungsklausel vor dem EuG - ein Sanierungsfall für den Gesetzgeber!?, BB 2011, Editorial Nr. 23.

Schiffers, Joachim/Schiffers, Michael/Déjosez, Axel/u.a.: Optimale Nutzung des Wahlrechts beim Verlustrücktrag nach § 10d EStG in der Fassung des Standortsicherungsgesetzes, DB 1994, 1252–1256.

Schildknecht, Urs: Passivierungsverbote nach Rangrücktrittvereinbarungen, DStR 2005, 181–184.

Schlotter, Carsten/Pinkernell, Reimar: Bilanzsteuerechtliche Ansatz- und Bewertungsvorbehalte bei der Übernahem von schuldrechtlichen Verpflichtungen Anmerkungen zum BMF-Schreiben v. 24.6.2011, BStBl. I 2011, 627 = FR 2011, 684, FR 2011, 689–698.

Schlotter, Carsten: Passivierung „angeschaffter" Pensionsrückstellungen – Verlustrücktrag bei Organschaft, FR 2013, 608–617.

Schmalenbach, Dirk: C. Fremdkapitalfinanzierung, in: Eilers/Rödding/Schmalenbach, Unternehmensfinanzierung, München 2008, 212–250.

Schmid, Hubert: Der erfolgswirksame Rangrücktritt – Die BFH-Entscheidung des I. Senats v. 30.11.2011 – I R 100/10, FR 2012, 582, FR 2012, 837–845.

Schmidt, Karsten: Quasi-Eigenkapital als haftungsrechtliches und bilanzielles Problem, in: Havermann, Bilanz- und Konzerrecht – Festschrift für Reinhard Goerdeler, Düsseldorf 1987, 487–509.

Schmidt, Karsten: Überschuldung und Insolvenzantragspflicht nach dem Finanzmarktstabilisierungsgesetz, DB 2008, 2467–2471.

Schmidt, Karsten: Interne Sanierung, in: Schmidt/Willhelm, Die GmbH in der Krise, Sanierung und Insolvenz, 4. Auflage, Köln 2009, 148–164.

Schmidt, Lutz/Hageböcke, Jens: Schuldübernahme als Sanierungsinstrument zur Nutzung von steuerlichen Verlustvorträgen im Konzern Gestaltungsmöglichkeiten nach dem BFH-Beschluss vom 20.12.2001, I B 74/01, DStR 2002, 2150–2155.

Schmidt, Lutz/Hageböke, Jens: Offene Sacheinlagen als entgeltliche Anschaffungsvorgänge? – Zugleich kritische Anmerkungen u. a. zum BFH-Urteil vom 5.6.2002, I R 6/01, DStR 2003, 1813–1818.

Schmidt, Frank/Mielke, Axel: Steuerfolgen von Sanierungsmaßnahmen, Ubg 2009, 395–405.

Schmidt, Mario/Schlitt, Michael: Debt Equity Swap – Eine attraktive Form der Restrukturierung, DK 2009, 279–290.

Schmidt, Volker/Schwind, Heike: Gewinnminderungen aus Gesellschafterdarlehen, NWB 2008, F4 5223–5232.

Schmitt, Rainer, UmwG UmwStG 2009.

Schmittmann, Jens M.: Die verpasste Chance zur Kodifizierung eines Insolvenzsteuerrechts, StuB 2012, 109–112.

Schneider, Dieter: Was verlangt eine marktwirtschaftliche Steuerreform: Einschränkung des Verlust-Mantelkaufs oder Ausweitung des Verlustausgleichs durch handelbare Verlustgutscheine?, BB 1988, 1222–1229.

Schneider, Klaus/Krammer, Alfred, in: Littmann/Bitz/Pust, Das Einkommensteuerrecht, 94. Auflage 2012.

Schneider, Norbert/Roderburg, Georg: Beratungsrelevante Änderungen durch das Wachstumsbeschleunigungsgesetz, FR 2010, 58–67.

Schnitger, Arne, in: Schnitger/Fehrenbacher, KStG, 1. Auflage, Wiesbaden 2012.

Schnitger, Arne/Rometzki, Simon: Das Verschonungspotential des § 8c Abs. 1 Sätze 6 bis 9 KStG - Fallstricke aus der Praxis, Ubg 2013, 1–7.

Scholten, Gerd/Korezkij, Leonid: Begünstigungen für Betriebsvermögen nach der Erbschaftsteuerreform – Lohnsummenprüfung, DStR 2009, 253–257.

Schön, Wolfgang: Steuerpolitik 2008 – Das Ende der Illusionen?, DStR Beihefter 2008, 10–20.

Schön, Wolfgang: Eigen- und Fremdkapital – eine steuerpolitische Analyse, in: Schön, Eigen- und Fremdkapital, 3. Auflage, Berlin, Heidelberg 2013.

Schrecker, Tilmann: Mezzanine-Kapital im Handels- und Steuerrecht – Eine Untersuchung zur Abgrenzung zwischen Eigenkapital und Fremdkapital zgl. Diss. Univ. Speyer, Berlin 2012.

Schubert, Wolfgang, in: Fröschle/Grottel/Schmidt/u.a., Beck'scher Bilanzkommentar, 9. Auflage, München 2014.

Schubert, Wolfgang/Krämer, Andreas, in: Fröschle/Grottel/Schmidt/u.a., Beck'scher Bilanzkommentar, 9. Auflage, München 2014.

Schultz, Florian: BFH erkennt Forderungsverzicht gegen Besserungsschein beim Mantelkauf an, DB 2012, 1–10.

Schüppen, Matthias, in: Drüen, Jahrbuch der Fachanwälte für Steuerrecht, Herne 2010.

Schwab, Hartmut: Mit besseren Steuerregeln für Unternehmen gegen die Krise, DStR-KR 2009, 9–10.

Schwaiger, Helmut: § 7 Finanzierung durch Gesellschafter, in: Müller/Winkeljohann, Beck'sches Handbuch der GmbH, 4. Auflage, München 2009.

Schweitzer, Roger/Volpert, Verena: Behandlung von Genußrechten im Jahresabschluß von Industrieemittenten, BB 1994, 821–826.

Schwenker, Jörg/Fischer, Carola: Restrukturierungsmaßnahmen in der Krise der GmbH, DStR 2010, 1117–1121.

Seer, Roman: Der sog. Sanierungserlass vom 27.3.2003 als Rechtsgrundlage für Maßnahmen aus sachlichen Billigkeitsgründen, FR 2010, 306–311.

Seppelt, Michael: Gesellschafterdarlehen mit Rangrücktritt in der Liquidationsschlussbilanz, BB 2010, 1395–1400.

Siepmann, Heinrich: Die Aufteilung eines Sanierungsgewinns bei der KG, FR 1997, 471–473.

Sinz, Andreas: Stützungsmaßnahmen im transnationalen Konzern zgl. Diss. Univ. Freiburg, Freiburg 2001.

Sistermann, Christian/Beutel, David: Interne Unternehmensumstrukturierung bei Kapitalgesellschaften, in: Lüdicke/Sistermann, Unternehmenssteuerrecht, München 2008, 410–460.

Sistermann, Christian/Brinkmann, Jan: Verlustuntergang aufgrund konzerninterner Umstrukturierungen § 8c KStG als Umstrukturierungshindernis?, DStR 2008, 897–903.

Sistermann, Christian/Brinkmann, Jan: Verlustabzugsbeschränkungen nach § 8c KStG – Anmerkungen zum BMF-Schreiben vom 4.7.2008, BB 2008, 1928–1936.

Sistermann, Christian/Brinkmann, Jan: Rückwirkende Verlustnutzung nach dem JStG 2009, DStR 2008, 2455–2457.

Sistermann, Christian/Brinkmann, Jan: Die neue Sanierungsklausel in § 8c KStG – Vorübergehende Entschärfung der Mantelkaufregelung für Unternehmen in der Krise, DStR 2009, 1453–1457.

Sistermann, Christian/Brinkmann, Jan: Wachstumsbeschleunigungsgesetz: Die Änderungen bei der Mantelkaufregelung – Entschärfung der Verlustabzugsbeschränkungen durch Konzernklausel und Verschonung in Höhe der stillen Reserven, DStR 2009, 2633–2638.

Smith, Adam: Wealth of Nations – Neuauflage, New York 2005.

Steben, Sonja: Scheingewinnbesteuerung: Die Gläubiger verzichten und der Fiskus hält die Hand auf?, GStB 2012, 384–391.

Stollenwerk, Arnd/Scherff, Susanne: Verwertung steuerlicher Verlustvorträge trotz schädlichen Beteiligungserwerbs – Sicherung des Verlustvortrags bei Vorliegen stiller Reserven i. S. d. § 8c Abs. 1 S. 6–9 KStG, GmbH-StB 2011, 76–82.

Stollenwerk, Arndt/Piron, Barbara: Genussrechte – Flexibler Einsatz von Mezzanine-Kapital, GmbH-StB 2012, 150–154.

Strahl, Martin: Beratungsrelevante Aspekte rund um das JStG 2008, KÖSDI 2008, 15896–15914.

Strahl, Martin, in: Korn, Einkommensteuergsetz Kommentar, 70. Erg. Lfg., St. Augustin.

Stratz, Rolf-Christian, in: Schmitt/Hörtnagl/Stratz, UmwG UmwStG, 5. Auflage, München 2009.

Stratz, Rolf-Christian: Einführung, in: CMS Hasche Sigle, Steueroptimierte Gestaltungen in Restrukturierung, Sanierung und Insolvenz, Stuttgart 2013, 1–10.

Streit, Georg/Degen, Stephan: Handlungsbedarf im Sanierungssteuerrecht, AG 2010, R373–R374.

Strüber, Malte/Donath, Christoph von: Die ertragsteuerliche Freistellung von Sanierungsgewinnen durch das BMF-Schreiben vom 27.3.2003, BB 2003, 2036–2043.

Stümper, Franz-Peter/Entenmann, Joachim: Ist das Abzinsungsgebot des § 6 Abs. 1 Nr. 3 EStG auf unverzinsliche Darlehen des GmbH-Gesellschafters an „seine" GmbH anwendbar?, GmbHR 2008, 312–315.

Suchanek, Markus/Hagedorn, Sonja: Passivierung von Rangrücktrittsverbindlichkeiten, FR 2004, 451–457.

Suchanek, Markus/Herbst, Christian: Unternehmensteuerreform 2008: fatale Wirkungen des neuen § 8c KStG zur Verlustnutzung bei Körperschaften und der Auslaufvorschrift zu § 8 Abs. 4 KStG, FR 2007, 863–873.

Suchanek, Markus: Verlustabzugsbeschränkung für Körperschaften – Anmerkungen zum Entwurf eines BMF-Schreibens vom 20.2.2008 zu § 8c KStG, GmbHR 2008, 292–296.

Suchanek, Markus: Ertragsteuerliche Änderungen im Jahressteuergesetz 2009 zur Verhinderung von Gestaltungen im Zusammenhang mit § 8c KStG – Die „Verlustvernichtung" geht weiter, Ubg 2009, 178–185.

Suchanek, Markus/Jansen, Arne: Umfang und Grenzen der Mitwirkungspflicht bei der Sachverhaltsaufklärung im Rahmen von § 8c KStG, GmbHR 2009, 412–418.

Suchanek, Markus/Herbst, Christian: Die neue Sanierungsklausel gemäß § 8c Abs. 1a KStG n.F., Ubg 2009, 525–532.

Suchanek, Markus: Die Änderungen des § 8c KStG durch das Wachstumsbeschleunigungsgesetz, StBW 2010, 25–31.

Suchanek, Markus, in: Herrmann/Heuer/Raupach, EStG KStG Kommentar, 255. Erg. Lfg., Köln 2013.

Taraschka, Franz: Zur bilanzsteuerrechtlichen Behandlung des Rangrücktritts, DStR 2006, 109–111.

Theiselmann, Rüdiger: Die gesellschafterliche Treuepflicht in Sanierungsfällen Empfehlungen für die Restrukturierungspraxis, GmbH-StB 2010, 43–49.

Theiselmann, Rüdiger: Debt Equity Swaps als Instrument zur finanziellen Restrukturierung – Teil 15 der Serie „Corporate Finance Lösungen entlang der GmbH-Unternehmensbilanz", GmbH-StB 2013, 150–154.

Thiele, Frank: Das ESUG in der steuerlichen Beratung, StC 2014, 15–20.

Thiele, Stefan: Das Eigenkapital im handelsrechtlichen Jahresabschluss, Düsseldorf 1998.

Thies, Angelika: Sanierung von Unternehmen, in: CMS Hasche Sigle, Steueroptimierte Gestaltungen in Restrukturierung, Sanierung und Insolvenz, Stuttgart 2013, 330–348.

Thurow, Christian: Zur Wirksamkeit einer Patronatserklärung, BC 2011, 282–283.

Tipke, Klaus: Die Steuerrechtsordnung Band II, Köln 1993.

Tipke, Klaus: Versuch einer steuerjuristischen Würdigung des Karlsruher Entwurfs, StuW 2002, 148–175.

Töben, Thomas: Restrukturierungsmaßnahmen in der Unternehmenskrise, NWB 2009, 1462.

Töben, Thomas/Lohbeck, Allit/Specker, Gerhard: Rettungsmaßnahmen auf der Schuldenseite zur Überwindung der Krise, NWB 2009, 1484–1499.

Töben, Thomas: Eilvorlage: Praktikables Krisensteuerrecht dringender denn je – Ein Appell an Gesetzgeber und Verwaltung, FR 2010, 249–258.

Trossen, Nils: Die neue Sanierungsklausel des § 8c Abs. 1a KStG – Inhalt und Zweck der Neuregelung, GmbH-StB 2009, 227–231.

Uhlenbruck, Wilhelm: Das Insolvenzeröffnungsverfahren, in: Schmidt/Uhlenbruck, Die GmbH in der Krise, Sanierung und Insolvenz, 4. Auflage, Köln 2009, 403–434.

Uhlenbruck, Wilhelm: Außergerichtliche Unternehmenssanierung, in: Schmidt/Uhlenbruck, Die GmbH in der Krise, Sanierung und Insolvenz, 4. Auflage, Köln 2009, 143–345.

Uhlenbruck, Wilhelm, in: Uhlenbruck, Insolvenzordnung, 13. Auflage, München 2010.

Urbahns, Rüdiger: Zur Auswirkung der Bezugnahme auf den Begriff „nahestehende Person" in § 8b Abs. 3 Satz 5 KStG durch das JStG 2008, StuB 2008, 561–565.

Vatter, Stefan, in: Spindle/Stilz, Aktiengesetz, 2. Auflage, München 2010.

Vetter, Jochen: Vorbermerkungen § 58, in: Fleischer/Goette, Münchener Kommentar zum GmbHG, 1. Auflage, München 2011.

Vogt, Gabriele: Gesellschaftssanierung: Erhaltung des Verlustabzugs und dessen Nutzung, DStR 2002, 1432–1435.

Volb, Helmut: Unternehmensteuerreform 2008, Herne 2007.

Vormbaum, Herbert: Finanzierung der Betriebe, 9. Auflage, Wiesbaden 1995.

Wagner, Thomas: BB Kommentar FG Köln: Besteuerung von Sanierungsgewinnen, BB 2008, 2666–2672.

Wagner, Thomas: § 8c KStG: Verschonungsregelung bei stillen Reserven Neuerungen und Zweifelsfragen, DB 2010, 2751–2757.

Wälzholz, Eckhard: Vertragsgestaltung bei Rangrücktritt und Forderungsverzicht – Zivil- und steuerrechtliche Hinweise zur Vermeidung einer Überschuldung, GmbH-StB 2006, 76–81.

Wälzholz, Eckhard: Die GmbH in Krise und Insolvenz nach dem MoMiG, GmbH-StB 2009, 75–83.

Watermeyer, Heinrich: Aktuelle Entwicklungen zum Rangrücktritt- Neue Fragen aus dem BMF-Schreiben vom 18.8.2004, GmbH-StB 2004, 369–374.

Watermeyer, Heinrich: Gewinnminderungen im Zusammenhang mit Darlehensforderungen, GmbH-StB 2008, 81–86.

Watrin, Christoph/Wittkowski, Ansas/Strohm, Christiane: Auswirkungen der Unternehmensteuerreform 2008 auf die Besteuerung von Kapitalgesellschaften, GmbHR 2007, 785–793.

Waza, Thomas/Uhländer, Christoph/Schmittmann, Jens M.: Insolvenzen und Steuern, 8. Auflage, Herne 2010.

Weber, Klaus/Schwind, Heike: Gestaltungsüberlegungen zur Beeinflussung der Mindestlohnsumme bei Konzernstrukturen, ZEV 2010, 351–357.

Weber-Grellet, Heinrich: Verzicht und Einlage - Anmerkungen zu dem BFH-Beschluß vom 27. Juli 1994, BB 1995, 243–246.

Weber-Grellet, in: Schmidt/Weber-Grellet, EStG Kommentar, 31. Erg. Lfg. 2012.

Weerth, Jan de: Die Sanierungsklausel des § 8c KStG und europäisches Beihilferecht, DB 2010, 1205–1207.

Wehner, André: Der Sanierungserlass des BMF vom 27.3.2003 – Ein Verstoß gegen EU-Beihilferecht?, NZI 2012, 537–541.

Weitnauer, Wolfgang: Der Verlust von Verlustvorträgen nach § 8c KStG beim Gesellschafterwechsel, GWR 2009, 29.

Weitnauer, Wolfgang: Der Rangrücktritt – Welche Anforderungen gelten nach aktueller Rechtsprechung?, GWR 2012, 193.

Wellisch, Dietmar/Bleckmann, Martin: Schuldbeitritt und unmittelbare Pensionsverpflichtungen Anmerkungen zum BMF-Schreiben vom 16.12.2005, DB 2006, 120–123.

Wendt, Michael: Bilanzierung von aus künftigen Erträgen zu tilgenden Verpflichtungen - Was folgt aus dem gesetzlichen Passivierungsaufschub?, EStB 2000, 309–313.

Wengel, Torsten: Die handelsrechtliche Eigen- und Fremdkapitalqualität von Genussrechtskapital, DStR 2001, 1316–1324.

Wiese, Götz T.: Der Untergang des Verlust- und Zinsvortrages bei Körperschaften – Zu § 8c KStG i. d. F. des Regierungsentwurfs eines, DStR 2007, 741–745.

Wild, Jürgen: Grundlagen der Unternehmensplanung, 4. Auflage, Wiesbaden 1982.

Wingler, Jörg, in: Bergemann/Wingler, Gewerbesteuer, 1. Auflage, Wiesbaden 2012.

Winhard, Christoph A: Behandlung ausländischer Forderungsverluste, FR 2010, 686–693.

Winkler, Hartmut/Dieterlen, Anja: Neuregelung des Mantelkaufs, in: E&Y/BDI, Unternehmensteuerreform 2008, Stuttgart 2007.

Winnefeld, Robert: Kapitel C – Zwecke und Struktur der Handels- und Steuerbilanz sowie der IAS/IFRS- und US-GAAP-Bilanz, 4. Auflage, München 2006.

Wissenschaftlicher Beirat Ernst & Young: Notwendige Reform der Verlustverrechnung, DB 2012, 1704–1711.

Witte, in: Bratschitsch/Schnellinger, Unternehmenskrisen: Ursachen, Frühwarnung, Bewältigung: Bericht über die Pfingsttagung in Innsbruck, Juni 1979, Verband der Hochschullehrer für Betriebswirtschaft e.V, Stuttgart 1981.

Wittig, Arne Außergerichtliche Unternehmenssanierung, in: Schmidt/Uhlenbruck, Die GmbH in der Krise, Sanierung und Insolvenz, 4. Auflage, Köln 2009, 255–294.

Wittig, Arne: Kredite und Kreditsicherheiten im eröffneten Insolvenzverfahren, in: Schmidt/Uhlenbruck, Die GmbH in der Krise, Sanierung und Insolvenz, 4. Auflage, Köln 2009, 790–826.

Wittkowski, Ansas/Hielscher, Stephan: Änderungen des § 8c KStG durch das Wachstumsbeschleunigungsgesetz, DB 2010, 11–18.

Wolf, Thomas: Der Rangrücktritt zur Vermeidung der Überschuldung, KSi 2010, 207–211.

Wolf, Thomas C.: Die Kündigung und Bilanzierung von Patronatserklärungen, StuB 2011, 447–452.

Zerwas, Peter/Fröhlich, Sebastian: § 8c KStG – Auslegung der neuen Verlustabzugsbeschränkung, DStR 2007, 1933–1940.

Zerwas, Peter/Fröhlich, Sebastian: Regelungen zur Verlustbeschränkung, Unternehmensteuerreform 2008, Stuttgart 2007, 141.

Zerwas, Peter/Fröhlich, Sebastian: Körperschaftsteuergesetz, in: Lüdicke/Kempf/Brink, Verluste im Steuerrecht, 1. Auflage, Baden-Baden 2010, 189–231.

Ziegenhagen, Andreas/Thewes, Markus: Die neue Sanierungsklausel in § 8c Abs. 1a KStG, BB 2009, 2116–2120.

Ziegenhagen, Andreas/Thieme, Hauke: Besteuerung in Krise und Insolvenz, Wiesbaden 2010.

Ziemons, Hildegard: Patronatserklärungen im Gesellschaftsrecht – Risiken und Nebenwirkungen, GWR 2009, 411.

Zöllner, Wolfgang/Fastrich, Lorenz, in: Baumbach/Hueck, GmbHG, 20. Auflage 2013.

Zöllner, Wolfgang/Haas, Ulrich, in: Baumbach/Hueck, GmbHG, 20. Auflage, München 2013.

Rechtsquellenverzeichnis

1. Europäisches Primärrecht

AEUV	Fassung aufgrund des am 1.12.2009 in Kraft getretenen Vertrages von Lissabon (Konsolidierte Fassung bekanntgemacht im ABl. EG Nr. C 115 vom 9.5.2008, S. 47) zuletzt geändert durch die Akte über die Bedingungen des Beitritts der Republik Kroatien und die Anpassungen des Vertrags über die Europäische Union, des Vertrags über die Arbeitsweise der Europäischen Union und des Vertrags zur Gründung der Europäischen Atomgemeinschaft (ABl. EU L 112/21 vom 24.4.2012) m.W.v. 1.7.2013

2. Nationale Gesetze

AktG	Aktiengesetz vom 6. September 1965 (BGBl. I S. 1089), das zuletzt durch Artikel 26 des Gesetzes vom 23. Juli 2013 (BGBl. I S. 2586) geändert worden ist
AO	Abgabenordnung in der Fassung der Bekanntmachung vom 1. Oktober 2002 (BGBl. I S. 3866; 2003 I S. 61), die zuletzt durch Artikel 13 des Gesetzes vom 18. Dezember 2013 (BGBl. I S. 4318) geändert worden ist
AStG	Außensteuergesetz vom 8. September 1972 (BGBl. I S. 1713), das zuletzt durch Artikel 6 des Gesetzes vom 26. Juni 2013 (BGBl. I S. 1809) geändert worden ist
BetrVG	Betriebsverfassungsgesetz in der Fassung der Bekanntmachung vom 25. September 2001 (BGBl. I S. 2518), das zuletzt durch Artikel 3 Absatz 4 des Gesetzes vom 20. April 2013 (BGBl. I S. 868) geändert worden ist
BewG	Bewertungsgesetz in der Fassung der Bekanntmachung vom 1. Februar 1991 (BGBl. I S. 230), das zuletzt durch Artikel 3 des Gesetzes vom 18. Dezember 2013 (BGBl. I S. 4318) geändert worden ist
BGB	Bürgerliches Gesetzbuch in der Fassung der Bekanntmachung vom 2. Januar 2002 (BGBl. I S. 42, 2909; 2003 I S. 738), das zuletzt durch Artikel 4 Absatz 5 des Gesetzes vom 1. Oktober 2013 (BGBl. I S. 3719) geändert worden ist
BürgEntlG	Gesetz zur verbesserten steuerlichen Berücksichtigung von Vorsorgeaufwendungen (Bürgerentlastungsgesetz Krankenversicherung) v. 16.07.2009 BGBl. I S. 1959
EStG	Einkommensteuergesetz in der Fassung der Bekanntmachung vom 8. Oktober 2009 (BGBl. I S. 3366, 3862), das zuletzt durch Artikel 11

	des Gesetzes vom 18. Dezember 2013 (BGBl. I S. 4318) geändert worden ist
ErbStG	Erbschaftsteuer- und Schenkungsteuergesetz in der Fassung der Bekanntmachung vom 27. Februar 1997 (BGBl. I S. 378), das zuletzt durch Artikel 30 des Gesetzes vom 26. Juni 2013 (BGBl. I S. 1809) geändert worden ist
FGO	Finanzgerichtsordnung in der Fassung der Bekanntmachung vom 28. März 2001 (BGBl. I S. 442, 2262; 2002 I S. 679), die durch Artikel 6 des Gesetzes vom 10. Oktober 2013 (BGBl. I S. 3786) geändert worden ist
FMStG	Gesetz zur Umsetzung eines Maßnahmenpakets zur Stabilisierung des Finanzmarktes (Finanzmarktstabilisierungsgesetz - FMStG) v. 17.10.2008 BGBl. I S. 1982 (Nr. 46); zuletzt geändert durch Artikel 18 G. v. 05.12.2012 BGBl. I S. 2418
GewStG	Gewerbesteuergesetz in der Fassung der Bekanntmachung vom 15. Oktober 2002 (BGBl. I S. 4167), das zuletzt durch Artikel 4 des Gesetzes vom 26. Juni 2013 (BGBl. I S. 1809) geändert worden ist
GG	Grundgesetz für die Bundesrepublik Deutschland in der im Bundesgesetzblatt Teil III, Gliederungsnummer 100-1, veröffentlichten bereinigten Fassung, das zuletzt durch Artikel 1 des Gesetzes vom 11. Juli 2012 (BGBl. I S. 1478) geändert worden ist
GmbHG	Gesetz betreffend die Gesellschaften mit beschränkter Haftung in der im Bundesgesetzblatt Teil III, Gliederungsnummer 4123-1, veröffentlichten bereinigten Fassung, das zuletzt durch Artikel 27 des Gesetzes vom 23. Juli 2013 (BGBl. I S. 2586) geändert worden ist
GrEStG	Grunderwerbsteuergesetz in der Fassung der Bekanntmachung vom 26. Februar 1997 (BGBl. I S. 418, 1804), das zuletzt durch Artikel 26 des Gesetzes vom 26. Juni 2013 (BGBl. I S. 1809) geändert worden ist
HGB	Handelsgesetzbuch in der im Bundesgesetzblatt Teil III, Gliederungsnummer 4100-1, veröffentlichten bereinigten Fassung, das zuletzt durch Artikel 1 des Gesetzes vom 4. Oktober 2013 (BGBl. I S. 3746) geändert worden ist
InsO	Insolvenzordnung vom 5. Oktober 1994 (BGBl. I S. 2866), die durch Artikel 6 des Gesetzes vom 31. August 2013 (BGBl. I S. 3533) geändert worden ist
JStG 2008	Jahressteuergesetz 2008 v. 20.12.2007 BGBl. I S. 3150
JStG 2009	Jahressteuergesetz 2009 v. v. 19.12.2008 BGBl. I S. 2794
KStG	Körperschaftsteuergesetz in der Fassung der Bekanntmachung vom 15. Oktober 2002 (BGBl. I S. 4144), das zuletzt durch Artikel 12 des Gesetzes vom 18. Dezember 2013 (BGBl. I S. 4318) geändert worden ist
MoRaKG	Gesetz zur Modernisierung der Rahmenbedingungen für Kapitalbeteiligungen (MoRaKG) v. 12.08.2008 BGBl. I S. 1672

UmwG	Umwandlungsgesetz vom 28. Oktober 1994 (BGBl. I S. 3210; 1995 I S. 428), das zuletzt durch Artikel 2 Absatz 48 des Gesetzes vom 22. Dezember 2011 (BGBl. I S. 3044) geändert worden ist
UmwStG	Umwandlungssteuergesetz in der Fassung der Bekanntmachung vom 15. Oktober 2002 (BGBl. I S. 4133; 2003 I S. 738), das durch Artikel 3 des Gesetzes vom 16. Mai 2003 (BGBl. I S. 660) geändert worden ist
UnStRG	Gesetz zur Fortsetzung der Unternehmenssteuerreform v. 19.10.1997, BGBl I 1997, 2590
UStRG 2008	Unternehmensteuerreformgesetz 2008 v. 14.08.2007 BGBl. I S. 1912 (Nr. 40); zuletzt geändert durch Artikel 16 G. v. 20.12.2008 BGBl. I S. 2850
WaBeG	Gesetz zur Beschleunigung des Wirtschaftswachstums (Wachstumsbeschleunigungsgesetz v. 22.12.2009 BGBl. I S. 3950 (Nr. 81), 2010 I 534

Rechtsprechungsverzeichnis

1. Europäischer Gerichtshof

Abgeschlossene Verfahren

Belgien/Kommission		
17.8.1999	C-75/97	Slg 1999, I-3671
DMT		
29.6.1999	C 256/97	Slg 1999, I-03913
Ecotrade		
1.12.1998	C-200/97	Slg. 1998, I-07907
Alcan Deutschland		
20.3.1997	C-24/95	Slg 1997, I-1591
Frankreich/Kommission		
26.9.1996	C-241/94	Slg 1996, I-4551
BUG Alutechnik		
20.9.1990	C-5/89	Slg 1990, I-3437
Steinike/Weinling		
22.3.1977	78/76	Slg 1977, I-595

Laufende Verfahren

Deutschland/Kommission	C-102/13 P	ABl EU C-164, 8

2. Gericht der Europäischen Union

Abgeschlossene Verfahren

Deutschland/Kommission		
18.12.2012	T-205/11	IStR 2013, 101
Hamsa / Kommission		
11.7.2002	T-152/99	Slg. II-03049 2002

Laufende Verfahren

Biogas Nord Anlagenbau / Kommission		
3.2.2012	T-629/11	Abl. C 49 2012, 28
VMS Deutschland / Kommission		
5.12.2011	T-613/11	ABl. C 32 2012, 35
Treofan Holdings und Treofan Germany / Kommission		
2.12.2011	T-612/11	Abl. C 32 2012, 34
ATMvision / Kommission		
2.12.2011	T-627/11	Abl. C 49 2012, 26
GFKL Financial Services / Kommission		
2.12.2011	T-620/11	Abl. C 39 2012, 18

Wagon Automotive Nagold / Kommission		
2.12.2011	T-610/11	Abl. C 32 2012, 33
Heitkamp BauHolding / Kommission		
6.6.2011	T-287/11	Abl. C 238 2011, 21

3. Bundesverfassungsgericht

Abgeschlossene Verfahren

12.05.2009	2 BvL 1/00	BStBl II 2009, 685
27.04.1999	1 BvR 1613/94	DStR 1999, 1408
05.04.1978	I BvR 117/73	BStBl II 1978, 441

Laufende Verfahren

Anhängiges Verfahren	2 BvL 6/11

4. Bundesfinanzhof

23.01.2013	I R 35/12	DStRE 2013, 504
12.12.2012	I R 69/11	BFH/NV 2013, 840
12.12.2012	I R 28/11	BFH/NV 2013, 884
25.07.2012	I R 88/10	BStBl II 2013, 94
12.07.2012	I R 23/11	BFH/NV 2012, 1901
10.05.2012	I R 61/12	BFH/NV 2013, 1626
26.04.2012	IV R 43/09	DStR 2012, 1128
25.04.2012	I R 24/11	BFH/NV 2012, 1516
18.04.2012	X R 5/10	BStBl II 2013, 785
18.04.2012	X R 7/10	BStBl II 2013, 791
28.02.2012	VIII R 2/08	BFH/NV 2012, 1135
24.01.2012	IX R 34/10	DStR 2012, 854
14.12.2011	I R 72/10	BFH/NV 2012, 635
30.11.2011	I R 14/11	BStBl II 2012, 360
30.11.2011	I R 100/10	BStBl II 2012, 332
19.01.2011	X B 43/10	BFH/NV 2011, 636
26.08.2010	I B 49/10	BStBl II 2011, 826
14.07.2010	X R 34/08	BStBl II 2010, 916
07.04.2010	I R 55/09	BStBl II 2010, 1094
16.12.2009	I R 102/08	BStBl II 2011, 566
19.08.2009	I R 2/09	BStBl II 2010, 760
29.07.2009	I B 12/09	BFH/NV 2010, 66
14.01.2009	I R 52/08	BStBl II 2009, 674
17.09.2008	IX R 72/06	BStBl II 2009, 639
22.04.2008	IX R 75/06	BFH/NV 2008, 1994
08.04.2008	VIII R 3/05	BStBl II 2008, 719
02.04.2008	IX R 76/06	BStBl II 2008, 706

04.03.2008	IX R 80/06	BStBl II 2008, 577
06.11.2007	I B 50/07	BFH/NV 2008, 616
05.06.2007	I R 9/06	BStBl II 2008, 988
24.04.2007	I R 35/05	BStBl II 2008, 253
10.11.2005	IV R 13/04	BStBl II 2006, 618
12.10.2005	X R 20/03	BFH/NV 2006, 713
12.10.2005	X R 42/03	BFH/NV 2006, 715
31.05.2005	X R 36/02	BStBl II 2005, 707
22.05.2005	VIII R 41/03	BFH/NV 2005, 1518
29.04.2005	XI B 127/04	BStBl II 2005, 609
17.11.2004	I R 11/04	BFH/NV 2005, 1027
20.10.2004	I R 11/03	BStBl II 2005, 581
05.06.2003	I R 38/01	BStBl II 2003, 822
10.04.2003	IV R 63/01	BStBl II 2004, 9
29.01.2003	I R 50/02	BStBl I 2003, 768
16.05.2002	IV R 11/01	BStBl 2002, 854
20.12.2001	I B 74/01	BFH/NV 2002, 678
16.05.2001	I B 143/00	BStBl II 2002, 436
06.09.2000	IV R 18/99	BStBl II 2001, 229
13.07.1999	VIII R 31/98	BStBl II 1999, 724
06.07.1999	VIII R 9/98	BStBl II 1999, 817
06.07.1999	VIII R 9/98	BStBl II 1999, 817
18.02.1999	I R 51/98	DStRE 1999, 630
10.11.1998	VIII R 6/96	BStBl II 1999, 348
10.11.1998	VIII R 6/96	BStBl II 1999, 348
15.10.1998	IV R 8/98	BStBl II 1999, 333
27.01.1998	VIII R 64/96	BStBl II 1998, 537
04.11.1997	VIII R 18/94	BStBl II 1999, 344
29.10.1997	I R 24/97	BStBl II 1998, 573
29.07.1997	VIII R 57/94	BStBl II 1998, 652
09.06.1997	GrS 1/94	BStBl II 1998, 307
24.04.1997	VIII R 16/94	BStBl II 1999, 339
24.04.1997	VIII R 16/94	BStBl II 1999, 339
18.12.1996	I R 139/94	BStBl II 1997, 301
16.01.1996	IX R 13/92	BStBl II 1996, 214
07.03.1995	VIII R 29/93	BStBl II 1995, 693
19.01.1994	I R 67/92	BStBl II 1996, 49
30.03.1993	IV R 57/91	BStBl II 1993, 502
07.07.1992	VIII R 24/90	BStBl II 1993, 333
04.12.1991	I R 74/89	BStBl II 1992, 432
31.07.1991	VIII R 23/89	BStBl II 1992, 375
16.04.1991	VIII R 100/87	BStBl II 1992, 234
18.12.1990	VIII R 39/87	BStBl II 1991, 784
14.03.1990	I R 106/85	BStBl II 1990, 813

14.03.1990	I R 64/85	BStBl II 1990, 810
22.11.1988	VIII R 62/85	BStBl II 1989, 359
10.06.1987	I R 253/83	BStBl II 1988, 27
29.04.1987	X R 2/80	BStBl II 1987, 733
11.02.1987	I R 177/83	BStBl II 1987, 461
24.04.1986	IV R 282/84	BStBl II 1986, 672
22.11.1983	VIII R 14/81	BStBl II 1984, 472
29.11.1982	GrS 1/81	BStBl II 1983, 272
17.10.1980	III R 52/79	BStBl II 1981, 247
26.07.1978	I R 138/76	BStBl II 1978, 659
22.02.1974	III R 5/73	BStBl II 1974, 330
15.02.1973	V R 152/69	BStBl II 1973, 466
25.02.1972	VIII R 30/66	BStBl II 1972, 531
28.01.1972	VIII R 4/66	BStBl II 1972, 322
07.05.1971	III R 7/69	BStBl II 1971, 642
03.02.1969	GrS 2/68	BStBl II 1969, 291
02.03.1966	II 113/61	BStBl III 1966, 509
03.12.1963	1375/60 U	BStBl III 1964, 128
03.12.1963	I 375/60 U	BStBl III 1964, 128
22.11.1963	VI 117/62 U	BStBl III 1964
16.12.1958	I D 1/57 S	BStBl III 1959, 30

5. Bundesgerichtshof

14.03.2013	III ZR 417/12	NZM 2013, 545
19.05.2011	IX ZR 9/10 (KG)	NZI 2011, 536
19.05.2011	IX ZR 9/10	NZI 2011536
17.09.2009	IX ZR 103/07	BeckRs 2009, 26574
21.09.2006	IX ZR 55/05	BeckRS 2006, 12943
02.02.2006	IX ZB 167/04	NZI 2006, 232
20.06.2005	II ZR 18/03	BB 2005, 1698
24.05.2005	IX ZR 123/04	NZI 2005, 547
10.05.2001	VII ZR 356/00	NJW 2001, 2325
08.01.2001	II ZR 88/99	GmbHR 2001, 190
06.04.2000	IX ZR 422/98	ZIP 2000, 895
04.12.1997	II ZR 47/97	NJW 1998, 1561
04.12.1997	IX ZR 47/97	NZG 1998, 181
20.03.1995	II ZR 205/94	NJW 1995, 1739
19.12.1994	II ZR 10/94	MitBayNot 1995, 155
05.10.1992	II ZR 172/91	BB 1993, 451
13.07.1992	II ZR 269/91	NJW 1992, 2891
09.02.1987	II ZR 104/86	WM 1987, 468
26.11.1979	II ZR 104/77	BGHZ 75, 334
14.3.1977	II ZR 156/75	BGHZ 65, 191

6. Reichsfinanzhof

14.07.1942	I 240/41	RStBl 1942, 956
17.04.1934	I A 316/32	RStBl 1934, 773
12.12.1928	VI A 1499	RStBl 1929, 427
30.06.1927	VI A 297/27	RStBl 1929, 86

7. Finanzgerichte

FG Rheinland-Pfalz

26.04.2001	6 K 3450/98	EFG 2001, 1159

FG-Bremen

10.12.2003	2 K 148/03	EFG 2004, 508

FG-Hamburg

04.04.2011	2 K 33/10	DStR 2011, 1172
27.03.1985	I 292/81	EFG 1985, 594

FG-Hessen

07.10.2010	4 V 1489/10	DStRE 2011, 289
11.02.2010	3 K 351/06	Steuk 2010, 345

FG-Köln

24.04.2008	6 K 2488/06	DStRE 2008, 1445

FG-München

12.12.2007	1 K 4487/06	EFG 2008, 615
04.04.2004	7 K 337/99	BeckRs 2004,
26016669		

FG-Münster

30.11.2010	B9 K 1842/10	EFG 2011, 909
27.05.2004	2 K 1307/02	EFG 2004, 1572

FG-Niedersachsen

13.09.2012	6 K 51/10	EFG 2012, 2311

FG-Sachsen-Anhalt

14.11.2013	6 K 1267/11	BeckRS 2014, 94587

8. Landgerichte

LG-Göttingen

03.11.2008	10 T 119/08	BeckRs 2014, 23084

9. Reichsgericht

14.11.1904	VI 12/04	RGZ 59 1904, 232

10. Verwaltungsgerichte

VG-Halle

22.06.2011	5 A 289/09	BeckRS 2012, 49526

Verzeichnis der sonstigen Quellen

1. EU-Kommission

EU-Kommission, Beschluss v. 15.4.2011, K(2011)2608 Berichtigung des Beschlusses zur staatlichen Beihilfe K(2011)275 vom 26. Januar 2011 – C 7/2010 KStG, Sanierungsklausel – Deutschland, ABl. EG Nr. L 2011, 26

EU-Kommission-Entscheidung v. 26.1.2011, IP/11/65, Staatliche Beihilfe: Kommission stellt Unvereinbarkeit der deutschen Regelung zum Verlustvortrag angeschlagener Unternehmen („Sanierungsklausel“) mit den EU Beihilferegeln fest, 2011

EU-Kommission, Beschluss v. 24.2.2010, C7/2010 Sanierungsklausel der Regelung zur Verlustverrechnungsbeschränkung bei Körperschaften (§ 8c KStG), BStBl I 2010, 482

EU-Kommission, Beschluss v. 24.2.2010, K(2010)970 Staatliche Beihilfe C 7/2010 (ex NN 5/2010) – „Bestimmungen des Körperschaftsteuergesetzes über den steuerlichen Verlustvortrag - Sanierungsklausel“, http://www.der-betrieb.de/content/pdfft,231,351630

EU-Kommission-Verordnung v. 15.12.2006, 1998/2006, Verordnung (EG) Nr. 1998/2006 der Kommission vom 15. Dezember 2006 über die Anwendung der Artikel 87 und 88 EG-Vertrag auf „De-minimis“-Beihilfen, Abl. L 379 2006, 5

EU-Kommission-Verordnung v. 21.4.2004, Verordnung (EG) Nr. 794/2004 der Kommission vom 21. April 2004 zur Durchführung der Verordnung (EG) Nr. 659/1999 des Rates über besondere Vorschriften für die Anwendung von Artikel 93 des EG-Vertrags, ABl. L 140 2004

EU-Kommission-Mitteilung v. 10.12.1998, 98/C 384/03, Mitteilung der Kommission über die Anwendung der Vorschriften über staatliche Beihilfen auf Maßnahmen im Bereich der direkten Unternehmenssteuerung

IP/09/1449-Pressemitteilung der Europäischen Kommission v. 1.10.2009

2. Drucksachen

Bundestag-Drucksachen

BT-Drs.-18/68
BT-Drs.-16/13429
BT-Drs.-16/809
BT-Drs.-16/6290
BT-Drs.-17/15
BT-Drs.-16/6140
BT-Drs.-16/10600
BT-Drs.-16/4841

Bundesrat-Drucksachen
BR-Drs.-545/08
BR-Drs.-544/07
BR-Drs.-16/12674
BR-Drs.-220/07
BR-Drs.-16/9777
BR-Drs.-16/5377
BR-Drs.-220/1/07
BR-Drs.-13/7480

3. Richtlinien

GewStR	Gewerbesteuerrichtlinien 2009 vom 28. April 2010 (BStBl I Sondernummer 1/2010)
KStR	Körperschaftsteuerrichtlinien 2004 vom 13. Dezember 2004 (BStBl. I Sondernummer 2 S. 2)

4. BMF-Schreiben

BMF-Schreiben v. 23.10.2013, IV C 6 – S 2128/07/10001, Anwendung des Teileinkünfteverfahrens in der steuerlichen Gewinnermittlung, BStBl I 2013, 1269

BMF-Schreiben v. 29.3.2011, IV B 5 – S 1341/09/10004, Schreiben betr. Anwendung des § 1 AStG auf Fälle von Teilwertabschreibungen und anderen Wertminderungen auf Darlehen an verbundene ausländische Unternehmen, BStBl I 2011, 277

BMF-Schreiben v. 8.11.2010, IV C 6 – S 2128/07/10001, Schreiben betr. Anwendung des Teileinkünfteverfahrens in der steuerlichen Gewinnermittlung (§ 3 Nummer 40, § 3 c Absatz 2 EStG), BStBl I 2010, 1292

BMF-Schreiben v. 21.10.2010, IV C 6 – S 2244/08/10001, Auswirkungen des Gesetzes zur Modernisierung des GmbH-Rechts und zur Bekämpfung von Missbräuchen (MoMiG) auf nachträgliche Anschaffungskosten gemäß § 17 Abs. 2 EStG; BMF-Schreiben vom 8. Juni 1999, BStBl I 2010, 832

BMF-Schreiben v. 30.4.2010, IV C 2 – S 2745-a/08/10005:002, Sanierungsklausel der Regelung zur Verlustverrechnungsbeschränkung bei Körperschaften (§ 8c KStG), BStBl I 2010, 488

BMF-Schreiben v. 12.3.2010, IV C 6 – S 2133/09/10001, Maßgeblichkeit der handelsrechtlichen Grundsätze ordnungsmäßiger Buchführung für die steuerliche Gewinnermittlung; Änderung des § 5 Abs. 1 EStG durch das BilMoG, BStBl I 2010, 597

BMF-Schreiben v. 22.12.2009, IV C 6 – S 2140/07/10001 – 01, Schreiben betr. ertragsteuerliche Behandlung von Gewinnen aus einem Planinsolvenzverfahren (§§ 217ff. InsO), aus einer erteilten Restschuldbefreiung (§§ 286ff. InsO) oder einer Verbraucherinsolvenz (§§ 304ff. InsO), BStBl I 2010, 18

BMF-Schreiben v. 4.7.2008, IV C 7 – S 2745 – a/08/10001, Verlustabzugsbeschränkung für Körperschaften (§ 8c KStG), BStBl I 2008, 736

BMF-Schreiben v. 4.7.2008, IV C 7 – S 2742-a/07/10001, Zinsschranke (§ 4h EStG; § 8a KStG), BStBl I 2008, 718

BMF-Schreiben v. 8.9.2006, IV B 2 – S 2133 – 10/06, Passivierung von Verbindlichkeiten bei Rangrücktritt, BStBl I 2006, 497

BMF-Schreiben v. 28.4.2003, BMF IV A 2 – S 2750 a – 7/03, Schreiben betr. Anwendung des § 8 b KStG und Auswirkungen auf die Gewerbesteuer, BStBl I 2003, 292

BMF-Schreiben v. 27.3.2003, IV A 6 – S 2140 – 8/03, Sanierungserlass, BStBl I 2003, 240

BMF-Schreiben v. 2.12.2003, IV A 2 – S 2743 – 5/03, Ertragsteuerliche Beurteilung des Forderungsverzichts des Gesellschafters einer Kapitalgesellschaft gegen Besserungsschein; Folgen aus der Entscheidung des Großen Senats des BFH vom 9. Juni 1997 (BStBl 1998 II S. 307), BStBl I 2003, 648

BMF-Schreiben v. 16.4.1999, IV C 6 – S 2745 – 12/99, Schreiben betr. den körperschaftsteuerlichen Verlustabzug; Anwendung von § 8 Abs. 4 KStG[1] und § 12 Abs. 3 Satz 2 UmwStG, BStBl I 1999, 455

BMF-Schreiben v. 27.12.1995, IV B 7 – S 2742-76/95, Schreiben betr. steuerliche Behandlung von Genußrechten; Anwendung des BFH-Urteils vom 19. Januar 1994 (BStBl. 1996 II S. 77), BStBl I 1996, 49

BMF-Schreiben v. 8.12.1986, IV B 7 – S 2742 – 26/86, Schreiben betr. steuerliche Behandlung von Genussrechten, BB 1987, 667

5. Gleichlautende Ländererlasse

BMF-Gleichlt. LänderErl v. 2.1.2004, Stundungserlass 2004, Gleichlautender Erlass betr. Zuständigkeit für Stundungen nach § 222 AO, Erlasse nach § 227 AO, Billigkeitsmaßnahmen nach § 163, § 234 Abs. 2, § 237 Abs. 4 AO, Absehen von Festsetzungen nach § 156 Abs. 2 AO und Niederschlagungen nach § 261 AO von Landessteuern und der sonstigen durch Landesfinanzbehörden verwalteten Steuern und Abgaben, BStBl I 2004, 29

6. Landesfinanzministerien

Bayerisches Landesamt für Steuern, Verfügung v. 23.10.2006, 6S 2140 – 7 St32/St33, DStR 2006, 2176

FinMin Saarland-Erlass v. 12.5.2003, B-183/2003-S 1299 A, Juris 2003

Niedersachsen-Erlass v. 8.11.1999, S 2015 – 5 – 312, S 7500 – 145 – 32, S 4600 – 24 – 34, Umsetzung von BMF-Schreiben und gleichlautenden Ländererlassen, FR 1999, 1334

FinMin-Nordrhein-Westfalen-Erlass v. 13.6.1997, S 2010-25-V B 5, EStG-Kartei NW 2010, Vorblatt

Baden-Württemberg-Erlass v. 3.6.1997, S 1900/31, AO-Kartei BW vor § 1 AO Karte 1, AO-Kartei BW vor § 1 AO Karte 1 1997

7. OFD-Verfügungen

OFD-Niedersachsen-Verfügung v. 29.6.2012, S 2140-8-St 244, Verfügung betr. ertragsteuerliche Behandlung von Sanierungsgewinnen; Steuerstundung und Steuererlass aus sachlichen Billigkeitsgründen (§§ 163, 222, 227 AO), BeckVerw 2012, 262719

OFD-Rheinland-Kurzinformation v. 14.12.2011, Steuerliche Behandlung der Umwandlung von Darlehen in Genussrechte, DStR 2012, 189

OFD-Rheinland/OFD-Münster-Verfügung v. 30.3.2010, S 2745 – 1007 – St 131 (Rhld) / S 2745 a – 253 – St 13 – 33 (Ms), Geschäftsanteil: Verlustabzugsbeschränkung nach § 8 c KStG; Anwendung der Sanierungsklausel nach § 8 c Abs. 1a KStG, GmbHR 2010, 557

OFD-Hannover-Verfügung v. 11.2.2009, S 2140 – 8 – StO 241, Verfügung betr. ertragsteuerliche Behandlung von Sanierungsgewinnen; Steuerstundung und Steuererlass aus sachlichen Billigkeitsgründen (§§ 163, 222, 227 AO), DStR 2009, 532

OFD-Magdeburg-Verfügung v. 14.10.2005, G 1498 – 3 – St 213, Verfügung betr. gewerbesteuerliche Behandlung von Sanierungsgewinnen; Steuerstundung und Steuererlass aus sachlichen Billigkeitsgründen, BeckVerw 2005, 070193

OFD-München-Verfügung v. 30.4.1996, S 2244 – 8 St 42, Bürgschaften wesentlich beteiligter Gesellschafter für Verbindlichkeiten der Kapitalgesellschaft, FR 1996, 431

8. Prüfungsstandards

IDW S 6, Anforderungen an Sanierungskonzepte verabschiedet am 20.8.2012, IDW Verlautbarungen 2012

IDW PS 800, Beurteilung eingetretener oder drohender Zahlungsunfähigkeit bei Unternehmen verabschiedet am 6.3.2009, IDW Prüfungsstandard 2009

IDW S 1, Grundsätze zur Durchführung von Unternehemnsbewertungen verabschiedet am 2.4.2008, IDW Verlautbarungen 2008

IDW FAR 1/1996, Empfehlungen für die Überschuldungsprüfung bei Unternehmen, IDW Verlautbarungen 1996

IDW HFA 1/1994, Zur Behandlung von Genussrechten im Jahresabschluss von Kapitalgesellschaften, Wpg 1994, 419

9. Internetquellen

Best, Michael: Bundesfinanzhof bestätigt Sanierungserlass, Steuerboard des Handelsblattes 2010, 9.9.2010, http://blog.handelsblatt.com/steuerboard/2010/09/09/bfh-bestatigt-sanierungserlass/, abgerufen am 19.6.2014

Bitter, Georg/Hommerich, Christoph: Die Zukunft des Überschuldungsbegriffs Expertenbefragung im Auftrag des Bundesministeriums der Justiz 2012, http://www.bmjv.de/SharedDocs/Downloads/DE/pdfs/Abschlussbericht_Uni_Mannheim_InSO.pdf?__blob=publicationFile, abgerufen am 19.6.2014

BMF, Monatsbericht des BMF – Dezember 2008 Steuerstandort Deutschland – attraktive Bandbreite der Unternehmensteuerbelastung für Kapitalgesellschaften in deutschen Gemeinden http://www.bundesfinanzministerium.de/Content/DE/Monatsberichte/Publikationen_Migration/2008/12/081217agmb010.pdf?__blob=publicationFile&v=2, abgerufen am 02.04.2014

Creditreform, Unternehmensinsolvenzen in Europa Jahr 2012/13, http://www.creditreform.com/fileadmin/user_upload/crefo/download_de/news_termine/wirtschaftsforschung/insolvenzen-europa/Insolvenzen_in_Europa _2012-13_de.pdf, abgerufen am 11.02.2014

DStV, Sanierungserlass ebenfalls unter der europäischen Lupe? http://www.dstv.de/interessenvertretung/steuern/steuern-aktuell-archiv/tb-52-11-e-8c-kstg-sanierung-unter-lupe, abgerufen am 30.10.2012

Haghani, Sascha/Voll, Steffen/Holzamer, Matthias/Warnig, Claudia: Financial Convenants in der Unternehmensfinanzierung http://www.rolandberger.com/media/pdf/Roland_Berger_Financial_Covenants_20090725.pdf, abgerufen am 24.02.2014

IMF, World Economic Outlook Update January 2014, imf.org, abgerufen am 10.2.2014

Kessler, Wolfgang: Sanierung schwer gemacht, http://blog.handelsblatt.com/steuerboard/2011/02/01/sanierung-schwer-gemacht/, 2011, abgerufen am 10.6.2014

Niemann, Rainer: Wie schädlich ist die Mindestbesteuerung? Steuerparadoxa in der Verlustverrechnung, Tuebinger Disskussionsbeitrag Nr. 259 2003, http://tobias-lib.uni-tuebingen.de/volltexte/2005/1872/pdf/259.pdf, abgerufen am 10.6.2014

Rossen, Anja: Deutsche Wirtschaft zurück auf Wachstumspfad, Wirtschaftsdienst 2013, 651–652, http://www.econstor.eu/bitstream/10419/88847/1/769919235.pdf, abgerufen am 10.6.2014

Sachverständigenrat: Jahresgutachten 2013/14, Wiesbaden 2013, http://www.sachverstaendigenrat-wirtschaft.de/fileadmin/dateiablage/gutachten/jg201314/JG13_Ges.pdf, abgerufen am 10.6.2014

Sachverständigenrat: Jahresgutachten 2009/10, Wiesbaden 2009, http://www.sachverstaendigenrat-wirtschaft.de/fileadmin/dateiablage/download/gutachten/ga09_ges.pdf, abgerufen am 10.2.2014

Sistermann, Christian: Unternehmenssanierung – Steuerrechtliche Aspekte, Vortrag beim Münchner Unternehmensteuerforum 2012, http://www.muenchner-ustf.de/pdf/120627-Sistermann-Unternehmens sanierung-steuerrechtliche-Aspekte.pdf, abgerufen am 19.6.2014

Freiburger Steuerforum

Herausgegeben von Wolfgang Kessler

Band 1 Andreas Sinz: Stützungsmaßnahmen im transnationalen Konzern. Steuerwirkungen von Zuschuss und Forderungsverzicht im Verhältnis Deutschland, Frankreich und Schweiz. 2001.

Band 2 Christian Gastl: Betriebe gewerblicher Art im Körperschaftsteuerrecht. Abgrenzung – Einkommensermittlung – Steuerbelastung. 2002.

Band 3 Tobias Teufel: Steuerliche Rechtsformoptimierung. Gestaltungssuche im Gesellschaft-Gesellschafter-Verhältnis. 2002.

Band 4 Markus Peter: Fortentwicklung des Betriebsstättenprinzips. 2002.

Band 5 Ingmar Schörck: Veränderungen der Kommunikation in der Steuerberatung durch den Einsatz internetbasierter Technologien. 2003.

Band 6 Ralph-Erich Schmidt: Die Umsatzbesteuerung der Bankleistung im Einlagen- und Kreditgeschäft. Mängel und Alternativen unter besonderer Berücksichtigung einer Cash-Flow Umsatzbesteuerung (TCA-Modell). 2003.

Band 7 Claudia Pischetsrieder: Einkünftequalifikation bei Immobiliendirektinvestitionen in Ungarn und Tschechien unter Einschaltung von haftungsbeschränkten Personengesellschaften. 2004.

Band 8 Michael Muchenberger: Die Entwicklung der Besteuerung und deren Ausrichtung am Leistungsfähigkeitsprinzip. Historische Bedeutung, theoretischer Erklärungsansatz und neuere Implikationsanalyse für die BRD. 2004.

Band 9 Michael A. Müller: Die GmbH & Co. KG als Europa-Holding. 2004.

Band 10 Ralf Adam: Einlage, Tausch und tauschähnlicher Vorgang im Zivilrecht und im Steuerrecht. 2005.

Band 11 Charlotte Achilles: CFC-Regeln und unfairer Steuerwettbewerb. Eine Untersuchung anhand der deutschen und der französischen CFC-Regelung. 2005.

Band 12 Michael Pelchen: Verdeckte Gewinnausschüttungen im französischen und deutschen Steuerrecht. 2007.

Band 13 Stefan Lammel: Besteuerung bei Gründung der Societas Europaea (SE) durch Verschmelzung. Vorgaben der Fusionsrichtlinien und des Primärrechts, deutsches Recht de lege lata und die de lege ferenda notwendigen Anpassungen. 2010.

Band 14 Anna Gersbacher: Konzernsteuerquote – Performance Messung von Steuerabteilungen und die damit verbundenen Anforderungen. 2011.

Band 15 Daniel Knörzer: Unterkapitalisierungsnormen. Eine *konsequent*-steuerwissenschaftliche Untersuchung für die Bundesrepublik Deutschland. 2012.

Band 16 Dominik Trachte: Problematik des Vorsteuerabzuges bei Holdinggesellschaften. 2012.

Band 17 Bastian Schmidt: Steuerliche Implikationen von Kooperationen im Weiterbildungssektor. 2013.

Band 18 Torben Petersen: Steuerplanung mit EU-Holdinggesellschaften für Drittstaaten-Investoren. Steuerwirkungen, Länderanalysen, steuerpolitische Handlungsempfehlungen. 2014.

Band 19 Elmar Feuerborn: Privilegien des Fiskus im Insolvenzverfahren. Ökonomische Analyse des Rechts unter besonderer Berücksichtigung von § 55 Abs. 4 InsO und der jüngeren Rechtsprechung des BFH. 2015.

Band 20 Frank Kautzmann: Ertragsteueroptimale Sanierungsstrategien für Kapitalgesellschaften. Rahmenbedingungen – Instrumente – Handlungsempfehlungen. 2015.

www.peterlang.com

www.ingramcontent.com/pod-product-compliance
Ingram Content Group UK Ltd.
Pitfield, Milton Keynes, MK11 3LW, UK
UKHW021835290926
8980IPUK00004B/458

9 783631 665008